Comentários à Lei de
ARBITRAGEM

Grupo
Editorial
Nacional

O GEN | Grupo Editorial Nacional – maior plataforma editorial brasileira no segmento científico, técnico e profissional – publica conteúdos nas áreas de concursos, ciências jurídicas, humanas, exatas, da saúde e sociais aplicadas, além de prover serviços direcionados à educação continuada.

As editoras que integram o GEN, das mais respeitadas no mercado editorial, construíram catálogos inigualáveis, com obras decisivas para a formação acadêmica e o aperfeiçoamento de várias gerações de profissionais e estudantes, tendo se tornado sinônimo de qualidade e seriedade.

A missão do GEN e dos núcleos de conteúdo que o compõem é prover a melhor informação científica e distribuí-la de maneira flexível e conveniente, a preços justos, gerando benefícios e servindo a autores, docentes, livreiros, funcionários, colaboradores e acionistas.

Nosso comportamento ético incondicional e nossa responsabilidade social e ambiental são reforçados pela natureza educacional de nossa atividade e dão sustentabilidade ao crescimento contínuo e à rentabilidade do grupo.

GUSTAVO DA ROCHA SCHMIDT
DANIEL BRANTES FERREIRA
RAFAEL CARVALHO REZENDE OLIVEIRA

Comentários à Lei de
ARBITRAGEM

- Direitos exclusivos para a língua portuguesa
Copyright © 2021 *by*
Editora Forense Ltda.
Uma editora integrante do GEN | Grupo Editorial Nacional
Travessa do Ouvidor, 11 – Térreo e 6º andar
Rio de Janeiro – RJ – 20040-040
www.grupogen.com.br

- Capa: Fabricio Vale

- **CIP – BRASIL. CATALOGAÇÃO NA FONTE.**
SINDICATO NACIONAL DOS EDITORES DE LIVROS, RJ.

S376c
Schmidt, Gustavo da Rocha

Comentários à Lei de Arbitragem / Gustavo da Rocha Schmidt, Daniel Brantes Ferreira, Rafael Carvalho Rezende Oliveira. – 1. ed. – Rio de Janeiro: Forense; MÉTODO, 2021.

Inclui bibliografia e índice
ISBN 978-65-596-4167-3

1. Brasil. [Lei de arbitragem brasileira (1996)]. 2. Arbitragem e sentença – Brasil. I. Ferreira, Daniel Brantes. II. Oliveira, Rafael Carvalho Rezende. III. Título.

21-71187   CDU: 347.918(81)

Leandra Felix da Cruz Candido – Bibliotecária – CRB-7/6135

Às nossas lindas famílias.

*Àqueles que perderam seus entes
queridos nesta terrível e triste pandemia.*

SOBRE OS AUTORES

Gustavo da Rocha Schmidt

Professor da FGV Direito Rio. Presidente do Centro Brasileiro de Mediação e Arbitragem (CBMA) e da Revista Brasileira de *Alternative Dispute Resolution* (RBA-DR). Presidente da Comissão de Arbitragem dos BRICS da OAB Federal. *Master of Laws* pela *New York University (NYU School of Law)*. Mestre e Doutorando em Direito da Regulação pela FGV Direito Rio. Advogado. Sócio fundador de Schmidt, Lourenço & Kingston – Advogados Associados. Procurador do Município do Rio de Janeiro.

Daniel Brantes Ferreira

Pós-Doutor em Direito Processual pela UERJ. Doutor em Direito Constitucional e Teoria do Estado pela PUC-Rio. Mestre em Direito Constitucional e Teoria do Estado pela PUC-Rio. Bacharel em Direito pela PUC-Rio. Foi professor da Faculdade de Direito do IBMEC-RJ (2013-2017) e Coordenador da Graduação em Direito (2014-2017). Medalha Tiradentes da ALERJ em 2016 pela sua contribuição para o ensino jurídico no Rio de Janeiro. É árbitro e Vice-Presidente para Assuntos Acadêmicos do Centro Brasileiro de Mediação e Arbitragem (CBMA). Professor da graduação e coordenador do Mestrado em Direito da Universidade Cândido Mendes. Professor da EMERJ e do Mestrado da *Ambra University* (Disciplina de arbitragem). *Research Fellow* no *The Baldy Center for Law & Social Policy* da *SUNY Buffalo Law School*. É Editor-Chefe da Revista Brasileira de *Alternative Dispute Resolution* (RBADR) e Fel*low do Chartered Institute of Arbitrators* (CIArb).

Rafael Carvalho Rezende Oliveira

Pós-Doutor pela *Fordham University School of Law* (Nova York). Doutor em Direito pela UVA-RJ. Mestre em Teoria do Estado e Direito Constitucional pela PUC-RJ. Especialista em Direito do Estado pela UERJ. Professor titular de Direito Administrativo do IBMEC. Professor do Programa de Mestrado e Doutorado em Direito do PPGD/UVA. Professor de Direito Administrativo da EMERJ. Professor dos cursos de pós-graduação da FGV e da Universidade Cândido Mendes. Membro do Instituto de Direito Administrativo do Estado do Rio de Janeiro (IDAERJ). Presidente do Conselho Editorial Interno da Revista Brasileira de *Alternative Dispute Resolution*

(RBADR). Procurador do Município do Rio de Janeiro. Foi Defensor Público Federal. Advogado, árbitro e consultor jurídico. Sócio fundador do escritório Rafael Oliveira Advogados Associados.

Site: www.professorrafaeloliveira.com.br

Site: www.roaa.adv.br

Facebook: @ProfessorRafaelOliveira

Twitter: @RafaelDirAdm

Youtube: @professorrafaeloliveira

GENJURIDICO.com.br/rafaeloliveira/

APRESENTAÇÃO

Devo confessar que foi para mim uma grande alegria receber o convite dos Autores para que fizesse a Apresentação desta obra ora lançada, e que se denomina *Comentários à Lei de Arbitragem*.

A alegria foi ainda maior porque esse honroso convite chegou até mim enquanto eu me encontrava em tratamento médico em unidade hospitalar em São Paulo. Não posso negar que esse convite, como seria a qualquer momento, mas, especialmente, nas condições em que me achava, encheu-me de alegria e foi um incentivo para que eu elevasse o moral nessa fase final de tratamento.

É voz corrente na arena arbitral que um país se credencia para ser sede de arbitragens internacionais desde que satisfaça alguns requisitos fundamentais: dispor de uma lei de arbitragem moderna, integrar a comunidade internacional como signatário de convenções internacionais, contar com um Poder Judiciário amistoso à arbitragem. Não resta dúvida de que o Brasil cumpre amplamente esses requisitos: a lei de arbitragem é moderna e baseada na lei modelo da UNCITRAL; o Brasil é signatário da Convenção de Nova Iorque, ainda que tenha tardado quatro décadas para sua efetivação; e contamos, sem dúvida, com um Poder Judiciário que recebeu muito bem a arbitragem e vem prestando um suporte a seu desenvolvimento. Muito do sucesso da arbitragem brasileira se deve à cooperação mútua entre o Poder Judiciário e a arbitragem.

Há, a meu ver, determinados traços na arbitragem brasileira que complementam os requisitos fundamentais. Refiro-me à doutrina arbitral exposta em livros, teses acadêmicas e em duas revistas especializadas. Nessa toada, não se pode olvidar o enorme acervo de teses sobre arbitragem, além de vasta doutrina e várias obras de referência.

Comentários à Lei de Arbitragem insere-se nesse universo amplo de obras brasileiras sobre a matéria. Apresentada no formato de comentários artigo por artigo, a obra se desenvolve em vários segmentos: arbitragem doméstica, arbitragem internacional, regulamentos de instituições arbitrais, além de abrir espaço para a jurisprudência de nossos Tribunais.

A qualidade dos comentários trazidos pelos Autores é traço bastante marcante, e esses comentários têm conteúdo e densidade, contemplando diversos aspectos da matéria objeto de cada artigo.

Agregue-se a isso a atualidade dos comentários, sendo importante exemplo a referência a disposições sobre solução de controvérsias contidas na nova Lei de Licitações editada em 1º de abril deste ano.

A metodologia adotada pelos Autores parte da análise dos aspectos relativos e relevantes para a arbitragem doméstica, evoluindo até aqueles que dizem respeito a sistemas jurídicos estrangeiros. No entanto, não se trata de apenas uma referência a esses sistemas, mas de uma análise comparativa com nosso sistema.

Não escapou aos Autores que, desde há algum tempo, advogados e profissionais de arbitragem se defrontam com a necessidade de aprimoramento na arbitragem doméstica em razão da contínua incorporação de novos profissionais a esse mercado. Por outro lado, a globalização que incrementou a presença brasileira no mercado internacional, assim como o volume crescente de investimentos estrangeiros no Brasil, requerem que os advogados brasileiros desenvolvam competência no campo da arbitragem internacional. Ademais, as concessões e parcerias público-privadas atraem investidores do exterior.

Essa dicotomia não deveria existir, haja vista que, no Brasil ou no exterior, a arbitragem tem o mesmo fundamento para sua existência – o consentimento das partes em adotá-la como mecanismo de solução de controvérsias. Entretanto, razões ainda existem para que essa dicotomia persista, embora já tenhamos logrado estreitar esse campo de diferenças.

Por fim, e sem minimizar a importância de outros aspectos do procedimento arbitral, os Autores analisam meticulosamente a convenção de arbitragem e, em especial, a cláusula compromissória inserida em contratos. Como já tive a oportunidade de manifestar em diversas ocasiões, não se podem olvidar dos aspectos econômicos da cláusula compromissória, uma vez que ela integra a equação econômica do contrato. A escolha da arbitragem estará, entre outras condições, fundada em custos de transação mais eficientes. Consequentemente, surgida a controvérsia e a parte não logra ver instaurada a arbitragem, poderá a equação econômica do respectivo contrato ser afetada.

De qualquer forma, os montantes envolvidos nas operações, sobretudo as de infraestrutura, podem ser bastante elevados, buscando os investidores recursos de terceiros por meio de operações estruturadas que visam a determinar, alocar e mitigar os riscos. A presença de riscos que não contemplem mecanismos de mitigação fará com que se incrementem as taxas de juros e exigirá que os patrocinadores do projeto aportem garantias para fazer face a esses riscos. Tudo se resume na elegibilidade do projeto para beneficiar-se da captação de recursos de terceiros. A arbitragem, nesse cenário, é fator que contribui para a maior elegibilidade do projeto.

Feitas essas considerações, não há dúvida de que esta obra estará em breve na imensa maioria das estantes e sobre as mesas dos operadores do Direito e dos estudantes que desejarem especializar-se em arbitragem. Trata-se de obra de referência de alta qualidade e atualidade.

Aos Autores fica o meu reconhecimento pelo excelente trabalho que trazem ao mercado e que estejam certos de que contribuirão efetivamente para a consolidação da arbitragem brasileira.

São Paulo, outono de 2021

José Emilio Nunes Pinto

NOTA DOS AUTORES

Não é de hoje que a arbitragem caiu no gosto da classe empresarial brasileira. É crescente a utilização do instituto no País. As estatísticas indicam que, em 2019, as empresas brasileiras ficaram na 3ª posição entre as nações que mais fizeram uso da Corte Internacional de Arbitragem da Câmara de Comércio Internacional (CCI). Não por outra razão que, desde o ano de 2017, a CCI possui uma filial em São Paulo.

A jurisprudência sobre o tema, sobretudo aquela firmada pelo Superior Tribunal de Justiça, tem se revelado amplamente favorável ao emprego da via arbitral no País. É raríssima a anulação de sentenças arbitrais pelo Poder Judiciário. Ao contrário, impressiona a deferência da justiça estatal a esse mecanismo extrajudicial de resolução de conflitos.

Celeridade processual, associada a juízos técnicos e especializados, gera maior previsibilidade nas decisões, tanto no tempo quanto no que diz respeito ao resultado final dos processos. Respeitadas as melhores práticas nacionais e internacionais, o emprego da via arbitral tem ajudado – e muito – na melhora do ambiente de negócios no País. Segurança jurídica reduz preços, atrai *players* para o mercado e gera contratos mais eficientes.

Daí a importância da Lei 9.307, de 23 de setembro de 1996, também conhecida como Lei de Arbitragem, que se encontra às vésperas de completar seus 25 anos.

Não bastasse isso, a Reforma da Lei de Arbitragem (Lei 13.129, de 26 de maio de 2015) passou a prever, textualmente, a possibilidade de emprego do procedimento arbitral na solução de litígios envolvendo a Administração Pública. É verdade que já existiam leis esparsas, nos setores de infraestrutura, permitindo o emprego da arbitragem nos conflitos com entes estatais. Nada obstante, remanescia relevante controvérsia sobre o assunto, tanto em âmbito doutrinário como jurisprudencial. Foi somente a Lei 13.129/2015 que pôs um fim à celeuma, em definitivo. Abre-se, nesse sentido, um novo mercado para a arbitragem. Além do ambiente privado, a via arbitral assume fundamental relevância na solução de conflitos com os entes públicos, como promissor instrumento para a redução dos custos de transação com o Estado.

Considere-se, ainda, que as novas Diretrizes Curriculares Nacionais (Resolução 5, de 17 de dezembro de 2018, do Ministério da Educação/Conselho Nacional de Educação/Câmara de Educação Superior) passaram a exigir a inclusão no currículo obrigatório das faculdades de Direito, no Brasil, de disciplinas na área dos meios extrajudiciais de solução de conflitos.

Como se vê, não poderia existir momento mais propício para o lançamento destes *Comentários à Lei de Arbitragem*. A obra possui como objetivo principal promover o exame, por uma perspectiva dogmática, da Lei de Arbitragem (Lei 9.307/1996), artigo por artigo (inclusive os dispositivos revogados), considerando ainda a experiência prática da arbitragem doméstica e internacional.

Utilizaram-se na obra preferencialmente fontes primárias de consulta, em especial as seguintes referências: a) doutrina nacional (manuais de arbitragem, comentários à lei de arbitragem e artigos científicos); b) jurisprudência nacional (Tribunais Superiores e Tribunais Estaduais); c) regulamentos das principais instituições nacionais de arbitragem (CAM-CCBC, CBMA e CAMARB, entre outras); d) doutrina internacional; e) jurisprudência estrangeira; f) legislação internacional; g) regulamentos das principais instituições internacionais de arbitragem (optamos, em regra, por recorrer ao regulamento de quatro das principais instituições de arbitragem no mundo: LCIA, SCC, CCI e AAA-ICDR).

Os autores iniciam cada comentário de artigo abordando as questões mais relevantes para a arbitragem doméstica, sob a ótica doutrinária e jurisprudencial, e finalizam o exame do dispositivo legal comparando-o com aquilo que dispõem os sistemas jurídicos estrangeiros a respeito da matéria, inclusive com análise da jurisprudência estrangeira, quando possível. Ao fim e ao cabo, o comentário de cada artigo tornou-se um artigo científico isolado que, no entanto, dialoga com o restante da obra.

Elaborado a seis mãos, o livro é o resultado das convicções dos três autores. Um verdadeiro trabalho em coautoria. Sempre que uma divergência surgia, fez-se um esforço para se chegar a um consenso, em um exercício recíproco de humildade. Os pontos em que isso não foi possível ficaram de fora, limitando-se os autores, em tais casos, a expor as orientações existentes sobre o assunto, sem se posicionarem a respeito.

Gustavo da Rocha Schmidt, Daniel Brantes Ferreira e Rafael Carvalho Rezende Oliveira possuem ampla experiência docente e prática de pesquisa não somente na área de arbitragem, mas também em outras searas do conhecimento jurídico, o que torna a obra, em última análise, um estudo interdisciplinar e de direito comparado.

Os autores coordenam e lecionam em cursos de graduação e programas de mestrado, em algumas das mais renomadas faculdades de Direito do Brasil, nas disciplinas de Direito Administrativo, Direito Constitucional, Introdução ao Direito, Hermenêutica Jurídica e, evidentemente, na área de Arbitragem, entre outras.

Pretendem, nesta obra, não apenas contribuir para uma reflexão acurada sobre a Lei de Arbitragem (Lei 9.307/1996), mas também oferecer ao mercado um verdadeiro manual de arbitragem, tanto para iniciantes nos estudos quanto para profissionais com larga experiência no tema.

Rio de Janeiro, 28 de janeiro de 2021.

Rafael Carvalho Rezende Oliveira

Daniel Brantes Ferreira

Gustavo da Rocha Schmidt

PREFÁCIO

A arbitragem é método heterocompositivo de solução de controvérsias, no qual terceiro imparcial, nomeado pelas partes no gozo de autonomia privada, decide o conflito vivenciado pelos sujeitos. Além de ser manifestação jurisdicional, encontra fundamento na vontade das partes.

Sobre a origem do instituto, afirma-se que a arbitragem é tão antiga quanto a própria humanidade, pois decorreria simplesmente da nomeação de terceiro para resolução de conflitos. Na história da civilização, por exemplo, é empregada desde os períodos da Grécia e da Roma antiga, quando os cidadãos já submetiam a um terceiro imparcial a resolução de suas disputas.

No sistema jurídico brasileiro, é possível identificar a arbitragem já no período da colonização portuguesa. Como aponta José Augusto Delgado, considerando somente o período de Brasil independente, o primeiro dispositivo legal a fazer referência à arbitragem foi a Constituição Imperial de 1824, a qual estabelecia, em seu art. 160, a prerrogativa das partes de nomearem árbitros para solucionar os conflitos de natureza cível. As decisões proferidas seriam executadas sem possibilidade de recurso.

Ainda no período monárquico, a arbitragem voltou a ser objeto de leis, entre as quais se podem destacar o Código Comercial de 1850 e o Decreto 3.900 de 1867, marcos legislativos que definiram a trajetória da arbitragem durante os séculos XIX e XX. O citado Código Comercial estabelecia a arbitragem compulsória para a resolução dos conflitos de natureza societária e para as causas que versassem sobre locações comerciais.

Diante da obrigatoriedade do procedimento arbitral para solução das querelas envolvendo questões mercantis determinadas pelo Código Comercial de 1850, é evidente que esse passou a ser o meio de resolução de uma fração relevante dos litígios daquele período, tendo sido regulado no mesmo ano pela edição do Decreto 737. A homologação da decisão arbitral pelo juízo estatal, no entanto, não deixava de ser uma exigência.

Diante das críticas à compulsoriedade da arbitragem, foram editados os Decretos 1.350, em 1866, e 3.900, em 1867, os quais foram responsáveis pela extinção da arbitragem compulsória no direito brasileiro, com a revogação do Decreto 737. O compromisso arbitral foi entendido como mera promessa de contratar. Além disso, não havia possibilidade de execução específica do compromisso para instaurar a arbitragem, caso uma das partes não estivesse de acordo com o procedimento privado.

No século XX, o primeiro diploma normativo que impactou a arbitragem foi o Código Civil de 1916. Clóvis Beviláqua, assim como a doutrina que prevalecia à época, entendia que o compromisso arbitral tinha como principal objetivo a extinção das obrigações, fato que o tornava semelhante ao instituto da transação. Desse modo, o legislador de 1916, além de reafirmar a voluntariedade da arbitragem, passou a considerá-la questão de direito material.

A Constituição de 1934 voltou a dar destaque ao instituto, haja vista ter estabelecido, ao distribuir as competências dos entes federativos, que à União caberia legislar sobre as matérias referentes à arbitragem. Tendo em conta as possibilidades abertas com a definição da competência da União para legislar sobre as questões concernentes à arbitragem, esse tema voltou a ser tratado pela legislação processual quando foi editado o Código de Processo Civil de 1939.

Com a edição do Código de Processo Civil de 1973, não houve grande alteração na disciplina da arbitragem, que continuou a ser tratada na seção "Do Juízo Arbitral", fato que demonstrava o pouco interesse do legislador pelo tema.

Mesmo prevista desde o período imperial e mantida ao longo dos anos, a arbitragem passou um longo período esquecida pela sociedade. Foi somente no último quartel do século passado que iniciou a trajetória de crescimento, ganhando espaço em litígios de circunstâncias muito especiais, que demandassem procedimento mais célere e maior especialização dos julgadores. Tal ressurgimento parece, em alguma medida, relacionado com a globalização e com os inúmeros entraves pelos quais vinha – e vem – passando o acesso à justiça.

Sob o influxo da terceira onda do "Movimento de Acesso à Justiça", por meio do qual os juristas Mauro Cappelletti e Bryant Garth desenvolveram o cognominado "Projeto de Florença", também no Brasil se promoveu a visão de que o acesso à justiça passa pela criação de mecanismos alternativos para a solução adequada de conflitos (mesmo extrajudiciais), e então a arbitragem passou a ser encarada como instrumento eficiente de auxílio à jurisdição estatal, uma ferramenta apta a desafogar o Poder Judiciário do exponencial número de demandas.

Diante desse panorama, mostrava-se necessária a edição de diplomas legais que possibilitassem as transformações que a doutrina vinha apontando como possíveis soluções para os entraves assinalados.

Após três tentativas frustradas de criar uma lei para disciplinar a arbitragem (em 1981, 1986 e 1988), o anteprojeto idealizado por renomados juristas foi finalmente aprovado, tendo sido sancionada a Lei 9.307 em 23 de setembro de 1996, conhecida como a Lei de Arbitragem, atualizada pela Lei 13.129/2015, no bojo da criação de um microssistema legislativo denominado "soluções extrajudiciais adequadas de conflitos", incluindo o novo CPC e a Lei da Mediação.

Portanto, é com enorme satisfação que recebi a oportuna notícia sobre o livro *Comentários à Lei de Arbitragem*, de autoria de Gustavo da Rocha Schmidt, Daniel Brantes Ferreira e Rafael Carvalho Rezende Oliveira, e com maior honra o convite para prefaciar a obra.

Os autores são todos acadêmicos respeitados, com sólida formação intelectual e relevante experiência profissional. Gustavo da Rocha Schmidt é advogado respeitado, professor universitário e o presidente do Centro Brasileiro de Mediação e Arbitragem

(CBMA), com uma larga e reconhecida experiência no tema. Rafael Carvalho Rezende Oliveira é um renomado jurista na área do direito administrativo, com inúmeros livros publicados e firme atuação no campo da advocacia pública. Daniel Brantes Ferreira é também professor universitário e editor-chefe da *Revista Brasileira de Alternative Dispute Resolution* (RBADR).

O lançamento da obra não poderia ocorrer em momento mais oportuno, às vésperas do aniversário de 25 anos da Lei de Arbitragem e diante de um período de grande crescimento do instituto.

No Brasil, cada vez mais a arbitragem vem sendo utilizada no âmbito empresarial e, gradualmente, vem ganhando espaço no setor público. Serve para resolver conflitos de maior complexidade técnica e diferenciada dimensão econômica, aliando a celeridade no procedimento ao conhecimento técnico especializado dos árbitros escolhidos para dirimir a controvérsia.

Lembro que até 2015 havia intensa divergência na doutrina e nos tribunais a respeito da possibilidade de a Administração Pública se valer do juízo arbitral para resolver os litígios de que fosse parte. Tive, neste particular, a honra de presidir a Comissão de Juristas do Senado Federal responsável pela elaboração do Projeto de Lei que resultou na Lei 13.129/2015, também conhecida como a Reforma da Lei de Arbitragem. Uma das mais importantes alterações promovidas na legislação arbitral, de fato, foi precisamente a previsão de emprego da arbitragem nos conflitos com o Poder Público.

O livro *Comentários à Lei de Arbitragem* aborda não apenas o regramento aplicável ao instituto no Brasil, mas também examina, cuidadosamente, as alterações promovidas pela Reforma da Lei, de 2015. Faz isso com rigor metodológico e profundidade teórica, sem descuidar da jurisprudência dos tribunais, em especial daquilo que vem sendo decidido pelo Superior Tribunal de Justiça.

A obra tem a coerência pedagógica de um verdadeiro manual de arbitragem. Sua leitura pode ser realizada artigo por artigo, sem prejuízo do todo. É um trabalho completo, bem estruturado e muito bem escrito, fruto de exaustiva pesquisa feita pelos autores, tendo por fonte de consulta a doutrina nacional e estrangeira, a jurisprudência doméstica e forasteira e, também, os regulamentos de arbitragem das principais instituições brasileiras e internacionais.

O resultado final é uma obra de peso que, sem dúvida, tem tudo para se tornar referência no mercado.

Boa leitura!

Brasília, 19 de março de 2021.

Luis Felipe Salomão

Ministro do STJ

PRÓLOGO

A arbitragem é meio de resolução de conflitos tão antigo que surge em momento anterior à justiça estatal e à existência de normas legais impositivas para a resolução dos conflitos.

Com efeito, à época, as desavenças entre os membros das diversas e longínquas comunidades eram resolvidas com base nos usos e costumes, na ética e na moral locais, cabendo aos mais vividos, experientes e ponderados – notadamente um ancião – decidir a contenda.

Séculos adiante, com o início da derrocada do Império Romano por força das invasões de povos germânicos (chamados de bárbaros), estes introduziam, praticamente de imediato, suas leis e justiça, impondo-as aos invadidos.

Tratava-se de evidente estratégia para acelerar a dominação territorial. Difundir as leis do invasor e aplicar sua justiça instrumentalizam demonstração de poder do conquistador e de patente submissão da população rendida.

Entretanto, aqueles que capitulavam à invasão dos bárbaros, para evitar que suas controvérsias fossem resolvidas por regramento que desconheciam e por uma justiça temida ou no mínimo suspeita, indicavam entre os mais velhos e sábios aquele que julgaria o conflito e que, para tanto, aplicaria as normas e princípios que lhes eram afeitos.

Passados outros tantos séculos, com (i) o incremento do comércio marítimo durante a Idade Média, (ii) a intensificação das trocas e dos negócios e (iii) o desenvolvimento dos usos e costumes e de regras próprias pelos comerciantes, as desavenças decorrentes das relações comerciais passaram a ser decididas por um terceiro, experiente e conhecedor das práxis.

Dessa forma, os comerciantes evitavam que suas disputas fossem solucionadas pela justiça da Cidade-Estado de uma das partes e a ela aplicada direito impróprio às práticas peculiares ao intercâmbio comercial.

Dessas circunstâncias históricas pode-se extrair a gênese da arbitragem, à vista do acentuado emprego da liberdade pelas partes na determinação dos meios e modos de solução das controvérsias.

Percebe-se a plenitude no exercício da autonomia, como expressão da liberdade de contratar, pilar essencial da arbitragem.

Em todas as épocas da história anteriormente relatadas, as partes escolhiam os julgadores e a regra aplicável. No primeiro momento, a moral e a ética da comunidade. No segundo, as normas legais que conheciam. No terceiro, as práxis comerciais.

Tal qual ocorre contemporaneamente. De acordo com a Lei de Arbitragem (Lei 9.307/1996), as partes têm ampla autonomia para indicar os árbitros que vão dirimir o conflito, julgadores privados esses que deverão aplicar o direito por elas escolhido, ou, se assim convencionarem as partes, decidir por equidade ou com base nos princípios gerais de direito, nos usos e costumes ou nas regras internacionais de comércio.

No segundo momento da história, diante do desconhecimento das normas legais aplicáveis e da incerteza quanto à justiça do invasor, optaram os contendentes por evitá-las, adotando na resolução do conflito o que lhes era mais confortável.

No caso das disputas comerciais, os litigantes não somente desejavam evitar a justiça de uma das partes, como também o direito vigente. Buscavam justiça neutra, de sua escolha, formada por pessoas aptas a decidir com base nas regras próprias e genuínas ao comércio.

Opções essas ainda observadas na atualidade, diante das particularidades do negócio jurídico e da nacionalidade das contratantes.

A escolha da arbitragem é determinante para acentuar a neutralidade jurisdicional, ao não submeter a questão ao Judiciário de qualquer das partes, ao possibilitar nomear o árbitro que melhor se encaixe nas peculiaridades do caso concreto e escolher a lei material ou outro meio que deva fundamentar a decisão que resolverá a disputa, bem como fixar o regramento que norteará o procedimento.

Em suma, desde os primórdios até os dias de hoje, é a liberdade a mola propulsora do instituto da arbitragem, liberdade essa repleta de bônus, mas também com pitadas de ônus. Não basta ser livre, pois é preciso saber viver e conviver com essa liberdade, posto não infinita, tampouco despida de limites.

Os pesos e contrapesos encontram-se estampados na Lei de Arbitragem e têm sido tratados, desvendados e criticados pela doutrina.

A jurisprudência judicial também tem seu papel de relevo no delineamento do instituto. A doutrina, por seu turno, colabora muito para o debate, o desenvolvimento e o aprimoramento da arbitragem no País.

É o caso do excelente *Comentários à Lei de Arbitragem* dos gabaritados autores Gustavo da Rocha Schmidt, Daniel Brantes Ferreira e Rafael Carvalho Rezende Oliveira.

O trabalho de escrever comentários sobre cada artigo de lei é dos mais importantes, pela extensão da matéria e diversidade das questões a enfrentar. A doutrina é vasta e qualificada no estudo de temas pontuais atinentes ao instituto, mas reduzida quando se trata de reflexão aprofundada sobre cada dispositivo da Lei de Arbitragem.

Mais uma razão para louvarmos a iniciativa de Gustavo, Daniel e Rafael, que, inclusive, não deixam de abordar os dispositivos revogados, de modo a preservar as razões históricas inerentes ao instituto e que ajudam a análise teleológica do regramento legal.

O livro, não há dúvida, é bastante contemporâneo, dada a ampla fonte utilizada pelos autores. Os *Comentários* não se resumem ao posicionamento jurídico de Gustavo, Daniel e Rafael sobre os diversos temas próprios a cada dispositivo legal; os autores foram além e enriqueceram o texto com extensa consulta às doutrinas e jurisprudência nacionais e estrangeiras, à legislação internacional e aos regulamentos dos maiores centros de arbitragem do Brasil e do exterior.

A bibliografia, por sua vez, expõe e reforça a qualidade da fonte de consulta e, por certo, a excelência dos *Comentários*.

Observam-se desse contexto a atualidade e a relevância da obra para os estudiosos, alunos, árbitros e advogados que militam ou desejam atuar no contencioso arbitral.

A qualificação acadêmica e profissional dos autores atesta e confirma a importância dos *Comentários* para a literatura jurídica brasileira. São todos experientes arbitralistas, professores de Direito com sólida formação acadêmica e diversos cursos no País e no exterior.

Enfim, não percam tempo com a leitura deste simples Prólogo, pois o que releva é o conteúdo do trabalho realizado por Gustavo, Daniel e Rafael.

Corram e adquiram logo o seu *Comentários à Lei de Arbitragem*, e o deixem sempre ao alcance das mãos.

Rio de Janeiro, 23 de março de 2021.

Pedro A. Batista Martins

SUMÁRIO

LEI 9.307,
DE 23 DE SETEMBRO DE 1996

Dispõe sobre a arbitragem.

O Presidente da República Faço saber que o Congresso Nacional decreta e eu sanciono a seguinte Lei:

CAPÍTULO I
Disposições Gerais

Art. 1º As pessoas capazes de contratar poderão valer-se da arbitragem para dirimir litígios relativos a direitos patrimoniais disponíveis.

§ 1º A administração pública direta e indireta poderá utilizar-se da arbitragem para dirimir conflitos relativos a direitos patrimoniais disponíveis. (Incluído pela Lei nº 13.129, de 2015.)

§ 2º A autoridade ou o órgão competente da administração pública direta para a celebração de convenção de arbitragem é a mesma para a realização de acordos ou transações. (Incluído pela Lei nº 13.129, de 2015.)

 Comentários

1. Métodos adequados de solução de conflitos (MASC): negociação, mediação, conciliação, arbitragem e *dispute boards*

A arbitragem é um mecanismo extrajudicial de solução de litígios. Destacam-se como principais métodos adequados de resolução de conflitos (MASC ou *Alternative Dispute Resolution* – ADRs) a negociação, a mediação, a conciliação, a arbitragem e os *dispute boards*.

A opção pela solução extrajudicial de um litígio cabe às partes e deve ser feita por acordo. Por derivar da autonomia da vontade, não há a necessidade de que o método escolhido esteja previsto em lei. Conforme ficou assentado no Enunciado 81, aprovado por ocasião da I Jornada Prevenção e Solução Extrajudicial de Litígios, organizada pelo Centro de Estudos Judiciários do Conselho da Justiça Federal (CEJ/CJF), "a conciliação, a arbitragem e a mediação, previstas em lei, não excluem outras formas de resolução de conflitos que decorram da autonomia privada, desde que o objeto seja lícito e as partes sejam capazes".

Diz-se hoje que o sistema de solução de conflitos, no Brasil, perdeu o caráter unidimensional. São várias portas de entrada e, também, diferentes portas de saída. É nesse sentido que se fala em "Tribunal Multiportas" ou "Sistema Multiportas". É, na feliz síntese de Antonio do Passo Cabral e Leonardo Carneiro da Cunha, "como se houvesse, no átrio do fórum, várias portas; a depender do problema apresentado, as partes seriam encaminhadas para a porta da mediação; ou da conciliação; ou da arbitragem; ou da própria justiça estatal".[1]

A negociação, a mediação e a conciliação são formas de autocomposição de conflitos, uma vez que as partes, com ou sem o auxílio de terceiro, solucionam suas controvérsias consensualmente.

Na negociação, as próprias partes buscam a solução do conflito, sem a participação de um terceiro, estranho às partes.

Em relação à mediação e à conciliação, a diferença entre os instrumentos é tênue. Enquanto na mediação, o mediador, neutro e imparcial, auxilia as partes na composição do conflito, na conciliação, o conciliador, mantida a neutralidade e imparcialidade, pode exercer papel mais ativo na condução do diálogo, apresentação de sugestões e na busca pelo acordo.[2]

A arbitragem, por sua vez, representa forma de heterocomposição de conflitos, pois o terceiro, *expert* e imparcial (árbitro), por convenção privada das partes envolvidas, decide o conflito e não o Estado-juiz.[3]

---

[1]   CABRAL, Antonio do Passo; CUNHA, Leonardo Carneiro da. Negociação direta ou resolução colaborativa de disputas (*collaborative law*); "Mediação sem mediador". In: ZANETTI JR., Hermes; CABRAL, Trícia Navarro Xavier. *Justiça Multiportas*: mediação, conciliação, arbitragem e outros meios de solução de conflitos. Salvador: JusPodivm, 2006. p. 710. A respeito do tema, veja-se ainda: CABRAL, Thiago Dias Delfino. *Impecuniosidade e arbitragem*: uma análise da ausência de recursos financeiros para a instauração do procedimento arbitral. São Paulo: Quartier Latin, 2019. p. 23-40.

[2]   Em razão da importância da autocomposição de conflitos, o CNJ editou a Resolução 125/2010, que dispõe sobre a Política Judiciária Nacional de tratamento adequado dos conflitos de interesses no âmbito do Poder Judiciário e prevê a oferta pelos órgãos judiciários de mecanismos de soluções de controvérsias, em especial os chamados meios consensuais, como a mediação e a conciliação. Destaque-se, ainda, a instituição da Câmara de Conciliação e Arbitragem da Administração Federal (CCAF), no âmbito da Advocacia-Geral da União (AGU), que tem procurado reduzir a litigiosidade entre órgãos e entidades administrativas.

[3]   A previsão da arbitragem no ordenamento jurídico é antiga, cabendo mencionar, exemplificativamente: Constituição/1824 (art. 160); Código Comercial/1850; Decreto 3.084/1898; Código Civil/1916 (arts. 1.037/1.048); DL 2.300/1986 (art. 45); Código de Processo Civil/1973 (arts. 1.072/1.102); Constituição/1988 (art. 114, § 1º); Lei 9.307/1996 (Lei de Arbitragem); Código Civil/2002 (arts. 851/853); Código de Processo Civil/2015 (art. 3º, § 1º).

Os *dispute boards*, também conhecidos como Comitês de Resolução de Conflitos, foram   utilizados de forma pioneira nos Estados Unidos na década de 70, durante a construção do *Eisenhower Tunnel*, no Colorado. Os *dispute boards* são órgãos colegiados, geralmente formados por três *experts*, indicados pelas partes no momento da celebração do contrato, que têm por objetivo acompanhar a sua execução, com poderes para emitir recomendações e/ou decisões, conforme o caso.[4]

Uma diferença evidente entre a arbitragem e os *disputes boards* está no fato de que, no primeiro caso, a disputa será submetida ao árbitro, que não integra ou acompanha a execução do contrato, ao qual caberá dirimir, em definitivo, o litígio já instaurado, ao passo que, no segundo caso, a controvérsia será dirimida pelo colegiado de *experts*, escolhido antes mesmo da existência de qualquer controvérsia, para acompanhar a execução do contrato, com melhores condições, em tese, de prevenir e solucionar problemas, em virtude da redução da assimetria de informações e da celeridade da decisão. Um (a arbitragem) tem por objetivo pôr fim ao conflito já conflagrado; o outro (*dispute boards*) tem por objetivo prevenir o surgimento de eventual litígio.

Os *dispute boards*, apesar da ainda reduzida utilização no Brasil,[5] podem representar um importante instrumento de solução de controvérsias, especialmente nos contratos de grande vulto econômico e de maior complexidade técnica, sobretudo aqueles que versam sobre obras e serviços de engenharia.

2. Conceito e natureza jurídica da arbitragem

A arbitragem é um método heterocompositivo e extrajudicial de solução de conflitos, por meio do qual o terceiro imparcial (árbitro ou Tribunal Arbitral), escolhido pelas partes, profere sentença para solucionar a controvérsia submetida à sua análise, nos limites fixados na convenção de arbitragem.

Trata-se de forma heterocompositiva de solução de conflitos, uma vez que a decisão competirá ao terceiro imparcial escolhido pelos interessados. Configura, ainda, solução extrajudicial, uma vez que a arbitragem envolve o exercício de jurisdição não estatal, cabendo ao *expert*, escolhido pelas partes, a resolução definitiva do litígio.

---

[4]   Sobre o tema, vide: WALD, Arnoldo. A arbitragem contratual e os *dispute boards*. *Revista de Arbitragem e Mediação*, v. 2, n. 6, p. 9-24, jul./set. 2005; VAZ, Gilberto José; NICOLI, Pedro Augusto Gravatá. Os *dispute boards* e os contratos administrativos: são os DBs uma boa solução para disputas sujeitas a normas de ordem pública? *Revista de Arbitragem e Mediação*, v. 10, n. 38, p. 131-147, jul./set. 2013; SOUSA, Antonio Luis Pereira. Dispute boards. *Revista Brasileira de Alternative Dispute Resolution – RBADR*, ano 2, n. 3, p. 71-156, jan./jun. 2020. Na forma do regulamento da *International Chamber of Commerce (ICC)*, existem três espécies de *dispute boards*: a) *Dispute Review Boards (DRBs)*: emitem recomendações sobre determinada controvérsia, sem caráter vinculante imediato; b) *Dispute Adjudication Boards (DABs)*: decidem as controvérsias contratuais, com caráter vinculante; e c) *Combined Dispute Boards (CDBs)*: emitem recomendações e, em determinados casos, decidem disputas contratuais. Disponível em: https://iccwbo.org/dispute-resolution-services/dispute-boards/rules/. Acesso em: 10 jan. 2021.

[5]   Mencione-se, por exemplo, a utilização do *dispute board* na construção da linha amarela do Metrô de São Paulo.

A doutrina diverge sobre a natureza jurídica da arbitragem, sendo possível, mencionar quatro entendimentos sobre o assunto:[6] *a) contratual ou privatista*: sustenta a natureza contratual da arbitragem, pois a sua instituição e os poderes do árbitro dependem da manifestação de vontade das partes;[7] *b) jurisdicional ou publicista*: defende a natureza jurisdicional do processo arbitral, uma vez que os árbitros são juízes de fato e de direito que solucionam conflitos de interesses, cuja decisão não está sujeita à homologação pelo Judiciário;[8] *c) intermediária ou mista*: ao lado da autonomia de vontade das partes na instituição e na definição da extensão da arbitragem, destaca o seu caráter público, mas não estatal, no processo de solução e pacificação de conflitos;[9] e *d) autônoma*: a arbitragem representa um sistema independente de solução de controvérsias, distinto de outros modelos, com ênfase na autonomia privada e submetido às suas próprias regras.[10]

Não obstante a base contratual da sua instituição, a arbitragem possui natureza jurisdicional,[11] uma vez que a legislação reconhece o árbitro como juiz de fato e de direito, com a prerrogativa de solucionar a controvérsia submetida pelas partes, cuja sentença condenatória constitui título executivo judicial (arts. 18 e 31 da Lei de Arbitragem).

3. Evolução histórica da arbitragem no Brasil

A utilização da via arbitral para solução de controvérsias sempre encontrou apoio no ordenamento jurídico pátrio.

Já a Constituição Imperial de 1824, em seu art. 160, estabelecia que as partes poderiam nomear juízes-árbitros para solução de controvérsias de natureza civil e as sentenças seriam executadas, sem recurso, se assim fosse convencionado pelas partes.

---

[6] Para um apanhado a respeito das diversas correntes doutrinárias existentes sobre o tema, veja-se, entre outros: ROCHA, Pedro Cavalcanti de Almeida. *Extensão da convenção arbitral aos contratos conexos*. Salvador: JusPodivm, 2020. p. 33-42.

[7] BOLZAN DE MORAIS, José Luis; SPENGLER, Fabiana Marion. *Mediação e arbitragem*: alternativas a jurisdição. 2. ed. Porto Alegre: Livraria do Advogado, 2008. p. 183.

[8] CARMONA, Carlos Alberto. *Arbitragem e processo*: um comentário à Lei nº 9.307/96. 2. ed. São Paulo: Atlas, 2004. p. 45; THEODORO JÚNIOR, Humberto. A arbitragem como meio de solução de controvérsias. *Revista Síntese de Direito Civil e Processual Civil*, n. 2, p. 12, nov./dez. 1999; CAHALI, Francisco José. *Curso de arbitragem*: mediação: conciliação: resolução CNJ 125/2010. 5. ed. São Paulo: RT, 2015. p. 123/129; SCHMIDT, Gustavo da Rocha. *Arbitragem na Administração Pública*. Curitiba: Juruá, 2018. p. 96.

[9] CÂMARA, Alexandre de Freitas. *Arbitragem*: Lei nº 9.307/96. 4. ed. Rio de Janeiro: Lumen Juris, 2005. p. 12-15; LEMES, Selma M. Ferreira. *Arbitragem na administração pública*: fundamentos jurídicos e eficiência econômica. São Paulo: Quartier Latin, 2007. p. 61.

[10] Sobre a teoria autônoma na arbitragem comercial internacional, vide: DOLINGER, Jacob; TIBURCIO, Carmen. *Direito internacional privado*: arbitragem comercial internacional. Rio de Janeiro: Renovar, 2003. p. 96.

[11] Quanto à natureza jurisdicional da arbitragem, veja-se ainda: NUNES, Thiago Marinho. *Arbitragem e prescrição*. São Paulo: Atlas, 2014. p. 22-24; FARIA, Marcela Kohlbach de. *Ação anulatória de sentença arbitral*: aspectos e limites. Brasília: Gazeta Jurídica, 2014. p. 26-32.

O Código Comercial de 1850 instituiu a obrigatoriedade de arbitragem para determinadas matérias, cabendo mencionar, por exemplo, a previsão do juízo arbitral para solução de todas as controvérsias entre os sócios durante a existência da sociedade, sua liquidação ou partilha (art. 294). O Decreto 737, do mesmo ano, editado com fundamento no art. 27 do Código Comercial, tratou do juízo arbitral voluntário e necessário nos arts. 411 a 475. Contudo, o juízo arbitral necessário foi extinto com a promulgação da Lei 1.350/1866, de sorte que, dali em diante, toda arbitragem seria voluntária, mediante compromisso das partes.

A Constituição republicana de 1891 não tratou da arbitragem para solução de controvérsias no âmbito interno, limitando-se a prever a sua utilização nas controvérsias externas entre Estados soberanos (art. 34, item 11).

O Código Civil de 1916, nos arts. 1.037 a 1.048, tratou do compromisso arbitral para solução de pendências judiciais ou extrajudiciais, estipulando que o árbitro seria juiz de fato e de direito da causa.

A Constituição de 1934, por sua vez, manteve a previsão de possibilidade de emprego da via arbitral para solução de disputas internacionais (arts. 4º e 40, "b") e, no âmbito interno, fixou a competência privativa da União para legislar sobre normas fundamentais de arbitragem comercial (art. 5º, XIX, "c"), admitindo que as leis estaduais suprissem as lacunas ou deficiências da legislação federal (art. 5º, § 3º). Em suas Disposições Transitórias, a Constituição indicou a arbitragem como forma de resolução de conflitos relacionados à demarcação dos limites dos Estados (art. 13).

A Carta Constitucional outorgada em 1937 consagrou a competência dos Estados para legislarem sobre organizações públicas para conciliação extrajudiciária dos litígios ou arbitragem, com o intuito de suprir eventuais deficiências da legislação federal ou para atendimento das peculiaridades locais (art. 18, "d"). Em suas Disposições Transitórias e Finais, o art. 184, §§ 1º e 2º, extinguiu os processos judiciais e arbitrais que discutiam as questões relativas aos limites entre os Estados, conferindo ao Serviço Geográfico do Exército a competência para fixar as demarcações.

O Código de Processo Civil de 1939 regulou o juízo arbitral nos arts. 1.031 a 1.046, exigindo a homologação judicial da sentença arbitral, com a possibilidade de recurso de apelação.

As Constituições de 1946 (art. 4º) e de 1967 (art. 7º) previram a arbitragem para resolução de disputas internacionais que envolvessem o Brasil, o que foi mantido, também, na Emenda Constitucional 01/1969 (art. 7º).

O Código de Processo Civil de 1973 tratou da arbitragem nos arts. 1.072 a 1.102, com a manutenção da previsão contida no Código anterior no sentido de que o "laudo arbitral" dependeria de homologação judicial.

A Constituição de 1988 menciona a arbitragem ao tratar da competência da Justiça do Trabalho. No art. 114, § 1º, o texto constitucional dispõe que "frustrada a negociação coletiva, as partes poderão eleger árbitros". Na sequência, o § 2º do referido dispositivo prevê que na hipótese de recusa de qualquer das partes à negociação coletiva ou à arbitragem, é facultado às mesmas, de comum acordo, ajuizar dissídio coletivo de natureza econômica. Nos Atos das Disposições Constitucionais Transitórias, o art. 12, § 2º, fixou o prazo de 3 anos, contados da promulgação da Constituição, para que os Estados e os Municípios promovessem, mediante acordo ou arbitramento, a demarcação de suas linhas divisórias atualmente litigiosas.

A promulgação da Lei 9.307/1996 (Lei de Arbitragem)[12] consolidou as normas de arbitragem, com a revogação dos dispositivos sobre o tema do Código Civil de 1916 e do Código de Processo Civil de 1973. Nada falou, contudo, sobre o emprego da arbitragem nos conflitos envolvendo a Administração Pública. Assim é que, nos anos seguintes, foram aprovadas leis diversas, autorizando o uso da via arbitral para solucionar conflitos relacionados a contratos administrativos, nos setores de infraestrutura. Nesse sentido, "a Lei Geral de Telecomunicações (Lei nº 9.472/1997) estabelece que o contrato de concessão deverá indicar 'o modo para solução extrajudicial das divergências contratuais' (art. 93, XV). A Lei nº 9.478/1997 (Lei do Petróleo) preconiza que são cláusulas essenciais, nos contratos de concessão do setor de óleo e gás, aquelas que dispõem 'sobre solução de controvérsias, relacionadas com o contrato e sua execução, inclusive a conciliação e a arbitragem internacional' (art. 43, X). Também, a Lei nº 10.233/2001, que criou a Agência Nacional de Transportes Terrestres (ANTT) e a Agência Nacional de Transportes Aquaviários (ANTAQ) esclarece que devem constar, obrigatoriamente, dos contratos de concessão, como cláusulas essenciais, as 'regras sobre solução de controvérsias relacionadas com o contrato e sua execução, incluindo conciliação e arbitragem' (art. 35, XI)",[13] entre outras que se seguiram.

O Código Civil de 2002, nos arts. 851 a 853, regulou o compromisso arbitral, sem alterar as previsões contidas na Lei de Arbitragem.

O Código de Processo Civil de 2015 confirmou a importância da arbitragem em diversos dispositivos (arts. 3º, § 1º; 42; 189, IV; 237, IV; 260, § 3º; 267; 337, X; 359 etc.)

A Lei 13.129/2015 (Reforma da Lei de Arbitragem)[14] alterou a Lei 9.307/1996 para, entre outras modificações na legislação então em vigor, admitir, de forma ampla, a arbitragem na Administração Pública (art. 1º, §§ 1º e 2º; art. 2º, § 3º), tratar da tutela cautelar e de urgência (arts. 22-A e 22-B) e dispor sobre a carta arbitral (art. 22-C).

Com a promulgação da Lei 13.467/2017, que alterou a CLT, passou a ser admitida a estipulação de cláusula compromissória, desde que por iniciativa do empregado ou mediante a sua concordância expressa, nos contratos individuais de trabalho cuja remuneração seja superior a duas vezes o limite máximo estabelecido para os benefícios do Regime Geral de Previdência Social (RGPS), na forma do art. 507-A da CLT.

---

12   Para um relato sobre a evolução e consolidação da Lei de Arbitragem, nos seus primeiros vinte anos de vigência, confira-se: GIUSTI, Gilberto. Os vinte anos da Lei 9.307/96. In: MELO, Leonardo de Campos; BENEDUZI, Renato Resende (coord.). *A reforma da arbitragem*. Rio de Janeiro: Forense, 2016. p. 1-19.

13   SCHMIDT, Gustavo da Rocha. *Arbitragem na Administração Pública*. Curitiba: Juruá, 2018. p. 32-33.

14   Confira-se, a respeito das diversas alterações introduzidas na legislação pela Reforma da Lei de Arbitragem: MELO, Leonardo de Campos; BENEDUZI, Renato Resende (coord.). *A reforma da arbitragem*. Rio de Janeiro: Forense, 2016; e ROCHA, Caio Cesar; SALOMÃO, Luis Felipe. *Arbitragem e mediação*: a reforma da legislação brasileira. 2. ed. São Paulo: Atlas, 2017.

A evolução histórica demonstra que a arbitragem se consolidou no campo normativo como importante método extraestatal e adequado de solução de controvérsias. Nas relações entre particulares e, de forma crescente, nas relações que envolvem a Administração Pública, o juízo arbitral representa uma forma eficiente para resolução de disputas, o que demonstra a relevância do estudo da Lei de Arbitragem.

4. Princípios da arbitragem

A arbitragem encontra-se submetida a alguns princípios consagrados, expressa ou implicitamente, na Lei 9.307/1996, com destaque para aqueles exemplificativamente mencionados a seguir:

a) Princípio da autonomia da vontade:[15] a arbitragem é voluntária e a sua utilização depende de manifestação de vontade das partes, por meio da celebração da convenção de arbitragem (cláusula compromissória ou compromisso arbitral), na forma do art. 3º da Lei de Arbitragem.[16]

b) Princípio Competência-Competência (*Kompetenz-Kompetenz*): o árbitro é o juiz primeiro da sua própria competência. Assim, cabe ao árbitro, com prioridade ao Poder Judiciário, decidir, de ofício ou por provocação das partes, se possui competência para julgar o conflito, inclusive sobre a existência, validade e eficácia da convenção de arbitragem e do contrato que contenha a cláusula compromissória (art. 8º, parágrafo único, da Lei de Arbitragem).[17]

O art. 20, § 2º, da Lei de Arbitragem reforça o referido princípio ao exigir que a discussão relativa à competência seja realizada na própria arbitragem, com a

---

[15] Diz Pedro Batista Martins que "[n]o aspecto subjetivo, a liberdade manifesta-se, no campo do direito privado, no poder da pessoa estabelecer, pelo exercício de sua vontade, o nascimento, a modificação e a extinção de suas relações jurídicas. No aspecto objetivo, significa o poder de criar juridicamente essas relações, estabelecendo-lhes o respectivo conteúdo e disciplina. No aspecto subjetivo, autonomia de vontade, e no aspecto objetivo, como poder jurídico normativo, denomina-se de autonomia privada. Instrumento de sua atuação e realização é o negócio jurídico" (MARTINS, Pedro A. Batista. *Arbitragem no direito societário*. Rio de Janeiro: GZ Editora, 2018. p. 12).

[16] As partes podem decidir se a arbitragem será de direito ou por equidade, com liberdade para escolha das regras de direito aplicáveis, desde que não haja violação aos bons costumes e à ordem pública, bem como podem convencionar que a arbitragem será realizada com base nos princípios gerais de direito, nos usos e costumes e nas regras internacionais de comércio (art. 2º, *caput* e §§ 1º e 2º, da Lei de Arbitragem). Ademais, as partes podem definir o procedimento a ser adotado, na forma do art. 21 da Lei de Arbitragem.

[17] Sobre o tema, o STJ decidiu: "Cabe ao Juízo arbitral, nos termos do art. 8º da Lei n. 9.307/1996 que lhe confere a medida de competência mínima, veiculada no Princípio da *kompetenz*, deliberar sobre a sua competência, precedentemente a qualquer outro órgão julgador, imiscuindo-se, para tal propósito, sobre as questões relativas à existência, validade e eficácia (objetiva e subjetiva) da convenção de arbitragem e do contrato que contenha a cláusula compromissória" (STJ, CC 150.830/PA, Rel. Min. Marco Aurélio Bellizze, Segunda Seção, *DJe* 16.10.2018).

possibilidade de ulterior reexame da questão pelo Poder Judiciário, por meio da ação anulatória disciplinada nos arts. 32 e 33 da Lei.

Mencione-se, ainda, o art. 485, VII, do CPC que prevê a extinção do processo, sem julgamento do mérito, quando o juiz "acolher a alegação de existência de convenção de arbitragem ou quando o juízo arbitral reconhecer sua competência". Cabe ao réu alegar, em sua contestação, a existência do pacto arbitral, sob pena de aceitar a jurisdição estatal e renunciar ao juízo arbitral (art. 337, X e § 6º, do CPC).[18]

c) **Princípio do contraditório:** corolário do devido processo legal, não há processo justo sem que se assegure à parte o direito ao contraditório.[19] Por força do contraditório, as partes devem ser cientificadas de todos os atos do procedimento, desde a instauração da arbitragem, até a sentença arbitral final, para que possam se manifestar a respeito e ter os seus argumentos considerados pelo árbitro da causa. Tem a parte o direito de ser ouvida e de produzir as provas necessárias à demonstração da veracidade de suas alegações, assegurando-se sempre à parte adversa a possibilidade de contraditar as evidências produzidas (art. 21, § 2º, da Lei de Arbitragem).

d) **Princípio da igualdade das partes:** os árbitros devem dispensar tratamento isonômico às partes durante todo o procedimento arbitral, inclusive na produção de provas e na escolha e nas impugnações dos árbitros, sendo vedada a discriminação odiosa ou desproporcional entre as partes (art. 21, § 2º, da Lei de Arbitragem).

e) **Princípio da imparcialidade do árbitro:** os árbitros devem atuar com imparcialidade durante todo o procedimento, impondo-se o dever de revelar (*duty of disclosure*), antes da aceitação da função, qualquer fato que possa denotar dúvida justificada quanto à sua imparcialidade e independência (arts. 13, § 6º; 14, § 1º; 21, § 2º, da Lei de Arbitragem).

f) **Princípio do livre convencimento motivado:** os árbitros possuem liberdade para avaliação e valoração das provas, com a prolação de decisão fundamentada sobre as questões suscitadas no procedimento arbitral (arts. 21, § 2º, e 26, II, da Lei de Arbitragem).

g) **Princípio da não revisão do mérito da sentença arbitral:** não cabe ao Poder Judiciário rever o mérito da sentença arbitral. Destaca-se que, mesmo nos casos restritos de cabimento da ação anulatória da sentença arbitral, a atuação do Poder Judiciário restringe-se à eventual anulação da decisão para submeter o litígio a nova decisão do Tribunal Arbitral, não podendo o juiz togado substituir o árbitro no julgamento do mérito da causa (arts. 33, § 2º, da Lei de Arbitragem). As hipóteses restritas

---

[18] A propósito do assunto, o Enunciado 5 da I Jornada Prevenção e Solução Extrajudicial de Litígios do Centro de Estudos Judiciários do Conselho da Justiça Federal (CEJ/CJF) dispõe: "A arguição de convenção de arbitragem pode ser promovida por petição simples, a qualquer momento antes do término do prazo da contestação, sem caracterizar preclusão das matérias de defesa, permitido ao magistrado suspender o processo até a resolução da questão".

[19] CÂMARA, Alexandre de Freitas. *Lições de direito processual civil.* 3. ed. Rio de Janeiro: Lumen Juris, 2000. v. I, p. 45.

de anulação da sentença arbitral relacionam-se aos casos de erros no procedimento (*error in procedendo*) e não à justiça material da decisão arbitral (*error in judicando*).[20]

5. Arbitrabilidade subjetiva e objetiva

Nem todos os litígios podem ser dirimidos pela via arbitral. Existem, no ordenamento jurídico, limites subjetivos e objetivos ao emprego da arbitragem como método de solução de conflitos. Conforme ensinam Jacob Dolinger e Carmen Tiburcio, o Estado tem "o poder de impedir que determinadas questões sejam dirimidas pela via da arbitragem, resultando no estabelecimento da regra da competência exclusiva da jurisdição estatal no que se refere a determinadas controvérsias. Nesse caso, diz-se que o litígio não é passível de ser resolvido por arbitragem, ou melhor, não é arbitrável".[21] A arbitrabilidade é, portanto, um requisito de validade da convenção de arbitragem. A arbitrabilidade, que significa a possibilidade de um litígio ser submetido à arbitragem voluntária, pode ser dividida em duas espécies: a) subjetiva (*ratione personae*): refere--se às pessoas que podem se submeter à arbitragem e b) objetiva (*ratione materiae*): diz respeito às questões que podem ser decididas pelo juízo arbitral.[22]

Em relação à arbitrabilidade subjetiva, o art. 1º da Lei de Arbitragem sempre restringiu a sua utilização às pessoas capazes, regra que foi repetida no art. 851 do Código Civil. Havia, todavia, enorme controvérsia a respeito da possibilidade de emprego da via arbitral pelos entes estatais. Com a alteração promovida pela Lei 13.129/2015, o art. 1º, § 1º, da Lei de Arbitragem passou a prever, de forma expressa, a possibilidade de utilização da arbitragem pela Administração Pública (arbitrabilidade subjetiva), sepultando, definitivamente, controvérsia doutrinária e jurisprudencial que se arrastava desde a edição da Lei de Arbitragem, em 1996.

Os entes despersonalizados, em razão da ausência de personalidade jurídica e, portanto, da capacidade de direito e de fato, não podem firmar, em princípio, convenção arbitral. Excepcionalmente, o ordenamento jurídico confere capacidade contratual para determinados entes despersonalizados (ex.: condomínio edilício, massa falida, espólio), que poderiam submeter as suas controvérsias à solução arbitral. Em tais casos, a celebração da convenção de arbitragem depende de autorizações e representações específicas: a) o condomínio edilício é representado pelo síndico e depende, para tanto, de autorização da assembleia de condôminos; b) o administrador judicial da

---

[20]   No mesmo sentido: LAMAS, Natália Mizrahi. Introdução e princípios aplicáveis à arbitragem. In: LEVY, Daniel; PEREIRA, Guilherme Setoguti J. (coord.). *Curso de arbitragem.* São Paulo: Thomson Reuters Brasil, 2018. p. 58.

[21]   DOLINGER, Jacob; TIBURCIO, Carmen. Arbitrabilidade. In: DOLINGER, Jacob; TIBURCIO, Carmen. *Direito internacional privado*: arbitragem comercial internacional. Rio de Janeiro: Renovar, 2003. A propósito do tema, veja-se ainda: GARCEZ, José Maria Rossani. *ADRS: Métodos alternativos de solução de conflitos*: análise estrutural dos tipos, fundamentos e exemplos na prática nacional/internacional. Rio de Janeiro: Lumen Juris, 2013. p. 106-109; MUNIZ, Joaquim de Paiva. *Curso de direito arbitral*: aspectos práticos do procedimento. 2. ed. Curitiba: CRV, 2014. p. 31-42; PEREIRA, Cesar A. Guimarães. Arbitrabilidade. In: CEMCA/CFOAB. *Manual de arbitragem para advogados.* 2015. p. 48-63.

[22]   OLIVEIRA, Ana Perestrelo de. *Arbitragem de litígios com entes públicos.* 2. ed. Coimbra: Almedina, 2015. p. 11-12.

massa falida precisa de autorização judicial; e c) o espólio depende de representação pelo inventariante e de autorização judicial.[23]

Questão que tem gerado controvérsia na doutrina refere-se à (im)possibilidade de arbitragem envolvendo pessoas incapazes, na forma dos arts. 3º e 4º do Código Civil.[24] De um lado, parcela dos juristas sustenta a impossibilidade de convenção arbitral por incapazes, ainda que assistidos ou representados, em razão da indisponibilidade dos direitos envolvidos e da necessária participação do Ministério Público no processo (art. 178, II, do CPC).[25] De outro lado, alguns autores admitem que os incapazes podem ser representados ou assistidos nas arbitragens.[26] Parece-nos que não há qualquer óbice a que os incapazes firmem convenções arbitrais, desde que devidamente representados ou assistidos, para solução de controvérsias relacionadas aos direitos patrimoniais inseridos nos poderes de administração dos respectivos representantes legais. É a inteligência do próprio art. 3º do Código Civil. Os menores de 16 anos são incapazes de exercer pessoalmente os atos da vida civil. Nada impede, no entanto, que o façam por seus representantes legais.

Quanto à arbitrabilidade objetiva, a solução arbitral somente pode envolver os litígios relativos a direitos patrimoniais disponíveis.[27-28] Assim, somente direitos passíveis de conversão monetária e de livre disposição pelos interessados podem ser submetidos à arbitragem. Excluem-se do juízo arbitral, por exemplo, as questões relativas aos direitos da personalidade (ex.: direito à vida, à honra), ao estado das pessoas (ex.: filiação, interdição, guarda)[29] e ao exercício do poder de polícia do Estado.

---

[23] Nesse sentido: CAHALI, Francisco José. *Curso de arbitragem*: mediação, conciliação e tribunal multiportas. 7. ed. São Paulo: Thomson Reuters Brasil, 2018. p. 144; CARMONA, Carlo Alberto. Arbitragem e processo. 3. ed. São Paulo: Atlas, 2009. p. 39; FICHTNER, José Antonio; MANNHEIMER, Sergio Nelson; MONTEIRO, André Luis. *Teoria geral da arbitragem*. Rio de Janeiro: Forense, 2019. p 236-238.

[24] Código Civil: "Art. 3º São absolutamente incapazes de exercer pessoalmente os atos da vida civil os menores de 16 (dezesseis) anos. Art. 4º São incapazes, relativamente a certos atos ou à maneira de os exercer: I – os maiores de dezesseis e menores de dezoito anos; II – os ébrios habituais e os viciados em tóxico; III – aqueles que, por causa transitória ou permanente, não puderem exprimir sua vontade; IV – os pródigos. Parágrafo único. A capacidade dos indígenas será regulada por legislação especial".

[25] CAHALI, Francisco José. *Curso de arbitragem*: mediação, conciliação e tribunal multiportas. 7. ed. São Paulo: Thomson Reuters Brasil, 2018. p. 144.

[26] SCAVONE JR., Luiz Antonio. *Manual de arbitragem*. 4. ed. São Paulo: RT, 2010. p. 21-22; FICHTNER, José Antonio; MANNHEIMER, Sergio Nelson; MONTEIRO, André Luis. *Teoria geral da arbitragem*. Rio de Janeiro: Forense, 2019. p. 238-241.

[27] MARTINS, Pedro Antonio Batista. *Apontamentos sobre a lei de arbitragem*. Rio de Janeiro: Forense, 2008. p. 3.

[28] Sobre arbitrabilidade objetiva em uma perspectiva internacional, vide os comentários ao art. 38 da Lei de Arbitragem.

[29] Código Civil: "Art. 852. É vedado compromisso para solução de questões de estado, de direito pessoal de família e de outras que não tenham caráter estritamente patrimonial".

6. Arbitragem na Administração Pública[30]

6.1. Arbitrabilidade subjetiva e objetiva na Administração Pública

Conforme já destacado, o art. 1º, § 1º, da Lei de Arbitragem, alterado pela Lei 13.129/2015, estabelece a possibilidade de utilização da arbitragem pela Administração Pública Direta e Indireta[31] (arbitrabilidade subjetiva) para dirimir conflitos relativos a direitos patrimoniais disponíveis (arbitrabilidade objetiva).

Em relação à arbitrabilidade subjetiva, é importante destacar que, antes da alteração promovida na Lei de Arbitragem pela Lei 13.129/2015, a utilização da arbitragem pela Administração Pública suscitava controvérsias.

O STF, em precedente anterior à Constituição (caso Lage), admitiu a arbitragem em relações fazendárias.[32] Já o STJ, após a edição da Lei de Arbitragem, ao tratar de contratos celebrados por empresas estatais, em especial as exploradoras de atividade econômica, admitiu a utilização da arbitragem para a resolução de conflitos oriundos dos respectivos ajustes.[33] Ao passo que o TCU, em algumas oportunidades, afirmou

---

[30]   Sobre o tema, vide: SCHMIDT, Gustavo da Rocha. *Arbitragem na Administração Pública*. Curitiba: Juruá, 2018; LEMES, Selma Ferreira. *Arbitragem na administração pública, - fundamentos jurídicos e eficiência econômica*, São Paulo: Quartier Latin, 2007; TIBURCIO, Carmen. A arbitragem envolvendo a administração pública. *Âmbito Jurídico*, Rio Grande, ano XI, n. 60, dez 2008. Disponível em: https://ambitojuridico.com.br/cadernos/direito-administrativo/a-arbitragem-envolvendo-a-administracao-publica/. Acesso em: 9 jul. 2020; TÁCITO, Caio. Arbitragem nos litígios administrativos. *Revista de Direito Administrativo*, v. 210, p. 114-115, out./dez. 1997; entre outros.

[31]   FERREIRA, Daniel. B.; OLIVEIRA, Rafael. Carvalho Rezende. A arbitragem no direito administrativo: perspectivas atuais e futuras através de um estudo comparativo e temático entre Brasil e Portugal. *Revista de Direito Administrativo*, v. 3, p. 43-51, 2020. É interessante notar que, em Portugal, há ainda um regime arbitral específico para a solução de conflitos de natureza tributária. A propósito do assunto, veja-se: VILLA-LOBOS, Nuno; PEREIRA, Tânia Carvalhais. *The Portuguese tax arbitration regime*. Lisboa: Almedina, 2015.

[32]   Confira-se a ementa do julgado: "Incorporação, bens e direitos das empresas Organização Lage e do espólio de Henrique Lage. Juízo arbitral. Cláusula de irrecorribilidade. Juros da mora. Correção monetária. 1. Legalidade do juízo arbitral, que o nosso direito sempre admitiu e consagrou, até mesmo nas causas contra a fazenda. Precedente do Supremo Tribunal Federal. 2. Legitimidade da cláusula de irrecorribilidade de sentença arbitral, que não ofende a norma constitucional. 3. Juros de mora concedidos, pelo acórdão agravado, na forma da lei, ou seja, a partir da propositura da ação. Razoável interpretação da situação dos autos e da Lei nº 4.414, de 1964. 4. Correção monetária concedida, pelo tribunal *a quo*, a partir da publicação da Lei nº 4.686, de 21.6.65. Decisão correta. 5. Agravo de instrumento a que se negou provimento" (STF, AI 52.181/GB, Rel. Min. Bilac Pinto, Tribunal Pleno, *DJ* 15.02.1974, p. 720).

[33]   STJ, REsp 612.439/RS, Rel. Min. João Otávio de Noronha, Segunda Turma, *DJ* 14.09.2006, p. 299: "Processo civil. Juízo arbitral. Cláusula compromissória. Extinção do processo. Art. 267, VII, do CPC. Sociedade de economia mista. Direitos disponíveis. Extinção da ação cautelar preparatória por inobservância do prazo legal para a proposição da ação principal. 1. Cláusula compromissória é o ato por meio do qual as partes con-

que a utilização da arbitragem nos contratos administrativos, sem previsão legal específica, violaria o princípio da indisponibilidade do interesse público.[34]

Não obstante a controvérsia, prevalecia a possibilidade de utilização da arbitragem na Administração Pública.

No campo das contratações estatais, a arbitragem em ajustes privados da Administração Pública (ex.: contratos celebrados por empresas estatais) sempre contou com maior aceitação da doutrina e da jurisprudência, especialmente em razão da preponderância da aplicação do regime jurídico de direito privado e pela inaplicabilidade, em regra, das cláusulas exorbitantes, na forma do art. 62, § 3.º, I, da Lei 8.666/1993.

Por sua vez, a arbitragem em contratos administrativos já contava com previsão em diplomas legais específicos (ex.: art. 5º, parágrafo único, da Lei 5.662/1971, art. 23-A da Lei 8.987/1995, art. 93, XV, da Lei 9.472/1997, art. 43, X, da Lei 9.478/1997, art. 35, XVI, da Lei 10.233/2001, art. 11, III, da Lei 11.079/2004). Aliás, independentemente de previsão legal específica, a utilização da arbitragem nos contratos administrativos encontrava fundamento no art. 54 da Lei 8.666/1993, que determinava a aplicação supletiva dos princípios da teoria geral dos contratos e das disposições de direito privado.

Registre-se, também, que o art. 55, § 2º, da Lei 8.666/1993, ao exigir a estipulação de "cláusula que declare competente o foro da sede da Administração para dirimir

---

tratantes formalizam seu desejo de submeter à arbitragem eventuais divergências ou litígios passíveis de ocorrer ao longo da execução da avença. Efetuado o ajuste, que só pode ocorrer em hipóteses envolvendo direitos disponíveis, ficam os contratantes vinculados à solução extrajudicial da pendência. 2. A eleição da cláusula compromissória é causa de extinção do processo sem julgamento do mérito, nos termos do art. 267, inciso VII, do Código de Processo Civil. 3. São válidos e eficazes os contratos firmados pelas sociedades de economia mista exploradoras de atividade econômica de produção ou comercialização de bens ou de prestação de serviços (CF, art. 173, § 1º) que estipulem cláusula compromissória submetendo à arbitragem eventuais litígios decorrentes do ajuste. 4. Recurso especial parcialmente provido". Vide, ainda, entre outros: STJ, Primeira Seção, AgRg no MS 11.308/DF, Rel. Min. Luiz Fux, julgado em 28/06/2006, *DJ* de 14/08/2006; STJ, Segunda Turma, REsp 606.345/RS, Rel. Min. João Otávio Noronha, j. 17.05.2007, *DJ* 08.06.2007; STJ, Primeira Seção, MS 11.308/DF, Rel. Min. Luiz Fux, j. 09.04.2008, *DJe* 19.05.2008; STJ, Terceira Turma, REsp 904.813/PR, Rel. Min. Nancy Andrighi, j. 20.10.2011, *DJe* 28.02.2012.

[34] TCU, Decisão 286/1993, Plenário, Rel. Min. Homero Santos, *DOU* 04.08.1993; TCU, Acórdão 587/2003, Plenário, Rel. Min. Adylson Motta, *DOU* 10.06.2003; TCU, Acórdão 906/2003, Plenário, Rel. Min. Lincoln Magalhães da Rocha, *DOU* 24.07.2003; TCU, Acórdão 1099/2006, Plenário, Rel. Min. Augusto Nardes, *DOU* 10.07.2006. O Tribunal, posteriormente, admitiu a arbitragem nos contratos celebrados por sociedade de economia mista (Petrobras), versando exclusivamente sobre "a resolução dos eventuais litígios a assuntos relacionados à sua área-fim e a disputas eminentemente técnicas oriundas da execução dos aludidos contratos". TCU, Acórdão 2094/2009, Rel. Min. José Jorge, *DOU* 11.09.2009. Todavia, nessa última hipótese, os contratos não seriam administrativos propriamente ditos, mas privados da administração e, portanto, submetidos, naturalmente, ao direito privado.

qualquer questão contratual", jamais impediu a pactuação da arbitragem.[35] A referida norma não exigia que todas as controvérsias fossem dirimidas pelo Judiciário, mas apenas previa a cláusula de eleição de foro, mesmo porque a arbitragem não afasta, de forma absoluta, a via jurisdicional (ex.: arts. 6º, parágrafo único; 11, parágrafo único; 13, § 2º; 20, §§ 1º e 2º; 22-A, 22-C, 33). Em suma: a cláusula de eleição de foro não é incompatível com a cláusula arbitral.[36] Ao contrário, são cláusulas que se complementam. Como já assentado pela Ministra Nancy Andrighi, do STJ, a "cláusula de eleição de foro não é incompatível com o juízo arbitral, pois o âmbito de abrangência pode ser distinto, havendo necessidade de atuação do Poder Judiciário, por exemplo, para a concessão de medidas de urgência; execução da sentença arbitral; instituição da arbitragem quando uma das partes não a aceita de forma amigável".[37]

Com a promulgação da Lei 13.129/2015, que inseriu o § 1º no art. 1º da Lei 9.307/1996, a discussão em torno da arbitragem no bojo do Poder Público perdeu força, uma vez que a referida norma passou a prever, de forma ampla, a utilização da arbitragem pela Administração Pública direta e indireta[38] para resolução de conflitos relativos a direitos patrimoniais disponíveis.

---

[35]   A exigência contida art. 55, § 2º, da Lei 8.666/1993 é afastada nos seguintes casos: a) licitações internacionais para a aquisição de bens e serviços cujo pagamento seja feito com o produto de financiamento concedido por organismo financeiro internacional de que o Brasil faça parte, ou por agência estrangeira de cooperação; b) contratação com empresa estrangeira, para a compra de equipamentos fabricados e entregues no exterior, desde que para este caso tenha havido prévia autorização do chefe do Poder Executivo; e c) aquisição de bens e serviços realizada por unidades administrativas com sede no exterior (art. 32, § 6.º c/c o art. 55, § 2.º, ambos da Lei 8.666/1993).

[36]   SUNDFELD, Carlos Ari; CÂMARA, Jacintho Arruda. O cabimento da arbitragem nos contratos administrativos. *RDA*, n. 248, p. 123, maio/ago. 2008; CARMONA, Carlos Alberto. *Arbitragem e processo*: um comentário à Lei 9.307/96. 3. ed. São Paulo: Atlas, 2009. p. 48-49; SALLES, Carlos Alberto de. *Arbitragem em contratos administrativos*. Rio de Janeiro: Forense, 2011. p. 245.

[37]   STJ, REsp 904.813/PR, Terceira Turma, Rel. Min. Nancy Andrighi, *DJe* 28.02.2012.

[38]   Sobre arbitragem envolvendo a administração pública, agências reguladoras e contratos de concessão, vide acórdão do TJSP: "Ato administrativo. Mirassol. Concessão de serviço público de abastecimento de água e esgoto sanitário. Contrato nº 386/07. Revisão de tarifa. Arbitragem. Sentença arbitral. Portaria emitida pela agência reguladora (ARSAE): vedação a qualquer alteração de preços pela concessionária sem autorização do ente regulador. Vício de forma. Art. 23-A, LF nº 8.987/95. LM nº 3.066/07. 1. Concorrência pública nº 001/2007. Contrato administrativo nº 387/2007. O contrato firmado entre o município de Mirassol (poder concedente) e SANESSOL S/A Saneamento de Mirassol (concessionária) tem por objeto a prestação do serviço de água e esgoto em caráter de exclusividade aos usuários que se localizam na área de concessão, mediante a cobrança de tarifa. O contrato prevê a revisão ordinária (cláusula 22), que consiste na alteração do valor das tarifas, para mais ou para menos, com a finalidade de recomposição do equilíbrio econômico-financeiro. A cláusula 51 traz os mecanismos de solução de controvérsias, prevendo a possibilidade de submissão das questões à arbitragem se assim concordarem os pactuantes, sendo que a sentença arbitral será definitiva e obrigatória para as partes (item 51.1, 'g'). 2. Agência regula-

De forma semelhante, a nova Lei de Licitações (Lei 14.133/2021) consagra a possibilidade de utilização da arbitragem para resolução de controvérsias decorrentes dos contratos administrativos e relacionadas a direitos patrimoniais disponíveis, como as questões relacionadas ao restabelecimento do equilíbrio econômico-financeiro do contrato, ao inadimplemento de obrigações contratuais por quaisquer das partes e ao cálculo de indenizações (art. 151, *caput* e parágrafo único).

Assim como previsto na Lei de Arbitragem, a nova Lei de Licitações dispõe que a arbitragem será sempre de direito e observará o princípio da publicidade (art. 152), bem como autoriza a celebração de termos aditivos nos contratos administrativos para inclusão da arbitragem como meio adequado para resolução de controvérsia (art. 153).

A nova Lei de Licitações prevê ainda, em seu art. 154, que o processo de escolha dos árbitros, dos colegiados arbitrais e dos comitês de resolução de disputas observará critérios isonômicos, técnicos e transparentes.

Desta forma, no tocante à arbitrabilidade subjetiva, tanto as pessoas jurídicas de direito público (entes da Federação, autarquias e fundações estatais de direito público), quanto as pessoas jurídicas de direito privado (empresas públicas, sociedades de

---

dora. LM nº 3.066/07. A ARSAE é autarquia especial criada pela LM nº 3.066/07 com independência decisória, autonomia administrativa, orçamentária e financeira; dentre as principais competências (art. 4º) estão a regulação do serviço de abastecimento de água e esgotamento sanitário; a análise e autorização de reajustes e revisão das tarifas; e a garantia de que os valores cobrados assegurem tanto o equilíbrio econômico e financeiro do contrato quanto a modicidade tarifária, o duplo aspecto a considerar nos pedidos de revisão. 3. Contrato de concessão. Revisão de tarifa. Arbitragem. não se discute aqui a validade ou nulidade do procedimento arbitral e da sentença arbitral proferida. A LF nº 8.987/95 permite o emprego de mecanismos privados para resolução de disputas decorrentes ou relacionadas ao contrato, inclusive a arbitragem (art. 23-A). A sentença arbitral vincula as partes que dela participaram, não sendo diversa a previsão do contrato administrativo (cláusula 51, item 51.1, 'g'). No entanto, o contrato foi firmado posteriormente à criação da ARSAE e não se sabe por que a agência não participou de sua elaboração; mas a sua existência não pode ser ignorada nem confundida com o titular do serviço, pois a agência possui personalidade jurídica própria, autonomia decisória e não atua voltada exclusivamente ao interesse do município, mas do próprio serviço e também do usuário. A ciência da agência do procedimento arbitral não altera a sua não participação no procedimento e ser terceiro não atingido pela sentença ali proferida, nos termos do art. 31 da LF nº 9.307/96. A competência para autorização da revisão de tarifa é da ARSAE e contra ela a sentença arbitral não pode ser imposta, conforme os fundamentos da sentença, justificando-se a emissão da portaria. 4. Portaria. Vício de forma. O ato impugnado foi subscrito pelo diretor coordenador, a quem compete dirigir e administrar todos os serviços da ARSAE e expedir os atos necessários ao cumprimento de suas decisões e da diretoria colegiada. A autora não demonstra eventual usurpação da competência da diretoria, visto que a edição do ato está bem fundamentada no art. 13, IV da LM nº 3.066/07. Não há patente irregularidade que implique a nulidade da portaria. Improcedência. Recurso da autora desprovido, com observação e mantida a suspensão da portaria impugnada por mais 180 dias" (TJSP, Apelação Cível 1001661-97.2017, 10ª Câmara de Direito Público, Rel. Des. Torres de Carvalho, *DJe* 06.07.2020).

economia mista e fundações estatais de direito privado), podem prever a arbitragem como forma de solução de suas controvérsias.

Ao passo que, no campo da arbitrabilidade objetiva, pode perfeitamente ser submetido à via arbitral todo e qualquer conflito que verse sobre direitos patrimoniais disponíveis. Trata-se, a nosso ver, de assunto inerente às contratações administrativas. O contrato administrativo é instrumento que encerra sempre atos de disposição do patrimônio estatal, pela Administração Pública, com o objetivo finalístico de melhor atender ao interesse público. As questões que podem ser objeto da contratação administrativa são, em princípio, disponíveis e, portanto, passíveis de submissão à arbitragem.[39]

O STJ, em julgado da 1ª Seção, por voto lapidar da relatoria do então Ministro da Corte, Luiz Fux, já assentou que o conceito de direitos patrimoniais disponíveis não guarda qualquer incompatibilidade com a ideia de interesse público. Bem atentou o Ministro, naquela ocasião, "que a arbitragem se presta a dirimir litígios relativos a direitos patrimoniais disponíveis, o que não significa dizer disponibilidade do interesse público, pois não há qualquer relação ente disponibilidade ou indisponibilidade de direitos patrimoniais e disponibilidade ou indisponibilidade de interesse público. Ora, tratar de direitos disponíveis, ou seja, de direitos patrimoniais, significa valer-se da possibilidade de transferi-los a terceiros, porquanto alienáveis. Nesta esteira, saliente--se que, dentre os diversos atos praticados pela Administração, para a realização do interesse público primário, destacam-se aqueles em que se dispõe de determinados

---

[39]   OLIVEIRA, Rafael Carvalho Rezende. Arbitragem nos contratos da Administração Pública. *Revista Brasileira de Alternative Dispute Resolution – RBADR*, Belo Horizonte, v. 1, n. 1, p. 99-121, jan./jun. 2019; SUNDFELD, Carlos Ari; CÂMARA, Jacintho Arruda. O cabimento da arbitragem nos contratos administrativos. *RDA*, n. 248, p. 120, maio/ago. 2008. Nos setores rodoviário, ferroviário e aeroportuário da administração pública federal, por exemplo, o art. 31, § 4º, da Lei 13.448/2017, que dispõe sobre a prorrogação e relicitação dos contratos de parceria, considera como integrantes do conceito de "direitos patrimoniais disponíveis" as seguintes questões: a) as questões relacionadas à recomposição do equilíbrio econômico-financeiro dos contratos; b) o cálculo de indenizações decorrentes de extinção ou de transferência do contrato de concessão; e c) o inadimplemento de obrigações contratuais por qualquer das partes. O art. 2º, parágrafo único, do Decreto Federal 10.025/2019 menciona, exemplificativamente, as seguintes controvérsias: a) questões relacionadas à recomposição do equilíbrio econômico-financeiro dos contratos; b) cálculo de indenizações decorrentes de extinção ou de transferência do contrato de parceria; e c) inadimplemento de obrigações contratuais por quaisquer das partes, incluídas a incidência das suas penalidades e o seu cálculo. No Estado do Rio de Janeiro, por sua vez, o art. 1º, parágrafo único, do Decreto 46.245/2018 insere nos conflitos relacionados a direitos patrimoniais disponíveis as controvérsias que possuam natureza pecuniária e que não versem sobre interesses públicos primários. O Enunciado 13 da I Jornada Prevenção e Solução Extrajudicial de Litígios do CEJ/CJF dispõe: "Podem ser objeto de arbitragem relacionada à Administração Pública, dentre outros, litígios relativos: I - ao inadimplemento de obrigações contratuais por qualquer das partes; II – à recomposição do equilíbrio econômico-financeiro dos contratos, cláusulas financeiras e econômicas".

direitos patrimoniais, pragmáticos, cuja disponibilidade, em nome do bem coletivo, justifica a convenção da cláusula de arbitragem em sede de contrato administrativo".[40]

Cabe mencionar, nada obstante, que o STJ, em julgado recente, da relatoria do Ministro Luis Felipe Salomão, por oito votos a um (vencida a Ministra Nancy Andrighi), excluiu a União de arbitragem coletiva instaurada por acionistas minoritários da Petrobras, em que buscavam indenização pela desvalorização dos papéis após a cognominada "Operação Lava Jato" revelar desvios e prática de atos de corrupção na gestão da estatal. Orientou-se a Corte Superior, em primeiro lugar, no sentido de que a convenção de arbitragem não teria como obrigar a União, já que aprovada em assembleia geral da Petrobras, no ano de 2002, sendo certo que, tal e qual consta do voto condutor, os entes da Administração Pública só teriam passado a gozar de arbitrabilidade subjetiva em 2015, com o advento da Lei 13.129. De mais a mais, a própria redação da cláusula compromissória teria deixado de fora da solução arbitral o acionista controlador. O segundo fundamento para a exclusão da União do procedimento arbitral, no entendimento dos ministros, residiria no fato de que o pleito de perdas e danos teria extrapolado os limites objetivos da cláusula compromissória (que, segundo o STJ, contemplaria apenas a solução de conflitos societários, não albergando pleito de responsabilidade civil extracontratual em face da União). Assim, concluiu a Corte que aludido conflito não poderia ser resolvido por arbitragem.[41]

---

[40]   STJ, AgRg no MS 11.308/DF, Primeira Seção, Rel. Min. Luiz Fux, *DJ* 14.08.2006.

[41]   STJ: "Conflito de competência. Arbitragem ou jurisdição estatal. Cláusula compromissória. Art. 58 do Estatuto Social da Petrobras. Submissão da União a procedimento arbitral. Impossibilidade. Discussão acerca da própria condição de existência da cláusula ao ente público. Competência exclusiva da jurisdição estatal. Inexistência de autorização legal ou estatutária. Pleito indenizatório com fundamento na desvalorização das ações por impactos negativos da Operação 'Lava Jato'. Pretensão que transcende ao objeto societário. 1. No atual estágio legislativo, não restam dúvidas acerca da possibilidade da adoção da arbitragem pela Administração Pública, direta e indireta, bem como da arbitrabilidade nas relações societárias, a teor das alterações promovidas pelas Leis nº 13.129/2015 e 10.303/2001. 2. A referida exegese, contudo, não autoriza a utilização e a extensão do procedimento arbitral à União na condição de acionista controladora da Petrobras, seja em razão da ausência de lei autorizativa ou estatutária (arbitrabilidade subjetiva), seja em razão do conteúdo do pleito indenizatório que subjaz o presente conflito de competência na hipótese, o qual transcende o objeto indicado na cláusula compromissória em análise (arbitrabilidade objetiva). 3. Nos exatos termos da cláusula compromissória prevista no art. 58 do Estatuto da Petrobras, a adoção da arbitragem está restrita 'às disputas ou controvérsias que envolvam a Companhia, seus acionistas, os administradores e conselheiros fiscais, tendo por objeto a aplicação das disposições contidas na Lei nº 6.404, de 1976, neste Estatuto Social'. 4. Em tal contexto, considerando a discussão prévia acerca da própria existência da cláusula compromissória em relação ao ente público – circunstância em que se evidencia inaplicável a regra da 'competência-competência' – sobressai a competência exclusiva do Juízo estatal para o processamento e o julgamento de ações indenizatórias movidas por investidores acionistas da Petrobras em face da União e da Companhia. 5. Conflito de competência conhecido para declarar a competência do Juízo Federal suscitado" (STJ, CC 151.130/SP, Segunda Turma, Rel. p/ acórdão Min. Luis Felipe Salomão, *DJe* 11.02.2020).

6.2. Regulamentação e autonomia federativa

A utilização da arbitragem para resolução de controvérsias envolvendo a Administração decorre diretamente da Lei de Arbitragem e, portanto, não está condicionada à regulamentação.[42]

A desnecessidade de regulamentação para implementação da arbitragem nas relações administrativas não afasta, contudo, a pertinência da edição de normas regulamentares, especialmente pelo fato de que a Lei de Arbitragem, alterada pela Lei 13.129/2015, deixou de abordar diversas questões que podem ser especificadas ou detalhadas no campo regulamentar, tais como: viabilidade de compromisso arbitral e desnecessidade de previsão no edital/contrato; relativização de prerrogativas processuais; utilização da arbitragem *ad hoc* ou institucional; arbitragem monocrática ou colegiado arbitral; (des)necessidade de licitação para escolha do árbitro ou instituição arbitral; entre outras questões.

Além da possibilidade de edição de decretos federais sobre o tema (ex.: Decreto 10.025/2018 que dispõe sobre a arbitragem para dirimir litígios que envolvam a administração pública federal nos setores portuário e de transporte rodoviário, ferroviário, aquaviário e aeroportuário), abre-se a possibilidade para edição de normas específicas estaduais, distritais e municipais sobre a matéria (ex.: Lei 19.477/2011, do Estado de Minas Gerais; Decreto 46.245/2018, do Estado do Rio de Janeiro; Decreto 64.356/2019, do Estado de São Paulo; Decreto Federal 10.025/2019), desde que respeitem as normas gerais da Lei de Arbitragem, uma vez que a arbitragem, nos contratos da Administração, envolve matéria inserida na competência legislativa concorrente dos Entes da federação.

6.3. Cláusula compromissória e compromisso arbitral

De acordo com o disposto no art. 3º da Lei de Arbitragem, a convenção de arbitragem é gênero que se divide em duas espécies: *a) cláusula compromissória*: "convenção através da qual as partes em um contrato comprometem-se a submeter à arbitragem os litígios que possam vir a surgir, relativamente a tal contrato" (art. 4º);[43] e *b) compromisso arbitral*: "convenção através da qual as partes submetem um litígio à arbitragem de uma ou mais pessoas, podendo ser judicial ou extrajudicial" (art. 9º).

---

[42]   Registre-se que, durante a tramitação do Projeto de Lei 7.108/2014, foi debatida a necessidade de regulamentação da arbitragem para sua aplicação por parte da Administração Pública. Todavia, o texto final da proposta não contou com tal exigência, o que ratifica a aplicabilidade direta da arbitragem, independentemente de regulamentação. Vide, a propósito: ROCHA, Caio Cesar. Regulamento para arbitragem na administração é retrocesso. *Consultor Jurídico*, 29 mar. 2015. Disponível em: http://www.conjur.com.br/2015-mar-29/fora-tribunal-regulamento-arbitragem-administracaoretrocesso#author. Acesso em: 20 jan. 2021.

[43]   A cláusula compromissória se divide em duas categorias: a) cláusula compromissória cheia: opção pela arbitragem, com a definição prévia de questões relacionadas à instituição e ao procedimento arbitral; e b) cláusula compromissória vazia: apenas define a submissão do contrato à arbitragem, sem qualquer definição ou detalhamento sobre a instituição e as características do procedimento arbitral. A cláusula compromissória cheia, como se percebe, garante maior celeridade ao procedimento.

Na primeira hipótese, a cláusula arbitral será inserida no edital e na minuta do contrato administrativo. Na segunda hipótese, mesmo ausente a previsão de arbitragem na avença, as partes, em comum acordo, submeterão a controvérsia contratual à arbitragem.

A cláusula compromissória se divide em duas categorias: *a) cláusula compromissória cheia*: opção pela arbitragem, com a definição prévia das questões relacionadas à instituição e ao procedimento arbitral (art. 5º da Lei de Arbitragem); e *b) cláusula compromissória vazia (ou em branco)*: apenas define a submissão do contrato à arbitragem, sem definição ou detalhamento da instituição e das características do procedimento arbitral.

Mencione-se, ainda, a possibilidade de pactuação da denominada cláusula escalonada, que determina a tentativa de solução da controvérsia por meio da mediação antes da instauração da arbitragem (cláusula *med-arb*) ou durante o procedimento arbitral (cláusula *arb-med*). Com isso, prestigia-se a autocomposição dos conflitos, por meio da mediação, inclusive nas hipóteses em que as partes pactuaram a arbitragem.[44]

A partir da classificação anterior, verifica-se que o problema da cláusula vazia é a impossibilidade de instauração imediata da arbitragem para resolver o conflito, pois inexistentes os elementos mínimos para o procedimento arbitral, o que pode ensejar, inclusive, a propositura de ação judicial para definição da forma de instituição do juízo arbitral (arts. 6º e 7º da Lei de Arbitragem). A cláusula compromissória cheia, por esta razão, garante maior celeridade ao procedimento, o que demonstra a sua utilização preferencial nos contratos administrativos.

Não há consenso quanto à juridicidade de celebração compromisso arbitral, pela Administração Pública, sem previsão a respeito no edital de licitação e no contrato.

Existe o argumento de que o compromisso arbitral poderia acarretar vantagem ao contratado, que não foi disponibilizada no momento da realização da licitação aos demais interessados, o que violaria o princípio da impessoalidade.[45]

Todavia, tem prevalecido a juridicidade da celebração de compromisso arbitral com a Administração Pública, com o argumento de que a resolução de controvérsias contratuais, envolvendo direitos disponíveis, deve ser pautada pela melhor solução em cada caso concreto.[46] Ora, se é possível a resolução consensual de questões contratuais,

---

[44]   Confira-se, a propósito do assunto: SALOMÃO, Rodrigo Cunha Mello. Aspectos polêmicos das cláusulas escalonadas. In: CARNEIRO, Paulo Cezar Pinheiro; GRECO, Leonardo; DALLA, Humberto. *Temas controvertidos na arbitragem à luz do Código de Processo Civil de 2015*. Rio de Janeiro: LMJ Mundo Jurídico, 2018. p. 267-282.

[45]   TCU, Decisão 286/93, Rel. Min. Homero Santos, *DOU* 04.08.1993.

[46]   Nesse sentido decidiu o STJ: "Processo civil. Recurso especial. Licitação. Arbitragem. Vinculação ao edital. Cláusula de foro. Compromisso arbitral. Equilíbrio econômico--financeiro do contrato. Possibilidade. (...) 6. O fato de não haver previsão da arbitragem no edital de licitação ou no contrato celebrado entre as partes não invalida o compromisso arbitral firmado posteriormente. (...) 11. Firmado o compromisso, é o Tribunal arbitral que deve solucionar a controvérsia. 12. Recurso especial não provido" (STJ, REsp 904.813/PR, Rel. Min. Nancy Andrighi, Terceira Turma, *DJe* 28.02.2012). Nesse sentido, o Enunciado 2 da I Jornada Prevenção e Solução Extrajudicial de Litígios do

inclusive com a celebração de acordos, com maior razão deve ser admitida a escolha, pelas partes, da alternativa arbitral.

Ademais, a Lei de Arbitragem, ao tratar da Administração Pública, utilizou-se da expressão genérica "convenção de arbitragem" (art. 1º, § 2º, da Lei de Arbitragem), gênero que inclui a cláusula compromissória e o compromisso arbitral, sendo certo que a possibilidade de utilização da via arbitral para dirimir conflitos com os entes estatais, quer em função da inserção de cláusula compromissória no contrato correlato, quer em função da ulterior celebração de compromisso arbitral, decorre diretamente da lei e deve ser considerada pelos interessados que participam da licitação.[47]

Sustentamos, por isso, que o compromisso arbitral pode ser perfeitamente celebrado com a Administração Pública, para solução de controvérsias administrativas.

Sem prejuízo disso, revela-se interessante e conveniente a estipulação prévia de cláusula arbitral cheia nos editais e contratos administrativos, especialmente nos contratos de maior vulto e complexidade, com o objetivo de dar maior segurança jurídica e celeridade ao procedimento, definindo-se, de antemão, a forma de solução de controvérsias antes da própria existência do conflito.[48]

6.4. Arbitragem e a relativização das prerrogativas administrativas e processuais

A estipulação de cláusula exorbitantes nos contratos da Administração não obsta a utilização da arbitragem. Em tais casos, o árbitro decidirá sobre os efeitos patrimoniais oriundos da incidência das referidas cláusulas.[49]

É possível apontar, contudo, uma importante limitação à utilização das prerrogativas administrativas nos contratos que possuam convenção de arbitragem. Trata-se da impossibilidade de alteração unilateral com o objetivo específico de excluir, modificar ou anular a própria cláusula arbitral, uma vez que a previsão da arbitragem na contratação pública é fator determinante para participação de empresas e fixação dos valores das propostas nas licitações públicas, bem como pelo fato de que a decisão

---

CEJ/CJF dispõe: "Ainda que não haja cláusula compromissória, a Administração Pública poderá celebrar compromisso arbitral". De forma semelhante: AMARAL, Paulo Osternack. *Arbitragem e Administração Pública*: aspectos processuais, medidas de urgência e instrumentos de controle. Belo Horizonte: Fórum, 2012. p. 77 e ss. A viabilidade do compromisso arbitral, quando não estipulada a cláusula compromissória, foi expressamente prevista nos seguintes diplomas normativos: arts. 5º ao 7º do Decreto Federal 10.025/2019; art. 3º, § 2º, do Decreto 46.245/2018 do Estado do Rio de Janeiro; art. 4º, § 3º, do Decreto 64.356/2019 do Estado de São Paulo.

[47] TALAMINI, Eduardo. Arbitragem e parceria público-privada (PPP). In: TALAMINI, Eduardo; JUSTEN, Monica Spezia (org.). *Parcerias Público-Privadas*: um enfoque multidisciplinar. São Paulo: RT, 2005. p. 351.

[48] No Estado do Rio de Janeiro, a Resolução PGE 4.212/2018 aprovou a minuta-padrão de cláusula compromissória e o art. 3º, § 2º, do Decreto Estadual 46.245/2018 admite o compromisso arbitral.

[49] De forma semelhante, vide: LEMES, Selma M. Ferreira. *Arbitragem na Administração Pública*. São Paulo: Quartier Latin, 2007. p. 144.

sobre a validade da referida cláusula é atribuição do próprio Tribunal Arbitral, na forma do art. 8º, parágrafo único, da Lei de Arbitragem, que consagra o princípio "competência-competência".[50]

Não se trata, aqui, de situação meramente hipotética, sem aplicação prática. A história recente revela alguns péssimos exemplos de emprego da arbitragem no Brasil, nas relações com a Administração Pública.[51] O mais marcante deles, sem sombra de dúvida, está na cláusula compromissória inserida nos contratos de concessão firmados com a ANATEL, para a prestação dos serviços públicos de telefonia fixa[52]. A propósito, estabelece a cláusula 33.1[53] do contrato de concessão firmado pela Telemar com a ANATEL que a concessionária poderá recorrer ao procedimento arbitral quando inconformada com decisão da sobredita agência reguladora relativa às seguintes matérias (arbitrabilidade objetiva): (i) violação de eventual direito da concessionária à proteção de sua situação econômica; (ii) revisão tarifária; e (iii) indenização devida em caso de extinção do contrato.

Ocorre que, em desrespeito ao princípio competência-competência, preconiza a cláusula 33.2, parágrafo único, do sobredito contrato de concessão que "a ANATEL poderá rejeitar a instalação do Tribunal Arbitral se, motivada e justificadamente, demonstrar que a controvérsia não se enquadra no rol de matérias previstas na cláusula 33.1".

---

[50]   O STJ, em ação que proposta por empresa estatal para anular compromisso arbitral por ela firmado, decidiu: "A submissão da controvérsia ao juízo arbitral foi um ato voluntário da concessionária. Nesse contexto, sua atitude posterior, visando à impugnação desse ato, beira às raias da má-fé, além de ser prejudicial ao próprio interesse público de ver resolvido o litígio de maneira mais célere" (STJ, REsp 904.813/PR, Rel. Min. Nancy Andrighi, Terceira Turma, *DJe* 28.02.2012). De forma semelhante: PEREIRA, Cesar A. Arbitragem e função administrativa. In: JUSTEN FILHO, Marçal; SILVA, Marco Aurélio de Barcelos. *Direito da infraestrutura*: estudos de temas relevantes. Belo Horizonte: Fórum, 2019. 74-76.

[51]   Vide sobre o tema: SCHMIDT, Gustavo da Rocha. Arbitragem administrativa à brasileira, 30 jul. 2020. Disponível em: https://www.migalhas.com.br/depeso/331362/arbitragem--administrativa-a-brasileira. Acesso em: 1º ago. 2020.

[52]   Confira-se, a propósito, o contrato de concessão celebrado pela ANATEL com a Telemar Norte Leste. (https://www.anatel.gov.br/Portal/verificaDocumentos/documento.asp?null&filtro=1&documentoPath=Telefonia_Fixa/stfc/contratos/401667-CC__LOCAL_S10.pdf. Acesso em: 17 jul. 2020).

[53]   "Cláusula 33.1. Os eventuais conflitos que possam surgir em matéria da aplicação e interpretação das normas da concessão serão resolvidos pela Anatel no exercício da sua função de órgão regulador conforme prescrito nos arts. 8º e 19 da Lei nº 9.472, de 1997, bem como no seu Regimento Interno, podendo a Concessionária recorrer ao procedimento de arbitragem disposto no presente Capítulo exclusivamente quanto inconformada com a decisão da Anatel relativa às seguintes matérias: I - violação do direito da Concessionária à proteção de sua situação econômica, conforme prescrito no Capítulo XIII; II - revisão de tarifas, prevista no Capítulo XIII; e III - indenizações devidas quando da extinção do presente Contrato, inclusive quanto aos bens revertidos."

Consequência disso é que, por força da sobredita cláusula contratual, nas arbitragens com a ANATEL, não compete ao Tribunal Arbitral afirmar, ou não, a sua competência. Está a agência reguladora autorizada a se opor à instituição do juízo arbitral, sempre que entender necessário, sobremodo se vislumbrar que sucumbirá no procedimento.

Evidentemente, trata-se de previsão ilícita, incompatível com o princípio competência-competência, consagrado no art. 8º, parágrafo único, da Lei de Arbitragem, bem como com o próprio princípio da igualdade processual, inscrito no art. 21, § 2º, do aludido diploma normativo.

Ademais, algumas prerrogativas processuais reconhecidas à Fazenda Pública não se aplicam ao processo arbitral, senão vejamos:

a) Inaplicabilidade dos prazos diferenciados (art. 183 do CPC/2015) ao processo arbitral: o procedimento arbitral é definido pelas partes na convenção de arbitragem ou, de forma supletiva ou por delegação das partes, pelo árbitro ou Tribunal Arbitral, na forma do art. 21 da Lei de Arbitragem.

b) Ausência de reexame necessário (art. 496 do CPC/2015) na arbitragem: não há previsão de duplo grau e de recursos no procedimento arbitral, que é desenvolvido em única instância e a decisão arbitral não está sujeita à homologação judicial (art. 18 da Lei de Arbitragem).

c) Ausência de isenção relativa à taxa judiciária, custas ou emolumentos na arbitragem: os valores devidos ao Tribunal Arbitral e aos árbitros devem ser suportados pelas partes em razão dos serviços prestados, sendo oportuno ressaltar que, no próprio processo judicial, a Fazenda Pública fica sujeita à exigência do depósito prévio dos honorários do perito, na forma da Súmula 232 do STJ. Cabe esclarecer, no entanto, que a Administração Pública, por meio de seus respectivos atos normativos ou das cláusulas compromissórias, tem estabelecido o dever de adiantamento das custas e das despesas da arbitragem ao contratado/particular, independentemente da iniciativa para instauração do procedimento arbitral.[54] A imposição do dever de adiantamento ao contratado na hipótese de instauração da arbitragem pelo ente público pode gerar prejuízo à economicidade da contratação pública, uma vez que o particular incluirá os potenciais riscos e custos na precificação de sua proposta. De mais a mais, se o contratado se recusar a efetuar o pagamento da taxa de administração ou dos honorários dos árbitros, quando da deflagração do procedimento arbitral pela Administração Pública, nada poderá ser exigido dele. A arbitragem será suspensa ou mesmo extinta, de modo que a referida previsão nos parece inócua. Em determinados casos, a responsabilidade pelo dever de adiantamento das custas e despesas é imputada à parte que requereu a instauração do procedimento arbitral, o que não impede a estipulação de forma diversa por acordo entre as partes.[55] Talvez a dinâmica mais adequada para

---

[54]   Nesse sentido, por exemplo: art. 11, parágrafo único, da Lei 19.477/2011 do Estado de Minas Gerais; art. 31, § 2º, da Lei 13.448/2017; art. 9º do Decreto Federal 10.025/2019.

[55]   Nesse sentido, por exemplo: art. 9 º Decreto 46.245/2018 do Estado do Rio de Janeiro; art. 4º, § 1º, item 5, e art. 8º do Decreto 64.356/2019 do Estado de São Paulo.

incentivar a cooperação processual e a boa-fé seja a divisão igualitária entre o Poder Público e o particular na antecipação dos custos do procedimento arbitral.[56]

d) Incompatibilidade da aplicação automática das regras relacionadas à fixação do valor dos honorários de sucumbência no processo judicial (art. 85, § 3º, do CPC/2015) ao processo arbitral, salvo disposição em contrário: na ausência de previsão contratual ou regulamentar, não há que se falar na condenação da parte vencida em honorários sucumbenciais, por falecer jurisdição aos árbitros para tanto. A questão como um todo, no entanto, pode ser disciplinada de forma distinta no compromisso arbitral, no regulamento da entidade arbitral (na hipótese de arbitragem institucional) ou em norma específica do Ente Federado que integra a arbitragem, uma vez que a Lei de Arbitragem não dispõe sobre o tema de forma peremptória. Diversos atos normativos, no bojo da Administração Pública, têm determinado a aplicação do art. 85 do CPC na fixação dos honorários sucumbenciais, com a exclusão dos honorários contratuais.[57]

e) (In)aplicabilidade do regime do precatório ou da requisição de pequeno valor: a arbitragem revela procedimento extrajudicial de solução de controvérsias, inexistindo, portanto, "sentença judiciária" (art. 100 da CRFB). Assim como ocorre nos pagamentos espontâneos de valores relativos aos contratos e acordos em geral, que não decorram de sentença judicial, o pagamento do valor definido na arbitragem independe de precatório, salvo se houver necessidade de execução judicial da decisão arbitral condenatória, que possui natureza jurídica de título executivo extrajudicial (art. 31 da Lei de Arbitragem).[58] Contudo, diversos decretos regulamentares têm estabelecido a submissão ao regime do precatório nas condenações arbitrais de pessoas jurídicas de direito público da Administração Pública.[59]

---

[56]   De forma semelhante, vide: CRUZ, Elisa Schmidlin. A dinâmica de custeio das arbitragens público-privadas institucionais: compartilhamento de despesas e incentivos de cooperação. In: CUÉLLAR, Leila et al. *Direito administrativo e* Alternative Dispute Resolution: arbitragem, mediação, *dispute board*, mediação e negociação. Belo Horizonte: Fórum, 2020. p. 173-191.

[57]   Mencione-se, por exemplo: art. 16, parágrafo único, do Decreto 46.245/2018 do Estado do Rio de Janeiro; art. 9º, § 6º, do Decreto Federal 10.025/2019; art. 4º, § 1º, do Decreto 64.356/2019 do Estado de São Paulo.

[58]   Sobre o tema: OLIVEIRA, Rafael Carvalho Rezende; MAZZOLA, Marcelo. Arbitragem e Poder Público: pagamento voluntário burla o sistema de precatórios? Disponível em: http://genjuridico.com.br/2016/12/19/arbitragem-e-poder-publico-pagamento--voluntario-burla-o-sistema-de-precatorios/. Acesso em: 20 jan. 2021. No mesmo sentido: OLIVEIRA, Gustavo Justino de; ESTEFAM, Felipe Faiwichow. *Cláusula arbitral e administração pública*. Rio de Janeiro: Lumen Juris, 2019. p. 72-76.

[59]   Decreto Federal 10.025/2019: "Art. 15. Na hipótese de sentença arbitral condenatória que imponha obrigação pecuniária à União ou às suas autarquias, inclusive relativa a custas e despesas com procedimento arbitral, o pagamento ocorrerá por meio da expedição de precatório ou de requisição de pequeno valor, conforme o caso". Decreto 64.356/2019 do Estado de São Paulo: "Art. 9º. As sentenças arbitrais que imponham obrigação pecuniária à Administração Pública direta e suas autarquias serão cumpridas conforme o regime de precatórios ou de obrigações de pequeno valor, nas mesmas condições impostas aos demais títulos executivos judiciais". Decreto 46.245/2018 do Estado do Rio de Janeiro: "Art. 15. Ressalvadas as exceções previstas em lei, em caso de

Alternativa interessante é aquela encontrada nos contratos de Parceria Público--Privadas (PPP), com a instituição do Fundo Garantidor de Parcerias Público-Privadas (FGP), de natureza privada, que tem por finalidade prestar garantia de pagamento de obrigações pecuniárias assumidas pelo Poder Público, independentemente de precatório (art. 16, *caput* e § 1º, da Lei 11.079/2004).[60]

O art. 15, § 2º, do Decreto federal 10.025/2019 estabelece, ainda, outras alternativas ao regime do precatório, com a possibilidade de acordo entre as partes para que o cumprimento da sentença arbitral ocorra por meio de: a) instrumentos previstos no contrato que substituam a indenização pecuniária, incluídos os mecanismos de reequilíbrio econômico-financeiro; b) compensação de haveres e deveres de natureza não tributária, incluídas as multas, nos termos do disposto no art. 30 da Lei 13.448/2017; ou c) atribuição do pagamento a terceiro, nas hipóteses admitidas na legislação brasileira.

6.5. Arbitragem *ad hoc* ou institucional

A Lei de Arbitragem, alterada pela Lei 13.129/2015, não tratou sobre a necessidade de instituição de arbitragem *ad hoc* ou institucional, o que, em princípio, confere discricionariedade ao administrador público para escolha por um desses caminhos em cada caso concreto.

Enquanto na arbitragem *ad hoc* (ou arbitragem avulsa) o procedimento é definido pelas partes e/ou pelos árbitros, na arbitragem institucional (ou arbitragem administrada) as regras procedimentais encontram-se previamente definidas por determinada câmara arbitral.

A arbitragem *ad hoc* teria, de um lado, a vantagem de reduzir custos, uma vez que não haveria a necessidade de contratação de instituição privada (câmara de arbitragem) para prestação de serviços, mas, de outro lado, a desvantagem de acarretar insegurança para as partes, com a maior probabilidade de impasses na definição e nas questões cotidianas inerentes ao procedimento arbitral (exemplos: escolha da infraestrutura e dos recursos humanos para os serviços de secretaria; definição dos valores dos honorários dos árbitros e forma de pagamento; indefinição na escolha do árbitro presidente quando houver impasse entre os coárbitros indicados pelas partes etc.), o que pode frustrar e/ou retardar a solução da controvérsia, bem como exigir a propositura de ações judiciais para superação de tais dificuldades.[61]

---

sentença arbitral condenatória ou homologatória de acordo que imponha obrigação pecuniária contra o Estado ou qualquer entidade com personalidade de direito público, o pagamento será efetivado mediante a expedição de precatório ou de requisição de pequeno valor, conforme o artigo 100 da Constituição da República".

[60] A propósito do tema, vide: SCHMIDT, Gustavo da Rocha; BALASSIANO, Tamara Grillo. Arbitragem sem precatório, 23 jun. 2020. Disponível em: https://www.jota.info/paywall?redirect_to=//www.jota.info/opiniao-e-analise/artigos/arbitragem-sem--precatorio-23062020. Acesso em: 28 jul. 2020.

[61] Sobre as vantagens da arbitragem institucional em relação à arbitragem *ad hoc*, vide: MUNIZ, Joaquim de Paiva. *Curso de direito arbitral*: aspectos práticos do procedimento. 2. ed. Curitiba: CRV, 2014. p. 64; PEREIRA, Ana Lucia. A função das entidades arbitrais. In: CEMCA/CFOAB. *Manual de arbitragem para advogados*. 2015. p. 88-91.

Não obstante a discricionariedade administrativa na definição do tema, entendemos que o ideal é a utilização da arbitragem institucional, com a escolha de câmara de arbitragem já existente, com experiência reconhecida, o que garante, em tese, maior segurança jurídica às partes. Além disso, a instituição arbitral tem a vantagem de contar com regulamento próprio e prestar serviços de secretaria às partes, com a elaboração de documentos, recebimentos das manifestações, realização de audiências e outros atos que serão praticados ao longo do procedimento.[62]

6.6. Árbitro ou Tribunal Arbitral

Na arbitragem, a controvérsia pode ser decidida por árbitro único ou por Tribunal Arbitral (três ou mais árbitros, sempre em número ímpar).

Apesar de a questão não ser abordada na Lei 9.307/1996, entendemos que a arbitragem, que envolve a Administração Pública, não deve ser submetida, em regra, à arbitragem monocrática, mas ao colegiado arbitral, formado, por no mínimo, três árbitros.

Isso porque o debate por árbitros integrantes de colegiado arbitral tem maior potencial de qualificar a decisão a ser proferida, que, enfatize-se, não será submetida à revisão superior. O colegiado arbitral conferiria, portanto, maior legitimidade à decisão.

É recomendável que os Entes federados, em suas normas específicas, estabeleçam, preferencialmente, a utilização de colegiados arbitrais, em vez de árbitros isolados para solução de litígios oriundos de contratações administrativas, notadamente nos casos de grande vulto econômico.[63]

6.7. Escolha do árbitro ou instituição arbitral: inexigibilidade de licitação

Não existe qualquer dúvida, na doutrina ou na jurisprudência, quanto ao fato de que a nomeação de árbitro para processar e julgar a arbitragem é incompatível com o regime licitatório[64]. É, inclusive, questionável se haveria relação contratual entre o

---

[62] OLIVEIRA, Rafael Carvalho Rezende. Arbitragem nos contratos da Administração Pública. *Revista Brasileira de Alternative Dispute Resolution – RBADR*, Belo Horizonte, v. 1, n. 1, p. 99-121, jan./jun. 2019. O art. 3º, V e § 3º, do Decreto Federal 10.025/2019 e o art. 3º do Decreto 64.356/2019 do Estado de São Paulo estabelecem a preferência na utilização da arbitragem institucional, admitindo-se, de forma justificada, a utilização da arbitragem *ad hoc*. Nos Estados de Minas Gerais (art. 4º da Lei 19.477/2011) e do Rio de Janeiro (art. 2º do Decreto 46.245/2018), o juízo arbitral será exclusivamente exercido por meio de órgão arbitral institucional. No mesmo sentido: SCHMIDT, Gustavo da Rocha. *Arbitragem na Administração Pública*. Curitiba: Juruá, 2018. p. 67-68.

[63] No Estado do Rio de Janeiro, a arbitragem deve ser conduzida por Tribunal Arbitral, formado por três árbitros (parágrafo terceiro da minuta-padrão da cláusula compromissória aprovada pela Resolução PGE 4.212/2018). No Estado de São Paulo, o art. 4º, § 1º, 6, do Decreto 64.356/2019 estabeleceu, como regra, a condução por Tribunal Arbitral composto por três membros, podendo ser escolhido árbitro único em causas de menor valor ou menor complexidade.

[64] RIBEIRO, Maurício Portugal; PRADO, Lucas Navarro. *Comentários à Lei de PPP – Parceria Público-Privada*: fundamentos econômico-jurídicos. São Paulo: Malheiros, 2007. p. 291.

árbitro e as partes. O árbitro é, como sabido, juiz de fato e de direito da causa (art. 18 da Lei de Arbitragem), exercendo função jurisdicional, de modo que a relação aqui teria cunho institucional, a afastar completamente a aplicação da Lei de Licitações e Contratos Administrativos.

Mais complexa, no entanto, é a discussão a respeito da necessidade, ou não, de licitação para contratação de câmara de arbitragem, caso seja feita a opção pela arbitragem institucional.

De início, é preciso destacar que o objeto da contratação possui grau de incerteza, seja na própria execução do serviço, que depende do surgimento incerto da controvérsia contratual, seja no valor devido, que pode variar de acordo com o vulto econômico, a complexidade técnica ou mesmo a extensão da controvérsia que será submetida ao juízo arbitral.

Ademais, cada centro de arbitragem possui regulamento próprio, com regras específicas sobre o procedimento arbitral, bem como listagem de árbitros indicados às partes e tabelas de taxas administrativas, honorários de árbitros e outras despesas, o que demonstra a existência de variáveis que já justificariam, em tese, a inexigibilidade de licitação.[65]

Mais do que isso, não há como se fixar critérios objetivos que permitam medir, tecnicamente, a melhor proposta, em uma possível licitação. As câmaras arbitrais, além de prestarem serviços de secretaria, de caráter cartorário, assemelhados aos executados por uma serventia judiciária, têm o papel altamente especializado de gerenciar o próprio procedimento arbitral, com a tomada de decisões de cunho quase jurisdicional, até que seja formado o Tribunal Arbitral. Por isso mesmo, a sua atuação exige o conhecimento e a assessoria de arbitralistas reconhecidos, com notório conhecimento no tema, e conhecedores das melhores práticas internacionais, de sorte a assegurar que o procedimento se desenvolva regularmente. Trata-se de serviço singular, nos precisos termos do art. 25, II, da Lei 8.666/1993 (correspondente ao art. 74, III, da Lei 14.133/2021).

Não se pode ignorar, outrossim, que é critério determinante para a escolha do centro arbitral a sua reputação, questão que envolve subjetividade incompatível com o processo de licitação.

Assim, na eleição da câmara de arbitragem, tem aplicação o art. 25, *caput* e inciso II, da Lei de Licitações, sendo inexigível a concorrência para a contratação direta de entidade com notória especialização na administração de arbitragens, desde que comprove anterior e adequada experiência na execução de tais serviços (art. 25, § 1º).

Por fim, a licitação seria inconveniente para o atendimento célere e eficiente do interesse público. De lado a inexigibilidade de licitação para contratação da arbitragem antes da existência da controvérsia, que revelaria a realização de despesas públicas

---

[65] Em sentido contrário, sustentando a necessidade de licitação para contratação da instituição arbitral, vide: FICHTNER, José Antonio. A confidencialidade no projeto da nova lei de arbitragem – PLS nº 406/2003. In: ROCHA, Caio Cesar Vieira; SALOMÃO, Luis Felipe (coord.). *Arbitragem e mediação*: a reforma da legislação brasileira. São Paulo: Atlas, 2015. p. 185.

para objeto futuro e incerto (a realização do certame, por si só, envolve custos), certo é que a realização da licitação, após a instauração da controvérsia, também teria o inconveniente de gerar morosidade para instituição da arbitragem e, portanto, para solução da questão.

É recomendável, nesse cenário, a utilização do credenciamento (ou cadastramento) por parte da Administração Pública. Após o cumprimento dos requisitos básicos e proporcionais, fixados pela Administração, todas as instituições arbitrais poderiam realizar o credenciamento perante o Poder Público. Nesse caso, a escolha da instituição arbitral credenciada seria realizada, em cada caso, pelo particular interessado na resolução da disputa.[66]

Lembre-se de que o credenciamento não pressupõe a realização de licitação. A partir de condições previamente estipuladas por regulamento do Poder Público para o exercício de determinada atividade, todos os interessados que preencherem as respectivas condições serão credenciados e poderão prestar os serviços. Não há, portanto, competição entre interessados para a escolha de um único vencedor.[67]

> **Art. 2º** A arbitragem poderá ser de direito ou de equidade, a critério das partes.
>
> **§ 1º** Poderão as partes escolher, livremente, as regras de direito que serão aplicadas na arbitragem, desde que não haja violação aos bons costumes e à ordem pública.
>
> **§ 2º** Poderão, também, as partes convencionar que a arbitragem se realize com base nos princípios gerais de direito, nos usos e costumes e nas regras internacionais de comércio.
>
> **§ 3º** A arbitragem que envolva a administração pública será sempre de direito e respeitará o princípio da publicidade. (Incluído pela Lei nº 13.129, de 2015.)

 Comentários

1. Arbitragem de direito e por equidade

De acordo com o art. 2º, *caput*, da Lei 9.307/1996, a arbitragem poderá ser de direito ou de equidade, a critério das partes.

---

[66] SCHMIDT, Gustavo da Rocha. *Arbitragem na Administração Pública*. Curitiba: Juruá, 2018. p. 69-72. A opção pelo credenciamento (ou cadastramento) das câmaras arbitrais foi realizada, por exemplo, nos seguintes diplomas normativos: art. 31, § 5º, da Lei 13.448/2017; art. 14 do Decreto 46.245/2018 do Estado do Rio de Janeiro; arts. 10 e 11 do Decreto Federal 10.025/2019; arts. 13 a 15 do Decreto 64.356/2019 do Estado de São Paulo.

[67] OLIVEIRA, Rafael Carvalho Rezende. *Licitações e contratos administrativos*. 5. ed. São Paulo: Método, 2015. p. 93.

Enquanto na arbitragem de direito os árbitros devem decidir a controvérsia com fundamento nas normas em vigor no ordenamento jurídico, na arbitragem por equidade[68] a decisão é adotada com apoio, exclusivamente, nos critérios de justiça, de bom senso e de equilíbrio dos árbitros.

Na arbitragem de direito, as partes podem, inclusive, escolher as normas jurídicas que serão aplicadas na solução da controvérsia, desde que não haja violação aos bons costumes e à ordem pública (art. 2º, § 1º, da Lei 9.307/1996).

Igualmente, as partes podem convencionar que a arbitragem se realize com base nos princípios gerais de direito, nos usos e costumes e nas regras internacionais de comércio (art. 2º, § 2º, da Lei 9.307/1996).

As partes possuem liberdade na escolha entre a arbitragem de direito ou por equidade, ressalvada a arbitragem envolvendo a Administração Pública, que deve ser sempre de direito, na forma do art. 2º, § 3º, da Lei 9.307/1996, conforme será destacado no próximo item.

2. Arbitragem de direito e a vedação da arbitragem por equidade na Administração Pública

Nas questões envolvendo a Administração Pública, a arbitragem tem que, obrigatoriamente, ser de direito e não por equidade, conforme expressamente previsto no art. 2º, § 3º, da Lei 9.307/1996.

Trata-se de exigência respaldada no princípio da legalidade administrativa (art. 37, *caput*, da CRFB),[69] por força do qual a Administração Pública só pode fazer aquilo que a lei determina ou autoriza. Evidentemente, se o Poder Público, em seu atuar, deve

---

[68] Sobre o julgamento da arbitragem por equidade vide CARMONA, Carlos Alberto. Julgamento por equidade em arbitragem. *Revista de Arbitragem e Mediação*, v. 30, p. 229-244, jul./set. 2011.

[69] Confira-se, a respeito do tema, a lição de Gustavo da Rocha Schmidt: "Ou seja: o administrador público, seja ele agente político, seja ele servidor público, está condicionado, em seu atuar, às prescrições legais existentes. Pauta a sua atuação na lei. Faz (ou deveria fazer) aquilo que a lei determina ou autoriza. A lei, ao mesmo tempo que representa uma proteção para o cidadão contra abusos estatais, oferece segurança jurídica ao agente público quanto à licitude dos atos praticados, no exercício de suas funções. Se a Administração Pública está obrigada a atuar nos limites do direito posto, é natural que eventuais conflitos em que se envolva sejam dirimidos com base no direito aplicável. Seria um contrassenso exigir do Poder Público que atue em consonância com as normas jurídicas em vigor e, ao mesmo tempo, julgar os seus atos com base em regras de equidade. Lembre-se: o Poder Público, diferente dos particulares, não tem liberdade de escolha; não pode atuar por equidade (ainda que a sua atuação, finalisticamente, tenha por objetivo a satisfação de interesses públicos de cunho primário, como é o caso da realização da justiça). Logo, eventuais conflitos em que se envolva devem ser dirimidos com base nos princípios da legalidade e da juridicidade. Foi feliz, portanto, o legislador ao estabelecer que as arbitragens que envolvam a Administração Pública serão sempre de direito (art. 2º, § 3º, da Lei nº 9.307/96, com a redação atribuída pela Lei nº 13.129/2015)" (SCHMIDT, Gustavo da Rocha. *Arbitragem na Administração Pública*. Curitiba: Juruá, 2018. p. 57-58).

obediência estrita aos comandos legais, deve a lei ser o parâmetro de julgamento dos atos praticados pelos entes estatais.

Isso não significa que os árbitros não possam considerar (e aplicar), em suas decisões, os princípios que regem a Administração Pública. Ao contrário, tem perfeita incidência na arbitragem de direito todos os princípios gerais de direito (constitucionais ou legais), porquanto integram o ordenamento jurídico, servindo, portanto, como parâmetros de atuação da administração estatal. Nesse sentido, concordamos integralmente com o Enunciado 11 da I Jornada Prevenção e Solução Extrajudicial de Litígios do CEJ/CJF, quando dispõe que: "nas arbitragens envolvendo a Administração Pública, é permitida a adoção das regras internacionais de comércio e/ou usos e costumes aplicáveis às respectivas áreas técnicas".[70]

3. Publicidade nas arbitragens com a Administração Pública

A arbitragem na Administração Pública deve respeitar o princípio da publicidade, na forma do art. 37, *caput*, da CRFB e do art. 2º, § 3º, da Lei 9.307/1996, alterada pela Lei 13.129/2015.

Saliente-se, ainda, que a publicidade e a transparência na atuação administrativa são fundamentais para efetividade do controle social (sociedade civil) e institucional (Procuradorias estatais, Ministério Público, Tribunais de Contas etc.).

A confidencialidade[71], característica tradicional do procedimento arbitral, cede espaço para publicidade, inerente aos processos envolvendo a Administração Pública, o que não impede o sigilo em situações excepcionais, quando houver risco à segurança

---

[70] Sustentamos, em outra oportunidade, a importância da aplicação da *lex mercatoria* nas relações comerciais internacionais que envolvem o Estado, bem como a possibilidade de submissão à arbitragem como forma alternativa de solução de lides. OLIVEIRA, Rafael Carvalho Rezende. *Princípios do direito administrativo*. 2. ed. São Paulo: Método, 2013. p. 49-50. Sobre a importância da *lex mercatoria* no "Direito Administrativo Global", vide: KINGSBURY, Benedict; KRISCH, Nico; STEWART, Richard B. The emergence of Global Administrative Law. Law and Contemporany Problems. *Duke University School of Law*, North Carolina, v. 68, n. 3 e 4, p. 17 e 29, 2005. Nos contratos de concessão do petróleo, por exemplo, o art. 44, VI, da Lei 9.784/1997 dispõe que o contrato estabelecerá que o concessionário estará obrigado a "adotar as melhores práticas da indústria internacional do petróleo e obedecer às normas e procedimentos técnicos e científicos pertinentes, inclusive quanto às técnicas apropriadas de recuperação, objetivando a racionalização da produção e o controle do declínio das reservas".

[71] De acordo com Felipe Estefam, a confidencialidade não se confunde com a privacidade. Enquanto a confidencialidade diz respeito à obrigação de não divulgar informações sobre a arbitragem, "a privacidade refere-se à participação no procedimento arbitral das partes e os necessariamente envolvidos, facultando-se a participação de terceiros na medida do possível" (ESTEFAM, Felipe Faiwichow. *Cláusula arbitral e administração pública*. Rio de Janeiro: Lumen Juris, 2019. p. 60). De forma semelhante, vide: GRION, Renato Stephan. Procedimento II. LEVY, Daniel; PEREIRA, Guilherme Setoguti J. (coord.). *Curso de arbitragem*. São Paulo: Thomson Reuters Brasil, 2018. p. 213-215.

da sociedade ou do Estado ou informações pessoais relacionadas à intimidade, vida privada, honra e imagem das pessoas.[72]

O dever de publicidade incumbe, em princípio, à Administração Pública, que deverá promover a divulgação dos atos relacionados à arbitragem. Trata-se da publicidade ativa, com a divulgação das informações, independentemente de solicitação de interessados. A instituição privada especializada, que administra o procedimento arbitral, é mera prestadora de serviço e, por consequência, na qualidade de contratada, não teria obrigação de dar publicidade aos atos do procedimento arbitral, mediante publicação em Diário Oficial. A definição da questão da publicidade (ativa e passiva), contudo, pode ser disciplinada nos respectivos regulamentos de arbitragem.[73]

CAPÍTULO II
Da Convenção de Arbitragem e seus Efeitos

Art. 3º As partes interessadas podem submeter a solução de seus litígios ao juízo arbitral mediante convenção de arbitragem, assim entendida a cláusula compromissória e o compromisso arbitral.

---

[72] De forma semelhante, o Enunciado 4 da I Jornada Prevenção e Solução Extrajudicial de Litígios do CEJ/CJF dispõe: "Na arbitragem, cabe à Administração Pública promover a publicidade prevista no art. 2º, § 3º, da Lei n. 9.307/1996, observado o disposto na Lei n. 12.527/2011, podendo ser mitigada nos casos de sigilo previstos em lei, a juízo do árbitro." Em âmbito federal, o art. 3º, IV do Decreto Federal 10.025/2019 dispõe que "as informações sobre o processo de arbitragem serão públicas, ressalvadas aquelas necessárias à preservação de segredo industrial ou comercial e aquelas consideradas sigilosas pela legislação brasileira". No Estado do Rio de Janeiro, o Decreto 46.245/2018 dispõe: "Art. 13 - Os atos do processo arbitral serão públicos, ressalvadas as hipóteses legais de sigilo, de segredo de justiça, de segredo industrial decorrentes da exploração direta de atividade econômica pelo Estado ou por pessoa física ou entidade privada que tenha qualquer vínculo com o Poder Público. § 1º - Para fins de atendimento deste dispositivo, consideram-se atos do processo arbitral as petições, os laudos periciais e as decisões dos árbitros de qualquer natureza". O Decreto 64.356/2019 do Estado de São Paulo prevê: "artigo 12 - Os atos do procedimento arbitral serão públicos, ressalvadas as hipóteses legais de sigilo ou segredo de justiça. § 1º - Para fins de atendimento deste dispositivo, consideram-se atos do procedimento arbitral as petições, laudos periciais, Termo de Arbitragem ou instrumento congênere e decisões dos árbitros".

[73] SCHIMIDT, Gustavo da Rocha. *Arbitragem na administração pública*. Curitiba: Juruá, 2018. p. 59. Em âmbito federal, o art. 3º, § 1º, do Decreto 10.025/2019 dispõe que, salvo convenção entre as partes, caberá à câmara arbitral fornecer o acesso às informações. Por outro lado, o art. 13, § 2º, do Decreto 46.245/2018 Estado do Rio de Janeiro dispõe que a Procuradoria-Geral do Estado disponibilizará os atos do processo arbitral mediante requerimento de eventual interessado. No Estado de São Paulo, o art. 12, § 2º, do Decreto 64.356/2019 consagrou o dever de publicidade ativa (e não meramente passiva) ao impor que, independentemente de requerimento de interessados, a Procuradoria-Geral do Estado disponibilizará os atos do procedimento arbitral na rede mundial de computadores.

 **Comentários**

1. Convenção de arbitragem: cláusula compromissória e compromisso arbitral

A convenção de arbitragem é um acordo de vontades, por meio da qual as partes contratam que a solução de eventuais disputas relacionadas a direitos patrimoniais disponíveis será submetida ao juízo arbitral, excluindo-se a jurisdição estatal.

De acordo com o art. 3º da Lei 9.307/1996, a convenção de arbitragem é gênero que se divide em duas espécies: *a) cláusula compromissória*: "convenção através da qual as partes em um contrato comprometem-se a submeter à arbitragem os litígios que possam vir a surgir, relativamente a tal contrato" (art. 4º); e *b) compromisso arbitral*: "convenção através da qual as partes submetem um litígio à arbitragem de uma ou mais pessoas, podendo ser judicial ou extrajudicial" (art. 9º).[74]

Enquanto a cláusula compromissória é a estipulação contratual que dispõe que as controvérsias eventuais, indeterminadas e futuras serão resolvidas pelo juízo arbitral, o compromisso arbitral, por sua vez, é o ajuste que submete conflito, contratual ou extracontratual, já existente e determinado à solução arbitral.[75]

2. Conteúdo e características da convenção de arbitragem

A convenção de arbitragem define o alcance (em termos subjetivos e objetivos), o procedimento e os demais detalhes da arbitragem. Por meio dela, as partes convencionam as questões que serão submetidas ao juízo arbitral, as regras aplicáveis e outros aspectos fundamentais para a solução das controvérsias.

Podem as partes submeter todas as controvérsias contratuais ao juízo arbitral ou estipular que parte da disputa será apreciada pelo juízo arbitral e a outra parte pela jurisdição estatal.[76]

---

[74] GUERRERO, Luis Fernando. *Convenção de arbitragem e processo arbitral*. São Paulo: Atlas, 2009. p. 6-7.

[75] De forma semelhante, o STJ diferenciou a cláusula compromissória e o compromisso arbitral: "As duas espécies de convenção de arbitragem, quais sejam, a cláusula compromissória e o compromisso arbitral, dão origem a processo arbitral, porquanto em ambos ajustes as partes convencionam submeter a um juízo arbitral eventuais divergências relativas ao cumprimento do contrato celebrado. 3. A diferença entre as duas formas de ajuste consiste no fato de que, enquanto o compromisso arbitral se destina a submeter ao juízo arbitral uma controvérsia concreta já surgida entre as partes, a cláusula compromissória objetiva submeter ao processo arbitral apenas questões indeterminadas e futuras, que possam surgir no decorrer da execução do contrato" (STJ, SEC 1.210/GB, Rel. Min. Fernando Gonçalves, Corte Especial, *DJ* 06.08.2007, p. 444).

[76] De acordo com o STJ: "É válida, assim, a cláusula compromissória constante de acordo que excepcione ou reserve certas situações especiais a serem submetidas ao Judiciário, mormente quando essas demandem tutelas de urgência" (REsp 1.331.100/BA, Rel. p/ acórdão Min. Raul Araújo, Quarta Turma, *DJe* 22.02.2016).

Ademais, é perfeitamente possível a inserção no contrato de cláusula escalonada, com a previsão da realização de mediação antes ou durante o procedimento arbitral.[77]

A convenção de arbitragem somente pode ser alterada ou desfeita por acordo das partes, sendo vedada a sua modificação ou extinção unilateral.

Cabe destacar que a convenção de arbitragem não é incompatível com a cláusula de eleição de foro. Ao revés, é recomendável que, mesmo quando há a inserção de cláusula compromissória, o contrato firmado pelas partes contemple também a cláusula de eleição de foro, para fixar, desde logo, a competência para decidir sobre eventuais medidas de urgência (anteriores à formação do Tribunal Arbitral), para dar cumprimento às cartas arbitrais (para, por exemplo, cumprimento de alguma diligência coercitiva no curso da instrução probatória, como condução de testemunha), para promover o cumprimento da sentença arbitral ou, ainda, para o caso de eventual ação anulatória.[78]

É viável a celebração da cláusula arbitral, ainda que a obrigação esteja representada em título executivo extrajudicial.[79] Neste caso, em caso de resistência do devedor, deverá a defesa ser aviada pela via arbitral; e não por embargos à execução.

A Lei 14.112/2020 inseriu no art. 6º da Lei 11.101/2005 o § 9º, cujo teor estabelece que o processamento da recuperação judicial ou a decretação da falência não autoriza

---

[77] Na mesma linha, decidiu o STJ: "a referência à mediação como alternativa para a resolução de conflitos não torna a cláusula compromissória nula. Com efeito, firmada a cláusula compromissória, as partes não estão impedidas de realizar acordo ou conciliação, inclusive por mediação" (REsp 1.331.100/BA, Rel. p/ acórdão Min. Raul Araújo, Quarta Turma, *DJe* 22.02.2016).

[78] DALLA, Humberto; MAZZOLA, Marcelo. *Manual de mediação e arbitragem*. São Paulo: Saraiva Educação, 2019. p. 270. O STJ decidiu: "A cláusula de eleição de foro não é incompatível com o juízo arbitral, pois o âmbito de abrangência pode ser distinto, havendo necessidade de atuação do Poder Judiciário, por exemplo, para a concessão de medidas de urgência; execução da sentença arbitral; instituição da arbitragem quando uma das partes não a aceita de forma amigável" (REsp 904.813/PR, Rel. Min. Nancy Andrighi, Terceira Turma, *DJe* 28.02.2012).

[79] Enunciado 544 do FPPC: "Admite-se a celebração de convenção de arbitragem, ainda que a obrigação esteja representada em título executivo extrajudicial". Cabe mencionar que a existência de cláusula compromissória não impede a execução de título líquido executivo extrajudicial, haja vista que sua existência e validade prescinde de sentença condenatória arbitral. Nestes termos, vide acórdão do TJSP: "Agravo de instrumento. Execução de título extrajudicial. Trespasse empresarial. Exceção de pré-executividade. Cláusula compromissória que não retira a exequibilidade do título. subscrição do título por testemunhas instrumentárias *a posteriori*. Irrelevância. Liquidez caracterizada. Título que apresenta todos os elementos necessários para apuração da obrigação. Irresignação quanto eventual excesso. Impossibilidade de conhecimento em sede de exceção de pré-executividade. - Recurso desprovido" (TJSP, Agravo de Instrumento 2108540-16.2020.8.26.0000, 22ª Câmara de Direito Privado, Rel. Des. Edgard Rosa, *DJe* 28.07.2020).

o administrador judicial a recusar eficácia à convenção de arbitragem, não impedindo ou suspendendo a instauração de procedimento arbitral.[80]

Conforme já abordado, no pacto arbitral as partes podem optar pela arbitragem de direito ou por equidade, bem como definir a legislação aplicável no procedimento arbitral, desde que não haja violação aos bons costumes e à ordem pública (art. 2º, § 1º, da Lei de Arbitragem).[81]

Na cláusula arbitral, as partes podem convencionar, ainda, que a arbitragem será realizada com base nos princípios gerais de direito, nos usos e costumes e nas regras internacionais de comércio (art. 2º, § 2º, da Lei de Arbitragem).

Os contratantes podem convencionar, outrossim, que a arbitragem será institucional (ou arbitragem administrada) ou *ad hoc* (ou avulsa). Na arbitragem institucional, a disputa será administrada por uma instituição (ou câmara) arbitral que possui experiência na condução de arbitragens, dotada de regulamento próprio, o qual disporá sobre o procedimento, formação do Tribunal Arbitral, tabela de custas e honorários dos árbitros, entre outros aspectos relevantes para o desenrolar do processo. Por outro lado, na arbitragem *ad hoc*, o procedimento é definido pelas partes e/ou pelos árbitros, inexistindo uma instituição arbitral supervisora.

---

[80] Tal alteração legal coaduna-se com o entendimento jurisprudencial. Vide, por exemplo, acórdão do TJSP que decidiu que a convolação de recuperação judicial em falência não afasta a cláusula compromissória e o julgamento por arbitragem: "Falência – Ação de cobrança – Arbitragem – Competência absoluta – Ação ajuizada pela massa falida – Extinção sem análise de mérito ante a incidência da cláusula compromissória, não afastada pela falência da autora – Competência da câmara arbitral – Pretensão de reforma – Descabimento – Precedente do STJ – Extinção sem resolução do mérito mantida – Apelação da autora improvida. Ação de cobrança – Pedido de justiça gratuita – Pessoa jurídica – Apelante que se declarou hipossuficiente, porém, não trouxe elementos suficientes à comprovação – Súmula 481 do E. STJ – Indeferimento mantido – Apelo da ré conhecido e improvido, com observação quanto ao recolhimento das custas processuais. Ação de cobrança – Gratuidade da justiça deferida à massa falida – Inconformismo recursal no qual se pretende a revogação – Descabimento – Impugnante não demonstrou a existência de valores em caixa para pagamento das despesas necessárias às custas – Benesse mantida – Apelo da ré improvido. Dispositivo: negaram provimento aos recursos, com observação.

(...) Não há nenhuma impugnação acerca da existência de cláusula compromissória no contrato discutido nos autos, apenas pretende-se excepcionar sua aplicação em razão da superveniente convolação da recuperação judicial em falência. Sem razão, no entanto. Tratando-se de ação de cobrança de valores referentes a parcelas inadimplidas previstas no "contrato de arrendamento de planta industrial sob condição suspensiva", a questão deve ser submetida ao Tribunal Arbitral, nos termos do disposto na cláusula 9.2" (TJSP, Apelação Cível 1004662-51.2019.8.26.0510, 2ª Câmara Reservada de Direito Empresarial, Rel. Des. Ricardo Negrão, *DJe* 18.03.2020).

[81] É oportuno lembrar que a arbitragem envolvendo a Administração Pública será sempre de direito, na forma do art. 2º, § 3º, da Lei de Arbitragem.

Art. 4º A cláusula compromissória é a convenção através da qual as partes em um contrato comprometem-se a submeter à arbitragem os litígios que possam vir a surgir, relativamente a tal contrato.

§ 1º A cláusula compromissória deve ser estipulada por escrito, podendo estar inserta no próprio contrato ou em documento apartado que a ele se refira.

§ 2º Nos contratos de adesão, a cláusula compromissória só terá eficácia se o aderente tomar a iniciativa de instituir a arbitragem ou concordar, expressamente, com a sua instituição, desde que por escrito em documento anexo ou em negrito, com a assinatura ou visto especialmente para essa cláusula.

§ 3º (VETADO). (Incluído pela Lei nº 13.129, de 2015.)

§ 4º (VETADO). (Incluído pela Lei nº 13.129, de 2015.)

 Comentários

1. Cláusula compromissória: conceito e espécies

A cláusula compromissória é a convenção por meio da qual as partes resolvem submeter eventuais e futuros litígios contratuais à arbitragem (art. 4º da Lei de Arbitragem).[82]

Ao firmarem a cláusula compromissória, as partes convencionam que as controvérsias oriundas do contrato, no todo ou em parte, na forma definida na própria convenção, serão apreciadas pelo juízo arbitral, afastando-se, por consequência, a jurisdição estatal.

A cláusula compromissória, como regra, deve ser estipulada por escrito[83], podendo estar inserta no próprio contrato ou em documento apartado, vinculado ao instrumento contratual (art. 4º, § 1º, da Lei de Arbitragem).

---

[82]   O art. 853 do Código Civil dispõe: "Admite-se nos contratos a cláusula compromissória, para resolver divergências mediante juízo arbitral, na forma estabelecida em lei especial".

[83]   Vide, nesse sentido, decisão do STJ que indeferiu homologação de sentença estrangeira, pois a cláusula compromissória não observou a forma escrita: "Processual civil. Sentença estrangeira contestada. Artigos 15 e 17 da Lei de Introdução às Normas do Direito Brasileiro. Falta de assinatura do contrato. Inexistência de cláusula compromissória. Incompetência do juízo arbitral. 1. Nos termos dos artigos 15 e 17 da Lei de Introdução às Normas do Direito Brasileiro e artigos 216-C, 216-D e 216-F do Regimento Interno do Superior Tribunal de Justiça, que, atualmente, disciplinam o procedimento de homologação de sentença estrangeira, constitui requisito indispensável haver sido a sentença proferida por autoridade competente. 2. Contrato de frete entre portos brasileiros, negociado e executado no Brasil, não assinado pela parte requerida. Não observância da forma escrita para a cláusula compromissória,

Na cláusula compromissória, as partes podem estipular que a arbitragem será institucional, hipótese em que as regras para a instauração do procedimento arbitral serão aquelas previstas no respectivo regulamento da entidade responsável pela administração da arbitragem, associadas ao que dispõe a Lei de Arbitragem.

A escolha da entidade responsável pela administração do procedimento constará da cláusula compromissória e poderá recair sobre qualquer instituição especializada de confiança das partes (exemplos: *International Chamber of Commerce* – ICC, *American Arbitration Association* – AAA, Centro Brasileiro de Mediação e Arbitragem – CBMA, Câmara de Mediação e Arbitragem Empresarial – CAMARB, Centro de Arbitragem e Mediação da Câmara de Comércio Brasil-Canadá – CAM-CCBC, Câmara de Arbitragem do Mercado – CAM, Câmara de Conciliação, Mediação e Arbitragem Ciesp/Fiesp, Câmara FGV de Mediação e Arbitragem, Câmara de Mediação e Arbitragem Empresarial – CAMARB, entre outras).

Por outro lado, em vez da arbitragem institucional, as partes podem definir a realização da arbitragem *ad hoc*, sem a indicação de entidade especializada responsável pela administração do procedimento. Neste caso, as partes deverão estabelecer as regras procedimentais aplicáveis.

A cláusula compromissória se divide em duas categorias: *a) cláusula compromissória cheia*[84] *(ou determinada)*: opção pela arbitragem, com a definição prévia de

---

exigida pela lei brasileira (art. 4º, § 1º, da Lei 9.307/96), aplicável em primeiro lugar para a verificação da validade da cláusula de lei e foro (art. 9º, § 1º, da LINDB). 3. Não há nos autos, ademais, elementos que comprovem a aceitação do juízo arbitral por parte da requerida. 4. Não demonstrada a competência do juízo arbitral que proferiu a sentença estrangeira, resta inviabilizada sua homologação, nos termos do art. 15, 'a', da LINDB. 5. Homologação indeferida" (STJ, SEC 11.593/EX, Corte Especial, Rel. Min. Benedito Gonçalves, *DJe* 18.12.2015). Essa exigência, de que a cláusula compromissória seja sempre escrita, tem sido mitigada pela doutrina e pela jurisprudência, assumindo papel preponderante a efetiva vontade das partes. Assim, desde que consiga a parte demonstrar o consentimento da outra quanto ao pacto arbitral, a opção eleita há de ser considerada válida. No âmbito internacional, a Corte de Apelação francesa de Amiens já teve a oportunidade de decidir o seguinte: "O despacho viola as condições exigidas pelo artigo 1.443 do Novo Código de Processo Civil que, sem levar em conta o princípio de autonomia da cláusula compromissória em arbitragem interna consagrado pela jurisprudência, interpretou o dispositivo no sentido de que a prova do consentimento da cláusula compromissória deve ser feita por escrito, quando, na realidade, esse artigo apenas exige que a cláusula seja estipulada num documento escrito. Para a *Cour de Cassation*, o artigo 1.443 não impõe, portanto, que o consentimento das partes na cláusula compromissória seja formalizado por escrito. Apenas obriga a que o objeto desse consentimento, a saber, a cláusula de arbitragem, tenha um suporte escrito. A razão é muito simples: trata-se de garantir as partes quanto ao conteúdo do seu compromisso. Mas o consentimento das partes relativo ao conteúdo deste escrito pode, por seu turno, exprimir-se por qualquer meio. Assim, a cláusula compromissória pode ser válida, mesmo sem assinatura, desde que a prova do consentimento seja feita por outros meios" (Cour d'appel d'Amiens; 16 de dezembro de 2003; 02/03287).

[84] O Tribunal de Justiça de São Paulo inferiu a existência de cláusula compromissória cheia em estatuto social da Grande Loja Maçônica do Estado de São Paulo (GLESP),

todas as questões necessárias à instituição do procedimento arbitral (art. 5º da Lei de Arbitragem); e *b) cláusula compromissória vazia*[85] *(indeterminada ou em branco)*:

---

considerando que o associado, ao aderir à vida associativa, concorda integralmente com os termos dos estatutos sociais. Portanto, a sanção liminar imposta a associado de suspensão de direitos associativos pelos Tribunais Maçônicos seria legal. Veja--se ementa e trecho do acórdão: "Apelação. Associação Maçônica. GLESP. Aplicação de penalidade liminar à abertura de processo disciplinar. Extinção por ausência de interesse processual. Irresignação improcedente. Existência de cláusulas estatuárias com natureza de cláusula compromissória cheia que veda a intromissão da justiça comum na resolução de conflitos associativos. O exame jurisdicional ficaria restrito a fase posterior à resolução da controvérsia pelo órgão arbitral, em eventual ação de anulação da sentença, nos termos do artigo 33, da Lei de Arbitragem. Sentença mantida. Recurso a que se nega provimento. No caso vertente, é preciso considerar que o associado, ao aderir à vida associativa, acaba por concordar integralmente com os termos dos estatutos sociais, porque não há opção de aceitar uma ou outra cláusula constitutiva expressamente, e assim adere às cláusulas referentes ao modo de solução dos conflitos *interna corporis*. E dos atos constitutivos da associação ré denominada Grande Loja Maçônica do Estado de São Paulo (GLESP) é possível entrever-se em seu artigo 104 a previsão de integral subsunção das controvérsias associativas perante órgãos deliberativos internos especialmente constituídos para tanto, vale dizer, os Tribunais Maçônicos. Ademais, o estatuto social complementou a regra geral acima descrita inserindo regras específicas de constituição, eleição de seus membros, e definição de competência de órgãos deliberativos internos com função específica de resolver conflitos maçônicos. Também definiu em regulamentos específicos normas processuais que tais tribunais devem respeitar em suas atividades. A interpretação sistemática do estatuto social da GLESP permite inferir, assim, que a pessoa jurídica construiu complexo sistema de resolução de conflitos associativos, visando prestigiar a rapidez e confidencialidade de suas deliberações transformando a regra inserta no artigo 104, dos seus estatutos, verdadeira cláusula compromissória estatutária cheia, ainda que não redigida com termos jurídicos específicos. Assim, não há como se sustentar a necessidade de manejar o pleito perante a Justiça Comum. E, a propósito, a alegação do autor de suposto abuso de direito do dirigente máximo da associação ao impor medida liminar de suspensão de direitos associativos e omitir-se em dar seguimento ao processo disciplinar, deixando-o em situação vexatória e aflitiva perante seus pares, encontra amparo específico na complexa rede arbitral criada no Estatuto da GLESP, em especial, perante o Tribunal Maçônico de Recursos, nos termos do artigo 69, inciso IV, do Estatuto da GLESP. O fato é que negar vigência à cláusula compromissória estatutária importaria em estabelecer privilégio àqueles que se furtam à submissão ao sistema de resolução de conflitos pelo qual livremente optaram quando aderiram à Instituição, a seus órgãos expressamente indicados no estatuto social e às normas regulamentares correlatas" (TJSP, Apelação Cível 1105470-33.2019.8.26.0100, 4ª Câmara de Direito Privado, Rel. Des. Maurício Campos da Silva Velho, *DJe* 30.07.2020).

[85]   Sobre cláusula compromissória vazia e patológica, confira-se ementa e trecho de acórdão do TJSP: "Apelação. Ação de rescisão contratual c/c devolução de quantia paga com pedido de indenização por danos morais e materiais. Sentença de extinção da ação, sem julgamento do mérito, com fulcro no art. 485, VII, do CPC/2015. Reconhecimento de convenção de arbitragem. Cláusula vazia. Contrato de adesão, sem prova de expressa anuência do autor/apelante à arbitragem. Excepcional situação a justificar a

apenas define a submissão do contrato à arbitragem, sem qualquer definição ou detalhamento sobre a instituição que irá gerir o procedimento arbitral ou quanto ao procedimento a ser seguido para a instauração da arbitragem.

Na cláusula compromissória vazia, a instauração da arbitragem dependerá de ulterior acordo (compromisso arbitral) a ser firmado pelas partes ou, na sua falta, da intervenção do Poder Judiciário. Isso porque nela estão ausentes os elementos mínimos necessários para a instituição da arbitragem. Há no contrato mera referência à solução de eventuais conflitos pelo juízo arbitral, sem indicar, por exemplo, o número de árbitros que julgarão a controvérsia, tampouco o procedimento de indicação, impugnação e confirmação deles. Caso haja recusa na celebração do compromisso

---

análise, pelo judiciário, da existência de parâmetros mínimos de validade da cláusula arbitral. Precedentes. Cláusula que não é válida para fins de reconhecimento de existência de convenção de arbitragem e, assim, para a extinção da ação com fulcro no art. 485, VII, do CPC/2015. Anulação da sentença recorrida. Determinação de retorno dos autos à origem para o prosseguimento do processo. Apelação provida. E, desse modo, trata-se de cláusula vazia, ou seja, de cláusula "que traz uma lacuna quanto à forma de instauração do procedimento arbitral, que deverá ser suprida por compromisso arbitral quando do surgimento do conflito, celebrado pelas partes diretamente ou por intermédio do Judiciário. (... De forma que) não se terá a instauração imediata da arbitragem, pois, pelas características da cláusula, esta se mostra inviável diante da falta dos elementos necessários para tanto. Ou seja, a cláusula em branco tem como consequência a inviabilidade da pronta convocação do juízo arbitral" (CAHALI, Francisco José. *Curso de arbitragem*: mediação, conciliação e tribunal multiportas. 7. ed. São Paulo: Thomson Reuters Brasil, 2018. p. 173-174). Ademais, além de não haver a previsão de um juízo arbitral nos termos do art. 5º da Lei Federal 9.307/1996, com escolha de Câmara de arbitragem e, portanto, de regulamento, havendo que se destacar que sequer se sabe ao certo o que seria o mencionado "Conselho Técnico de Gestores, Consultores e Promotores de Negócios da Pró-Beleza Brasil e Sindicato Assistente"; o contrato em tela trata-se, evidentemente, de contrato de adesão, não havendo nenhuma prova de que tenha havido respeito ao requisito de validade previsto pelo art. 4º, § 2º, da lei de regência, com a concordância expressa do autor/apelante com a instituição de dita cláusula compromissória, através da aposição de sua assinatura (...). No caso, a referida cláusula 8.3 do contrato, além de vazia, com breve menção à possibilidade de adoção da arbitragem como forma de solução de conflitos, ou mesmo "vaga", mais próxima a uma condição potestativa pura, é "patológica" no sentido dos precedentes anteriormente colacionados, pois, ao ofender requisitos legais, não possui a assertividade necessária para se reconhecer como válida a própria convenção. E, em que pese não se tratar de uma relação de consumo, sujeita ao Código de Defesa do Consumidor, mas de uma relação entre empresários, é clara a assimetria existente entre as partes, sendo que a própria redação da cláusula, que embute uma breve referência à arbitragem, de maneira a que fique parcialmente encoberta, não permite a convalidação da cláusula compromissória, ou seja, não é possível validá-la para fins de reconhecimento da existência de convenção de arbitragem e, assim, para a extinção da ação com fulcro no art. 485, VII, do CPC/2015" (TJSP, Apelação Cível 1017710-50.2017.8.26.0477, 1ª Câmara Reservada de Direito Empresarial, Rel. Des. Alexandre Lazzarini, *DJe* 13.07.2020).

arbitral, a outra parte poderá propor ação judicial para instituição do juízo arbitral (arts. 6º e 7º da Lei de Arbitragem).[86]

Admite-se a celebração da denominada cláusula escalonada, com a previsão da tentativa de solução da controvérsia por meio da mediação antes da instauração da arbitragem (cláusula *med-arb*) ou durante o procedimento arbitral (cláusula *arb-med*), o que fomenta a autocomposição dos conflitos. A cláusula escalonada é a convenção que estabelece dois ou mais meios de solução de conflitos na forma e nas etapas estipuladas pelas partes.[87]

Aliás, o art. 23 da Lei 13.140/2015 (Lei de Mediação) reforça a importância da mediação e do caráter vinculante da cláusula escalonada. Havendo cláusula de mediação, com o compromisso de que o procedimento arbitral somente será iniciado após determinado período ou implementada determinada condição, o árbitro suspenderá o curso da arbitragem pelo prazo previamente estipulado pelas partes ou até o implemento da referida condição.[88]

O *International Centre for Dispute Resolution – ICDR* (braço internacional da *American Arbitration Association – AAA*) inovou com a *cláusula de arbitragem e mediação concorrentes*. Nesse caso a mediação poderá ter início imediatamente após o requerimento de instauração do procedimento arbitral. As partes, no entanto, terão o poder de decidir o melhor momento, durante o procedimento arbitral, para

---

[86]   Vale conferir, a respeito do assunto, o seguinte trecho de acórdão do STJ: "(...) resulta incontestе que o Poder Judiciário é competente para dirimir as questões necessárias à instauração do Juízo alternativo de resolução de conflitos, inclusive a alegada parcialidade do Tribunal escolhido pelo ora recorrido, de modo a tornar efetiva a vontade das partes ao instituírem a cláusula compromissória, haja vista tratar-se, no caso presente, de cláusula em branco ou vazia, assim entendida aquela que se limita a afirmar que qualquer desavença decorrente do negócio jurídico será solucionada por meio de arbitragem: 'Todas as questões, eventualmente originadas do presente contrato, serão resolvidas, de forma definitiva, via arbitral em uma das Cortes de Conciliação e Arbitragem de Cuiabá-MT'" (STJ, Quarta Turma, REsp 1.082.498/MT, Rel. Min. Luis Felipe Salomão, *DJe* 04.12.2012).

[87]   CAHALI, Francisco José. *Curso de arbitragem*: mediação, conciliação e tribunal multiportas. 7. ed. São Paulo: Thomson Reuters Brasil, 2018. p. 188.

[88]   Lei 13.140/2015: "Art. 23. Se, em previsão contratual de cláusula de mediação, as partes se comprometerem a não iniciar procedimento arbitral ou processo judicial durante certo prazo ou até o implemento de determinada condição, o árbitro ou o juiz suspenderá o curso da arbitragem ou da ação pelo prazo previamente acordado ou até o implemento dessa condição. Parágrafo único. O disposto no *caput* não se aplica às medidas de urgência em que o acesso ao Poder Judiciário seja necessário para evitar o perecimento de direito". Na celebração de cláusula de mediação, as partes deverão comparecer à primeira reunião, mas ninguém será obrigado a permanecer em procedimento de mediação (art. 2º, §§ 1º e 2º da Lei de Mediação). Durante o procedimento de mediação, ficará suspenso o prazo prescricional (art. 17, parágrafo único, da Lei de Mediação).

a realização da primeira sessão de mediação.[89] Não se trata de cláusula escalonada uma vez que o procedimento arbitral não possui como condição para seu início a realização de mediação prévia.

Mencione-se, ainda, a denominada cláusula arbitral patológica (ou defeituosa) que apresenta redação omissa, lacônica ou contraditória, colocando em risco a própria efetivação da arbitragem.[90] Inexistindo clara ilegalidade na redação da cláusula ou dúvida sobre o afastamento da jurisdição estatal, a interpretação deve buscar, na medida do possível, o salvamento da cláusula compromissória (princípio da salvação da convenção arbitral), com a solução do litígio pelo juízo arbitral.[91]

---

[89] Veja a cláusula-padrão de mediação e arbitragem concorrentes da ICDR: "ICDR Standard Concurrent Arbitration-Mediation Clause – Any controversy or claim arising out of or related to this contract, or a breach thereof, shall be resolved by arbitration administered by the International Centre for Dispute Resolution in accordance with its International Arbitration Rules. Once the demand for arbitration is initiated, the parties agree to attempt to settle any controversy or claim arising out of or relating to this contract or a breach thereof by mediation administered by the International Centre for Dispute Resolution under its International Mediation Rules. Mediation will proceed concurrently with arbitration and shall not be a condition precedent to any stage of the arbitration process". Disponível em: https://www.icdr.org/clauses. Acesso em: 13 mar. 2020.

[90] Um exemplo de cláusula patológica, segundo Carlos Alberto Carmona, seria aquela que determina "a aplicação de regras de uma instituição arbitral por outra entidade, cuja estrutura não comporta (ou efetivamente impede) a plena operacionalidade das regras escolhidas". E complementa o ilustre arbitralista: "Estou me referindo a uma situação que tem ocorrido com certa frequência, em que as partes determinam, na cláusula compromissória, que a arbitragem será administrada por certa entidade brasileira, aplicando, porém, as regras da CCI. O exemplo não é casual: e em São Paulo já tive oportunidade de ver algumas cláusulas com esta anomalia. A consequência de tal escolha costuma ser deletéria, pois o órgão arbitral brasileiro pode não admitir a utilização de procedimentos forasteiros; pode ainda ocorrer (hipótese mais usual) que o órgão administrador brasileiro, ainda que flexível quanto a regras procedimentais, não tenha estrutura compatível com as regras escolhidas (no caso da CCI, o escrutínio, constante do regulamento de tal entidade, pode ser impossível pela inexistência de órgão capaz de fazer a revisão formal da sentença arbitral)" (CARMONA, Carlos Alberto. *Arbitragem e processo*: um comentário à Lei 9.307/96. 3. ed. São Paulo: Atlas, 2009. p. 113-114). Defende Gustavo da Rocha Schmidt que, por força do princípio da salvação da cláusula arbitral, "se não há como se aplicar, na íntegra e em sua inteireza, o regulamento da CCI, a referida cláusula compromissória há de ser compreendida no sentido de que compete aos árbitros seguir, na condução do procedimento, as diretrizes estabelecidas no regramento da referida instituição, na medida do possível e naquilo que for compatível como uma arbitragem ad hoc. Eventuais regras que sejam incompatíveis com o modelo *ad hoc*, devem ser desconsideradas pelo painel arbitral" (SCHMIDT, Gustavo da Rocha. *Arbitragem na Administração Pública*. Curitiba: Juruá, 2018. p. 112-113).

[91] De forma semelhante: CAHALI, Francisco José. *Curso de arbitragem*: mediação, conciliação e tribunal multiportas. 7. ed. São Paulo: Thomson Reuters Brasil, 2018. p. 180-183.

2. Autonomia da cláusula compromissória

A autonomia da cláusula compromissória é consagrada no art. 8º da Lei de Arbitragem. A cláusula compromissória é autônoma em relação ao respectivo contrato, motivo pelo qual a nulidade, total ou parcial, do contrato não implica, por consequência, a nulidade da cláusula arbitral. "Também por isso", conforme elucida Luis Guerreiro, "a resilição de um contrato não leva, necessariamente à resilição da cláusula compromissória, possuindo, portanto, apenas uma ligação instrumental com o objeto do litígio".[92]

Efeito do princípio da autonomia da cláusula compromissória é que pode uma arbitragem ser instaurada para aferir a própria validade do contrato. O árbitro, ao final do procedimento arbitral, poderá decretar a nulidade, como um todo, do contrato em que foi inserida a convenção arbitral, sem que se possa questionar a sua competência para o tema.

O princípio da *kompetenz-kompetenz* é um corolário lógico da própria autonomia da convenção de arbitragem. Naturalmente, para que o árbitro possa decidir a respeito da validade do contrato, deverá, antes disso, reconhecer a existência e a licitude do pacto arbitral. É em função disso que se diz que cabe ao árbitro decidir, de ofício ou por provocação das partes, as questões relacionadas à existência, validade e eficácia da convenção de arbitragem e do contrato que contenha a cláusula compromissória (art. 8º, parágrafo único, da Lei de Arbitragem).[93]

---

[92] GUERRERO, Luis Fernando. *Convenção de arbitragem e processo arbitral*. São Paulo: Atlas, 2009. p. 18-19.

[93] Nesse sentido, decidiu o STJ: "Direito civil e processual civil. Arbitragem. Acordo optando pela arbitragem homologado em juízo. Pretensão anulatória. Competência do juízo arbitral. Inadmissibilidade da judicialização prematura. 1 - Nos termos do artigo 8º, parágrafo único, da Lei de Arbitragem a alegação de nulidade da cláusula arbitral instituída em Acordo Judicial homologado e, bem assim, do contrato que a contém, deve ser submetida, em primeiro lugar, à decisão do próprio árbitro, inadmissível a judicialização prematura pela via oblíqua do retorno ao Juízo. 2 - Mesmo no caso de o acordo de vontades no qual estabelecida a cláusula arbitral no caso de haver sido homologado judicialmente, não se admite prematura ação anulatória diretamente perante o Poder Judiciário, devendo ser preservada a solução arbitral, sob pena de se abrir caminho para a frustração do instrumento alternativo de solução da controvérsia. (...) 4 - Recurso Especial provido e sentença que julgou extinto o processo judicial restabelecida" (STJ, REsp 1.302.900/MG, Rel. Min. Sidnei Beneti, Terceira Turma, *DJe* 16.10.2012). Na dicção de Luis Guerreiro, "[c]omo importante elemento de tal transformação está a autonomia da cláusula compromissória em relação ao negócio jurídico que a contém, nos termos do art. 8º da Lei de Arbitragem. Tal determinação legal faz com que qualquer análise sobre a nulidade ou anulabilidade de contrato deva passar primeiramente pelo crivo dos árbitros, isto é, eles irão decidir, com preferência sobre o Judiciário, sobre a nulidade ou anulabilidade da cláusula compromissória e se ela for hígida poderão analisar o mérito da demanda". E prossegue o autor mais adiante: "[a] demais, como corolário à autonomia da cláusula compromissória (prevista no *caput* do art. 8º da Lei de Arbitragem e reforçada pelo art. 20 da mesma Lei) há o princípio da *Kompetenz-kompetenz* (previsto no parágrafo único do mesmo artigo e reconhecido em convenções internacionais como a Convenção de Nova Iorque, art. II, parágrafo 3º),

3. Extensão para terceiros não signatários dos efeitos da cláusula compromissória[94]

É inegável que a jurisdição arbitral é uma exceção ao princípio da inafastabilidade do controle judicial, consagrado no art. 5º, XXXV, da Constituição Federal.

Não por outra razão, a eleição pelas partes da via arbitral pressupõe cabal e inequívoca manifestação de vontade dos contratantes, a ser formalizada por intermédio da competente convenção de arbitragem (cláusula compromissória ou compromisso arbitral), na forma do art. 3º da Lei 9.307/1996. "O efeito severo de afastar a jurisdição do Estado não pode ser deduzido, imaginado, intuído ou estendido. O consentimento dos interessados é essencial", bem pontua Carlos Alberto Carmona.[95]

Tão importante é a intenção das partes, na opção pelo juízo arbitral, que o art. 4º, § 1º, da Lei impõe, para que não permaneça qualquer dúvida a respeito, que a cláusula compromissória seja estipulada por escrito, inserta no próprio contrato ou em documento apartado, a ele vinculado.

Exatamente por isso, é remansosa a jurisprudência do STJ no sentido de que falece competência ao juízo arbitral, na falta de convenção escrita ou ao menos de provas que evidenciem a manifestação efetiva de vontade das partes pela arbitragem como método de solução de conflitos.[96] É uma faculdade da parte a de se submeter ao juízo arbitral.

---

denominado assim originalmente no idioma alemão e surgido no direito processual. A ligação entre autonomia da cláusula compromissória e o princípio da *Kompetenz--kompetenz* é fundamental para a incolumidade da arbitragem em face das alegações de nulidade ou anulabilidade da convenção de arbitragem que possam surgir durante a solução do conflito" (GUERRERO, Luis Fernando. *Convenção de arbitragem e processo arbitral*. São Paulo: Atlas, 2009. p. 18-20).

[94]   Para uma análise aprofundada do tema, veja-se: ROCHA, Pedro Cavalcanti de Almeida. *Extensão da convenção arbitral aos contratos conexos*. Salvador: JusPodivm, 2020.

[95]   CARMONA, Carlos Alberto. *Arbitragem e processo*: um comentário à Lei 9.307/96. 3. ed. São Paulo: Atlas, 2009. p. 83. No mesmo sentido: CAHALI, Francisco José. *Curso de arbitragem*. 3. ed. São Paulo: RT, 2013. p. 140.

[96]   Assim: STJ, SEC 11.593/EX, Corte Especial, Rel. Min. Benedito Gonçalves, *DJe* 18.12.2015. No mesmo sentido: "Processual civil. SEC – Sentença Estrangeira Contestada. Homologação. Descabimento. Eleição do juízo arbitral. Ausência de manifestação expressa da parte requerida. Ofensa a princípio de ordem pública. Indeferimento do pedido de homologação. 1. Plexus Cotton Limited, sociedade constituída e existente de acordo com as leis da Inglaterra, com sede em Liverpool, Inglaterra, requer a homologação de Sentença Arbitral Estrangeira, proferida por Liverpool Cotton Association – LCA, que condenou Santana Têxtil Ltda. a pagar à requerente a quantia de U\$D 231.776,35 (duzentos e trinta e um mil, setecentos e setenta e seis dólares e trinta e cinco centavos), além de determinar o faturamento de parte da mercadoria ou o equivalente a 2.204.600 libras líquidas, em razão de descumprimento de contrato firmado entre as partes. 2. Na hipótese em exame, consoante o registrado nos autos, não restou caracterizada a manifestação ou a vontade da requerida no tocante à eleição do Juízo arbitral, uma vez que não consta a sua assinatura nos contratos nos quais se estabeleceu a cláusula arbitral. 3. A inequívoca demonstração da manifestação de vontade de a parte aderir

Regra geral, a convenção de arbitragem não vincula quem com ela não consentiu ou que a ela não aderiu. Ninguém pode ser submetido ao juízo arbitral, se com ele não anuiu. Tem plena aplicação, no campo da arbitragem, o princípio da relatividade dos contratos, segundo o qual "seus efeitos [do contrato] se produzem exclusivamente entre as partes, não aproveitando nem prejudicando a terceiros".[97] É nesse sentido que Cândido Rangel Dinamarco leciona que "em princípio, o negócio jurídico caracterizado como convenção de arbitragem vincula todos os sujeitos que dele participaram e somente os que participaram – e essa é uma imposição da autonomia da vontade, que constitui fundamento da própria opção pela arbitragem".[98]

O princípio da relatividade dos contratos, contudo, não é absoluto. Admite exceções. Há ajustes que, como ensina Orlando Gomes, "fugindo à regra geral, estendem efeitos a outras pessoas, quer criando, para estas, direitos, quer impondo obrigações. Tais são, dentre outros, a estipulação em favor de terceiro, o contrato coletivo de trabalho, a locação em certos casos e o fideicomisso intervivos".[99]

É nesse sentido que, em caráter absolutamente excepcional, tem se admitido a extensão subjetiva dos efeitos da convenção de arbitragem a terceiros não signatários, permitindo-se que em certas situações, a depender das particularidades do caso concreto, o pacto arbitral vincule terceiros estranhos à avença (ex.: contratos societários,

---

e constituir o Juízo arbitral ofende à ordem pública, porquanto afronta princípio insculpido em nosso ordenamento jurídico, que exige aceitação expressa das partes por submeterem a solução dos conflitos surgidos nos negócios jurídicos contratuais privados arbitragem. 4. No caso em exame, não houve manifestação expressa da requerida quanto à eleição do Juízo Arbitral, o que impede a utilização desta via jurisdicional na presente controvérsia. 5. Pedido de homologação a que se nega deferimento" (STJ, SEC 967/EX, Corte Especial, Rel. Min. José Delgado, DJ 20.03.2006, p. 175). E ainda: "'Sentença arbitral estrangeira. Homologação. Cláusula compromissória. Ausência de assinatura. Ofensa à ordem pública. precedentes do Superior Tribunal de Justiça e do Supremo Tribunal Federal. 1. A inequívoca demonstração da manifestação de vontade de a parte aderir e constituir o Juízo arbitral ofende à ordem pública, porquanto afronta princípio insculpido em nosso ordenamento jurídico, que exige aceitação expressa das partes por submeterem a solução dos conflitos surgidos nos negócios jurídicos contratuais privados arbitragem' (SEC nº 967/GB, Rel. Min. José Delgado, DJ 20.03.2006). 2. A falta de assinatura na cláusula de eleição do juízo arbitral contida no contrato de compra e venda, no seu termo aditivo e na indicação de árbitro em nome da requerida exclui a pretensão homologatória, enquanto ofende o artigo 4º, parágrafo 2º, da Lei nº 9.307/96, o princípio da autonomia da vontade e a ordem pública brasileira. 3. Pedido de homologação de sentença arbitral estrangeira indeferido" (STJ, SEC 978/GB, Corte Especial, Rel. Min. Hamilton Carvalhido, DJe 05.03.2009).

[97] GOMES, Orlando. *Contratos*. 14. ed. Rio de Janeiro: Forense, 1994. p. 43. Na mesma linha: PEREIRA, Caio Mário da Silva. *Instituições de direito civil*: contratos. 18. ed. Rio de Janeiro: Forense, 2014. v. III, p. 15.

[98] DINAMARCO, Cândido Rangel. *A arbitragem na teoria geral do processo*. São Paulo: Malheiros, 2013. p. 101-103.

[99] GOMES, Orlando. *Contratos*. 14. ed. Rio de Janeiro: Forense, 1994. p. 43-44.

contratos coligados, contratos de seguro, desconsideração da personalidade jurídica etc.).[100] Trata-se de exceção ao princípio da relatividade dos contratos.[101]

Tal posição vem sendo corroborada pela jurisprudência dos Tribunais Estaduais[102] e, sobretudo, pelo STJ, principalmente com relação à transmissão da cláusula

---

[100] Pedro Cavalcanti Rocha menciona que a "convenção arbitral pode ser transferida ou estendida, sendo que, na primeira ocasião, ela se dá quando uma pessoa recebe direitos que foram a ele ou ela transmitidos como, por exemplo, em uma cessão contratual ou na herança", ao passo que na segunda situação não há substituição propriamente dita, ocorrendo quando são adicionadas partes ou acrescido objeto litigioso à convenção arbitral, podendo ela ser realizada em sua modalidade ativa, ou seja, quando o não signatário requerer a sua inclusão no procedimento, ou em sua modalidade passiva, quando uma das partes, árbitro ou tribunal arbitral requerer a inclusão do não signatário". E prossegue o jovem arbitralista: "O exemplo talvez mais fácil de visualizar para ocorrência de extensão é quando há fraude contratual como ocorrido no caso Orri, julgado na França em 1990. Naquela ocasião, o empresário Orri, controlador de uma série de empresas, possuía dívida com a petrolífera francesa Elf Aquitaine, sendo que, ao assinar seu débito, ele assinou um contrato em seu nome próprio reconhecendo a existência da dívida e outro pacto onde as empresas se obrigavam a quitar esta dívida". Ocorre que "o segundo pacto não foi assinado por Orri, mas sim, por um funcionário das empresas e apenas neste havia a cláusula compromissória". A arbitragem teve curso na Corte Arbitral da CCI. O tribunal arbitral, em função dos fatos e das provas dos autos, entendeu que, mesmo sem ter assinado a convenção de arbitragem, Orri deveria compor o polo passivo do litígio. "Outra possível situação passível à extensão da convenção arbitral", acrescenta Pedro Cavalcanti Rocha, "é quando se trata de fiança em contrato apartado do principal" (ROCHA, Pedro Cavalcanti de Almeida. *Extensão da convenção arbitral aos contratos conexos*. Salvador: JusPodivm, 2020. p. 72-74).

[101] Nesse sentido, vide Fichtner et al.: "Na arbitragem, o princípio da relatividade dos contratos se aplica no sentido de limitar a via arbitral àquelas partes que se vincularam à convenção de arbitragem. Normalmente, estas partes serão aquelas que celebraram e assinaram o compromisso arbitral ou a cláusula compromissória. Há situações, porém, em que a convenção de arbitragem vincula partes não signatárias da convenção de arbitragem, como ocorre no caso de grupos societários, grupos de contratos, desconsideração da personalidade jurídica e outras hipóteses de transmissão e extensão da convenção de arbitragem. Nestes casos, importará para incidência do princípio da relatividade dos contratos o comportamento das partes, especialmente na fase negocial do contrato-base, na execução do contrato-base e, também, no próprio processo arbitral" (FICHTNER, José Antonio et al. *Teoria geral da arbitragem*. Rio de Janeiro: Forense, 2019. p. 131).

[102] Vide, a título exemplificativo: "Apelação cível. Contrato de seguro. Ação regressiva. Reparação de danos. Cláusula compromissória assumida entre a segurada e a ré. Eficácia também em face da seguradora. Sub-rogação que não atinge somente os direitos, mas também os deveres contratualmente assumidos pela segurada. Cláusula contratual da qual a seguradora tinha pleno conhecimento no momento da emissão da apólice de seguro, e dela não pode se furtar" (TJRJ, AC n. 0160745-58.2014.8.19.0001. 20ª Câmara Cível, Rel. Des. Marília de Castro Neves Vieira, j. 15.03.2017). Vide também acórdão do TJSP e do STJ que manteve a decisão de segunda instância que considerou a extensão da cláusula compromissória aos contratos de *swap* por estes serem acessórios ao con-

trato principal de empréstimo; "Arbitragem. Conflito decorrente de contratos de 'Swap' coligados a Contrato de Abertura de Crédito com cláusula compromissória. Negócios jurídicos acessórios que tiveram sua causa eficiente bem sedimentada no Contrato de Abertura de Crédito que lhes traçou as cláusulas nucleares. ARBITRAGEM. Conflito decorrente de contratos de 'Swap' coligados a Contrato de Abertura de Crédito com cláusula compromissória. Negócios jurídicos acessórios que tiveram sua causa eficiente bem sedimentada no Contrato de Abertura de Crédito que lhes traçou as cláusulas nucleares. Inocorrência da alegada autonomia e independência dos ditos contratos derivativos utilizados para proteção ou possível alavancagem dos ativos da empresa devedora. Submissão da matéria ao tribunal arbitral. Cabimento. Recurso da autora não provido nessa parte. Se o contrato principal de empréstimo reflete verdadeira condição *sine qua non* da existência daqueles de 'swap', que lhe são meros anexos ou acessórios, a cláusula compromissória do contrato principal se estende ao acessório coligado. Assim, se o que se discute é o dever, ou não, de honrar esses instrumentos de pagamento do contrato principal, não se verifica conflito nenhum da arbitragem com a autonomia de vontade das partes expressada na cláusula de eleição de foro judicial pertencente aos Contratos de 'Swap', permanecendo esta preservada e em estado latente, no aguardo de situações específicas que lhe permitam invocação. Arbitragem. Caso envolvendo litisconsórcio de partes com interesses distintos no mesmo polo. Omissão do Regulamento da Câmara de Arbitragem quanto à indicação de árbitros em casos de multipartes com interesses distintos no mesmo polo. Integração do regulamento pelo Presidente daquele órgão que não se deu com melhor técnica jurídica por fazer prevalecer a indicação de árbitro de apenas uma das partes, suprimindo o direito de indicação das outras. Inobservância de princípios basilares da isonomia e imparcialidade que viciaram a formação do painel arbitral. Parte prejudicada que invoca a reserva legal de apreciação de tal questão pelo judiciário. Inocorrência de preclusão nos termos do art. 19, § 2º, da Lei nº 9.307/96. Sentença arbitral anulada. Recursos dos réus não providos. No juízo comum (estatal), o julgador é investido diretamente pelo próprio Estado; no juízo arbitral, diferentemente, o julgador é investido diretamente pelas próprias partes. Portanto, se há algum momento em que não pode haver qualquer espécie de dúvida, incerteza ou mácula este reside no ato dessa verdadeira 'investidura' manifestada pelas partes. Afinal, o poder de dizer o direito sobre um caso concreto outorgado ao juiz arbitral só goza de tal predicado de impor decisão com eficácia vinculante para as partes porque estas assim o quiseram. Ação anulatória de sentença arbitral. Honorários de advogado. Sucumbência recíproca. Autora que deduz dois pedidos declaratórios, restando acolhido apenas um deles. Aplicação da regra do art. 21 do CPC. Divisão que não precisa se ater exatamente ao percentual de sucumbência de cada parte, mormente quando a lide não envolve, imediatamente, discussão de valores, mas apenas declaração de direitos. Recurso da autora não provido nessa parte. 'A norma contida no art. 21 do CPC estabelece a divisão dos ônus de sucumbência de forma recíproca e proporcional entre vencido e vencedor, não significando, contudo, que essa divisão tenha de se ater exatamente ao percentual de sucumbência de cada parte'" (TJSP, Apelação Cível 0002163-90.2013.8.26.0100, 11ª Câmara de Direito Privado, Rel. Des. Gilberto dos Santos, *DJe* 17/07/2014). Vide, no mesmo sentido, acórdão do STJ: "Recursos especiais. Direito civil e processual civil. Arbitragem. Contratos coligados. Conflito decorrente de contratos de 'swap' coligados a contrato de abertura de crédito com cláusula compromissória. 1. Controvérsia em torno da (a) extensão da eficácia do compromisso arbitral constante do contrato principal

compromissória, por meio de sub-rogação da seguradora nos direitos do segurado.[103]

---

de abertura de crédito aos contratos de *swap*, em face da coligação negocial, e da (b) validade da formação da corte arbitral. 2. Recurso especial de Paranapanema S/A. Contratos coligados. Interpretação contratual. Princípio da gravitação jurídica. Ônus sucumbenciais. Revisão do julgado. Impossibilidade. Incidência do Enunciado nº 7/STJ. 2.1. Nos contratos coligados, as partes celebram uma pluralidade de negócios jurídicos tendo por desiderato um conjunto econômico, criando entre eles efetiva dependência. 2.2. Reconhecida a coligação contratual, mostra-se possível a extensão da cláusula compromissória prevista no contrato principal aos contratos de 'swap', pois integrantes de uma operação econômica única. 2.3. No sistema de coligação contratual, o contrato reputado como sendo o principal determina as regras que deverão ser seguidas pelos demais instrumentos negociais que a este se ajustam, não sendo razoável que uma cláusula compromissória inserta naquele não tivesse seus efeitos estendidos aos demais. 2.4. A revisão da distribuição dos ônus sucumbenciais exige a análise das questões de fato e de prova, consoante as peculiaridades de cada caso concreto, o que é inadequado na via especial, nos termos do Enunciado n.º 7/STJ. 2.5. Primeiro recurso especial desprovido. 3. Recurso especial do Banco BTG Pactual S.A. Alegação de inexistência de prejuízo da parte adversa quanto à nomeação do árbitro. Pretensão de revisão do julgado. Alegação de ocorrência de preclusão. Revisão do julgado. Impossibilidade. Incidência da Súmula n.º 7/STJ. 3.1. Para prevalecer a pretensão em sentido contrário à conclusão do Tribunal de origem, seria necessária a revisão do conjunto fático-probatório dos autos, o que, como já decidido, é inviabilizado, nesta instância superior, pelo Enunciado n.º 7/STJ. 3.2. A alteração do entendimento firmado no acórdão recorrido, acerca da ocorrência da preclusão, demandaria o reexame dos fatos e das provas dos autos, atraindo a incidência do Enunciado n.º 7, do STJ. 3.3. Segundo recurso especial desprovido. 4. Recursos especiais desprovidos" (STJ, REsp 1.639.035/SP, Rel. Min. Paulo de Tarso Sanseverino, Terceira Turma, *DJe* 15.10.2018).

[103] Nesse sentido decidiu o STJ em homologação de sentença estrangeira: "(...) não obstante a expressão ordem pública seja um conceito fluido, aberto, é possível inferir que se relaciona com os princípios e preceitos fundamentais do ordenamento jurídico nacional, daí por que sua transgressão tem o condão de obstar a homologação da sentença estrangeira. Ora, o objeto da controvérsia é eminentemente patrimonial, uma vez que decorre de um possível direito de pagar quantia (para reparação de danos). Além disso, a sub-rogação – em si considerada – é instituto do direito das obrigações plenamente admitido no ordenamento jurídico" (STJ, SEC 14.930/EX, Voto-Vista Min. Mauro Campbell Marques, *DJe* 27.06.2019). (...) existe a plena possibilidade de transmissão da cláusula compromissória por meio da sub-rogação da seguradora ao segurado, por força do art. 786 do CC/2002 e, assim, não existe qualquer ofensa à ordem pública nacional (STJ, SEC 14.930/EX, Voto-Vista Min. Nancy Andrighi, *DJe* 27.06.2019). Na doutrina: "Em face de todo o exposto até aqui, não temos dificuldade em vislumbrar a transmissão da cláusula compromissória à seguradora que se sub-roga nos direitos do segurado. Com efeito, tendo em vista que a relação jurídica travada entre o segurado e terceiro causador do sinistro transmite-se à seguradora com todas as suas características – operando-se na verdade apenas uma substituição do sujeito (credor) –, entendemos que a cláusula compromissória subsiste à sub-rogação, sendo finalmente transmitida à pessoa que passa a ocupar o lugar do segurado, o qual anuiu em submeter-se à arbitragem, em caso de litígio com o terceiro que ocasionou o dano. Assim, a seguradora sub-rogada estará irremediavelmente vinculada à cláusula arbitral pactuada

Tem sido reconhecida também nos contratos coligados.[104]

Nada obstante, a extensão subjetiva dos efeitos do pacto arbitral pressupõe que, das circunstâncias fáticas que circundam o caso em concreto, seja possível extrair a efetiva intenção do terceiro em se submeter à via arbitral. Como bem anota Rodrigo Garcia da Fonseca, a "extensão dos efeitos da cláusula compromissória nos grupos de contratos, ou nos contratos conexo" é tema "altamente marcado pelas circunstâncias fáticas de cada caso concreto. Cabe ao juiz (e/ou ao árbitro) buscar a vontade das partes, de acordo com as características de cada situação de fato dada ao seu conhecimento".[105]

4. Cláusula compromissória nos contratos de adesão

A cláusula compromissória, nos contratos de adesão, só terá eficácia se o aderente tomar a iniciativa de instituir a arbitragem ou concordar, expressamente, com a sua

---

pelo segurado. Neste diapasão, cumpre mencionar, por oportuno, o Caso CCI n. 1704, julgado em 1977. Tratava-se de uma arbitragem calcada em cláusula compromissória inserida em um contrato celebrado entre uma empresa francesa e outra indiana. Um banco francês sub-rogou-se nos direitos da empresa francesa e, consequentemente, instaurou a referida arbitragem contra a referida empresa indiana, nos moldes da cláusula compromissória pactuada entre as empresas francesa e indiana. Firmando seu entendimento na opinião de renomados autores (como De Page, Planiol, Ripert, Limpens e Van Damme), o árbitro afirmou que não havia que se falar em novação no caso. Em seguida, o árbitro considerou plenamente possível a transmissão da cláusula compromissória ao banco sub-rogado" (VERÇOSA, Fabiane. Arbitragem e seguros: transmissão da cláusula compromissória à seguradora em caso de sub-rogação. *Revista Brasileira de Arbitragem*, São Paulo, v. 3, n. 11, p. 46-65, jul./set. 2006).

[104] STJ, REsp 1.639.035/SP, Terceira Turma, Rel. Min. Paulo de Tarso Sanseverino, *DJ* 15.10.2018: "Recursos especiais. Direito civil e processual civil. Arbitragem. Contratos coligados. Conflito decorrente de contratos de 'swap' coligados a contrato de abertura de crédito com cláusula compromissória. 1. Controvérsia em torno da (a) extensão da eficácia do compromisso arbitral constante do contrato principal de abertura de crédito aos contratos de swap, em face da coligação negocial, e da (b) validade da formação da corte arbitral. 2. Recurso especial de Paranapanema S/A. Contratos coligados. Interpretação contratual. Princípio da gravitação jurídica. Ônus sucumbenciais. Revisão do julgado. Impossibilidade. Incidência do Enunciado n. 7/STJ. 2.1. Nos contratos coligados, as partes celebram uma pluralidade de negócios jurídicos tendo por desiderato um conjunto econômico, criando entre eles efetiva dependência. 2.2. Reconhecida a coligação contratual, mostra-se possível a extensão da cláusula compromissória prevista no contrato principal aos contratos de 'swap', pois integrantes de uma operação econômica única. 2.3. No sistema de coligação contratual, o contrato reputado como sendo o principal determina as regras que deverão ser seguidas pelos demais instrumentos negociais que a este se ajustam, não sendo razoável que uma cláusula compromissória inserta naquele não tivesse seus efeitos estendidos aos demais".

[105] FONSECA, Rodrigo Garcia da. Contratos conexos. Contrato de arrendamento. Seguro-garantia. Cláusula compromissória inserida apenas no contrato principal. Silêncio da apólice. Convenção de arbitragem restrita à relação jurídica de arrendamento, não se estendendo ao seguro-garantia. *Revista de Arbitragem e Mediação*, v. 10, p. 226-233, jul./set. 2006. Ainda sobre o tema, veja-se: GUERRERO, Luis Fernando. *Convenção de arbitragem e processo arbitral*. São Paulo: Atlas, 2009. p. 148-157.

instituição, desde que por escrito em documento anexo ou em negrito, com a assinatura ou visto especialmente para essa cláusula (art. 4º, § 2º, da Lei de Arbitragem).

O objetivo da fixação das referidas exigências para validade da cláusula arbitral nos contratos de adesão[106] é a proteção da parte vulnerável da relação jurídica.

Nas relações de consumo, o art. 51, VII, do CDC prevê a nulidade de pleno direito das cláusulas contratuais que determinem a utilização compulsória de arbitragem.

Na busca de uma interpretação conciliatória do art. 4º, § 2º, da Lei de Arbitragem e do art. 51, VII, do CDC, o STJ tem admitido a arbitragem nos contratos de consumo quando: a) não se verificar presente a sua imposição pelo fornecedor ou a vulnerabilidade do consumidor, b) a iniciativa da instauração for do consumidor ou c) a iniciativa for do fornecedor e houver a concordância ou a ratificação expressa do consumidor com a sua instituição.[107]

---

[106] Nesse sentido vide acórdão do TJSP: "Arbitragem. Contrato de adesão. Cessão de *software* tendo como aderente sociedade cuja atividade é de editar e distribuir revistas. O programa de computador seria para gestão empresarial e não há capacitação técnica que exclua a cessionária do conceito de sujeito vulnerável para fins de proteção do CDC. A Lei 9.307/96, em seu art. 4º, § 2º, reconhece a validade da cláusula de arbitragem em contrato de adesão, desde que o consumidor tome a iniciativa de provocar os árbitros, o que não ocorreu no caso dos autos. Contrato tido por frustrado pela recorrente e execução paralela pela cedente. O STJ permite que o tribunal, em determinadas situações excepcionais, declare a nulidade de cláusulas compromissórias e esse é um caso típico. Voto pelo provimento e para que se decida o mérito da ação" (TJSP, Apelação Cível 1001227-19.2016.8.26.0011, 4ª Câmara de Direito Privado, Rel. Des. Enio Zuliani, *DJe* 29.03.2017).

[107] "Direito processual civil e consumidor. Contrato de financiamento imobiliário. Contrato de adesão. Convenção de arbitragem. Possibilidade, respeitados determinadas exceções. (...) 5. Não há incompatibilidade entre os arts. 51, VII, do CDC e 4º, § 2º, da Lei n. 9.307/96. Visando conciliar os normativos e garantir a maior proteção ao consumidor é que entende-se que a cláusula compromissória só virá a ter eficácia caso este aderente venha a tomar a iniciativa de instituir a arbitragem, ou concorde, expressamente, com a sua instituição, não havendo, por conseguinte, falar em compulsoriedade. Ademais, há situações em que, apesar de se tratar de consumidor, não há vulnerabilidade da parte a justificar sua proteção. (...) 7. Assim, é possível a cláusula arbitral em contrato de adesão de consumo quando não se verificar presente a sua imposição pelo fornecedor ou a vulnerabilidade do consumidor, bem como quando a iniciativa da instauração ocorrer pelo consumidor ou, no caso de iniciativa do fornecedor, venha a concordar ou ratificar expressamente com a instituição, afastada qualquer possibilidade de abuso. (...) 9. Recurso especial provido" (STJ, REsp 1.189.050/SP, Rel. Min. Luis Felipe Salomão, Quarta Turma, *DJe* 14.03.2016). Frise-se, que posição semelhante se encontrava prevista no § 3º do art. 4º da Lei de Arbitragem, vetado pelo Presidente da República, que dispunha: "Na relação de consumo estabelecida por meio de contrato de adesão, a cláusula compromissória só terá eficácia se o aderente tomar a iniciativa de instituir a arbitragem ou concordar expressamente com a sua instituição". Sobre o emprego da arbitragem nas relações consumeristas, em âmbito doutrinário, vide: ABREU, Elizabeth de Almeida. *Arbitragem de consumo no direito brasileiro*. Rio de Janeiro: Ed. do Autor, 2015; BARROS, João Pedro Leite. *Arbitragem* on-line *em conflitos de consumo*. São Paulo: Tirant lo Blanch, 2019.

Nos contratos de adesão que não envolvem relações consumeristas, é inaplicável o disposto no art. 51, VII, do CDC, impondo-se, contudo, o cumprimento dos requisitos previstos no art. 4º, § 2º, da Lei de Arbitragem.[108]

Em síntese, existem três regramentos de arbitragem, com diferentes graus de especificidade, conforme já decidiu o STJ: a) a regra geral, que obriga a observância da arbitragem quando pactuada pelas partes, com derrogação da jurisdição estatal; b) a regra específica, contida no art. 4º, § 2º, da Lei 9.307/1996, aplicável a contratos de adesão genéricos, que restringe a eficácia da cláusula compromissória; e c) a regra ainda mais específica e protetiva, contida no art. 51, VII, do CDC, incidente sobre contratos derivados de relações de consumo, de adesão ou não, e que impõe a nulidade do pacto que determine a utilização compulsória da arbitragem, ainda que satisfeitos os requisitos do art. 4º, § 2º, da Lei 9.307/1996.[109]

O STJ tem se orientado no sentido de que, em tais hipóteses, ante a vulnerabilidade da parte, a invalidade da cláusula compromissória pode ser reconhecida na esfera judicial, a qualquer tempo, independentemente da fase em que se encontrar o procedimento arbitral, afastando o princípio competência-competência.[110]

---

[108] "Recurso especial. Direito civil e processual civil. Contrato de franquia. Contrato de adesão. Arbitragem. Requisito de validade do art. 4º, § 2º, da Lei 9.307/96. Descumprimento. Reconhecimento *prima facie* de cláusula compromissória 'patológica'. Atuação do poder judiciário. Possibilidade. Nulidade reconhecida. Recurso provido. (...) 2. O contrato de franquia, por sua natureza, não está sujeito às regras protetivas previstas no CDC, pois não há relação de consumo, mas de fomento econômico. 3. Todos os contratos de adesão, mesmo aqueles que não consubstanciam relações de consumo, como os contratos de franquia, devem observar o disposto no art. 4º, § 2º, da Lei 9.307/96. (...) 5. Recurso especial conhecido e provido" (STJ, REsp 1.602.076/SP, Rel. Min. Nancy Andrighi, Terceira Turma, *DJe* 30.09.2016).

[109] "Direito do consumidor. Recurso especial. Ação de revisão contratual cumulada com reparação de danos materiais e compensação de danos morais. Prequestionamento. Ausência. Súmula 282/STF. Convenção de arbitragem. Cláusula compromissória. Relação de consumo. Contrato de adesão. (...) 4. Com a promulgação da Lei de Arbitragem, passaram a conviver, em harmonia, três regramentos de diferentes graus de especificidade: (i) a regra geral, que obriga a observância da arbitragem quando pactuada pelas partes, com derrogação da jurisdição estatal; (ii) a regra específica, contida no art. 4º, § 2º, da Lei nº 9.307/96 e aplicável a contratos de adesão genéricos, que restringe a eficácia da cláusula compromissória; e (iii) a regra ainda mais específica, contida no art. 51, VII, do CDC, incidente sobre contratos derivados de relação de consumo, sejam eles de adesão ou não, impondo a nulidade de cláusula que determine a utilização compulsória da arbitragem, ainda que satisfeitos os requisitos do art. 4º, § 2º, da Lei nº 9.307/96. (...) 7. Recurso especial parcialmente conhecido e, nesta parte, provido" (STJ, REsp 1.628.819/MG, Rel. Min. Nancy Andrighi, Terceira Turma, *DJe* 15.03.2018).

[110] "Processual civil. Agravo interno no agravo interno no recurso especial. Cláusula compromissória. Art. 4º, § 2º, da Lei n. 9.307/1996. Descumprimento. Cláusula patológica. Análise pelo magistrado. Possibilidade. Decisão mantida. 1. O magistrado pode analisar a alegação de ineficácia da cláusula compromissória por descumprimento da formalidade do art. 4º, § 2º, da Lei n. 9.307/1996, independentemente do estado do procedimento arbitral. Precedente: REsp 1.602.076/SP, Rel. Min. Nancy Andrighi,

5. Cláusula compromissória nas relações de trabalho[111]

A possibilidade de emprego da via arbitral, na seara coletiva de trabalho, como método de solução de conflitos, encontra previsão expressa na Constituição Federal. A esse propósito, dispõe o art. 114, § 1º, da Carta de 1988 que "[f]rustrada a negociação coletiva, as partes poderão eleger árbitros".

O § 4º do art. 4º da Lei de Arbitragem, vetado pelo Presidente da República, dispunha sobre a celebração de cláusula compromissória nos contratos individuais de trabalho, desde que o empregado ocupasse ou viesse a ocupar cargo ou função de administrador ou de diretor estatutário. Neste caso, a cláusula só teria eficácia se o empregado tomasse a iniciativa de instituir a arbitragem ou se concordasse expressamente com a sua instituição.

Não obstante o veto presidencial, a Lei 13.467/2017 inseriu o art. 507-A[112] na CLT, para admitir a estipulação de cláusula compromissória nos contratos individuais de trabalho cuja remuneração seja superior a duas vezes o limite máximo estabelecido para os benefícios do Regime Geral de Previdência Social, desde que por iniciativa do empregado ou mediante a sua concordância expressa, nos termos previstos na Lei de Arbitragem.[113]

Não há qualquer incompatibilidade entre a indisponibilidade dos direitos laborais e o fato de que de que a arbitragem, a teor do art. 1º da Lei, só pode versar sobre litígios relacionados a direitos patrimoniais disponíveis. Isso porque, como bem pondera Adrianne Silva Maragno, "após a rescisão contratual, os direitos lesados são incorporados ao patrimônio do empregado e podem ser transacionados, uma vez que a indisponibilidade é relativa e não absoluta. O que demonstra esta situação é a incidência da prescrição, a existência do acordo extrajudicial, bem como as inúmeras

---

Terceira Turma, julgado em 15.09.2016, *DJe* 30.09.2016. 2. A divergência jurisprudencial fica prejudicada no caso de a tese ser rejeitada no exame do recurso especial pela alínea 'a' do permissivo constitucional. Precedentes. 3. Agravo interno a que se nega provimento" (STJ, AgInt no AgInt no REsp 1.431.391/SP, Quarta Turma, Rel. Min. Antonio Carlos Ferreira, *DJe* 24.04.2020).

[111] Vide, a respeito do assunto: MARAGNO, Adrianne Silva. Panorama na arbitragem trabalhista no Brasil. *Revista Brasileira de Alternative Dispute Resolution – RBADR*, ano 2, n. 3, p. 17-39, jan./jun. 2020; VERÇOSA, Fabiane. Arbitragem para a resolução de conflitos trabalhistas no direito brasileiro. In: MELO, Leonardo de Campos; BENEDUZI, Renato Resende (coord.). *A reforma da arbitragem*. Rio de Janeiro: Forense, 2016. p. 483-502.

[112] Reza o art. 507-A da CLT: "Nos contratos individuais de trabalho cuja remuneração seja superior a duas vezes o limite máximo estabelecido para os benefícios do Regime Geral de Previdência Social, poderá ser pactuada cláusula compromissória de arbitragem, desde que por iniciativa do empregado ou mediante a sua concordância expressa, nos termos previstos na Lei nº 9.307, de 23 de setembro de 1996".

[113] A arbitragem nas relações de trabalho foi mencionada também no art. 114, § 2º, da CRFB, que dispõe: "Recusando-se qualquer das partes à negociação coletiva ou à arbitragem, é facultado às mesmas, de comum acordo, ajuizar dissídio coletivo de natureza econômica, podendo a Justiça do Trabalho decidir o conflito, respeitadas as disposições mínimas legais de proteção ao trabalho, bem como as convencionadas anteriormente".

conciliações celebradas por magistrados trabalhistas".[114] Isto é, tal e qual se dá na esfera do direito do consumidor, o empregado não pode renunciar aos seus direitos laborais *ex ante*, no momento da celebração do contato de trabalho, mas pode transacionar a respeito, após o surgimento do conflito.

> **Art. 5º** Reportando-se as partes, na cláusula compromissória, às regras de algum órgão arbitral institucional ou entidade especializada, a arbitragem será instituída e processada de acordo com tais regras, podendo, igualmente, as partes estabelecer na própria cláusula, ou em outro documento, a forma convencionada para a instituição da arbitragem.

 Comentários

1. Regras aplicáveis à arbitragem institucional

As partes podem estipular, na cláusula compromissória ou no compromisso arbitral, que as regras para instituição e processamento da arbitragem serão aquelas previstas no respectivo regulamento da entidade responsável pela administração da arbitragem.

As entidades, câmaras ou instituições arbitrais são pessoas jurídicas de direito privado instituídas para administrar as arbitragens, na forma das normas previstas nos seus respectivos regulamentos,[115] que deverão ser observadas pelas partes, árbitros e pela própria entidade arbitral.

É possível a adoção de qualquer roupagem jurídica por parte da entidade privada. Admite-se a instituição de pessoa jurídica de direito privado, com ou sem fins lucrativos, para administração de procedimentos arbitrais, inexistindo no ordenamento jurídico exigências legais específicas para instituição das câmaras arbitrais.[116]

As funções das entidades arbitrais são predominantemente administrativas, englobando não apenas a prestação de serviços de secretaria, com alguma semelhança com um cartório judicial, como também a tomada de decisões nos procedimentos arbitrais, com a assessoria de arbitralistas altamente qualificados, de modo a assegurar o regular desenvolvimento da arbitragem, sobretudo (mas não apenas) até que se tenha Tribunal Arbitral (ou árbitro único, se for o caso) devidamente constituído.

---

[114] MARAGNO, Adrianne Silva. Panorama na arbitragem trabalhista no Brasil. *Revista Brasileira de Alternative Dispute Resolution – RBADR*, ano 2, n. 3, p. 35, jan./jun. 2020.

[115] Vide, a propósito dos regulamentos de algumas importantes instituições arbitrais nacionais: SILVA, Eduardo Silva da; GUERRERO, Luis Fernando; NUNES, Thiago Marinho. *Regras de arbitragem brasileira*: comentários aos regulamentos das câmaras de arbitragem. São Paulo: Marcial Pons, 2015.

[116] FICHTNER, José Antonio; MANNHEIMER, Sergio Nelson; MONTEIRO, André Luis. *Teoria geral da arbitragem*. Rio de Janeiro: Forense, 2019. p. 91.

Destacam-se como principais atribuições das entidades arbitrais: a) elaborar regulamentos com as regras que deverão ser observadas no procedimento arbitral; b) se for o caso, instituir lista de árbitros[117], com capacidade técnica e reputação destacada no mercado, para orientar as partes no momento da indicação dos árbitros de sua confiança; c) promover a notificação da parte requerida sobre o pedido de instauração da arbitragem; d) receber as petições e instruir os autos do procedimento, arquivando as cópias respectivas; e) fixar os honorários dos árbitros e as taxas relacionadas aos demais custos da arbitragem; f) centralizar o recebimento dos valores devidos no procedimento arbitral, efetuando os repasses necessários; g) confirmar o nome dos árbitros indicados para a causa; h) nomear árbitros, em caso de inércia de uma das partes ou quando há impasse na escolha de árbitro único ou do presidente do Tribunal Arbitral; i) decidir eventuais impugnações aos árbitros; j) decidir quanto a existência *prima facie* de jurisdição arbitral; k) consolidar arbitragens, para evitar decisões conflitantes; l) decidir *prima facie* quanto à extensão da cláusula compromissória a partes não signatárias etc.[118]

Em prestígio à autonomia da vontade, na arbitragem institucional, ao lado das regras previstas nos regulamentos das entidades especializadas, as partes podem convencionar, na cláusula arbitral ou em outro documento, as regras para instituição da arbitragem (art. 5º da Lei de Arbitragem). Nesse sentido, é muito frequente a eleição de câmara de arbitragem para gerenciar procedimentos arbitrais com base nas regras da United Nations Commission on International Trade Law (UNCITRAL).

> **Art. 6º** Não havendo acordo prévio sobre a forma de instituir a arbitragem, a parte interessada manifestará à outra parte sua intenção de dar início à arbitragem, por via postal ou por outro meio qualquer de comunicação, mediante comprovação de recebimento, convocando-a para, em dia, hora e local certos, firmar o compromisso arbitral.
>
> **Parágrafo único.** Não comparecendo a parte convocada ou, comparecendo, recusar-se a firmar o compromisso arbitral, poderá a outra parte propor a demanda de que trata o art. 7º desta Lei, perante o órgão do Poder Judiciário a que, originariamente, tocaria o julgamento da causa.

---

[117] É frequente que as instituições arbitrais criem lista de árbitros, para orientar os seus usuários na nomeação daquele que vai julgar a causa. Não há, contudo, qualquer obrigatoriedade nesse sentido. Inclusive, a Corte Arbitral da CCI, uma das mais respeitadas instituições arbitrais no mundo, não dispõe de lista de árbitros, prevalecendo ali o princípio de que compete às partes a escolha daqueles que irão julgar a causa, não havendo razão para restringir tal direito, de antemão. O controle, neste caso, é exercido a *posteriori*, após a indicação do árbitro e antes de sua confirmação.

[118] Sobre o tema, veja-se: MUNIZ, Joaquim de Paiva. *Curso de direito arbitral*: aspectos práticos do procedimento. 2. ed. Curitiba: CRV, 2014. p. 64. Para uma análise do arcabouço normativo aplicável às instituições arbitrais na Espanha, leia-se: MEDRANO, Adolfo Días-Ambrona; NÚÑES, José María Fernándes de la Mela. Arquitectura normativa del arbitraje institucional em España: ley, estatutos y reglamento arbitral. In: RISUEÑO, Francisco Ruiz; ROZAS, José Carlos Fernándes (coord.). *El arbitraje y la buena administración de la justicia*. Valencia: Tirant lo Blanch, 2019. p. 149-160.

Comentários

1. Notificação para início da arbitragem

A forma de instituição da arbitragem pode ser convencionada na cláusula compromissória (cláusula cheia) ou no compromisso arbitral. Em tais hipóteses, em caso de resistência da parte contrária, as regras pactuadas pelas partes (seja na própria cláusula arbitral, seja no regulamento da câmara eleita na convenção de arbitragem) permitem que a arbitragem prossiga e seja regularmente instituída. Assim, por exemplo, se o requerido se recusa a indicar o respectivo coárbitro, a instituição arbitral eleita fará a escolha no seu lugar, de sorte a permitir a formação do Tribunal Arbitral e o processamento do feito.

Na hipótese de cláusula compromissória vazia, à falta dos elementos mínimos necessários para a instituição da arbitragem, inexistindo acordo prévio a respeito, a parte interessada notificará a outra parte para demonstrar a sua intenção de iniciar a arbitragem.

Nesse caso, a notificação extrajudicial será realizada por via postal ou qualquer outro meio idôneo de comunicação (meio eletrônico, por exemplo), mediante comprovação de recebimento, com a convocação da outra parte para firmar o compromisso arbitral no dia, hora e local indicados (art. 6º da Lei de Arbitragem).

Com o comparecimento da parte notificada e a celebração do compromisso arbitral, a arbitragem será normalmente instituída.

A parte notificada, contudo, pode se recusar a firmar o compromisso, seja pelo não comparecimento no dia indicado na notificação (recusa tácita), seja pela ausência de acordo com os termos apresentados pela parte interessada (recusa expressa).

Na hipótese de recusa, tácita ou expressa, da parte notificada para firmar o compromisso arbitral (desde que, evidentemente, exista no contrato cláusula compromissória vazia), a parte interessada poderá propor ação judicial, com o objetivo de lavrar o compromisso arbitral (arts. 6º, parágrafo único, e 7º da Lei de Arbitragem).

> **Art. 7º** Existindo cláusula compromissória e havendo resistência quanto à instituição da arbitragem, poderá a parte interessada requerer a citação da outra parte para comparecer em juízo a fim de lavrar-se o compromisso, designando o juiz audiência especial para tal fim.
>
> **§ 1º** O autor indicará, com precisão, o objeto da arbitragem, instruindo o pedido com o documento que contiver a cláusula compromissória.
>
> **§ 2º** Comparecendo as partes à audiência, o juiz tentará, previamente, a conciliação acerca do litígio. Não obtendo sucesso, tentará o juiz conduzir as partes à celebração, de comum acordo, do compromisso arbitral.
>
> **§ 3º** Não concordando as partes sobre os termos do compromisso, decidirá o juiz, após ouvir o réu, sobre seu conteúdo, na própria audiência ou no prazo de dez dias, respeitadas as disposições da cláusula compromissória e atendendo ao disposto nos arts. 10 e 21, § 2º, desta Lei.

> **§ 4º** Se a cláusula compromissória nada dispuser sobre a nomeação de árbitros, caberá ao juiz, ouvidas as partes, estatuir a respeito, podendo nomear árbitro único para a solução do litígio.
>
> **§ 5º** A ausência do autor, sem justo motivo, à audiência designada para a lavratura do compromisso arbitral, importará a extinção do processo sem julgamento de mérito.
>
> **§ 6º** Não comparecendo o réu à audiência, caberá ao juiz, ouvido o autor, estatuir a respeito do conteúdo do compromisso, nomeando árbitro único.
>
> **§ 7º** A sentença que julgar procedente o pedido valerá como compromisso arbitral.

 Comentários

1. Ação judicial para formalização do compromisso arbitral

Na ausência de celebração amigável (extrajudicial) do compromisso arbitral e havendo cláusula compromissória vazia, a parte interessada poderá propor ação judicial para lavratura do compromisso.[119] Conforme preconiza a pacífica jurisprudência do STJ, a "jurisdição estatal, caso haja resistência de qualquer das partes em implementar a arbitragem convencionada – o que, por ora, apenas se pode atribuir ao próprio demandante – poderá, como visto, ser acionada para o exclusivo propósito de efetivar a instauração da arbitragem, a quem caberá solver a controvérsia reservada pelas partes, conforme dispõe o art. 7º da Lei n. 9.307/96".[120]

---

[119] De acordo com Daniel Levy, a ação judicial prevista no art. 7º da Lei de Arbitragem pode ser utilizada diante de cláusulas vazias ou patológicas, mas não na hipótese na qual a parte requerente simplesmente não tem meios para participar da arbitragem na forma escolhida originariamente. Nada impede, por exemplo, que a parte interessada, em dificuldades financeiras, recorra a financiamentos para cumprir a obrigação assumida (LEVY, Daniel. As interações entre o Poder Judiciário e arbitragem. In: LEVY, Daniel; PEREIRA, Guilherme Setoguti J. (coord.). *Curso de arbitragem*. São Paulo: Thomson Reuters Brasil, 2018. p. 314-315).

[120] STJ, REsp 1.569.422/RJ, Terceira Turma, Rel. Min. Marco Aurélio Bellizze, *DJe* 20.05.2016. Em sentido semelhante: "Processo civil. Recurso especial. Arbitragem. Cláusula compromissória. Recusa do tribunal arbitral pelo policitado. Extinção *ex officio* do processo sem resolução do mérito. Impossibilidade. Violação do art. 535 do CPC configurada (...) 2. Ademais, em face da recusa do tribunal arbitral pela parte convocada, é inconteste a competência do órgão do Poder Judiciário para fazer valer a vontade previamente manifestada na cláusula compromissória, inexistindo a possibilidade de recusa à prestação jurisdicional, nos termos do art. 5º, XXXV, da Constituição da República, mormente por se tratar de questão anterior à instauração da instância alternativa, a qual, somente a partir desse momento, terá a exclusividade na apreciação da lide. 4. Por isso que, uma vez acionado para proceder à execução específica da cláusula

Registre-se que o objetivo da referida ação judicial é a formalização do compromisso arbitral, excluído da apreciação judicial o mérito da controvérsia.

Nesse caso, a outra parte será citada para comparecer à audiência especial e celebrar o compromisso (art. 7º da Lei de Arbitragem).

Ausente o autor, sem justo motivo, na audiência designada, o processo será extinto sem julgamento de mérito (art. 7º, § 5º, da Lei de Arbitragem). De outro lado, na hipótese de não comparecimento do réu, o juiz, após a oitiva do autor, estabelecerá o conteúdo do compromisso, nomeando árbitro único (art. 7º, § 6º, da Lei de Arbitragem).[121]

A petição inicial deve conter o objeto preciso da arbitragem e será instruída com o documento que contenha a cláusula compromissória (art. 7º, § 1º, da Lei de Arbitragem).

Na audiência, o juiz tentará, previamente, a conciliação e, em caso de insucesso, tentará conduzir as partes à celebração, de comum acordo, do compromisso arbitral, prestigiando-se a autocomposição do conflito (art. 7º, § 2º, da Lei de Arbitragem).

Ausente o acordo, o juiz, após a oitiva do réu, decidirá sobre o conteúdo do compromisso arbitral na própria audiência ou no prazo de dez dias, observados os elementos obrigatórios indicados no art. 10 da Lei de Arbitragem e os princípios do contraditório, da igualdade das partes, da imparcialidade do árbitro e de seu livre convencimento (art. 21, § 2º, da Lei de Arbitragem), na forma do art. 7º, § 3º, da Lei de Arbitragem.

Em caso de silêncio da cláusula compromissória sobre a nomeação de árbitros, caberá ao juiz, ouvidas as partes, decidir a respeito, podendo nomear árbitro único para a solução do litígio (art. 7º, § 4º, da Lei de Arbitragem).

A sentença de procedência do pedido valerá como compromisso arbitral (art. 7º, § 7º, da Lei de Arbitragem)[122] e deverá ser imediatamente cumprida, uma vez que o recurso de apelação não possui efeito suspensivo, na forma do art. 1.012, § 1º, IV, do CPC.

---

compromissória, deve o Juízo prolatar sentença contendo os elementos necessários à instalação da arbitragem, consoante procedimento preconizado pelo art. 7º da Lei 9.370/1996, em vez de extinguir de ofício o processo sem resolução de mérito. 5. Recurso especial provido" (STJ, REsp 1.082.498/MT, Quarta Turma, Rel. Min. Luis Felipe Salomão, *DJe* 04.12.2012).

[121] Em razão das consequências específicas previstas na Lei de Arbitragem para o não comparecimento do autor e do réu na audiência especial, afigura-se inaplicável, no caso, o art. 334, § 8º, do CPC que dispõe: "O não comparecimento injustificado do autor ou do réu à audiência de conciliação é considerado ato atentatório à dignidade da justiça e será sancionado com multa de até dois por cento da vantagem econômica pretendida ou do valor da causa, revertida em favor da União ou do Estado".

[122] O art. 501 do CPC dispõe: "Na ação que tenha por objeto a emissão de declaração de vontade, a sentença que julgar procedente o pedido, uma vez transitada em julgado, produzirá todos os efeitos da declaração não emitida".

> **Art. 8º** A cláusula compromissória é autônoma em relação ao contrato em que estiver inserta, de tal sorte que a nulidade deste não implica, necessariamente, a nulidade da cláusula compromissória.
>
> **Parágrafo único.** Caberá ao árbitro decidir de ofício, ou por provocação das partes, as questões acerca da existência, validade e eficácia da convenção de arbitragem e do contrato que contenha a cláusula compromissória.

 Comentários

1. Autonomia da Cláusula Compromissória – Doutrina da separabilidade (*Doctrine of Separability*)[123]

O sobredito dispositivo legal consagra dois princípios basilares e fundamentais para a preservação da arbitragem como método de solução de conflitos, voltados para dar segurança jurídica ao procedimento e isolá-lo de intervenção desnecessária do Poder Judiciário. Nele, estão previstos o princípio da autonomia da cláusula compromissória[124] (*caput*) e o princípio competência-competência (parágrafo único). Os dois princípios, que prestigiam a autonomia da vontade das partes e sua escolha pela via arbitral, foram internalizados no ordenamento jurídico pela Lei de Arbitragem, tendo amplo reconhecimento na arbitragem comercial internacional.[125]

Como já mencionado nos comentários ao art. 4º da Lei de Arbitragem, a cláusula compromissória representa negócio jurídico autônomo em relação ao próprio contrato no qual se encontra inserida. A convenção de arbitragem não é acessória e a sua previsão no contrato acarreta a criação de duas relações jurídicas distintas e

---

[123] A doutrina da separabilidade foi desenvolvida na arbitragem internacional para tornar a arbitragem um método mais eficiente e prático de solução de disputas. Também é justificada pela presumida vontade das partes em submeter todas as disputas (incluindo as disputas relativas à validade do contrato principal) ao árbitro e não ao Poder Judiciário.

[124] Sobre o princípio da autonomia da cláusula arbitral, vide ARAUJO, Nádia de. O princípio da autonomia da cláusula arbitral na jurisprudência brasileira. *Revista de Arbitragem e Mediação*, v. 27, p. 265-286, out./dez. 2010.

[125] O presente artigo encontra dispositivo correspondente na *Lei Modelo da UNCITRAL sobre Arbitragem Comercial Internacional*, de 1985, em seu artigo 16 (1), vejamos: "Artigo 16.º Competência do tribunal arbitral para decidir sobre a sua própria competência. (1) O tribunal arbitral pode decidir sobre a sua própria competência, incluindo qualquer objeção relativa à existência ou validade da convenção de arbitragem. Para este efeito, uma cláusula compromissória que faça parte de um contrato é considerada como um acordo autônomo das demais cláusulas do contrato. A decisão do tribunal arbitral que considere nulo o contrato não implica *ipso jure* a nulidade da cláusula compromissória". Disponível em: http://www.cbar.org.br/leis_intern_arquivos/Lei_Modelo_Unci-tral_traduzida_e_revisada_versao_final.pdf. Acesso em: 20 jan. 2020.

autônomas: uma disciplina o objeto propriamente dito do contrato (por exemplo: compra e venda; prestação de serviços; obra de infraestrutura etc.) e as obrigações correlatas; a outra disciplina uma eventual arbitragem, caso o conflito se deflagre no futuro. O surgimento da relação arbitral, assim entendida como o procedimento arbitral propriamente dito, fica condicionada à ocorrência de um evento futuro e incerto. Por se tratar de relações jurídicas autônomas, mesmo que o contrato seja nulo ou anulável, a cláusula compromissória continua com sua validade incólume.

Nesse sentido, na eventual hipótese de a celebração de contrato ser fruto de corrupção (suborno, por exemplo), o julgamento por arbitragem não será obstado mesmo que os árbitros decidam pela nulidade da avença.

Também, conforme destacado por Carlos Alberto Carmona, na hipótese de resilição de contrato, sem menção especial à cláusula compromissória nele contida, subsiste a competência do árbitro para solucionar controvérsias relacionadas ao contrato extinto, ficando a solução do litígio interditada à jurisdição estatal.[126]

Cabe a ressalva ainda de que a cláusula compromissória, mesmo que vazia, ou seja, não possuindo algum dos elementos expressos no art. 10 da Lei de Arbitragem, continua sendo autônoma e o julgamento da disputa deverá ser realizado por arbitragem. Neste caso, no entanto, se houver resistência por uma das partes quanto à instauração da arbitragem, haverá a necessidade de ingresso de ação de execução de cláusula compromissória (art. 7º da Lei de Arbitragem) para que o Poder Judiciário profira sentença (com natureza de compromisso arbitral), com a fixação das regras necessárias à instituição do juízo arbitral.

A lei francesa também reconhece a doutrina da separabilidade no art. 1447 do Código de Processo Civil, o qual dispõe que "a cláusula compromissória é independente do contrato a que se refere e não resta afetada pela sua ineficácia. Quando o contrato é nulo, a cláusula compromissória é considerada não escrita".[127]

A Corte de Cassação francesa, por sua vez, reconheceu a doutrina da separabilidade pela primeira vez em 1963, afirmando, no caso conhecido como *Gosset*, que "em matéria de arbitragem internacional o compromisso arbitral firmado em apartado ou inserido em contrato a que se refere gozará sempre de completa autonomia jurídica, exceto em circunstâncias que possam afetar sua própria validade".[128] De acordo com esse princípio da *autonomie juridique ou de rattachement*, consagrado pelas cortes francesas, a validade da cláusula compromissória prescinde de qualquer lei nacional e baseia-se em regras internacionais independentes substantivas e materiais.

---

[126] CARMONA, Carlos Alberto. *Arbitragem e processo*: um comentário à Lei 9.307/96. 3. ed. São Paulo: Atlas, 2009. p. 174-175

[127] Código de Processo Civil francês. Disponível em: https://www.legifrance.gouv.fr/affichCode.do?cidTexte=LEGITEXT000006070716. Acesso em: 21 jan. 2020.

[128] Cour de Cassation, Primeira Câmara Civil, 7 de maio de 1963, Publicação 246, Caso Gosset.

A Suprema Corte dos EUA também tem prestigiado a autonomia da cláusula compromissória, em sintonia com os termos da Seção 2 da Lei de Arbitragem Federal Americana (*Federal Arbitration Act – FAA*).[129]

---

[129] Vide Supreme Court of the United States, *Prima Paint Corporation v. Flood & Conklin MFG. Co.*, 87 S.Ct. 1801 (1967). O referido julgado corresponde a um dos primeiros casos onde a Suprema Corte Americana afirmou a doutrina da separabilidade da cláusula compromissória em um contrato fraudulento. Nos idos de 1967, assim se posicionou o Justice Fortas: "(...) Nos termos da Lei Americana de Arbitragem, a alegação de fraude ou indução a fraude na elaboração do contrato por completo deve ser apreciada pelos árbitros nos termos da cláusula compromissória que indicava que qualquer controvérsia ou reclamação decorrente ou relacionada ao acordo ou violação do mesmo deveria seguir a via arbitral, uma vez que não há evidências que as partes desejavam excluir qualquer questão da arbitragem. (...) No caso Prima Paint Corporation não trouxe nenhum argumento de que a Flood & Conklin a induziu de forma fraudulenta a firmar a cláusula compromissória (...)". Em *Rent-A-Center, West, Inc., v. Antonio Jackson*, julgado que tratou de cláusula compromissória em contrato trabalhista, Justice Scalia assim se posicionou: "Existem dois tipos de possibilidade de se contestar a validade da cláusula compromissória nos termos da Section 2 do *Federal Arbitration Act*: A primeira modalidade contesta especificamente a validade da cláusula compromissória e a segunda modalidade contesta o contrato como um todo, com fundamentos que afetam diretamente o contrato inteiro (por exemplo, o contrato foi realizado de forma fraudulenta) ou com o fundamento de que a ilegalidade de uma das cláusula do contrato invalidaria o contrato inteiro. Em vários precedentes onde nenhuma das partes questionou a cláusula compromissória, nós sustentamos que somente a primeira modalidade de contestação é relevante para que a corte determine se uma cláusula compromissória é executável ou não. Isto porque a Seção 2 da Lei Federal de Arbitragem afirma que uma cláusula compromissória realizada por escrito é válida, irrevogável e executável sem fazer qualquer menção a validade do contrato no qual está inserida. Portanto, o questionamento a validade de outra cláusula contratual, ou do contrato como todo, não impede a corte de executar cláusula compromissória" (Supreme Court of the United States, *Rent-A-Center, West, Inc., v. Antonio Jackson*, 130 S.Ct. 2772 (2010)). Em *Buckeye Check Cashing, Inc. v. John Cardegna* et al. *Justice Scalia* assim abordou o tema da separabilidade em contrato de usura: "Em se tratando de lei federal de arbitragem substantiva, a cláusula compromissória é separável do restante do contrato, e a referida lei se aplica tanto no âmbito estadual quanto federal. (...) A afirmação de que suposto contrato de usura contendo cláusula compromissória e que esta seria nula devido a ilegalidade deve ser determinada pelo árbitro e não pela corte onde o pedido contestou a validade do contrato em geral e não a cláusula compromissória em particular. Portanto, a cláusula compromissória é executável de forma distinta do restante do contrato" (Supreme Court of the United States, *Buckeye Check Cashing, Inc., v. John Cardegna* et al., 126 S.Ct. 1204 (2006)). Vide a Seção 2 do *Federal Arbitration Act* (FAA) que aborda a autonomia da cláusula compromissória nos termos da decisão citada: "Section 2. Validity, irrevocability, and enforcement of agreements to arbitrate. A written provision in any maritime transaction or a contract evidencing a transaction involving commerce to settle by arbitration a controversy thereafter arising out of such contract or transaction, or the refusal to perform the whole or any part thereof, or an agreement in writing to submit to arbitration an existing controversy arising out of such a contract, transaction, or refusal, shall be valid, irrevocable, and enforceable,

A autonomia da cláusula compromissória possui previsão, igualmente, em ordenamentos jurídicos orientais, por exemplo, no art. 13 (6) da Lei de Arbitragem japonesa, de 2003.[130]

As principais instituições arbitrais de expressão internacional não discrepam a respeito, reconhecendo, em seus regulamentos, a autonomia da cláusula compromissória. É o caso do regulamento de arbitragem da Corte Arbitral da Câmara de Comércio Internacional (CCI),[131] bem como do regulamento de arbitragem internacional da *American Arbitration Association – AAA*, que trata do tema em seu artigo 19(2).[132]

Da mesma maneira, as câmaras de arbitrais nacionais dispõem, em seus regulamentos, direta ou indiretamente, sobre a autonomia da cláusula compromissória em relação ao contrato principal, estabelecendo que o exame da existência, validade ou eficácia da convenção de arbitragem deve ser realizada de forma apartada da análise sobre validade do contrato em disputa.[133]

---

save upon such grounds as exist at law or in equity for the revocation of any contract" (Disponível em: https://sccinstitute.com/media/37104/the-federal-arbitration-act-usa. pdf. Acesso em: 20 jan. 2020).

[130] "Artigo 13 (1) Uma convenção de arbitragem, salvo disposição em contrário de leis e regulamentos, só será válida quando o objeto da disputa for de direito privado (excluindo disputas de divórcio ou dissolução de relação adotiva) e que possa ser resolvido entre as partes. (...) (6) Com relação a um contrato contendo cláusula compromissória, mesmo que as cláusulas deste contrato sejam nulas ou mesmo que o contrato seja rescindido por outras razões, a cláusula compromissória continuará sendo válida *ipso jure*" (Lei de Arbitragem Japonesa. Disponível em: http://www.jcaa.or.jp/e/arbitration/ JapaneseArbitrationAct.pdf. Acesso em: 20 jan. 2020).

[131] "Artigo 6º (9): Salvo estipulação em contrário, a pretensa nulidade ou alegada inexistência do contrato não implicará a incompetência do tribunal arbitral, caso este entenda que a convenção de arbitragem é válida. O tribunal arbitral continuará sendo competente para determinar os respectivos direitos das partes e para decidir as suas demandas e pleitos, mesmo em caso de inexistência ou nulidade do contrato" (Regulamento de arbitragem da International Chamber of Commerce (ICC). Disponível em: https://iccwbo.org/dispute-resolution-services/arbitration/rules-of-arbitration/. Acesso em: 22 jan. 2021).

[132] "Artigo 19(2): O tribunal terá o poder de determinar sobre a existência ou validade de um contrato do qual uma cláusula compromissória faz parte. Tal cláusula compromissória deve ser tratada como um acordo independente dos outros termos do contrato. Uma decisão do tribunal afirmando a nulidade e inefetividade do contrato não invalida, como fundamento isolado, a cláusula compromissória" (Regulamento de Arbitragem Internacional da AAA. Disponível em: https://adr.org/Rules. Acesso em: 22 jan. 2020).

[133] Vide item 4 do Regulamento de Arbitragem do Centro Brasileiro de Mediação e Arbitragem – CBMA: "4. Eficácia da Convenção de Arbitragem 4.1. Questionada a existência, validade ou eficácia da convenção de arbitragem, o Centro deverá dar prosseguimento à arbitragem, exceto quando entender ser a convenção de arbitragem manifestamente inexistente, inválida ou ineficaz. 4.2. Caberá ao Tribunal Arbitral decidir acerca da existência, validade e eficácia da convenção de arbitragem, do contrato que contenha a cláusula compromissória, bem como sobre a sua própria competência. A decisão do Centro pelo prosseguimento da arbitragem conforme o item 4.1 acima não vincula o

2. Princípio da Competência-Competência (*Kompetenz-Kompetenz*) ou Jurisdição-Jurisdição

O princípio da competência-competência ou *kompetenz-kompetenz* encontra previsão expressa no parágrafo único do art. 8º da Lei de Arbitragem. Dele resulta que compete ao próprio Tribunal Arbitral (ou ao árbitro único, se for o caso) primeiro decidir sobre sua competência para julgar a causa; e não ao Judiciário. A jurisprudência do STJ tem, reiteradamente, reafirmado que, por força da "regra da *Kompetenz-Kompetenz*, o próprio árbitro é quem decide, com prioridade ao juiz togado, a respeito de sua competência para avaliar a existência, validade ou eficácia do contrato que contém a cláusula compromissória, nos termos dos arts. 485 do NCPC e 8º, parágrafo único, e 20 da Lei nº 9.307/96".[134]

Tribunal Arbitral" (Disponível em: http://www.cbma.com.br/regulamento_1. Acesso em: 20 jan. 2020). Mencione-se, ainda: item 4.5 do Regulamento de Arbitragem do Centro de Arbitragem e Mediação da Câmara de Comércio Brasil-Canadá – CAM-CCBC: "4.5. Antes de constituído o Tribunal Arbitral, o Presidente do CAM-CCBC examinará objeções sobre a existência, validade ou eficácia da convenção de arbitragem que possam ser resolvidas de pronto, independentemente de produção de provas, assim como examinará pedidos relacionados a conexão de demandas, nos termos do artigo 4.20. Em ambos os casos, o Tribunal Arbitral, após constituído, decidirá sobre sua jurisdição, confirmando ou modificando a decisão anteriormente prolatada" (Disponível em: https://ccbc.org.br/cam-ccbc-centro-arbitragem-mediacao/resolucao-de-disputas/arbitragem/regulamento-2012/. Acesso em: 20 jan. 2020).

[134] STJ, AgInt no REsp 1746049/SP, Terceira Turma, Rel. Min. Moura Ribeiro, *DJe* 01.07.2020. No mesmo sentido: "Recurso especial. Direito civil e processual civil. Arbitragem. Cláusula compromissória. Competência do juízo arbitral. Princípio *kompetenz-kompetenz*. Precedentes. Dissídio notório. 1. Contrato celebrado entre as partes com cláusula compromissória expressa, estabelecendo a arbitragem como instrumento para solução das controvérsias resultantes de qualquer disputa ou reivindicação dele decorrente, e impossibilitando que as partes recorram ao Poder Judiciário para solucionar contenda relativa ao seu cumprimento. 2. O princípio *Kompetenz-Kompetenz*, positivado no art. 8º, § único, da Lei n. 9.307/96, determina que a controvérsia acerca da existência, validade e eficácia da cláusula compromissória deve ser resolvida, com primazia, pelo juízo arbitral, não sendo possível antecipar essa discussão perante a jurisdição estatal. 3. Incumbe, assim, ao juízo arbitral a decisão acerca de todas questões nascidas do contrato, inclusive a própria existência, validade e eficácia da cláusula compromissória. 4. A hipossuficiência reconhecida na origem não é causa suficiente para caracterização das hipóteses de exceção à cláusula *Kompetenz-Kompetenz*. 5. Dissídio notório do acórdão recorrido com a linha jurisprudencial do STJ acerca da questão. 6. Recurso especial provido" (STJ, REsp 1.598.220/RN, Terceira Turma, Rel. Min. Paulo de Tarso Sanseverino, *DJe* 01.07.2019). E ainda: "Agravo interno no agravo em recurso especial. Processual civil. Arbitragem. Execução. Título executivo extrajudicial. Confissão de dívida. Inexistência. Cláusula compromissória. Embargos do devedor. Mérito. Competência do juízo arbitral. Observância. Princípio do *kompetenz-kompetenz*. 1. Recurso especial interposto contra acórdão publicado na vigência do Código de Processo Civil de 1973 (Enunciados Administrativos nºs 2 e 3/STJ). 2. A hipótese dos autos não se amolda aos precedentes que versam acerca de confissão de dívida por meio de contrato e título executivo extrajudicial líquido, certo e exigível. 3. Contrato com expressa cláusula

Trata-se de princípio há muito estabelecido na arbitragem internacional e nas leis de diversos países,[135] de essencial importância para se assegurar o bom e eficiente funcionamento da arbitragem, haja vista que, se coubesse ao Judiciário decidir *a priori* sobre a existência, validade ou eficácia da cláusula arbitral, a instauração do procedimento sofreria com longos atrasos, comprometendo a própria celeridade da via arbitral, em desprestígio à escolha feita pelas partes, no campo da autonomia da vontade.[136]

---

compromissória, atraindo a arbitragem para a solução das controvérsias resultantes de qualquer disputa ou reivindicação decorrente do contrato, o que impossibilita que as partes recorram ao Poder Judiciário para solucionar contenda relativa ao seu cumprimento. 4. Ao árbitro incumbe o poder-dever de decidir as questões decorrentes do contrato, além da própria existência, validade e eficácia da cláusula compromissória 5. Agravo interno não provido" (STJ, AgInt no AREsp 425.955/MG, Terceira Turma, Rel. Min. Ricardo Villas Bôas Cueva, *DJe* 01.03.2019). Sobre o princípio da competência--competência bem como intervenção judicial antiarbitragem vide ementa e trecho de acórdão do TJSP: "Compromisso arbitral – Ação de rescisão contratual e indenizatória – Impossibilidade do uso da via judicial para obstar a instalação do juízo arbitral – CDC – Inaplicabilidade – Extinção sem resolução do mérito confirmada – Verba honorária majorada – Apelo desprovido, com observação. (...) O parágrafo único do artigo 8º da Lei 9.307/1996 atribuiu, aos árbitros, a atribuição de analisar sua própria competência, apreciando, em primeiro lugar, a validade e a eficácia da convenção, do contrato ou da cláusula que dão origem à instauração do procedimento arbitral. Foi consagrada a regra 'competência-competência', com o que se procura vedar seja concretizada uma intervenção judicial antiarbitragem, que coloque, de maneira apriorística, um obstáculo à atuação dos árbitros, impedindo possa o procedimento ser instaurado e ser concluído" (TJSP, Apelação Cível 1004199-59.2016.8.26.0011, 1ª Câmara Reservada de Direito Empresarial, Rel. Des. Fortes Barbosa, *DJe* 03.05.2017).

[135] A título ilustrativo: França (arts. 1.448 e 1.465 do Código de Processo Civil francês), Inglaterra (Seção 30 do *Arbitration Act* de 1996); Suíça (art. 186 da Lei Suíça sobre Arbitragem Internacional – LDIP); Alemanha (art. 1.040 do Código de Processo Civil alemão); Austrália (incorporou o art. 16 da lei modelo da UNCITRAL); Canadá (todas as províncias canadenses adotaram a lei modelo da UNCITRAL para Arbitragem Comercial Internacional, de 1985, com pequenas alterações). Na Alemanha, após a promulgação da Lei de Arbitragem, em 1998, e decisão da Corte Federal de Justiça de 2005 (Corte Federal de Justiça, Caso III ZR 265/03, 13.01.2005), o princípio *kompetenz-kompetenz* não é mais definitivo, ou seja, a decisão do Tribunal Arbitral sobre sua jurisdição não é mais final e vinculante. Portanto, o Tribunal Arbitral promulgará decisão preliminar sobre sua jurisdição, mas a decisão final ficará a cargo das cortes judiciais. Além disso, se uma das partes ingressar com ação questionando a competência do Tribunal Arbitral, nos termos da Seção 1032(1) do Código de Processo Civil alemão, o judiciário pode decidir de imediato sobre o tema, sem a necessidade de aguardar decisão preliminar do Tribunal Arbitral sobre sua competência.

[136] Cahali afirma: "(...) esta regra é de fundamental importância ao instituto da arbitragem, na medida em que, se ao Judiciário coubesse decidir, em primeiro lugar, sobre a validade da cláusula, a instauração do procedimento arbitral restaria postergada por longo período, e por vezes, apenas com o intuito protelatório de uma das partes em esquivar-se do cumprimento da convenção. O princípio, desta maneira, fortalece o instituto, e prestigia a opção das partes por esta forma de solução de conflitos, e

Bem já percebeu o STJ que "o indispensável fortalecimento da arbitragem que vem sendo levado a efeito desde a promulgação da Lei nº 9.307/96 torna indispensável que se preserve, na maior medida possível, a autoridade do árbitro como juiz de fato e de direito para as questões ligadas ao mérito da causa. Negar tal providência esvaziaria o conteúdo da Lei de Arbitragem, permitindo que, simultaneamente, o mesmo direito seja apreciado, ainda que em cognição perfunctória, pelo juízo estatal e pelo juízo arbitral, muitas vezes com sérias possibilidades de interpretações conflitantes para os mesmos fatos".[137]

O Código de Processo Civil, em homenagem ao princípio da competência-competência, estabelece que deve o juiz estatal extinguir o processo, sem resolução do mérito, "quando o juízo arbitral reconhecer sua competência" (art. 485, VII, *in fine*).

O princípio da competência-competência (ou, como defende Cahali, o princípio da jurisdição-jurisdição)[138] possui efeito negativo, afastando do Judiciário a apreciação sobre a existência, a validade e a eficácia da convenção de arbitragem, antes do exame da questão pelo juízo arbitral. Efeito disso é que a matéria somente poderá ser apreciada pelo juiz estatal em ação anulatória de sentença arbitral, nos termos do art. 32, I, da Lei de Arbitragem.

Em outras palavras, há uma sobreposição de competências, em momentos procedimentais distintos, entre o juízo arbitral e o juiz togado, a respeito da existência, validade e eficácia da convenção arbitral. A análise do Judiciário sobre a temática só é possível após a prolação de sentença arbitral, por intermédio da ação desconstitutiva de que trata o art. 32 da Lei.[139]

À luz da jurisprudência do STJ, o princípio da competência-competência tem aplicação, inclusive, no processo de homologação de sentença estrangeira, como forma de proteção da jurisdição dos árbitros e das sentenças arbitrais internacionais.[140]

---

afasta, em certa medida, o risco de desestímulo à contratação da arbitragem, em razão de potencial obstáculo prévio a surgir no Judiciário diante da convenção, por maliciosa manobra de uma das partes" (CAHALI, Francisco José. *Curso de arbitragem*: mediação, conciliação e tribunal multiportas. 7. ed. São Paulo: Thomson Reuters Brasil, 2018. p. 149).

[137] STJ, CC 111.230/DF, Segunda Seção, Rel. Min. Nancy Andrighi, *DJe* 03.04.2014.

[138] CAHALI, Francisco José. *Curso de arbitragem*: mediação, conciliação e tribunal multiportas. 7. ed. São Paulo: Thomson Reuters Brasil, 2018. p. 155.

[139] "(...) De fato, é certa a coexistência das competências dos juízos arbitral e togado relativamente às questões inerentes à existência, validade, extensão e eficácia da convenção de arbitragem. Em verdade - excluindo-se a hipótese de cláusula compromissória patológica ('em branco') -, o que se nota é uma alternância de competência entre os referidos órgãos, porquanto a ostentam em momentos procedimentais distintos, ou seja, a possibilidade de atuação do Poder Judiciário é possível tão somente após a prolação da sentença arbitral, nos termos dos arts. 32, I e 33 da Lei de Arbitragem" (STJ, Quarta Turma, REsp 1.278.852/MG, Rel. Min. Luis Felipe Salomão, *DJe* 19.06.2013).

[140] "Ante a cláusula arbitral, de rigor a submissão da alegação de nulidade primeiramente ante o próprio tribunal arbitral, como resulta de sentença estrangeira homologanda, que atende ao princípio 'Kompetenz Kompetentz', sob pena de abrir-se larga porta à judicialização nacional estatal prematura, à só manifestação unilateral de vontade

Não se trata, entretanto, de princípio absoluto. O próprio STJ entende que, em situações excepcionais, aferíveis *prima facie*, de manifesta inexistência, invalidade ou ineficácia[141] da convenção arbitral, cabe ao Judiciário, desde logo, afastar a jurisdição arbitral, independentemente do estágio em que a arbitragem se encontre. Nesse sentido, no bojo de litígio envolvendo contrato de adesão de franquia, reafirmou a Corte Superior que o "Poder Judiciário pode, nos casos em que *prima facie* é identificado um compromisso arbitral 'patológico', *i.e.*, claramente ilegal, declarar a nulidade dessa cláusula, independentemente do estado em que se encontre o procedimento arbitral".[142]

Os regulamentos das instituições arbitrais nacionais, em geral, contemplam o princípio da competência-competência. Assim, a título ilustrativo, o Centro Brasileiro

---

de uma das partes, que, em consequência, teria o poder de, tão somente *ad proprium nutum*, frustrar a arbitragem avençada" (STJ, CE – Corte Especial, SEC 854/EX, Rel. Min. Massami Uyeda, *DJe* 07.11.2013).

[141] Vide acórdão do TJSP onde a 1ª Câmara Reservada de Direito Empresarial condenou a ré Unimed-Paulistana por litigância de má-fé, considerando *venire contra factum proprium* o fato da empresa alegar na presente ação a ineficácia da cláusula compromissória e em diversas outras ações alegar justamente o oposto, ou seja, a existência de cláusula compromissória. Em suma, a empresa suscita o argumento de eficácia ou ineficácia da cláusula compromissória quando lhe favorece, estabelecendo comportamento contraditório. Confira-se a ementa e, também, trecho do acórdão: "Ação anulatória de sentença arbitral. Unimed Paulistana contra Unimed Presidente Prudente. Sentença de improcedência. Manutenção. Inaplicabilidade do art. 32, I, da Lei nº 9.307/96. Autora, que várias vezes, inclusive em ação monitória proposta pela ré/apelada, invocou a existência da cláusula compromissória. *Venire contra factum proprium*. Litigância de má-fé configurada. Sentença arbitral que foi *extra petita*, porém, ao aplicar pena de advertência, não postulada. Tribunal arbitral que não tem poder de polícia, nem natureza disciplinar. Sanção afastada. Incongruência, também, entre o dispositivo e a fundamentação da sentença arbitral quanto à multa. Embora reconhecido não ser a hipótese de cobrança da multa, esta foi incluída no cálculo do valor da condenação. Necessidade de afastamento. Quanto ao índice de correção monetária, não cabe ingressar na análise da justiça da decisão. Ademais, o fato da autora estar em liquidação extrajudicial não implica a limitação da correção monetária e dos juros, o que deverá ser analisado na própria falência, em vista do art. 124, da Lei nº 11.101/05. Apelação da autora parcialmente provida, com aplicação de multa por litigância de má-fé.

Apesar das alegações da apelante acerca da violação às referidas normas, destaca--se que esta 1ª Câmara Reservada de Direito Empresarial já reconheceu, em outros julgados, o comportamento contraditório da 'Unimed Paulistana', pois, quando lhe interessa, invoca a existência da cláusula compromissória para afastar a jurisdição estatal, e, quando não, diz que não aderiu à referida cláusula. (...) Trata-se de evidente hipótese de aplicação do instituto do *venire contra factum proprium*, inerente ao princípio da boa-fé objetiva, e que deixa claro o reconhecimento, pela Unimed Paulistana, da eficácia da cláusula compromissória. Inclusive, anota-se que, em anterior ação monitória proposta pela apelada 'Unimed Presidente Prudente' em face da apelante, esta invocou a cláusula compromissória arbitral, provocando a extinção da demanda, sem julgamento do mérito" (TJSP, Apelação Cível 1027970-85.2019.8.26.0100, 1ª Câmara Reservada de Direito Empresarial, Rel. Des. Alexandre Lazzarini, *DJe* 15.07.2020).

[142] STJ, REsp 1.602.076/SP, Terceira Turma, Rel. Min. Nancy Andrighi, *DJe* 30.09.2016.

de Mediação e Arbitragem trata do assunto no item 4.2 de seu regulamento de arbitragem.[143] Da mesma forma, o Centro de Arbitragem e Mediação da Câmara de Comércio Brasil-Canadá (CAM-CCBC) enuncia o princípio no item 4.5. de seu regulamento.[144]

A Lei Modelo da UNCITRAL, de 1985, versa expressamente sobre o princípio em comento, assim como sobre a autonomia da cláusula compromissória, em seu art. 16 (1).[145]

A *London Court of International Arbitration* (LCIA), corte arbitral mais antiga do mundo, também reconhece expressamente o princípio da competência-competência no art. 23.1 do seu regulamento de arbitragem.[146]

A Corte Internacional de Arbitragem da Câmara de Comércio Internacional (CCI) prevê, no art. 6 (3) de seu regulamento, que "caso alguma das partes contra a qual uma demanda é formulada não apresente uma resposta, ou caso qualquer parte formule uma ou mais objeções quanto à existência, validade ou escopo da convenção de arbitragem ou quanto à possibilidade de todas as demandas apresentadas serem decididas em uma única arbitragem, a arbitragem deverá prosseguir e toda e qualquer questão relativa à jurisdição ou à possibilidade de as demandas serem decididas em conjunto em uma única arbitragem deverá ser decidida diretamente pelo Tribunal

---

[143] "4.2. Caberá ao Tribunal Arbitral decidir acerca da existência, validade e eficácia da convenção de arbitragem, do contrato que contenha a cláusula compromissória, bem como sobre a sua própria competência. A decisão do Centro pelo prosseguimento da arbitragem conforme o item 4.1 acima não vincula o Tribunal Arbitral" (Regulamento de arbitragem do Centro Brasileiro de Mediação e Arbitragem – CBMA. Disponível em: http://www.cbma.com.br/regulamento_1. Acesso em: 22 jan. 2020).

[144] "4.5. Antes de constituído o Tribunal Arbitral, o Presidente do CAM-CCBC examinará objeções sobre a existência, validade ou eficácia da convenção de arbitragem que possam ser resolvidas de pronto, independentemente de produção de provas, assim como examinará pedidos relacionados a conexão de demandas, nos termos do artigo 4.20. Em ambos os casos, o Tribunal Arbitral, após constituído, decidirá sobre sua jurisdição, confirmando ou modificando a decisão anteriormente prolatada" (Regulamento de arbitragem do Centro de Arbitragem e Mediação da Câmara de Comércio Brasil-Canadá – CAM-CCBC. Disponível em: https://ccbc.org.br/cam-ccbc-centro--arbitragem-mediacao/resolucao-de-disputas/arbitragem/regulamento-2012/. Acesso em: 22 jan. 2020).

[145] "Artigo 16.º Competência do tribunal arbitral para decidir sobre a sua própria competência. (1) O tribunal arbitral pode decidir sobre a sua própria competência, incluindo qualquer objeção relativa à existência ou validade da convenção de arbitragem. Para este efeito, uma cláusula compromissória que faça parte de um contrato é considerada como um acordo autônomo das demais cláusulas do contrato. A decisão do tribunal arbitral que considere nulo o contrato não implica *ipso jure* a nulidade da cláusula compromissória" (Disponível em: http://www.cbar.org.br/leis_intern_arquivos/Lei_Modelo_Uncitral_traduzida_e_revisada_versao_final.pdf. Acesso em: 22 jan. 2020).

[146] "23.1. o Tribunal Arbitral terá o poder de decidir sobre sua própria autoridade e jurisdição incluindo qualquer objeção inicial sobre existência, validade, efetividade e abrangência da cláusula compromissória" "Regulamento de arbitragem da LCIA. Disponível em: https://www.lcia.org/Dispute_Resolution_Services/lcia-arbitration-rules-2020.aspx. Acesso em: 22 jan. 2021).

Arbitral, a menos que o Secretário-Geral submeta tal questão à decisão da Corte[147] de acordo com o artigo 6º(4)".[148]

A *American Arbitration Association – AAA* (ICDR) dispõe sobre o aludido princípio no art. 19 (1) das regras para arbitragem internacional.[149]

Nos EUA, a convenção arbitral tem que aludir, de forma expressa, quanto a aplicação do princípio da competência-competência, sob pena de a sentença arbitral não ser confirmada pelo Judiciário.[150] Com efeito, devido ao que dispõe a Seção 9 da Lei de Arbitragem Federal (FAA), os árbitros somente podem decidir sobre sua própria jurisdição se a cláusula compromissória for expressa quanto a isso, de modo "inclusiva, categórica, incondicional e ilimitada".[151] Em geral, o problema não assume maior proporção, porquanto o princípio encontra-se incorporado, textualmente, nos regulamentos de arbitragem das instituições arbitrais do país, como é o caso da *American Arbitration Association* (AAA).

Ainda assim, em *First Options of Chicago, INC. v. Manuel Kaplan and MK Investments, Inc.*, julgado de 1995, a Suprema Corte dos Estados Unidos, em acórdão da relatoria do *Justice* Breyer, decidiu que para o Tribunal Arbitral ter jurisdição sobre questões

---

[147] A Corte Internacional de Arbitragem é órgão interno e permanente da Câmara Internacional de Comércio e não resolve disputas em si. Possui a função de administrar a solução de disputas pelos Tribunais Arbitrais formados dentro da Câmara Internacional de Comércio nos termos do regulamento de arbitragem. A sua função e a composição estão previstas no art. 1º do Regulamento de Arbitragem da CCI.

[148] Regulamento de arbitragem da ICC (CCI), Disponível em: https://iccwbo.org/dispute--resolution-services/arbitration/rules-of-arbitration/. Acesso em: 22 jan. 2021.

[149] "Artigo 19(1): O tribunal arbitral terá a faculdade de decidir sobre sua própria jurisdição, incluindo quaisquer objeções relativas à existência, escopo ou validade da convenção ou convenções de arbitragem, ou sobre se todos os pleitos, reconvenções ou pedidos de compensação formulados na arbitragem podem ser decididos em um único procedimento" (Regulamento de Arbitragem Internacional da AAA-ICDR. Disponível em: https://adr.org/Rules. Acesso realizado em: 22 jan. 2020).

[150] Vide United States Court of Appeals, Second Circuit. *Varig Linhas Aereas S.A., Petitioner-Appellant, v. Matlinpatterson Global Opportunities Partners II L.P., MatlinPatterson Global Opportunities Partners (Cayman) II L.P., Respondents-Appellees.*, 717 F.3d 322 (2013). No caso a Corte de Apelação do Segundo Circuito não homologou sentença arbitral por considerar que antes a Corte Distrital deveria decidir se as partes haviam concordado expressamente em cláusula compromissória em dar a competência aos árbitros para decidirem sobre sua própria jurisdição. Portanto, a sentença arbitral não foi homologada.

[151] A Corte de Apelação dos EUA, Segundo Circuito, decidiu em *Benihana, Inc., v. Benihana of Tokyo, LLC* que "(...) uma vez que a parte tenha decidido submeter a disputa a arbitragem, essas duas cláusulas contratuais interpretadas conjuntamente concedem jurisdição aos árbitros sobre questionamentos envolvendo a cláusula que compromissória que, por sua vez, é 'inclusiva, categórica, incondicional e ilimitada'. Nestes termos, em leitura literal da cláusula compromissória esta indica claramente que as partes tinham a intenção de conceder ao árbitro a competência de decidir sobre questões de arbitrabilidade" (United States Court of Appeals, Second Circuit. Benihana, Inc., *Plaintiff-Appellee, v. Benihana of Tokyo, LLC*, Defendant-Appellant., 784 F.3d 887 (2015)).

envolvendo arbitrabilidade deve haver prova clara e irrefutável (*clear and unmistakable evidence*) de que as partes desejavam conceder tal competência para os árbitros.[152]

O direito francês também traz previsão expressa, em seu Código de Processo Civil, a respeito do princípio *kompetenz-kompetenz*, atribuindo-lhe duplo efeito: positivo e negativo. O art. 1.465 do *Code de Procédure Civile* consagra o efeito positivo ao enunciar que "o Tribunal Arbitral possui jurisdição exclusiva para decidir sobre objeções a sua jurisdição". O art. 1.466 (aplicável a arbitragem internacional, devido ao previsto no art. 1.506 do mesmo código), por sua vez, estabelece que "a parte, que tendo conhecimento e sem justo motivo, falhar em questionar irregularidade perante o Tribunal Arbitral no momento devido perderá tal direito".[153]

O aspecto negativo do princípio competência-competência está previsto no art. 1448 do Código de Processo Civil, o qual estabelece que, "quando uma disputa sujeita a uma cláusula compromissória for trazida a uma corte judicial, tal corte deve declinar de sua jurisdição, com exceção se um Tribunal Arbitral ainda não tiver sido provocado ou se a cláusula compromissória for manifestamente nula ou inaplicável". Isto é, as cortes francesas irão declinar de sua jurisdição, sempre que a arbitragem já tiver sido instaurada ou quando uma das partes alegar a existência de cláusula compromissória, salvo se o pacto arbitral for flagrantemente nulo ou inaplicável *prima facie*. Pode o Judiciário da França, contudo, rever a jurisdição do Tribunal Arbitral em procedimento de anulação de sentença arbitral ou no processo judicial de execução.[154]

> **Art. 9º** O compromisso arbitral é a convenção através da qual as partes submetem um litígio à arbitragem de uma ou mais pessoas, podendo ser judicial ou extrajudicial.
>
> **§ 1º** O compromisso arbitral judicial celebrar-se-á por termo nos autos, perante o juízo ou tribunal, onde tem curso a demanda.
>
> **§ 2º** O compromisso arbitral extrajudicial será celebrado por escrito particular, assinado por duas testemunhas, ou por instrumento público.

---

[152] "(...) Os Kaplans não concordaram em que a arbitrabilidade fosse arbitrada. As cortes devem, geralmente, aplicar princípios legais estaduais que regem a formação dos contratos ao decidirem se tal acordo existe. No entanto, as cortes não devem assumir que as partes concordaram em arbitrar a arbitrabilidade a não ser que exista prova 'clara e irrefutável' de que o fizeram" (Supreme Court of the United States, *First Options of Chicago, INC., Petitioner, v. Manuel Kaplan, et ux. and MK Investments, Inc.*, 115 S.Ct. 1920 (1995)).

[153] Código de Processo Civil francês. Disponível em: https://www.legifrance.gouv.fr/affichCode.do;jsessionid=6062973750D74C2827B3C95BD1BBA5D6.tplgfr28s_1?idSection TA=LEGISCTA000023450830&cidTexte=LEGITEXT000006070716&dateTexte=20200123. Acesso em: 22 jan. 2020.

[154] A Cour de Cassation decidiu em 2010 que as cortes podem rever o julgamento dos árbitros sobre sua própria competência nos seguintes termos: o juiz da ação anulatória controla a decisão do tribunal arbitral sobre sua competência, na qual este último se declarou competente ou incompetente, buscando todos os elementos jurídicos ou fáticos que permitam avaliar o escopo da convenção de arbitragem e as consequências a serem observadas no respeito à missão confiada aos árbitros. Cour de Cassation, Première Chambre Civile, n. de pourvoi – 08-20563, 6 de outubro de 2010.

Comentários

1. Compromisso arbitral: conceito e espécies

O compromisso arbitral é a convenção por meio da qual as partes submetem determinado litígio existente à arbitragem, podendo ser judicial ou extrajudicial (art. 9º da Lei de Arbitragem).

A celebração do compromisso arbitral é realizada após o surgimento do conflito contratual ou extracontratual.

O compromisso arbitral pode ser dividido em duas espécies: a) judicial: implementado por decisão judicial (art. 9º, § 1º, da Lei de Arbitragem); ou b) extrajudicial: firmado pelas próprias partes, por instrumento particular, assinado por duas testemunhas, ou por instrumento público (art. 9º, § 2º, da Lei de Arbitragem).[155]

Art. 10. Constará, obrigatoriamente, do compromisso arbitral:

I - o nome, profissão, estado civil e domicílio das partes;

II - o nome, profissão e domicílio do árbitro, ou dos árbitros, ou, se for o caso, a identificação da entidade à qual as partes delegaram a indicação de árbitros;

III - a matéria que será objeto da arbitragem; e

IV - o lugar em que será proferida a sentença arbitral.

 Comentários

1. Requisitos formais obrigatórios do compromisso arbitral

O compromisso arbitral deverá conter, obrigatoriamente, os seguintes elementos formais (art. 10 da Lei de Arbitragem): a) o nome, profissão, estado civil e domicílio das partes; b) o nome, profissão e domicílio do árbitro, ou dos árbitros, ou, se for o

---

[155] Conforme já decidiu o STJ, a ausência de assinatura de duas testemunhas não enseja, necessariamente, a nulidade da convenção de arbitragem, em razão da ausência de prejuízo para as partes. Transcreva-se o trecho da ementa: "Agravo regimental. CPC, artigo 535. Violação. Não ocorrência. Dissolução parcial da sociedade. Sentença arbitral. Nulidade ausência de prejuízo. Pagamento dos haveres. Obrigação da sociedade. Súmulas 7 e 83 do STJ. (...) 4. A ausência de assinaturas de duas testemunhas na convenção de arbitragem, conforme apurado pelas instâncias de origem, não ensejou prejuízo algum para o autor da ação, que sequer alegou vício de consentimento. Aplicação do princípio pelo qual não se declara nulidade na ausência de prejuízo dela decorrente. Incidência da Súmula 83/STJ, no ponto (...)" (STJ, AgRg no REsp 1.311.367/MG, Rel. Min. Maria Isabel Gallotti, Quarta Turma, *DJe* 24.06.2014).

caso, a identificação da entidade à qual as partes delegaram a indicação de árbitros; c) a matéria que será objeto da arbitragem; e d) o lugar em que será proferida a sentença arbitral.

É preciso cautela na interpretação do dispositivo. O não atendimento de tais exigências, desde que não desnature o compromisso arbitral, que fique bem evidenciada a vontade das partes e que conste do compromisso as informações mínimas necessárias para a instauração da arbitragem, há de ser tido como mera irregularidade, sem qualquer prejuízo para a validade do negócio jurídico. É o que ocorre, por exemplo, com a indicação errônea da profissão das partes ou do domicílio dos árbitros, o que não acarreta qualquer prejuízo para a licitude do compromisso arbitral.[156]

A primeira exigência formal refere-se à indicação do nome, profissão, estado civil e domicílio das partes. A identificação das partes é relevante para definição dos limites subjetivos da arbitragem.

O segundo requisito formal corresponde à identificação do nome, profissão e domicílio do árbitro, ou dos árbitros, ou, se for o caso, a identificação da entidade à qual as partes delegaram a indicação de árbitros. Permite-se que as partes indiquem no compromisso arbitral, desde logo, o árbitro (árbitro único) ou todos os árbitros (Tribunal Arbitral) que resolverão o litígio. Na hipótese de opção pelo julgamento por um colegiado, tem sido comum a indicação de um árbitro por cada parte e os coárbitros indicados definem o terceiro árbitro, que presidirá o tribunal. É possível, ainda, que as partes identifiquem a entidade arbitral que ficará incumbida de indicar os árbitros.

O terceiro requisito formal a ser atendido no compromisso arbitral diz respeito à definição da matéria que será objeto da arbitragem. É informação importante para fixar os limites objetivos da arbitragem. Evidentemente, só podem ser submetidos ao juízo arbitral eventuais litígios que versem sobre direitos patrimoniais disponíveis.

Por fim, o quarto requisito formal é a indicação do lugar em que será proferida a sentença arbitral. O local da arbitragem é relevante do ponto de vista operacional (ex.: realização de audiências) e processual, com a definição da competência territorial do Poder Judiciário para o processo e julgamento das respectivas ações judiciais (ex.: concessão de tutelas provisórias de urgência, cumprimento da carta arbitral, execução ou anulação da sentença arbitral), além de definir a nacionalidade da sentença arbitral, uma vez que o art. 34 da Lei de Arbitragem considera sentença arbitral estrangeira a que tenha sido proferida fora do território nacional.

> **Art. 11.** Poderá, ainda, o compromisso arbitral conter:
>
> I – local, ou locais, onde se desenvolverá a arbitragem;
>
> II – a autorização para que o árbitro ou os árbitros julguem por equidade, se assim for convencionado pelas partes;
>
> III – o prazo para apresentação da sentença arbitral;

---

[156] CAHALI, Francisco José. *Curso de arbitragem*: mediação, conciliação e tribunal multiportas. 7. ed. São Paulo: Thomson Reuters Brasil, 2018. p. 194.

IV - a indicação da lei nacional ou das regras corporativas aplicáveis à arbitragem, quando assim convencionarem as partes;

V - a declaração da responsabilidade pelo pagamento dos honorários e das despesas com a arbitragem; e

VI - a fixação dos honorários do árbitro, ou dos árbitros.

Parágrafo único. Fixando as partes os honorários do árbitro, ou dos árbitros, no compromisso arbitral, este constituirá título executivo extrajudicial; não havendo tal estipulação, o árbitro requererá ao órgão do Poder Judiciário que seria competente para julgar, originariamente, a causa que os fixe por sentença.

 Comentários

1. Requisitos formais facultativos do compromisso arbitral

Em complemento ao disposto no art. 10 da Lei de Arbitragem, estabelece o art. 11 que o compromisso arbitral poderá conter, ainda, os seguintes elementos: a) local, ou locais, onde se desenvolverá a arbitragem; b) autorização para que o árbitro ou os árbitros julguem por equidade, se assim for convencionado pelas partes; c) prazo para apresentação da sentença arbitral; d) indicação da lei nacional ou das regras corporativas aplicáveis à arbitragem, quando assim convencionarem as partes; e) declaração da responsabilidade pelo pagamento dos honorários e das despesas com a arbitragem; e f) fixação dos honorários do árbitro, ou dos árbitros.

Trata-se de rol meramente exemplificativo, nada impedindo que o compromisso arbitral trate de outros temas relevantes para o desenrolar da arbitragem, como procedimento para a substituição de árbitros; calendário processual; prazo para a apresentação de pedido de esclarecimentos etc.

O primeiro elemento facultativo refere-se ao local de desenvolvimento da arbitragem. Em princípio, a arbitragem se desenvolverá no local designado para prolação da sentença arbitral (*seat*), mas as partes podem estipular outro local para efetivação dos atos do procedimento arbitral (*venue of the arbitration proceedings*) (ex.: realização da audiência ou a produção de prova pericial em local diverso da sede da instituição arbitral)[157].

O segundo ponto que poderá constar do compromisso arbitral é a autorização para o julgamento por equidade. Em regra, a arbitragem é de direito, motivo pelo qual a opção pelo julgamento por equidade deverá constar expressamente do compromisso arbitral. Na arbitragem que envolva a Administração Pública, inexiste a opção pelo julgamento por equidade (art. 2º, § 3º, da Lei de Arbitragem).

Em terceiro lugar, o compromisso arbitral poderá estabelecer prazo para apresentação da sentença arbitral. Ao final do prazo estipulado, extingue-se o compromisso

---

[157]   Sobre este ponto vide comentários do art. 26 da Lei de Arbitragem onde abordamos o local de prolação da sentença.

arbitral, após a parte interessada notificar o árbitro ou o presidente do Tribunal Arbitral, com a estipulação do prazo de dez dias para a prolação e apresentação da sentença arbitral (art. 12, III, da Lei de Arbitragem). No silêncio do compromisso, o prazo para prolação da sentença é de seis meses, contado da instituição da arbitragem ou da substituição do árbitro (art. 23 da Lei de Arbitragem).

Os prazos e a respectiva contagem podem ser fixados com autonomia pelas partes, sendo frequente a referência na cláusula arbitral ao regulamento de câmara de arbitragem, com a consequente aplicação dos prazos nele previstos.

O quarto requisito facultativo do compromisso arbitral relaciona-se com a indicação da lei nacional ou das regras corporativas aplicáveis à arbitragem, quando assim convencionarem as partes. Direito material aplicável, e não procedimental.

Em quinto lugar, as partes podem declarar, no compromisso, a responsabilidade pelo pagamento dos honorários e das despesas com a arbitragem. Na hipótese de arbitragem institucional, o regulamento da entidade especializada fixará, normalmente, os valores dos honorários e demais despesas do procedimento, bem como a responsabilidade pelo pagamento. No silêncio das partes, caberá ao árbitro ou Tribunal Arbitral decidir a questão, não podendo, no entanto, condenar a parte vencida ao pagamento de honorários de sucumbência, por ausência de jurisdição. É lembrar que a jurisdição dos árbitros deriva do contrato firmado pelas partes e está restrita aos limites objetivos da convenção de arbitragem. Logo, se não há no contrato previsão de pagamento de honorários sucumbenciais, em desfavor da parte derrotada, não pode o árbitro decidir a respeito.

Por fim, o compromisso arbitral pode estabelecer, desde logo, o valor dos honorários do árbitro ou dos árbitros, constituindo o compromisso, para tal fim, título executivo extrajudicial, na forma do art. 11, parágrafo único, da Lei de Arbitragem. De acordo com o referido dispositivo legal, quando não houver a estipulação no compromisso, o árbitro poderá requerer ao órgão do Poder Judiciário a fixação do valor por sentença.

Recorde-se, contudo, que na arbitragem institucional os valores dos honorários dos árbitros são fixados pela instituição eleita, na forma do respectivo regulamento de arbitragem ou regimento de custas,[158] sendo certo que as próprias entidades costumam divulgar as tabelas de honorários e custas nos seus sítios eletrônicos.

> **Art. 12.** Extingue-se o compromisso arbitral:
> I – escusando-se qualquer dos árbitros, antes de aceitar a nomeação, desde que as partes tenham declarado, expressamente, não aceitar substituto;

---

[158] A propósito do tema, já decidiu o STJ que a "remuneração do árbitro, ou dos árbitros, compete às partes que se valeram da arbitragem e poderá estar contida no próprio compromisso arbitral, se for o caso. Todavia, se o árbitro integrar uma câmara arbitral, nada impede que haja convenção determinando que os honorários, custas e despesas sejam pagos diretamente à instituição privada, a qual, por sua vez, repassará o valor devido aos seus árbitros" (STJ, CC 129.310/GO, Segunda Seção, Rel. Min. Ricardo Villas Bôas Cueva, *DJe* 19.05.2015).

> **II** - falecendo ou ficando impossibilitado de dar seu voto algum dos árbitros, desde que as partes declarem, expressamente, não aceitar substituto; e
>
> **III** - tendo expirado o prazo a que se refere o art. 11, inciso III, desde que a parte interessada tenha notificado o árbitro, ou o presidente do tribunal arbitral, concedendo-lhe o prazo de dez dias para a prolação e apresentação da sentença arbitral.

 Comentários

1. Hipóteses de extinção do compromisso arbitral

Evidentemente, em razão da sua natureza contratual, o compromisso arbitral pode ser extinto de forma consensual pelas partes.

O art. 12 da Lei de Arbitragem elenca, contudo, três hipóteses específicas de extinção do compromisso arbitral, que independem da vontade das partes.

A primeira hipótese de extinção do compromisso arbitral é a escusa de qualquer dos árbitros indicados, antes de aceitar a nomeação, desde que as partes tenham declarado na própria convenção, expressamente, que não aceitam substituto (art. 12, I, da Lei de Arbitragem).

É regra de pouca relevância prática, na medida que, em geral, as partes não introduzem no compromisso arbitral declaração de tal natureza.

As regras para substituição dos árbitros podem ser definidas no próprio compromisso, sendo que, na hipótese de arbitragem institucional, a substituição observará as regras previstas no regulamento da entidade arbitral responsável pelo procedimento (art. 16, § 1º, da Lei de Arbitragem).

Lembre-se que a arbitragem somente considera-se instituída no momento da aceitação da nomeação pelo(s) árbitro(s), na forma do art. 19 da Lei de Arbitragem.

A segunda hipótese de extinção do compromisso é o falecimento ou a impossibilidade de votar de algum dos árbitros, também desde que as partes tenham declarado, expressamente, não aceitar substituto (art. 12, II, da Lei de Arbitragem).

Trata-se, igualmente, de regra sem maior relevância prática, sendo muito raro que o compromisso contemple previsão de tal natureza.

Reparem que, nas duas primeiras hipóteses de extinção do compromisso, previstas no art. 12, I e II, da Lei de Arbitragem, é perfeitamente possível que as partes, de comum acordo, reconsiderem a exclusividade da indicação inicial do árbitro e aceitem a sua substituição, com o objetivo de preservar a opção pelo juízo arbitral.[159]

---

[159] De forma semelhante, vide: CAHALI, Francisco José. *Curso de arbitragem*: mediação, conciliação e tribunal multiportas. 7. ed. São Paulo: Thomson Reuters Brasil, 2018. p. 198.

Finalmente, a terceira hipótese de extinção é o transcurso do prazo convencional ou legal para prolação da sentença arbitral, desde que a parte interessada tenha notificado o árbitro, ou o presidente do Tribunal Arbitral, concedendo-lhe o prazo de dez dias para a prolação e apresentação da sentença arbitral (art. 12, III, da Lei de Arbitragem).

Neste particular, cabe recordar que, na ausência de prazo convencionado pelas partes (art. 11, III, da Lei de Arbitragem), no próprio compromisso, em eventual calendário pactuado pelas partes ou no regulamento da entidade especializada pela arbitragem institucional, o prazo para apresentação da sentença arbitral será de seis meses (art. 23 da Lei de Arbitragem).

O desrespeito ao prazo convencionado pelas partes ou previsto na legislação autoriza, inclusive, a anulação da sentença arbitral, na forma do art. 32, VII, da Lei de Arbitragem.

Extinto o compromisso arbitral, em quaisquer das hipóteses supra-analisadas, a resolução do litígio passa a ser da competência da jurisdição estatal, mas nada impede que as partes convencionem, novamente, a arbitragem para solução da controvérsia.

CAPÍTULO III
Dos Árbitros

Art. 13. Pode ser árbitro qualquer pessoa capaz e que tenha a confiança das partes.

§ 1º As partes nomearão um ou mais árbitros, sempre em número ímpar, podendo nomear, também, os respectivos suplentes.

§ 2º Quando as partes nomearem árbitros em número par, estes estão autorizados, desde logo, a nomear mais um árbitro. Não havendo acordo, requererão as partes ao órgão do Poder Judiciário a que tocaria, originariamente, o julgamento da causa a nomeação do árbitro, aplicável, no que couber, o procedimento previsto no art. 7º desta Lei.

§ 3º As partes poderão, de comum acordo, estabelecer o processo de escolha dos árbitros, ou adotar as regras de um órgão arbitral institucional ou entidade especializada.

§ 4º As partes, de comum acordo, poderão afastar a aplicação de dispositivo do regulamento do órgão arbitral institucional ou entidade especializada que limite a escolha do árbitro único, coárbitro ou presidente do tribunal à respectiva lista de árbitros, autorizado o controle da escolha pelos órgãos competentes da instituição, sendo que, nos casos de impasse e arbitragem multiparte, deverá ser observado o que dispuser o regulamento aplicável. (Redação dada pela Lei nº 13.129, de 2015.)

§ 4º Sendo nomeados vários árbitros, estes, por maioria, elegerão o presidente do tribunal arbitral. Não havendo consenso, será designado presidente o mais idoso.

§ 5º O árbitro ou o presidente do tribunal designará, se julgar conveniente, um secretário, que poderá ser um dos árbitros.

> **§ 6º** No desempenho de sua função, o árbitro deverá proceder com imparcialidade, independência, competência, diligência e discrição.
>
> **§ 7º** Poderá o árbitro ou o tribunal arbitral determinar às partes o adiantamento de verbas para despesas e diligências que julgar necessárias.

 Comentários

1. Quem pode ser árbitro? Requisitos e casuística

Da leitura do art. 13 da Lei de Arbitragem depreende-se a existência de dois requisitos para o exercício da função de árbitro: a) que a pessoa seja capaz e b) que seja de confiança das partes.

Registre-se que árbitro é juiz de fato e de direito para a causa e que a sentença arbitral constitui título executivo judicial, à luz do art. 18 da Lei de Arbitragem.[160] No exercício da função, encontra-se equiparado aos agentes públicos, para os efeitos da legislação penal, nos exatos termos do art. 17 do diploma arbitral. Efeito disso é que o árbitro pode ser enquadrado na tipificação dos crimes contra a Administração Pública, a saber: concussão, corrupção passiva e prevaricação, conforme dispõem os arts. 312 e seguintes e 330 a 333 do Código Penal.

Somente pode ser árbitro[161] pessoa capaz, na forma do Código Civil brasileiro. Por conseguinte, não podem ser árbitros os relativamente (art. 4º do Código Civil) e, menos ainda, os absolutamente incapazes (art. 3º do Código Civil). A atribuição é personalíssima e, no caso de incapacidade, quem praticaria os atos seria o representante e não o titular do direito, o que, por si só, inviabiliza a indicação do incapaz para a função de árbitro.

---

[160]   O STJ estabeleceu a distinção entre árbitro, avaliador e arbitrador: "Sobre o termo 'avaliador' utilizado pelos contratantes – sem descurar da existência de alguma controvérsia no âmbito doutrinário –, este deve, sim, ser compreendido como 'árbitro', na medida em que, no caso dos autos, a ele se atribuiu a função de dirimir específica controvérsia (decisão sobre o valor das ações a serem adquiridas), com força de definitividade e em substituição às partes" (STJ, 3ª T., REsp 1.569.422, Rel. Marco Aurélio Bellize, *DJe* 19.05.2016). "Como evidenciado na doutrina trazida à colação, a distinção entre o árbitro e o arbitrador é justamente a de que este último não decide uma controvérsia entre as partes, mas apenas elimina um contraste de opiniões, podendo sua opinião ser objeto de revisão judicial. No caso, como as partes divergem quanto ao valor das ações e a cláusula em discussão prevê que acatarão a decisão dos 'avaliadores', que será final e definitiva, não vejo como deixar de reconhecer a natureza de cláusula compromissória" (Voto-vista João Otávio de Noronha – STJ, 3ª T., REsp 1.569.422, Rel. Marco Aurélio Bellize, *DJe* 19.05.2016).

[161]   Sobre as condutas negativas dos árbitros, vide CARMONA, Carlos Alberto. Os sete pecados capitais do árbitro. *Revista de Arbitragem e Mediação*, v. 52, p. 391-406, jan./mar. 2017.

Na eventual nomeação de árbitro relativamente incapaz ou absolutamente incapaz ocorrerá repercussão direta na sentença arbitral parcial ou final, ficando à mercê de ação anulatória de sentença arbitral perante o Poder Judiciário, conforme estatuído pelo art. 32, II, da Lei (sentença que emanou de quem não podia ser árbitro).

Luiz Antonio Scavone Jr. Sustenta que, em caso de incapacidade absoluta do árbitro, a sentença arbitral estaria eivada de nulidade absoluta, de sorte que o pedido formulado na ação anulatória teria, em verdade, caráter meramente declaratória e, portanto, seria imprescritível, inexistindo prazo para postulação da nulidade absoluta. Ao passo que, no caso de incapacidade relativa do árbitro, a nulidade seria meramente relativa e a ação anulatória – aí sim – teria natureza desconstitutiva, aplicando-se o prazo decadencial de noventa dias, nos termos do comando contido no art. 33, § 1º, da Lei.[162]

Cabe aqui, na linha da doutrina clássica de direito civil, distinguir a capacidade de direito da capacidade de fato. O que importa para o exercício da função de árbitro é a capacidade de fato, isto é, a capacidade para a prática, por si só, dos atos da vida civil.[163]

Perceba-se que, fora a capacidade de fato, não existem lá restrições relevantes que impeçam alguém de ser árbitro. Qualquer pessoa física, desde que de confiança das partes, pode escolhida para julgar uma controvérsia que verse sobre direitos patrimoniais disponíveis. Advogados, engenheiros, contadores, futebolistas, youtubers e mesmo os preguiçosos podem ser escolhidos para a função. Também não há exigência de formação acadêmica para a nomeação. Inclusive, a depender da matéria técnica litigiosa, pode ser recomendável a indicação de engenheiro, contador ou algum outro especialista. Mesmo o analfabeto pode ser árbitro, ainda que isso seja bastante improvável. Também o estrangeiro, ainda que não conheça o vernáculo, pode ser árbitro, sem qualquer restrição, o que, aliás, ocorre corriqueiramente, até porque as partes podem livremente escolher o idioma que será utilizado no procedimento arbitral.

Não se trata de atividade que só possa ser exercida pelos operadores do direito, ainda que o conhecimento jurídico, como é intuitivo, faça toda a diferença para o exercício da função. Não por outra razão, a imensa maioria dos árbitros, no Brasil, são advogados. Para disciplinar a questão, o Conselho Federal da OAB editou o Provimento 196/2020, reconhecendo que "constitui atividade advocatícia, para todos os fins, a atuação de advogados como conciliadores ou mediadores, nos termos da Lei n. 13.140/2015, ou árbitros, nos moldes preconizados pela Lei n. 9.307/1996".[164]

---

[162] SCAVONE JR., Luiz Antonio. *Manual de arbitragem, mediação e conciliação*. 8. ed. Rio de Janeiro: Forense, 2018. p. 234.

[163] Como enuncia Anderson Schreiber capacidade de fato é "(...) faculdade concreta de exercer por si mesmo os direitos, sem necessidade de assistente ou representante. O autor ainda acrescenta que (...) toda pessoa humana tem personalidade e capacidade de direito, mas não tem necessariamente capacidade de fato. Enquanto a capacidade de direito refere-se à aptidão para ser titular de direitos (titularidade), a capacidade de fato diz respeito ao exercício de direitos" (SCHREIBER, Anderson. *Manual de direito civil contemporâneo*. São Paulo: Saraiva Jur, 2018. p. 106-107).

[164] "O Conselho Federal da Ordem dos Advogados do Brasil, no uso das atribuições que lhe são conferidas pelo art. 54, V, da Lei n. 8.906, de 4 de julho de 1994 – Estatuto da

Nem todo o operador do direito, contudo, pode ser indicado para a função. Muito embora a arbitragem envolva a função de dirimir conflitos, mediante a aplicação do direito ao caso concreto (à exceção da arbitragem por equidade, por óbvio), magistrados estão proibidos de funcionar em arbitragens. A vedação para o juiz togado encontra-se expressa da Lei Orgânica da Magistratura (Lei Complementar 35/1979), em especial em seu art. 26, II, *a*.[165] Tal dispositivo, assim como o art. 95, parágrafo único, I, da CF/1988, autoriza que o magistrado, em acréscimo à função estatal, exerça apenas o cargo de magistério[166] em uma instituição de ensino superior público ou particular.[167]

Vale mencionar, todavia, que muitos árbitros são juízes, desembargadores ou ministros já aposentados. Neste caso, não há qualquer incompatibilidade ou impedimento. Nos EUA, por exemplo, é muito comum que os juízes aposentados funcionem como árbitros, assim como podem atuar em outras modalidades de soluções alternativas de conflitos, tais como o *mini-trial*.[168]

Advocacia e da Ordem dos Advogados do Brasil – OAB, e considerando o decidido nos autos da Proposição n. 49.0000.2019.010766-6/COP, Resolve: Art. 1º Constitui atividade advocatícia, para todos os fins, a atuação de advogados como conciliadores ou mediadores, nos termos da Lei n. 13.140/2015, ou árbitros, nos moldes preconizados pela Lei n. 9.307/1996. § 1º A atuação de advogados como conciliadores, mediadores, árbitros ou pareceristas e no testemunho (*expert witness*) ou no assessoramento às partes em arbitragem não desconfigura a atividade advocatícia por eles prestada exclusivamente no âmbito das sociedades individuais de advocacia ou das sociedades de advogados das quais figurem como sócios. § 2º A remuneração pela prática da atividade referida no *caput* tem natureza de honorários advocatícios e pode ser recebida pelos advogados como pessoas físicas ou pelas sociedades das quais sejam sócios".

[165] "Art. 26. O magistrado vitalício somente perderá o cargo (vetado): I – em ação penal por crime comum ou de responsabilidade; II – em procedimento administrativo para a perda do cargo nas hipóteses seguintes: a) exercício, ainda que em disponibilidade, de qualquer outra função, salvo um cargo de magistério superior, público ou particular; b) recebimento, a qualquer título e sob qualquer pretexto, de percentagens ou custas nos processos sujeitos a seu despacho e julgamento; c) exercício de atividade político--partidária. § 1º O exercício de cargo de magistério superior, público ou particular, somente será permitido se houver correlação de matérias e compatibilidade de horários, vedado, em qualquer hipótese, o desempenho de função de direção administrativa ou técnica de estabelecimento de ensino. § 2º Não se considera exercício do cargo o desempenho de função docente em curso oficial de preparação para judicatura ou aperfeiçoamento de magistrados."

[166] Vide a Resolução 34/2007, alterada pela Resolução 226/2016 do CNJ, que dispõe sobre o exercício de atividades do magistério pelos integrantes da magistratura nacional.

[167] CARMONA, Carlos Alberto. *Arbitragem e processo*: um comentário à Lei 9.307/96. 3. ed. São Paulo: Atlas, 2009. p. 230-231.

[168] O *mini-trial* consiste em uma análise do caso por terceiro *expert*, nomeado pelas partes, que conduz um procedimento confidencial e não vinculante, com dilação probatória, na forma de um julgamento simulado, e, ao final, profere sua opinião escrita, ressaltando os pontos fortes e fracos de cada parte e o provável resultado de um julgamento pelo Poder Judiciário, em caso de ação judicial futura. A propósito, veja-se: HOELLERING, Michael. F. The Mini-Trial. *The Arbitration Journal*, v. 37, n. 4, p. 48-51, 1982.

No âmbito da Advocacia-Geral da União, foi editada a Orientação Normativa 57/2019, preconizando pela incompatibilidade do exercício da função de árbitro, por parte dos advogados públicos da União,[169] o que nos parece um completo despropósito.

Sobreleva notar que parcela minoritária da doutrina admite que a pessoa jurídica seja indicada para arbitrar uma causa, uma vez que seria dotada de personalidade jurídica (sua existência legal inicia-se com o registro dos seus atos constitutivos, na linha do que preconiza o art. 45 do Código Civil) e de capacidade para os atos da vida civil. Neste caso, a pessoa jurídica prolataria a sentença arbitral, devidamente representada por seu administrador, nos termos do art. 47 do CC, no limite de seus poderes definidos no ato constitutivo.[170] Alinhamo-nos, no entanto, à orientação majoritária, no sentido de que apenas a pessoa natural pode ser indicada para funcionar como juiz arbitral, por se tratar de atividade personalíssima.[171] Tanto assim que as hipóteses de impedimento ou suspeição são as mesmas que se aplicam ao juiz estatal, de cunho personalíssimo, conforme estabelece o art. 14 da Lei. A própria indicação do coárbitro, pela parte, é personalíssima, estando intimamente ligada à confiança que nele se deposita.

Além da capacidade, o árbitro deve ter a confiança das partes. A confiança é princípio fundamental da arbitragem[172]. A parte contrária, nos termos do art. 14, §

---

[169]   Orientação Normativa 57, de 29 de agosto de 2019: "O exercício de atividades privadas relacionadas às soluções alternativas de disputas e conflitos (arbitragem, mediação, conciliação e negociação) e o exercício de atividades privadas relacionadas à *compliance* são incompatíveis com o exercício dos cargos das carreiras jurídicas da Advocacia-Geral da União, da Procuradoria-Geral Federal e da Procuradoria-Geral do Banco Central".

[170]   SCAVONE JR., Luiz Antonio. *Manual de arbitragem, mediação e conciliação.* 8. ed. Rio de Janeiro: Forense, 2018. p. 114.

[171]   Vide: CARMONA, Carlos Alberto. *Arbitragem e processo*: um comentário à Lei 9.307/96. 3. ed. São Paulo: Atlas, 2009. p. 229; CAHALI, Francisco José. *Curso de arbitragem*: mediação, conciliação e tribunal multiportas. 7. ed. São Paulo: Thomson Reuters Brasil, 2018. p. 211.

[172]   Sobre a confiança na arbitragem, vale conferir o seguinte acórdão do Superior Tribunal de Justiça: "O art. 13 da Lei de Arbitragem dispõe que pode ser árbitro qualquer pessoa capaz e que detenha a 'confiança das partes', expressão que compreende, de um lado, a indicação de pessoa da sua confiança e, de outro, a aceitação de indicado pela parte adversa e de quem não tenha razão para desconfiar. Dada sua origem contratual, a arbitragem põe em relevo a confiança fiducial, que, na estrutura jurisdicional, mostra-se presumida. Segundo o escólio de Carlos Alberto Carmona no já referido parecer trazido aos autos, a 'pedra de toque neste jogo de confiança-desconfiança é o dever de revelação', que abrange aqueles fatos concretamente relacionados às partes ou à causa a ser julgada, passíveis de, razoavelmente, interessar às partes na avaliação da confiança que devam depositar no árbitro e que se constitui em elemento de validade da arbitragem. No mesmo sentido, a manifestação doutrinária da eminente Ministra Nancy Andrighi, para quem o dever de revelação abrange quaisquer circunstâncias que possam gerar dúvidas quanto à imparcialidade do árbitro, nestes termos: 'Deverá o futuro árbitro ter o cuidado de revelar todos os fatos e circunstâncias que possam dar margem a dúvidas com respeito à sua imparcialidade e independência. Por isso, qualquer relação de negócios anterior, futura ou em curso, direta ou indiretamente que

2º, da Lei, poderá realizar a arguição de recusa do árbitro, por motivos de suspeição ou impedimento, nos termos do art. 145 do CPC.

Os §§ 1º e 2º do art. 13 da Lei de Arbitragem ditam a regra de que o Tribunal Arbitral deverá ser constituído sempre com número ímpar de árbitros. A prática internacional é a de que serão três árbitros. A referida regra está, inclusive, estipulada no art. 10 do Modelo de Lei para Arbitragem Comercial Internacional da UNCITRAL[173] (*United Nations Commission on International Trade Law*), de 1985, utilizada por muitos países como modelo para as leis locais.[174] O art. 10 da Lei Modelo enuncia que as partes são livres para determinar o número de árbitros do painel, em homenagem ao princípio da autonomia da vontade, e que, na ausência de definição sobre o assunto, o número de árbitros será de três, sendo que uma das partes indica um coárbitro a outra indica o outro coárbitro e os dois nomes indicados, em conjunto, escolhem o presidente do tribunal.

Os regulamentos das principais câmaras arbitrais nacionais e internacionais seguem esse padrão. A regra geral neles contida também é a de que, se alguma das partes não indicar o respectivo coárbitro ou, por sua vez, os coárbitros não indicarem o presidente do painel, tal incumbência fica a cargo da entidade eleita pelas partes.

A opção preferencial por colegiado de três árbitros deriva, entre outros, dos seguintes motivos: a) o alto custo dos honorários dos árbitros (cinco árbitros, por exemplo, encareceriam muito o procedimento); b) evitar o empate na decisão; e c) como em regra a sentença arbitral é irrecorrível, é razoável que as partes já obtenham, em instância arbitral originária, uma decisão colegiada.

O julgamento colegiado "amplia o espaço de debate e discussão, qualificando a sentença arbitral e permitindo que seja a expressão de uma comunhão de vontades e convicções; e não a convicção isolada de um árbitro. Reduz-se com isso a chance de erro de julgamento e minimizam-se os riscos que derivam da inexistência do duplo grau de jurisdição".[175]

No caso de arbitragem com múltiplas partes (ou "arbitragem multiparte"), caso requerentes ou requeridos não cheguem a um consenso na indicação do respectivo coárbitro, a indicação do painel arbitral, como um todo, é transferida para a instituição arbitral.[176]

---

se produza entre o árbitro e uma das partes, ou entre aquele e uma pessoa que saiba seja testemunha potencial para o caso, gerará normalmente dúvidas com respeito à imparcialidade do árbitro eleito'" (Voto-vista Ministro João Otávio de Noronha – STJ, Corte Especial, SEC 9.412/EX, Rel. Felix Fischer, *DJe* 30.05.2017).

[173] Disponível em: https://www.uncitral.org/pdf/english/texts/arbitration/ml-arb/07-86998_Ebook.pdf. Acesso em: 8 jan. 2020.

[174] Sem sombra de dúvida, a Lei de Arbitragem brasileira é marcadamente influenciada pela Lei Modelo UNCITRAL.

[175] SCHMIDT, Gustavo da Rocha. *Arbitragem na Administração Pública*. Curitiba: Juruá, 2018. p. 85.

[176] Vide item 4.16 do regulamento de arbitragem do CAM-CCBC: "No caso de arbitragem com múltiplas partes, como requerentes e/ou requeridas, não havendo consenso sobre a forma de indicação de árbitro pelas partes, o Presidente do CAM-CCBC deverá

No passado, vários regulamentos de arbitragem estabeleciam que caberia à câmara arbitral a nomeação, tão somente, daquele nome a respeito do qual os requeridos não chegaram a um acordo. Era assim também na Corte Internacional de Arbitragem da Câmara de Comércio Internacional – CCI.

Ocorre que, no ano de 1992, no célebre caso *Dutco*,[177] a Corte de Cassação de Paris, em um precedente que levou à alteração do Regulamento de Arbitragem da CCI e posteriormente se irradiou pelo mundo, firmou orientação no sentido de que "o princípio da igualdade das partes na designação de árbitros é de ordem pública, que não pode ser renunciado antes do nascimento do litígio".[178]

Orientou-se a Corte francesa no sentido de que os litisconsortes têm o direito, cada um, de indicar o respectivo coárbitro, não podendo ser compelidos a apontá-lo em conjunto. Assim, não chegando os litisconsortes a um consenso, a nomeação de todos os integrantes do painel arbitral passa para a entidade arbitral eleita pelas partes, sob pena de violação ao princípio da igualdade.

Conforme lição de Selma Ferreira Lemes, no referido julgado ficou consignado "que se a demandante teve o direito de indicar árbitro, as demandadas também teriam que ter o mesmo tratamento, ou seja, diante da impossibilidade e impasse em um dos polos da arbitragem multiparte, todos os integrantes do Tribunal Arbitral teriam que ser indicados segundo idêntico procedimento, ou seja, nenhum polo indicaria árbitros e os três árbitros seriam indicados pela CCI".[179]

Consequência do caso *Dutco*, para as arbitragens multipartes, foi "a alteração do art. 10.2 (atualmente art. 12 [8] – Regulamento de 1º de janeiro de 2021) do regulamento de Arbitragem da Corte Internacional de Arbitragem da Câmara de Comércio

---

nomear todos os membros do Tribunal Arbitral, indicando um deles para atuar como presidente, observados os requisitos do artigo 4.12 deste Regulamento" (Regulamento de Arbitragem do Centro de Arbitragem e Mediação da Câmara de Comércio Brasil--Canadá – CAM-CCBC. Disponível em: https://ccbc.org.br/cam-ccbc-centro-arbitragem--mediacao/resolucao-de-disputas/arbitragem/regulamento-2012/. Acesso em: 10 jan. 2020).

[177] Corte de Cassação de Paris, *Dutco Construction Co. v. Siemens AG-BKMI*, 1992. Sobre o tema, confira-se: CRUZ E TUCCI, José Rogério. Igualdade é assegurada às partes na composição do painel arbitral. *Consultor Jurídico*, 5 ago. 2014. Disponível em: http://www.conjur.com.br/2014-ago-05/igualdade-assegurada-partes-composicao-painel--arbitral. Acesso em: 20 jan. 2016; BORN, Gary B. *International arbitration*: law and practice. Alphen aan den Rijn: Kluwer Law International, 2012. p. 230. Para uma crítica estruturada às premissas e conclusões constantes do caso *Dutco*, confira-se: GREBLER, Eduardo. Nomeação de árbitros em arbitragens multiparte: questão resolvida? In: CARMONA, Carlos Alberto; LEMES, Selma Ferreira; MARTINS, Pedro Batista. *20 anos da lei de arbitragem*. São Paulo: Atlas, 2017. p. 211-225.

[178] LEMES, Selma M. Ferreira. Arbitragem Multiparte. Notas sobre o caso Dutco. Disponível em: http://selmalemes.adv.br/artigos/Arbitragem%20Multiparte-%20Caso%20Dutco.pdf. Acesso em: 30 jul. 2020.

[179] Idem.

Internacional – CCI, para dispor que na ausência de consenso das partes de qualquer polo (demandante ou demandado), todos os árbitros serão indicados pela CCI".[180]

O § 1º do art. 13 da Lei de Arbitragem também aborda a figura do árbitro suplente, ao qual caberá substituir o árbitro em exercício, caso este último fique impossibilitado de seguir no procedimento. A aludida prática, todavia, não tem sido muito adotada, por várias razões. Primeiro porque o árbitro suplente não percebe honorários (e, se o recebesse, a previsão do suplente só serviria para encarecer ainda mais a arbitragem). Segundo porque a arbitragem geraria impedimentos desnecessários ao suplente, que não atuaria na causa, não receberia honorários e ainda ficaria conflitado para outras causas e trabalhos. Terceiro porque o processo de nomeação do suplente prejudicaria a celeridade do procedimento arbitral, criando uma etapa desnecessária e contraproducente. Quarto porque a flexibilidade do procedimento arbitral permite que, caso surja a necessidade de substituição, promova-se a nomeação de um novo árbitro, sem maiores dificuldades. Por fim, não se pode ignorar que o modelo de arbitragem institucional tem prevalecido no Brasil, sendo certo que os regulamentos das câmaras contemplam já um procedimento específico para a substituição de árbitros.

A verdade é que a figura do árbitro suplente, em vez de trazer qualquer vantagem para o procedimento arbitral, só aumenta a sua complexidade e os custos envolvidos.

Os §§ 3º e 4º do art. 13 da Lei abordam o processo de escolha dos árbitros pelas partes, bem como o procedimento de nomeação do Presidente do Tribunal pelos coárbitros. As partes podem estabelecer na convenção de arbitragem (cláusula compromissória ou compromisso arbitral) o método de escolha dos árbitros em caso de arbitragem *ad hoc* ou *avulsa*. No entanto, o mais comum, em terras brasileiras, tem sido a opção pela arbitragem institucional, de modo que o procedimento para escolha dos árbitros é ditado pelo regulamento de arbitragem de cada câmara ou centro de arbitragem.

A boa prática dos regulamentos afirma que as partes podem indicar livremente os árbitros para compor o Tribunal Arbitral, sendo certo que os indicados podem integrar ou não a lista de árbitros da instituição arbitral, na forma do respectivo regulamento. As listas de árbitros são abertas e as partes não ficam restritas, em princípio, aos árbitros indicados e chancelados por determinado centro de arbitragem. Algumas instituições, como a Corte Arbitral da CCI, sequer dispõem de lista de árbitros. Outras, como a CAM-CCBC, permitem a livre indicação dos árbitros que comporão o Tribunal Arbitral, exercendo, no entanto, uma espécie de controle de qualidade, ético e reputacional. Assim, "caso a indicação seja de profissional que não integre o Corpo de Árbitros, deverá ela ser acompanhada do respectivo currículo, que será submetido à aprovação do Presidente do CAM-CCBC" (*vide* item 4.4.1. do Regulamento de Arbitragem da entidade).[181] Além disso, no que diz respeito ao presidente do tribunal, apenas "em caráter excepcional e mediante fundamentada justificativa e aprovação do

---

[180]   Idem.

[181]   Regulamento de Arbitragem do Centro de Arbitragem e Mediação da Câmara de Comércio Brasil-Canadá (CAM-CCBC). Disponível em: https://ccbc.org.br/cam-ccbc-centro--arbitragem-mediacao/resolucao-de-disputas/arbitragem/regulamento-2012/. Acesso em: 24 jan. 2020.

Presidente do CAM-CCBC, os árbitros escolhidos pelas partes poderão indicar como Presidente do Tribunal, nome que não integre o Corpo de Árbitros" (*vide* item 4.9.2).[182] Por fim, existem entidades, como o CBMA e a CAMARB, em que a lista de árbitros é meramente indicativa, ficando a indicação dos árbitros à livre escolha das partes.

É bastante criticável o modelo de lista fechada, em que a escolha das partes fica restrita aos nomes constantes do quadro de árbitros da entidade. É conhecida o episódio, relatado por um ilustre advogado brasileiro, que, consultado por um cliente sobre uma arbitragem, indagou o porquê da eleição, no contrato, de uma desconhecida câmara arbitral. O cliente disse que a negociação estava caminhando bem demais e que não queria se indispor com a outra parte, tratando de uma questão secundária, concernente à escolha da instituição que seria eleita para gerir eventuais conflitos que surgissem. Só não atentou o cliente para o fato de que o referido órgão arbitral possuía apenas oito árbitros em sua lista fechada, todos muito próximos da parte contrária.

Em verdade, o problema da lista fechada é que ela reduz o espaço da autonomia da vontade, limitando as escolhas das partes e, muitas vezes, impossibilita a nomeação de especialistas na temática controvertida. Pode esvaziar, ainda, o princípio da confiança, essencial na formação do Tribunal Arbitral.

Nesse sentido é fundamental que se tenha um especial cautela e atenção com *websites* que oferecem serviços de arbitragem eletrônica, com lista fechada de árbitros, para não se cair em uma armadilha.

Sem prejuízo disso, o novo § 4º do art. 13, introduzido pela Lei 13.129/2015 (também conhecida como Reforma da Lei de Arbitragem), permite que as partes, de comum acordo, afastem "a aplicação de dispositivo do regulamento do órgão arbitral institucional ou entidade especializada que limite a escolha do árbitro único, coárbitro ou presidente do Tribunal à respectiva lista de árbitros". Permite-se, assim, que as partes, com base na autonomia privada, resgatem o direito de livre escolha dos árbitros que irão julgar a causa, escapando de eventuais amarras impostas, a esse propósito, pela instituição arbitral.

Poderá o Presidente[183] nomear, nos termos do § 5º do art. 13 da Lei de Arbitragem, se for conveniente, um secretário, que servirá de apoio administrativo para a arbitragem, auxiliando na organização do procedimento, no arquivamento das peças processuais e decisões e, ainda, nas comunicações processuais, em atividade assemelhada à de um escrevente judiciário. Tal prática é mais frequente nas arbitragens avulsas ou *ad hoc*, uma vez que, na arbitragem institucional, as câmaras arbitrais já possuem uma estrutura administrativa para auxiliar os árbitros e permitir o regular processamento das arbitragens. Nelas, secretários-gerais e *case managers* respondem

---

[182] Idem.

[183] O Presidente do Tribunal Arbitral exercerá, primordialmente, as seguintes funções: Receber notificação para promulgação de sentença (art. 12, III, da L.A.); receber exceção de suspeição ou impedimento (art. 15 da L.A); Requerer ao juiz togado a condução coercitiva de testemunha (art. 22, § 2º, da L.A.); Voto de Minerva em caso de empate (art. 24, § 1º, da L.A.); Certificar a recusa de um dos árbitros em assinar a sentença que mesmo assim será válida (art. 26, parágrafo único, da L.A.); Enviar cópia de sentença às partes (art. 29 da L.A.).

pela administração das arbitragens, exercendo tais funções e impulsionando o procedimento arbitral. Por esta razão, há previsão de pagamento de taxa de administração, pelas partes, para utilização da infraestrutura do centro. A nomeação do secretário está restrita ao julgamento de conveniência do presidente do painel arbitral.

Neste ponto, cabe a ressalva de que, atualmente, na maioria dos regimentos de custas das instituições arbitrais, há a previsão de honorários diferenciados para o presidente do tribunal, em valor superior àqueles fixados em favor dos coárbitros, ante a responsabilidade de gerir o procedimento e o trabalho maior que disso deriva.[184]

O § 6º do art. 13 da Lei enuncia os deveres dos árbitros, que devem atuar com imparcialidade, independência, competência, diligência e discrição. Também deverão observar os deveres de cooperação com o Poder Judiciário e de revelação (*disclosure*),[185] na forma do art. 14, § 1º, da Lei de Arbitragem.

Imparcialidade[186] significa a equidistância que o julgador deve guardar em relação às partes, não podendo atuar para prejudicar ou beneficiar qualquer das partes. Deve

---

[184] Vide o regimento de custas do Centro Brasileiro de Mediação e Arbitragem: "Os honorários do Presidente do Tribunal Arbitral poderão ser fixados pelo CBMA em valor superior aos dos honorários dos coárbitros, respeitado o valor máximo por faixa" (Disponível em: http://site1379424603.hospedagemdesites.ws/regimento_custas_arb_1. Acesso em: 10 jan. 2020). O Centro AMCHAM em seu regulamento de arbitragem trabalhista fixa os honorários do Presidente em 15% (quinze por cento) a mais dos valores pagos aos coárbitros. Vejamos o item 3.3. do anexo do regulamento de arbitragem trabalhista: "Caso o procedimento seja decidido por um Tribunal Arbitral, os valores referidos na Tabela de Custas e Honorários do Procedimento Arbitral Trabalhista corresponderão aos honorários dos(as) coárbitros(as) e os honorários do(a) Presidente equivalerão a 15% (quinze por cento) a mais dos valores pagos aos(às) coárbitros(as)". Regra similar é seguida em seu regulamento de arbitragem comercial no item 3.3: "Os valores referidos na Tabela de Custas e Honorários do Procedimento Arbitral deverão ser multiplicados pelo número de árbitros, cabendo ao(à) Presidente do Tribunal Arbitral 40% (quarenta por cento) dos honorários totais e 30% (trinta por cento) a cada coárbitro(a)" (Disponível em: https://www.amcham.com.br/o-que-fazemos/arbitragem-e-mediacao. Acesso em: 10 jan. 2020). O CAM-CCBC segue o mesmo viés em sua tabela: "Valor dos honorários de Tribunal Arbitral constituído por três árbitros: 3 vezes a 'Unidade de Cálculo dos Honorários', sendo que o Presidente do Tribunal Arbitral receberá os valores correspondentes a 'Unidade de Cálculo dos Honorários' acrescida de 20%. Os demais árbitros receberão o restante do valor dividido igualmente, ou seja, cada qual receberá a 'Unidade de Cálculo dos Honorários', descontado em 10%" (Disponível em: https://ccbc.org.br/cam-ccbc-centro-arbitragem-mediacao/resolucao-de-disputas/arbitragem/tabela-despesas-calculadora-2019/. Acesso em: 10 jan. 2020).

[185] DALLA, Humberto; MAZZOLA, Marcelo. *Manual de mediação e arbitragem*. São Paulo: Saraiva Educação, 2019. p. 287.

[186] CARMONA, Carlos Alberto. *Arbitragem e processo*: um comentário à Lei 9.307/96. 3. ed. São Paulo: Atlas, 2009. p. 239. Sobre o tema, vide ainda LEMES, Selma M. Ferreira. O dever de revelação do árbitro, o conceito de dúvida justificada. quanto a sua independência e imparcialidade (art. 14, § 1.º, da Lei 9.307/1996) e a ação de anulação de sentença arbitral (art. 32, II, da Lei 9.307/1996). *Revista de Arbitragem e Mediação*, v. 36, p. 231-251, jan./mar. 2013. Confira-se, também: MARTINS, Pedro A. Batista. Dever de

ocupar-se de aplicar o direito ao caso concreto. Trata-se da condição básica para a garantia da justiça na sentença arbitral. O fato de o árbitro ser indicado por uma das partes não o faz advogado dela. A quebra da imparcialidade é causa para invalidação da sentença arbitral, a teor do art. 32, VIII, c/c art. 21, § 2º, ambos da Lei de Arbitragem.

O *Federal Arbitration Act (FAA)*, lei de arbitragem federal norte-americana, promulgada em 1925, que se aplica tanto às cortes estaduais, quanto federais, daquele país, em sua seção 10(2) informa que a sentença arbitral poderá ser anulada em caso de parcialidade evidente. Significa que, se o árbitro falhar em dar conhecimento às partes sobre conflito de interesse atual ou potencial, a sentença poderá ter a sua invalidade reconhecida judicialmente. As regras das câmaras arbitrais norte-americanas também são claras quanto ao dever de imparcialidade do árbitro e mais ainda, de divulgação

---

revelar do árbitro. *Revista de Arbitragem e Mediação*, v. 36, p. 915-926, jan./mar. 2013; e TORRESI, Alessandro. Imparcialidade e independência do árbitro: "parcialidade evidente" *vs.* "dúvida justificada" e o caso Abengoa. *Revista de Arbitragem e Mediação*, v. 59, p. 91-117, out./dez. 2018. Na jurisprudência do STJ: "O princípio da imparcialidade do juiz também se aplica ao árbitro, pois, nos termos do art. 18 da Lei de Arbitragem, ele é juiz de fato e de direito. Na verdade, o princípio da impessoalidade deve ser exigível até com maior intensidade em relação ao árbitro, como forma de compensar a não aplicação na arbitragem do princípio do juiz natural. Se o juiz que julgará um caso deve ser escolhido de forma absolutamente impessoal, com base em critérios objetivos previamente estabelecidos, o árbitro é escolhido pelas partes, que devem ter especial confiança em sua competência e imparcialidade. O art. 13 da Lei de Arbitragem traz regra basilar de que o árbitro deve ter a confiança das partes; o art. 21, § 2º, estabelece o princípio da imparcialidade do árbitro; o art. fixa que ao árbitro são aplicáveis as hipóteses de suspeição e impedimento ao juiz, mas vai além, estabelecendo no seu parágrafo primeiro o chamado dever de revelação, pelo qual a pessoa indicada para árbitro deve revelar todo fato que possa gerar dúvidas sobre sua imparcialidade e independência. A Lei prevê procedimento específico para a recusa do árbitro por uma parte. Mesmo em relação ao árbitro indicado pela própria pessoa, é possível que posteriormente surja fato novo ou se descubra fato até então desconhecido que possa gerar perda de confiança. De toda sorte, a lei deixa claro que, se a arguição não for acolhida no âmbito da própria arbitragem, poderá ser levantada novamente perante o Poder Judiciário (art. 20, § 2º)" (Voto-vista Ministro Herman Benjamin - STJ, Corte Especial, SEC 9412/EX, Rel. Felix Fischer, *DJe* 30.05.2017). A Suprema Corte americana definiu o conceito de imparcialidade do julgador em 2002, em *Republican Party Of Minnesota, et al., v. Suzanne White, Chairperson, Minnesota Board of Judicial Standards*, et al., 122 S.Ct. 2528 (2002) (Supreme Court of the United States): "Um significado de 'imparcialidade' no contexto judicial - e, é claro, seu significado fundamental - é a falta de parcialidade a favor ou contra qualquer uma das partes no processo. A imparcialidade, nesse sentido, assegura igual aplicação da lei. Ou seja, garante a uma parte que o juiz que ouve seu caso aplicará a lei a ele da mesma maneira que a aplica a qualquer outra parte. Este é o sentido tradicional em que o termo é usado (...). Talvez seja possível usar o termo 'imparcialidade' no contexto judicial (embora esse certamente não seja um uso comum) para significar falta de preconceito a favor ou contra uma visão jurídica específica. Esse tipo de imparcialidade estaria relacionado, não com garantir aos litigantes a mesma aplicação da lei, mas, ao contrário, garantir a eles a mesma chance de persuadir o tribunal sobre os fundamentos jurídicos em seu caso".

de qualquer informação que possa colocar em xeque seu livre convencimento.[187] Tais regras também impõem aos árbitros o dever de revelar, durante o transcorrer de todo o procedimento arbitral, todo e qualquer conflito de interesses ou causa, ainda que superveniente, que possa gerar suspeição quanto à sua atuação na causa.

O julgamento paradigma nos EUA sobre o dever de revelação do árbitro (*arbitrator disclosure*) data de 1968, quando a Suprema Corte dos EUA, no caso *Commonwealth Coatings v. Continental Casualty Co.*,[188] firmou posição na linha de que é dever do árbitro divulgar não somente qualquer conflito de interesse, mas também quaisquer circunstâncias capazes de causar uma impressão de possível viés (*an impression of possible bias*). A prova da suspeição e possível parcialidade do árbitro, no entanto, dependerá predominantemente da análise dos fatos no caso concreto.

Enquanto a imparcialidade está relacionada à forma como o árbitro conduz o processo (para prejudicar ou beneficiar uma das partes, em detrimento da outra), a independência, apesar de também ter impacto na forma como o julgador conduz a causa, tem relação com eventual relação de subordinação ou afeição em relação a terceiros. A independência deve ser aferida a partir de critérios objetivos, isto é, mediante a análise da existência, ou inexistência, de qualquer vínculo de sujeição ou relação de natureza econômica, profissional, moral, social ou afetiva do árbitro com as partes. O objetivo, tanto no dever de imparcialidade como de independência, é a preservação do livre convencimento do árbitro.[189]

Quanto a este particular, merece especial destaque o manual de "boas práticas" contido na *International Bar Association Guidelines on Conflict of Interest in International Arbitration*, de 2014.[190] O referido guia lista situações específicas que devem ser reveladas pelo árbitro indicado, bem como fatos que gerariam sua desqualificação para funcionar na causa.

Não são diretrizes vinculante, mas assumem o *status* de *Soft Law*, isto é, não têm caráter normativo nem foram incorporadas pelo ordenamento jurídico, mas servem de importante parâmetro de análise, na seara dos possíveis conflitos de interesses que podem recair sobre os árbitros.

O guia classifica as situações de conflito de interesses por cores. Aquelas situações que se enquadrem na Lista Verde não geram consequências para o árbitro, que sequer precisa revelá-las. Na Lista Verde não há, de forma objetiva, conflito de interesses (tal

---

[187] A regra 17 do regulamento de arbitragem comercial da *American Arbitration Association* (AAA) é clara nesse sentido ao enunciar que "(...) qualquer pessoa nomeada como árbitro, assim como as partes e seus representantes, devem dar ciência à AAA sobre qualquer circunstância que possa levantar dúvida justificável sobre a imparcialidade e independência do árbitro incluindo qualquer viés ou interesse financeiro ou pessoal no resultado da arbitragem, ou ainda, qualquer relação passada ou presente com as partes ou com seus representantes" (Disponível em: https://www.adr.org/Rules. Acesso em: 13 mar. 2020).

[188] Suprema Corte dos Estados Unidos da América - 393 U.S. 145, 89 S.Ct. 337 (1968).

[189] CAHALI, Francisco José. *Curso de arbitragem*: mediação, conciliação e tribunal multiportas. 7. ed. São Paulo: Thomson Reuters Brasil, 2018. p. 228.

[190] Disponível em: https://www.ibanet.org/. Acesso em: 8 jan. 2020.

como possuir conexão com partes ou advogados em redes sociais). A Lista Laranja descreve situações em que o árbitro deve avaliar casuisticamente e revelar, caso gerem dúvidas quanto à sua imparcialidade ou independência. A Lista Vermelha traz hipóteses em que haveria evidente conflito de interesses para o árbitro, por exemplo, nos casos em que possui interesse na disputa ou já representou ou representa uma das partes. A Lista Vermelha se divide entre os eventos renunciáveis e irrenunciáveis. Caso se configure um evento irrenunciável, nem mesmo as partes podem concordar com a escolha do indicado para julgar a causa. As listas não são exaustivas, de modo que o dever de revelar do árbitro e o eventual conflito de interesses deve ser analisado caso a caso.

Nova tendência das câmaras arbitrais internacionais, com o intuito de aumentar o grau de *disclosure* e, portanto, de imparcialidade e independência dos árbitros, é o dever das partes, e não do árbitro, de revelarem terceiros estranhos ao procedimento arbitral que possam ter algum interesse no resultado da disputa. Assim, o árbitro terá a oportunidade de revelar algum fato relevante ou relação que possa ter com o terceiro e se declarar suspeito ou aguardar a arguição de recusa da outra parte. Em regra, tal interesse será econômico, como no caso de haver uma empresa de *litigation funding* (*third-party funding*)[191] financiando a lide por uma das partes.[192] Assim, a título ilustrativo, o *Arbitration Institute of The Stockholm Chamber of Commerce*, no dia 11 de setembro de 2019, publicou sua política de Revelação de Terceiros com Interesse no Resultado da Disputa.[193] Nela, em seu item A, fica estabelecido que "cada parte deverá informar, nas suas primeiras alegações para a SCC *arbitration*, a identidade de qualquer terceiro com interesse significativo no resultado da disputa, incluindo, mas não se limitando a *funders*, empresa matriz e beneficiários finais. Árbitros em potencial ou árbitros nomeados deverão levar em consideração tal informação para revelarem fato relevante ou para assinarem seus termos de independência e imparcialidade nos termos do art. 18 das regras da SCC. As partes também são incentivadas a revelarem de imediato a identidade de terceiro que adquira interesse relevante no resultado da disputa durante o curso do procedimento arbitral".

O *Arbitration Institute of The Stockholm Chamber of Commerce*[194] oferece uma lista não exaustiva de terceiros que podem ser considerados como detentores de interesse

---

[191] "O *Third party funding*", como bem sintetiza Thiago Dias Delfino Cabral, "consiste em instrumento por meio do qual um terceiro, denominado *funder* (financiador), suporta os custos de um processo, seja judicial ou arbitral, para uma pessoa (financiada) por uma contrapartida econômica, que, normalmente, consiste em parcela dos ganhos financeiros que a financiada tenha obtida com a demanda" (CABRAL, Thiago Dias Delfino. *Impecuniosidade e arbitragem*: uma análise da ausência de recursos financeiros para a instauração do procedimento arbitral. São Paulo: Quartier Latin, 2019. p. 148-149).

[192] Sobre o tema vide TORRE, Riccardo G. Figueira. Aspectos do *third-party funding* e o dever de revelação do árbitro. *Revista de Arbitragem e Mediação*, v. 64, p. 163-200, jan./mar. 2020.

[193] Vide: https://sccinstitute.com/about-the-scc/news/2019/new-scc-policy-encouraging--disclosure-of-third-party-interests/. Acesso em: 23 set. 2019.

[194] Fundado em 1917 o *Arbitration Institute of The Stockholm Chamber of Commerce* é a segunda instituição arbitral mais antiga do mundo, ficando em primeiro lugar o *The London*

em procedimentos arbitrais, tais quais: a) beneficiários finais; b) pessoas obrigadas ao pagamento de uma recompensa sob uma indenização ou outro contrato; e c) empresas matrizes de uma das partes.

Em suma, a preocupação hoje, no campo do direito de revelar, alcança terceiros que tenham interesse real e significativo no resultado do procedimento, uma vez que podem, eventualmente, prejudicar a independência do árbitro. Se o árbitro, por exemplo, possuir relação virtual nas suas redes sociais[195] com terceiro interessado, isso pode ser suscitado e pode tornar-se um problema a ser considerado na arbitragem. No Brasil, a CAM-CCBC promulgou, em 2016, a Resolução Administrativa 18, que trata, especificamente, sobre o financiamento de terceiros, com o objetivo de evitar conflito de interesses que, porventura, possam gerar dúvida sobre a imparcialidade ou independência dos árbitros.[196]

O dever de diligência guarda relação com o zelo e a atenção do árbitro com o procedimento arbitral, para que a sentença seja prolatada em prazo razoável e a instrução transcorra da melhor forma possível. Atualmente, partes que estão mais acostumadas em litigar na arbitragem, antes de nomear um árbitro, o questionam em quantos procedimentos ele está atuando naquele momento. Também as instituições

---

Court of International Arbitration fundado em 1892 e em terceiro lugar a *International Chamber of Commerce Court of Arbitration* fundada em 1923.

[195] Sobre árbitros, redes sociais e dever de revelação na doutrina e jurisprudência nacional e estrangeira vide: FERREIRA, Daniel B. *Árbitros e as redes sociais: regulação e jurisprudência nacional e internacional.* Disponível em: https://emporiododireito.com.br/leitura/abdpro-125-arbitros-e-as-redes-sociais-regulacao-e-jurisprudencia-nacional-e-internacional. Acesso em: 23 jun. 2020.

[196] Resolução Administrativa 18/2016 da CAM-CCBC. Vejamos: Financiamento de terceiros. "Artigo 1º - Considera-se financiamento de terceiro quando uma pessoa física ou jurídica, que não é parte no procedimento arbitral, provê recursos integrais ou parciais a uma das partes para possibilitar ou auxiliar o pagamento dos custos do procedimento arbitral, recebendo em contrapartida uma parcela ou porcentagem de eventuais benefícios auferidos com a sentença arbitral ou acordo. Artigo 2º - São considerados 'custos do procedimento arbitral' qualquer valor despendido com o procedimento, englobando, mas não se limitando, as custas administrativas, honorários dos árbitros, honorários de *experts*, honorários advocatícios, custas e honorários sucumbenciais e valores de condenação. Conflitos de interesse com o terceiro financiador. Artigo 3º - A presença de um terceiro financiador pode gerar uma dúvida razoável sobre a imparcialidade ou independência dos árbitros, em razão de possível relacionamento prévio ou atual entre o árbitro e o terceiro financiador. Artigo 4º - A fim de evitar possíveis conflitos de interesse, o CAM-CCBC recomenda às partes que informem a existência de financiamento de terceiro ao CAM-CCBC na primeira oportunidade possível. Na referida informação deverá constar a qualificação completa do financiador. Artigo 5º - De posse desta informação, o CAM-CCBC convidará os árbitros a procederem à checagem de conflito e revelarem qualquer fato que possa gerar uma dúvida justificável sobre sua independência e imparcialidade. A informação sobre financiamento de terceiro também será fornecida à parte contrária" (Disponível em: https://ccbc.org.br/cam-ccbc-centro-arbitragem-mediacao/resolucao-de-disputas/resolucoes-administrativas/ra-18-2016-financiamento-de-terceiros-em-arbitragens-cam-ccbc/. Acesso em: 23 jan. 2020).

arbitrais têm encaminhado questionários aos árbitros, indagando se dispõem de tempo suficiente para processar e julgar a arbitragem. Caso se considere que o árbitro não tem disponibilidade para a causa, a parte fica autorizada a nomear outro profissional, precisamente em respeito ao dever de diligência referido na Lei.

A relevância do tema no campo da arbitragem, que tanto preza pela celeridade processual, faz com que a Corte de Arbitragem da CCI contemple, em seu regulamento, a possibilidade de reduzir os honorários dos árbitros, na hipótese de atraso na entrega da sentença arbitral.[197]

A *expertise* do árbitro é um dos principais atrativos comerciais da arbitragem, juntamente, entre outros, com a celeridade, a confidencialidade e a flexibilidade do procedimento. As partes, na maioria das vezes, elegem a via arbitral, pois consideram que podem indicar um árbitro que é especialista no tema sob disputa, fugindo do magistrado, não raramente um generalista, sem o necessário conhecimento técnico para julgar causa de tamanha complexidade.

Tem o árbitro, ainda, o dever de discrição mesmo que o procedimento não seja confidencial. Confidencialidade, aliás, em nada se confunde com o dever de discrição do árbitro. Ser discreto no exercício da função de árbitro significa evitar comentários sobre os casos e informações obtidas.[198] É uma questão de comportamento, de postura, perante as partes, as testemunhas, os peritos, os advogados e o ambiente externo.

---

[197] Vide parágrafo 121 da "NOTA às partes e aos Tribunais Arbitrais sobre a condução da arbitragem conforme o regulamento de arbitragem da CCI": "No caso de apresentação da minuta de sentença arbitral fora do prazo acima citado no parágrafo 119, a Corte poderá reduzir os honorários, conforme abaixo estipulado, a não ser que esteja convencida de que o atraso se deva a fatores fora do controle dos árbitros ou a circunstâncias excepcionais, e sem prejuízo de outras medidas que possam ser tomadas pela Corte, como a substituição de um ou mais árbitros: • Se a minuta de sentença arbitral for apresentada para exame prévio até 7 meses após a última audiência sobre o mérito ou a apresentação de manifestações por escrito (excluindo-se manifestações sobre custos), o que ocorrer por último, os honorários que seriam normalmente fixados pela Corte sob outras circunstâncias sofrerão uma redução de 5 a 10%. • Se a minuta de sentença arbitral for apresentada para exame prévio até 10 meses após a última audiência sobre o mérito ou a apresentação de manifestações por escrito (excluindo-se manifestações sobre custos), o que ocorrer por último, os honorários que seriam normalmente fixados pela Corte sob outras circunstâncias sofrerão uma redução de 10 a 20%. • Se a minuta de sentença arbitral for apresentada para exame prévio mais do que 10 meses após a última audiência sobre o mérito ou a apresentação de manifestações por escrito (com exclusão de manifestações sobre custos), o que ocorrer por último, os honorários que seriam normalmente fixados pela Corte sob outras circunstâncias sofrerão uma redução de 20% ou mais" (Disponível em: https://cms.iccwbo.org/content/uploads/sites/3/2017/03/icc-note-to-parties-and-arbitral-tribunals-on-the-conduct-of-arbitration-portuguese.pdf. Acesso em: 30 jul. 2020).

[198] Para Cahali, por discreto, entende-se o comportamento reservado do árbitro de evitar comentários sobre os conflitos a ele submetidos, mantendo comedido, com reserva ou prudência quanto a informações obtidas. CAHALI, Francisco José. *Curso de arbitragem*: mediação, conciliação e tribunal multiportas. 7. ed. São Paulo: Thomson Reuters Brasil, 2018. p. 231.

Destaque-se, por relevante, que, nos termos dos regulamentos de arbitragem, antes da sua confirmação, o árbitro deve assinar Termo de Independência, Imparcialidade e Disponibilidade, momento em que deverá revelar fato que denote ou possa denotar dúvida justificada quando a sua imparcialidade e independência. Em falta de observância do dever de revelação, poderá a parte arguir a recusa do árbitro indicado, caso tenha superveniente conhecimento de algum fato que gere dúvidas justificadas quanto à sua imparcialidade e independência.

O § 7º do art. 13 da Lei de Arbitragem trata, por fim, de um poder atribuído aos árbitros, de modo a permitir que o procedimento possa se desenvolver regularmente. Dá o poder ao Tribunal Arbitral de determinar o adiantamento de despesas relativas à arbitragem.[199] As instituições arbitrais possuem seus Regimentos de Custas próprios e a melhor prática tem sido a de ratear as despesas entre as partes. São exemplos de despesas que podem ocorrer durante o procedimento arbitral: honorários de perito, gastos com viagens, gastos com diligências fora do local da arbitragem, realização de audiências fora das dependências da instituição arbitral; enfim, todas as despesas necessárias ao adequado funcionamento da arbitragem. O CAM-CCBC, por exemplo, enuncia em seu regulamento de arbitragem que a secretaria da instituição poderá solicitar o recolhimento antecipado de despesas para constituição de fundo.[200]

---

[199]   A condenação em honorários arbitrais já foi considerada legal pelo TJSP. Vide ementa e trecho de decisão de agravo de Instrumento que também aborda a taxatividade das hipóteses de nulidade de sentença arbitral previstas no art. 32: "Ação de execução de sentença arbitral honorários dos árbitros inexistência de nulidade para afastar o procedimento de arbitragem questões expressamente enfrentadas pela decisão que acolheu em parte a impugnação à execução determinação para apreciação da gratuidade da justiça aos executados agravo de instrumento não provido. (...) A Associação da Câmara de Mediação, Conciliação e Arbitragem de Osasco, entidade privada, foi chamada para decidir pedido de arbitragem relativo à cobrança de prestações vencidas de compromisso de venda e compra de apartamento contra os agravantes. Os documentos de fls. 446 e seguintes da ação principal mostram que foram eles condenados, no que interessa a este processo, em 10% do valor da condenação a título de honorários dos árbitros, fls. 451. A sentença de fls. 476/479 acolheu em parte a impugnação à execução e enfrentou corretamente os pontos agora reiterados pelos executados. Assim, a existência de cláusula compromissória, com a ciência inequívoca dos consumidores, o exercício da ampla defesa e da citação válida, a legitimidade de partes, a inexistência de conexão entre a ação de revisão do contrato e esta execução. Quer dizer que os executados, agora agravantes, sabiam da existência da arbitragem e se defenderam nela. Não podem alegar desconhecimento. Não há nulidade a ser declarada. Nenhuma das hipóteses do art. 32 da Lei 9.307, de 23.9.1996, pode ser vista. E somente nos casos previstos em lei é possível ao juiz anular decisão arbitral" (TJSP, Agravo de Instrumento 2054604-13.2019.8.26.0000, 33ª Câmara de Direito Privado, Rel. Des. Eros Piceli, *DJe* 02.07.2020).

[200]   Vide itens 12.6.1 e 12.8 do regulamento de arbitragem da CAM-CCBC: "12.6.1. Na mesma oportunidade, a Secretaria do CAM-CCBC poderá solicitar à parte requerente que efetue o recolhimento antecipado de despesas estimadas até a assinatura do Termo de Arbitragem, compensáveis estes na constituição do fundo de despesas conforme artigo 12.8 do Regulamento. 12.8. Após a assinatura do Termo de Arbitragem, a Secretaria do CAM-CCBC poderá solicitar às partes o recolhimento antecipado de despesas

> **Art. 14.** Estão impedidos de funcionar como árbitros as pessoas que tenham, com as partes ou com o litígio que lhes for submetido, algumas das relações que caracterizam os casos de impedimento ou suspeição de juízes, aplicando-se-lhes, no que couber, os mesmos deveres e responsabilidades, conforme previsto no Código de Processo Civil.
>
> **§ 1º** As pessoas indicadas para funcionar como árbitro têm o dever de revelar, antes da aceitação da função, qualquer fato que denote dúvida justificada quanto à sua imparcialidade e independência.
>
> **§ 2º** O árbitro somente poderá ser recusado por motivo ocorrido após sua nomeação. Poderá, entretanto, ser recusado por motivo anterior à sua nomeação, quando:
>
> a) não for nomeado, diretamente, pela parte; ou
>
> b) o motivo para a recusa do árbitro for conhecido posteriormente à sua nomeação.

Comentários

1. Impedimento, suspeição e o dever de revelação

O art. 14, *caput*, da Lei de Arbitragem aborda as hipóteses em que o árbitro pode ser considerado parcial e, portanto, passível de arguição de recusa por uma das partes. Aplica-se, nos termos descritos no dispositivo legal, as regras de impedimento e suspeição previstas nos arts. 144 e 145 do Código de Processo Civil,[201] uma vez que,

---

estimadas do procedimento para constituição de um fundo de despesas, compensados os valores recolhidos pela parte requerente, conforme artigo 12.6.1 do Regulamento" (Disponível em: https://ccbc.org.br/cam-ccbc-centro-arbitragem-mediacao/resolucao-de-disputas/arbitragem/regulamento-2012/. Acesso em: 17 fev. 2020).

[201] CPC: "Art. 144. Há impedimento do juiz, sendo-lhe vedado exercer suas funções no processo: I - em que interveio como mandatário da parte, oficiou como perito, funcionou como membro do Ministério Público ou prestou depoimento como testemunha; II - de que conheceu em outro grau de jurisdição, tendo proferido decisão; III - quando nele estiver postulando, como defensor público, advogado ou membro do Ministério Público, seu cônjuge ou companheiro, ou qualquer parente, consanguíneo ou afim, em linha reta ou colateral, até o terceiro grau, inclusive; IV - quando for parte no processo ele próprio, seu cônjuge ou companheiro, ou parente, consanguíneo ou afim, em linha reta ou colateral, até o terceiro grau, inclusive; V - quando for sócio ou membro de direção ou de administração de pessoa jurídica parte no processo; VI - quando for herdeiro presuntivo, donatário ou empregador de qualquer das partes; VII - em que figure como parte instituição de ensino com a qual tenha relação de emprego ou decorrente de contrato de prestação de serviços; VIII - em que figure como parte cliente do escritório de advocacia de seu cônjuge, companheiro ou parente, consanguíneo ou afim, em linha reta ou colateral, até o terceiro grau, inclusive, mesmo que patrocinado por advogado de outro escritório; IX - quando promover ação contra a parte ou seu advogado. § 1º

nos termos do art. 18 da Lei de Arbitragem, o árbitro é considerado juiz de fato e de direito, equiparado, na forma do art. 17 da Lei, aos funcionários públicos.

Já abordamos de forma ampla, nos comentários ao art. 13, § 6º (Deveres do Árbitro), o dever de imparcialidade do árbitro. No entanto, cabe trazer à lume a distinção entre imparcialidade objetiva e imparcialidade subjetiva, desenvolvida pela Corte Europeia de Direitos Humanos, no caso *Piersack v. Belgium* (Caso nº 8.692/1979), julgado datado de 1982. Na ocasião, entendeu o Tribunal que "enquanto a imparcialidade normalmente denota ausência de preconceito ou viés, sua existência, notadamente sob o artigo 6 § 1 (art. 6-1) da Convenção, pode ser testada de várias maneiras. Pode-se fazer uma distinção nesse contexto entre uma abordagem subjetiva, que busca averiguar a convicção pessoal de um determinado juiz em um determinado caso, e uma abordagem objetiva, que determina se ele ofereceu garantias suficientes para excluir qualquer dúvida legítima sob esse aspecto".[202]

A legislação arbitral não faz qualquer distinção, para fins de anulação da sentença arbitral, entre o impedimento e a suspeição. Basta, para tanto, que fique evidenciada a quebra da imparcialidade do árbitro (*vide* art. 32, VIII, conjugado com o art. 21, § 2º, da Lei). Isso porque, diferente do que ocorre no processo judicial, na via arbitral prepondera o princípio da autonomia da vontade, podendo as partes, desde que o fato seja revelado pelo árbitro, anuir com a nomeação, mesmo que a hipótese se enquadre em uma das hipóteses dos arts. 144 e 145 do CPC/2015. Em outras palavras, as causas de impedimento e suspeição não devem ser consideradas, em termos absolutos, para o afastamento do árbitro, uma vez que as partes, mesmo conhecedoras dos fatos, podem optar pela continuidade da nomeação. Ao mesmo tempo, os regulamentos das instituições arbitrais podem, perfeitamente, enunciar situações que ensejem o afastamento do árbitro, ainda que não estejam previstas nos arts. 144 e 145 do CPC.[203]

Na hipótese do inciso III, o impedimento só se verifica quando o defensor público, o advogado ou o membro do Ministério Público já integrava o processo antes do início da atividade judicante do juiz. § 2º É vedada a criação de fato superveniente a fim de caracterizar impedimento do juiz. § 3º O impedimento previsto no inciso III também se verifica no caso de mandato conferido a membro de escritório de advocacia que tenha em seus quadros advogado que individualmente ostente a condição nele prevista, mesmo que não intervenha diretamente no processo. Art. 145. Há suspeição do juiz: I – amigo íntimo ou inimigo de qualquer das partes ou de seus advogados; II – que receber presentes de pessoas que tiverem interesse na causa antes ou depois de iniciado o processo, que aconselhar alguma das partes acerca do objeto da causa ou que subministrar meios para atender às despesas do litígio; III – quando qualquer das partes for sua credora ou devedora, de seu cônjuge ou companheiro ou de parentes destes, em linha reta até o terceiro grau, inclusive; IV – interessado no julgamento do processo em favor de qualquer das partes. § 1º Poderá o juiz declarar-se suspeito por motivo de foro íntimo, sem necessidade de declarar suas razões. § 2º Será ilegítima a alegação de suspeição quando: I – houver sido provocada por quem a alega; II – a parte que a alega houver praticado ato que signifique manifesta aceitação do arguido".

202 Disponível em: https://hudoc.echr.coe.int/eng#{%22itemid%22:[%22001-57557%22]}. Acesso em: 10 jan. 2020.

203 Carmona sustenta: "(...) os motivos que levam ao afastamento de árbitros, porém, não podem ser considerados absolutos. Em outros termos, mesmo nas hipóteses claras de

Além disso, pelo fato de a função de árbitro ser exercida, preponderantemente, por profissionais liberais, sobretudo advogados, cuja atividade gera uma série de relacionamentos pessoais e profissionais, a probabilidade de ocorrer conflito de interesse entre árbitro e/ou seus patronos é bem maior do que no caso do juiz estatal.[204] Por essa razão adota-se na arbitragem deveres de imparcialidade e independência mais amplos

---

impedimento e suspeição, podem perfeitamente as partes, conhecendo a circunstância acordar na indicação do árbitro. (...) regulamentos dos órgãos arbitrais institucionais podem capitular certas situações que ensejam o afastamento do árbitro e que não estão enquadradas nos dois artigos do Código de Processo Civil" (CARMONA, Carlos Alberto. *Arbitragem e processo*: um comentário à Lei 9.307/96. 3. ed. São Paulo: Atlas, 2009. p. 252-253).

[204] Vide ementa e trecho de julgado do TJSP em que se decidiu que não se trata de hipótese de suspeição o fato de o árbitro ocupar cargo em Centro de Arbitragem, juntamente com advogado da parte, que ocupava cargo de Vice-Presidente na mesma instituição. Isto porque não foi demonstrada nos autos qualquer relação de maior intimidade: "Recurso - Apelação - Prestação de serviços - Ação anulatória de sentença arbitral. Ação anulatória de sentença arbitral. 1. Suspeição ou impedimento do árbitro. Inocorrência. O simples fato de funcionar na causa, como advogado, alguém que ocupa cargo administrativo de vice-presidente do centro de arbitragem não compromete, por si só, a capacidade de julgar do árbitro. Relação entre o Doutor Frederico José Strauber e o Doutor Gilberto Giusti, que se limita ao âmbito profissional, comum no meio jurídico. 2. Ausentes situações caracterizadoras de suspeição ou impedimento do árbitro julgador (artigo 135 do Código de Processo Civil, aplicado ao caso por força do *caput* do artigo 14º, da Lei nº 9.307/96). 3. Sentença arbitral imparcial, que abordou o tema com acuidade técnica, apreciando todos os pontos suscitados pelas partes, respeitados os princípios do contraditório e ampla defesa. Também, de forma ordinária, lançou a decisão relatório do ocorrido (nome das partes e resumo do litígio), os pertinentes fundamentos da conclusão adotada e parte dispositiva. Ausência de afronta ao artigo 26º, da Lei de Arbitragem (Lei nº 9.307/96). Ação julgada improcedente. Sentença mantida. Recurso de apelação não provido. (...) Na ocasião, após a manifestação do árbitro Dr. Frederico José Strauber, foi ressaltado pelo presidente Haroldo Malheiros Duclerc Verçosa, com conhecimento e aprovação unânime dos demais árbitros, foi ressaltado que 'o fato de funcionar na causa, como advogado, alguém que ocupa cargo (administrativo) de vice-presidente do Centro de Arbitragem não compromete, em absoluto, a capacidade de julgar de árbitro que também ocupe outro cargo administrativo no mesmo Centro (no caso, o de presidente de entidade responsável pela administração de arbitragem). Nenhuma das situações caracterizadoras de suspeição ou impedimento está presente'. Também não se vislumbra na hipótese nenhuma das causas de suspeição ou impedimento previstas no artigo 135, do Código de Processo Civil, aplicável ao caso por força do positivado no *caput* do artigo 14, da Lei nº 9.307/96. Ressalva-se que não foi demonstrada nos autos qualquer intimidade entre o Doutor Frederico José Strauber e o Doutor Gilberto Giusti, limitando-se a relação entre eles ao âmbito puramente profissional, o que é comum no meio jurídico, não sendo o mero conhecimento entre as partes causa apta a ensejar a pretendida nulidade da sentença exarada" (TJSP, Apelação Cível 0134125-76.2012.8.26.0100, 25ª Câmara de Direito Privado, Rel. Des. Marcondes D'Angelo, *DJe* 09.12.2014).

do que os adotados pelos arts 144 e 145 do Código de Processo Civil.[205] Já decidiu o STJ, a propósito, que, sendo a imparcialidade "postulado fundamental do procedimento arbitral" "o alcance de seu conteúdo normativo não fica restrito, unicamente, às hipóteses de impedimento ou suspeição expressamente listadas nos arts. 134 e 135 do CPC/73", de sorte que, "apesar do não enquadramento específico da situação dos autos em alguma das hipóteses de impedimento constantes no art. 134 do CPC/73 – o TJSP reconheceu como evidente que a imparcialidade da árbitra estaria comprometida em razão do parentesco existente entre ela e o advogado da recorrente".[206]

O art. 14, § 1º, da Lei de Arbitragem trata especificamente do dever de revelação do árbitro (*Full Disclosure*).[207] Como já mencionado, em julgado datado de 1968, a Suprema Corte Americana firmou entendimento de que o referido dever abrange quaisquer circunstâncias capazes de causar uma impressão de possível viés (*an impression of possible bias*). No entanto, no mesmo julgado, *Justice* White ressalta que "as relações comerciais de um árbitro podem ser diversas, envolvendo conexões comerciais por vezes remotas com muitas pessoas. Não se pode esperar que ele forneça às partes sua biografia comercial completa e não expurgada. Porém, é suficiente para os propósitos

---

205   MUNIZ, Joaquim de Paiva. *Curso básico de direito arbitral*: teoria e prática. 4. ed. Curitiba: Juruá, 2017. p. 141.

206   STJ, REsp 1.526.789/SP, Terceira Turma, Rel. Min. Nancy Andrighi, j. 13.06.2017, *DJe* 22.06.2017.

207   Sobre o dever de revelação na Grã-Bretanha vide *Haliburton Company Versus Chubb Bermuda Insurance Ltd.* in The Court of Appeal (Civil Division) on Appeal From High Court of Justice Queen's Bench Division Commercial Court the Hon. Mr Justice Popplewell [2017] EWHC 137 (Comm. Data: 19.04.2018. Vide trecho da decisão: "(...) In answering this question we would in particular take the following factors into account from the perspective of the fair-minded and informed observer: (1) the non-disclosed circumstance does not in itself justify an inference of apparent bias; (2) disclosure ought to have been made, but the omission was accidental rather than deliberate; (3) the very limited degree of overlap means that this is not a case where overlapping issues should give rise to any significant concerns; (4) the fair-minded and informed observer would not consider that mere oversight in such circumstances would give rise to justifiable doubts as to impartiality; and (5) there is no substance in Halliburton's criticisms of M's conduct after the non-disclosure was challenged or in the other heads of complaint raised by them. 97. Halliburton suggested that M's oversight in relation to disclosure might be indicative of unconscious bias. In the Almazeedi case the Privy Council cited with approval at [19] a passage from Lord Bingham's judgment in the case of Prince Jefri Bolkiah v State of Brunei Darussalam (No 3) [2007] UKPC 62, [2008] 2 LRC 196 at [18] where he said (quoting from the Court of Appeal of Brunei): 'As to a possible predisposition of the judge in His Majesty's favour, we think the observer would take the view earlier expressed by this court that 'judicial experience, by its nature, conditions the mind to independence of thought and impartiality of decision'. He would know that any judge appointed to the High Court would not be lacking in experience. We see no room for unconscious predisposition'. 98. Although the Privy Council stated that they did not 'take this passage to mean that the fair-minded and informed observer would discount the risk of unconscious bias in all situations', the Prince Jefri case does illustrate that relevant experience is material to the risk of such bias. In this case, as the judge observed, M is a 'well known and highly respected international arbitrator" with very extensive experience as an arbitrator'".

atuais sustentar, como o Tribunal faz, que onde o árbitro tenha um interesse substancial em uma empresa que tenha feito mais do que negócios triviais com uma parte, esse fato deve ser divulgado. Se os árbitros falharem no dever de revelar[208] como deveriam

---

[208]   Vide ementa e trecho do julgado do TJSP que anulou sentença arbitral em função do descumprimento do dever de revelação pelo árbitro. O TJSP determinou na ocasião, ainda, que o conflito fosse submetido a um novo procedimento arbitral, com novo painel de árbitros: "Sentença arbitral – Ação declaratória de nulidade – Decreto de improcedência – Afirmação de suspeição de árbitro – Falta de vinculação às hipóteses enumeradas no artigo 145 do CPC/2015 – Dever de revelação – Proibição de omissão e retenção de qualquer dado tido como concretamente relevante para o exercício da função de árbitro – Exame das circunstâncias concretas – Indicação pela parte contrária de um mesmo árbitro colocado na posição de presidir o procedimento instaurado, num procedimento separado e relativo a uma relação jurídica similar – Fato noticiado somente após ter sido pronunciado o veredicto, depois de ter sido indeferido quesito referido à mesma empresa ligada a esta outra arbitragem – Conjugação dos arts. 14 e 32, inciso VIII da Lei 9.307/1996 – Invalidade reconhecida – Procedência decretada – Sentença reformada, com a consequente inversão dos ônus da sucumbência – Recurso provido. A confiança das partes, tal qual previsto no artigo 13, *caput* da Lei 9.307/1996, constitui um dos dois requisitos primordiais para a nomeação de um árbitro, o que se conjuga com o chamado dever de revelação, que proíbe, de início, a omissão e retenção de qualquer dado tido como concretamente relevante para o exercício da escolha (artigo 14, § 1º da mesma Lei 9.307), mas, também, impõe total transparência mesmo no curso do trâmite do procedimento arbitral, forçando seja trazida a notícia imediata de qualquer fato com o potencial de abalar a crença na imparcialidade independência daquele incumbido de solucionar o litígio posto pelas partes (Francisco José Cahali, *Curso de arbitragem*, 5. ed., RT, São Paulo, 2015, p. 220-221). O árbitro é um particular e o vínculo derivado do contrato de investidura ostenta um caráter *intuitu personae*, de maneira que a suspeição pode e deve ser avaliada subjetivamente, como resultado da perda de confiança ensejada pela violação de um dos deveres de conduta peculiares à função. A exigência de estrito cumprimento desse dever de revelação deve ser máxima. Toda e qualquer informação de caráter pessoal ou profissional capaz de gerar dúvida na parte quanto à imparcialidade e integridade do árbitro deve ser comunicada imediatamente, sem que persista direta correlação da suspeição gerada pela omissão com as hipóteses previstas na legislação processual comum. (...). Destarte, não tendo o próprio árbitro noticiado, imediata e oportunamente, o ocorrido, o apelante somente tomou conhecimento dessa sua atuação num outro procedimento arbitral envolvendo a apelada, a partir de tais esclarecimentos, os quais foram prestados, reitere-se, depois de proferida a sentença arbitral, não logrando, a apelada comprovar o contrário, ou seja, que o apelante sempre este ciente dessa dupla atuação do árbitro, presidindo um procedimento arbitral, em que ele mesmo era uma das partes e, por indicação da própria apelada (a parte contrária), compondo o corpo de árbitros encarregados de proferir um veredicto num outro. A conjuntura estabelecida não pode ser tida como normal e corriqueira. Não há como negar o desrespeito ao dever de revelação, não tendo ocorrido, repita-se, imediata e oportuna divulgação da indicação feita pela apelada para a composição do corpo de árbitros em outra e posterior arbitragem instaurada. Sobreveio uma falha de comportamento, que é apta a caracterizar a quebra de confiança proposta pelo apelante e atinge a validade da sentença arbitral" (TJSP, Apelação Cível 1056400-47.2019.8.26.0100, 1ª Câmara Reservada de Direito Empresarial, Rel. Des. Fortes Barbosa, *DJ* 11.08.2020).

não será difícil para os tribunais identificar aquelas relações não reveladas que são substanciais para justificar a anulação da sentença arbitral".[209]

No direito francês, o art. 1456 do correlato Código de Processo Civil estatui que, antes de aceitar sua missão, deve o árbitro indicado revelar qualquer circunstância que possa afetar sua independência ou imparcialidade.[210]

A Corte de Cassação daquele país, em seus julgados, assim define o dever de revelação do árbitro: "o árbitro deve revelar as circunstâncias que possam afetar seu julgamento e causar, no espírito das partes, uma dúvida razoável sobre sua independência ou imparcialidade e, em particular, informá-las sobre qualquer relacionamento que não seja de natureza notória e que razoavelmente se espera que afete seu julgamento".[211]

Sem sombra de dúvida, entre os mecanismos que auxiliam na efetivação da independência e imparcialidade dos árbitros, o mais importante deles está na divulgação de situações que, aos olhos das partes, caracterizem um possível conflito de interesses.[212] Nesse sentido, a revelação do possível conflito de interesses certifica a licitude da constituição do Tribunal Arbitral e, em especial, assegura a validade da sentença, ao final.[213] Dito de outra maneira, se o fato foi revelado pelo árbitro indi-

---

[209] *Commonwealtch Coatings Corp. v. Continental Casualty Co.* – Suprema Corte dos Estados Unidos da América – 393 U.S. 145, 89 S.Ct. 337 (1968).

[210] Art. 1.456: "Cabe ao árbitro, antes de aceitar sua missão, revelar qualquer circunstância que possa afetar sua independência ou imparcialidade. Também é obrigado a divulgar sem demora qualquer circunstância da mesma natureza que possa surgir após a aceitação de sua missão" (Disponível em: https://www.legifrance.gouv.fr/affichCode.do;jsessionid=5DAD80EA8849590198E588CAE40B19C9.tplgfr38s_2?idSectionTA=LEGISCTA000023450938&cidTexte=LEGITEXT000006070716&dateTexte=20200111. Acesso em: 10 jan. 2020).

[211] Cour de Cassation, Chambre Civile 1, n. de Pouvoir: 11-20.299 – 10 de outubro de 2012. Disponível em: https://www.legifrance.gouv.fr/. Acesso em: 10 jan. 2020.

[212] Segundo José Carlos Fernández Rozas: "(...) o bom árbitro é aquele que impõe seus valores éticos tendo consciência que seu prestígio neles se encontra e que seu desempenho futuro será favorecido por um comportamento de acordo com seus próprios critérios e não em critérios que se adéquam às demandas de um caso específico. Por esse motivo, os padrões de ética profissional, entendidos como princípios morais que devem estar presentes no exercício de qualquer profissão, assumem especial importância no trabalho realizado pelos árbitros. Dentro dos mecanismos que ajudam a uma total observância da independência e imparcialidade na arbitragem, ocupa-se um lugar de destaque a divulgação de um conflito de interesses" (ROZAS, José Carlos Fernández. Jurisprudencia extranjera: alcance del deber de revelácion del árbitro. *Revista de Arbitraje Comercial Y de Inversiones*, p. 597, 2010).

[213] Ricardo Dalmaso Marques afirma: "(...) a revelação consiste em um dos atos mais significativos do processo arbitral, pois, se exercido de forma adequada e mediante razoável reflexão, mostra-se decisivo para certificar a validade da constituição daquele árbitro e de todo tribunal arbitral. Trata-se de um dos maiores 'seguros de vida' da arbitragem, como instrumento crucial para se confirmar e assegurar a legitimidade de todo processo arbitral (...)" (MARQUES, Ricardo Dalmaso. *O dever de revelação do árbitro*. São Paulo: Almedina Brasil, 2018. p. 107).

cado e a parte não o recusou, oportunamente, não pode fazê-lo ao final, em caso de eventual sentença desfavorável.

O modelo de lei da UNCITRAL também consagra o dever de revelar dos árbitros, em seu art. 12 (1).[214]

O STJ já deixou de homologar sentença arbitral estrangeira com o fundamento de que, no procedimento em que foi prolatada, não foi exercido, adequadamente, o dever de revelação, o que evidenciaria a parcialidade do árbitro, com a consequente violação da ordem pública nacional.[215]

Deve o árbitro, portanto, revelar toda e qualquer situação que, em sua percepção (e aos olhos das partes), possa constituir possível conflito de interesses. E mais: na dúvida, é sempre melhor revelar. A não revelação pode dar a aparência, sob a perspectiva de uma das partes, de tentativa dolosa de ocultar a informação e, por consequência, da própria parcialidade do árbitro.[216]

O dever de revelação, para fins de registro, deve ser feito por escrito. Se algum fato surgir durante a audiência, o árbitro deverá suspendê-la e promover a revelação, por escrito. Havendo instituição arbitral eleita pelas partes, o órgão arbitral deverá, na sequência, circular a comunicação para as partes e obter suas respectivas respostas. O procedimento de revelação completa e integral (*full and complete disclosure*) consome tempo, mas é essencial para assegurar a idoneidade do procedimento arbitral e da sentença arbitral.[217] Na arbitragem *ad hoc*, pela ausência de órgão arbitral, a gestão do procedimento de revelação pelos árbitros se torna mais difícil.

Confiram-se, a propósito do tema, as *Rules and The Code of Ethics for Arbitrators in Commercial Disputes* da AAA, que cuidam do dever de revelar em seu Canon II:

---

[214] "Art. 12: (1) Quando uma pessoa for indicada com vistas à sua eventual nomeação como árbitro, fará notar todas as circunstâncias que possam suscitar dúvidas fundamentadas sobre sua imparcialidade ou independência. A partir da data da sua nomeação e durante todo o procedimento arbitral, o árbitro fará notar sem demora às partes as referidas circunstâncias, a menos que já o tenha feito" (Disponível em: http://www.cbar.org.br/leis_intern_arquivos/Lei_Modelo_Uncitral_traduzida_e_revisada_versao_final.pdf. Acesso em: 10 jan. 2020).

[215] "Ofende a ordem pública nacional a sentença arbitral emanada de árbitro que tenha, com as partes ou com o litígio, algumas das relações que caracterizam os casos de impedimento ou suspeição de juízes (arts. 14 e 32, II, da Lei n. 9.307/1996). Dada a natureza contratual da arbitragem, que põe em relevo a confiança fiducial entre as partes e a figura do árbitro, a violação por este do dever de revelação de quaisquer circunstâncias passíveis de, razoavelmente, gerar dúvida sobre sua imparcialidade e independência, obsta a homologação da sentença arbitral" (STJ, CE, SEC 9.412, Rel. para Acórdão Min. João Otávio de Noronha, *DJe* 30.05.2017).

[216] TURNER, A. Kelly. The what, why, and how of arbitrator disclosures. Disponível em: https://www.adr.org/blog/the-what-why-and-how-of-arbitrator-disclosures. Acesso em: 10 jan. 2020.

[217] Disponível em: https://www.adr.org/sites/default/files/document_repository/Commercial_Code_of_Ethics_for_Arbitrators_2010_10_14.pdf. Acesso em: 30 jan. 2020.

"O árbitro deve revelar todo e qualquer interesse ou relacionamento que possa afetar sua imparcialidade ou que possa criar aparência de parcialidade".[218]

Em suma, a finalidade maior do dever de revelação do árbitro, pedra de toque da arbitragem, é gerar certeza quanto à idoneidade do árbitro e assegurar, com isso, a validade da sentença que será prolatada. O dever de revelar se relaciona a fatos anteriores a instauração do procedimento arbitral, a fatos cujas partes tomem conhecimento

---

[218] "CANON II: An arbitrator should disclose any interest or relationship likely to affect impartiality or which might create an appearance of partiality. A. Persons who are requested to serve as arbitrators should, before accepting, disclose: (1) any known direct or indirect financial or personal interest in the outcome of the arbitration; (2) any known existing or past financial, business, professional or personal relationships which might reasonably affect impartiality or lack of independence in the eyes of any of the parties. For example, prospective arbitrators should disclose any such relationships which they personally have with any party or its lawyer, with any co-arbitrator, or with any individual whom they have been told will be a witness. They should also disclose any such relationships involving their families or household members or their current employers, partners, or professional or business associates that can be ascertained by reasonable efforts; (3) the nature and extent of any prior knowledge they may have of the dispute; and (4) any other matters, relationships, or interests which they are obligated to disclose by the agreement of the parties, the rules or practices of an institution, or applicable law regulating arbitrator disclosure. B. Persons who are requested to accept appointment as arbitrators should make a reasonable effort to inform themselves of any interests or relationships described in paragraph A. C. The obligation to disclose interests or relationships described in paragraph A is a continuing duty which requires a person who accepts appointment as an arbitrator to disclose, as soon as practicable, at any stage of the arbitration, any such interests or relationships which may arise, or which are recalled or discovered. D. Any doubt as to whether or not disclosure is to be made should be resolved in favor of disclosure. E. Disclosure should be made to all parties unless other procedures for disclosure are provided in the agreement of the parties, applicable rules or practices of an institution, or by law. Where more than one arbitrator has been appointed, each should inform the others of all matters disclosed. F. When parties, with knowledge of a person's interests and relationships, nevertheless desire that person to serve as an arbitrator, that person may properly serve. G. If an arbitrator is requested by all parties to withdraw, the arbitrator must do so. If an arbitrator is requested to withdraw by less than all of the parties because of alleged partiality, the arbitrator should withdraw unless either of the following circumstances exists: (1) An agreement of the parties, or arbitration rules agreed to by the parties, or applicable law establishes procedures for determining challenges to arbitrators, in which case those procedures should be followed; or (2) In the absence of applicable procedures, if the arbitrator, after carefully considering the matter, determines that the reason for the challenge is not substantial, and that he or she can nevertheless act and decide the case impartially and fairly. H. If compliance by a prospective arbitrator with any provision of this Code would require disclosure of confidential or privileged information, the prospective arbitrator should either: (1) Secure the consent to the disclosure from the person who furnished the information or the holder of the privilege; or (2) Withdraw" (Rules and The Code of Ethics for Arbitrators in Commercial Disputes. Disponível em: https://www.adr.org/sites/default/files/document_repository/Commercial_Code_of_Ethics_for_Arbitrators_2010_10_14.pdf. Acesso em: 30 jan. 2020).

durante o procedimento e até mesmo a fatos posteriores à sentença, os quais podem lastrear eventual ação anulatória de sentença arbitral, nos termos do art. 32, II e VIII, da Lei de Arbitragem.

Ressalte-se, por obviedade, na linha do defendido por Paulo Cezar Pinheiro Carneiro e Leonardo Schenk, que "os mesmos fatos que objetivamente comprometem a independência ou imparcialidade dos árbitros, afetam a independência ou imparcialidade do perito, devendo ser por ele revelados e podendo levar à sua recusa por qualquer das partes".[219]

2. Recusa e impugnação de árbitro

É direito da parte o de impugnar o árbitro, impedido ou suspeito. Impugnações frívolas devem ser rejeitadas. Já as impugnações justificadas devem ser acolhidas.

A arguição de recusa apresentada antes da constituição do Tribunal Arbitral deve ser recebida com um espírito mais aberto, ao passo que aquela oferecida mais ao final do procedimento deve ser examinada com mais parcimônia. No momento inicial do procedimento, enquanto a arbitragem não está instaurada, a confiança das partes nos árbitros deve ser o princípio preponderante. Ao passo que, quanto mais próximo o procedimento estiver do seu encerramento, só fatos graves (ocultos ou supervenientes) devem justificar o afastamento do árbitro. O acolhimento da arguição de recusa, ao início do procedimento, causa menos prejuízos à celeridade processual e, de fato, permite que a escolha dos árbitros recaia sobre pessoas de confiança de ambas as partes. Já o acolhimento da impugnação ao final, além de comprometer significativamente o desenrolar do procedimento arbitral (às vezes exigindo, até mesmo, a realização de nova audiência de instrução), deve considerar que a arguição de recusa, a pretexto de eventual impedimento ou suspeição, pode ocultar uma tentativa de afastar o árbitro que já formou convicção em desfavor da parte. O ônus da prova que recai sobre a parte, portanto, em impugnação oferecida ao final do processo, há de ser muito mais intenso.

O silêncio do árbitro, a respeito de fato que deveria ter sido revelado, não necessariamente importa no seu impedimento ou suspeição do árbitro. Evidentemente, terá que ser considerado, sopesando-o com as particularidades do caso concreto. Pode representar mero esquecimento e, eventualmente, ainda que fosse desejável a revelação, não ser grave o suficiente para levar ao acolhimento da impugnação. Pode o árbitro, ainda, desconhecer o fato, de modo que não há como se presumir a má-fé dele no caso.[220]

---

[219] CARNEIRO, Paulo Cezar Pinheiro; SCHENK, Leonardo F. O justo processo arbitral e o dever de revelação (*disclosure*) dos peritos. In: CARNEIRO, Paulo Cezar Pinheiro; GRECO, Leonardo; DALLA, Humberto. *Temas controvertidos na arbitragem à luz do Código de Processo Civil de 2015*. Rio de Janeiro: GZ, 2020. v. II, p. 11.

[220] "O incidente de impugnação do árbitro impedido ou suspeito somente terá lugar na hipótese de o nomeado silenciar sobre o fato que pode gerar seu afastamento. Mas tal silêncio nem sempre poderá ser caracterizado como descumprimento do dever de revelar impedimento, eis que pode acontecer que o árbitro, de boa-fé, ignore o fato que haverá de provocar seu afastamento" (CARMONA, Carlos Alberto. *Arbitragem e processo*: um comentário à Lei 9.307/96. 3. ed. São Paulo: Atlas, 2009. p. 255).

Em geral, os regulamentos das câmaras de arbitragem disciplinam o procedimento para a impugnação do árbitro. Na ausência de regramento a respeito, tem aplicação o § 2º do art. 14 da Lei. De redação truncada, o referido dispositivo legal há de ser entendido da seguinte forma: o árbitro, uma vez confirmada a sua nomeação, só poderá ser recusado por qualquer das partes, por fato superveniente. Poderá, no entanto, ser justificadamente recusado pela parte, antes de confirmada a nomeação, se foi indicado pela parte contrária. Poderá ainda, também antes de confirmada a nomeação, ser recusado por quem o indicou, se o motivo que lastreia a recusa era desconhecido por ocasião da indicação.

Os arts. 12 e 13 do Lei Modelo da UNCITRAL tratam, respectivamente, dos fundamentos para a objeção do árbitro e do procedimento aplicável.[221]

A referida exceção deve ser apresentada na primeira oportunidade que a parte tiver para se manifestar nos autos, nos termos do art. 20 da Lei de Arbitragem. Os regulamentos institucionais também tratam do tema de forma clara.[222] A instituição arbitral, por sua vez, decidirá sobre a pertinência da arguição de recusa. Sendo acolhida a impugnação, ocorrerá a substituição do árbitro.[223]

---

[221] "Artigo 13.º Procedimento de objeção (1) Sem prejuízo das disposições do parágrafo 3.º do presente artigo, as partes podem, por acordo, escolher livremente o processo de objeção do árbitro. (2) Na falta de tal acordo, a parte que tiver intenção de objetar um árbitro, deverá expor por escrito os motivos da objeção ao tribunal arbitral, no prazo de 15 dias a contar da data em que teve conhecimento da constituição do tribunal arbitral ou da data em que teve conhecimento das circunstâncias referidas no artigo 12.º, parágrafo 2.º. Se o árbitro objetado não renunciar ou se a outra parte não aceitar a objeção, o tribunal arbitral deverá decidir sobre a objeção. (3) Se a objeção realizada segundo o procedimento acordado entre as partes ou nos termos do parágrafo 2.º do presente artigo não for bem-sucedida, a parte que pretende objetar o árbitro pode, no prazo de 30 (trinta) dias, após ter-lhe sido comunicada a decisão que recusou a objeção, pedir a um tribunal estatal ou a outra autoridade referida no artigo 6.º que decida sobre a objeção; essa decisão será insuscetível de recurso; enquanto referido pedido estiver pendente de decisão, o tribunal arbitral, incluindo o árbitro objetado, poderá prosseguir o procedimento arbitral e proferir uma sentença arbitral" (Disponível em: http://www.cbar.org.br/leis_intern_arquivos/Lei_Modelo_Uncitral_traduzida_e_revisada_versao_final.pdf. Acesso em: 11 jan. 2020).

[222] Vejamos, por exemplo o regulamento de arbitragem do Centro Brasileiro de Mediação e Arbitragem – CBMA em seu item 7 (Arguição de recusa do árbitro): "A parte interessada em arguir a recusa de árbitro por falta de independência, imparcialidade ou qualquer outro motivo deverá fazê-lo ao Centro, no prazo de 15 dias da ciência da designação, ou do momento em que teve conhecimento dos fatos ou circunstâncias que a levam a deduzir tal pretensão mediante pedido justificado e apresentação das provas pertinentes" (Regulamento de Arbitragem do Centro Brasileiro de Mediação e Arbitragem – CBMA. Disponível em: http://www.cbma.com.br/regulamento_1. Acesso em: 11 jan. 2020).

[223] Nesse sentido, o regulamento da mesma instituição acrescenta em seu item 8.3 que em caso de substituição de árbitro poderá aquele a quem coube a nomeação proceder à nova nomeação no prazo de 15 dias da ciência da substituição, podendo este prazo ser prorrogado a critério do Centro. Em circunstâncias excepcionais, a nomeação de árbitro substituto poderá ser realizada pelo Centro. Regulamento de Arbitragem do Centro Brasileiro de Mediação e Arbitragem – CBMA. Disponível em: http://www.cbma.com.br/regulamento_1. Acesso em: 11 jan. 2020.

O CAM-CCBC instaura Comitê Especial, constituído de três membros do Corpo de Árbitros, nomeados por seu Presidente, para julgamento da impugnação de árbitro.[224]

O art. 15 da Lei de Arbitragem afirma que a arguição de recusa será realizada perante o árbitro ou o presidente do tribunal, cabendo à parte instruir a impugnação com suas razões e com as provas pertinentes. É muito frequente, na seara arbitral, que o profissional nomeado, em caso de recusa, decline da indicação. O desconforto revelado pela parte, em geral, sugere certa desconfiança em relação ao nome escolhido. Quem é nomeado rotineiramente, não precisa daquela arbitragem. Em regra, e por serem profissionais de reputação ilibada no mercado, ao receber arguição desmotivada de recusa, o árbitro escusa-se de aceitar a nomeação por não se sentir confortável em compor o painel arbitral, após ter tido sua imparcialidade questionada. Abre-se, assim, a oportunidade para a parte indicar novo árbitro no lugar do anterior.

Existem, contudo, partes e advogados mais beligerantes e mal-intencionados, que adotam táticas de guerrilha[225] e se insurgem contra tudo e contra todos. É comum que impugnações frágeis sejam apresentadas. É conhecido o velho estratagema, bem descrito por Hermes Marcelo Huck, "de retardar o processo apresentando impugnações frívolas ao nome do árbitro indicado pela parte contrária ou ao presidente do Tribunal. Casos há em que o guerrilheiro apresenta impugnação ao próprio árbitro por ele nomeado. Não raro, para postergar a formação do Tribunal, a parte chicaneira submete questionários despropositados a serem respondidos pelos árbitros a serem respondidos pelos árbitros já indicados e, quando não, levanta exigências solicitando revelações descabidas, que resultam em impugnações igualmente descabidas".[226] Em casos tais, cabe ao árbitro insistir na indicação, devendo a recusa ser rejeitada.

É importante, ainda, que a parte, antes de indicar o respectivo coárbitro, realize *due diligence* (processo de busca de informações) sobre as conexões e as atividades profissionais do árbitro, não só para entender a forma como o árbitro pensa, a partir de suas inclinações filosóficas, jurídicas e ideológicas, como também para conhecer de sua reputação ética e, sobretudo, para aferir eventuais hipóteses de impedimento

---

[224] Vide item 5.4 do regulamento da CAM-CCBC: "As partes poderão impugnar os árbitros por falta de independência, imparcialidade, ou por motivo justificado no prazo de 15 (quinze) dias do conhecimento do fato, sendo a impugnação julgada por Comitê Especial constituído por 3 (três) membros do Corpo de Árbitros nomeados pelo Presidente do CAM-CCBC" (Disponível em: https://ccbc.org.br/cam-ccbc-centro-arbitragem--mediacao/resolucao-de-disputas/arbitragem/regulamento-2012/. Acesso em: 11 jan. 2020).

[225] Sobre as táticas de guerrilha comumente empregadas na via arbitral, veja-se: SANTOS, Mauricio Gomm F. dos. Táticas de guerrilha na arbitragem internacional. In: CARMONA, Carlos Alberto; LEMES, Selma Ferreira;& MARTINS, Pedro Batista. *20 anos da lei de arbitragem*. São Paulo: Atlas, 2017. p. 331-342.

[226] HUCK, Hermes Marcelo. As táticas de guerrilha na arbitragem. In: CARMONA, Carlos Alberto; LEMES, Selma Ferreira; MARTINS, Pedro Batista. *20 anos da lei de arbitragem*. São Paulo: Atlas, 2017. p. 312.

ou suspeição. Por óbvio, situações posteriores à nomeação ou fatos anteriores, mas só depois descobertos, continuam autorizando a impugnação.[227]

> **Art. 15.** A parte interessada em arguir a recusa do árbitro apresentará, nos termos do art. 20, a respectiva exceção, diretamente ao árbitro ou ao presidente do tribunal arbitral, deduzindo suas razões e apresentando as provas pertinentes.
>
> **Parágrafo único.** Acolhida a exceção, será afastado o árbitro suspeito ou impedido, que será substituído, na forma do art. 16 desta Lei.

 Comentários

1. Arguição de recusa – Requisitos formais e procedimento

O art. 15 da Lei de Arbitragem indica os requisitos formais da arguição de recusa de árbitro, por impedimento ou suspeição, com referência ao procedimento estabelecido pelo art. 20 da Lei de Arbitragem (que estabelece que a arguição deve ser apresentada na primeira oportunidade após a instituição da arbitragem).

Conquanto a lei diga que a exceção de recusa deve ser apresentada diretamente ao árbitro ou ao Presidente do Tribunal Arbitral, não é assim que a questão se encontra disciplinada no âmbito das instituições arbitrais brasileiras. Isso é possível por força do princípio da autonomia da vontade. Podem as partes, assim, convencionar livremente o formato da arguição de recusa na arbitragem *ad hoc*, assim como podem eleger uma instituição para gerenciar o procedimento arbitral, fazendo incidir, por consequência, o regulamento respectivo.

De resto, exige a lei, apenas, que a arguição de recusa seja acompanhada: a) de fundamentação (isto é, das razões que justificam a recusa); e b) das provas pertinentes, que comprovem os fatos que dão suporte à impugnação, evidenciando a causa de impedimento ou suspeição e, por conseguinte, a ausência de imparcialidade do árbitro.[228]

---

[227] Cahali afirma: "(...) o árbitro indicado pela própria parte, ou em conjunto, deve ser por ela direta e previamente investigado e avaliado, e assim descabida a recusa deste após a nomeação. Evidentemente, conduta posterior ou fatos anteriores só depois descobertos autorizam a impugnação. De outro lado, o(s) árbitro(s) nomeado(s) pela Instituição e pela outra parte, cumprido o dever de revelação, sujeitam-se à recusa por quem não participou da indicação (art. 14 § 2°, da Lei 9.307/1996), desde que manifestada na oportunidade correta, caso contrário pode-se considerar aceita sua escolha" (CAHALI, Francisco José. *Curso de arbitragem*: mediação, conciliação e tribunal multiportas. 7. ed. São Paulo: Thomson Reuters Brasil, 2018. p. 236).

[228] Segundo Carmona: "(...) exige-se que o excipiente decline as razões pelas quais quer o afastamento do árbitro e a apresentação de provas (pré-constituídas) de que já dispuser. Não fica descartada a possibilidade de produção de provas constituendas (oitiva de testemunhas, por exemplo), para que possa ser proferida decisão. Há que

Alguns órgãos arbitrais nacionais (ex.: CAM-CCBC e CAMARB) têm constituído Comitês de três integrantes, nomeados por seu presidente, para analisar a decidir a impugnação de árbitro. A decisão, nesse caso, é tomada por órgão independente e estranho ao Tribunal Arbitral que irá apreciar o conflito. Acrescente-se que a parte que arguiu a recusa deverá pagar os honorários para o Comitê, o que inibe, de certa forma, a arguição de recusa com fins meramente protelatórios.[229]

Vale conhecer, também, o regramento de órgãos institucionais internacionais, como a *American Arbitration Association* (AAA) e a *International Court of Arbitration* pertencente a *International Chamber of Commerce* (ICC ou CCI).

O item 18 do Regulamento de Arbitragem Comercial da AAA trata das hipóteses de desqualificação do árbitro (*Disqualification of Arbitrator*) e na alínea (c) atribui à própria AAA a prerrogativa de decidir se o árbitro deverá ser desqualificado por razões de parcialidade ou ausência de independência. São hipóteses de desqualificação do árbitro: a) a parcialidade ou ausência de independência; b) a ausência de competência ou recusa em cumprir seus deveres de diligência e boa-fé; e c) qualquer fundamento de desqualificação provido pela lei aplicável ao caso.[230]

---

se evitar, não é preciso dizer, processualização excessiva da arbitragem, para que um incidente não possa causar – como ocorre comumente na esfera judicial – a eternização do processo, sem deixar, porém, ao desamparo a parte que quer fazer valer suas razões, sob pena de violar-se o princípio do contraditório (acolhida expressamente, repita-se à exaustão, no art. 21 § 2º)" (CARMONA, Carlos Alberto. *Arbitragem e processo*: um comentário à Lei 9.307/96. 3. ed. São Paulo: Atlas, 2009. p. 258).

[229] O item 5.3 do regulamento de arbitragem da CAMARB estabelece o seguinte: "A impugnação será decidida por Comitê especialmente composto para esse fim por 3 (três) integrantes da Lista de Árbitros da CAMARB, nomeados pelo Presidente da CAMARB em conjunto com outro Diretor". O item 5.4 ainda enuncia que a parte que arguiu a recusa deverá pagar honorários para o Comitê. Vejamos: "A parte que apresentar impugnação deverá, no ato do respectivo protocolo, antecipar os honorários devidos aos profissionais que integrarão o Comitê, nos termos da Tabela de Custas da CAMARB, sendo a responsabilidade por tais honorários alocada em sentença pelo Tribunal Arbitral" (Disponível em: http://camarb.com.br/arbitragem/regulamento-de-arbitragem/. Acesso em: 11 jan. 2020).

[230] "R-18. Disqualification of Arbitrator: (a) Any arbitrator shall be impartial and independent and shall perform his or her duties with diligence and in good faith, and shall be subject to disqualification for: i. partiality or lack of independence, ii. inability or refusal to perform his or her duties with diligence and in good faith, and iii. any grounds for disqualification provided by applicable law. (b) The parties may agree in writing, however, that arbitrators directly appointed by a party pursuant to Section R-13 shall be non-neutral, in which case such arbitrators need not be impartial or independent and shall not be subject to disqualification for partiality or lack of independence. (c) Upon objection of a party to the continued service of an arbitrator, or on its own initiative, the AAA shall determine whether the arbitrator should be disqualified under the grounds set out above, and shall inform the parties of its decision, which decision shall be conclusive" (Disponível em: https://www.adr.org/sites/default/files/Commercial-Rules_Web_FINAL_2.pdf. Acesso em: 11 jan. 2020).

A CCI estabelece regra de impugnação de árbitros (*Challenge of Arbitrators*) no art. 14 das suas regras de arbitragem. A arguição de recusa deve ser submetida à secretaria da Câmara e deve ser realizada no prazo de 30 dias, contados da notificação de nomeação ou de confirmação do árbitro (item 2 do art. 14). A decisão caberá à Corte, após a oitiva do árbitro impugnado e das demais partes.[231]

A falta de impugnação, no momento apropriado, leva à presunção de que a nomeação foi aceita pela parte, com renúncia ao direito de invocar tal incidente.[232] O legislador, neste ponto, estabeleceu uma hipótese de preclusão e, portanto, de estabilização do processo[233].

Uma vez acolhida a exceção, o árbitro será afastado e será providenciada sua substituição. Caso as partes tenham declarado expressamente a não aceitação de substituto, extingue-se o compromisso arbitral, à luz do art. 12, I, da Lei de Arbitragem. Inexistindo procedimento estabelecido para a substituição de árbitro (arbitragem *ad hoc*) e não havendo disposição das partes para regular o assunto, deve a pare interessada requerer ao Poder Judiciário a nomeação de substituto, fazendo uso da ação prevista no art. 7º da Lei de Arbitragem.

---

[231] "Artigo 14. Impugnação de árbitros: 1. A impugnação de um árbitro por alegada falta de imparcialidade ou independência ou por quaisquer outros motivos deverá ser feita por meio da apresentação de uma declaração por escrito à Secretaria, especificando os fatos e circunstâncias que lhe servem de fundamento. 2. A impugnação deve, sob pena de rejeição, ser apresentada por uma das partes dentro do prazo de trinta dias seguintes ao recebimento, pelo impugnante, da notificação de nomeação ou confirmação do árbitro, ou dentro de trinta dias a partir da data em que o impugnante tomou conhecimento dos fatos e circunstâncias em que se fundamenta a impugnação, no caso de esta data ser subsequente ao recebimento da referida notificação. 3. Compete à Corte pronunciar-se sobre a admissibilidade e, se necessário, sobre os fundamentos da impugnação, após a Secretaria ter dado a oportunidade, ao árbitro impugnado, à outra ou às outras partes e a quaisquer outros membros do tribunal arbitral de se manifestarem, por escrito, em prazo adequado. Estas manifestações devem ser comunicadas às partes e aos árbitros" (Disponível em: https://iccwbo.org/dispute-resolution-services/arbitration/rules-of-arbitration/. Acesso em: 22 jan. 2021).

[232] De acordo com Francisco José Cahali: "(...) às partes é dado o direito de aceitar a investidura de árbitro mesmo diante de eventuais elementos objetivos a ensejar seu impedimento e suspeição, pois mais valerá a confiança e honestidade e honradez do escolhido, a falta de impugnação, no momento apropriado, leva à presunção de que foi acolhida pela parte a nomeação, renunciando ao direito de invocar este incidente" (CAHALI, Francisco José. *Curso de arbitragem*: mediação, conciliação e tribunal multi-portas. 7. ed. São Paulo: Thomson Reuters Brasil, 2018. p. 265).

[233] De forma semelhante, Carlos Alberto Carmona afirma: "(...) quis o legislador criar momento preclusivo de estabilização do processo, para evitar que as partes, simplesmente por não mais convir, pudessem afastar o árbitro nomeado" (CARMONA, Carlos Alberto. *Arbitragem e processo*: um comentário à Lei 9.307/96. 3. ed. São Paulo: Atlas, 2009. p. 255).

Art. 16. Se o árbitro escusar-se antes da aceitação da nomeação, ou, após a aceitação, vier a falecer, tornar-se impossibilitado para o exercício da função, ou for recusado, assumirá seu lugar o substituto indicado no compromisso, se houver.

§ 1º Não havendo substituto indicado para o árbitro, aplicar-se-ão as regras do órgão arbitral institucional ou entidade especializada, se as partes as tiverem invocado na convenção de arbitragem.

§ 2º Nada dispondo a convenção de arbitragem e não chegando as partes a um acordo sobre a nomeação do árbitro a ser substituído, procederá a parte interessada da forma prevista no art. 7º desta Lei, a menos que as partes tenham declarado, expressamente, na convenção de arbitragem, não aceitar substituto.

 Comentários

1. Substituição do árbitro: hipóteses e procedimento

Antes da aceitação de sua nomeação, o árbitro pode recusar a sua indicação, sem a necessidade de apresentação de qualquer justificativa ou responsabilidade.[234] No entanto, após aceita a indicação, o árbitro passa a ter vínculo com as partes e a recusa na continuidade da atividade dependerá da correspondente justificativa. Como as partes já despenderam recursos, o árbitro pode, teoricamente, responder pelas perdas e danos que causar com o abandono das tarefas. Isso, contudo, não tem precedente na prática da arbitragem. O árbitro vive de credibilidade. Se abandonar uma arbitragem, a tendência é que jamais seja indicado novamente.

Se houver arguição de recusa e o órgão arbitral a deferir, o árbitro também será afastado do procedimento.

O árbitro também pode ficar impossibilitado de exercer a função por motivos de doença ou mesmo falecimento. Em todas essas hipóteses deverá o mesmo ser substituído.

O § 1º do art. 13 prevê a possibilidade, em compromisso arbitral, de árbitro suplente que, conforme já abordado, é figura rara (para não dizer inexistente), devido às complexidades existentes na sua indicação (ausência de honorários; criação de impedimentos desnecessários; prejuízo à celeridade do procedimento; e prevalência do modelo institucional, com disciplina específica para a substituição de árbitros nos

---

[234] Carlos Alberto Carmona afirma que tais razões podem ser variadas, tais como: falta de interesse técnico no assunto sobre o qual controvertem as partes, ligação com algum dos contendentes, impossibilidade de assumir o compromisso por conta de outras tarefas, remuneração pouco atraente, complexidade do assunto incompatível com os conhecimentos do indicado, escolha pelas partes de idioma que não domina (CARMONA, Carlos Alberto. *Arbitragem e processo*: um comentário à Lei 9.307/96. 3. ed. São Paulo: Atlas, 2009. p. 261).

regulamentos respectivos). Nada obstante, se houver previsão de suplente no compromisso arbitral, a substituição do árbitro seguirá seu curso natural.

Não havendo previsão de suplente em compromisso arbitral, a nomeação de substituto seguirá o previsto no regulamento do órgão arbitral (art. 16, § 1º, da Lei de Arbitragem) e, na arbitragem *ad hoc*, dependerá de consenso das partes ou, em último caso, da nomeação pelo Poder Judiciário, por meio da ação judicial prevista no art. 7º da Lei de Arbitragem (art. 16, § 2º, da Lei).

Após o seu ingresso, o substituto poderá repetir os atos processuais que entender pertinentes, tais como colheita de provas, depoimentos etc. Assim, passa a fluir novo prazo para a prolação sentença arbitral.[235]

Caso as partes, na forma do § 2º do art. 16, tenham declarado, expressamente, na convenção de arbitragem, a não aceitação de substituto, o procedimento arbitral será extinto, nos termos do art. 12, I e II, da Lei de Arbitragem e, assim, as partes deverão recorrer ao Poder Judiciário para o deslinde da questão ou celebrar, se houver interesse, novo compromisso arbitral.

O art. 15 da Lei Modelo da UNCITRAL aborda especificamente o tema da substituição de árbitro.[236] No entanto, deixa a sua utilização ao alvitre da legislação nacional, que pode utilizá-la como modelo para estabelecer o procedimento de substituição, bem como aos regulamentos dos órgãos arbitrais e, acima de tudo, à vontade das partes (fundamento e origem do procedimento arbitral).

O CAM-CCBC, por exemplo, regulamenta o procedimento de substituição de árbitro em seu regulamento de arbitragem.[237] O CBMA também regula as hipóteses de substituição e seu respectivo procedimento.[238] O regulamento do CBMA faculta ao

---

[235] CAHALI, Francisco José. *Curso de arbitragem*: mediação, conciliação e tribunal multiportas. 7. ed. São Paulo: Thomson Reuters Brasil, 2018. p. 237.

[236] "Artigo 15º Nomeação de árbitro substituto – Quando o mandato de um árbitro terminar, nos termos dos artigos 13º e 14º, ou quando este renunciar às suas funções por qualquer outra razão, ou quando o seu mandato for revogado por acordo entre as partes, ou em qualquer outro caso em que seja posto fim ao seu mandato, será nomeado um árbitro substituto, de acordo com as regras aplicadas à nomeação do árbitro substituído" (Disponível em: http://www.cbar.org.br/leis_intern_arquivos/Lei_Modelo_Uncitral_traduzida_e_revisada_versao_final.pdf. Acesso em: 13 jan. 2020).

[237] "5.5. Se, no curso do procedimento sobrevier alguma das causas de impedimento, ocorrer morte ou incapacidade de qualquer dos árbitros, será ele substituído por outro, indicado pela mesma parte. Caso o impedimento recaia sobre o Presidente do Tribunal Arbitral, será ele substituído por nova indicação dos demais árbitros. Em ambos os casos, na omissão destes, a indicação será realizada pelo Presidente do CAM-CCBC" (Regulamento de Arbitragem do Centro de Arbitragem e Mediação da Câmara de Comércio Brasil-Canadá – CAM-CCBC. Disponível em: https://ccbc.org.br/cam-ccbc-centro-arbitragem-mediacao/resolucao-de-disputas/arbitragem/regulamento-2012/. Acesso em: 13 jan. 2020).

[238] "8. Substituição do árbitro: 8.1. O árbitro confirmado pelo Centro será substituído se: (a) renunciar; (b) vier a falecer; (c) tornar-se impossibilitado para o exercício da função; (d) sua recusa for acatada pelo Centro; ou (e) todas as partes assim requeiram.

Centro, ainda, a substituição de árbitro, por desídia, como em caso de descumprimento de prazos e das normas do regulamento.

A *London Court of International Arbitration*, instituição arbitral mais antiga do mundo, estabelece o procedimento de substituição de árbitro no art. 11 de seu regulamento. O órgão poderá decidir seguir ou não o procedimento original de nomeação de árbitros e, caso determine a renomeação de árbitro pelas partes e esta não for realizada no prazo de 14 dias (ou outro prazo estipulado pelo órgão), a própria LCIA irá nomear o árbitro substituto.[239]

O *Arbitration Institute of The Stockholm Chamber of Commerce* estabelece em seu regulamento de arbitragem, no art. 20, as hipóteses de substituição (*Release from appointment*) e, em seu art. 21, as regras para substituição do árbitro. As decisões sobre substituição de árbitro são tomadas pelo *board of directors*[240] do *Stockholm Chamber of Commerce* ou pelas partes, caso estas tenham realizado a nomeação originária. Nos termos do art. 21 (1) do regulamento, o *board* deverá nomear novo árbitro, caso este tenha sido desligado das funções pelo próprio *board* por desídia ou em caso de morte. O art. 21 (2) prevê que, em caso de Tribunal Arbitral composto por três ou mais árbitros, o *board* poderá decidir que o procedimento siga seu curso com os árbitros remanescentes, sem substituição do árbitro que deixou seu encargo. No

---

8.2. O Centro poderá substituir o árbitro que entenda não cumprir com os prazos e normas deste Regulamento e outras que lhe são conexas ou que não tenha condição de exercer as funções para as quais foi nomeado. 8.3. Em caso de substituição de árbitro poderá aquele a quem coube a nomeação proceder à nova nomeação no prazo de 15 dias da ciência da substituição, podendo este prazo ser prorrogado a critério do Centro. Em circunstâncias excepcionais, a nomeação de árbitro substituto poderá ser realizada pelo Centro. 8.4. Na hipótese de substituição de árbitro, ficará a critério do Tribunal Arbitral repetir as provas já produzidas" (Regulamento de Arbitragem do Centro Brasileiro de Mediação e Arbitragem – CBMA. Disponível em: http://www.cbma. com.br/regulamento_1. Acesso em: 13 jan. 2020).

[239] "Article 11. Nomination and Replacement – 11.1 In the event that the LCIA Court determines that justifiable doubts exist as to any arbitrator candidate's suitability, independence or impartiality, or if a nominee declines appointment as arbitrator, or if an arbitrator is to be replaced for any reason, the LCIA Court may determine whether or not to follow the original nominating process for such arbitral appointment. 11.2 The LCIA Court may determine that any opportunity given to a party to make any re- nomination (under the Arbitration Agreement or otherwise) shall be waived if not exercised within 14 days (or such lesser or greater time as the LCIA Court may determine), after which the LCIA Court shall appoint the replacement arbitrator without such re-nomination. 11.3 Save for any award rendered, the Arbitral Tribunal (when reconstituted) shall determine whether, and if so to what extent, the previous proceedings in the arbitration shall stand" (Regulamento da London Court of International Arbitration – LCIA. Disponível em: https://www.lcia.org/Dispute_Resolution_Services/lcia-arbitration-rules-2020. aspx. Acesso em: 22 jan. 2021).

[240] O *board* é composto por no máximo 16 (dezesseis) membros nos termos e encontra-se regulado no artigo 3 do Apêndice I do Regulamento de Arbitragem. Regulamento do *Arbitration Institute of The Stockholm Chamber of Commerce*. Disponível em: https://sccinstitute.com/media/1407444/arbitrationrules_eng_2020.pdf. Acesso em: 13 jan. 2020.

entanto, antes de tal decisão, o *board* concederá oportunidade às partes e aos árbitros de se manifestarem e levará em consideração a fase em que o procedimento arbitral se encontra e outras circunstâncias relevantes. O art. 21 (3) enuncia que, em ocorrendo a substituição, o *novo* Tribunal Arbitral decidirá se será necessário e em que medida os atos procedimentais serão repetidos.[241]

A *American Arbitration Association* (AAA) regulamenta a substituição de árbitro (*Vacancies*) na regra nº 20 de seu regulamento de arbitragem comercial e segue o disposto pela Câmara de Estocolmo. Preconiza em sua regra nº 20 (b) que, caso a audiência já tenha se iniciado, os árbitros remanescentes poderão dar continuidade ao procedimento, a não ser que as partes envolvidas não concordem. A regra nº 20 (c) enuncia que, na hipótese de substituição de árbitro, o Tribunal Arbitral possui total discricionariedade para realizar novamente ou não audiência já ocorrida.[242]

Nos EUA, o *Federal Arbitration Act* (FAA), de 1925, também atribui ao Poder Judiciário, em sua seção nº 5, a nomeação de árbitro substituto, caso as partes não atinjam consenso quanto à nomeação ou quanto às regras aplicáveis para a substituição.[243] A jurisprudência da Corte de Apelações dos EUA (United States Court of Appeals) já tratou do tema em inúmeros casos.

---

[241] "Article 21 – Replacement of arbitrators (1) The Board shall appoint a new arbitrator where an arbitrator has been released from appointment pursuant to Article 20, or where an arbitrator has died. If the released arbitrator was appointed by a party, that party shall appoint the new arbitrator, unless the Board otherwise deems it appropriate. (2) Where the Arbitral Tribunal consists of three or more arbitrators, the Board may decide that the remaining arbitrators shall proceed with the arbitration. Before the Board takes a decision, the parties and the arbitrators shall be given an opportunity to submit comments. In taking its decision, the Board shall have regard to the stage of the arbitration and any other relevant circumstances. (3) Where an arbitrator has been replaced, the newly composed Arbitral Tribunal shall decide whether and to what extent the proceedings are to be repeated" (Regulamento do *Arbitration Institute of The Stockholm Chamber of Commerce*. Disponível em: https://sccinstitute.com/media/1407444/arbitrationrules_eng_2020.pdf. Acesso em: 13 jan. 2020).

[242] "R-20. Vacancies (a) If for any reason an arbitrator is unable or unwilling to perform the duties of the office, the AAA may, on proof satisfactory to it, declare the office vacant. Vacancies shall be filled in accordance with the applicable provisions of these rules. (b) In the event of a vacancy in a panel of neutral arbitrators after the hearings have commenced, the remaining arbitrator or arbitrators may continue with the hearing and determination of the controversy, unless the parties agree otherwise. (c) In the event of the appointment of a substitute arbitrator, the panel of arbitrators shall determine in its sole discretion whether it is necessary to repeat all or part of any prior hearings" (Regulamento de arbitragem comercial da *American Arbitration Association – AAA*. Disponível em: https://www.adr.org/sites/default/files/CommercialRules_Web_FINAL_2.pdf. Acesso em: 13 jan. 2020).

[243] "Section 5. Appointment of arbitrators or umpire. If in the agreement provision be made for a method of naming or appointing an arbitrator or arbitrators or an umpire, such method shall be followed; but if no method be provided therein, or if a method be provided and any party thereto shall fail to avail himself of such method, or if for any other reason there shall be a lapse in the naming of an arbitrator or arbitrators or umpire,

A Corte de Apelações dos EUA tem referendado decisões das Cortes Distritais, que determinam que, na ausência de regra disciplinando a substituição de árbitros, deve ser iniciado novo procedimento arbitral. Merece destaque, em especial, a decisão da Corte do *Second Circuit* de 2010. Um árbitro havia renunciado e uma das partes desejava continuar o procedimento com os dois árbitros remanescentes e a nomeação de um substituto, ao passo que a outra desejava a desqualificação do painel *in totum* e o início de novo procedimento. Com efeito, *John Sullivan* havia renunciado, por ter recebido diagnóstico de câncer e devido ao tratamento que iria se submeter, não estando, portanto, apto a continuar no procedimento arbitral. As partes discordaram quanto ao procedimento de substituição, bem como quanto ao estabelecimento de novo Tribunal Arbitral. O *Second Circuit* considerou razoável a tentativa da Corte Distrital de renomear *John Sullivan*, uma vez que este já estava recuperado e buscando nomeações em novos painéis. *Sullivan*, no entanto, se negou a aceitar a nova designação. Por fim, o magistrado Gerard E. Lynch, da *United States Court of Appeals – Second Circuit* referendou a decisão da Corte Distrital (*The United States District Court for the Southern District of New York*) ao estabelecer que o procedimento arbitral deveria ser reiniciado com novo painel.[244]

Em caso de morte de árbitro, o *Second Circuit* estabeleceu, como regra geral, em *Trade & Transport, Inc., v. Natural Petroleum Charterers Incorporated* de 1991, que, "quando um membro de um painel de arbitragem composto por três pessoas morre antes de uma sentença e o acordo de arbitragem não antecipa essa circunstância, a arbitragem deve começar novamente com um painel completo"[245]. A referida regra,

---

or in filling a vacancy, then upon the application of either party to the controversy the court shall designate and appoint an arbitrator or arbitrators or umpire, as the case may require, who shall act under the said agreement with the same force and effect as if he or they had been specifically named therein; and unless otherwise provided in the agreement the arbitration shall be by a single arbitrator" (*Federal Arbitration Act (FAA)*. Disponível em: https://sccinstitute.com/media/37104/the-federal-arbitration--act-usa.pdf. Acesso em: 13 jan. 2020).

[244] "(...) No contexto deste caso, um lado ou outro pode sofrer prejuízo, não importa o que o juiz tenha feito. A nomeação de um novo árbitro pode prejudicar o INA, porque seu árbitro substituto poderá estar em desvantagem nas deliberações com os outros dois membros do painel que já ouviram evidências e deliberaram juntos no caso. No entanto, o PSMIC seria prejudicado se o INA fosse submetido a uma reforma antes de um novo painel. Tendo vencido uma questão importante na arbitragem – com o voto do árbitro designado pelo INA – o PSMIC seria forçado a relitigar a mesma questão perante um novo painel com potencial para um resultado adverso. Nessas circunstâncias, cabia a critério do tribunal distrital seguir o caminho que envolvia significativamente menos prejuízo" (Insurance Company of North America, now known as Century Indemnity Company, and INA Reinsurance Company, now known as *R & Q Reinsurance Company, v. Public Service Mutual Insurance Company*, 609 F.3d 122 United States Court of Appeals, Second Circuit (2010)).

[245] *Trade & Transport, Inc., v. Natural Petroleum Charterers Incorporated*, 931 F.2d 191 United States Court of Appeals, Second Circuit (1991).

de reiniciar-se o procedimento arbitral, com novo painel, em caso de morte de um dos árbitros, tem sido aplicada reiteradamente pelo *Second Circuit*.[246]

Nada obstante, no caso em tela, porque o falecimento de árbitro ocorreu após promulgação de sentença arbitral parcial (também permitida pela lei de arbitragem brasileira nos termos do art. 23 § 1º), a Corte optou, excepcionalmente, pela substituição de árbitro e não pela nomeação de novo painel. Considerou que as partes, ao solicitarem promulgação de sentença arbitral parcial, possuíam a intenção de obter *efeitos colaterais imediatos em eventual procedimento judicial*. Sendo assim, novo painel arbitral não teria autoridade para revisitar a questão já decidida em sentença arbitral parcial. Portanto, considerou o *Second Circuit*, para causar o menor prejuízo possível, que seria mais razoável substituir o árbitro para decidir as questões pendentes, do que aplicar a regra geral consolidada na sua jurisprudência, de nomear um Tribunal Arbitral inteiramente novo.

Em *Wellpoint, Inc., v. John Hancock Life Insurance Company*, a *United States Court of Appeals – Seventh Circuit* confirmou sentença arbitral de Tribunal que substituiu árbitro, utilizando procedimento proposto pela própria parte que, após ter julgamento desfavorável, tentou anular a sentença, sob a alegação de discordância com a escolha.[247]

---

[246] Vale ressaltar que, nos EUA, o precedente das Cortes de Apelação será vinculante apenas para esta mesma Corte e para as cortes distritais localizadas dentro daquele circuito – existem 94 distritos judiciais federais que estão divididos geograficamente em 12 circuitos, ou seja, em 12 Cortes de Apelação o que não impede que o advogado utilize tal precedente como precedente persuasivo em outro circuito, ou seja, um precedente que a corte poderá considerar ou não uma vez que não há um precedente para o caso promulgado pela autoridade controladora. Seguir ou não um precedente persuasivo é ato discricionário da corte. O que define se um precedente é persuasivo ou mandatório é a relação entre a Corte ou Cortes que promulgaram a decisão e a corte que está julgando, naquele momento, caso similar. Sobre o tema, vide: FINE, Toni Jaeger. Stare Decisis and the binding nature of precedent in the United States of America. In: MOURA, Solange Ferreira de; PINHO, Humberto Dalla Bernardina de. *Coletânea de artigos científicos*: celebração ao XIV Intercâmbio dos cursos de Direito da Estácio. Santa Cruz do Sul: Essere nel Mondo, 2014.

[247] "(...) A renúncia do árbitro com a arbitragem iniciada, mas antes da sentença não enseja seu reinício embora a convenção arbitral não tenha abordado expressamente o processo de substituição de um membro do painel; Ao contrário, a perda de um árbitro encontra-se regulada pela disposição do Federal Arbitration Act (FAA), permitindo que qualquer uma das partes solicite ao Tribunal distrital a nomeação de um novo árbitro (...) Após a renúncia do árbitro, a parte não pode, nos termos dispostos pelo Federal Arbitration Act (FAA), ficar em silêncio enquanto árbitro substituto é selecionado de acordo com o procedimento proposto por seu próprio representante no painel e, em seguida, após obter sentença desfavorável, tentar anular a mesma para evitar sua confirmação; a falha da parte em solicitar ao tribunal distrital a nomeação de um novo árbitro, conforme permitido pela FAA, resultou na perda do recurso" (*Wellpoint, Inc., Wellpoint Health Networks Inc., and Unicare Life & Health Insurance Company, v. John Hancock Life Insurance Company*. 576 F.3d 643 – United States Court of Appeals, Seventh Circuit (2009)).

Dos precedentes supracitados, conjugados com a literalidade da lei, é fácil perceber que a substituição de árbitros é muito mais complexa e desafiadora nas arbitragens *ad hoc*, quando as partes não concordam com o procedimento de substituição ou quando as partes declaram expressamente que não desejam a substituição. A intervenção do Poder Judiciário para nomeação de árbitro substituto, no âmbito da ação judicial disposta no art. 7º da Lei de Arbitragem, deve sempre ser o último recurso. Quando a opção se dá pela arbitragem institucional, há maior segurança jurídica e facilidade em se proceder à substituição, na medida em que existe disciplina específica nos regulamentos de arbitragem, além da *expertise* dos órgãos na composição e gestão de seus Tribunais arbitrais.

Evidentemente, a substituição de árbitro não se confunde com a substituição da instituição eleita para gerenciar a arbitragem. Nada obstante, o Tribunal de Justiça de São Paulo aplicou analogamente a regra do art. 16, § 2º, da Lei de Arbitragem, para realizar a substituição de órgão arbitral extinto por outro.[248]

> **Art. 17.** Os árbitros, quando no exercício de suas funções ou em razão delas, ficam equiparados aos funcionários públicos, para os efeitos da legislação penal.

 Comentários

1. Responsabilidade civil dos árbitros

O art. 17 da Lei de Arbitragem é silente com relação à responsabilização civil do árbitro, limitando-se a tratar da sua responsabilidade penal, por atos praticados

---

[248] "Agravo de instrumento – Ação de despejo por falta de pagamento c/c cobrança – Contrato de locação de imóvel para fins industriais – Cláusula compromissória de arbitragem – Desativação do órgão arbitral eleito – Irrelevância – Ausente vedação expressa de substituição, prevalece a intenção das partes em dirimir eventuais conflitos perante a Câmara Arbitral – Interpretação analógica extraída do artigo 16, § 2º, da Lei nº 9.307/96 – Recurso provido para acolher a exceção de incompetência e julgar extinta a ação, sem resolução do mérito. Com efeito, em resposta à exceção, o único argumento lançado pelos agravados consiste na impossibilidade de solução perante o juízo arbitral considerando que aquele eleito não existe mais. Observa-se que não se alegou invalidade da cláusula por qualquer outro motivo, mas a inviabilidade de seu cumprimento apenas. Respeitado o entendimento, adotado pelo magistrado inclusive, prospera o inconformismo da agravante. Assim porque, não se depreende que a câmara eleita foi escolhida por características próprias, tanto que a instituição poderia delegar a apreciação para outra de sua escolha. Além disso, não há no contrato cláusula vedando a substituição do órgão arbitral em caso de desativação. A jurisprudência assim tem decidido, usando em analogia o disposto no artigo 16, § 2º, da Lei 9.307/96" (TJSP, Agravo de Instrumento 2087875-13.2019.8.26.0000, 25ª Câmara de Direito Privado, Rel. Des. Claudio Hamilton, *DJe* 05.08.2019).

no exercício de suas funções. A responsabilidade civil do árbitro encontra menção superficial no art. 14, *caput*, da Lei de Arbitragem, que é insuficiente para a tratativa do tema.

É lembrar, no entanto, que o árbitro é *juiz de fato e de direito* para a causa, nos precisos termos do art. 18 da Lei de Arbitragem. Efeito disso é que, por equiparação, o árbitro, no exercício da atividade jurisdicional, só responderá por perdas e danos se "proceder com dolo ou fraude" ou caso venha a "recusar, omitir ou retardar, sem justo motivo, providência que deva ordenar o ofício, ou a requerimento das partes", ante o teor do disposto nos arts. 143 do CPC e 49 da Lei Orgânica da Magistratura (Lei Complementar 35/79).[249]

De fato, uma vez que são considerados juízes de fato e de direito, os árbitros devem se submeter às mesmas regras de responsabilidade civil previstas para os magistrados. Desta forma, os árbitros somente devem ser responsabilizados, no exercício de suas funções, quando incidirem em dolo ou fraude, bem como nas situações de recusa, omissão ou demora, sem motivo justo, na adoção de providência que deva ordenar de ofício ou a requerimento da parte, na forma do art. 18 da Lei de Arbitragem, conjugado com os arts. 143 do CPC e 49 da LOMAN.[250]

Ademais, à luz do art. 41 da referida Lei Complementar, o árbitro "não pode ser punido ou prejudicado" "pelo teor das decisões que proferir". Em consequência, desde que de boa-fé, os árbitros não respondem por *error in judicando*, isto é, não podem ser responsabilizados por sentenças arbitrais de má qualidade. Terão as partes simplesmente escolhido mal os julgadores e devem arcar com as consequências de suas escolhas.[251]

Em relação aos agentes públicos que decidem submeter a controvérsia ao juízo arbitral ou que participam do procedimento, a responsabilidade civil pessoal deve ser analisada à luz do art. 28 da LINDB que consagra a responsabilidade por decisões ou opiniões técnicas apenas nos casos de dolo ou erro grosseiro. Nos processos de

---

[249] Carmona sustenta que, no campo do *error in procedendo*, o árbitro poderia responder civilmente, por exemplo: se julgar com base na equidade quando tal poder não lhes é outorgado na cláusula ou no compromisso arbitral; se não decidir todo o litígio submetido à arbitragem; se proferir laudo a destempo (mesmo após a notificação preconizada pelo art. 12, III, da Lei) (CARMONA, Carlos Alberto. *Arbitragem e processo*: um comentário à Lei 9.307/96. 3. ed. São Paulo: Atlas, 2009. p. 264-265). Temos dúvidas quanto à referida orientação.

[250] De forma semelhante, Pinho e Mazzola traçam paralelo com o Código de Processo Civil, sustentando que assim como o juiz togado, só responde quando, "no exercício de suas funções, proceder com dolo ou fraude" (art. 143, I, do CPC) ou "recusar, omitir ou retardar, sem motivo justo, providência que deva ordenar de ofício ou a requerimento da parte" (art. 143, II, do CPC), sendo que, nesse último caso, sua responsabilidade só estará configurada se a parte requerer que o árbitro determine a providência e o requerimento não for analisado no prazo de dez dias (art. 143, parágrafo único, do CPC) (DALLA, Humberto; MAZZOLA, Marcelo. *Manual de mediação e arbitragem*. São Paulo: Saraiva Educação, 2019. p. 292).

[251] CARMONA, Carlos Alberto. *Arbitragem e processo*: um comentário à Lei 9.307/96. 3. ed. São Paulo: Atlas, 2009. p. 264.

composição extrajudicial de conflitos, o que inclui a arbitragem, os agentes públicos "somente poderão ser responsabilizados civil, administrativa ou criminalmente quando, mediante dolo ou fraude, receberem qualquer vantagem patrimonial indevida, permitirem ou facilitarem sua recepção por terceiro, ou para tal concorrerem", na forma do art. 40 da Lei 13.140/2015.[252]

A obrigação do árbitro, por sua vez, deve ser considerada de resultado, ou seja, tem este a obrigação de proferir sentença nos termos da convenção arbitral.[253] Em caso de painel arbitral, a eventual responsabilidade do árbitro será individual, uma vez que não pode haver presunção de solidariedade nos termos do art. 265 do Código Civil.[254]

Questão interessante que merece ser levantada é sobre a responsabilidade civil dos órgãos arbitrais. Os regulamentos de arbitragem excluem, em regra, a responsabilidade de tais entidades, por serem meras administradoras do procedimento e não órgãos julgadores. Com efeito, as partes optam por utilizar a infraestrutura da entidade e suas regras, mas quem julgará a contenda é o Tribunal Arbitral a ser constituído. Nesse sentido, o item 1.3 do Regulamento de Arbitragem do CBMA, por exemplo, restringe aos árbitros "a responsabilidade pela consecução dos objetivos acordados na convenção de arbitragem" e estabelece, ainda, que "os árbitros, o Centro e os seus funcionários não serão responsáveis perante qualquer pessoa por quaisquer atos ou omissões relacionadas a uma arbitragem".

Consta, ainda, do Termo de Imparcialidade e Independência do CBMA o seguinte: "Firmo o presente Termo de Independência para que produza os efeitos legais, ciente de que no caso de comprovação de sua falsidade ou inobservância, serei o(a) responsável exclusivo(a) pelo ressarcimento das perdas e danos de qualquer natureza causados pela inobservância desse dever".[255]

Os regulamentos das principais câmaras internacionais também preveem a exclusão de responsabilidade da instituição. Assim fazem a *London Court of International Arbitration – LCIA*, no art. 31,[256] a *American Arbitration Association – AAA*, em sua

---

252   De forma semelhante: PEREIRA, Cesar A. Arbitragem e função administrativa. In: JUSTEN FILHO, Marçal; SILVA, Marco Aurélio de Barcelos. *Direito da infraestrutura*: estudos de temas relevantes. Belo Horizonte: Fórum, 2019. p. 86-87.

253   CAHALI, Francisco José. *Curso de arbitragem*: mediação, conciliação e tribunal multiportas. 7. ed. São Paulo: Thomson Reuters Brasil, 2018. p. 239.

254   "Art. 265. A solidariedade não se presume; resulta da lei ou da vontade das partes."

255   Documento obtido em consulta ao Centro Brasileiro de Mediação e Arbitragem - CBMA.

256   "Article 31 - Limitation of Liability and Jurisdiction Clause - 31.1 None of the LCIA (including its officers, members and employees), the LCIA Court (including its President, Vice Presidents, Honorary Vice Presidents, former Vice Presidents and members), the LCIA Board (including any board member), the Registrar (including any deputy Registrar), any arbitrator, any Emergency Arbitrator, any tribunal secretary and any expert to the Arbitral Tribunal shall be liable to any party howsoever for any act or omission in connection with any arbitration, save: (i) where the act or omission is shown by that party to constitute conscious and deliberate wrongdoing committed by the body or person alleged to be liable to that party; or (ii) to the extent that any part of this provision is shown to be prohibited by any applicable law. 31.2 After the award has been made

Rule 52 do regulamento de arbitragem comercial[257], e o *Arbitration Institute of the Stockholm Chamber of Commerce – SCC*, no art. 52.[258]

Nos EUA a jurisprudência é categórica no sentido de reconhecer a imunidade dos árbitros pelos atos praticados nos limites de sua competência, isto é, competência

---

and all possibilities of any addendum to the award or additional award under Article 27 have lapsed or been exhausted, none of the LCIA (including its officers, members and employees), the LCIA Court (including its President, Vice Presidents, Honorary Vice Presidents, former Vice Presidents and members), the LCIA Board (including any board member), the Registrar (including any deputy Registrar), any arbitrator, any Emergency Arbitrator, any tribunal secretary and any expert to the Arbitral Tribunal shall be under any legal obligation to make any statement to any person about any matter concerning the arbitration; nor shall any party seek to make any of these bodies or persons a witness in any legal or other proceedings arising out of the arbitration. 31.3 Any party agreeing to arbitration under or in accordance with the LCIA Rules irrevocably agrees that the courts of England and Wales shall have exclusive jurisdiction to hear and decide any action, suit or proceedings between that party and the LCIA (including its officers, members and employees), the LCIA Court (including its President, Vice Presidents, Honorary Vice Presidents, former Vice Presidents and members), the LCIA Board (including any board member), the Registrar (including any deputy Registrar) any arbitrator, any Emergency Arbitrator, any tribunal secretary and/or any expert to the Arbitral Tribunal which may arise out of or in connection with any such arbitration and, for these purposes, each party irrevocably submits to the jurisdiction of the courts of England and Wales" (Disponível em: https://www.lcia.org/Dispute_Resolution_Services/lcia-arbitration-rules-2020.aspx. Acesso em: 22 jan. 2021).

[257] "R-52. Applications to Court and Exclusion of Liability (a) No judicial proceeding by a party relating to the subject matter of the arbitration shall be deemed a waiver of the party's right to arbitrate. (b) Neither the AAA nor any arbitrator in a proceeding under these rules is a necessary or proper party in judicial proceedings relating to the arbitration. (c) Parties to an arbitration under these rules shall be deemed to have consented that judgment upon the arbitration award may be entered in any federal or state court having jurisdiction thereof. (d) Parties to an arbitration under these rules shall be deemed to have consented that neither the AAA nor any arbitrator shall be liable to any party in any action for damages or injunctive relief for any act or omission in connection with any arbitration under these rules. (e) Parties to an arbitration under these rules may not call the arbitrator, the AAA, or AAA employees as a witness in litigation or any other proceeding relating to the arbitration. The arbitrator, the AAA and AAA employees are not competent to testify as witnesses in any such proceeding" (Regulamento de arbitragem comercial da AAA. Disponível em: https://www.adr.org/sites/default/files/CommercialRules_Web_FINAL_2.pdf. Acesso em: 14 jan. 2020).

[258] "Article 52 Exclusion of liability Neither the SCC, the arbitrator(s), the administrative secretary of the Arbitral Tribunal, nor any expert appointed by the Arbitral Tribunal, is liable to any party for any act or omission in connection with the arbitration, unless such act or omission constitutes wilful misconduct or gross negligence" (Regulamento de arbitragem da SCC. Disponível em: https://sccinstitute.com/media/1407444/arbitrationrules_eng_2020.pdf. Acesso em: 14 jan. 2020).

estabelecida em convenção arbitral.[259] Aplica-se a teoria da imunidade *quasi-judicial* (*quasi-judicial immunity*). Assim como na legislação brasileira, equipara-se o árbitro ao funcionário público. O *Second Circuit* já referendou em inúmeros casos a imunidade do árbitro e estendeu tal imunidade ao órgão administrador. Desse modo, em *S. Ezra Austern and Esther Austern, v. The Chicago Board Options Exchange, Inc.* reconheceu-se que a "extensão da imunidade arbitral para abranger instituições [que] patrocinam a arbitragem é um produto natural e necessário das políticas subjacentes à imunidade arbitral; caso contrário, a imunidade concedida aos árbitros seria ilusória. Seria de pouco valor para todo o procedimento arbitral apenas transferir a responsabilidade para a instituição arbitral".[260]

Em *Lee S. Fong, Petitioner, v. American Airlines, Inc.*, a Corte Distrital do Norte da California enfatizou a importância da imunidade do árbitro, afirmando que estes, tal e qual julgadores estatais, não devem ter que se defender em Corte judicial, sendo certo que "a integridade do processo arbitral é melhor preservada reconhecendo os árbitros como tomadores de decisão independentes que não têm obrigação de se defender em um tribunal de revisão".[261]

As Cortes americanas reconhecem apenas duas exceções à imunidade dos árbitros: a) que a imunidade não obsta a busca de medidas de urgência pelas partes perante o Poder Judiciário; e b) que o árbitro pode ser responsabilizado por má performance de suas funções, quando falhar em proferir a sentença arbitral.[262]

Cabe ressaltar que, nos EUA, para a responsabilização civil do árbitro, faz-se mister a anulação prévia da sentença arbitral, na forma da *Section 10*[263] do *Federal Arbitration Act* (FAA).

---

[259]   Vide Supreme Court, Appellate Division, Second Department, New York. *Barry Siskin, appellant, v. Christopher J. Cassar*, et al., respondents, 122 A.D.3d 714 (2014).

[260]   United States Court of Appeals, Second Circuit. S. *Ezra Austern and Esther Austern, Plaintiffs-Appellants, v. The Chicago Board Options Exchange, Inc.*, Defendant–Appellee, 898 F.2d 882 (1990).

[261]   United States District Court, N. D. California. In the Matter of *Lee S. Fong, Petitioner, v. American Airlines, Inc.* and San Francisco Area Board of Adjustment, Respondents, 431 F.Sup. 1340 (1977).

[262]   TRULI, Emmanuela. Liability v. quasi-judicial immunity of the arbitrator: the case against absolute arbitral immunity. *The American Review of International Arbitration*, v. 17, p. 7, 2006.

[263]   "Section 10. Same; vacation; grounds; rehearing (a) In any of the following cases the United States court in and for the district wherein the award was made may make an order vacating the award upon the application of any party to the arbitration (1) Where the award was procured by corruption, fraud, or undue means. (2) Where there was evident partiality or corruption in the arbitrators, or either of them. (3) Where the arbitrators were guilty of misconduct in refusing to postpone the hearing, upon sufficient cause shown, or in refusing to hear evidence pertinent and material to the controversy; or of any other misbehavior by which the rights of any party have been prejudiced. (4) Where the arbitrators exceeded their powers, or so imperfectly executed them that a mutual, final, and definite award upon the subject matter submitted was not made. (5) Where an award is vacated and the time within which the agreement required the award to be made has not expired the court may, in its discretion, direct a rehearing by

2. Responsabilidade penal dos árbitros

O art. 17 da Lei de Arbitragem equipara o árbitro aos funcionários públicos para efeitos da legislação penal (art. 327 do Código Penal).[264] Portanto, os árbitros, no exercício de suas funções, poderão, em caso de desvio de conduta, incorrer nos crimes contra a administração pública, como concussão, corrupção e prevaricação, tipificados nos arts. 316, 317 e 319 do Código Penal.[265] Da mesma forma, os árbitros podem ser vítimas de delitos praticados contra agentes públicos, por exemplo, o crime de desobediência, tipificado no art. 330[266] do Código Penal.[267]

O principal problema criminal que pode surgir na arbitragem, por obviedade, está no crime de corrupção passiva, com o recebimento de alguma vantagem pecuniária ou indevida para que o árbitro prolate sentença parcial ou definitiva. Em tal hipótese, cabe ação anulatória da sentença arbitral, conforme previsão do art. 32, VI, da Lei de Arbitragem. Evidentemente, caso alegue um suposto ato de corrupção, o ônus da prova será da parte que o alegou.

---

the arbitrators. (b) The United States district court for the district wherein an award was made that was issued pursuant to section 590 of title 5 may make an order vacating the award upon the application of a person, other than a party to the arbitration, who is adversely affected or aggrieved by the award, if the use of arbitration or the award is clearly inconsistent with the factors set forth in section 582 of Title 5" (Federal Arbitration Act (FAA) - Disponível em: https://sccinstitute.com/media/37104/the-federal--arbitration-act-usa.pdf. Acesso em: 15 jan. 2020).

[264] Código Penal: "Art. 327 - Considera-se funcionário público, para os efeitos penais, quem, embora transitoriamente ou sem remuneração, exerce cargo, emprego ou função pública. § 1º - Equipara-se a funcionário público quem exerce cargo, emprego ou função em entidade paraestatal, e quem trabalha para empresa prestadora de serviço contratada ou conveniada para a execução de atividade típica da Administração Pública. § 2º - A pena será aumentada da terça parte quando os autores dos crimes previstos neste Capítulo forem ocupantes de cargos em comissão ou de função de direção ou assessoramento de órgão da administração direta, sociedade de economia mista, empresa pública ou fundação instituída pelo poder público". Registre-se que a Constituição Federal de 1988 não utiliza a expressão "funcionário público", mas "servidor público".

[265] Código Penal: "Concussão - Art. 316. Exigir, para si ou para outrem, direta ou indiretamente, ainda que fora da função ou antes de assumi-la, mas em razão dela, vantagem indevida: Pena - reclusão, de 2 (dois) a 12 (doze) anos, e multa. Corrupção passiva - Art. 317. Solicitar ou receber, para si ou para outrem, direta ou indiretamente, ainda que fora da função ou antes de assumi-la, mas em razão dela, vantagem indevida, ou aceitar promessa de tal vantagem: Pena - reclusão, de 2 (dois) a 12 (doze) anos, e multa.(...) Prevaricação - Art. 319. Retardar ou deixar de praticar, indevidamente, ato de ofício, ou praticá-lo contra disposição expressa de lei, para satisfazer interesse ou sentimento pessoal: Pena - detenção, de três meses a um ano, e multa".

[266] Código Penal: "Desobediência - Art. 330. Desobedecer a ordem legal de funcionário público: Pena - detenção, de quinze dias a seis meses, e multa".

[267] CAHALI, Francisco José. *Curso de arbitragem*: mediação, conciliação e tribunal multiportas. 7. ed. São Paulo: Thomson Reuters Brasil, 2018. p. 237.

Calha recordar que os árbitros nacionais e internacionais atuam, normalmente, em diversos procedimentos arbitrais, o que previne, de certa maneira, casos de corrupção. Todos da área se conhecem, fruto do *networking* promovido em eventos rotineiros e das relações construídas em um ambiente profissional altamente qualificado e relativamente fechado, de sorte que a eventual aceitação de propina seria basicamente a exclusão perene do profissional da comunidade arbitral e a ausência de nomeação em procedimentos arbitrais futuros.

Nos EUA, a *United States Court of Appeals, Ninth Circuit* já anulou sentença arbitral trabalhista, ante a comprovação da prática de atos de corrupção. Foi no julgamento *United Transportation Union; Richard D. Kite v. BNSF Railway Company*. O caso envolvia a demissão de trabalhador de ferrovia que estava sob o pálio do *Railway Labor Act (RLA)*,[268] lei federal promulgada em 1926. A Corte utilizou-se da definição de corrupção do próprio diploma legal para anular a sentença arbitral, uma vez que havia ocorrido tentativa de extorsão por representante da ferrovia, que ameaçou árbitro de retaliação financeira, afirmando que tal árbitro nunca mais trabalharia para aquela ferrovia se promulgasse decisão de reintegração de funcionário.[269]

A corrupção, na arbitragem, pode estar também no contrato.

É possível, com efeito, que a avença tenha sido obtida por meio de propina. Em tais hipóteses, pelo princípio da autonomia da cláusula compromissória, conforme estatuído no art. 8º da Lei e reconhecido internacionalmente, a jurisdição arbitral permanece intacta. A existência, ou não, de corrupção será questão prejudicial ao julgamento da lide, podendo o painel arbitral, se devidamente provocado, declarar o contrato nulo ou reconhecer eventuais perdas e danos em favor da parte prejudicada.

Muito diferente disso seria uma situação hipotética, em que a cláusula compromissória fosse inserida no contrato, por força de ato criminoso de corrupção. Neste caso, caberá ao Tribunal Arbitral reconhecer a própria nulidade da convenção de arbitragem, acolhendo eventual objeção quanto à sua jurisdição.

Existem alguns guias que auxiliam as partes e os árbitros a identificar situações de corrupção na arbitragem internacional. O Guia *Corruption and Money Laundering in International Arbitration – A Toolkit for Arbitrators* descreve dois cenários típicos onde um árbitro pode se deparar com casos de corrupção. No primeiro cenário, uma das partes levanta a hipótese de corrupção. No segundo cenário, nenhuma das partes alega a prática de ato de corrupção, mas um ou mais árbitros suspeitam que o referido ilícito pode ter ocorrido. Em geral, a corrupção praticada não envolve os árbitros ou a arbitragem propriamente dita, mas sim a contratação de intermediários por empresas

---

[268] Disponível em: https://legcounsel.house.gov/Comps/Railway%20Labor%20Act.pdf. Acesso em: 15 jan. 2020.

[269] Assim versou a Corte sobre corrupção: "De acordo com o RLA, 'corrupção' abrange três categorias de conduta: (1) atos que ameaçam a integridade de procedimentos arbitrais de natureza quase-criminosa ou criminosa, incluindo, entre outros, atos de violência ou ameaças ao mesmo (2) atos de suborno e extorsão que ameacem a integridade de um processo arbitral, o último dos quais inclui, mas não se limita a, ameaças de danos econômicos e (3) abusos igualmente flagrantes do cargo que ameacem a integridade de um processo arbitral" (United States Court of Appeals, Ninth Circuit – United Transportation Union; *Richard D. Kite, v. BNSF Railway Company*, 710 F.3d 915 (2013)).

para lidar com seus negócios no exterior e que atuam de forma ilícita para os padrões internacionais. O Guia descreve hipóteses que são indicativas de *Red Flags*, sugerindo provável corrupção, de modo a auxiliar os árbitros na formação de suas convicções.[270]

Caso haja a suspeita concreta da prática de corrupção, o árbitro deverá reportar tal fato, imediatamente, às autoridades, mitigando o seu dever de confidencialidade, tendo em vista o dever de atuação ética de todos os envolvidos no procedimento. Recorde-se, por relevante, que o árbitro é juiz de fato e direito para causa. Logo, na forma do art. 40 do Código de Processo Penal, quando verificar "a existência de crime de ação pública", deverá remeter "ao Ministério Público as cópias e os documentos necessários ao oferecimento da denúncia".

Por fim, na hipótese de comprovação da prática de atos de corrupção, a sentença arbitral estrangeira não poderá ser homologada pelo STJ, em razão da contrariedade à ordem pública, na forma do art. 39, II, da Lei de Arbitragem.

> **Art. 18.** O árbitro é juiz de fato e de direito, e a sentença que proferir não fica sujeita a recurso ou a homologação pelo Poder Judiciário.

 Comentários

1. Árbitro e magistrado: semelhanças e diferenças

Anteriormente à Lei de Arbitragem, o então laudo arbitral (denominado posteriormente de sentença arbitral) necessitava de homologação judicial[271], mesmo em se tratando de sentença arbitral doméstica. Também existiam dúvidas com relação aos poderes do árbitro. Tais questões foram superadas com a promulgação da Lei de Arbitragem, em 1996, cuja constitucionalidade foi confirmada pelo STF, em julgamento datado 2001,[272] que considerou que a jurisdição não é prestada exclusivamente

---

[270]   Guia disponível em: https://www.baselgovernance.org/sites/default/files/2019-
-05/a_toolkit_for_arbitrators_29_05_2019_single_pages.pdf. Acesso em: 15 jan. 2020.

[271]   Dispunha, a esse propósito, o art. 1.041 do CPC de 1939: "A execução da sentença arbitral dependerá de homologação".

[272]   "1. Sentença estrangeira: laudo arbitral que dirimiu conflito entre duas sociedades comerciais sobre direitos inquestionavelmente disponíveis – a existência e o montante de créditos a título de comissão por representação comercial de empresa brasileira no exterior: compromisso firmado pela requerida que, neste processo, presta anuência ao pedido de homologação: ausência de chancela, na origem, de autoridade judiciária ou órgão público equivalente: homologação negada pelo Presidente do STF, nos termos da jurisprudência da Corte, então dominante: agravo regimental a que se dá provimento, por unanimidade, tendo em vista a edição posterior da L. 9.307, de 23.9.96, que dispõe sobre a arbitragem, para que, homologado o laudo, valha no Brasil como título executivo judicial. 2. Laudo arbitral: homologação: Lei da Arbitragem: controle incidental de cons-

pelo Poder Judiciário. O Código de Processo Civil de 2015 corroborou a natureza jurisdicional da arbitragem, ao fazer referência a ela no § 1º do art. 3º.

A arbitragem é um procedimento privado, com consequências públicas, pois a sentença arbitral é título executivo judicial, nos moldes do art. 31 da Lei de Arbitragem e do art. 515, VII, do CPC. A sentença arbitral faz coisa julgada, tal e qual a sentença judicial,[273] não cabendo, no entanto, execução provisória.[274]

---

titucionalidade e o papel do STF. A constitucionalidade da primeira das inovações da Lei da Arbitragem – a possibilidade de execução específica de compromisso arbitral – não constitui, na espécie, questão prejudicial da homologação do laudo estrangeiro; a essa interessa apenas, como premissa, a extinção, no direito interno, da homologação judicial do laudo (arts. 18 e 31), e sua consequente dispensa, na origem, como requisito de reconhecimento, no Brasil, de sentença arbitral estrangeira (art. 35). A completa assimilação, no direito interno, da decisão arbitral à decisão judicial, pela nova Lei de Arbitragem, já bastaria, a rigor, para autorizar a homologação, no Brasil, do laudo arbitral estrangeiro, independentemente de sua prévia homologação pela Justiça do país de origem. Ainda que não seja essencial à solução do caso concreto, não pode o Tribunal – dado o seu papel de 'guarda da Constituição' – se furtar a enfrentar o problema de constitucionalidade suscitado incidentemente (*v.g.* MS 20.505, Néri). 3. Lei de Arbitragem (L. 9.307/96): constitucionalidade, em tese, do juízo arbitral; discussão incidental da constitucionalidade de vários dos tópicos da nova lei, especialmente acerca da compatibilidade, ou não, entre a execução judicial específica para a solução de futuros conflitos da cláusula compromissória e a garantia constitucional da universalidade da jurisdição do Poder Judiciário (CF, art. 5º, XXXV). Constitucionalidade declarada pelo plenário, considerando o Tribunal, por maioria de votos, que a manifestação de vontade da parte na cláusula compromissória, quando da celebração do contrato, e a permissão legal dada ao juiz para que substitua a vontade da parte recalcitrante em firmar o compromisso não ofendem o artigo 5º, XXXV, da CF. Votos vencidos, em parte – incluído o do relator – que entendiam inconstitucionais a cláusula compromissória – dada a indeterminação de seu objeto – e a possibilidade de a outra parte, havendo resistência quanto à instituição da arbitragem, recorrer ao Poder Judiciário para compelir a parte recalcitrante a firmar o compromisso, e, consequentemente, declaravam a inconstitucionalidade de dispositivos da Lei 9.307/96 (art. 6º, parág. único; 7º e seus parágrafos e, no art. 41, das novas redações atribuídas ao art. 267, VII e art. 301, inciso IX do C. Pr. Civil; e art. 42), por violação da garantia da universalidade da jurisdição do Poder Judiciário. Constitucionalidade – aí por decisão unânime, dos dispositivos da Lei de Arbitragem que prescrevem a irrecorribilidade (art. 18) e os efeitos de decisão judiciária da sentença arbitral (art. 31)" (STF, SE 5.206 AgR, Tribunal Pleno, Rel. Min. Sepúlveda Pertence, *DJ* 30.04.2004, p. 59).

[273] Vide o seguinte julgado do STJ sobre o tema: "Ação de cobrança e de indenização. Contrato de exportação de soja. Homologação de sentença arbitral estrangeira em que apreciada causa de pedir e pedido que abrangem o da presente ação de cobrança. Extinção do processo sem o julgamento do mérito. Necessidade. 1. Ação de cobrança cumulada com pedido de indenização ajuizada por sociedade brasileira exportadora em face de sociedade italiana em razão de problemas na execução de contrato de exportação de soja. 2. Homologação, pela Corte Especial do STJ, antes da prolação do acórdão recorrido, de sentença arbitral estrangeira relativa às mesmas partes com a mesma causa de pedir e o mesmo pedido, englobando a pretensão veiculada na presente ação de cobrança. 3. Não conhecimento de parte do recurso especial com base

A jurisdição arbitral deve ser exercida dentro dos limites da convenção de arbitragem, sob pena de anulação da sentença arbitral no judiciário, conforme autoriza o art. 32, IV, da Lei 9.307/1996. Essa é uma das hipóteses de maior incidência de anulação de sentença arbitral no Poder Judiciário.[275]

Afirmar que o árbitro é juiz de fato e de direito para a causa significa dizer que, no exercício de sua função, é equiparado ao magistrado, sem possuir, contudo, os mesmos poderes e as mesmas prerrogativas previstas na LOMAN – Lei Complementar 35/1979.

Os árbitros não exercem função executiva. Não podem praticar, por si, atos de constrição patrimonial nem fazer uso da força. A jurisdição arbitral é meramente a de conhecer e julgar a causa, iniciando-se com a nomeação dos árbitros e encerrando-se quando proferida a sentença arbitral final. Estão ausentes, no plexo de competências dos árbitros, as prerrogativas estatais que concretizam, no mundo dos fatos, mediante o uso da força, aquilo que foi decidido em sentença. Faltam à jurisdição arbitral: a *coercio* e a *executio*. O juízo arbitral não pode, por exemplo, executar a própria sentença ou

---

na Súmula 284 do STF. 4. Ausência de violação ao art. 535 do CPC. 5. Impossibilidade de apreciação, na presente demanda, de aspectos relativos à regularidade do procedimento arbitral, os quais deveriam ter sido suscitados no momento da homologação da sentença arbitral. 6. Inexistência de contrariedade ao art. 515 do CPC, porque, com a extinção, no acórdão recorrido, do processo sem o julgamento do mérito em razão da convenção de arbitragem, não mais pode subsistir, como decorrência lógica, qualquer capítulo da sentença, ainda que não impugnado. 7. Uma vez homologada, a sentença arbitral estrangeira adquire plena eficácia no território nacional. 8. A obrigatoriedade da sentença arbitral estrangeira homologada por esta Corte determina a impossibilidade de ser ela revista ou modificada pelo Poder Judiciário, aplicando-se o disposto no art. 3º da Convenção de Nova York. 9. A continuidade de processo judicial, em que veiculados causa de pedir e pedido apreciados na sentença arbitral estrangeira homologada, colocaria em risco a obrigatoriedade desta. 10. Recurso especial conhecido em parte e, nesta, desprovido" (STJ, REsp 1.203.430, 3ª Turma, Rel. Min. Paulo de Tarso Sanseverino, *DJe* 01.10.2012).

[274] Vide decisão do STJ sobre o tema: "(...) o ajuizamento da ação de cumprimento da sentença arbitral (em virtude da inércia do devedor) não consubstancia execução provisória (no bojo da qual inviável a incidência da multa do artigo 475-J do CPC). Isto porque, nos termos da Lei 9.037/96, a extinção do procedimento da arbitragem ocorre com a prolação da sentença arbitral, a qual somente pode ser objeto de embargos de declaração (a serem apreciados pelo próprio juízo arbitral) ou ação anulatória (artigos 29, 30, 32 e 33). Quando do cumprimento da sentença arbitral, também será possível o manejo do incidente de impugnação previsto no artigo 475-L do CPC. Consectariamente, a sentença arbitral não se sujeita a reexame de mérito nem pelo árbitro nem pelo juiz estatal, adquirindo, desde sua prolação, a imutabilidade decorrente da coisa julgada (artigos 18 e 31 da Lei 9.037/96), razão pela qual cabida sua execução definitiva (e não provisória)" (STJ, REsp 1.102.460, Corte Especial, Rel. Min. Marco Buzzi, *DJe* 23.09.2015).

[275] Vide pesquisa empírica jurisprudencial sobre a ação anulatória de sentença arbitral em: FERREIRA, Daniel B. et al. Ação anulatória de sentença arbitral: análise doutrinária e empírica da jurisprudência do TJSP e do TJSC entre 2015 e 2019. Disponível em: https://www.jota.info/paywall?redirect_to=//www.jota.info/opiniao-e-analise/artigos/acao-anulatoria-de-sentenca-arbitral-14032020. Acesso em: 16 abr. 2020.

conduzir coercitivamente uma testemunha. Isso se dá porque, como ensina Luiz Roberto Ayoub, "enquanto o órgão juiz possui o que o Direito Romano chama de *iurisdictio* e o *imperium*, ou seja, o poder de conhecer e julgar uma lide e também o poder de executar uma sentença, o árbitro só possui a *iurisdictio*, o que representa uma opção de política estatal, dando a este apenas o poder de fazer justiça, por convenção das partes, devidamente autorizado pelo Estado. Estas características peculiares ensejam que o legislador vislumbrou uma integração entre a autoridade judiciária e o árbitro, no sentido de aquele, revestido pelo poder coercitivo do Estado, garantir a efetivação da decisão deste último, sem que haja qualquer intervenção de um na esfera do outro".[276]

Assim é que fica a execução do julgado a cargo do Poder Judiciário[277], assumindo a sentença arbitral, por equiparação legal, a natureza de título executivo judicial. De mais e mais, se precisar do emprego da força, no curso do procedimento arbitral, o árbitro deverá fazer uso da cooperação com o Judiciário, por meio de carta arbitral, nos termos do art. 22-C da Lei de Arbitragem.

Porque a jurisdição arbitral tem por fonte o contrato, podem as partes, por meio do pacto arbitral, delimitar a questão controvertida a ser julgada por arbitragem, bem como restringir ou ampliar os poderes dos árbitros. Podem os contratantes, a título ilustrativo, excluir da apreciação do painel arbitral os pedidos cautelares ou de tutela antecipada. É a convenção arbitral que estabelece os limites objetivos e subjetivos da arbitragem.

Cabe mencionar, nesse ponto, acórdão da Suprema Corte dos Estados Unidos no caso *Stolt–Nielsen S.A. et al. v. Animalfeeds International Corp.*, que, reformando decisão do Corte de Apelação do Segundo Circuito, anulou sentença arbitral, por entender que os árbitros excederam seus poderes, ao decidirem por convolar uma arbitragem bilateral em coletiva (*Class-Action Arbitration*), em que pese a convenção arbitral fosse silente com relação ao assunto.[278]

---

[276] AYOUB, Luiz Roberto. *Arbitragem*: o acesso à justiça e a efetividade do processo – uma nova proposta. Rio de Janeiro: Lumen Juris, 2005. p. 79.

[277] DINAMARCO, Cândido Rangel. *A arbitragem na teoria geral do processo*. São Paulo: Malheiros, 2013. p. 259. Sobre o tema, vide ainda: CÂMARA, Alexandre de Freitas. Cumprimento da sentença arbitral após a reforma do CPC. In: BOMFIM, Ana Paula Rocha do; MENEZES, Hellen Monique Ferreira de (coord.). *Dez anos da Lei de Arbitragem*: aspectos atuais e perspectivas para o instituto. Rio de Janeiro: Lumen Juris, 2007. p. 5-16; HOFFMAN, Paulo. Arbitragem: algumas dúvidas processuais práticas... In: JOBIM, Eduardo; MACHADO, Rafael Bicca (coord.). *Arbitragem no Brasil*: aspectos jurídicos relevantes. São Paulo: Quartier Latin, 2008. p. 324-325; entre outros.

[278] Nos termos postos pela *United States Supreme Court*: "De acordo com a Lei Federal de Arbitragem (FAA), um acordo implícito para autorizar a arbitragem coletiva não é um algo que o árbitro possa deduzir apenas interpretando a convenção arbitral. Isto porque a arbitragem coletiva altera a natureza da arbitragem de tal forma que não se pode presumir que as partes consentiram ao simplesmente concordar em submeter suas disputas a um árbitro, e os relativos benefícios da arbitragem coletiva são muito menos garantidos do que os benefícios na arbitragem bilateral, gerando motivos para duvidar do consentimento mútuo das partes para resolver disputas por meio de arbitragem para toda a classe" (Supreme Court of the United States, *Stolt-Nielsen S.A. et al., Petitioners, v. Animalfeeds International Corp.*, 130 S.Ct. 1758 (2010)).

O Tribunal de Justiça de São Paulo também já proferiu decisão para anular sentença arbitral que extrapolou os limites da convenção de arbitragem, nos moldes do art. 32, IV, da Lei de Arbitragem.[279]

2. Impossibilidade de revisão da sentença arbitral pelo Poder Judiciário

Conforme expresso na parte final do art. 18 da Lei de Arbitragem, a sentença arbitral não fica sujeita a recurso ou homologação pelo Poder Judiciário. Consequência disso é que o Poder Judiciário não pode se imiscuir no mérito das decisões do Tribunal Arbitral. Conforme pacífica jurisprudência do STJ, "a obrigatoriedade da sentença arbitral estrangeira homologada por esta Corte determina a impossibilidade de ser ela revista ou modificada pelo Poder Judiciário, aplicando-se o disposto no art. 3º da Convenção de Nova Iorque".[280]

Significa dizer que o Poder Judiciário somente poderá interferir e analisar o procedimento arbitral após a prolação da sentença, em caráter excepcionalíssimo, por meio da competente ação anulatória de sentença arbitral. Nada obstante, mesmo na ação anulatória, o Judiciário não poderá reanalisar o mérito da sentença arbitral, limitando-se a sindicabilidade judicial aos pontos indicados no art. 32 da Lei de Arbitragem.

Em regra, não há instância recursal na arbitragem, quer por encarecer excessivamente o já custoso procedimento arbitral, quer porque isso comprometeria a eficiência e celeridade inerentes à arbitragem. No entanto, nada impede que as partes prevejam instância recursal interna na convenção arbitral. Na ausência de previsão específica, a sentença arbitral é final e irrecorrível. Há, no entanto, exceções a esta regra. Na arbitragem desportiva, por exemplo, o Centro Brasileiro de Mediação e Arbitragem – CBMA tornou-se instância recursal da Comissão Nacional de Resolução de Disputas (CNRD) da Confederação Brasileira de Futebol (CBF) que possui como competência dirimir conflitos no futebol que envolvam direitos patrimoniais disponíveis.[281] Para tanto, o CBMA possui regulamento específico para arbitragem desportiva, distinto do

---

[279] "(...) Decisão proferida pelo Tribunal Arbitral extrapolou os limites da convenção de arbitragem. Impossibilidade de compensação de créditos e débitos entre as partes, uma vez que a autora já se encontrava em liquidação extrajudicial. Reconhecida a nulidade parcial da sentença arbitral, apenas para afastar a compensação de valores. Violação ao concurso de credores. Inteligência do artigo 32, inciso IV, da Lei n.º 9.307/1996" (TJSP, Apelação 1121111-32.2017.8.26.0100, 1ª Câmara Reservada de Direito Empresarial, Rel. Des. Azuma Nishi, *DJe* 03.10.2018).

[280] STJ, REsp 1203430/PR, Terceira Turma, Rel. Min. Paulo de Tarso Sanseverino, *DJe* 01.10.2012.

[281] A CNRD da CBF previu o Centro Brasileiro de Mediação e Arbitragem (CBMA) como instância recursal em seu regulamento: "Art. 36. Os recursos das decisões finais da CNRD devem ser interpostos no Centro Brasileiro de Mediação e Arbitragem (CBMA), instituição arbitral independente e imparcial, sediada na cidade do Rio de Janeiro, dentro do prazo de vinte e um dias corridos, e serão processados na forma do Regulamento de Arbitragem Esportiva do CBMA, observados este Regulamento e a legislação aplicável" (Disponível em: https://www.cbf.com.br/a-cbf/informes/resolucao-litigios/regulamento-da-cnrd. Acesso em: 17 jan. 2020).

regulamento para a arbitragem comercial, dada a especificidade da área e das partes envolvidas.[282]

CAPÍTULO IV
Do Procedimento Arbitral

Art. 19. Considera-se instituída a arbitragem quando aceita a nomeação pelo árbitro, se for único, ou por todos, se forem vários.

§ 1º Instituída a arbitragem e entendendo o árbitro ou o tribunal arbitral que há necessidade de explicitar questão disposta na convenção de arbitragem, será elaborado, juntamente com as partes, adendo firmado por todos, que passará a fazer parte integrante da convenção de arbitragem. (Incluído pela Lei nº 13.129, de 2015.)

§ 2º A instituição da arbitragem interrompe a prescrição, retroagindo à data do requerimento de sua instauração, ainda que extinta a arbitragem por ausência de jurisdição. (Incluído pela Lei nº 13.129, de 2015.)

 Comentários

1. Instauração da Arbitragem – Etapa inicial do Procedimento Arbitral – Aceitação da investidura pelo árbitro

O art. 19[283] da Lei de Arbitragem trata especificamente da instauração da arbitragem. O procedimento arbitral pode ser dividido em três momentos: a) instauração; b) organização; e c) desenvolvimento.[284]

Pedro Batista Martins, por sua vez, entende que o procedimento arbitral se divide em: a) fase pré-arbitral; b) fase arbitral; e c) fase pós-arbitral.[285]

Com efeito, até que seja instituída a arbitragem, existe um procedimento prévio (fase pré-arbitral), necessário à notificação da parte contrária, para que possa se defender e participar da indicação do árbitro único ou, mais comumente, da formação

---

[282] Regulamento de arbitragem desportiva do Centro Brasileiro de Mediação e Arbitragem (CBMA), Disponível em: http://www.cbma.com.br/regulamento_arbitragem_esportiva. Acesso em: 17 jan. 2020.

[283] Vide análise do *caput* do art. 19 da Lei de Arbitragem em: LEMES, Selma M. Ferreira. A inteligência do art. 19 da Lei de Arbitragem (Instituição da Arbitragem) e as medidas cautelares preparatórias. *Revista de Direito Bancário e do Mercado de Capitais*, v. 20, p. 411-423, abr./jun. 2003.

[284] CAHALI, Francisco José. *Curso de arbitragem*: mediação, conciliação e tribunal multiportas. 7. ed. São Paulo: Thomson Reuters Brasil, 2018. p. 251.

[285] MARTINS, Pedro A. Batista. As três fases da arbitragem. *Revista do Advogado*, v. 26, n. 87, p. 88, 2006.

do Tribunal Arbitral. Assim, o requerente, interessado em instituir o juízo arbitral, deve apresentar o competente requerimento de instauração da arbitragem.[286] A parte requerida, devidamente notificada, terá a oportunidade de apresentar a sua resposta. Se a controvérsia tiver que ser julgada por árbitro único, a escolha idealmente deve ser feita de comum acordo pelas partes. Caso o julgamento fique a cargo de um colegiado de três árbitros, cada uma das partes indicará um coárbitro, os quais, após confirmados para a função, indicarão o presidente do tribunal.

Com a aceitação da nomeação pelo(s) árbitro(s), tem-se a instauração da arbitragem. Em outros termos, a aceitação da nomeação marca o encerramento da fase pré-arbitral. Nada obstante, enquanto o nome dos árbitros indicados estiver pendente de confirmação, a investidura deles será provisória. Exercido o dever de revelação, sem que tenha havido impugnação das partes, a investidura do árbitro se torna definitiva. Havendo arguição de recusa, a investidura tornar-se-á definitiva, tão somente, com a rejeição da impugnação e a confirmação do árbitro para a causa.[287] É nesse momento que tem início a fase arbitral, considerando-se efetivamente instituída a arbitragem.

A instituição da arbitragem é tida como o termo inicial para contagem do prazo legal (art. 23 da Lei de Arbitragem) ou convencional para a prolação de sentença arbitral.[288] É a partir desta data que os árbitros passam a ter jurisdição para processar e julgar o litígio, podendo apreciar medidas urgentes, decidir sobre a sua própria competência e dar andamento ao procedimento, tudo para que, ao final, possa prolatar a competente sentença arbitral.[289]

Em suma, enquanto o(s) árbitro(s) não aceitar(em) a nomeação, não se pode considerar instituída a arbitragem, não havendo que se falar em jurisdição arbitral.

Pelo próprio espírito da Lei de Arbitragem, que evitou descer a detalhes a respeito do procedimento, não há, de antemão, uma forma exata de se requerer a deflagração do procedimento arbitral. Em função disso, são várias as formas de se requerer o início da arbitragem, desde manifestação por qualquer meio de comunicação, até mesmo por via de citação, em ação judicial específica de execução de cláusula compromissória (art. 7º da Lei de Arbitragem). O modelo mais comum, contudo, é o pedido de

---

[286] "(...) A arbitragem começa com a apresentação, pelo autor, de um requerimento arbitral, análogo a uma petição inicial - termo este que, por sinal, não costuma ser usado em arbitragem. (...) O conteúdo do requerimento de arbitragem varia de acordo com as regras arbitrais aplicáveis, que regerão os requisitos dessa petição inicial. Não se aplicam as normas do Código de Processo Civil sobre petição inicial, salvo se as partes assim escolherem" (MUNIZ, Joaquim de Paiva. *Curso básico de direito arbitral*: teoria e prática. 4. ed. Curitiba: Juruá, 2017. p. 168-169).

[287] CAHALI, Francisco José. *Curso de arbitragem*: mediação, conciliação e tribunal multiportas. 7. ed. São Paulo: Thomson Reuters Brasil, 2018. p. 257.

[288] SCAVONE JR., Luiz Antonio. *Manual de arbitragem, mediação e conciliação*. 8. ed. Rio de Janeiro: Forense, 2018. p. 148.

[289] DALLA, Humberto; MAZZOLA, Marcelo. *Manual de mediação e arbitragem*. São Paulo: Saraiva Educação, 2019. p. 301.

instauração de arbitragem, apresentado perante instituição arbitral, nos termos do respectivo regulamento.[290]

Obviamente, se a cláusula compromissória for vazia ou patológica, o requerente terá enormes dificuldades na instauração da arbitragem, sobretudo se a parte contrária resistir à instituição do juízo arbitral. Neste caso, terá o interessado que tomar uma série de providências preparatórias à efetiva instauração do juízo arbitral,[291] notificando a parte requerida a respeito da sua intenção de deflagração do procedimento arbitragem e, caso não obtenha a cooperação dela, terá que ajuizar a ação de execução de cláusula compromissória prevista no art. 7º da Lei.

Muito mais fácil é a instituição da arbitragem, caso a cláusula compromissória seja cheia. Se o for, bastará apresentar o requerimento inicial na instituição arbitral eleita no contrato ou, tratando-se de arbitragem *ad hoc*, seguir o procedimento delimitado na convenção arbitral.

O STJ já teve a oportunidade de examinar o tema, entendendo que a data da instituição do Tribunal Arbitral seria aquela em que houve a aceitação da nomeação pelo último árbitro; e não a data da assinatura da ata de missão ou de eventual termo de arbitragem.[292]

---

[290] "(...) a instauração do procedimento arbitral pode ocorrer de três formas: a) havendo compromisso arbitral ou cláusula compromissória cheia, a arbitragem institucional será instaurada de acordo com as regras previstas no regulamento da entidade; b) na hipótese da cláusula vazia ou ausência de compromisso arbitral, a instauração da arbitragem exige providências prévias por parte do interessado, podendo a questão, se não resolvida consensualmente, desaguar no Judiciário; c) no caso de arbitragem ad hoc, o procedimento deve ser aquele eleito pelas partes, cabendo ao árbitro escolhido, após a devida aceitação, fazer a convocação da parte contrária" (DALLA, Humberto; MAZZOLA, Marcelo. *Manual de mediação e arbitragem*. São Paulo: Saraiva Educação, 2019. p. 302).

[291] Podem ser mencionados alguns exemplos de atos preparatórios na etapa preliminar ao procedimento arbitral: a) citação por via postal ou qualquer outro meio de comunicação, nos termos do art. 6º da Lei de Arbitragem; b) citação por meio de ação de execução de cláusula compromissória prevista no art. 7º da Lei de Arbitragem; c) requerimento de instauração de arbitragem no órgão arbitral; e d) na arbitragem *ad hoc*, solicitação dirigida diretamente ao árbitro, caso cláusula compromissória cheia já informe a quem caberá o julgamento do litígio.

[292] De acordo com o art. 19 da Lei nº 9.307/1996, "considera-se instituída a arbitragem quando aceita a nomeação pelo árbitro, se for único, ou por todos, se forem vários". Sendo assim, na hipótese específica dos autos, deve-se entender instituído o Tribunal Arbitral em 26.03.2010, data em que o último árbitro aceitou o encargo. Aliás, apesar de agora defender que a formação do Tribunal Arbitral teria se dado somente em 23.06.2010, com a assinatura da ata de missão, nas razões do seu recurso especial a própria embargada deixa entrever que considerava a arbitragem instituída antes disso, ao afirmar que a assinatura da ata de missão se deu "com o respectivo Tribunal Arbitral já constituído". Conclui-se, portanto, que a efetiva instituição da arbitragem se deu em 26.03.2010, data em que cessou a competência do Poder Judiciário para processamento da medida cautelar. Consequentemente, devem ser anulados os atos decisórios praticados após essa data, do que resulta o restabelecimento da decisão

Os regulamentos dos órgãos arbitrais nacionais estabelecem marcos distintos para que se tenha por instituída a arbitragem.

O início da fase pré-arbitral, segundo o item 3.1[293] do regulamento de arbitragem do CBMA, se dá da seguinte maneira: "A parte que deseje instituir a arbitragem comunicará essa intenção à Secretaria do Centro por meio do Pedido de Instauração de Arbitragem, a qual, por seu turno, notificará a outra parte". Já a fase arbitral propriamente dita tem início, apenas, com a "confirmação do Tribunal Arbitral pelo Centro", que ocorre "tão logo esgotado o prazo de recusa de árbitro ou a decisão da arguição de recusa" (vide item 5.12[294] do regulamento do CBMA). É nesse momento, quando confirmado o painel arbitral, que se considera a arbitragem instituída.

O regulamento do CAM-CCBC considera instituído o Tribunal Arbitral no momento em que os árbitros firmam o Termo de Independência,[295] sendo irrelevante, para tal fim, a data de assinatura do Termo de Arbitragem. Isso porque uma das partes pode, perfeitamente, recusar a sua assinatura e nem por isso a arbitragem não estará instituída. Prosseguirá regularmente, com julgamento pelos árbitros nomeados. Nesse sentido, estabelece o item 4.19 do Regulamento que "a ausência de qualquer das partes

---

liminar proferida no agravo de instrumento em 28.08.2009, conferindo efeito suspensivo ao recurso, "para o fim de suspender todas as obrigações e direitos titulados pela agravante" (STJ, EDcl no REsp 1.297.974/RJ, 3ª Turma, Ministra Rel. Nancy Andrighi, *DJe* 04.09.2012).

[293] "3.1. A parte que deseje instituir a arbitragem comunicará essa intenção à Secretaria do Centro por meio do Pedido de Instauração de Arbitragem, a qual, por seu turno, notificará a outra parte." E complementa o item 3.2: "Com o recebimento do Pedido de Instauração de Arbitragem na forma do item 3.3 abaixo dar-se-á por iniciado o procedimento arbitral" (Regulamento de Arbitragem do Centro Brasileiro de Mediação e Arbitragem. Disponível em: http://www.cbma.com.br/regulamento_1. Acesso em: 24 jan. 2020).

[294] "5.12. A confirmação do Tribunal Arbitral pelo Centro será encaminhada às partes tão logo esgotado o prazo de recusa de árbitro ou a decisão da arguição de recusa." É condição para a confirmação, evidentemente, o regular exercício pelo árbitro indicado do dever de revelação: "5.4. Antes de sua confirmação, a pessoa nomeada como árbitro deverá revelar qualquer fato que denote ou possa denotar dúvida justificada quanto a sua imparcialidade, independência e disponibilidade, assinando Termo de Independência, Imparcialidade e Disponibilidade". Vide: Regulamento de Arbitragem do Centro Brasileiro de Mediação e Arbitragem. Disponível em: http://www.cbma.com. br/regulamento_1. Acesso em: 24 jan. 2020.

[295] É a dicção do item 4.14 do regulamento da CAM-CCBC: "A Secretaria comunicará aos árbitros para que, no prazo de 10 (dez) dias, firmem o Termo de Independência, que demonstra a aceitação formal do encargo, para todos os efeitos, intimando-se as partes para elaboração do Termo de Arbitragem" (Regulamento de Arbitragem do Centro de Arbitragem e Mediação da Câmara de Comércio Brasil-Canadá (CAM-CCBC). Disponível em: https://ccbc.org.br/cam-ccbc-centro-arbitragem-mediacao/resolucao--de-disputas/arbitragem/regulamento-2012/. Acesso em: 24 jan. 2020).

regularmente convocadas para a reunião inicial ou sua recusa em firmar o Termo de Arbitragem, não impedirão o normal seguimento da arbitragem".[296]

As regras da CAMARB, por sua vez, consideram instituída a arbitragem quando assinado pelo(s) árbitro(s) o Termo de Arbitragem.[297]

É verdade que o Superior Tribunal de Justiça considera instituída a arbitragem quando aceita a nomeação pelo último árbitro ou pelo árbitro único, em juízo singular. Nada obstante, em homenagem à autonomia da vontade, há de se relativizar a orientação já externada pela Corte Superior, admitindo-se que, no âmbito da arbitragem institucional, devem prevalecer os marcos estabelecidos pelos respectivos regulamentos. Nesse sentido, é perfeitamente possível que a instauração da arbitragem se dê em momentos distintos, a depender da instituição arbitral eleita pelas partes.

A prática das câmaras de arbitragem internacionais varia muito.

A Rule 4 (a) do regulamento da *American Arbitration Association (AAA)* enuncia que a "arbitragem, nos termos da cláusula compromissória contratual, será iniciada com o requerimento da parte (*Demand for Arbitration*) para a AAA conjuntamente com a taxa de administração, cópia da cláusula compromissória aplicável inserida no contrato firmado entre as partes e que prevê a solução de conflitos pela arbitragem".[298] A Rule 4 (h) informa, em complemento, que a data em que todos os requisitos do requerimento de instauração da arbitragem forem cumpridos será o marco inicial do procedimento arbitral. Acrescenta, ainda, que quaisquer disputas referentes a determinação da data de início da arbitragem pela AAA serão decididas pelo árbitro.[299]

---

[296] Regulamento de Arbitragem do Centro de Arbitragem e Mediação da Câmara de Comércio Brasil-Canadá (CAM-CCBC). Disponível em: https://ccbc.org.br/cam-ccbc-centro--arbitragem-mediacao/resolucao-de-disputas/arbitragem/regulamento-2012/. Acesso em: 24 jan. 2020. Carmona ressalta que o adendo "(...), que os brasileiros soem denominar termo de arbitragem, é peça de consenso, útil, mas não imprescindível. A maior parte dos órgãos arbitrais institucionais prevê sua assinatura, mas se não houver – por qualquer dos motivos que aduzi– possibilidade de realizar o ato, a arbitragem prossegue regularmente, cabendo aos árbitros decidir a respeito das eventuais lacunas que encontrarem" (CARMONA, Carlos Alberto. *Arbitragem e processo*: um comentário à Lei 9.307/96. 3. ed. São Paulo: Atlas, 2009. p. 282).

[297] A regra está contida no item 6.3 de seu regulamento de arbitragem e sua primeira parte é bem similar ao dispositivo legal em comento: "A arbitragem será considerada instituída e iniciada a jurisdição arbitral quando aceita a nomeação pelo árbitro, se for único, ou por todos, se forem vários. A aceitação do árbitro dar-se-á exclusivamente por meio de sua assinatura no Termo de Arbitragem" (Regulamento de Arbitragem da Câmara de Arbitragem Empresarial – Brasil (CAMARB). Disponível em: http://camarb.com.br/arbitragem/regulamento-de-arbitragem/. Acesso em: 24 jan. 2020).

[298] Regulamento de Arbitragem Comercial da AAA. Disponível em: https://adr.org/sites/default/files/CommercialRules_Web_FINAL_2.pdf. Acesso em: 24 jan. 2020.

[299] "R-4. Filing Requirements – (h)The AAA shall provide notice to the parties (or their representatives if so named) of the receipt of a Demand or Submission when the administrative filing requirements have been satisfied. The date on which the filing requirements are satisfied shall establish the date of filing the dispute for administration. However, all disputes in connection with the AAA's determination of the date of filing may be

A *London International Court of Arbitration (LCIA)* considera como o marco inicial da arbitragem a data de recebimento do pedido de instauração do procedimento, conforme item 1.4 de seu regulamento de arbitragem.[300]

O *Arbitration Institute of the Stockholm Chamber of Commerce (SCC)* também prevê, no art. 8º de seu regulamento, que a "arbitragem será considerada como iniciada na data em que o SCC recebe o Pedido de Arbitragem".[301]

A Lei Modelo da UNCITRAL preconiza que, salvo acordo em contrário pelas partes, o procedimento arbitral tem início quando do recebimento do pedido de instauração da arbitragem pelo requerido (*vide* art. 21).[302]

É possível perceber que a prática internacional, quanto à data de início do procedimento arbitral, diferencia-se da ditada pela lei brasileira e pelo STJ. No Brasil, considera-se instituída a arbitragem com a aceitação do encargo pelo árbitro, ficando ao alvitre dos regulamentos das instituições arbitrais, ou mesmo da vontade das partes, a formalização disso. O STJ considerou, para um caso específico, que se tem a arbitragem por instaurada quando da aceitação do encargo pelo último árbitro (e não quando da assinatura da ata de missão ou termo de arbitragem).[303]

---

decided by the arbitrator" (Regulamento de Arbitragem Comercial da AAA. Disponível em: https://adr.org/sites/default/files/CommercialRules_Web_FINAL_2.pdf. Acesso em: 24 jan. 2020).

[300] "Article 1 – Request for Arbitration – .4 The arbitration shall be treated as having commenced for all purposes on the date upon which the Request (including all accompanying documents) is received electronically by the Registrar (the "Commencement Date"), provided that the LCIA has received the registration fee. Where the registration fee is received subsequently the Commencement Date will be the date of the LCIA's actual receipt of the registration fee" (Disponível em: https://www.lcia.org/Dispute_Resolution_Services/lcia-arbitration-rules-2020.aspx. Acesso em: 22 jan. 2021).

[301] Regulamento de arbitragem da SCC. Disponível em: https://sccinstitute.com/media/1407444/arbitrationrules_eng_2020.pdf. Acesso em: 24 jan. 2020.

[302] "Artigo 21.º. Início do procedimento arbitral – Salvo acordo das partes em contrário, o procedimento arbitral relativo a determinada disputa tem início na data em que o pedido de sujeição desta disputa à arbitragem é recebido pelo requerido" (Disponível em: http://www.cbar.org.br/leis_intern_arquivos/Lei_Modelo_Uncitral_traduzida_e_revisada_versao_final.pdf. Acesso em: 24 jan. 2020).

[303] "(...) a embargante afirma ter sido em 26.03.2010, data em que houve "a confirmação do último árbitro pendente de nomeação, o Professor Carlos Alberto Carmona, que designado Presidente do Tribunal Arbitral". A embargada, por sua vez, sustenta que a instituição se deu somente em 23.06.2010, 'com a respectiva assinatura da Ata de Missão". A definição de qual tese deve prevalecer é de todo importante, pois entre uma e outra data houve a prolação de sentença julgando improcedentes os pedidos da medida cautelar e de decisão concedendo liminar em sede de agravo de instrumento. De acordo com o art. 19 da Lei 9.307/96, "considera-se instituída a arbitragem quando aceita a nomeação pelo árbitro, se for único, ou por todos, se forem vários". Sendo assim, na hipótese específica dos autos, deve-se entender instituído o Tribunal Arbitral em 26.03.2010, data em que o último árbitro aceitou o encargo" (STJ, Terceira Turma, EDcl no REsp 1.297.974/RJ, Rel. Min. Nancy Andrighi, *DJe* 04.09.2012).

2. Termo de Arbitragem, Ata de Missão ou *Terms of Reference*

O § 1º do art. 19 da Lei de Arbitragem, nela inserido pela reforma promovida pela Lei 13.129/2015, traz previsão específica da possibilidade de elaboração do Termo de Arbitragem, definindo-o como um *adendo* da convenção de arbitragem ("será elaborado, juntamente com as partes, adendo firmado por todos, que passará a fazer parte integrante da convenção de arbitragem").

A utilização do Termo do Termo de Arbitragem, tão frequente nas arbitragens domésticas, tem marcada inspiração na ata de missão, prevista nas regras da CCI, mais especificamente no art. 23 de seu regulamento de arbitragem.[304] Lá, os árbitros

---

[304] A ata de missão foi originariamente incorporada no regulamento de arbitragem da CCI, em 1955, porque alguns sistemas jurídicos recusavam-se a executar convenções arbitrais assinadas antes do surgimento do conflito, ou seja, cláusulas compromissórias. Para sanar tal divergência os *terms of reference* constituíam um verdadeiro compromisso arbitral, haja vista que firmado após o surgimento da disputa. Não é necessária, geralmente, a elaboração de *Terms of Reference* para garantir a execução de sentença arbitral, no entanto, este faz às vezes de compromisso arbitral nas jurisdições que ainda o exigem (GREENBERG, Simon et al. Terms of reference and negative jurisdicional decisions: a lesson from Australia. *Arbitration International*, v. 18, n. 2, p. 129, 2002). Vejamos os requisitos da ata de missão, nos moldes postos pelo art. 23 do Regulamento de Arbitragem da CCI: "1. Tão logo receba os autos da Secretaria, o tribunal arbitral elaborará, fundamentado em documentos ou na presença das partes e à luz das suas mais recentes alegações, documento que defina a sua missão. Esse documento deverá conter os seguintes elementos: a) nome ou denominação completo, qualificação, endereço e qualquer outro dado para contato de cada parte e de cada pessoa que esteja representando uma parte na arbitragem; b) os endereços para os quais poderão ser enviadas as notificações e comunicações necessárias no curso da arbitragem; c) resumo das demandas das partes e dos seus pedidos, incluídos os valores de qualquer demanda que esteja quantificada e, se possível, uma estimativa do valor monetário das demais demandas ; d) a menos que o tribunal arbitral considere inadequado, uma relação dos pontos controvertidos a serem resolvidos; e) os nomes completos, os endereços e qualquer outro dado para contato de cada árbitro; f) a sede da arbitragem; e g) as regras processuais aplicáveis e, se for o caso, a referência aos poderes conferidos ao tribunal arbitral para atuar como *amiable compositeur* ou para decidir *ex aequo et bono*. 2. A Ata de Missão deverá ser assinada pelas partes e pelo tribunal arbitral. Dentro de 30 dias após os autos lhe terem sido transmitidos, o tribunal arbitral deverá transmitir à Corte a Ata de Missão assinada pelos árbitros e pelas partes. A Corte poderá prorrogar esse prazo, atendendo a um pedido fundamentado do tribunal arbitral ou por sua própria iniciativa, se julgar necessário fazê-lo. 3. Se uma das partes se recusar a participar na elaboração da Ata de Missão ou a assiná-la, o documento deverá ser submetido à Corte para aprovação. Uma vez que a Ata de Missão tenha sido assinada, nos termos do artigo 23(2), ou aprovada pela Corte, a arbitragem prosseguirá. 4. Após a assinatura da Ata de Missão ou a sua aprovação pela Corte, nenhuma das partes poderá formular novas demandas fora dos limites da Ata de Missão, a não ser que seja autorizada a fazê-lo pelo tribunal arbitral, o qual deverá considerar a natureza de tais novas demandas, o estado atual da arbitragem e quaisquer outras circunstâncias relevantes" (Disponível em: https://iccwbo.org/dispute-resolution-services/arbitration/rules-of-arbitration/. Acesso em: 22 jan. 2021).

são avisados pelo Secretariado que a sua primeira tarefa no procedimento arbitral é a elaboração dos *Terms of Reference*. As partes não são obrigadas a assinar o Termo de Arbitragem que, neste caso, deverá ser aprovado pelo Tribunal Arbitral e a arbitragem seguirá seu curso normal (item 3 do art. 23 do regulamento de arbitragem CCI).

A principal vantagem do Termo de Arbitragem é fixar os limites objetivos e subjetivos da jurisdição arbitral, delimitando, desde logo, as partes e os pedidos formulados, o que permite a condução mais eficiente do procedimento. Nele, é frequente ainda a construção, em consenso, de um calendário para a arbitragem. Possui, outrossim, a importante função de sanar possíveis deficiências identificadas na convenção arbitral.[305]

Isto é, a Ata de Missão é um instrumento prático voltado à organização da arbitragem e possui tripla finalidade: explicitar a convenção arbitral, fixar os limites objetivos da lide e estabelecer o cronograma provisório do procedimento. Serve como um roteiro para a arbitragem, facilitando o gerenciamento do procedimento, de acordo com as particularidades do caso concreto. Evidentemente, pode abordar uma, outra ou todas as questões mencionadas. Uma Ata de Missão ideal deve observar os requisitos estabelecidos no art. 23 do regulamento de arbitragem da CCI, principalmente no que tange ao cronograma do procedimento.[306]

Controverte-se, na seara internacional, quanto a se o *Terms of Reference* deveria ser considerado, ou não, um ajuste equivalente ao compromisso arbitral.[307] A *Cour de*

---

[305] "Os defensores do uso dos *Terms of Reference* argumentam que seu papel principal é estabelecer claramente ou 'cristalizar' as disputas entre as partes em um estágio preliminar. Argumenta-se que esclarecer as questões em um estágio inicial pode levar a uma solução mais eficiente da disputa. Também se afirma que estes desempenham importante função na definição da missão do tribunal arbitral. Isso significa que estes podem finalmente ser usados para determinar se o tribunal arbitral excedeu sua jurisdição. (...) uma das vantagens de elaborar *Terms of Reference* e ter eles assinados pelas partes é que eles podem curar possíveis insuficiências da convenção de arbitragem. O uso dos *Terms of Reference* também foi objeto de críticas. O procedimento foi criticado por acrescentar atraso desnecessário ao processo arbitral sem trazer benefício específico" (GREENBERG, Simon et al. Terms of reference and negative jurisdicional decisions: a lesson from Australia. *Arbitration International*, v. 18, n. 2, p. 129, 2002).

[306] CAHALI, Francisco José. *Curso de arbitragem*: mediação, conciliação e tribunal multiportas. 7. ed. São Paulo: Thomson Reuters Brasil, 2018. p. 267.

[307] Greenberg e Secomb trazem em seu escrito, através da análise de casos concretos da arbitragem internacional que idealmente as partes devem estabelecer expressamente no *Terms of Reference* que o Tribunal Arbitral possui competência para estabelecer sua própria jurisdição por sentença arbitral parcial e, assim, não ficando as partes à mercê das incertezas geradas pelo princípio da competência-competência. Tal previsão evitaria tentativas de anulação de sentença arbitral no âmbito doméstico sob alegação de ausência de jurisdição do Tribunal Arbitral e traria mais segurança para as partes na execução da sentença arbitral nos termos da Convenção de Nova York. A parte vencedora teria em suas mãos uma sentença arbitral com muito mais força para execução e a parte perdedora teria muito menos argumentos para questionar a jurisdição do Tribunal (GREENBERG, Simon et al. Terms of reference and negative jurisdicional decisions: a lesson from Australia. *Arbitration International*, v. 18, n. 2, p. 135, 2002).

Cassation francesa entendeu, em caso datado de 1987, que a Ata de Missão não constitui compromisso arbitral, uma vez que o seu propósito seria o de definir as questões a serem arbitradas, sendo certo, ainda, que as regras da CCI distinguem claramente a convenção arbitral do *Terms of Reference*.[308]

O STJ, seguindo orientação semelhante, também distingue a convenção arbitral do Termo de Arbitragem, enxergando-o como instrumento organizador da arbitragem. Admite a Corte Superior, porém, que o Termo de Arbitragem altere, inteiramente, os termos da cláusula compromissória ou mesmo do compromisso arbitral nos limites do que permite a autonomia privada.[309]

Por não se confundir com a cláusula compromissória, o STJ dispensa a apresentação do original, ou cópia certificada, da Ata de Missão, nos processos de homologação de sentença arbitral estrangeira.[310]

---

[308] O Tribunal de Apelação entendeu que a opção pela arbitragem teria sido feita pela cláusula compromissória, inserida no contrato, e não pela referida ata de missão, cujo objeto teria sido, apenas, o de definir os pontos em disputa. Cour de Cassation, Chambre Civile 1, n. de pourvoi: 84-17274, 6 de janeiro de 1987.

[309] "O termo de arbitragem encontra respaldo legal no parágrafo único do art. 19 da Lei de Arbitragem, o qual tem inspiração na 'Ata de Missão' que integra o regulamento da Câmara de Comércio Internacional – CCI, desde 1955, conforme assegura a Prof. Selma Ferreira Lemes (Convenção de Arbitragem e Termo de Arbitragem: características, efeitos e funções. *Revista do Advogado*, ano XXVI, n. 87). Pode ser conceituado, nas palavras da professora, como "instrumento processual organizador da arbitragem", pelo qual se confere aos árbitros e às partes mais uma possibilidade de acordarem a respeito de especificidades e da delimitação da controvérsia. Não se confunde com ato inaugural da arbitragem, pois, nos termos do art. 19, esta se considera instituída no momento em que é aceita a nomeação pelos árbitros. Nesse ponto, convém lembrar que a força motriz da arbitragem e a razão de sua constitucionalidade é o reconhecimento da total liberdade das partes quanto à submissão de interesses disponíveis à jurisdição privada. No mesmo diapasão, quando as partes são convocadas pelos árbitros e firmam conjuntamente o Termo de Arbitragem, poderá ser alterada inteiramente o que anteriormente estipulado na convenção arbitral, seja ela cláusula compromissória, seja compromisso arbitral (CARMONA, Carlos Alberto; WALD, Arnoldo. O processo Arbitral. *Revista de Arbitragem e Mediação*, v. 1). Em razão dessa liberdade, o Termo se aproxima do compromisso arbitral, porém com ele não se confunde. Isso porque o compromisso arbitral atribui a competência jurisdicional aos árbitros, enquanto o termo de arbitragem pressupõe o juízo regularmente instalado, delimitando-se a controvérsia e a missão dos árbitros. Todavia, porque forjada na liberdade e disponibilidade, o Termo de Arbitragem poderá alterar ou suprir omissões e até sanar irregularidades – somente não se admitem alterações que atinjam o núcleo essencial e cogente relativo à igualdade das partes e ao contraditório. Noutros termos, a assinatura do Termo é momento adequado para que o procedimento seja novamente objeto de deliberação e acordo das partes e dos árbitros" (STJ, REsp 1.389.763/PR, 3ª Turma, Rel. Min. Nancy Andrighi, *DJe* 20.11.2013).

[310] "A Ata de Missão, também denominada Termo de Arbitragem, é o instrumento processual organizador da arbitragem, no qual se confere aos árbitros e às partes mais uma possibilidade de ajustarem as particularidades e a delimitação da controvérsia arbitral. (...) A legislação aplicável à homologação da sentença arbitral estrangeira não

3. Efeitos da instituição ou instauração da arbitragem

O § 2º do art. 19 da Lei de Arbitragem, nela incluído pela reforma de 2015, aborda especificamente o fenômeno da interrupção da prescrição.[311]

A referida disposição legal, introduzida no ordenamento jurídico pela Lei 13.129/2015, veio para suprir lacuna até então existente no microssistema arbitral, geradora de relevante insegurança jurídica. Preocupava, em especial, o risco de uma arbitragem demorar para ser instituída e eventualmente ser decretada a prescrição da pretensão deduzida na arbitragem. Inclusive, em decisão relativamente recente, o STJ posicionou-se no sentido de que, à falta de previsão legal a respeito, antes da Reforma da Lei de Arbitragem, datada de 26 de maio de 2015, o requerimento de instauração do procedimento arbitral não tinha o efeito de interromper o prazo extintivo de direito. Assentou o Min. Gurgel de Faria, na ocasião, que "somente com o advento da Lei n. 13.129/2015, que modificou a Lei de Arbitragem, passou a existir no ordenamento jurídico pátrio expressa previsão acerca da instituição do procedimento arbitral como causa de interrupção da prescrição (art. 19, § 2º, da Lei n. 9.307/1996)", de sorte que "a notificação para formação de juízo arbitral não serve para interromper o fluxo do prazo prescricional", "pois, ao tempo da sua apresentação, inexistia regramento legal específico que dispusesse acerca dos efeitos da prescrição no âmbito do processo arbitral, eficácia somente obtida com o novel diploma supracitado".[312]

A sobredita alteração legislativa trouxe, portanto, importante modificação no regime jurídico aplicável à prescrição, nos procedimentos arbitrais. Hoje, uma vez instituída a arbitragem, com a aceitação do encargo pelos árbitros, tem-se a prescrição por interrompida, em caráter retroativo à data da apresentação do requerimento de arbitragem, ainda que eventualmente os árbitros posteriormente acolham eventual objeção de jurisdição.

Por *data do requerimento de sua instauração* entende-se toda e qualquer iniciativa que tenha por objetivo provocar a instauração do procedimento arbitral. Para tal fim, pode-se considerar, inclusive, eventual notificação convocando a parte contrária para a assinatura de compromisso arbitral, na forma do art. 6º da Lei. Aplica-se, por analogia, a teoria da expedição típica do direito contratual.[313]

---

estabelece como obrigatória a apresentação da Ata de Missão ou Termo de Arbitragem, no qual as partes as partes reafirmaram sua submissão à arbitragem sob as Regras Internacionais de Arbitragem da Câmara de Comércio Internacional – CCI. O que exige o ordenamento jurídico é a apresentação da original da convenção de arbitragem ou cópia devidamente certificada, acompanhada de tradução oficial, para que seja verificada a existência da cláusula compromissória arbitral, situação comprovada no caso dos autos, conforme exposto linhas atrás. Portanto, desnecessário qualquer juízo a respeito da suposta invalidade da cópia da Ata de Missão juntada aos autos" (STJ, SEC 6.855/EX, Corte Especial, Rel. Min. Jorge Mussi, *DJe* 24.08.2017).

[311] Sobre os prazos prescricionais, vide os arts. 205 e 206 do Código Civil.

[312] STJ, AREsp 640.815/PR, Primeira Turma, Rel. Min. Gurgel de Faria, *DJe* 20.02.2018. O assunto era extremamente controvertido antes da Reforma da Lei de Arbitragem, de 2015. Vide, para uma análise detida das diversas orientações que existiam a respeito do tema: NUNES, Thiago Marinho. *Arbitragem e prescrição*. São Paulo: Atlas, 2014. p. 209-223.

[313] SCAVONE JR., Luiz Antonio. *Manual de arbitragem, mediação e conciliação*. 8. ed. Rio de Janeiro: Forense, 2018. p. 150.

A interrupção da prescrição – perceba-se – está condicionada à instituição da arbitragem, isto é, ao início da fase arbitral propriamente dita, que ocorre com a aceitação da nomeação pelos árbitros. O fenômeno interruptivo, contudo, retroage à data da apresentação do requerimento de instauração da arbitragem. Não especificando a lei qualquer formalidade para tal ato, há de se considerar como suficiente qualquer iniciativa inequívoca voltada para provocar o início da arbitragem, tal e qual a correspondência enviada ao requerido, convocando-o para firmar o compromisso arbitral, ou o mero protocolo do pedido de instauração da arbitragem, no órgão institucional competente.[314] Vários são os atos que têm o condão de delimitar o momento inicial para a interrupção da prescrição, a depender do tipo de convenção arbitral (vazia, patológica, cheia ou compromisso) e do regulamento do órgão arbitral. Não podem as partes, em razão da natureza cogente das normas que regem a prescrição, convencionar a não observância delas, nos termos dos arts. 191 e 192 do Código Civil.[315] Na dicção de Thiago Marinho Nunes, "as regras impostas pelo legislador acerca da prescrição têm o caráter de ordem pública, dada a inegociabilidade de instituto prescricional".[316]

O interessado também possui a opção de interromper a prescrição antes da instituição da arbitragem, mediante protesto interruptivo de prescrição, conforme prescrevem os arts. 202, I e II, do Código Civil[317] combinado com o art. 726, § 2º, do Código de Processo Civil.[318]

---

[314] De acordo com Cahali: "(...) deverá ser considerada como ato interruptivo da prescrição a inequívoca iniciativa em provocar o início da arbitragem. Ou seja, no exato instante em que a parte, comprovadamente, demonstra seu propósito de materializar o juízo arbitral, deve-se atribuir ao fato a força interruptiva da prescrição. E na diversidade de formas para se dar início a arbitragem, peculiar do sistema arbitral, qualquer delas deve ser aceita. Assim, desde aquela correspondência enviada ao adversário, convocando-o para firmar o compromisso (art. 6º da Lei 9.307/1996), até o protocolo da solicitação de instauração de procedimento arbitral apresentado na entidade eleita pelas partes (ou seja, antes mesmo da aceitação do árbitro, ou da assinatura da ata de missão/termo de arbitragem), passando pela só assinatura de compromisso arbitral e ainda pela provocação do árbitro de acordo com a convenção, são atos aptos ao fim aqui tratado, pois demonstram a perseguição, pelo interessado, da tutela jurisdicional de seus afirmados direitos, na forma prevista no sistema jurídico próprio" (CAHALI, Francisco José. *Curso de arbitragem*: mediação, conciliação e tribunal multiportas. 7. ed. São Paulo: Thomson Reuters Brasil, 2018. p. 297).

[315] Código Civil: "Art. 191. A renúncia da prescrição pode ser expressa ou tácita, e só valerá, sendo feita, sem prejuízo de terceiro, depois que a prescrição se consumar; tácita é a renúncia quando se presume de fatos do interessado, incompatíveis com a prescrição. Art. 192. Os prazos de prescrição não podem ser alterados por acordo das partes".

[316] NUNES, Thiago Marinho. *Arbitragem e prescrição*. São Paulo: Atlas, 2014. p. 105.

[317] Código Civil: "Art. 202. A interrupção da prescrição, que somente poderá ocorrer uma vez, dar-se-á: I – por despacho do juiz, mesmo incompetente, que ordenar a citação, se o interessado a promover no prazo e na forma da lei processual; II – por protesto, nas condições do inciso antecedente".

[318] Código de Processo Civil: "Art. 726. Quem tiver interesse em manifestar formalmente sua vontade a outrem sobre assunto juridicamente relevante poderá notificar pessoas participantes da mesma relação jurídica para dar-lhes ciência de seu propósito. § 1º

Cabe perquirir, no entanto, o que acontece se, antes da instituição da arbitragem, a câmara eleita nega prosseguimento ao procedimento arbitral, ante a manifesta invalidade ou ineficácia, *prima facie*, da convenção de arbitragem.[319] A lei diz que a prescrição há de ser tida por interrompida, ainda que a arbitragem seja extinta, por ausência de jurisdição. A interrupção, entretanto, fica condicionada à instituição da arbitragem. Se a arbitragem não chegou a ser instaurada, a conclusão automática deveria ser a de que não houve a interrupção do prazo prescricional.

Não nos parece, todavia, seja esta a melhor orientação. As entidades arbitrais, ainda que exerçam função predominantemente administrativa, podem também ser provocadas a, excepcionalmente e *prima facie*, praticar algum ato de cunho jurisdicional. É o que ocorre quando a instituição acolhe eventual objeção de jurisdição e impede o prosseguimento da arbitragem. Neste caso, há de se reconhecer a interrupção da prescrição, retroagindo-se à data da apresentação do pedido de instauração da arbitragem.

A instituição da arbitragem produz ainda outros importantes efeitos. Ela inaugura a jurisdição dos árbitros e, por consequência, transfere do Judiciário para o painel arbitral a competência para decidir medidas de cunho cautelar. Além disso, a instauração da arbitragem estabelece o termo inicial para contagem do prazo para prolação da sentença, nos termos do art. 23 da Lei (que é de seis meses), ou conforme ajustado pelas partes, no Termo de Arbitragem ou Ata de Missão. Também torna litigiosa a coisa e induz litispendência.

> **Art. 20.** A parte que pretender arguir questões relativas à competência, suspeição ou impedimento do árbitro ou dos árbitros, bem como nulidade, invalidade ou ineficácia da convenção de arbitragem, deverá fazê-lo na primeira oportunidade que tiver de se manifestar, após a instituição da arbitragem.
>
> **§ 1º** Acolhida a arguição de suspeição ou impedimento, será o árbitro substituído nos termos do art. 16 desta Lei, reconhecida a incompetência do árbitro ou do tribunal arbitral, bem como a nulidade, invalidade ou ineficácia da convenção de arbitragem, serão as partes remetidas ao órgão do Poder Judiciário competente para julgar a causa.

Se a pretensão for a de dar conhecimento geral ao público, mediante edital, o juiz só a deferirá se a tiver por fundada e necessária ao resguardo de direito. § 2º Aplica-se o disposto nesta Seção, no que couber, ao protesto judicial".

[319] É comum e frequente que os regulamentos das câmaras de arbitragem contemplem previsão de tal natureza, permitindo, em nome da celeridade processual, a extinção do procedimento, pela própria instituição, sempre que for manifesta a inexistência, invalidade ou ineficácia da cláusula compromissória. Nesse sentido, por todos, vale mencionar o item 4.1 do regulamento do CBMA: "4.1. Questionada a existência, validade ou eficácia da convenção de arbitragem, o Centro deverá dar prosseguimento à arbitragem, exceto quando entender ser a convenção de arbitragem manifestamente inexistente, inválida ou ineficaz". Vide: Regulamento de Arbitragem do Centro Brasileiro de Mediação e Arbitragem. Disponível em: http://www.cbma.com.br/regulamento_1. Acesso em: 24 jan. 2020.

> **§ 2º** Não sendo acolhida a arguição, terá normal prosseguimento a arbitragem, sem prejuízo de vir a ser examinada a decisão pelo órgão do Poder Judiciário competente, quando da eventual propositura da demanda de que trata o art. 33 desta Lei.

 Comentários

1. Arguições iniciais no procedimento arbitral e preclusão

De acordo com o art. 20, *caput*, da Lei de Arbitragem, a parte que pretender arguir questões relativas à competência, suspeição ou impedimento do(s) árbitro(s), bem como nulidade, invalidade ou ineficácia da convenção de arbitragem, deverá fazê-lo na primeira oportunidade após a instituição da arbitragem. O legislador quis fixar um momento preclusivo para que o tema seja suscitado na via arbitral. Há questões que violam ou ao menos resvalam na ordem pública, por exemplo, eventual violação aos princípios especificados no art. 21, § 2º, da Lei de Arbitragem, e que, portanto, podem ser alegadas a qualquer tempo no curso do procedimento arbitral (e até mesmo via a ação anulatória do art. 32 da Lei) e outras que dizem respeito à esfera da autonomia da vontade das partes.[320] Assim, a título ilustrativo, se inexiste cláusula compromissória e a parte requerida, em vez de deduzir exceção de jurisdição, limita-se a impugnar o mérito do pedido formulado pelo requerente, considera a lei que houve a concordância tácita da parte com a solução da controvérsia pela via arbitral, não mais podendo a parte alegar isso, ao final do procedimento arbitral, caso sobrevenha sentença arbitral que lhe seja desfavorável.

As questões relativas à competência do Tribunal Arbitral e à nulidade, invalidade ou ineficácia da convenção de arbitragem já foram abordadas nos comentários ao art. 8º, *caput* e parágrafo único, da Lei de Arbitragem, quando discorremos sobre o princípio da competência-competência e sobre a doutrina da separabilidade (autonomia) da cláusula compromissória. Em resumo, o Tribunal Arbitral é o juiz da sua própria competência, cabendo a ele aferir, com precedência à justiça estatal, se possui jurisdição sobre a causa. Da mesma forma, compete ao árbitro decidir sobre a eficácia e validade da convenção de arbitragem. Se o Tribunal Arbitral, decidir por sua incompetência ou pela invalidade da convenção de arbitragem, as partes deverão seguir com a disputa no Judiciário, podendo, todavia, desde que a matéria verse sobre direitos patrimoniais disponíveis, celebrar compromisso arbitral e constituir novo Tribunal Arbitral para dirimir a controvérsia.

---

[320] De acordo com Carlos Alberto Carmona: "as matérias tratadas no dispositivo legal são híbridas, e merecem ser separadas para análise diferenciada: há matérias que beiram a ordem pública e que dizem respeito aos princípios do processo (especificados no § 2º do artigo 21), cuja violação não comporta saneamento; há outras porém, que se localizam plenamente na esfera de disponibilidade das partes, a permitir a atuação do princípio da disponibilidade" (CARMONA, Carlos Alberto. *Arbitragem e processo*: um comentário à Lei 9.307/96. 3. ed. São Paulo: Atlas, 2009. p. 284).

Caso o Tribunal Arbitral reconheça a sua competência para a causa, o Judiciário somente poderá reexaminar a questão, após a sentença arbitral, por meio da competente ação anulatória (especificamente nos termos do art. 32, I, IV e VIII, da Lei de Arbitragem) e, eis a exigência adicional imposta pelo art. 20, desde que tenha deduzido exceção perante o juízo arbitral, sob pena de reconhecimento tácito da jurisdição arbitral.

O STJ possui firme entendimento no sentido de que a anulação da sentença arbitral, por incompetência ou invalidade da sentença arbitral, depende do prequestionamento da questão no juízo arbitral, sob pena de preclusão consumativa.[321]

---

[321] "Com efeito, após implantada a arbitragem, esse Juízo assume a exclusividade na apreciação da lide, inclusive quanto às questões relativas à sua competência, suspeição ou impedimento de seus árbitros, devendo a parte interessada argui-las no primeiro momento que tiver para se manifestar, sob pena de operar-se a preclusão, impossibilitando que, finda a arbitragem, seja intentada demanda judicial visando à sua anulação" (STJ, REsp 1.082.498/MT, 4ª Turma, Rel. Min. Luis Felipe Salomão, *DJe* 04.12.2012). A propósito do tema, a lição de Scavone Jr. é esclarecedora: "Entende-se que, em algumas hipóteses que não encerram matérias cogentes, se as partes não se queixaram no momento determinado pela lei, perdem o direito de, posteriormente, requerer a nulidade da sentença arbitral. São elas: a) suspeição e impedimento; b) no caso de a escolha do árbitro ser deferida a terceiros e ocorrer incompetência relativa em razão do desrespeito às características determinadas na convenção de arbitragem, como, por exemplo, ser o árbitro um engenheiro com mais de dez anos de experiência; e c) Incompetência relativa do árbitro em razão da matéria que, a despeito de ultrapassar os limites da convenção de arbitragem, não se qualifica como direito indisponível, de tal sorte que se trata de verdadeira aceitação tácita da arbitragem pela parte que não se insurge na primeira oportunidade. Quanto à nulidade da convenção, nos parece que a interpretação deve ser feita de forma sistemática com o Código Civil, que trata das nulidades dos negócios jurídicos. Por assim a questão, a nulidade absoluta (arts. 104 e 166 do CC) não convalesce jamais, de tal sorte que não pode ser esta espécie que demanda a manifestação na primeira oportunidade sob pena de preclusão. Nesse sentido o teor do art. 169 do CC: O negócio jurídico nulo não é suscetível de confirmação, nem convalesce pelo decurso do tempo'. (...) Quanto à nulidade relativa, a conclusão não é a mesma e o negócio jurídico anulável pode ser ratificado, inclusive tacitamente. (...) Em suma, a alegação na primeira oportunidade é exigida apenas se a parte que pretende alegar o defeito (anulabilidade) do negócio jurídico (convenção de arbitragem): a) já conhecia o defeito, sendo relevante considerar que se admite, em alguns casos, o desconhecimento da mácula, o que impede, por razões óbvias, que a alegação seja feita na primeira oportunidade, como nos casos de erro (arts. 138 e 144 do CC), dolo (arts. 145, 150 do CC) e lesão (art. 157 do CC); b) não estava mais sob a pressão que maculava a sua vontade, especialmente e exemplificativamente, nos casos de coação (arts. 151 a 155 do CC) e estado de perigo (art. 156 CC). Nesses casos aplica-se integralmente a lição de Roberto Senise Lisboa para quem 'configura-se a confirmação tácita quando o interessado, apesar de ciente da existência do vício em seu prejuízo, opta por praticar os atos de execução do negócio jurídico'" (SCAVONE JR., Luiz Antonio. *Manual de arbitragem, mediação e conciliação.* 8. ed. Rio de Janeiro: Forense, 2018. p. 156-157).

O art. 20 da Lei de Arbitragem não estabelece um momento exato em que as arguições devem ser realizadas. É categórico, tão somente, quanto ao fato de que deve ser deduzida no primeiro momento que a parte tiver para se manifestar, após a instituição da arbitragem. Nada impede que isso seja feito antes mesmo da constituição do Tribunal Arbitral, quando da resposta ao requerimento de instauração, ou por ocasião da assinatura do termo de arbitragem. Também é possível que a parte se recuse a assinar o termo de arbitragem, deduzindo, desde logo, a objeção.[322]

Podem as partes, por fim, pactuar um procedimento específico para exame da exceção ou remeter a solução da questão ao regulamento da câmara de arbitragem eleita para gerenciar o procedimento. Cada instituição adota um procedimento próprio, ainda que se assemelhem entre si.

Perceba-se que o art. 20 disciplina duas exceções distintas, de forma idêntica: a) exceção de impedimento ou suspeição; e b) exceção de incompetência (ou objeção à jurisdição arbitral). Exceções distintas e que devem ser examinadas separadamente, conforme tratamento a elas dado pelas instituições arbitrais.

Primeiro: a exceção de impedimento ou suspeição, também chamada de arguição de recusa do árbitro. A CAMARB estabelece, no item 5.1 de seu regulamento de arbitragem, para impugnação do árbitro, o prazo de 10 (dez) dias do recebimento da declaração de disponibilidade, independência e imparcialidade, ou do recebimento de informação revelada pelo árbitro que possa ocasionar dúvida justificável (dever de revelação) quanto à sua imparcialidade.[323]

O CAM-CCBC estabelece, por sua vez, no item 4.7 de seu regulamento de arbitragem, o prazo de 10 (dez) dias de impugnação das partes, após a entrega, pelos árbitros, de questionário sobre conflito de interesses e disponibilidade devidamente preenchido.[324]

---

[322] Cahali afirma que tratando-se de painel arbitral, em que um árbitro é eleito pelo solicitante, outro pelo solicitado, a impugnação a este, excepcionalmente, pode ocorrer antes mesmo da instituição da arbitragem (pois esta só se daria após a escolha e aceitação do presidente). Já a recusa ao presidente, por qualquer das partes, será depois de instituído o juízo arbitral, pois então completa a formação do painel arbitral (tribunal) com aceitação deste (CAHALI, Francisco José. *Curso de arbitragem*: mediação, conciliação e tribunal multiportas. 7. ed. São Paulo: Thomson Reuters Brasil, 2018. p. 258).

[323] "5.1 – No prazo de 10 (dez) dias do recebimento da declaração de disponibilidade, independência e imparcialidade ou da informação de que trata o item 4.11, qualquer das partes poderá impugnar o árbitro que não atenda aos requisitos da convenção de arbitragem ou de legislação eventualmente aplicável, incorra em qualquer das hipóteses de impedimento ou suspeição previstas na lei de arbitragem, ou não possua a disponibilidade para atuar no procedimento arbitral" (Regulamento de arbitragem da CAMARB disponível em: http://camarb.com.br/arbitragem/regulamento-de--arbitragem/. Acesso em: 28 jan. 2020).

[324] "4.6. A Secretaria do CAM-CCBC informará às Partes e aos árbitros sobre as indicações realizadas. Nesta oportunidade, os árbitros indicados serão solicitados a preencher Questionário de Conflitos de Interesse e Disponibilidade do CAM-CCBC, abreviadamente denominado Questionário, no prazo de 10 (dez) dias. 4.6.1. O Questionário

O CBMA estabelece, no item 7.1 do seu regulamento, o prazo de 15 (quinze) para a arguição de recusa, contados da ciência da designação do árbitro.[325]

Releva destacar que, tratando-se de fato desconhecido da parte ou de fato superveniente, o prazo para arguição de recusa somente terá início quando a parte dele tomar conhecimento. Os árbitros sempre terão oportunidade de se manifestar sobre a impugnação.[326]

A objeção à jurisdição arbitral, por seu turno, recebe tratamento bem diferente. Em especial, na arbitragem institucional, os regulamentos permitem que a exceção seja deduzida em dois momentos distintos. Pode a parte, quando notificada para a arbitragem, apresentar exceção de incompetência à própria instituição arbitral. Neste caso, por cautela, o centro de arbitragem só deve acolher a exceção se for manifesta a incompetência da instituição ou a inexistência, invalidade ou ineficácia da convenção de arbitragem. Seria o caso de acolher a exceção, a título ilustrativo, se inexistisse cláusula compromissória no contrato. Também caberia a extinção do procedimento arbitral se ficasse evidenciado que a arbitragem foi deflagrada na instituição errada (por exemplo, requerimento apresentado no CAM-CCBC, quando a cláusula fala em CAMARB).

A análise promovida pela instituição se dá *prima facie*, em caráter precário. Na dúvida, deve a câmara arbitral determinar o prosseguimento do procedimento, para que a matéria seja oportunamente examinada pelos árbitros. Prosseguindo o feito,

---

será elaborado pela Diretoria do CAM-CCBC em conjunto com o Conselho Consultivo, objetivando colher informações sobre a imparcialidade e independência dos árbitros, bem como sua disponibilidade de tempo e demais informações relativas ao seu dever de revelação. 4.7. As respostas aos Questionários e eventuais fatos relevantes serão encaminhados às Partes, oportunidade em que lhes será conferido prazo de 10 (dez) dias para manifestação. 4.8. Em caso de manifestação pelas partes de objeção relacionada à independência, imparcialidade ou qualquer matéria relevante referente ao árbitro, será concedido prazo de 10 (dez) dias para manifestação do árbitro envolvido, após o que as partes terão 10 (dez) dias para apresentação de eventual impugnação que será processada nos termos do artigo 5.4. 4.9. Decorrido os prazos dos artigos 4.7 e 4.8, a Secretaria do CAM-CCBC notificará aos árbitros indicados pelas partes que deverão, no prazo de 15 (quinze) dias, escolher o terceiro árbitro dentre os membros integrantes do Corpo de Árbitros, o qual presidirá o Tribunal Arbitral" (Regulamento de Arbitragem da CAM-CCBC disponível em: https://ccbc.org.br/cam-ccbc-centro-arbitragem-mediacao/resolucao-de-disputas/arbitragem/regulamento-2012/. Acesso em: 28 jan. 2020).

[325]   "7.1. A parte interessada em arguir a recusa de árbitro por falta de independência, imparcialidade ou qualquer outro motivo deverá fazê-lo ao Centro, no prazo de 15 dias da ciência da designação, ou do momento em que teve conhecimento dos fatos ou circunstâncias que a levam a deduzir tal pretensão mediante pedido justificado e apresentação das provas pertinentes" (Regulamento de Arbitra do CBMA disponível em: http://www.cbma.com.br/regulamento_1. Acesso em: 28 jan. 2020).

[326]   Vide item 7.2 do Regulamento de Arbitragem do CBMA: "7.2. Ouvido o árbitro, bem como as demais partes, será dada ciência das manifestações a todos os envolvidos, devendo o Centro, oportunamente, pronunciar-se sobre a arguição". Vide também item 4.9 do Regulamento de Arbitragem da CAM-CCBC citado na nota de rodapé anterior.

caberá à parte insistir na exceção, por ocasião da assinatura do termo de arbitragem ou, na falta dele, na primeira oportunidade que tiver para se dirigir ao Tribunal Arbitral.

Em síntese, o órgão arbitral realiza uma análise preliminar da convenção de arbitragem impugnada, devendo determinar o prosseguimento do feito, salvo se flagrante e manifesta a inexistência, invalidade ou ineficácia da convenção de arbitragem. A decisão da câmara não vincula o Tribunal Arbitral, que poderá reapreciar a questão e modificar, se for o caso, a decisão anterior. Este é o tratamento dado para a questão, em geral, por algumas das mais importantes entidades arbitrais nacionais (CAM-CCBC, CBMA e CAMARB, exemplificativamente).[327]

Vários podem ser os vícios que nulificam a convenção de arbitragem. Como assevera Scavone Júnior, "a cláusula arbitral pode conter nulidade (absoluta ou relativa).

---

[327] O CAM-CCBC trata do tema no item 4.5 de seu regulamento de arbitragem: "Antes de constituído o Tribunal Arbitral, o Presidente do CAM-CCBC examinará objeções sobre a existência, validade ou eficácia da convenção de arbitragem que possam ser resolvidas de pronto, independentemente de produção de provas, assim como examinará pedidos relacionados a conexão de demandas, nos termos do artigo 4.20. Em ambos os casos, o Tribunal Arbitral, após constituído, decidirá sobre sua jurisdição, confirmando ou modificando a decisão anteriormente prolatada. Regulamento de Arbitragem da CAM-CCBC disponível em: https://ccbc.org.br/cam-ccbc-centro-arbitragem-mediacao/resolucao-de-disputas/arbitragem/regulamento-2012/. Acesso em: 28 jan. 2020. O CBMA regulamenta o questionamento acerca da existência, eficácia e validade da convenção de arbitragem nos itens 4.1, 4.2 e 4.3 de seu regulamento. Impugnação que deverá ser feita na primeira oportunidade, ou seja, ainda antes da constituição do Tribunal Arbitral: "4.1. Questionada a existência, validade ou eficácia da convenção de arbitragem, o Centro deverá dar prosseguimento à arbitragem, exceto quando entender ser a convenção de arbitragem manifestamente inexistente, inválida ou ineficaz. 4.2. Caberá ao Tribunal Arbitral decidir acerca da existência, validade e eficácia da convenção de arbitragem, do contrato que contenha a cláusula compromissória, bem como sobre a sua própria competência. A decisão do Centro pelo prosseguimento da arbitragem conforme o item 4.1 acima não vincula o Tribunal Arbitral. 4.3. A parte que pretender arguir a inexistência, invalidade ou ineficácia da convenção de arbitragem ou a inarbitrabilidade da controvérsia deverá fazê-lo na primeira oportunidade que tiver de se manifestar" (Regulamento de Arbitragem do CBMA disponível em: http://www.cbma.com.br/regulamento_1. Acesso em: 28 jan. 2020). Já a CAMARB disciplina a questão nos itens 3.11 e 3.12 de seu regulamento de arbitragem: "3.11. Caso haja manifestação do requerido quanto à inexistência formal de convenção de arbitragem, caberá à Diretoria decidir mediante análise *prima facie* do documento apresentado pelo requerente, sem dilação probatória adicional. Qualquer questão eventualmente suscitada relacionada à existência, validade, eficácia e escopo da convenção de arbitragem será dirimida pelo Tribunal Arbitral após constituído. 3.12. Na hipótese do item precedente, caso o Tribunal Arbitral entenda pela inexistência, invalidade ou ineficácia da convenção de arbitragem ou que o litígio está fora do escopo da convenção, desde que não tenha havido instrução quanto ao mérito, a remuneração dos árbitros corresponderá a 30% (trinta por cento) do valor previsto na Tabela da Taxa de Administração e Honorários de Árbitros, sendo eventual valor recolhido a maior devolvido às partes" (Regulamento de arbitragem da CAMARB disponível em: http://camarb.com.br/arbitragem/regulamento-de-arbitragem/. Acesso em: 28 jan. 2020).

Por exemplo: a cláusula arbitral ou o compromisso arbitral podem ter sido firmados por pessoa absolutamente ou relativamente incapaz e, ainda, por pessoa que não tenha poderes de representação da pessoa jurídica. Por outro lado, o compromisso pode carecer dos requisitos de validade do art. 10 da Lei de Arbitragem. Ainda se vislumbra a possibilidade de uma das partes pretender levar à arbitragem matéria que, pelo contrato, não foi reservada à solução arbitral e, portanto, matéria fora dos limites da cláusula arbitral. Igualmente o árbitro pode não dispor das qualidades e qualificações que as partes convencionaram".[328] Em todos estes casos, caberá à instituição arbitral e, subsequentemente, aos árbitros examinar e, se for o caso, acolher a exceção apresentada pela parte.

Internacionalmente, o art. 16 da Lei Modelo da UNCITRAL aborda o tema versado no art. 20 da Lei de Arbitragem.[329]

A Corte de Arbitragem da CCI aborda a temática no art. 6º (3 e 4) de seu regulamento de arbitragem, cujo teor indica que, em regra, tais questões serão submetidas ao Tribunal Arbitral, podendo, no entanto, o Secretário-Geral encaminhar a questão para decisão da Corte.[330]

---

[328] SCAVONE JR., Luiz Antonio. *Manual de arbitragem, mediação e conciliação*. 8. ed. Rio de Janeiro: Forense, 2018. p. 153.

[329] "Artigo 16.º Competência do tribunal arbitral para decidir sobre a sua própria competência. (1) O tribunal arbitral pode decidir sobre a sua própria competência, incluindo qualquer objeção relativa à existência ou validade da convenção de arbitragem. Para este efeito, uma cláusula compromissória que faça parte de um contrato é considerada como um acordo autônomo das demais cláusulas do contrato. A decisão do tribunal arbitral que considere nulo o contrato não implica *ipso jure* a nulidade da cláusula compromissória. (2) A alegação da falta de competência do tribunal arbitral pode ser arguida o mais tardar até a apresentação das alegações de defesa. O fato de uma das partes ter designado um árbitro ou ter participado na sua designação não a priva do direito de arguir esta alegação. A alegação de que o tribunal arbitral está excedendo o escopo da convenção de arbitragem deve ser arguida logo que surja a questão que se entenda fora do escopo da convenção de arbitragem no decurso do procedimento arbitral. O tribunal arbitral pode, em ambos os casos, admitir uma alegação arguida após o prazo previsto, se considerar justificada a demora. (3) O tribunal arbitral pode decidir sobre a alegação referida no 2.º parágrafo do presente artigo, quer enquanto questão prévia, quer na sentença sobre o mérito da disputa. Se o tribunal arbitral decidir, a título de questão prévia, que é competente, qualquer uma das partes pode, no prazo de 30 (trinta) dias após ter sido notificada dessa decisão, pedir ao tribunal estatal referido no artigo 6.º que decida a questão, decisão essa que será insuscetível de recurso; na pendência deste pedido, o tribunal arbitral pode prosseguir o procedimento arbitral e proferir a sentença arbitral" (Disponível em: http://www.cbar.org.br/leis_intern_arquivos/Lei_Modelo_Uncitral_traduzida_e_revisada_versao_final.pdf. Acesso em: 28 jan. 2020).

[330] Vide Regulamento de Arbitragem da CCI: "Artigo 6º – Efeitos da convenção de arbitragem: 1. Quando as partes tiverem concordado em recorrer à arbitragem de acordo com o Regulamento, serão elas consideradas como tendo se submetido *ipso facto* ao Regulamento em vigor na data do início da arbitragem, a não ser que tenham convencionado se submeterem ao Regulamento em vigor na data da convenção de arbitragem. 2. Ao

A Rule 7 do regulamento de arbitragem comercial da AAA enuncia que é o próprio Tribunal Arbitral que irá decidir sobre sua competência, bem como sobre a existência, abrangência e validade da convenção arbitral ou ainda sobre a arbitrabilidade de qualquer pedido ou reconvenção. Acrescenta, ainda, que o momento para

---

convencionarem uma arbitragem de acordo com o Regulamento, as partes aceitam que a arbitragem seja administrada pela Corte. 3. Caso alguma das partes contra a qual uma demanda é formulada não apresente uma resposta, ou caso qualquer parte formule uma ou mais objeções quanto à existência, validade ou escopo da convenção de arbitragem ou quanto à possibilidade de todas as demandas apresentadas serem decididas em uma única arbitragem, a arbitragem deverá prosseguir e toda e qualquer questão relativa à jurisdição ou à possibilidade de as demandas serem decididas em conjunto em uma única arbitragem deverá ser decidida diretamente pelo tribunal arbitral, a menos que o Secretário-Geral submeta tal questão à decisão da Corte de acordo com o artigo 6º(4). 4. Em todos os casos submetidos à Corte, de acordo com o artigo 6º(3), esta deverá decidir se, e em que medida, a arbitragem deverá prosseguir. A arbitragem deverá prosseguir se, e na medida em que, a Corte esteja *prima facie* convencida da possível existência de uma convenção de arbitragem de acordo com o Regulamento. Em particular: (i) caso haja mais de duas partes na arbitragem, esta deverá prosseguir tão somente entre aquelas partes, abrangendo qualquer parte adicional que tiver sido integrada com base no artigo 7º(1), em relação às quais a Corte esteja *prima facie* convencida da possível existência de uma convenção de arbitragem que as vincule, prevendo a aplicação do Regulamento; e (ii) caso haja demandas fundadas em mais de uma convenção de arbitragem, de acordo com o artigo 9º, a arbitragem deverá prosseguir apenas com relação às demandas a respeito das quais a Corte esteja *prima facie* convencida de que (a) as convenções de arbitragem com base nas quais tais demandas foram formuladas são compatíveis, e (b) todas as partes na arbitragem tenham concordado com que tais demandas sejam decididas em conjunto, em uma única arbitragem. A decisão da Corte de acordo com o artigo 6º(4) é sem prejuízo da admissibilidade ou do mérito das posições de quaisquer das partes. 5. Em todos os casos decididos pela Corte de acordo com o artigo 6º(4), qualquer decisão relativa à competência do tribunal arbitral, exceto com relação a partes ou demandas a respeito das quais a Corte decida que a arbitragem não deve prosseguir, será tomada pelo próprio tribunal arbitral. 6. Caso as partes sejam notificadas de uma decisão da Corte de acordo com o artigo 6º(4) no sentido de que a arbitragem não deve prosseguir em relação a algumas ou todas elas, qualquer parte manterá o direito de submeter a qualquer jurisdição competente a questão sobre se existe uma convenção de arbitragem vinculante e quais partes estão a ela vinculadas. 7. Caso a Corte tenha decidido de acordo com o artigo 6º(4) que a arbitragem não deve prosseguir com relação a qualquer das demandas, tal decisão não impedirá as partes de reintroduzirem as mesmas demandas em um momento posterior em outros procedimentos. 8. Se uma das partes se recusar ou se abstiver de participar da arbitragem, ou de qualquer das suas fases, a arbitragem deverá prosseguir, não obstante tal recusa ou abstenção. 9. Salvo estipulação em contrário, a pretensa nulidade ou alegada inexistência do contrato não implicará a incompetência do tribunal arbitral, caso este entenda que a convenção de arbitragem é válida. O tribunal arbitral continuará sendo competente para determinar os respectivos direitos das partes e para decidir as suas demandas e pleitos, mesmo em caso de inexistência ou nulidade do contrato" (Disponível em: https://iccwbo.org/dispute-resolution-services/arbitration/rules-of-arbitration/. Acesso em: 22 jan. 2021).

tais objeções seria na resposta das alegações iniciais ou na resposta a reconvenção (réplica). O(s) árbitro(s) poderão ainda decidir as questões de maneira preliminar ou como parte da sentença arbitral.[331]

A LCIA segue a mesma dinâmica da AAA, deixando ao alvitre do Tribunal Arbitral a decisão sobre sua competência e sobre qualquer objeção inicial com relação à validade, existência ou eficácia da convenção arbitral. O momento para a impugnação da competência do Tribunal Arbitral é, segundo a regra 23.2 do regulamento de arbitragem, o mais cedo possível, não podendo, no entanto, ultrapassar a resposta às alegações iniciais (*Statement of Defence*). O Tribunal Arbitral poderá decidir as questões suscitadas preliminarmente ou na sentença arbitral final (*award of the merits*), nos termos do item 23.4.[332]

---

[331] "R-7. Jurisdiction (a) The arbitrator shall have the power to rule on his or her own jurisdiction, including any objections with respect to the existence, scope, or validity of the arbitration agreement or to the arbitrability of any claim or counterclaim. (b) The arbitrator shall have the power to determine the existence or validity of a contract of which an arbitration clause forms a part. Such an arbitration clause shall be treated as an agreement independent of the other terms of the contract. A decision by the arbitrator that the contract is null and void shall not for that reason alone render invalid the arbitration clause. (c) A party must object to the jurisdiction of the arbitrator or to the arbitrability of a claim or counterclaim no later than the filing of the answering statement to the claim or counterclaim that gives rise to the objection. The arbitrator may rule on such objections as a preliminary matter or as part of the final award" (Regulamento de Arbitragem Comercial da AAA. Disponível em: https://www.adr.org/sites/default/files/Commercial%20Rules.pdf. Acesso em: 28 jan. 2020).

[332] "Article 23 – Jurisdiction and Authority – 23.1 The Arbitral Tribunal shall have the power to rule upon its own jurisdiction and authority, including any objection to the initial or continuing existence, validity, effectiveness or scope of the Arbitration Agreement. 23.2 For that purpose, an arbitration clause which forms or was intended to form part of another agreement shall be treated as an arbitration agreement independent of that other agreement. A decision by the Arbitral Tribunal that such other agreement is non-existent, invalid or ineffective shall not entail (of itself) the non-existence, invalidity or ineffectiveness of the arbitration clause. 23.3 An objection by a Respondent that the Arbitral Tribunal does not have jurisdiction shall be raised as soon as possible but not later than the time for its Statement of Defence; and a like objection by any party responding to a counterclaim or cross-claim shall be raised as soon as possible but not later than the time for its Statement of Defence to Counterclaim or Cross-Claim. An objection that the Arbitral Tribunal is exceeding the scope of its authority shall be raised promptly after the Arbitral Tribunal has indicated its intention to act upon the matter alleged to lie beyond its authority. The Arbitral Tribunal may nevertheless admit an untimely objection as to its jurisdiction or authority if it considers the delay justified in the circumstances. 23.4 The Arbitral Tribunal may decide the objection to its jurisdiction or authority in an award as to jurisdiction or authority or later in an award on the merits, as it considers appropriate in the circumstances. 23.5 By agreeing to arbitration under the Arbitration Agreement, after the formation of the Arbitral Tribunal the parties shall be treated as having agreed not to apply to any state court or other legal authority for any relief regarding the Arbitral Tribunal's jurisdiction or authority, except (i) with the prior agreement in writing of all parties to the arbitration, or (ii) the prior authorisa-

O § 1º do art. 20 da Lei de Arbitragem disciplina as consequências que derivam do acolhimento das arguições. Já abordamos a hipótese de substituição do árbitro e os regulamentos pertinentes nos comentários ao art. 16 da Lei de Arbitragem. O § 2º do art. 20 da Lei de Arbitragem aborda a hipótese de ação anulatória de sentença arbitral, caso a arguição seja indeferida. Trataremos, no momento oportuno, da temática, quando da análise dos arts. 32 e 33 da Lei de Arbitragem.

Art. 21. A arbitragem obedecerá ao procedimento estabelecido pelas partes na convenção de arbitragem, que poderá reportar-se às regras de um órgão arbitral institucional ou entidade especializada, facultando-se, ainda, às partes delegar ao próprio árbitro, ou ao tribunal arbitral, regular o procedimento.

§ 1º Não havendo estipulação acerca do procedimento, caberá ao árbitro ou ao tribunal arbitral discipliná-lo.

§ 2º Serão, sempre, respeitados no procedimento arbitral os princípios do contraditório, da igualdade das partes, da imparcialidade do árbitro e de seu livre convencimento.

§ 3º As partes poderão postular por intermédio de advogado, respeitada, sempre, a faculdade de designar quem as represente ou assista no procedimento arbitral.

§ 4º Competirá ao árbitro ou ao tribunal arbitral, no início do procedimento, tentar a conciliação das partes, aplicando-se, no que couber, o art. 28 desta Lei.

 Comentários

1. Modalidades e regras do procedimento arbitral

O *caput* do art. 21 da Lei de Arbitragem bem revela que as regras para o desenvolvimento da arbitragem não se encontram previstas, de forma detalhada e impositiva, na legislação. Ao contrário, derivam de várias fontes: da vontade das partes (que podem pactuá-las, levando em consideração as particularidades do caso concreto); se for o caso, do regulamento da instituição arbitral indicada para administração do procedimento; da ata de missão ou termo de arbitragem, se houver; e/ou da decisão do árbitro em caráter supletivo (em caso de lacuna). Não há previsão legal para se

tion of the Arbitral Tribunal, or (iii) following the latter's award on the objection to its jurisdiction or authority" (Regulamento de Arbitragem da LCIA. Disponível em: https://www.lcia.org/Dispute_Resolution_Services/lcia-arbitration-rules-2020.aspx. Acesso em: 22 jan. 2021).

adotar as regras do Código de Processo Civil de forma subsidiária. Estas serão adotadas apenas se as partes assim optarem expressamente.[333]

Deve prevalecer sempre a autonomia da vontade das partes na escolha das regras aplicáveis ao procedimento, cabendo ao árbitro, na hipótese de omissão, fixar o procedimento, sempre com respeito à garantia do devido processo legal. As partes e os árbitros – repita-se – devem observar as especificidades de cada disputa ao disciplinarem o procedimento arbitral.[334]

A escolha mais usual é a estipulação de cláusula compromissória reportando-se às regras de uma instituição arbitral, ante a *expertise* que possuem na administração de procedimentos arbitrais.[335] É muito frequente, ademais, que, após a formação do painel arbitral, as partes e árbitros estipulem um calendário para a arbitragem, detalhando o procedimento que será seguido. Alguns árbitros gostam de designar audiência de apresentação do caso, para com ele melhor se familiarizar, permitindo que se defina um procedimento mais apropriado para a solução da controvérsia.

Não se pode olvidar que o procedimento arbitral tem como um de seus traços característicos a flexibilidade. Significa dizer que as partes, juntamente com os árbitros, podem adaptar o procedimento para melhor resolver o conflito. Havendo uma objeção de jurisdição forte e estruturada, é possível estabelecer um procedimento abreviado para examiná-la, poupando tempo e custos para todos (partes, árbitros e advogados). Se a matéria controvertida for eminentemente técnica, pode o Tribunal Arbitral deferir a realização de perícia ou, a depender das especificidades do litígio, apenas ouvir testemunhas técnicas (*expert witness*).

---

[333] CAHALI, Francisco José. *Curso de arbitragem*: mediação, conciliação e tribunal multiportas. 7. ed. São Paulo: Thomson Reuters Brasil, 2018. p. 277-278.

[334] Carmona afirma: "(...) seja qual for a escolha das partes quanto ao procedimento, é certo que haverá sempre espaço para o árbitro adaptar ao caso efetivo as regras escolhidas, até porque não se imagina um procedimento pré-concebido que seja tão completo que possa prever todas as situações e vicissitudes de uma arbitragem in concreto. Não há como negar, portanto, a existência de um verdadeiro poder normativo do árbitro: esse poder será pleno quando ficar por conta do julgador o estabelecimento das regras da arbitragem, ou então será supletivo quando as partes tiverem escolhido um regramento pré-existente (mas que nunca será completo ou exaustivo). Num caso ou noutro, deverá o árbitro agir com cuidado, de modo a evitar que o procedimento possa ser utilizado por algum dos contendores como forma de procrastinar o feito ou de abrir espaço para eventuais nulidades. A flexibilidade do procedimento, todavia, não significa anarquia "com partes e árbitros organizando o procedimento de acordo com regras exotéricas, alheias à realidade", mas sim uma suavização necessária das técnicas típicas do processo estatal, técnicas essas criadas para garantir, em outro ambiente, os direitos dos litigantes" (CARMONA, Carlos Alberto. *Arbitragem e processo*: um comentário à Lei 9.307/96. 3. ed. São Paulo: Atlas, 2009. p. 292).

[335] Para acessar lista das doze principais câmaras arbitrais nacionais, tanto em matéria de quantidade de procedimentos administrados quanto de qualidade na prestação de serviços, acesse o *site* da *Leaders League*: https://www.leadersleague.com/pt/rankings/camaras-de-arbitragem-brasil-rankings-2019-1. Acesso em: 29 jan. 2020.

Convém relembrar, quanto a este particular, a importância do Termo de Arbitragem na organização do procedimento arbitral. Nele, podem as partes, perfeitamente, alterar as regras procedimentais previstas na convenção de arbitragem, bem como aquelas previstas no regulamento da entidade eleita para gerenciar o conflito.[336]

Nos EUA, por exemplo, o *Federal Arbitration Act*, de 1925, não traz qualquer regulação do procedimento arbitral interno. Deixa-o ao alvitre das partes e, na omissão delas, à definição dos árbitros.[337]

Na arbitragem internacional aplica-se dinâmica bastante assemelhada àquela que vige para a arbitragem doméstica. Como ensina Nigel Blackaby, "a regulação detalhada do procedimento a ser seguida será estabelecida por acordo das partes, pelo Tribunal Arbitral, ou por uma combinação de ambos. A flexibilidade que isso confere ao procedimento arbitral é uma das principais razões para as partes elegerem a arbitragem internacional ao invés de outras formas de resolução de disputas no comércio internacional. A única certeza é a de que o advogado das partes não deve trazer livros de regras procedimentais de seu país de origem: as regras de processo civil que regulam os processos nas cortes nacionais não têm espaço nas arbitragens, a não ser que as partes concordem expressamente em adotá-las. Em geral, um Tribunal Arbitral deve conduzir a arbitragem de acordo com o procedimento consentido pelas partes".[338]

---

[336] Nos termos do voto da Ministra Relatora "(...) Todavia, porque forjada na liberdade e disponibilidade, o Termo de Arbitragem poderá alterar ou suprir omissões e até sanar irregularidades – somente não se admitem alterações que atinjam o núcleo essencial e cogente relativo à igualdade das partes e ao contraditório. Noutros termos, a assinatura do Termo é momento adequado para que o procedimento seja novamente objeto de deliberação e acordo das partes e dos árbitros" (STJ, REsp 1.389.763/PR, Terceira Turma, Rel. Min. Nancy Andrighi, *DJe* 20.11.2013).

[337] **Section 7. Witnesses before arbitrators; fees; compelling attendance** – The arbitrators selected either as prescribed in this title or otherwise, or a majority of them, may summon in writing any person to attend before them or any of them as a witness and in a proper case to bring with him or them any book, record, document, or paper which may be deemed material as evidence in the case. The fees for such attendance shall be the same as the fees of witnesses before masters of the United States courts. Said summons shall issue in the name of the arbitrator or arbitrators, or a majority of them, and shall be signed by the arbitrators, or a majority of them, and shall be directed to the said person and shall be served in the same manner as subpoenas to appear and testify before the court; if any person or persons so summoned to testify shall refuse or neglect to obey said summons, upon petition the United States district court for the district in which such arbitrators, or a majority of them, are sitting may compel the attendance of such person or persons before said arbitrator or arbitrators, or punish said person or persons for contempt in the same manner provided by law for securing the attendance of witnesses or their punishment for neglect or refusal to attend in the courts of the United States. Disponível em: https://sccinstitute.com/media/37104/the-federal-arbitration-act-usa.pdf. Acesso em: 29 jan. 2020.

[338] Diz ainda o ilustre arbitralista: "Uma arbitragem internacional pode ser conduzida de várias maneiras distintas; há poucas regras cogentes (...) Em alguns aspectos, a arbitragem internacional é como um navio. Pode-se dizer que as partes são seus proprietários assim como um navio possui proprietários, porém o navio está sob o comando diário

A Lei Modelo da UNCITRAL, em seu art. 34(2), dispõe que a sentença arbitral pode ser anulada, se o procedimento arbitral não tiver ocorrido conforme pactuado pelas partes.[339]

Na França, que não adotou o Modelo de Lei da UNCITRAL, o Código de Processo Civil (*Code de Procédure Civile*) e o Código Civil (*Code Civil*) regulam a arbitragem doméstica e internacional. Por força da disciplina legal aplicável, as partes são livres para determinar as regras incidentes sobre o procedimento arbitral. O art. 1464 do Código de Processo Civil é textual nesse sentido: "Salvo acordo em contrário das partes, o Tribunal Arbitral determinará o procedimento arbitral sem ser obrigado a seguir as regras estabelecidas para os tribunais estaduais". O sobredito dispositivo legal, em sua parte final, dispõe que "a menos que as partes estabeleçam o contrário, o procedimento de arbitragem está sujeito ao princípio da confidencialidade".

O art. 1.509 do mesmo diploma legal, que trata da arbitragem internacional[340], enuncia que "a convenção de arbitragem pode, diretamente ou por referência a um

---

do capitão aos quais os proprietários concedem o controle. Os proprietários podem dispensar o capitão se quiserem contratar um substituto, mas sempre haverá alguém a bordo que estará no comando e por trás do capitão sempre haverá alguém no controle em última análise" (BLACKABY, Nigel et al. *Redfern and Hunter on International Arbitration*. 6th ed. Oxford: Oxford University Press, 2015. p. 353-354).

[339] "Artigo 34º Pedido de anulação como recurso exclusivo contra a sentença arbitral (2) A sentença arbitral só pode ser anulada pelo tribunal referido no artigo 6.º se (iv) A constituição do tribunal arbitral ou o procedimento arbitral não estão conformes ao acordo entre as partes, a menos que referido acordo contrarie uma disposição da presente Lei que as partes não possam derrogar, ou que, na falta de tal acordo, não estão conformes à presente Lei" (Disponível em: http://www.cbar.org.br/leis_intern_arquivos/ Lei_Modelo_Uncitral_traduzida_e_revisada_versao_final.pdf. Acesso em: 29 jan. 2020).

[340] Na França a arbitragem é considerada internacional quando interesses comerciais internacionais estão em disputa nos termos do artigo 1504 do Código de Processo Civil, ou seja, a natureza das relações econômicas que originam a disputa que determinará se a arbitragem é doméstica ou internacional. Uma disputa sobre uma transação econômica que ocorreu em mais de um país também é considerada internacional. Vide julgado da Corte de Cassação daquele país: Mas espera-se, em primeiro lugar, que a qualificação, interna ou internacional, de uma arbitragem, seja determinada de acordo com a natureza das relações econômicas na origem da disputa e não dependa da vontade das partes ao fixarem o regime legal da arbitragem; que, no caso de uma arbitragem internacional, os recursos abertos pelo artigo 1504 do novo Código de Processo Civil têm um caráter imperativo que exclui qualquer reforma de sentença através de apelação, independentemente de qualquer vontade contrária das partes; que, tendo analisado os elementos, território e taxas do contrato de licença de marca registrada e qualificado exatamente como arbitragem internacional, o Tribunal de Apelação, com e sem violar o princípio do contraditório, decidiu que, uma vez que as partes concordaram em submeter sua disputa aos árbitros, apenas o acordo que prevê a possibilidade de apelar da sentença foi considerado não escrito, o próprio acordo internacional de arbitragem não sendo, em razão de sua autonomia, manchada de nulidade (Cour de Cassation, Chambre Civile 1, n. de pourvoi: 04-10970, 13 de março de 2007).

regulamento de arbitragem ou a um regulamento interno, regular o procedimento a ser seguido no processo de arbitragem. No silêncio da convenção de arbitragem, o Tribunal Arbitral deverá regular o procedimento conforme necessário, diretamente, ou por referência a um regulamento de arbitragem ou a regras de procedimento".

A Lei de Arbitragem Voluntária portuguesa (Lei 63/2011) também prioriza a vontade das partes na escolha do procedimento arbitral; no entanto, isso poderá ser feito apenas até a aceitação do primeiro árbitro, nos termos do art. 30(2)(3). Não havendo consenso anterior quanto ao procedimento aplicável, os árbitros têm ampla liberdade para conduzir a arbitragem.[341]

Como se vê, tanto no Brasil quanto alhures, o princípio preponderante na definição do procedimento a ser seguido pelos árbitros é a autonomia da vontade das partes; as escolhas feitas, contudo, encontram limite nas garantias do contraditório, da igualdade das partes e do devido processo legal. Na ausência acordo a respeito do assunto, cabe ao Tribunal Arbitral regular o procedimento.

2. Princípios cogentes do procedimento arbitral

O § 2º do art. 21 da Lei de Arbitragem consagra os princípios fundamentais do procedimento arbitral, quais sejam: o contraditório, a igualdade das partes, a imparcialidade do árbitro e o livre convencimento.

A não observância dos referidos princípios pode acarretar a nulidade do procedimento arbitral, como expressamente previsto no art. 32, VIII, da Lei, cujo teor é categórico no sentido de que é nula a sentença arbitral quando "forem desrespeitados os princípios de que trata o art. 21, § 2º, desta Lei". Alçados à categoria de normas de ordem pública, o desrespeito a tais princípios contamina, inelutavelmente, o procedimento arbitral e a sentença que dele resulta.

O contraditório e a ampla defesa também possuem previsão no art. 38, III, da Lei, de sorte que, caso não tenham sido respeitados no curso de arbitragem internacional, deve o STJ indeferir o processo de homologação da sentença arbitral estrangeira, negando a ela eficácia em território nacional.

Como sabido, tanto o contraditório como a igualdade das partes no processo são derivações do princípio do devido processo legal e estão previstos no art. 5º, LIV e LV, da CRFB/1988. Alcançam e impõem restrições aos julgadores nos processos judiciais, administrativos e, evidentemente, nos procedimentos arbitrais. Não haveria, sequer, a necessidade de previsão expressa dos referidos princípios na Lei de Arbitragem,

---

[341] "Artigo 30: 2 - As partes podem, até à aceitação do primeiro árbitro, acordar sobre as regras do processo a observar na arbitragem, com respeito pelos princípios fundamentais consignados no número anterior do presente artigo e pelas demais normas imperativas constantes desta lei. 3 - Não existindo tal acordo das partes e na falta de disposições aplicáveis na presente lei, o tribunal arbitral pode conduzir a arbitragem do modo que considerar apropriado, definindo as regras processuais que entender adequadas, devendo, se for esse o caso, explicitar que considera subsidiariamente aplicável o disposto na lei que rege o processo perante o tribunal estadual competente" (Disponível em: http://www.pgdlisboa.pt/leis/lei_mostra_articulado.php?nid=1579&tabela=leis. Acesso em: 30 jan. 2020).

posto que, por sua estatura constitucional, permeiam todo o ordenamento jurídico infraconstitucional. Incidem em todas as fases do procedimento arbitral, inclusive antes mesmo da constituição do tribunal, nos atos preparatórios do procedimento, na chamada fase pré-arbitral.

O contraditório significa a oportunidade plena das partes não só de levarem ao Tribunal Arbitral suas razões, como também de contraditarem as razões expostas pela parte adversa. É a garantia de pleno acesso a todo o procedimento, de ciência efetiva e inequívoca de todos os atos praticados, de manifestação em todas as fases do processo, de ampla produção de provas e, evidentemente, de poder contraditar as razões e provas produzidas pela parte contrária.[342] É ainda a garantia de que a parte terá os seus argumentos considerados pelo Tribunal Arbitral, ainda que seja para rejeitá-los.

Nesse sentido, é possível dizer que o contraditório e da ampla defesa, consagrados expressamente no art. 5º, LV, da CRFB, se subdividem nos seguintes direitos: a) direito de informação; b) direito de manifestação; e c) direito de ver seus argumentos considerados.[343]

O STJ conceitua o contraditório e ampla defesa no procedimento arbitral como *efetiva participação das partes*.[344] A corte possui o entendimento também de que o

---

[342] "(...) o contraditório representa a possibilidade de informação e de reação sobre questões relevantes ao julgamento da causa, garantida a apresentação das respectivas provas a seu respeito. Integra, assim, o direito ao contraditório, a preservação às partes da oportunidade de levar ao juízo as suas razões, bem como a manifestação contrária às razões apresentadas pelo adversário. Daí a necessidade de se garantir o acesso aos litigantes, por meio de intimação, a tudo o quanto for trazido ao procedimento, com o cuidado de se oferecer prazo razoável à manifestação" (CAHALI, Francisco José. *Curso de arbitragem*: mediação, conciliação e tribunal multiportas. 7. ed. São Paulo: Thomson Reuters Brasil, 2018. p. 248).

[343] "(...) 1. Direito de informação – que obriga o órgão julgador a informar às partes os atos praticados no processo e sobre os elementos dele constantes; 2. Direito de manifestação – que assegura a possibilidade de manifestação, oralmente ou por escrito, sobre os elementos fáticos e jurídicos constantes no processo; 3. Direito de ver seus argumentos considerados – que exige do julgador capacidade de apreensão e isenção de ânimo para contemplar as razões apresentadas(" MENDES, Gilmar Ferreira et al. *Curso de direito constitucional*. 12. ed. São Paulo: Saraiva Jur, 2017. p. 464).

[344] Nos termos do voto do Ministro Relator: "(...) Passo à análise da alegada ofensa aos princípios do contraditório e ampla defesa, suscitada pela parte requerida, ao argumento de que não teriam sido consideradas provas que, no seu entender, seriam essenciais a sua defesa (correspondências eletrônicas). A efetiva participação dos requeridos no procedimento arbitral restou comprovada em diversos momentos dos autos, com a aceitação do Tribunal Arbitral, com a designação de árbitro, com a apresentação de contestação e propositura de reconvenção, com o 'pedido de impugnação' perante a Corte de Arbitragem. O juízo arbitral entendeu que a documentação em questão teria sido produzida antes da celebração do contrato, e consistiria em e-mails trocados entre as ora requerentes e seus advogados, estando, portanto, resguardados pelo sigilo profissional" (STJ, SEC 9.412, Corte Especial, Rel. Min. Felix Fischer, *DJe* 30.05.2017). Vide também o voto-vista: No mesmo sentido vide: "(...) não há violação ao contraditório se as partes se manifestaram sobre a admissibilidade ou não de determinada

indeferimento pelo Tribunal Arbitral do pedido de produção de prova pericial não necessariamente viola o contraditório, haja vista o princípio do livre convencimento motivado.[345] Assim, se o painel arbitral entender, de forma fundamentada, que a prova técnica é desnecessária, contraproducente ou inócua, não cabe ao Judiciário, em princípio, anular a sentença arbitral, por suposto cerceamento de defesa, pois, para isso, teria que adentrar e rever o mérito da decisão prolatada na arbitragem. Em tais hipóteses, em que o árbitro examina o pedido de realização da perícia e o indefere, fundamentadamente, deve o juiz estatal reverência à decisão arbitral, sob pena de, sem perceber, o magistrado estatal substituir o livre convencimento motivado do árbitro pelo seu. Nestes casos, de denegação fundamentada da perícia, só em situações muito estapafúrdias poderia cogitar-se da anulação da sentença arbitral.

Muito diferente disso, contudo, é a situação em que o Tribunal Arbitral, devida e oportunamente provocado pela parte, omite-se sobre o pedido de produção de prova pericial ou o indefere, sem fundamentação. Se isso ocorrer, o cerceamento de defesa estará bem caracterizado, permitindo a nulificação da sentença, por violação ao contraditório.

Tem entendido o STJ, ainda, que o árbitro, assim como o magistrado, está adstrito aos fatos e não aos fundamentos jurídicos deduzidos pelas partes no processo, à luz da teoria da substanciação, de modo que não incidiria em violação ao contraditório a sentença arbitral que, atribuindo aos fatos qualificação jurídica distinta daquela empregada pelas partes, afasta-se, em suas conclusões, dos fundamentos jurídicos por elas suscitados.[346]

---

prova e o tribunal arbitral examinou suas razões e decidiu num sentido ou noutro. As contratantes poderiam ter optado por submeter seus conflitos ao Judiciário. Tendo escolhido o juízo arbitral, devem conviver com as consequências da sua livre (e desde que realmente livre) escolha, a mais óbvia de todas sendo a de que quem conduzirá o processo e fará o julgamento serão os árbitros indicados, e não o Judiciário" (STJ, SEC 9.412, Corte Especial, voto-vista Min. Herman Benjamin, *DJe* 30.05.2017).

[345] "Processual civil. Arbitragem. Ação anulatória de sentença arbitral. Indeferimento de realização de perícia contábil. Não ocorrência de violação do contraditório. Invasão do mérito da decisão arbitral. Aplicação do princípio do livre convencimento. 1. O indeferimento de realização de prova pericial pelo juízo arbitral não configura ofensa ao princípio do contraditório, mas consagração do princípio do livre convencimento motivado, sendo incabível, portanto, a pretensão de ver declarada a nulidade da sentença arbitral com base em tal argumento, sob pena de configurar invasão do Judiciário no mérito da decisão arbitral. 2. Recurso especial provido" (STJ, REsp 1.500.667, Terceira Turma, Rel. Min. João Otávio de Noronha, *DJe* 19.08.2016).

[346] Nos termos do voto do Ministro Relator: "(...) a respeito do tema, colhe-se, mais uma vez, a lição de Cândido Dinamarco, no sentido de que 'a demanda contida nas alegações iniciais é o ato que servirá para a identificação da pretensão da parte, para orientar o árbitro no tocante aos pontos controvertidos a serem objeto da prova e sua solução e, acima de tudo, para traçar os limites da sentença que virá a proferir'. Daí não resulta nenhuma restrição quanto aos fundamentos jurídicos que serão adotados na decisão, aplicando-se à arbitragem, à semelhança do processo judicial, a teoria da substanciação, segundo a qual apenas os fatos vinculam o julgador, que poderá lhes atribuir a qualificação jurídica que entender adequada ao acolhimento ou à rejeição do pedido" (STJ, REsp 1.636.102/SP, Terceira Turma, Rel. Min. Ricardo Villas Bôas Cueva, *DJe* 01.08.2017).

É possível enxergar, inclusive, na fase pré-arbitral, a aplicação do contraditório em favor do árbitro, no procedimento de sua nomeação. Isso porque, havendo arguição de recusa, o profissional indicado terá a oportunidade de se manifestar (prestar informações) sobre a impugnação nos termos abordados nos comentários dos arts. 15 e 20 da Lei de Arbitragem.[347]

A igualdade das partes se manifesta literalmente na necessidade de se conferir às partes tratamento isonômico em todas as fases da arbitragem, inclusive na fase pré-arbitral. Deve ser aplicada, por exemplo, na nomeação de árbitros. Litisconsortes têm que nomear em conjunto seu coárbitro,[348] o que nem sempre é possível.

---

[347]   Selma Lemes assevera que "o procedimento de impugnação de árbitro se processa paralelo a arbitragem, ou seja, representa um incidente processual (exceção do árbitro) podendo ser prévio à formação do tribunal arbitral ou no curso da arbitragem. Note-se que nesse procedimento não se instaura um contencioso entre partes e árbitros. É um procedimento peculiar e diferente. Tem características próprias, em que se instaura um "contencioso" limitado, restrito e rápido. É um procedimento peculiar, pois o árbitro não apresenta uma defesa (no sentido processual do termo), mas presta informações referentes aos fatos suscitados como motivadores de impedimentos. Não se acusa o árbitro, mas se demonstra que para aquele caso ele supostamente não poderia atuar como árbitro e tais argumentos serão avaliados pela instituição de arbitral, pelos demais membros do tribunal arbitral (arbitragem ad hoc) ou pelo judiciário, quando a legislação assim dispor, como será analisado nas seções seguintes deste artigo. Importa observar que não há nenhum demérito para o árbitro ser impugnado, pois faz parte do sistema arbitral verificar a possibilidade ou não dele poder atuar naquele caso específico em razão das partes, da matéria tratada, em decorrência de suas atividades profissionais pregressas etc. Com referência às fases do procedimento de impugnação de árbitro, serão abordados o requerimento de impugnação; a possível formação de um comitê julgador; as manifestações dos árbitros e das partes; e a decisão do órgão julgador para o caso de arbitragem institucional" (LEMES, Selma M. Ferreira. O procedimento de impugnação e recusa de árbitro, como sistema de controle quanto à independência e a imparcialidade do julgador, 25 de dezembro de 2017. Disponível em: http://genjuridico.com.br/2017/12/25/procedimento-de-impugnacao-recusa--arbitro-sistema-de-controle-independencia-imparcialidade-do-julgador/. Acesso em: 31 jan. 2020em: 31 jan. 2020).

[348]   Joaquim de Paiva Muniz afirma: "(...) é comum quando há, de um lado, uma única parte e, do outro lado, litisconsortes (e.g., um autor e vários réus), que os litisconsortes nomeiem em conjunto seu coárbitro. Essa situação está em conformidade com o princípio da igualdade das partes, porque, salvo se disposto contratualmente de maneira diversa, quando existe a possibilidade de escolha de árbitros, pelos litigantes, cada polo, e não cada parte, deve ter o mesmo número de indicados no painel arbitral, de forma conferir maior equilíbrio aos interesses distintos" (MUNIZ, Joaquim de Paiva. Curso básico de direito arbitral: teoria e prática. 4. ed. Curitiba: Juruá, 2017. p. 160). Luiz Antonio Scavone Jr, por sua vez, sustenta: "(...) a igualdade do processo arbitral é bem diversa da igualdade do processo judicial pela presunção de igualdade das partes em razão da manifestação volitiva que empresta gênese ao procedimento e decorre da convenção de arbitragem livre de vícios do consentimento" (SCAVONE JR., Luiz Antonio. Manual de arbitragem, mediação e conciliação. 8. ed. Rio de Janeiro: Forense, 2018. p. 143).

É nesse sentido que, no famoso caso *Dutco*,[349] de 1992, a Corte de Cassação francesa firmou o entendimento, hoje amplamente aceito na comunidade arbitral internacional, de que "o princípio da igualdade das partes na designação de árbitros é de ordem pública, que não pode ser renunciado antes do nascimento do litígio",[350] sendo que, nas arbitragens multipartes, para se assegurar tratamento isonômico às partes, a nomeação de todo o Tribunal Arbitral deverá ser feita pela instituição arbitral escolhida (ou pelo juiz estatal, em caso de arbitragem *ad hoc*), se houver impasse quanto à escolha do respectivo coárbitro em algum dos polos do procedimento arbitral. Nega-se vigência à igualdade das partes quando uma delas indica o respectivo coárbitro e a outra fica impossibilitado de fazer o mesmo, não por inércia, má-fé ou para protelar o feito, mas apenas porque não chegou a um consenso a respeito com o seu litisconsorte.

O árbitro nomeado por uma das partes não se confunde com o seu advogado. É julgador, independente e imparcial. Por isso mesmo (o que deveria ser óbvio, mas muitas vezes não o é), deve tratar de maneira equânime e franquear as mesmas oportunidades às partes, pouco importando por quem foi nomeado.

Não há espaço na via arbitral, outrossim, para a concessão de prazos mais dilatados para entes públicos, conforme previsto no art. 183 do Código de Processo Civil.[351] "O emprego de métodos alternativos para a resolução de disputas entre particulares e a Administração Pública", como é o caso da arbitragem, "torna mais equilibrada a relação entre as partes. Rompe com o dogma da verticalização das relações administrativo-contratuais, colocando as partes em pé de igualdade em matéria de solução de conflitos. E afasta, ainda, a incidência de privilégios processuais próprios da atuação da Fazenda Pública em juízo".[352] É relevante enfatizar isso, sobretudo devido ao crescimento gradual que se observa na utilização do instituto pela Administração Pública, em especial após a Reforma da Lei de Arbitragem e a inclusão do art. 1º, § 1º, da Lei de Arbitragem.

---

[349] Sobre o caso *Dutco*, vide os comentários ao art. 13 desta obra.

[350] LEMES, Selma M. Ferreira. Arbitragem Multiparte. Notas sobre o caso Dutco. Disponível em: http://selmalemes.adv.br/artigos/Arbitragem%20Multiparte-%20Caso%20Dutco. pdf. Acesso em: 30 jul. 2020. Vide, também: CRUZ E TUCCI, José Rogério. Igualdade é assegurada às partes na composição do painel arbitral. *Consultor Jurídico*, 5 ago. 2014. Disponível em: http://www.conjur.com.br/2014-ago-05/igualdade-assegurada -partes-composicao-painel-arbitral. Acesso em: 20 jan. 2016.

[351] De acordo com Cahali: "(...) esta é uma perspectiva processual e objetiva da igualdade das partes – conceder-lhes as mesmas oportunidades. E assim se considera ao contratarem espontaneamente a opção pelo juízo arbitral, já se pressupondo ter sido avaliado pelos signatários o equilíbrio na relação. Assim, ficam afastados eventuais privilégios que a legislação processual concede a determinadas partes por desigualdades ontológicas (por exemplo, prazo diferenciado, advogado dativo etc.)" (CAHALI, Francisco José. *Curso de arbitragem*: mediação, conciliação e tribunal multiportas. 7. ed. São Paulo: Thomson Reuters Brasil, 2018. p. 249).

[352] SCHMIDT, Gustavo da Rocha. *Arbitragem na Administração Pública*. Curitiba: Juruá, 2018. p. 48. Veja-se sobre o tema, ainda: OLIVEIRA, Gustavo Henrique Justino de. A arbitragem e as parcerias público-privadas. *Fórum Administrativo – Direito Público – FA*, Belo Horizonte, ano 5, n. 52, jun. 2005.

O STJ, ao conceituar o Termo de Arbitragem (art. 19, § 1º, da Lei de Arbitragem), retira da abrangência da vontade das partes o núcleo essencial do contraditório e da igualdade das partes. Este (o núcleo essencial de tais princípios) é inatingível, sob pena de nulidade do procedimento.[353]

A imparcialidade[354] dos árbitros e o livre convencimento são princípios coligados, uma vez que o livre convencimento representa a liberdade do julgador para avaliar os fatos e as provas e, a partir deles, estabelecer sua convicção, sem qualquer influência exógena que não a análise dos autos do procedimento.[355]

Os regulamentos de arbitragem das principais instituições arbitrais do país fazem alusão aos princípios referidos no art. 21, § 2º.[356]

A Lei Modelo da UNCITRAL aborda em seu Capítulo V, justamente, a *Condução do Procedimento Arbitral*. O art. 18 enuncia exatamente o princípio da igualdade

---

[353] Vide citação em nota de rodapé anterior sobre o seguinte julgado: STJ, REsp 1.389.763/PR, Terceira Turma, Rel. Min. Nancy Andrighi, *DJe* 20.11.2013.

[354] Veja-se, a propósito, acórdão do TJSP que anulou sentença arbitral por considerar árbitra parcial: "Apelação. Arbitragem. Árbitra suspeita. Reconhecimento. Anulação da sentença arbitral. Parcialidade da árbitra designada. Violação ao disposto no art. 21, § 2º, da Lei nº 9.307/96. Provas suficientes. Alegação de preclusão da impugnação rejeitada. Matéria de ordem pública. Recurso improvido, com observação. 1.- Indicando as provas parcialidade da árbitra designada pela entidade de arbitragem, configura-se o desrespeito aos princípios da igualdade das partes, imparcialidade do árbitro e de seu livre convencimento, exigidos pelo art. 21, § 2º, da Lei nº 9.307/96. Em consequência, há de ser anulada a sentença arbitral por ela proferida, observado que não se aproveitam os atos procedimentais dos quais tenha participado. 2.- Inexistem, nos autos, elementos indicativos, ainda que indiciários, de que a apelada tivesse conhecimento da parcialidade da árbitra antes da alegação feita nos embargos de declaração à sentença arbitral. Com base na boa doutrina, há de ser reconhecida tempestiva a primeira manifestação da parte após o conhecimento do fato ensejador do impedimento do árbitro, como ocorrido no caso" (TJSP, Apelação Cível 1121216-09.2017.8.26.0100, 31ª Câmara de Direito Privado, Rel. Des. Adilson de Araujo, *DJe* 14.03.2019).

[355] Sobre o tema, vide os comentários ao art. 13, § 6º, da Lei.

[356] O regulamento do CAM-CCBC enuncia no item 7.8 que o Tribunal Arbitral "adotará as medidas necessárias e convenientes para o correto desenvolvimento do procedimento, observados os princípios da ampla defesa, do contraditório e da igualdade de tratamento das partes" (Regulamento de arbitragem da CAM-CCBC disponível em: https://ccbc.org.br/cam-ccbc-centro-arbitragem-mediacao/resolucao-de-disputas/arbitragem/regulamento-2012/. Acesso em: 31 jan. 2020). O regulamento de arbitragem do CBMA segue a mesma dinâmica no item 9.5, ao versar que, na condução do processo, o Tribunal Arbitral "adotará as disposições necessárias e compatíveis com os princípios da autonomia da vontade, informalidade e celeridade. O Tribunal Arbitral poderá dispensar formalidades ou inovar nos ritos processuais, desde que estejam assegurados a ampla defesa, o contraditório e tratamento igualitário das partes" (Regulamento de arbitragem do CBMA disponível em: http://www.cbma.com.br/regulamento_1. Acesso em: 31 jan. 2020).

de tratamento das partes, preconizando que "as partes devem ser tratadas de forma igualitária e deve ser dada a cada uma delas plena possibilidade de expor seu caso"[357].

A Convenção de Nova York, ratificada pelo Brasil em 2002, por meio do Decreto 4.311, também alude ao princípio da igualdade das partes, em seu art. V (1) (b).[358]

Nigel Blackaby e Constantine Partasides defendem a tese de que, se a autonomia da vontade é princípio primeiro incidente sobre o procedimento arbitral internacional, a igualdade de tratamento seria o segundo (e de igual importância), operando como uma limitação da autonomia das partes.[359]

As principais câmaras de arbitragem internacional também consagram, em seus regulamentos, os princípios que devem ser observados no procedimento arbitral (*London Court of International Arbitration – LCIA*,[360] *American Arbitration Association – AAA*,[361] Câmara de Comércio Internacional – CCI,[362] e *Arbitration Institute of the Stockholm Chamber of Commerce – SCC*).[363]

---

[357] Lei Modelo Uncitral, de 1985. Disponível em: http://www.cbar.org.br/leis_intern_arquivos/Lei_Modelo_Uncitral_traduzida_e_revisada_versao_final.pdf. Acesso em: 31 jan. 2020.

[358] "1. O reconhecimento e a execução de uma sentença poderão ser indeferidos, a pedido da parte contra a qual ela é invocada, unicamente se esta parte fornecer, à autoridade competente onde se tenciona o reconhecimento e a execução, prova de que: b – a parte contra a qual a sentença é invocada não recebeu notificação apropriada acerca da designação do árbitro ou do processo de arbitragem, ou lhe foi impossível, por outras razões, apresentar seus argumentos" (Disponível em: http://www.planalto.gov.br/ccivil_03/decreto/2002/d4311.htm. Acesso em: 31 jan. 2020).

[359] BLACKABY, Nigel et al. *Redfern and Hunter on International Arbitration*. 6th ed. Oxford: Oxford University Press, 2015. p. 356.

[360] A *London Court of International Arbitration (LCIA)* prevê a imparcialidade e o tratamento isonômico das partes no item 14.1 (i) (ii) de seu regulamento, vejamos: "Article 14 Conduct of Proceedings – 14.1 Under the Arbitration Agreement, the Arbitral Tribunal's general duties at all times during the arbitration shall include: (i) a duty to act fairly and impartially as between all parties, giving each a reasonable opportunity of putting its case and dealing with that of its opponent(s); and (ii) a duty to adopt procedures suitable to the circumstances of the arbitration, avoiding unnecessary delay and expense, so as to provide a fair, efficient and expeditious means for the final resolution of the parties' dispute." (Regulamento de arbitragem da LCIA. Disponível em: https://www.lcia.org/Dispute_Resolution_Services/lcia-arbitration-rules-2020.aspx. Acesso em: 22 jan. 2021).

[361] A *American Arbitration Association (AAA)* em seu regulamento de arbitragem comercial prevê o tratamento isonômico das partes em sua Rule 32 (a), vejamos: "O requerente deve apresentar provas para apoiar seu pedido. O requerido deve então apresentar evidências para fundamentar sua defesa. Testemunhas de cada parte também se submeterão a perguntas do árbitro e da parte contrária. O árbitro tem o poder de alterar este procedimento, desde que as partes sejam tratadas com igualdade e que cada parte tenha o direito de ser ouvida e receba uma oportunidade razoável de apresentar seu caso" (Regulamento de arbitragem comercial da AAA. Disponível em: https://www.adr.org/Rules. Acesso em: 1º fev. 2020).

[362] A Câmara de Comércio Internacional (CCI) também traz previsão dos princípios procedimentais no artigo 22 (4) de seu regulamento de arbitragem: "Em todos os casos, o tribunal arbitral deverá atuar de forma equânime e imparcial, devendo sempre assegurar

A legislação estrangeira também não descuida do tema. Vide, entre outros, o art. 24 da Lei de Arbitragem espanhola (Ley 60/2003)[364] e o art. 30 da Lei de Arbitragem Voluntária portuguesa (Lei 63/2011).[365]

O Código de Processo Civil francês, na parte em que regula a arbitragem naquele país, também contempla tais princípios, mediante remissão do art. 1.464[366] aos dispositivos iniciais do Código, tal como o art. 16, que é expresso no sentido de que "o magistrado deve, em todas as circunstâncias fazer com que as partes respeitem como também deve respeitar o princípio do contraditório".

A jurisprudência norte-americana também ressalta a importância dos princípios de justiça e igualdade no procedimento arbitral (*fairness of the process*).[367]

---

que cada parte tenha tido a oportunidade de apresentar as suas razões" (Regulamento de arbitragem da CCI. Disponível em: https://iccwbo.org/dispute-resolution-services/arbitration/rules-of-arbitration/. Acesso em: 22 jan. 2021).

[363] O *Arbitration Institute of the Stockholm Chamber of Commerce (SCC)* traz a aludida previsão no artigo 23(2) de seu regulamento de arbitragem ao enunciar que em todos os casos, o Tribunal Arbitral conduzirá a arbitragem de forma imparcial, eficiente e célere, concedendo a cada parte oportunidade igual e razoável de apresentar seu caso. Regulamento de arbitragem da SCC. Disponível em: https://sccinstitute.com/media/1407444/arbitrationrules_eng_2020.pdf. Acesso em: 1º fev. 2020.

[364] "Artículo 24. Principios de igualdad, audiencia y contradicción. 1. Deberá tratarse a las partes con igualdad y darse a cada una de ellas suficiente oportunidad de hacer valer sus derechos. 2. Los árbitros, las partes y las instituciones arbitrales, en su caso, están obligadas a guardar la confidencialidad de las informaciones que conozcan a través de las actuaciones arbitrales" (Disponível em: https://www.boe.es/buscar/act.php?id=BOE-A-2003-23646. Acesso em: 1º fev. 2020).

[365] "Artigo 30. Princípios e regras do processo arbitral – 1 – O processo arbitral deve sempre respeitar os seguintes princípios fundamentais: (...) b) As partes são tratadas com igualdade e deve ser-lhes dada uma oportunidade razoável de fazerem valer os seus direitos, por escrito ou oralmente, antes de ser proferida a sentença final; c) Em todas as fases do processo é garantida a observância do princípio do contraditório, salvas as excepções previstas na presente lei" (Disponível em: http://www.pgdlisboa.pt/leis/lei_mostra_articulado.php?artigo_id=1579A0030&nid=1579&tabela=leis&pagina=1&ficha=1&so_miolo=&nversao=#artigo. Acesso em: 1º fev. 2020).

[366] "Artigo 1.464 – A moins que les parties n'en soient convenues autrement, le tribunal arbitral détermine la procédure arbitrale sans être tenu de suivre les règles établies pour les tribunaux étatiques. Toutefois, sont toujours applicables les principes directeurs du procès énoncés aux articles 4 à 10, au premier alinéa de l'article 11, aux deuxième et troisième alinéas de l'article 12 et aux articles 13 à 21, 23 et 23-1. Les parties et les arbitres agissent avec célérité et loyauté dans la conduite de la procédure. Sous réserve des obligations légales et à moins que les parties n'en disposent autrement, la procédure arbitrale est soumise au principe de confidentialité" (Disponível em: https://www.legifrance.gouv.fr/affichCode.do?idSectionTA=LEGISCTA000006149639&cidTexte=LEGITEXT000006070716&dateTexte=20200201. Acesso em: 1º fev. 2020).

[367] "Por outro lado, os procedimentos arbitrais que interferem no direito de uma parte a uma audiência justa são passíveis de revisão em recurso. (...) Precisamente porque os árbitros exercem um poder tão grande e amplamente não controlado, o Legisla-

A Corte de Cassação francesa já decidiu que "o princípio do contraditório deve ser respeitado e que a não observância deste princípio em procedimento arbitral leva a anulação da sentença sem que seja necessária comprovação de prejuízo".[368] Ressalte-se que o art. 1.520 (4º) do Código de Processo Civil francês é literal ao afirmar que "cabe ação anulatória de sentença arbitral se (...) o princípio do contraditório não for observado".

3. Representação por advogado

Diferentemente do processo judicial, em que a regra é que a parte se faça representar, obrigatoriamente, por advogado, o § 3º do art. 21 da Lei de Arbitragem estatuí que "as partes poderão postular por intermédio de advogado", o que revela uma faculdade; e não uma imposição legal. Podem, mas não estão obrigadas. Prevalece, mais uma vez aqui, a autonomia privada.

O procedimento arbitral, no entanto, além de em vários aspectos se assemelhar ao processo judicial, envolve, em geral, causas de alta complexidade técnica e de maior relevância econômica. Revela-se, por isso mesmo, recomendável a constituição de advogado para a defesa dos direitos e interesses das partes no procedimento arbitral, inclusive para aconselhamento quanto a escolha do árbitro. O advogado recebe treinamento adequado e conhece a liturgia jurídica. É formado para lidar com litígios e processos. É, conforme consagrado no art. 133 da CRFB, "indispensável à administração da justiça".

Em homenagem ao tratamento isonômico que devem as partes receber no procedimento arbitral, é recomendável (mas não obrigatório) que árbitro conceda prazo para a parte constituir advogado, caso a outra o tenha feito. Não aproveitada a oportunidade o procedimento, seguirá seu curso. A ausência de advogado na audiência não prejudica a realização do ato.[369]

O advogado pode exercer ao menos quatro papéis bem definidos no processo arbitral: advogado da parte, consultor da parte, consultor do órgão arbitral ou árbitro[370]

---

tivo assumiu um papel cada vez mais ativo na proteção da justiça do processo. (...) embora a irrecorribilidade das sentenças arbitrais seja um princípio importante, um princípio igualmente vital, no entanto, é que, com uma revisão judicial tão limitada, o sistema de arbitragem deve ter – e deve ser visto como – possuindo integridade suficiente para que as partes possam confiar que receberão uma audiência justa e uma decisão imparcial do árbitro. Como as regras de prova e o procedimento judicial não se aplicam aos procedimentos arbitrais uma vez ausentes do acordo das partes, os procedimentos de arbitragem violam o direito comum a uma audiência justa 'apenas nos casos mais claros, ou seja, quando os procedimentos aplicáveis essencialmente excluem a possibilidade de uma audiência justa" (Court of Appeal, Second District, Division 2, California. *Hoso Foods, Inc., Plaintiff and Respondent, v. Columbus Club, Inc.*, Defendant and Appellant. 190 Cal.Ap.4th 881 (2011)).

[368] Cour de Cassation, Chambre Civile 1, nº de pourvoi: 11-18252, 6 de junho de 2012.

[369] SCAVONE JR., Luiz Antonio. *Manual de arbitragem, mediação e conciliação.* 8. ed. Rio de Janeiro: Forense, 2018. p. 148.

[370] Segundo Carmona: "(...) como advogado da parte, o profissional defenderá os interesses de seu cliente no juízo arbitral, tal qual o faria no processo judicial estatal. Mas a arbitragem, é bom lembrar, exigirá do profissional de direito conhecimentos

Tem sido cada vez mais frequente, ademais, a oitiva de advogados, especialistas na temática em discussão, como testemunhas técnicas (ou *expert witness*, na correspondente expressão da língua inglesa). As partes, além de constituírem advogado, poderão fazer-se representar por procurador, ou serem assistidas por profissionais que não sejam advogados, tais como peritos, especialistas ou conselheiros.[371]

Os regulamentos dos órgãos arbitrais nacionais recomendam a representação por advogado, apesar desta ser facultativa.[372]

A AAA, em seu regulamento de arbitragem comercial, também ressalta, na Rule 26, que "qualquer parte pode participar sem representação (por si), ou pode ser representada por conselheiro ou qualquer outro representante, a critério da parte, a não ser que tal escolha seja proibida pela lei aplicável".[373]

---

e habilidade especiais, já que a atuação do advogado num e noutro ambiente terá nuances relevantes: se no processo estatal a agressividade é uma característica – dentro de certos limites – apreciável, no juízo arbitral tal atributo será dispensável; se no processo estatal o conhecimento de direito nacional dará ao profissional certa segurança, no processo arbitral frequentemente será exigida boa noção de mais de um sistema jurídico; se ao advogado emprenhado nas lides forenses bastará o domínio pleno do idioma nacional, ao advogado que atue na arbitragem internacional normalmente será exigido o pleno conhecimento de outras línguas. (...) a arbitragem não dará oportunidades a manobras de procrastinação, a recursos, a articulados longos e desnecessários, a petições empoladas e a sustentações orais inflamadas e emotivas. A tranquilidade proporcionada pelo ambiente em que se desenvolverão os trabalhos e o sigilo que cerca o mecanismo de solução de controvérsias encarregar-se-ão de exigir dos profissionais empenho redobrado para que se chegue – e logo! – ao resultado pretendido pelos litigantes, qual seja, a decisão acerca do litígio com qualidade e sem perda de tempo" (CARMONA, Carlos Alberto. *Arbitragem e processo*: um comentário à Lei 9.307/96. 3. ed. São Paulo: Atlas, 2009. p. 292).

[371] Nesse sentido, Carmona afirma: "(...) observe-se que o § 3º do artigo comentado faz referência a três figuras distintas: o advogado, o representante e o assistente. Embora a terminologia empregada possa ser de certo modo criticada, quis o legislador deixar claro que as partes, além de nomear advogado (se quiserem) para atuar por elas no processo arbitral, podem fazer-se representar (nomeação de um procurador, por exemplo) ou podem fazer-se assistir nos atos processuais por profissionais que não sejam necessariamente advogados (peritos, especialistas, conselheiros etc.)" (CARMONA, Carlos Alberto. *Arbitragem e processo*: um comentário à Lei 9.307/96. 3. ed. São Paulo: Atlas, 2009. p. 302).

[372] A CAMARB traz tal previsão ao enunciar no item 7.1 de seu regulamento de arbitragem que as partes poderão se fazer representar por advogados, munidos dos poderes necessários para agir em nome da parte, sendo recomendado pela CAMARB a representação por advogado. Regulamento de Arbitragem da CAMARB. Disponível em: http://camarb.com.br/arbitragem/regulamento-de-arbitragem/. Acesso em: 1º fev. 2020.

[373] "R-26. Representation – Any party may participate without representation (pro se), or by counsel or any other representative of the party's choosing, unless such choice is prohibited by applicable law. A party intending to be so represented shall notify the other party and the AAA of the name, telephone number and address, and email address if available, of the representative at least seven calendar days prior to the date

Como se vê, ainda que seja mandatório, é absolutamente recomendável a representação por advogado no procedimento arbitral, especialmente por aquele que tenha conhecimento de arbitragem, que conheça o regulamento das instituições arbitrais e, outrossim, que seja especialista na área de conhecimento do objeto da disputa (societário, infraestrutura, energia, desportivo etc.).

4. Conciliação e o *Consent Award* (sentença homologatória de acordo)

O árbitro deve tentar, no início ou em qualquer fase do procedimento, a conciliação.[374] Uma vez obtido o acordo, o árbitro proferirá, a pedido das partes, sentença homologatória, nos precisos termos do art. 28 da Lei de Arbitragem. A sentença, neste caso, acompanhada da transação celebrada pelas partes, constituirá título executivo judicial, nos moldes do art. 515, VII, do CPC.

Importante frisar que, mesmo na homologação de acordo por sentença, o árbitro deverá respeitar os limites estabelecidos para sua atuação na convenção arbitral. Além disso, a sentença deverá conter os requisitos obrigatórios da sentença arbitral, estabelecidos no art. 26 da Lei de Arbitragem. Cahali assevera que o acordo poderá ser parcial, homologando-se por sentença, tão somente, o quanto ajustado consensualmente, com prosseguimento do procedimento para a solução do restante do conflito.[375]

Há que sustente que a tentativa de conciliação seria obrigatória, sob pena de nulidade do procedimento arbitral.[376] É posição minoritária e que não se sustenta. As hipóteses de anulação da sentença arbitral encontram-se previstas no art. 32 da Lei, nele não havendo qualquer indicativo sobre o assunto. De mais a mais, se não houve tentativa formal de composição amigável, isso só evidencia que a solução consensual não era factível. Por isso mesmo que as partes optaram pela via arbitral; e não pela mediação. É nota característica do procedimento a flexibilidade. Nenhum sentido faria criar uma etapa rígida e obrigatória, de conciliação, se nem mesmo as partes

---

set for the hearing at which that person is first to appear. When such a representative initiates an arbitration or responds for a party, notice is deemed to have been given" (Regulamento de Arbitragem Comercial da AAA. Disponível em: https://www.adr. org/sites/default/files/CommercialRules_Web_FINAL_2.pdf. Acesso em: 1º fev. 2020).

[374] Ressalte-se que não se está aqui abordando cláusula escalonada Med-Arb, quando as partes inserem em contrato cláusula compromissória que determina que o procedimento arbitral necessariamente será antecedido da mediação, nos termos do art. 23 da Lei de Mediação (Lei 13.140/2015): "Art. 23. Se, em previsão contratual de cláusula de mediação, as partes se comprometerem a não iniciar procedimento arbitral ou processo judicial durante certo prazo ou até o implemento de determinada condição, o árbitro ou o juiz suspenderá o curso da arbitragem ou da ação pelo prazo previamente acordado ou até o implemento dessa condição".

[375] CAHALI, Francisco José. *Curso de arbitragem*: mediação, conciliação e tribunal multiportas. 7. ed. São Paulo: Thomson Reuters Brasil, 2018. p. 283.

[376] Aponta Scavone que "a ausência da tentativa de conciliação pelo árbitro implicará nulidade do procedimento arbitral, desde que a parte que pretenda alegar o vício tenha se insurgido na primeira oportunidade que tiver para falar, nos termos do art. 20 da Lei de Arbitragem" (SCAVONE JR., Luiz Antonio. *Manual de arbitragem, mediação e conciliação*. 8. ed. Rio de Janeiro: Forense, 2018. p. 146).

pactuaram a respeito. A conciliação é mera sugestão legal ao árbitro, a quem cabe avaliar, segundo as particularidades do caso concreto, se há espaço para tentá-la.[377]

Os regulamentos dos órgãos arbitrais nacionais conferem ampla liberdade ao Tribunal Arbitral para a tentativa de conciliação.[378]

A Lei Modelo da UNCITRAL prevê a decisão homologatória de acordo em seu art. 30.[379]

A CCI trata do tema no art. 33 de seu regulamento de arbitragem.[380] O *Arbitration Institute of the Stockholm Chamber of Commerce (SCC)* prevê, de forma similar, no art. 45 (1).[381] O regulamento de arbitragem comercial da AAA aborda o *award upon*

---

[377]   Carmona, acertadamente, discorda de tal posição e afirma que apesar da forma imperativa adotada pelo legislador (competirá ao árbitro tentar a conciliação), deve-se ler o § 4º em tela como mera sugestão ao árbitro, que pode segui-la ou não de acordo com o que julgar conveniente (CARMONA, Carlos Alberto. *Arbitragem e processo*: um comentário à Lei 9.307/96. 3. ed. São Paulo: Atlas, 2009. p. 303).

[378]   O regulamento de arbitragem da CAMARB enuncia em seu item 8.1 que, assinado o Termo de Arbitragem, o Tribunal Arbitral tentará, na forma que estabelecer, a conciliação das partes. Regulamento de Arbitragem da CAMARB. Disponível em: http://camarb.com. br/arbitragem/regulamento-de-arbitragem/. Acesso em: 1º fev. 2020. O regulamento do CBMA aborda o tema no item 14.8, esclarecendo que "se, no decurso da arbitragem, as partes chegarem a acordo quanto ao litígio, o árbitro poderá, a pedido das partes, declarar tal fato mediante sentença arbitral, que conterá os requisitos constantes do item 14.5 *supra*". Regulamento de arbitragem do CBMA disponível em: http://www.cbma.com. br/regulamento_1. Acesso em: 31 jan. 2020. O regulamento do CAM-CCBC, por sua vez, aborda o tema em seu item 10.8, que enfatiza que "se, durante o procedimento arbitral, as partes transigirem, pondo fim ao litígio, o Tribunal Arbitral, a pedido das partes, homologará tal acordo mediante sentença arbitral". Regulamento de arbitragem da CAM-CCBC disponível em: https://ccbc.org.br/cam-ccbc-centro-arbitragem-mediacao/ resolucao-de-disputas/arbitragem/regulamento-2012/. Acesso em: 31 jan. 2020.

[379]   "Artigo 30º Decisão homologatória de acordo (1) Se, no decurso do procedimento arbitral, as partes estiverem de acordo quanto à decisão da disputa, o tribunal arbitral porá fim ao procedimento arbitral e, se as partes assim o solicitarem e se o tribunal não tiver nada a opor, o acordo ficará registrado por meio de uma sentença arbitral proferida nos termos acordados entre as partes. (2) A sentença proferida nos termos acordados entre as partes será elaborada em conformidade com as disposições do artigo 31.º e mencionará o fato de que se trata de uma sentença. Esse tipo de sentença tem o mesmo *status* e o mesmo efeito que qualquer outra sentença arbitral proferida sobre o mérito da disputa" (Disponível em: http://www.cbar.org.br/leis_intern_arquivos/Lei_Modelo_Uncitral_traduzida_e_revisada_versao_final.pdf. Acesso em: 31 jan. 2020).

[380]   "Artigo 33. Sentença arbitral por acordo das partes – Se as partes chegarem a um acordo após o envio dos autos ao tribunal arbitral, nos termos do artigo 16 do presente Regulamento, esse acordo deverá ser homologado na forma de uma sentença arbitral, por acordo das partes, se assim o solicitarem as partes e com a concordância do tribunal arbitral" (Disponível em: https://iccwbo.org/dispute-resolution-services/ arbitration/rules-of-arbitration/. Acesso em: 22 jan. 2021).

[381]   "Artigo 45. (1) se as partes chegarem a um acordo antes da sentença final, o Tribunal Arbitral poderá, a pedido de ambas as partes, prolatar sentença de consenso (*Consent*

settlement consent award na Rule 48 (a).[382] Por fim, a LCIA, em linha semelhante, disciplina a *Consent Award* no item 26.9 de seu regulamento de arbitragem.[383]

Ressalte-se, por fim, que o Tribunal Arbitral possui certa margem de discricionariedade para analisar os termos do acordo, podendo deixar de homologá-lo, em caso de fraude ou violação à ordem pública, por exemplo.[384]

Art. 22. Poderá o árbitro ou o tribunal arbitral tomar o depoimento das partes, ouvir testemunhas e determinar a realização de perícias ou outras provas que julgar necessárias, mediante requerimento das partes ou de ofício.

§ 1º O depoimento das partes e das testemunhas será tomado em local, dia e hora previamente comunicados, por escrito, e reduzido a termo, assinado pelo depoente, ou a seu rogo, e pelos árbitros.

§ 2º Em caso de desatendimento, sem justa causa, da convocação para prestar depoimento pessoal, o árbitro ou o tribunal arbitral levará em consideração o comportamento da parte faltosa, ao proferir sua sentença; se a ausência for de testemunha, nas mesmas circunstâncias, poderá o árbitro ou o presidente do tribunal arbitral requerer à autoridade judiciária que conduza a testemunha renitente, comprovando a existência da convenção de arbitragem.

§ 3º A revelia da parte não impedirá que seja proferida a sentença arbitral.

§ 4º (Revogado pela Lei nº 13.129, de 2015.)

§ 5º Se, durante o procedimento arbitral, um árbitro vier a ser substituído fica a critério do substituto repetir as provas já produzidas.

---

award) registrando tal entendimento" (Disponível em: https://sccinstitute.com/our-services/rules/. Acesso em: 31 jan. 2020).

[382] "Rule 48 – Sentença por acordo – Consent Award – (a) Se as partes resolverem sua disputa no curso da arbitragem e se requisitarem, o árbitro reduzirá os termos do acordo em sentença (*consent award*). A sentença de consenso deverá incluir a alocação dos custos da arbitragem, incluindo taxas de administração e despesas, bem como honorários e despesas dos árbitros" (Disponível em: https://www.adr.org/Rules. Acesso em: 31 jan. 2020).

[383] "26.9 – In the event of any final settlement of the parties' dispute, the Arbitral Tribunal may decide to make an award recording the settlement if the parties jointly so request in writing (a "Consent Award"), provided always that such Consent Award shall contain an express statement on its face that it is an award made at the parties' joint request and with their consent. A Consent Award need not contain reasons or a determination in relation to the Arbitration Costs or Legal Costs. If the parties do not jointly request a Consent Award, on written confirmation by the parties to the LCIA Court that a final settlement has been reached, the Arbitral Tribunal shall be discharged and the arbitration proceedings concluded by the LCIA Court, subject to payment by the parties of any outstanding Arbitration Costs in accordance with Articles 24 and 28" (Disponível em: https://www.lcia.org/Dispute_Resolution_Services/lcia-arbitration-rules-2020.aspx. Acesso em: 22 jan. 2021).

[384] BLACKABY, Nigel et al. *Redfern and Hunter on International Arbitration*. 6th ed. Oxford: Oxford University Press, 2015. p. 515.

 **Comentários**

1. Produção de provas no procedimento arbitral

Há enormes diferenças entre o procedimento arbitral e o processo judicial. Cada qual possui suas nuances e especificidades. Isso se reproduz, no geral, na mecânica da produção de provas. Sistemas distintos, com regras e práticas distintas. Na arbitragem, repita-se, não se aplica o Código de Processo Civil. Como a Suprema Corte dos EUA já teve a oportunidade de assentar, "a instrução probatória na arbitragem geralmente não é equivalente à instrução probatória judicial. O registro do processo de arbitragem não é tão completo; as regras usuais de evidência não se aplicam; e os direitos e procedimentos comuns a julgamentos judiciais civis, como *discovery*, processo obrigatório, *cross-examination* e testemunho sob juramento, costumam ser severamente limitados ou indisponíveis".[385]

Sem prejuízo disso, existem também algumas importantes semelhanças que não podem ser desconsideradas. A mais evidente delas reside no campo da distribuição do ônus da prova. Assim como na via judicial (art. 373 do CPC),[386] no procedimento

---

[385]   Supreme Court of the United States *Harrell Alexander, Sr., v. Gardner-Denver Company*, 94 S.Ct. 1011 (1974). Nesse caso, Justice Powell considerou que o trabalhador poderia ser julgado em ação judicial sob o pálio do Título VII do *Civil Rights Act*, mesmo que o caso (que envolvia discriminação) já tivesse sido julgado em arbitragem fruto de convenção coletiva. A sentença arbitral, contudo, poderia ser utilizada como prova e a corte a avaliaria. A decisão refere-se ao Título VII do Civil Rights Act, promulgado em 1964, que versa sobre as Oportunidade Iguais de Emprego (*Equal Employment Opportunity*). A decisão discutiu a cláusula compromissória compulsória nas relações de emprego, principalmente nos casos de discriminação. Sobre o tema, vide interessante artigo: GOODMAN, Monica L. Title VII and the Federal Arbitration Act. *Tulsa Law Review*, v. 33, n. 2, p. 1-18, 1997. O referido precedente é mencionado aqui a título ilustrativo, reconhecendo-se, no entanto, que diz respeito a uma cultura arbitral e judicial radicalmente diferente daquela existente no Brasil. Lá, como também assentou a Suprema Corte, admitem-se decisões arbitrais sem fundamentação e, ainda, tem-se um procedimento arbitral muitas vezes mais barato do que a via judicial: "como este Tribunal reconheceu, '(a) os árbitros não têm obrigação de fundamentar a sentença.' De fato, é a informalidade do procedimento arbitral que permite que ele funcione como um meio eficiente, barato e rápido para a solução de disputas. Essa mesma característica, no entanto, torna a arbitragem um fórum menos apropriado para a resolução final de questões do Título VII do que os tribunais federais". Ainda: Supreme Court of the United States *Harrell Alexander, Sr., v. Gardner-Denver Company*, 94 S.Ct. 1011 (1974).

[386]   CPC: "Art. 373. O ônus da prova incumbe: I – ao autor, quanto ao fato constitutivo de seu direito; II – ao réu, quanto à existência de fato impeditivo, modificativo ou extintivo do direito do autor. § 1º Nos casos previstos em lei ou diante de peculiaridades da causa relacionadas à impossibilidade ou à excessiva dificuldade de cumprir o encargo nos termos do *caput* ou à maior facilidade de obtenção da prova do fato contrário, poderá o juiz atribuir o ônus da prova de modo diverso, desde que o faça por decisão fundamentada, caso em que deverá dar à parte a oportunidade de se desincumbir do ônus que lhe foi atribuído. § 2º A decisão prevista no § 1º deste artigo não pode gerar

arbitral a regra é a de que o ônus da prova recai sobre quem alega. Significa dizer que, regra geral, cabe ao requerente a prova do fato constitutivo do seu direito e ao requerido a prova do fato extintivo, modificativo ou impeditivo do direito postulado.

Cabe ao árbitro ainda, tal e qual se admite no processo judicial (art. 373, § 1º, do CPC), aplicar a teoria da carga dinâmica do ônus da prova, sempre que se revelar, para uma das partes, impossível ou excessivamente difícil a comprovação de determinado fato ou, sobretudo, quando tiver a parte contrária maior facilidade de produzir a contraprova, como ocorre no caso de prova de fato negativo, verdadeira prova diabólica.

Tendo isso em consideração, deve o advogado da parte avaliar quais as provas que deverão ser produzidas, bem como os meios correlatos a serem utilizados, considerando o quão rigoroso será o Tribunal Arbitral na avaliação do cumprimento, pela parte, do ônus da prova (*standard of proof*), para, assim, lograr êxito em demonstrar o ponto favorável a seu cliente.

Na arbitragem internacional, conforme lecionam Blackaby e Partasides,[387] o *standard of proof* está atrelado a uma espécie de "balanço de probabilidade". Assim, para defini-lo, cabe ao árbitro avaliar o que seria, no caso concreto, "mais provável do que improvável". Com base no referido juízo de probabilidade, o ônus da prova há de ser distribuído entre as partes, recaindo sobre aquela que deduz a alegação mais improvável a incumbência de demonstrá-la.

É admitido na arbitragem qualquer meio de prova, típico ou atípico, como a produção de prova técnica (perícia), realização de vistoria, apresentação de documentos, oitiva de testemunhas, colheita de depoimento pessoal, bem como a oitiva de *expert witness* (o chamado testemunho técnico)[388] e, inclusive, o *discovery*,[389] tal e qual se dá na esfera da justiça estatal (art. 369 do CPC).[390]

---

situação em que a desincumbência do encargo pela parte seja impossível ou excessivamente difícil. § 3º A distribuição diversa do ônus da prova também pode ocorrer por convenção das partes, salvo quando: I - recair sobre direito indisponível da parte; II - tornar excessivamente difícil a uma parte o exercício do direito. § 4º A convenção de que trata o § 3º pode ser celebrada antes ou durante o processo".

[387] BLACKABY, Nigel et al. *Redfern and Hunter on International Arbitration*. 6th ed. Oxford: Oxford University Press, 2015. p. 378-379.

[388] O testemunho técnico encontra previsão hoje, no processo civil brasileiro, no art. 464, §§ 3º e 4º, do CPC, que dispõe: "Art. 464 (...) § 3º A prova técnica simplificada consistirá apenas na inquirição de especialista, pelo juiz, sobre ponto controvertido da causa que demande especial conhecimento científico ou técnico. § 4º Durante a arguição, o especialista, que deverá ter formação acadêmica específica na área objeto de seu depoimento, poderá valer-se de qualquer recurso tecnológico de transmissão de sons e imagens com o fim de esclarecer os pontos controvertidos da causa".

"Durante a arguição, o especialista, que deverá ter formação acadêmica específica na área objeto de seu depoimento, poderá valer-se de qualquer recurso tecnológico de transmissão de sons e imagens com o fim de esclarecer os pontos controvertidos da causa."

[389] *Discovery*, como destaca Joaquim Muniz, pode ser conceituado como o "requerimento amplo de que a parte contrária forneça todos os documentos e informações relacionados à causa de pedir da lide". Muniz afirma, ainda, que, por uma questão cultural e prática,

É possível agrupar os principais meios de prova, na arbitragem, em quatro grandes grupos: a) produção de documentos; b) depoimento de testemunhas do fato (escrito ou oral); c) opiniões de *experts* (por escrito ou oral); e d) inspeção do objeto em disputa.[391]

---

os advogados nacionais não se sentem confortáveis, em geral, com a utilização do *discovery*, até por desconhecerem o procedimento (MUNIZ, Joaquim de Paiva. *Curso básico de direito arbitral*: teoria e prática. 4. ed. Curitiba: Juruá, 2017. p. 226). Carmona, por sua vez, conceitua o instituto do *discovery* como "procedimento que obriga os contendentes a permitir a verificação pelo adversário de todos ou de alguns documentos relativos a um dado negócio jurídico" (CARMONA, Carlos Alberto. *Arbitragem e processo*: um comentário à Lei 9.307/96. 3. ed. São Paulo: Atlas, 2009. p. 314). Fabiane Verçosa afirma que o mecanismo do Discovery vem sendo pouco utilizado nas arbitragens internacionais, em razão do risco do denominado *"fishing expedition"*, quando uma parte, sem ter certeza do seu direito, solicita buscas indeterminadas à outra parte com o objetivo de obter informações para comprovar as suas alegações. Além de postergar o procedimento arbitral, o instituto, quando utilizado de forma inadequada, poderia acarretar o acesso a documentos revestidos por algum tipo de *privilege* (VERÇOSA, Fabiane. A produção de provas. In: LEVY, Daniel; PEREIRA, Guilherme Setoguti J. (coord.). *Curso de arbitragem*. São Paulo: Thomson Reuters Brasil, 2018. p. 231). Em *Hickman v. Taylor* et al., julgamento datado de 1947, a Suprema Corte dos Estados Unidos asseverou, já naquela época, a importância do instituto do *discovery* no processo civil (inserido no sistema jurídico daquele país com a reforma das regras de processo civil, de âmbito federal, em 1938). Colhe-se da decisão a seguinte e expressiva passagem: "O mecanismo de Discovery antes do procedimento estabelecido pelas Regras 26 a 37 é uma das inovações mais significativas das Regras Federais de Processo Civil (Federal Rules of Civil Procedure). (...) Os variados instrumentos de Discovery agora funcionam para (1) como disposto, da mesma maneira que a audiência prévia prevista na Regra 16 para restringir e esclarecer as questões básicas que envolvem as partes, e (2) como dispositivo para averiguar os fatos, ou informações sobre a existência ou paradeiros dos fatos relativos a essas questões. Assim os julgamentos civis nas cortes federais não mais precisam ser realizados no escuro. O caminho agora está claro, consistente com os privilégios reconhecidos, para que as partes obtenham o máximo conhecimento possível das questões e fatos antes do julgamento". Supreme Court of the United States, *Hickman v. Taylor* et al., 67 S.Ct. 385 (1947). A função primordial do instituto é evitar o julgamento surpresa (*trial by surprise*) e permitir que as partes concluam se as alegações iniciais ou a resposta as alegações iniciais precisam de alguma emenda. Juristas americanos, contudo, criticam a utilização procrastinatória do instituto do *discovery*, muito frequente no processo judicial, que poderia descaracterizar a celeridade e a eficiência que se esperam de um procedimento arbitral, além de aumentar significativamente os custos envolvidos. Vide: DICK JR., Charles H. Understanding the proper role of discovery in arbitration. *Los Angeles & San Francisco Daily Journal*, 6 jul. 2018. Disponível em: https://www.jamsadr.com/files/uploads/documents/articles/dick-dailyjournal-understanding-the-proper-role-of--discovery-in-arbitration-2018-07-06.pdf. Acesso em: 3 fev. 2020.

[390] CPC: "Art. 369. As partes têm o direito de empregar todos os meios legais, bem como os morais legítimos, ainda que não especificados neste Código, para provar a verdade dos fatos em que se funda o pedido ou a defesa e influir eficazmente na convicção do juiz".

[391] BLACKABY, Nigel et al. *Redfern and Hunter on International Arbitration*. 6th ed. Oxford: Oxford University Press, 2015. p. 379.

Nada obstante, conforme ensina a prática na arbitragem internacional, deve o Tribunal Arbitral considerar a natureza dos fatos que se pretende provar, na hora de se considerar o peso a ser dado à evidência trazida pela parte. Assim, a título ilustrativo, se o fato que se pretende provar diz respeito às condições climáticas em um certo dia, mais sentido faz trazer aos autos um relatório sobre o clima que tenha sido publicado em um jornal de boa reputação, do que convocar um *expert* em meteorologia para aconselhar o tribunal.[392]

Admite-se na arbitragem a prova emprestada, assim entendida aquela produzida em outro processo (judicial) e introduzida no procedimento arbitral, por uma das partes, para fazer prova de suas alegações. Deve, no entanto, ser recebida e considerada pelos árbitros *cum grano salis*. Bem esclarece Joaquim Muniz, a propósito do tema, que "o uso de tal prova somente é possível se ela provir de processo jurisdicional, do qual a parte contra qual ela será usada participou e teve direito a ampla defesa e contraditório. Ademais em se admitindo a prova emprestada em arbitragem, a parte deve ter novamente o direito de rebatê-la, à luz dos princípios da ampla defesa e do contraditório".[393]

Não está o painel arbitral – perceba-se – obrigado a admitir o uso de prova emprestada. Assim é que, em recente julgado, de 2019, a Corte Comercial Inglesa jugou improcedente pedido de anulação de sentença arbitral proferida no bojo de procedimento conduzido na *LCIA*, entendendo que o indeferimento na utilização de prova emprestada não caracterizaria, por si só, irregularidade procedimental. Com efeito, o Tribunal Arbitral havia indeferido o pedido de juntada de prova empresta-da (transcrição de depoimento de testemunhas comuns aos dois procedimentos), produzida em procedimento arbitral paralelo, que tramitara na ICSID (*International Centre for Settlement of Investment Disputes* do Banco Mundial), envolvendo uma das partes da disputa (a *BSG Resources Ltd*). Para julgar improcedente o pedido anulatório, o Juiz Sir Michael Burton assinalou que o efeito de admitir a transcrição completa da audiência final da arbitragem na ICSID seria o de reabrir a instrução probatória na arbitragem, atrasando desnecessariamente o procedimento da *LCIA*, sem que tal documento tivesse o condão de auxiliar os árbitros na tomada da decisão final.[394]

---

[392] BLACKABY, Nigel et al. *Redfern and Hunter on International Arbitration*. 6th ed. Oxford: Oxford University Press, 2015. p. 378-379.

[393] MUNIZ, Joaquim de Paiva. *Curso básico de direito arbitral*: teoria e prática. 4. ed. Curitiba: Juruá, 2017. p. 220.

[394] English Commercial Court, *BSG Resources Ltd v. Vale SA* [2019] EWHC 3347 (Comm). 29 de novembro de 2019. Na Inglaterra, para justificar a recepção de novas evidências ou a realização de novo julgamento no judiciário (aplicado analogamente para a arbitragem), aplica-se o que denominam de *Ladd v. Marshall test*. "The principles to be applied are the same as those always applied when fresh evidence is sought to be introduced. In order to justify the reception of fresh evidence or a new trial, three conditions mast be fulfilled: first, it must be shown that the evidence could not have been obtained with reasonable diligence for use at the trial: second, the evidence most be such that, if given, it would probably have an important influence on the result of the case, though it need not be decisive: thirdly, the evidence must be such as is presumably to be believed, or in other words, it must be apparently credible, though it need

O árbitro pode ainda, como juiz de fato e de direito da causa (art. 18 da Lei de Arbitragem), requisitar documentos e informações aos órgãos públicos. Pode, outrossim, determinar a repetição de prova, se julgar necessário.[395]

Em geral, na via arbitral, a instrução probatória ocorre de forma mais intensa após a conclusão da fase postulatória. Ainda que isso seja bastante flexível, é frequente que o procedimento arbitral siga o seguinte rito: (i) assinatura do Termo de Arbitragem ou da Ata de Missão; (ii) alegações iniciais; (iii) resposta às alegações iniciais; (iv) réplica; (v) tréplica; e (vi) pedido de produção de provas.

A atividade do árbitro, na instrução probatória do feito, é complementar à iniciativa das partes. Investigará o quanto lhe parecer relevante, para formar sua convicção.[396] Este papel complementar, mesmo em um litígio versando apenas sobre direitos patrimoniais disponíveis, deriva da iniciativa e diligência do árbitro para instruir o procedimento arbitral, na busca da verdade real.

Os árbitros podem indeferir a produção de determinada prova, se a julgarem, de forma fundamentada, impertinente, desnecessária ou contraproducente. Trata-se da consagração na arbitragem do princípio do livre convencimento motivado (arts. 21, § 2º, e 22 da Lei de Arbitragem). Tal entendimento é referendado pelo STJ.[397]

Os regulamentos das principais instituições arbitrais do Brasil não discrepam a respeito. Assim, o item 11.1 do Regulamento do CBMA informa que "o Tribunal Arbitral poderá determinar às partes que produzam as provas que julgue necessárias

---

not be incontrovertible" (England and Wales Court of Appeal (Civil Division) - *Ladd v. Marshall* [1954] EWCA Civ 1. 29 de novembro de 1954). O teste passa por três aspectos, segundo o referido julgado de 1954: (i) a demonstração pela parte de que não era possível obter a nova evidência via diligência razoável no julgamento original; (ii) que a nova evidência teria provavelmente influência relevante no resultado, não necessitando, no entanto, ser decisiva; e (iii) a evidência deve ser aparentemente crível, não necessitando ser incontroversa.

[395] Scavone Jr. assevera que "o árbitro pode, no desempenho da sua função, porque juiz de fato e de direito (art. 18 da Lei de Arbitragem), ante a liberdade procedimental do processo arbitral, requisitar documentos e informações de órgãos públicos. Pode, também, determinar a repetição de prova para o seu convencimento" (SCAVONE JR., Luiz Antonio. *Manual de arbitragem, mediação e conciliação*. 8. ed. Rio de Janeiro: Forense, 2018. p. 165).

[396] "(...) não se esqueça, porém, que, por *praesumptio hominis*, na persuasão racional que permeia a atuação do árbitro na descoberta da verdade, a conduta das partes quanto à iniciativa da produção da prova é valorizada, pois, ausentes elementos de convicção, é natural que se desconsidere o fato, em desfavor de quem o alegou, mas não o demonstrou. Ainda, a atividade do árbitro neste particular acaba sendo complementar à iniciativa das partes, e voltada a investigar o quanto lhe parecer útil e relevante para influenciar o seu julgamento. Assim, não atua o árbitro em favor da parte, na defesa dos interesses de quem argui um fato, mas impulsiona o quanto necessário para a construção de um cenário fático necessário, segundo o seu critério, a estruturar o convencimento racional" (CAHALI, Francisco José. *Curso de arbitragem*: mediação, conciliação e tribunal multiportas. 7. ed. São Paulo: Thomson Reuters Brasil, 2018. p. 285).

[397] Vide o item 2 aos comentários feitos ao art. 21 acima.

ou apropriadas".[398] Em sentido semelhante, o item 7.4.1 do Regulamento de Arbitragem da CAM-CCBC dispõe que "caberá ao Tribunal Arbitral deferir e estabelecer as provas que considerar úteis, necessárias e adequadas, segundo a forma e a ordem que entender convenientes ao caso concreto".[399]

A ordem em que as provas serão produzidas, assim como a ordem e forma (presencial ou por videoconferência) de inquirição das partes, testemunhas e peritos, idealmente, devem ser definidas de comum acordo pelas partes. No silêncio dos litigantes, ou na falta de consenso entre eles, ficará a cargo do árbitro definir o procedimento.

No campo probatório, não se pode deixar de mencionar a *International Bar Association (IBA) Rules on Taking of Evidence in International Arbitration (IBA Rules of Evidence)*,[400] de maio de 2010, que funciona como um guia, na arbitragem internacional,

---

[398] O regulamento de arbitragem do CBMA dispõe sobre as provas no item 11: "11. Provas 11.1. Em qualquer fase do procedimento, o Tribunal Arbitral poderá determinar às partes que produzam as provas que julgue necessárias ou apropriadas. 11.2. A entrega de material sigiloso será objeto de específica consideração pelo Tribunal Arbitral quanto à conveniência e à oportunidade, obedecidas as disposições havidas entre as partes" (Regulamento de arbitragem do CBMA. Disponível em: http://www.cbma.com.br/regulamento_1. Acesso em: 3 fev. 2020). A CAMARB trata do tema no item 8.4 de seu regulamento de arbitragem: "8.4. Encerrado o prazo para impugnação, salvo se estabelecido momento diverso no Termo de Arbitragem, o Tribunal Arbitral deliberará sobre a produção de provas, incluindo prova pericial ou técnica, diligências fora do local da arbitragem e o adiantamento dos respectivos custos pelas partes" (Regulamento de arbitragem da CAMARB. Disponível em: http://camarb.com.br/arbitragem/regulamento-de-arbitragem/. Acesso em: 3 fev. 2020).

[399] O regulamento de arbitragem da CAM-CCBC versa sobre o tema em seus itens 7.4 e 7.4.1: "7.4. No prazo de 10 (dez) dias do recebimento das suprarreferidas manifestações, o Tribunal Arbitral avaliará o estado do processo determinando, se julgar necessária, a produção de provas. 7.4.1. Caberá ao Tribunal Arbitral deferir e estabelecer as provas que considerar úteis, necessárias e adequadas, segundo a forma e a ordem que entender convenientes ao caso concreto" (Disponível em: https://ccbc.org.br/cam-ccbc-centro-arbitragem-mediacao/resolucao-de-disputas/arbitragem/regulamento-2012/. Acesso em: 3 fev. 2020).

[400] Vejamos o preâmbulo das *IBA Rules of Evidence*: "Preamble 1. These IBA Rules on the Taking of Evidence in International Arbitration are intended to provide an efficient, economical and fair process for the taking of evidence in international arbitrations, particularly those between Parties from different legal traditions. They are designed to supplement the legal provisions and the institutional, ad hoc or other rules that apply to the conduct of the arbitration. 2. Parties and Arbitral Tribunals may adopt the IBA Rules of Evidence, in whole or in part, to govern arbitration proceedings, or they may vary them or use them as guidelines in developing their own procedures. The Rules are not intended to limit the flexibility that is inherent in, and an advantage of, international arbitration, and Parties and Arbitral Tribunals are free to adapt them to the particular circumstances of each arbitration. 3. The taking of evidence shall be conducted on the principles that each Party shall act in good faith and be entitled to know, reasonably in advance of any Evidentiary Hearing or any fact or merits determination, the evidence on which the other Parties rely" (Disponível em: https://www.ibanet.org/ENews_Archive/IBA_30June_2010_Enews_Taking_of_Evidence_new_rules.aspx. Acesso em: 4 fev. 2020).

para auxiliar as partes, muitas vezes de traduções jurídicas radicalmente diferentes, na condução de um procedimento justo, eficiente e econômico de produção de provas.

A Corte de Apelações da California já decidiu que os árbitros têm ampla discricionariedade na condução do procedimento arbitral, podendo perfeitamente recusar o adiamento de audiência, sem que isso importe em qualquer vício na sentença arbitral. Assentou, na ocasião, que "as Cortes federais não devem interferir em decisão de adiamento de audiência pelo árbitro se existir fundamento razoável para tal indeferimento... Neste caso, os requeridos falharam em demonstrar justa causa para o adiamento das audiências, portanto, o árbitro estava agindo dentro dos limites de sua discricionariedade ao negar tal pedido".[401]

2. Depoimento pessoal das partes e testemunhas

São dois os principais objetivos da convocação da parte para prestar depoimento: a) esclarecimento dos fatos e b) obtenção de eventual confissão provocada.

A convocação para prestar depoimento pessoal deve ser inequívoca, com a devida comprovação do recebimento da intimação, que pode ser realizada, inclusive, por *e-mail*.

Se a parte for pessoa jurídica, o depoimento deve ser realizado por representante conhecedor dos fatos, nos termos do art. 21, § 3º, da Lei de Arbitragem (*designar quem as represente*).

Considerando que ninguém pode ser obrigado a produzir prova contra si mesmo, o depoente (em depoimento pessoal) pode recusar-se a responder às perguntas dos árbitros, mas o comportamento da parte deverá ser levado em consideração pelo Tribunal, por ocasião da prolação de sentença. Podem os árbitros, em função disso, interpretar o silêncio da parte em desfavor dela, de modo que compete ao advogado orientar o seu cliente e avaliar, criteriosamente, se é uma estratégia inteligente a recusa em responder aos questionamentos formulados.

Igualmente, em caso de desatendimento, sem justa causa, da convocação da parte para prestar depoimento pessoal, o Tribunal Arbitral deverá levar em consideração o comportamento da parte faltosa, ao proferir sua sentença.[402] Não se trata aqui, contudo, da confissão ficta prevista nos arts. 344 e 385, § 1º, do CPC. A revelia de que trata o § 3º do art. 22 da Lei de Arbitragem, muito embora não impeça que seja proferida a sentença arbitral, também não possui os efeitos da revelia engendrados no processo civil. Caracteriza mera ausência em depoimento pessoal, o que será sopesado pelos árbitros, no momento da sentença, levando em consideração toda a matriz fática e probatória do caso.

---

[401] Court of Appeal, Second District, Division 5, California. *Swab Financial, v. E-Trade Securities*. 150 Cal.Ap.4th 1181 (2007).

[402] Carmona ressalta que caberá ao árbitro avaliar o comportamento do depoente: respostas evasivas ou a pura e simples falta de comparecimento são elementos que serão somados aos demais colhidos durante a instrução processual para determinar o resultado do julgamento (CARMONA, Carlos Alberto. *Arbitragem e processo*: um comentário à Lei 9.307/96. 3. ed. São Paulo: Atlas, 2009. p. 315).

Ressalte-se que ausência passível de ser levada em consideração pelo árbitro é apenas a ausência injustificada. O § 2º do art. 22 da Lei de Arbitragem é claro nesse sentido ao trazer a expressão "sem justa causa". Por isso mesmo, caso exista justa causa para a ausência do depoente, o Tribunal Arbitral deve preferencialmente adiar a audiência, podendo a sentença incorrer em vício de nulidade, na hipótese de ficar caracterizado eventual cerceamento de defesa da parte. Isso (o cerceamento de defesa), contudo, deverá ser avaliado no caso concreto.

A jurisprudência do STJ, nos processos de homologação de sentença arbitral estrangeira, tem entendido que a revelia na arbitragem, por si só, não é causa para o indeferimento do pedido homologatório.[403]

Se a ausência injustificada for de testemunha, o árbitro (ou o presidente do Tribunal Arbitral) poderá requerer à autoridade judiciária que conduza a testemunha renitente, comprovando a existência da convenção de arbitragem. Caberá ao Tribunal Arbitral, nada obstante, avaliar a relevância da oitiva da testemunha, de modo a

---

[403] STJ: "Homologação de sentença estrangeira. Sentença arbitral. Procedimento arbitral que teve curso à revelia do requerido. Convenção arbitral. Inexistência. 1. Para a homologação de sentença de arbitragem estrangeira proferida à revelia do requerido, deve ele, por ser seu o ônus, comprovar, nos termos do inciso III do art. 38 da Lei n. 9.307/96, que não foi devidamente comunicado da instauração do procedimento arbitral. 2. Homologação deferida" (STJ, SEC 887/FR, Corte Especial, Rel. Min. João Otávio de Noronha, *DJe* 03.04.2006); "Sentença arbitral estrangeira contestada. Pretensão homologatória a ser deferida em parte. Requisitos da lei atendidos. Vícios de negação inexistentes. Ampla competência para dirimir conflitos entre os contratantes de *joint venture*. Sendo lícito o negócio jurídico realizado no Brasil, por partes de legítimo contrato de *joint venture*, não se lhe pode extrair as consequências jurídicas da quebra do acordado. Por mais razão, não se pode afastar a convenção arbitral nele instituída por meio de cláusula compromissória ampla, em que se regulou o Juízo competente para resolver todas as controvérsias das partes, incluindo aí a extensão dos temas debatidos, sob a alegação de renúncia tácita ou de suposta substituição do avençado. Uma vez expressada a vontade de estatuir, em contrato, cláusula compromissória ampla, a sua destituição deve vir através de igual declaração expressa das partes, não servindo, para tanto, mera alusão a atos ou a acordos que não tinham o condão de afastar a convenção das partes. Ademais, o próprio sentido do contrato de joint venture assinado pelas partes elimina o argumento de que uma delas quis abdicar da instituição de juízo arbitral no estrangeiro. A revelia não importa em falta de citação, mas, ao contrário, a pressupõe. O laudo arbitral lavrado por Corte previamente prevista na cláusula compromissória obedece aos requisitos para sua internalização em território pátrio, máxime porque não ofende os ditames dos arts. 3º, 5º e 6º da Resolução n.º 9 desta Corte, devendo, por isso, ser homologado. Havendo a Justiça brasileira, definitivamente, resolvido controvérsia quanto a um dos temas do pedido de homologação da sentença arbitral, deve a pretensão ser negada quanto a isso por obediência à coisa julgada. Homologação deferida em parte, com a exclusão dos itens 7 e 10 da decisão arbitral" (STJ, SEC 1/EX, Corte Especial, Rel. Min. Maria Thereza de Assis Moura, *DJe* 01.02.2012).

evitar que tal expediente, em verdadeira tática de guerrilha[404], possa ser utilizado para procrastinar desnecessariamente o feito. Nesse sentido, o § 2º estatui que o árbitro poderá, mediante uso da carta arbitral prevista no art. 22-C da Lei de Arbitragem, utilizar-se da cooperação com o Judiciário para promover a condução coercitiva de testemunha. Não cabe ao juiz estatal, no cumprimento da carta arbitral, avaliar se a testemunha deve ou não ser ouvida, mas apenas avaliar os aspectos formais da arbitragem e cumprir o requerimento, assim como cumpriria carta precatória, conforme prescreve o art. 455, § 5º, do CPC.

Não há formalismo nos depoimentos, admitindo-se que o árbitro e os advogados formulem perguntas diretamente ao depoente. A testemunha, portanto, poderá ser inquirida pelo advogado da parte que a arrolou (exame direto, *direct examination* ou *examination in-chief*) e pela parte contrária que a convocou (exame cruzado ou *cross-examination*). A oitiva, contudo, deverá ser conduzida sempre pelo árbitro para impedir a falta de ordem.[405]

O § 1º do art. 22 da Lei de Arbitragem enuncia que o depoimento será colhido por escrito e reduzido a termo. O mais comum no sistema jurídico nacional, tanto para partes, quanto testemunhas, é o depoimento oral, com gravação de toda audiência, acompanhada ou não de estenotipia, com posterior transcrição. Isso torna a audiência mais dinâmica e sem pausas para que ocorra a digitação de depoimento. Em arbitragens internacionais, muitas vezes as partes apresentam declarações escritas dos depoentes antes da efetiva audiência.[406]

Nada impede que o depoimento das partes e das testemunhas seja colhido com uso da tecnologia por meio de videoconferência. A legislação internacional, inclusive, é favorável ao uso da tecnologia e tal prática é cada vez mais comum nos tribunais brasileiros. O art. 8 (1) da *IBA Rules* é cristalino quanto ao uso da tecnologia ao dispor, em sua parte final, que "cada testemunha deverá comparecer presencialmente, a não ser que o Tribunal Arbitral permita o uso de videoconferência ou de tecnologia similar com relação à testemunha em particular".[407] A pandemia Covid-19 reforçou essa

---

[404] A respeito das táticas de guerrilha frequentemente utilizadas na arbitragem internacional, vide: SANTOS, Mauricio Gomm F. dos. Táticas de guerrilha na arbitragem internacional. In: CARMONA, Carlos Alberto; LEMES, Selma Ferreira;& MARTINS, Pedro Batista. *20 anos da lei de arbitragem*. São Paulo: Atlas, 2017. p. 331-342.

[405] Segundo Cahali pode ser dinâmica a oitiva, mas não desordenada ou circense, cabendo ao julgador conduzir o ato e impor os limites a eventuais abusos (CAHALI, Francisco José. *Curso de arbitragem*: mediação, conciliação e tribunal multiportas. 7. ed. São Paulo: Thomson Reuters Brasil, 2018. p. 287).

[406] Joaquim Muniz ressalta que, em arbitragens internacionais, ante a influência de regras procedimentais de outras jurisdições, muitas vezes, antes da audiência em que serão ouvidos, apresentam-se declarações escritas dos depoentes (MUNIZ, Joaquim de Paiva. *Curso básico de direito arbitral*: teoria e prática. 4. ed. Curitiba: Juruá, 2017. p. 224).

[407] Vide art. 8 da *IBA Rules on Taking of Evidence in International Arbitration (IBA Rules of Evidence)*: "Evidentiary Hearing – 1. Within the time ordered by the Arbitral Tribunal, each Party shall inform the Arbitral Tribunal and the other Parties of the witnesses whose appearance it requests. Each witness (which term includes, for the purposes of this Article, witnesses of fact and any experts) shall, subject to Article 8.2, appear for

prática no Brasil. "A oitiva de testemunhas tem sido feita por vídeo. Audiências têm sido conduzidas por plataformas eletrônicas, como o Zoom e o Google Hangouts."[408]

<hr />

testimony at the Evidentiary Hearing if such person's appearance has been requested by any Party or by the Arbitral Tribunal. Each witness shall appear in person unless the Arbitral Tribunal allows the use of videoconference or similar technology with respect to a particular witness. 2. The Arbitral Tribunal shall at all times have complete control over the Evidentiary Hearing. The Arbitral Tribunal may limit or exclude any question to, answer by or appearance of a witness, if it considers such question, answer or appearance to be irrelevant, immaterial, unreasonably burdensome, duplicative or otherwise covered by a reason for objection set forth in Article 9.2. Questions to a witness during direct and re-direct testimony may not be unreasonably leading. 3. With respect to oral testimony at an Evidentiary Hearing: (a) the Claimant shall ordinarily first present the testimony of its witnesses, followed by the Respondent presenting the testimony of its witnesses; (b) following direct testimony, any other Party may question such witness, in an order to be determined by the Arbitral Tribunal. The Party who initially presented the witness shall subsequently have the opportunity to ask additional questions on the matters raised in the other Parties' questioning; (c) thereafter, the Claimant shall ordinarily first present the testimony of its Party-Appointed Experts, followed by the Respondent presenting the testimony of its Party-Appointed Experts. The Party who initially presented the Party Appointed Expert shall subsequently have the opportunity to ask additional questions on the matters raised in the other Parties' questioning; (d) the Arbitral Tribunal may question a Tribunal Appointed Expert, and he or she may be questioned by the Parties or by any Party Appointed Expert, on issues raised in the Tribunal-Appointed Expert Report, in the Parties' submissions or in the Expert Reports made by the Party-Appointed Experts; (e) if the arbitration is organised into separate issues or phases (such as jurisdiction, preliminary determinations, liability and damages), the Parties may agree or the Arbitral Tribunal may order the scheduling of testimony separately for each issue or phase; (f) the Arbitral Tribunal, upon request of a Party or on its own motion, may vary this order of proceeding, including the arrangement of testimony by particular issues or in such a manner that witnesses be questioned at the same time and in confrontation with each other (witness conferencing); (g) the Arbitral Tribunal may ask questions to a witness at any time. 4. A witness of fact providing testimony shall first affirm, in a manner determined appropriate by the Arbitral Tribunal, that he or she commits to tell the truth or, in the case of an expert witness, his or her genuine belief in the opinions to be expressed at the Evidentiary Hearing. If the witness has submitted a Witness Statement or an Expert Report, the witness shall confirm it. The Parties may agree, or the Arbitral Tribunal may order that the Witness Statement or Expert Report shall serve as that witness's direct testimony. 5. Subject to the provisions of Article 9.2, the Arbitral Tribunal may request any person to give oral or written evidence on any issue that the Arbitral Tribunal considers to be relevant to the case and material to its outcome. Any witness called and questioned by the Arbitral Tribunal may also be questioned by the Parties" (Disponível em: https://www.ibanet. org/ENews_Archive/IBA_30June_2010_Enews_Taking_of_Evidence_new_rules.aspx. Acesso em: 4 fev. 2020).

[408] SCHMIDT, Gustavo da Rocha; ROSENTHAL, Felipe Deliza. Arbitragem pode ser um valioso laboratório para o Poder Judiciário, 11 jul. 2020. Disponível em: https://www.conjur. com.br/2020-jul-11/schmidt-rosenthal-laboratorio-judiciario. Acesso em: 11 ago. 2020.

Nos órgãos arbitrais que apresentam estrutura tecnológica adequada, a testemunha, que se encontra em outra localidade ou até mesmo em outro país, pode ser (e normalmente é) ouvida por meio de videoconferência.

Os regulamentos de arbitragem das câmaras nacionais (CAMARB, CAM-CCBC e CBMA) possuem normas específicas sobre a realização de audiências.[409]

---

[409] Vide Regulamento de Arbitragem da CAMARB: "8.6. Caso entenda necessária audiência de instrução, o Tribunal Arbitral designará dia, hora e local para sua realização, disciplinando a forma de organização e condução dos trabalhos. 8.7. A audiência será instalada pelo presidente do Tribunal Arbitral, com a presença dos demais árbitros e do secretário do procedimento. 8.8. Recusando-se qualquer testemunha a comparecer à audiência ou escusando-se de depor sem motivo legal, poderá o presidente do Tribunal Arbitral, a pedido de qualquer das partes ou de ofício, requerer à autoridade judiciária as medidas adequadas para a tomada do depoimento da testemunha faltosa. 8.9. A Secretaria da CAMARB providenciará, a pedido do Tribunal Arbitral ou de qualquer das partes, transcrição da audiência, bem como serviços de intérpretes ou tradutores, sendo os custos respectivos adiantados pelas partes. 8.10. A ausência de parte regularmente intimada não impede a realização da audiência" (Disponível em: http://camarb.com.br/arbitragem/regulamento-de-arbitragem/. Acesso em: 5 fev. 2020). Vide Regulamento de Arbitragem da CAM-CCBC: "7.5. O procedimento prosseguirá na ausência de qualquer das partes, desde que esta, devidamente notificada, não se apresente. 7.5.1. A sentença arbitral não poderá fundar-se na revelia da parte. 7.6. Os aspectos de natureza técnica envolvidos no procedimento arbitral poderão ser objeto de perícia ou esclarecimentos prestados por especialistas indicados pelas partes, os quais poderão ser convocados para prestar depoimento em audiência, conforme determinar o Tribunal Arbitral. 7.7. Encerrada a instrução, o Tribunal Arbitral abrirá prazo de até 30 (trinta) dias para apresentação de alegações finais pelas partes" (Disponível em: https://ccbc.org.br/cam-ccbc-centro-arbitragem-mediacao/resolucao-de-disputas/arbitragem/regulamento-2012/. Acesso em: 5 fev. 2020). Vide Regulamento de Arbitragem do CBMA: "12. Audiências 12.1. As partes serão notificadas de todas as audiências, com antecedência razoável que lhes permita tomar as providências necessárias à sua realização. 12.2. A audiência será instalada pelo presidente do Tribunal Arbitral, com a presença dos demais árbitros, no dia, hora e local designados. 12.3. Instalada a audiência, o presidente do Tribunal Arbitral convidará as partes e/ou seus representantes ou procuradores a produzirem as alegações e provas, manifestando-se em primeiro lugar a parte Requerente e em seguida a Requerida. 12.4. O depoimento pessoal e oitiva de testemunhas poderão ser realizados por meio de videoconferência, ou por outra forma que utilize como meio a eficiente transferência de dados, voz e imagem em tempo real. 12.5. Em caso de desatendimento, sem justa causa, da convocação para prestar depoimento pessoal, o Tribunal Arbitral levará em consideração o comportamento da parte faltosa, ao proferir sua sentença; se a ausência for de testemunha, nas mesmas circunstâncias, poderá o Tribunal Arbitral ou seu presidente requerer à autoridade judiciária que conduza a testemunha renitente, comprovando a existência da convenção de arbitragem. 12.6. A revelia da parte não impedirá que seja proferida a sentença arbitral. 12.7. Encerrada a instrução, o Tribunal Arbitral poderá deferir prazo para que as partes ofereçam alegações finais" (Disponível em: http://www.cbma.com.br/regulamento_1. Acesso em: 5 fev. 2020).

O § 5º do art. 22 da Lei de Arbitragem preconiza que, em caso de substituição de árbitro, o substituto poderá, a seu exclusivo critério, repetir as provas já produzidas, o que é muito frequente em relação à prova oral e deve ser feito com parcimônia, já que tende a atrasar bastante o procedimento.

Internacionalmente, o art. 24 da Lei Modelo da UNCITRAL versa sobre audiências e procedimentos escritos.[410] Por sua vez, o art. 25 (c)[411] da Lei Modelo é bem similar ao art. 22, § 2º, da Lei de Arbitragem, no que diz respeito aos efeitos da ausência da parte em audiência.

A *Section 7* do *Federal Arbitration Act*, dos EUA, também disciplina o tema de forma similar à Lei de Arbitragem nacional.[412]

---

[410] "Artigo 24º Audiências e procedimentos escritos - (1) Salvo acordo das partes em contrário, o tribunal arbitral decidirá se o procedimento deve conter uma fase oral para produção de prova ou para a exposição oral de argumentos ou se o procedimento deve ser conduzido com base em documentos ou outros materiais. Contudo, a menos que as partes tenham acordado que nenhuma audiência ocorrerá, o tribunal arbitral organizará audiências, numa fase adequada do procedimento, se uma das partes assim o requerer. (2) As partes serão notificadas com a devida antecedência de todas as audiências e reuniões do tribunal arbitral realizadas com o objetivo de inspecionar mercadorias, outros bens ou documentos. (3) Todas as alegações, documentos ou informações que uma das partes fornece ao tribunal arbitral devem ser comunicados à outra parte. Deve igualmente ser comunicado às partes qualquer relatório ou documento apresentado como prova que possa servir de base à decisão do tribunal" (Disponível em: http://www.cbar.org.br/leis_intern_arquivos/Lei_Modelo_Uncitral_traduzida_e_revisada_versao_final.pdf. Acesso em: 5 fev. 2020).

[411] "Artigo 25º Ausência de uma das partes - (c) Uma das partes deixar de comparecer a uma audiência ou de fornecer documentos de prova, o tribunal arbitral pode prosseguir o procedimento e decidir com base nos elementos de prova de que disponha" (Disponível em: http://www.cbar.org.br/leis_intern_arquivos/Lei_Modelo_Uncitral_traduzida_e_revisada_versao_final.pdf. Acesso em: 5 fev. 2020).

[412] Federal Arbitration Act: "Section 7. Witnesses before arbitrators; fees; compelling attendance - The arbitrators selected either as prescribed in this title or otherwise, or a majority of them, may summon in writing any person to attend before them or any of them as a witness and in a proper case to bring with him or them any book, record, document, or paper which may be deemed material as evidence in the case. The fees for such attendance shall be the same as the fees of witnesses before masters of the United States courts. Said summons shall issue in the name of the arbitrator or arbitrators, or a majority of them, and shall be signed by the arbitrators, or a majority of them, and shall be directed to the said person and shall be served in the same manner as subpoenas to appear and testify before the court; if any person or persons so summoned to testify shall refuse or neglect to obey said summons, upon petition the United States district court for the district in which such arbitrators, or a majority of them, are sitting may compel the attendance of such person or persons before said arbitrator or arbitrators, or punish said person or persons for contempt in the same manner provided by law for securing the attendance of witnesses or their punishment for neglect or refusal to attend in the courts of the United States" (Disponível em https://sccinstitute.com/media/37104/the-federal-arbitration-act-usa.pdf. Acesso em: 5 fev. 2020).

A *Section 41 (4)* da Lei de Arbitragem Britânica, de 1996, dispõe, assim como a lei brasileira, que: "se, sem justa causa, a parte (a) não comparecer ou se fizer representada em depoimento cuja convocação foi corretamente realizada, ou, (b) onde a manifestação deva ser realizada por escrito, a parte falhe, após devida notificação, em submeter provas escritas ou realizar submissões por escrito; o Tribunal poderá continuar o procedimento na ausência da parte ou, conforme o caso, não havendo prova escrita ou qualquer submissão escrita a favor da parte, poderá prolatar sentença arbitral com base nas provas que possui".[413] A *Section 43*, por sua vez, estipula que "a parte poderá utilizar os mesmos procedimentos disponíveis nos tribunais para assegurar o comparecimento de testemunha ou para a produção de documentos ou outra evidência".[414]

---

[413] Vide *Section 41* do *UK Arbitration Act* de 1996: "Powers of tribunal in case of party's default. (1) The parties are free to agree on the powers of the tribunal in case of a party's failure to do something necessary for the proper and expeditious conduct of the arbitration. (2) Unless otherwise agreed by the parties, the following provisions apply. (3) If the tribunal is satisfied that there has been inordinate and inexcusable delay on the part of the claimant in pursuing his claim and that the delay – (a)gives rise, or is likely to give rise, to a substantial risk that it is not possible to have a fair resolution of the issues in that claim, or (b)has caused, or is likely to cause, serious prejudice to the respondent, the tribunal may make an award dismissing the claim. (4) If without showing sufficient cause a party – (a)fails to attend or be represented at an oral hearing of which due notice was given, or (b)where matters are to be dealt with in writing, fails after due notice to submit written evidence or make written submissions, the tribunal may continue the proceedings in the absence of that party or, as the case may be, without any written evidence or submissions on his behalf, and may make an award on the basis of the evidence before it. (5) If without showing sufficient cause a party fails to comply with any order or directions of the tribunal, the tribunal may make a peremptory order to the same effect, prescribing such time for compliance with it as the tribunal considers appropriate. (6) If a claimant fails to comply with a peremptory order of the tribunal to provide security for costs, the tribunal may make an award dismissing his claim. (7) If a party fails to comply with any other kind of peremptory order, then, without prejudice to section 42 (enforcement by court of tribunal's peremptory orders), the tribunal may do any of the following – (a)direct that the party in default shall not be entitled to rely upon any allegation or material which was the subject matter of the order; (b)draw such adverse inferences from the act of non-compliance as the circumstances justify; (c)proceed to an award on the basis of such materials as have been properly provided to it; (d)make such order as it thinks fit as to the payment of costs of the arbitration incurred in consequence of the non-compliance" (Disponível em: http://www.legislation.gov.uk/ukpga/1996/23/contents. Acesso em: 5 fev. 2020).

[414] Vide *Section 43* do *UK Arbitration Act* de 1996: "Securing the attendance of witnesses. (1) A party to arbitral proceedings may use the same court procedures as are available in relation to legal proceedings to secure the attendance before the tribunal of a witness in order to give oral testimony or to produce documents or other material evidence. (2) This may only be done with the permission of the tribunal or the agreement of the other parties. (3) The court procedures may only be used if – (a)the witness is in the United Kingdom, and (b)the arbitral proceedings are being conducted in England and Wales or, as the case may be, Northern Ireland. (4)A person shall not be compelled by

O art. 1.467 do Código de Processo Civil (*Code de Procédure Civile*) francês, por seu turno, reza que "o Tribunal Arbitral praticará os atos instrutórios necessários a menos que as partes não autorizem sua prática por um de seus membros. O Tribunal Arbitral pode ouvir qualquer pessoa. Esta oitiva ocorrerá sem prestação de juramento. Se uma parte detiver um elemento de prova, o Tribunal Arbitral pode intimá-la a apresentá-lo segundo as modalidades que determinar e, se necessário, sob pena de sanção pecuniária compulsória".[415]

A lei espanhola de arbitragem (Ley 60/2003) trata do tema em seus arts. 30 e 31. Interessante observar a disposição do art. 31 (b) que é expressa ao afirmar que a revelia não acarreta confissão ficta: se "o demandado não apresentar suas razões no prazo, os *árbitros continuarão com sua atuação sem que tal omissão seja considerada aceite ou admissão dos fatos alegados pelo demandante*".[416]

A Lei de Arbitragem Voluntária portuguesa (Lei 63/2011) aborda o tema em seus arts. 34 e 35, merecendo ênfase aqui o art. 34 (1) que dispõe sobre os poderes instrutórios conferidos aos árbitros: "Salvo convenção das partes em contrário, o Tribunal decide se serão realizadas audiências para a produção de prova ou se o processo é apenas conduzido com base em documentos e outros elementos de prova. O Tribunal deve,

---

virtue of this section to produce any document or other material evidence which he could not be compelled to produce in legal proceedings" (Disponível em: http://www.legislation.gov.uk/ukpga/1996/23/contents. Acesso em: 5 fev. 2020).

[415] Code de Procédure Civile. Disponível em: https://www.legifrance.gouv.fr/affichCode.do?idSectionTA=LEGISCTA000023450830&cidTexte=LEGITEXT000006070716&dateTexte=20200205. Acesso em: 5 fev. 2020.

[416] Vide arts. 30 e 31 da Lei de Arbitragem Espanhola (Ley 60/2003): "Artículo 30. Forma de las actuaciones arbitrales. 1. Salvo acuerdo en contrario de las partes, los árbitros decidirán si han de celebrarse audiencias para la presentación de alegaciones, la práctica de pruebas y la emisión de conclusiones, o si las actuaciones se sustanciarán solamente por escrito. No obstante, a menos que las partes hubiesen convenido que no se celebren audiencias, los árbitros las señalarán, en la fase apropiada de las actuaciones, si cualquiera de las partes lo solicitara. 2. Las partes serán citadas a todas las audiencias con suficiente antelación y podrán intervenir en ellas directamente o por medio de sus representantes. 3. De todas las alegaciones escritas, documentos y demás instrumentos que una parte aporte a los árbitros se dará traslado a la otra parte. Asimismo, se pondrán a disposición de las partes los documentos, dictámenes periciales y otros instrumentos probatorios en que los árbitros puedan fundar su decisión. Artículo 31. Falta de comparecencia de las partes. Salvo acuerdo en contrario de las partes, cuando, sin alegar causa suficiente a juicio de los árbitros: a) El demandante no presente su demanda en plazo, los árbitros darán por terminadas las actuaciones, a menos que, oído el demandado, éste manifieste su voluntad de ejercitar alguna pretensión. b) El demandado no presente su contestación en plazo, los árbitros continuarán las actuaciones, sin que esa omisión se considere como allanamiento o admisión de los hechos alegados por el demandante. c) Una de las partes no comparezca a una audiencia o no presente pruebas, los árbitros podrán continuar las actuaciones y dictar el laudo con fundamento en las pruebas de que dispongan" (Disponível em: https://www.boe.es/buscar/act.php?id=BOE-A-2003-23646. Acesso em: 5 fev. 2020).

porém, realizar uma ou mais audiências para a produção de prova sempre que uma das partes o requeira, a menos que as partes hajam previamente prescindido delas".[417]

As câmaras arbitrais internacionais versam de maneira minuciosa sobre os procedimentos a serem seguidos em audiência. O regulamento de arbitragem comercial da *American Arbitration Association (AAA)* versa sobre a instrução probatória da *Rule 21* (audiência preliminar) à 36 (inspeções locais). A *Rule 23* é categórica ao afirmar que o árbitro terá autoridade para determinar a produção de provas documentais e para realizar audiência preliminar, para que as partes troquem informações e, assim, atinjam uma resolução justa, eficiente e econômica para o caso.[418]

---

[417] Vide arts. 34 e 35 da LAV portuguesa: "Artigo 34.º Audiências e processo escrito 1 - Salvo convenção das partes em contrário, o tribunal decide se serão realizadas audiências para a produção de prova ou se o processo é apenas conduzido com base em documentos e outros elementos de prova. O tribunal deve, porém, realizar uma ou mais audiências para a produção de prova sempre que uma das partes o requeira, a menos que as partes hajam previamente prescindido delas. 2 - As partes devem ser notificadas, com antecedência suficiente, de quaisquer audiências e de outras reuniões convocadas pelo tribunal arbitral para fins de produção de prova. 3 - Todas as peças escritas, documentos ou informações que uma das partes forneça ao tribunal arbitral devem ser comunicadas à outra parte. Deve igualmente ser comunicado às partes qualquer relatório pericial ou elemento de prova documental que possa servir de base à decisão do tribunal. Artigo 35.º Omissões e faltas de qualquer das partes 1 - Se o demandante não apresentar a sua petição em conformidade com o n.º 2 do artigo 33.º, o tribunal arbitral põe termo ao processo arbitral. 2 - Se o demandado não apresentar a sua contestação, em conformidade com o n.º 2 do artigo 33.º, o tribunal arbitral prossegue o processo arbitral, sem considerar esta omissão, em si mesma, como uma aceitação das alegações do demandante. 3 - Se uma das partes deixar de comparecer a uma audiência ou de produzir prova documental no prazo fixado, o tribunal arbitral pode prosseguir o processo e proferir sentença com base na prova apresentada. 4 - O tribunal arbitral pode, porém, caso considere a omissão justificada, permitir a uma parte a prática do acto omitido. 5 - O disposto nos números anteriores deste artigo entende-se sem prejuízo do que as partes possam ter acordado sobre as consequências das suas omissões" (Disponível em: http://www.pgdlisboa.pt/leis/lei_mostra_articulado.php?nid=1579&tabela=leis. Acesso em: 5 fev. 2020).

[418] Vide Regulamento de Arbitragem Comercial da AAA: "R-23. Enforcement Powers of the Arbitrator The arbitrator shall have the authority to issue any orders necessary to enforce the provisions of rules R-21 and R-22 and to otherwise achieve a fair, efficient and economical resolution of the case, including, without limitation: (a) conditioning any exchange or production of confidential documents and information, and the admission of confidential evidence at the hearing, on appropriate orders to preserve such confidentiality; (b) imposing reasonable search parameters for electronic and other documents if the parties are unable to agree; (c) allocating costs of producing documentation, including electronically stored documentation; (d) in the case of willful non-compliance with any order issued by the arbitrator, drawing adverse inferences, excluding evidence and other submissions, and/or making special allocations of costs or an interim award of costs arising from such non-compliance; and (e) issuing any other enforcement orders which the arbitrator is empowered to issue under applicable law" (Disponível em: https://www.adr.org/sites/default/files/CommercialRules_Web_FINAL_2.pdf. Acesso em: 5 fev. 2020).

A *London Court of International Arbitration (LCIA)* disciplina o depoimento pessoal e de testemunhas nos arts. 20 e 21 de seu regulamento de arbitragem. Interessante observar o item 19.1 que assegura às partes o direito à realização de audiência, a não ser que tenham concordado por escrito com a condução de procedimento arbitral inteiramente documental (*documents-only arbitration*). O item 19.2 estabelece que o Tribunal Arbitral terá autoridade plena na organização e condução das audiências. Com relação à oitiva de testemunhas, o regulamento é expresso, em seu item 20.8, no sentido de que qualquer testemunha prestará depoimento oral em audiência e poderá ser questionada pelas partes, sob o controle e condução do Tribunal Arbitral.[419]

O regulamento de arbitragem da CCI trata do tema em seus arts. 25 e 26,[420] concedendo também plenos poderes ao Tribunal Arbitral na condução do procedimento.

---

[419] Vide regulamento de arbitragem da LCIA: "Article 19 Hearing(s) – 19.1 Any party has the right to a hearing before the Arbitral Tribunal prior to any ruling of the Arbitral Tribunal on its jurisdiction and authority (pursuant to Article 23) or any award on the merits. The Arbitral Tribunal may itself decide that a hearing should be held at any stage, unless the parties have agreed in writing upon a documents-only arbitration. For these purposes, a hearing may consist of several part-hearings (as decided by the Arbitral Tribunal). 19.2 The Arbitral Tribunal shall organise the conduct of any hearing in advance, in consultation with the parties. The Arbitral Tribunal shall have the fullest authority under the Arbitration Agreement to establish the conduct of a hearing, including its date, duration, form, content, procedure, time-limits and geographical place (if applicable). As to form, a hearing may take place in person, or virtually by conference call, videoconference or using other communications technology with participants in one or more geographical places (or in a combined form). As to content, the Arbitral Tribunal may require the parties to address specific questions or issues arising from the parties' dispute. The Arbitral Tribunal may also limit the extent to which questions or issues are to be addressed. 19.3   The Arbitral Tribunal shall give to the parties reasonable notice in writing of any hearing. 19.4   All hearings shall be held in private, unless the parties agree otherwise in writing" (Disponível em: https://www.lcia.org/Dispute_Resolution_Services/lcia-arbitration-rules-2020.aspx. Acesso em: 22 jan. 2021).

[420] Vide Regulamento de Arbitragem da CCI: "Artigo 25. Instrução da causa 1. O tribunal arbitral deverá proceder à instrução da causa com a maior brevidade possível, recorrendo a todos os meios apropriados. 2. O tribunal arbitral poderá ouvir testemunhas, peritos nomeados pelas partes ou qualquer outra pessoa, na presença das partes ou na sua ausência, desde que tenham sido devidamente convocadas. 3. Ouvidas as partes, o tribunal arbitral poderá nomear um ou mais peritos, definir-lhes as missões e receber os respectivos laudos periciais. A requerimento de qualquer das partes, poderão estas interrogar em audiência qualquer perito nomeado dessa forma. 4. A qualquer momento no decorrer do procedimento, o tribunal arbitral poderá determinar a qualquer das partes que forneça provas adicionais. 5. O tribunal arbitral poderá decidir o litígio apenas com base nos documentos fornecidos pelas partes, salvo quando uma delas solicitar a realização de audiência. Artigo 26. Audiências 1. Poderá ocorrer audiência mediante pedido das partes. Não havendo tal pedido o tribunal arbitral poderá ouvir às partes por sua própria iniciativa. Quando uma audiência tiver de ser realizada, o tribunal arbitral deverá, com razoável antecedência, notificar as partes para comparecerem na data e no local que determinar. O tribunal arbitral poderá decidir, após ouvir as partes e com fundamento em fatos e circunstâncias relevantes, que toda e

A atividade de levantar provas na arbitragem internacional geralmente ocorre após a identificação dos fatos que estão em disputa por meio das submissões escritas entregues pelas partes e antes da oitiva de testemunhas.[421]

3. Testemunha técnica – *expert witness*

Tanto na arbitragem internacional, como no *Common Law*, é conhecida a distinção entre a *fact witness (testemunha dos fatos)* e *expert witness (testemunha técnica)*. Enquanto a primeira (testemunha fática) presta esclarecimentos sobre os fatos referidos pelas partes, a segunda (testemunha técnica) é especialista na temática sob disputa e apresenta esclarecimentos sobre as especificidades técnicas do caso concreto.

O foco do depoimento da testemunha técnica é a interpretação técnica de determinado fenômeno importante para que os árbitros possam decidir a causa.[422] É comum e até mesmo recomendável a oitiva de testemunhas técnicas, para questões regulatórias e na área de infraestrutura. O testemunho técnico deve ser colhido, idealmente, antes dos testemunhos factuais, de modo a permitir que os árbitros possam ouvir as testemunhas dos fatos, com maior conhecimento a respeito da matéria técnica subjacente ao litígio.

Os regulamentos das principais câmaras arbitrais nacionais e internacionais possuem normas específicas sobre a produção da prova testemunhal técnica.[423]

---

qualquer audiência ocorrerá de forma presencial ou de forma remota por videoconferência, telefone ou qualquer outro meio apropriado de comunicação. 2. Caso uma das partes, embora devidamente notificada, deixe de comparecer sem justificação válida, o tribunal arbitral poderá realizar a audiência. 3. O tribunal arbitral regulará a forma em que se desenvolverão as audiências, às quais todas as partes terão o direito de estar presentes. Salvo autorização do tribunal arbitral e das partes, não será permitida nas audiências a presença de pessoas estranhas ao procedimento. 4. As partes poderão comparecer pessoalmente ou por meio de representantes devidamente autorizados. Além disso, poderão ser assistidas por assessores" (Disponível em: https://iccwbo.org/dispute-resolution-services/arbitration/rules-of-arbitration/. Acesso em: 22 jan. 2021).

[421] BLACKABY, Nigel et al. *Redfern and Hunter on International Arbitration*. 6th ed. Oxford: Oxford University Press, 2015. p. 380.

[422] CARMONA, Carlos Alberto. *Arbitragem e processo*: um comentário à Lei 9.307/96. 3. ed. São Paulo: Atlas, 2009. p. 319.

[423] Vide item 7.6 do Regulamento de Arbitragem da CAM-CCBC: "Os aspectos de natureza técnica envolvidos no procedimento arbitral poderão ser objeto de perícia ou esclarecimentos prestados por especialistas indicados pelas partes, os quais poderão ser convocados para prestar depoimento em audiência, conforme determinar o Tribunal Arbitral" (Disponível em: https://ccbc.org.br/cam-ccbc-centro-arbitragem-mediacao/resolucao-de-disputas/arbitragem/regulamento-2012/. Acesso em: 5 fev. 2020). Vide item 15.2 Regulamento de Arbitragem Comercial do Centro de Arbitragem e Mediação AMCHAM: "Na hipótese de necessidade da produção de prova oral, o Tribunal Arbitral convocará as Partes, as testemunhas e os peritos, se for o caso, para a audiência de instrução, em local, data e horário predeterminados" (Disponível em: https://www.amcham.com.br/o-que-fazemos/arbitragem-e-mediacao. Acesso em: 5 fev. 2020). Confira-se, também, o artigo 25(3) do regulamento da CCI: "Ouvidas as partes, o tribunal arbitral poderá nomear um ou mais peritos, definir-lhes as missões e receber os

A Lei Modelo da UNCITRAL também faz menção à figura da *expert witness* em seu art. 26.[424]

---

respectivos laudos periciais. A requerimento de qualquer das partes, poderão estas interrogar em audiência qualquer perito nomeado dessa forma" (Disponível em: https://iccwbo.org/dispute-resolution-services/arbitration/rules-of-arbitration/. Acesso em: 22 jan. 2021). Vide artigo 21 do regulamento de arbitragem da LCIA: "Article 21 - Expert to Arbitral Tribunal - 21.1 The Arbitral Tribunal, after consultation with the parties, may appoint one or more experts to report in writing to the Arbitral Tribunal and the parties on specific issues in the arbitration, as identified by the Arbitral Tribunal. 21.2 Any such expert shall be and remain impartial and independent of the parties; and he or she shall sign a written declaration to such effect, delivered to the Arbitral Tribunal and copied to all parties. 21.3 The Arbitral Tribunal may require any party at any time to give to such expert any relevant information or to provide access to any relevant documents, goods, samples, property, site or thing for inspection under that party's control on such terms as the Arbitral Tribunal thinks appropriate in the circumstances. 21.4 If any party so requests or the Arbitral Tribunal considers it necessary, the Arbitral Tribunal may order the expert, after delivery of the expert's written report, to attend a hearing at which the parties shall have a reasonable opportunity to question the expert on the report and to present witnesses in order to testify on relevant issues arising from the report. Articles 20.8 and 20.9 of the LCIA Rules shall apply, with necessary changes, to any expert to the Arbitral Tribunal. 21.5 The fees and expenses of any expert appointed by the Arbitral Tribunal under this Article 21 may be paid out of the Advance Payment for Costs payable by the parties under Article 24 and shall form part of the Arbitration Costs under Article 28.1" (Disponível em: https://www.lcia.org/Dispute_Resolution_Services/lcia-arbitration-rules-2020.aspx. Acesso em: 22 jan. 2021). Vide artigo 34 do Arbitration Institute of the Stockholm Chamber of Commerce (SCC): "Article 34 Experts appointed by the Arbitral Tribunal (1) After consulting the parties, the Arbitral Tribunal may appoint one or more experts to report to it on specific issues set out by the Arbitral Tribunal in writing. (2) Upon receipt of a report from an expert it has appointed, the Arbitral Tribunal shall send a copy of the report to the parties and shall give the parties an opportunity to submit written comments on the report. (3) Upon the request of a party, the parties shall be given an opportunity to examine any expert appointed by the Arbitral Tribunal at a hearing" (Disponível em: https://sccinstitute.com/our-services/rules/. Acesso em: 5 fev. 2020). Vide *Rule* 35(a) do Regulamento de Arbitragem Comercial da AAA: "R-35. Evidence by Written Statements and Post-Hearing Filing of Documents or Other Evidence - (a) At a date agreed upon by the parties or ordered by the arbitrator, the parties shall give written notice for any witness or expert witness who has provided a written witness statement to appear in person at the arbitration hearing for examination. If such notice is given, and the witness fails to appear, the arbitrator may disregard the written witness statement and/or expert report of the witness or make such other order as the arbitrator may consider to be just and reasonable" (Disponível em: https://www.adr.org/Rules. Acesso em: 5 fev. 2020).

[424] "Artigo 26º Perito nomeado pelo tribunal: (1) Salvo acordo das partes em contrário, o tribunal arbitral: (a) Pode nomear um ou mais peritos encarregados de elaborar um relatório sobre pontos específicos a determinar pelo tribunal arbitral; (b) Pode pedir a uma das partes que faculte ao perito todas as informações relevantes ou que lhe faculte ou torne acessíveis, para inspeção, quaisquer documentos, mercadorias ou outros bens relevantes. (2) Salvo acordo das partes em contrário, se uma das partes

As *IBA Rules* tratam das testemunhas técnicas em seus arts. 5º e 8º. Em especial, o art. 8º, ao definir o termo testemunha, versa sobre as testemunhas técnicas e factuais: "cada testemunha (o termo testemunha, para o propósito deste artigo, abrange testemunhas factuais e quaisquer especialistas) poderá, sujeita às regras do item 8.2, comparecer para testemunhar em audiência se tal comparecimento houver sido requisitado por uma das partes ou pelo Tribunal Arbitral".[425] Já o art. 5º trata dos *experts* nomeados pelas partes e em seu item 2 estabelece os elementos que o parecer da *expert witness* deverá conter.[426]

Cabe a ressalva que, devido ao custo envolvido no procedimento arbitral, somente é recomendável a convocação de testemunha técnica se a prova for absolutamente essencial para a solução do litígio, haja vista o alto valor dos honorários. As partes deverão sempre resistir à tentação de nomear automaticamente responsável técnico e considerar, com franqueza, outros meios probatórios igualmente eficientes. Sobre o controle de gastos na arbitragem e para uma melhor gestão do procedimento por parte da parte e seu advogado, vale a leitura detalhada do *ICC Commission Report: Controlling Time and Costs in Arbitration* (*Relatório de Comissão da CCI sobre Controle*

---

o solicitar ou se o tribunal arbitral o julgar necessário, o perito, após apresentação do seu relatório escrito ou oral, participará de uma audiência em que as partes podem interrogá-lo e na qual podem fazer intervir, na qualidade de testemunhas, peritos que deponham sobre as questões em análise" (Disponível em: http://www.cbar.org. br/leis_intern_arquivos/Lei_Modelo_Uncitral_traduzida_e_revisada_versao_final.pdf. Acesso em: 5 fev. 2020).

[425] Disponível em: https://www.ibanet.org/ENews_Archive/IBA_30June_2010_Enews_ Taking_of_Evidence_new_rules.aspx. Acesso em: 4 fev. 2020.

[426] "Article 5 Party-Appointed Experts – 1. A Party may rely on a Party-Appointed Expert as a means of evidence on specific issues. Within the time ordered by the Arbitral Tribunal, (i) each Party shall identify any Party-Appointed Expert on whose testimony it intends to rely and the subject-matter of such testimony; and (ii) the Party-Appointed Expert shall submit an Expert Report. 2. The Expert Report shall contain: (a) the full name and address of the Party Appointed Expert, a statement regarding his or her present and past relationship (if any) with any of the Parties, their legal advisors and the Arbitral Tribunal, and a description of his or her background, qualifications, training and experience; (b) a description of the instructions pursuant to which he or she is providing his or her opinions and conclusions; (c) a statement of his or her independence from the Parties, their legal advisors and the Arbitral Tribunal; (d) a statement of the facts on which he or she is basing his or her expert opinions and conclusions; (e) his or her expert opinions and conclusions, including a description of the methods, evidence and information used in arriving at the conclusions. Documents on which the Party-Appointed Expert relies that have not already been submitted shall be provided; (f) if the Expert Report has been translated, a statement as to the language in which it was originally prepared, and the language in which the Party-Appointed Expert anticipates giving testimony at the Evidentiary Hearing; (g) an affirmation of his or her genuine belief in the opinions expressed in the Expert Report; (h) the signature of the Party-Appointed Expert and its date and place; and (i) if the Expert Report has been signed by more than one person, an attribution of the entirety or specific parts of the Expert Report to each author" (Disponível em: https://www.ibanet.org/ENews_Archive/ IBA_30June_2010_Enews_Taking_of_Evidence_new_rules.aspx. Acesso em: 4 fev. 2020).

de Tempo e Gastos na Arbitragem). O item 62 do relatório, em especial, é expresso quanto aos cuidados na utilização da testemunha técnica: "*É recomendável iniciar o procedimento com a presunção de que a evidência trazida por expert não será necessária. Não respeite tal presunção somente se a evidência proveniente de expert seja necessária para informar o* Tribunal Arbitral sobre questões chave sob disputa".[427] Como alternativa menos onerosa, o relatório da CCI sugere, em seu item 68, a utilização de *expert único* nomeado pelo Tribunal ou conjuntamente pelas partes.[428]

A propósito do tema, vale conhecer também o *Protocol for the Use of Party--Appointed Expert Witnesses in International Arbitration* do Chartered Institute of Arbitrators – CIArb (Protocolo para o uso de *expert witness* nomeado pelas partes em Arbitragem Internacional), o qual sugere, em seu art. 6(1).[429] que o ideal é sempre limitar o escopo de análise do *expert* para que a evidência produzida seja mais eficiente.

4. Prova documental

O art. 22 da Lei de Arbitragem não dispõe, especificamente, sobre a produção de prova documental. É intuitivo, no entanto, que as partes deverão colacionar seus documentos já nas alegações iniciais, na resposta e nas respectivas réplicas e tréplicas. A apresentação de documentos suplementares deverá sempre ensejar a abertura de prazo para manifestação da parte adversa, em respeito ao contraditório.

A recusa da parte em apresentar, voluntariamente, documentos de interesse da parte contrária é questão das mais tormentosas no campo da arbitragem. E é ainda mais complexa na seara da arbitragem internacional, em especial quando o litígio envolve partes e advogados com tradições jurídicas e culturais significativamente distintas (*Common Law* x *Civil Law*). Percebe-se, em tais casos, um verdadeiro choque cultural (*culture clash*),[430] com relevantes repercussões na via arbitral.

É frequente que advogados norte-americanos compareçam a audiências em arbitragens na Europa, supondo que a exibição de documentos seguirá a prática da *discovery*. Ao passo que, em países que perfilham do sistema romano-germânico (do

---

[427] ICC Arbitration Commission Report on Techniques for Controlling Time and Costs in Arbitration. Disponível em: https://iccwbo.org/publication/icc-arbitration-commission-report--on-techniques-for-controlling-time-and-costs-in-arbitration/. Acesso em: 6 fev. 2020.

[428] "Use of single expert - Consider whether a single expert appointed either by the arbitral tribunal or jointly by the parties might be more efficient than experts appointed by each party. A single, tribunal-appointed expert may be more efficient in some circumstances. An expert appointed by the arbitral tribunal or jointly by the parties should be given a clear brief and the expert's report should be required by a specified date consistent with the timetable for the arbitration" (ICC Arbitration Commission Report on Techniques for Controlling Time and Costs in Arbitration. Disponível em: https://iccwbo.org/publication/icc-arbitration-commission-report-on-techniques-for-controlling-time--and-costs-in-arbitration/. Acesso em: 6 fev. 2020).

[429] Chartered Institute of Arbitrators - CIArb. *Protocol for the Use of Party-Appointed Expert Witnesses in International Arbitration*. Disponível em: https://www.ciarb.org/media/6824/partyappointedexpertsinternationalarbitration.pdf. Acesso em: 6 fev. 2020.

[430] BLACKABY, Nigel et al. *Redfern and Hunter on International Arbitration*. 6th ed. Oxford: Oxford University Press, 2015. p. 380-381.

civil law), é até considerada uma atitude ingênua, de péssima condução profissional, que o patrono da parte revele a existência de certos documentos (que lhe sejam desfavoráveis) e os disponibilize para o Tribunal Arbitral ou para a parte adversa.

Nesse sentido, as *IBA Rules* foram elaboradas, justamente, com o intuito de mediar o frequente e inevitável *cultural clash* que se verifica entre juristas de tradições jurídicas tão diferentes, na fase de instrução probatória. O art. 3º do referido guia versa, exata e precisamente, sobre a produção de prova documental.[431]

Na arbitragem é usual que o procedimento de exibição de documentos siga o sistema denominada *Redfern Schedule*. Nele, utiliza-se uma planilha, com quatro colunas: 1. Pedido; 2. Razões para o pedido; 3. Resposta da parte contrária; 4. Decisão do Tribunal Arbitral. O *Redfern Schedule* (originariamente idealizado e utilizado por Alan Redfern) tem a função de processar os pedidos de revelação/exibição de documentos, de forma objetiva, eficiente, simplificada e a baixo custo. Trata-se de documento colaborativo, no qual todas as partes envolvidas no procedimento se manifestam: requerente, requerido e Tribunal Arbitral.

Exemplo de *Redfern Schedule*:

Requisição de Documento (*Request*)	Razões para o pedido (*Reason for request & rebuttal to objection*)	Resposta da parte contrária (*Objection*)	Decisão do Tribunal Arbitral (*Tribunal's decision*)

Nesta fase processual, em sintonia com o disposto no art. 3 das *IBA Rules on the Taking of Evidence in International Arbitration*, o Tribunal Arbitral deve limitar os pedidos de exibição de documentos àqueles que *são relevantes para o caso e material concreto para seu resultado* (art. 3 (3)(b) da *IBA Rules*).[432] É dever do árbitro, em homenagem à eficiência e celeridade do procedimento arbitral, indeferir provas inúteis, protelatórias ou impertinentes.

---

[431] Vide artigo 3(3) da *IBA Rules* que aborda os requisitos do pedido de produção de prova documental: "Article 3 Documents - 3. A Request to Produce shall contain: (a) (i) a description of each requested Document sufficient to identify it, or (ii) a description in sufficient detail (including subject matter) of a narrow and specific requested category of Documents that are reasonably believed to exist; in the case of Documents maintained in electronic form, the requesting Party may, or the Arbitral Tribunal may order that it shall be required to, identify specific files, search terms, individuals or other means of searching for such Documents in an efficient and economical manner; (b) a statement as to how the Documents requested are relevant to the case and material to its outcome; and (c) (i) a statement that the Documents requested are not in the possession, custody or control of the requesting Party or a statement of the reasons why it would be unreasonably burdensome for the requesting Party to produce such Documents, and (ii) a statement of the reasons why the requesting Party assumes the Documents requested are in the possession, custody or control of another Party" (Disponível em: https://www.ibanet.org/ENews_Archive/ IBA_30June_2010_Enews_Taking_of_Evidence_new_rules.aspx. Acesso em: 4 fev. 2020).

[432] Vide *IBA Rules*: "Article 3 Documents (...) 3. A Request to Produce shall contain: (...) (b) a statement as to how the Documents requested are relevant to the case and material to its outcome" (Disponível em: https://www.ibanet.org/ENews_Archive/ IBA_30June_2010_Enews_Taking_of_Evidence_new_rules.aspx. Acesso em: 4 fev. 2020).

Havendo dúvida razoável sobre a pertinência da documentação requisitada pela parte, deve o Tribunal Arbitral, preferencialmente, determinar a sua exibição, até para evitar que fique caracterizado eventual cerceamento de defesa. Naturalmente, com base no princípio da persuasão racional (ou do livre convencimento motivado) caberá ao painel arbitral dar o peso adequado a cada documento, na hora de prolatar a sentença.

5. Revelia ou contumácia na arbitragem

É preciso dizer que a revelia na arbitragem possui conotação mais ampla que aquela conferida pelo CPC. Enquanto no processo judicial, a revelia decorre da ausência de contestação pelo réu, no processo arbitral, a revelia ou contumácia representa a ausência de manifestação de qualquer das partes durante o procedimento (exs.: ausência de indicação de árbitro, de apresentação de defesa, de requerimento de provas etc.).[433]

No processo judicial, a revelia acarreta efeitos materiais e processuais. De um lado, o efeito material consiste na presunção relativa de veracidade das alegações de fato formuladas pelo autor, na forma do art. 344 do CPC.[434] De outro lado, o efeito processual relaciona-se ao julgamento antecipado da lide, com resolução do mérito, se verificado o efeito material indicado anteriormente e o revel não formular requerimento de prova, nos termos do art. 355, II, do CPC.[435]

A Lei de Arbitragem, contudo, não aponta os efeitos da revelia no procedimento arbitral. O art. 22, § 3º, da Lei de Arbitragem se limita utilizar o termo "revelia" para dizer que a sua caracterização não impedirá a prolação da sentença arbitral.

Assim, a ausência de defesa da requerida na arbitragem não acarreta a aplicação automática dos efeitos da revelia previstos na legislação processual civil, mas nada obsta a fixação de efeitos semelhantes por meio da convenção de arbitragem ou do regulamento de arbitragem.[436]

---

[433]   CAHALI, Francisco José. *Curso de arbitragem*: mediação, conciliação e tribunal multiportas. 7. ed. São Paulo: Thomson Reuters Brasil, 2018. p. 282.

[434]   CPC: "Art. 344. Se o réu não contestar a ação, será considerado revel e presumir-se-ão verdadeiras as alegações de fato formuladas pelo autor. Art. 345. A revelia não produz o efeito mencionado no art. 344 se: I – havendo pluralidade de réus, algum deles contestar a ação; II – o litígio versar sobre direitos indisponíveis; III – a petição inicial não estiver acompanhada de instrumento que a lei considere indispensável à prova do ato; IV – as alegações de fato formuladas pelo autor forem inverossímeis ou estiverem em contradição com prova constante dos autos".

[435]   CPC: "Art. 355. O juiz julgará antecipadamente o pedido, proferindo sentença com resolução de mérito, quando: (...) II – o réu for revel, ocorrer o efeito previsto no art. 344 e não houver requerimento de prova, na forma do art. 349".

[436]   Nesse sentido, por exemplo: CAHALI, Francisco José. *Curso de arbitragem*: mediação, conciliação e tribunal multiportas. 7. ed. São Paulo: Thomson Reuters Brasil, 2018. p. 281; DALLA, Humberto; MAZZOLA, Marcelo. *Manual de mediação e arbitragem*. São Paulo: Saraiva Educação, 2019. p. 311. Flávia Rodrigues afirma: "Na arbitragem, a ausência de manifestação do demandado eleve ser tratada apenas como matéria probatória, o que não impede os árbitros de analisarem os fatos à luz elos elementos que lhes foram apresentados pela parte contrária, nem de fazerem as suas próprias investigações na tentativa de descobrir se as informações do demandante, de fato,

É preciso destacar que as partes na arbitragem possuem papel ativo na escolha do direito aplicável e na própria fixação do procedimento a ser observado, o que abrange a previsão dos efeitos da ausência de manifestação de uma das partes.

A ausência da prática de determinados atos relacionados à arbitragem pode gerar efeitos variados, sendo lícito destacar, exemplificativamente, as seguintes situações:

Na hipótese de cláusula cheia, as partes definem previamente as regras para instituição e funcionamento da arbitragem. Por outro lado, na cláusula vazia, a parte interessada notificará a outra parte para definição da forma de instituição da arbitragem. A ausência ou a recusa da parte notificada na assinatura do compromisso arbitral, acarreta a necessidade de propositura de ação judicial pela parte interessada para lavratura do compromisso arbitral. Enquanto a ausência injustificada do autor à audiência acarreta a extinção do processo sem julgamento de mérito, a ausência do réu caracteriza revelia a atribui ao juiz poderes para definir o conteúdo do compromisso, ouvido o autor, nomeando árbitro único (art. 7º, §§ 5º e 6º, da Lei de Arbitragem). Em verdade, nesta última hipótese, a revelia do réu apenas seria caracterizada, em nossa opinião, se, além de não comparecer à audiência, deixasse de apresentar contestação,[437] situação que impede a sua contribuição para definição do objeto da arbitragem.

Outra hipótese de revelia (ou contumácia) refere-se à ausência de manifestação inicial sobre as alegações iniciais do requerente (ou demandante). Nesse caso, a revelia não impede a continuidade do processo arbitral e a prolação da sentença arbitral (art. 22, § 3º, da Lei de Arbitragem), desde que respeitado o princípio do contraditório, com a intimação do revel sobre os atos praticados.[438]

---

são verdadeiras, ainda que não tenham sido impugnadas. Infere-se, desse modo, que, salvo se as partes estipularam de forma diversa, a revelia não induz presunção de veracidade na arbitragem" (RODRIGUES, Flávia Benzatti Tremura Polli. Contumácia e revelia na arbitragem. *Revista Brasileira de Arbitragem*, n. 42, p. 34, abr./jun. 2014). Em sentido contrário, Guilherme Pereira sustenta: "No processo arbitral, o réu também tem o ônus de responder. Por isso, o tratamento a ser dado ao réu que não apresenta defesa tempestiva em arbitragem deve ser o mesmo dado ao revel no processo civil: deve suportar os efeitos da sua inércia, sendo o principal deles a presunção relativa de veracidade das alegações deduzidas pelo autor. A presunção é relativa porque não se produz em algumas situações, que em parte são as mesmas enunciadas no processo estatal" (PEREIRA, Guilherme Setoguti J. Procedimento I. In: LEVY, Daniel; PEREIRA, Guilherme Setoguti J. (coord.). *Curso de arbitragem*. São Paulo: Thomson Reuters Brasil, 2018. p. 187).

[437] Nesse sentido: CARMONA, Carlos Alberto. *Arbitragem e processo*: um comentário à Lei 9.307/96. 3. ed. São Paulo: Atlas, 2009. p. 163.

[438] Nesse sentido, o Regulamento de Arbitragem do CBMA prevê: "item 4.4. O Centro não deixará de dar prosseguimento à arbitragem pela recusa ou revelia da parte demandada. Nesses casos, abstendo-se a parte de nomear o árbitro, sua designação será feita pelo Centro, devendo a parte ausente, de qualquer forma, ser informada dos atos procedimentais e processuais que se seguirem. (...) 12.6. A revelia da parte não impedirá que seja proferida a sentença arbitral" (Disponível em: http://www.cbma. com.br/regulamento_1. Acesso em: 10 fev. 2020).

Conforme destacado, os efeitos processuais e substantivos da revelia previstos no CPC não se aplicam automaticamente à ausência de defesa na arbitragem, mas isso não impede que a convenção de arbitragem ou o respectivo regulamento de arbitragem aborde os efeitos da revelia. Assim, por exemplo, o item 7.5.1 do Regulamento de Arbitragem do CAM-CCBC,[439] o item 2.2 do Regulamento de Arbitragem da Câmara de Arbitragem do Mercado[440] e o item 10.7 do Regulamento de Arbitragem da CIESP/FIESP[441] dispõem que a sentença arbitral não poderá fundar-se na revelia da parte. O art. 26, § 3º, do Regulamento de Arbitragem da Câmara FGV de Mediação e Arbitragem, por sua vez, dispões que "a revelia, no procedimento arbitral, não acarreta os efeitos previstos no Código de Processo Civil".[442]

6. Nota conclusiva

Nas arbitragens domésticas e internacionais, existe uma enorme flexibilidade na definição do procedimento arbitral. Sem prejuízo disso, o Tribunal Arbitral possui ampla autoridade na organização da fase instrutória e na definição das provas que serão produzidas. A expressão final do *caput* do art. 22 da Lei de Arbitragem coaduna-se perfeitamente com o disposto nos diplomas internacionais, ao utilizar o termo "ou de ofício". Nesse sentido, possuem os árbitros discricionariedade para indeferir provas que não considerem relevantes para o caso, podendo requisitar outras, inclusive a oitiva de testemunhas. Também por isso e por força do princípio do livre convencimento motivado, cabe ao árbitro atribuir o peso que entender adequado às provas produzidas, na tomada de sua decisão.

CAPÍTULO IV-A
Das Tutelas Cautelares e de Urgência

Art. 22-A. Antes de instituída a arbitragem, as partes poderão recorrer ao Poder Judiciário para a concessão de medida cautelar ou de urgência. (Incluído pela Lei nº 13.129, de 2015.)

Parágrafo único. Cessa a eficácia da medida cautelar ou de urgência se a parte interessada não requerer a instituição da arbitragem no prazo de 30 (trinta) dias, contado da data de efetivação da respectiva decisão. (Incluído pela Lei nº 13.129, de 2015.)

---

[439] Regulamento de Arbitragem do CAM-CCBC. Disponível em: https://ccbc.org.br/cam--ccbc-centro-arbitragem-mediacao/resolucao-de-disputas/arbitragem/regulamento-2012/. Acesso em: 10 fev. 2020.

[440] Regulamento de Arbitragem da Câmara de Arbitragem do Mercado. Disponível em: http://cbar.org.br/site/wp-content/uploads/2019/01/bovespa-nova-regulamentacao.pdf. Acesso em: 10 fev. 2020.

[441] Regulamento de Arbitragem da CIESP/FIESP. Disponível em: http://www.camaradearbitragemsp.com.br/pt/arbitragem/regulamento.html. Acesso em: 10 fev. 2020.

[442] Regulamento de Arbitragem da Câmara FGV de Mediação e Arbitragem. Disponível em: https://camara.fgv.br/artigos/versao-de-2016-vigente. Acesso em: 10 fev. 2020.

Comentários

1. Tutelas de urgência na arbitragem

É da natureza do procedimento arbitral que, do requerimento de instauração da instauração da arbitragem à constituição do painel de árbitros, haja um lapso considerável de tempo, que pode variar de um a até seis meses (quiçá até mais), a depender das partes envolvidas, do nível de beligerância entre elas e, em especial, dos impedimentos que gerem e das impugnações que apresentem.[443] Costuma-se dizer, em função disso, que a instauração do procedimento arbitral é, geralmente, bem mais morosa do que a propositura de ação judicial (possivelmente o único aspecto em que o processo judicial é tido como mais célere do que a arbitragem).[444]

Existem procedimentos arbitrais em que a escolha dos árbitros se dá de forma harmoniosa e tranquila, sem qualquer percalço. Uma parte indica um coárbitro, a outra indica o outro e os coárbitros, de comum acordo, escolhem aquele que vai presidir o Tribunal, sem maiores dificuldades. Em tais circunstâncias, o lapso de tempo entre a apresentação do pedido de instauração da arbitragem e a sua instituição é bastante reduzido. Não raramente, contudo, uma parte recusa o árbitro indicado pela outra. Há casos, inclusive, que todos os árbitros são impugnados, por ambas as partes. Isso, inevitavelmente, atrasa a constituição do Tribunal Arbitral e impede que o procedimento se desenvolva com a rapidez que dele se espera.

Nesse meio-tempo, em que o conflito surge, mas não há Tribunal Arbitral constituído, pode afigurar-se necessário a formulação de pedido de tutela de urgência, a fim de se preservar o resultado útil do processo, antecipar a produção de determinada prova ou mesmo a própria tutela jurisdicional arbitral. Em tais circunstâncias, caberá à parte interessada recorrer à justiça estatal, para a salvaguarda de seu direito. A jurisdição estatal, neste caso, é provisória e precária, ante a opção feita pelos contratantes de ter seus conflitos solucionados pela via arbitral. E subsiste, apenas, até a confirmação do Tribunal Arbitral (ou do árbitro único), ao qual caberá manter, revogar ou modificar a medida de urgência deferida. Conforme pacificado pelo Colendo STJ, antes mesmo da Reforma da Lei de Arbitragem, de 2015, "na pendência da constituição do Tribunal Arbitral, admite-se que a parte se socorra do Poder Judiciário, por intermédio de medida de natureza cautelar, para assegurar o resultado útil da arbitragem", sendo certo que, "superadas as circunstâncias temporárias que justificavam a intervenção contingencial do Poder Judiciário e considerando que a celebração do compromisso arbitral implica, como regra, a derrogação da jurisdição estatal, os autos devem ser prontamente encaminhados ao juízo arbitral, para que este assuma o processamento

---

[443]   YESILIRMAK, Ali. *Provisional Measures in International Commercial Arbitration*. Kluwer Law International, 2005. p. 77.

[444]   SCAVONE JR., Luiz Antonio. *Manual de arbitragem, mediação e conciliação*. 8. ed. Rio de Janeiro: Forense, 2018. p. 174.

da ação e, se for o caso, reaprecie a tutela conferida, mantendo, alterando ou revogando a respectiva decisão".[445]

Introduzido na Lei 9.307/1996 pela reforma legislativa promovida pela Lei 13.129/2015, o art. 22-A nada mais fez do que, como medida de segurança jurídica, positivar na lei a orientação dominante na jurisprudência do STJ, de sorte a não deixar qualquer dúvida no sentido de que "antes de instituída a arbitragem, as partes poderão recorrer ao Poder Judiciário para a concessão de medida cautelar ou de urgência".

---

[445] STJ, REsp 1.297.974/RJ, Terceira Turma, Rel. Min. Nancy Andrighi, *DJe* 19.06.2012. Sobre o tema, vale mencionar ainda os seguintes precedentes do STJ, todos anteriores à Reforma da Lei, de 2015: "Processo civil. Medida cautelar com o fito de conceder efeito suspensivo a recurso especial. Possibilidade, desde que demonstrados o *periculum in mora* e o *fumus boni iuris*. Arbitragem. Juízo arbitral não constituído. Medida cautelar. Competência. Limites. 1. A jurisprudência deste Tribunal vem admitindo, em hipóteses excepcionais, o manejo da medida cautelar originária para fins de se atribuir efeito suspensivo a recurso especial; para tanto, porém, é necessária a demonstração do *periculum in mora* e a caracterização do *fumus boni iuris*. 2. Na pendência da constituição do Tribunal Arbitral, admite-se que a parte se socorra do Poder Judiciário, por intermédio de medida de natureza cautelar, para assegurar o resultado útil da arbitragem. 3. Superadas as circunstâncias temporárias que justificavam a intervenção contingencial do Poder Judiciário e considerando que a celebração do compromisso arbitral implica, como regra, a derrogação da jurisdição estatal, os autos devem ser prontamente encaminhados ao juízo arbitral, para que este assuma o processamento da ação e, se for o caso, reaprecie a tutela conferida, mantendo, alterando ou revogando a respectiva decisão. 4. Em situações nas quais o juízo arbitral esteja momentaneamente impedido de se manifestar, desatende-se provisoriamente as regras de competência, submetendo-se o pedido de tutela cautelar ao juízo estatal; mas essa competência é precária e não se prorroga, subsistindo apenas para a análise do pedido liminar. 5. Liminar deferida" (STJ, AgRg na MC 19.226/MS, Terceira Turma, Rel. Min. p/ acórdão Nancy Andrighi, *DJe* 29.06.2012); "Na iminência da instalação de procedimento arbitral, o conhecimento pelo Poder Judiciário da situação acautelanda há de ser provisório. Uma vez instalada a jurisdição privada, o tribunal arbitral passará a ser competente para análise das questões controvertidas relacionadas ao contrato celebrado entre Ecometals e Alto Tocantins e, inclusive, a necessidade de acautelar-se a situação. No entanto, poderá ocorrer que não seja instalado o procedimento arbitral, isso consoante o resultado final na demanda de instalação da jurisdição privada. Assim, a melhor interpretação das regras contidas nos arts. 796 e 807 do CPC, em face do procedimento arbitral, é no sentido de se garantir que os efeitos acautelatórios sejam mantidos até o trânsito em julgado da ação de instalação da arbitragem. Caso transite em julgado decisão contrária à pretensão dos autores/recorrentes, esvaziado o *fumus boni iuris*, esvaziam-se também os efeitos da medida cautelar, perdendo a sua eficácia. Em outras palavras, os efeitos da decisão prolatada pelo Estado-jurisdição, assim, manter-se-ão até o trânsito em julgado da ação de instalação, se improcedente o pedido formulado nesta demanda. Se procedente, os efeitos protraem-se até a submissão da questão ao juízo arbitral, quando, então, o tribunal de arbitragem competente poderá retirar a eficácia da medida concedida, simplesmente confirmá-la ou dispor de forma diferenciada, contando com o auxílio do Poder Judiciário para eventuais medidas constritivas" (STJ, REsp 1.325.847/AP, Terceira Turma, Rel. Min. Paulo de Tarso Sanseverino, *DJe* 31.03.2015).

Ao versar sobre *medidas cautelares ou de urgência*, também está a lei albergando a tutela antecipada, espécie do gênero *medidas de urgência*, em linha com o disposto no art. 294 do CPC.[446] A jurisdição estatal, por sua excepcionalidade e precariedade, não abrange a tutela de evidência, prevista no art. 311 do CPC.[447] A tutela de evidência, ainda que provisória, não é de urgência. Logo, por nela não haver perigo de dano para a parte nem risco para o resultado útil do processo, não há espaço para que se afaste, em caráter excepcional, a jurisdição arbitral. Neste caso, o pedido de tutela de evidência deverá ser formulado diretamente para os árbitros, estando, para tal fim, interditada a precária jurisdição estatal às partes.

Disciplinada nos arts. 300 a 310 do CPC,[448] a tutela de urgência divide-se em duas categorias: cautelar e antecipatória. Pode ser requerida em caráter antecedente (isto

---

[446] Código de Processo Civil: "Art. 294. A tutela provisória pode fundamentar-se em urgência ou evidência. Parágrafo único. A tutela provisória de urgência, cautelar ou antecipada, pode ser concedida em caráter antecedente ou incidental". O CPC dispõe sobre a tutela provisória no Livro V de sua Parte Geral, desdobrando-se o tratamento em três títulos: a) disposições gerais (arts. 294 a 299); b) tutela de urgência (arts. 300 a 310), subdividindo-se esta em capítulos sobre disposições gerais; tutela antecipada requerida em caráter antecedente e tutela cautelar requerida em caráter antecedente; e c) tutela da evidência (art. 311) (DALLA, Humberto; MAZZOLA, Marcelo. *Manual de mediação e arbitragem*. São Paulo: Saraiva, 2019. p. 315).

[447] CPC: "Art. 311. A tutela da evidência será concedida, independentemente da demonstração de perigo de dano ou de risco ao resultado útil do processo, quando: I - ficar caracterizado o abuso do direito de defesa ou o manifesto propósito protelatório da parte; II - as alegações de fato puderem ser comprovadas apenas documentalmente e houver tese firmada em julgamento de casos repetitivos ou em súmula vinculante; III - se tratar de pedido reipersecutório fundado em prova documental adequada do contrato de depósito, caso em que será decretada a ordem de entrega do objeto custodiado, sob cominação de multa; IV - a petição inicial for instruída com prova documental suficiente dos fatos constitutivos do direito do autor, a que o réu não oponha prova capaz de gerar dúvida razoável. Parágrafo único. Nas hipóteses dos incisos II e III, o juiz poderá decidir liminarmente".

[448] Vide, em especial, os arts. 300 a 302 do CPC: "Art. 300. A tutela de urgência será concedida quando houver elementos que evidenciem a probabilidade do direito e o perigo de dano ou o risco ao resultado útil do processo. § 1º Para a concessão da tutela de urgência, o juiz pode, conforme o caso, exigir caução real ou fidejussória idônea para ressarcir os danos que a outra parte possa vir a sofrer, podendo a caução ser dispensada se a parte economicamente hipossuficiente não puder oferecê-la. § 2º A tutela de urgência pode ser concedida liminarmente ou após justificação prévia. § 3º A tutela de urgência de natureza antecipada não será concedida quando houver perigo de irreversibilidade dos efeitos da decisão. Art. 301. A tutela de urgência de natureza cautelar pode ser efetivada mediante arresto, sequestro, arrolamento de bens, registro de protesto contra alienação de bem e qualquer outra medida idônea para asseguração do direito. Art. 302. Independentemente da reparação por dano processual, a parte responde pelo prejuízo que a efetivação da tutela de urgência causar à parte adversa, se: I - a sentença lhe for desfavorável; II - obtida liminarmente a tutela em caráter antecedente, não fornecer os meios necessários para a citação do requerido no prazo de 5 (cinco) dias; III - ocorrer a cessação da eficácia da medida em qualquer

é, antes mesmo do ajuizamento da ação) ou incidental (isto é, no curso do processo). Enquanto a tutela cautelar[449] possui a finalidade de garantir o resultado prático do processo, a tutela antecipada direciona-se à antecipação, no tempo, dos efeitos da tutela do mérito, com o objetivo de permitir a satisfação do direito da parte, desde logo, sem que tenha que ela aguardar o trânsito em julgado da sentença. Por isso mesmo, se não for cumprida espontaneamente, propicia, inclusive, a execução provisória da decisão.[450]

É possível dizer, em um esforço de sistematização, que, ao menos como regra, não cabe ao Judiciário o exame de pedido de tutela de urgência em caráter incidental, quando existir convenção arbitral firmada pelas partes, porquanto, se já existir Tribunal Arbitral constituído, desaparece qualquer resíduo da jurisdição estatal.[451] A precária e provisória competência estatal, para fins de apreciação de tutela de urgência (seja cautelar, seja antecipatória), só se justifica em caráter antecedente, antes da nomeação

---

hipótese legal; IV – o juiz acolher a alegação de decadência ou prescrição da pretensão do autor. Parágrafo único. A indenização será liquidada nos autos em que a medida tiver sido concedida, sempre que possível".

[449] Sobre tutela cautelar antecedente, confira-se acórdão do TJSP: "Franquia – Tutela cautelar antecedente – Pretensão de tutela de urgência para inibir franqueado que viola cláusula de barreira – Questão que será dirimida definitivamente no juízo arbitral – Indeferimento de liminar, por entender o juízo de origem se tratar de tutela satisfativa – Inconformismo – Acolhimento – Pretensão que visa estabelecer o cumprimento de cláusula de não concorrência – Discussão que não é inibida pela natureza da tutela, diante da previsão expressa na lei de arbitragem, para obtenção de tutela cautelar junto ao Poder Judiciário e, inclusive, da possibilidade dessa decisão ser revista pelo juízo arbitral – Inteligência dos arts. 22-A e 22- B, da Lei 9.307/96 – Prova de que a ex-franqueada exerce a mesma atividade objeto da franquia, no local em que essa era executada – Relevância do fundamento jurídico e risco de dano presentes – Tutela cautelar concedida – Determinação para a cessação das atividades em 48 horas, sob pena de multa diária de R$ 2.000,00 – Decisão reformada – Recurso provido em parte" (TJSP, Agravo de Instrumento 2199150-64.2019.8.26.0000, 2ª Câmara Reservada de Direito Empresarial, Rel. Des. Grava Brazil, *DJe* 28.11.2019).

[450] "A tutela cautelar se refere à proteção de um provimento jurisdicional futuro e incerto, de um direito que não foi reconhecido de forma definitiva pelo Estado-juiz, e a legitimidade para requerê-lo é a hipotética constatação de que aqueles que compareçam em juízo na qualidade de autor e réu são os integrantes da situação conflituosa ameaçada no plano material. (...) Distingue-se da tutela antecipada, que objetiva adiantar os efeitos da tutela de mérito, propiciando sua execução provisória, concedendo, de forma antecipada, os próprios efeitos do provimento jurisdicional pleiteado. A cautelar, por sua vez, objetiva garantir a realização do resultado prático do processo ou a viabilidade da realização do direito assegurado pelo autor" (DALLA, Humberto; MAZZOLA, Marcelo. *Manual de mediação e arbitragem*. São Paulo: Saraiva, 2019. p. 321).

[451] Nesse sentido vide julgado do TJSP: "Societário. Produção antecipada de provas. Medida preparatória de arbitragem. Urgência inexistente. Competência precária e contingencial do Poder Judiciário afastada, na forma do art. 22-A da Lei n. 9.307/96. Precedentes do STJ e do TJSP. Tribunal Arbitral já constituído. Falta de pressuposto de existência do processo (jurisdição). Sentença mantida. Recurso não provido" (TJSP, Apelação Cível 1004160-81.2019.8.26.0100, 1ª Câmara Reservada de Direito Empresarial, Rel. Des. Gelson Delgado Miranda, *DJe* 19.12.2019).

dos árbitros para a causa. Regra essa, contudo, que admite exceções, pois pode ocorrer de que, no curso do procedimento arbitral, por alguma razão excepcional, os árbitros fiquem impossibilitados de apreciar eventual pedido de tutela de urgência (por exemplo, em caso de óbito). Em situações tais, absolutamente excepcionais, ressurge um resíduo de jurisdição estatal, para apreciação de pedido de tutela cautelar ou antecedente, de cunho incidental, a salvaguardar o direito em risco.

O art. 17-J da Lei Modelo da UNCITRAL possui previsão similar ao art. 22-A.[452] A legislação estrangeira, em geral, também reconhece a competência concorrente e excepcional das cortes judiciais para a apreciação de medidas urgentes, no campo da arbitragem. Podem ser mencionadas, entre outros: a *Section 44* da Lei de Arbitragem Inglesa;[453] o art. 33 da Lei de Arbitragem Espanhola (Ley 60/2003);[454] o art. 29 da Lei

---

[452] "Artigo 17º-J. Medidas provisórias decretadas por tribunais estatais – Um tribunal estatal terá a mesma competência para decretar uma medida provisória relativa a um procedimento arbitral, independentemente de este ocorrer ou não em local diferente deste Estado, tal como é o caso dos processos que correm nesse tribunal. O tribunal estatal deverá exercer a sua competência de acordo com os seus próprios procedimentos e tendo em conta as características específicas da arbitragem internacional" (Disponível em: http://www.cbar.org.br/leis_intern_arquivos/Lei_Modelo_Uncitral_traduzida_e_revisada_versao_final.pdf. Acesso em: 8 fev. 2020).

[453] "Court powers exercisable in support of arbitral proceedings. (1) Unless otherwise agreed by the parties, the court has for the purposes of and in relation to arbitral proceedings the same power of making orders about the matters listed below as it has for the purposes of and in relation to legal proceedings. (2) Those matters are – (a) the taking of the evidence of witnesses; (b) the preservation of evidence; (c) making orders relating to property which is the subject of the proceedings or as to which any question arises in the proceedings – (i) for the inspection, photographing, preservation, custody or detention of the property, or (ii) ordering that samples be taken from, or any observation be made of or experiment conducted upon, the property; and for that purpose authorising any person to enter any premises in the possession or control of a party to the arbitration; (d) the sale of any goods the subject of the proceedings; (e) the granting of an interim injunction or the appointment of a receiver. (3) If the case is one of urgency, the court may, on the application of a party or proposed party to the arbitral proceedings, make such orders as it thinks necessary for the purpose of preserving evidence or assets. (4) If the case is not one of urgency, the court shall act only on the application of a party to the arbitral proceedings (upon notice to the other parties and to the tribunal) made with the permission of the tribunal or the agreement in writing of the other parties. (5) In any case the court shall act only if or to the extent that the arbitral tribunal, and any arbitral or other institution or person vested by the parties with power in that regard, has no power or is unable for the time being to act effectively. (6) If the court so orders, an order made by it under this section shall cease to have effect in whole or in part on the order of the tribunal or of any such arbitral or other institution or person having power to act in relation to the subject-matter of the order. (7) The leave of the court is required for any appeal from a decision of the court under this section" (Disponível em: http://www.legislation.gov.uk/ukpga/1996/23/section/44. Acesso em 8 fev. 2020).

[454] "Artículo 33. Asistencia judicial para la práctica de pruebas. 1. Los árbitros o cualquiera de las partes con su aprobación podrán solicitar del tribunal competente asistencia para

de Arbitragem Voluntária de Portugal (Lei 63/2011);[455] o art. 1.449 do Código de Processo Civil Francês (*Code de Procédure Civile*);[456] e o art. 15 da Lei de Arbitragem Japonesa (Lei 138 de 2003).[457]

No EUA, a tutela de urgência é denominada de *provisional, preliminar, interim, conservatory* ou *temporary measure*, a depender da lei aplicável ou das regras dos órgãos arbitrais. Encontra-se regulada naquele país pelas leis estaduais, nos termos

---

la práctica de pruebas, de conformidad con las normas que le sean aplicables sobre medios de prueba. Esta asistencia podrá consistir en la práctica de la prueba ante el tribunal competente o en la adopción por éste de las concretas medidas necesarias para que la prueba pueda ser practicada ante los árbitros. 2. Si así se le solicitare, el Tribunal practicará la prueba bajo su exclusiva dirección. En otro caso, el Tribunal se limitará a acordar las medidas pertinentes. En ambos supuestos el Secretario judicial entregará al solicitante testimonio de las actuaciones" (Disponível em: https://www.boe.es/buscar/act.php?id=BOE-A-2003-23646. Acesso em: 8 fev. 2020).

[455] "Artigo 29º Providências cautelares decretadas por um tribunal estadual. 1 – Os tribunais estaduais têm poder para decretar providências cautelares na dependência de processos arbitrais, independentemente do lugar em que estes decorram, nos mesmos termos em que o podem fazer relativamente aos processos que corram perante os tribunais estaduais. 2 – Os tribunais estaduais devem exercer esse poder de acordo com o regime processual que lhes é aplicável, tendo em consideração, se for o caso, as características específicas da arbitragem internacional" (Disponível em: http://www.pgdlisboa.pt/leis/lei_mostra_articulado.php?nid=1579&tabela=leis. Acesso em: 8 fev. 2020).

[456] "Article 1.449. L'existence d'une convention d'arbitrage ne fait pas obstacle, tant que le tribunal arbitral n'est pas constitué, à ce qu'une partie saisisse une juridiction de l'Etat aux fins d'obtenir une mesure d'instruction ou une mesure provisoire ou conservatoire. Sous réserve des dispositions régissant les saisies conservatoires et les sûretés judiciaires, la demande est portée devant le président du tribunal judiciaire ou de commerce, qui statue sur les mesures d'instruction dans les conditions prévues à l'article 145 et, en cas d'urgence, sur les mesures provisoires ou conservatoires sollicitées par les parties à la convention d'arbitrage" (Disponível em: https://www.legifrance.gouv.fr/affichCode.do?cidTexte=LEGITEXT000006070716. Acesso em: 8 fev. 2020). Tradução livre: "A existência de um acordo de arbitragem não impede, desde que o tribunal arbitral não seja constituído, que uma parte busque um tribunal do Estado com o objetivo de obter uma medida de instrução ou uma medida provisória ou protetora. Sujeito às disposições que regem a precaução e a segurança judicial, o pedido deve ser apresentado ao presidente do tribunal ou tribunal comercial, que decidirá sobre as medidas instrutórias nas condições previstas no artigo 145 e, no caso de urgência, sobre medidas provisórias ou cautelares solicitadas pelas partes através da convenção de arbitragem".

[457] "Artigo 15 (Convenção arbitral e Medidas provisórias proferidas pela Corte) – Não é incompatível com a convenção de arbitragem o pedido de uma das partes, antes ou durante o procedimento arbitral, a uma Corte judicial de medidas urgentes de proteção como também poderá a corte deferir tal pedido em respeito a qualquer disputa de direito civil que seja objeto de convenção arbitral" (Disponível em: https://japan.kantei.go.jp/policy/sihou/arbitrationlaw.pdf. Acesso em: 8 fev. 2020).

da *Rule 64* do *Federal Rules of Civil Procedure.*[458] A *Section 7502(c)*[459] do *New York Civil Practice Law and Rules (CPLR)*, por exemplo, enuncia que, para a obtenção da tutela de urgência, o requerente deve demonstrar que "a sentença ao qual faz jus perderá seus efeitos sem a tutela de urgência". O mesmo dispositivo prevê a cessação dos efeitos da tutela deferida se a parte não iniciar o procedimento arbitral em 30 (trinta) dias, de forma idêntica ao que dispõe o parágrafo único do art. 22-A da Lei de Arbitragem. Dezessete estados americanos e o *District of Columbia (DC)* adotaram o *Revised Uniform Arbitration Act (RUAA – última revisão realizada em 2000)*, baseado na Lei Modelo da UNCITRAL. O RUAA autoriza o exame e deferimento de tutelas de urgências pelas Cortes judiciais em sua *Section 8 (Provisional Remedies)*, que estabelece: "(a) antes de um árbitro ser nomeado e estar autorizado e apto a atuar, a corte, mediante provocação de parte de procedimento arbitral e tendo esta demonstrado boa causa, pode deferir tutela de urgência antecedente para proteger a efetividade do procedimento arbitral na mesma extensão e sob as mesmas condições como se a controvérsia estivesse submetida a processo judicial".[460]

---

[458] "Rule 64. Seizing a Person or Property: (a) Remedies Under State Law – In General. At the commencement of and throughout an action, every remedy is available that, under the law of the state where the court is located, provides for seizing a person or property to secure satisfaction of the potential judgment. But a federal statute governs to the extent it applies. (b) Specific Kinds of Remedies. The remedies available under this rule include the following – however designated and regardless of whether state procedure requires an independent action: arrest; attachment; garnishment; replevin; sequestration; and other corresponding or equivalent remedies" (Disponível em https://www.federalrulesofcivilprocedure.org/. Acesso em: 8 fev. 2020).

[459] "§ 7.502. Applications to the court; venue; statutes of limitation; provisional remedies. (...) (c) Provisional remedies. The supreme court in the county in which an arbitration is pending or in a county specified in subdivision (a) of this section, may entertain an application for an order of attachment or for a preliminary injunction in connection with an arbitration that is pending or that is to be commenced inside or outside this state, whether or not it is subject to the United Nations convention on the recognition and enforcement of foreign arbitral awards, but only upon the ground that the award to which the applicant may be entitled may be rendered ineffectual without such provisional relief. The provisions of articles 62 and 63 of this chapter shall apply to the application, including those relating to undertakings and to the time for commencement of an action (arbitration shall be deemed an action for this purpose), except that the sole ground for the granting of the remedy shall be as stated above. If an arbitration is not commenced within thirty days of the granting of the provisional relief, the order granting such relief shall expire and be null and void and costs, including reasonable attorney's fees, awarded to the respondent. The court may reduce or expand this period of time for good cause shown. The form of the application shall be as provided in subdivision (a) of this section" (Disponível em https://www.nysenate.gov/legislation/laws/CVP/7502. Acesso em: 8 fev. 2020).

[460] "Section 8. Provisional Remedies. (a) Before an arbitrator is appointed and is authorized and able to act, the court, upon [motion] of a party to an arbitration proceeding and for good cause shown, may enter an order for provisional remedies to protect the effectiveness of the arbitration proceeding to the same extent and under the same conditions as if the controversy were the subject of a civil action. (b) After an arbitrator

É oportuno destacar a impossibilidade de utilização de medidas judiciais antiarbitragem (*anti-arbitration injunctions*) perante o Poder Judiciário, com o objetivo de impedir a instauração do procedimento arbitral ou suspender o seu andamento, antes da decisão do próprio Tribunal Arbitral, uma vez que as referidas medidas violariam o princípio competência-competência.[461]

2. Requisitos para o deferimento da tutela de urgência

A teor do art. 300 do CPC, são requisitos para a concessão da tutela de urgência: a) a probabilidade do direito (*fumus boni iuris*); b) o perigo de dano ou o risco ao resultado útil do procedimento arbitral (*periculum in mora*); e c) a reversibilidade dos efeitos da decisão.

Probabilidade não se confunde com possibilidade. Com efeito, se, em uma caixa com dez bolinhas de gude, nove são vermelhas e apenas uma é verde, é até possível que alguém vendado dela retire, aleatoriamente, a bolinha verde; mas isso não é provável que aconteça. Ao passo que, se seis bolinhas ou mais forem verdes, a escolha da verde, mais do que possível, passa a ser algo provável. O juízo de probabilidade no direito segue lógica semelhante. Não basta a mera alegação da parte, na petição inicial, para que o direito seja provável. O direito, a partir do alegado, pode até ser possível, mas isso não o faz provável, por si só. É necessário que a argumentação fática e jurídica, além de consistente, esteja respaldada em evidências concretas (em provas ou em fortes indícios). Direito provável é aquele em que o julgador, após o exame dos fatos, das provas e dos fundamentos jurídicos apresentados pela parte, se convence, desde logo, que a pretensão deduzida em juízo será reconhecida, ao final, por sentença.

---

is appointed and is authorized and able to act. (1) the arbitrator may issue such orders for provisional remedies, including interim awards, as the arbitrator finds necessary to protect the effectiveness of the arbitration proceeding and to promote the fair and expeditious resolution of the controversy, to the same extent and under the same conditions as if the controversy were the subject of a civil action and (2) a party to an arbitration proceeding may move the court for a provisional remedy only if the matter is urgent and the arbitrator is not able to act timely or the arbitrator cannot provide an adequate remedy. (c) A party does not waive a right of arbitration by making a [motion] under subsection (a) or (b)" (Disponível em: https://www.uniformlaws.org/home. Acesso em: 8 fev. 2020).

[461] Sobre as medidas antiarbitragem, vide: ALVES, Rafael Francisco. *Inadmissibilidade das medidas antiarbitragem no direito brasileiro*. São Paulo: Atlas, 2009; TALAMINI, Eduardo. Competência-competência e as medidas antiarbitrais pretendidas pela Administração Pública. *Revista de Arbitragem e Mediação*, v. 50, set. 2016. Sobre as medidas antiarbitragem em procedimentos arbitrais internacionais (também conhecidas como táticas de guerrilha) e propostas para reduzir seus efeitos, vide: OBEROI, Preet Singh. Understanding Guerrilla Tactics in International Arbitration. *Christ University Law Journal*, v. 3, n. 2, p. 69-84, 2014; ROCHA, Caio Cesar; VAUGHN, Gustavo Fávero. Guerrilla tactics: breaking ethical patterns in international arbitration? *Arbitration Newsletter: International Bar Association Legal Practice Division*, p. 42-44, fev. 2018; WILSKE, Stephan. Sanction for unethical and illegal behavior in international arbitration: a double-edged sword? *Contemporary Asia Arbitration Journal*, v. 3, n. 2, p. 211-236, 2010.

O *periculum in mora*, por sua vez, traduz-se no risco de lesão ao direito postulado ou ao resultado útil do processo, por efeito da demora na solução definitiva do conflito. Assim, a título ilustrativo, se a controvérsia tem por objeto discussão a respeito da propriedade de uma obra de arte, existindo indícios concretos de que a demora na solução da controvérsia pode levar o possuidor a se desfazer do bem, vendendo-o, doando-o ou destruindo-o, é perfeitamente possível formular pedido de tutela antecipada, para a imediata imissão do requerente na própria posse do bem, ante o perigo de lesão ao direito litigioso. Pode o requerente postular, outrossim, em caráter cautelar, para garantir o resultado útil do processo, que a obra de arte fique em depósito com terceiro, até final do processo.

Por fim, mesmo que presentes o *fumus boni iuris* e o *periculum in mora*, deve o julgador aferir, no caso concreto, se a medida adotada é reversível (o chamado *periculum in mora* inverso ou reverso). Assim, se o objetivo da parte, no pedido de antecipação dos efeitos da tutela jurisdicional, é a liberação de valores indevidamente retidos pela parte adversa, cabe ao juiz (ou árbitro) avaliar se, uma vez liberados os recursos, a parte poderá com eles desaparecer, tornando irreversíveis os efeitos da decisão. Havendo risco concreto de irreversibilidade da medida, a tutela de urgência deve ser indeferida.

Nem sempre, todavia, a questão será tão simples assim. A depender dos interesses em conflito, o julgador deverá sopesá-los no caso em concreto, podendo deferir a tutela de urgência, excepcionalmente, ainda que os efeitos da decisão se revelem irreversíveis. Suponha-se que a parte contratada, empresa em estado pré-falimentar, pretenda a liberação de garantia contratual em dinheiro, ante o encerramento dos serviços ajustados. Tudo indica, nos autos, que o contrato foi regularmente cumprido e que a retenção promovida pelo contratante é flagrantemente ilícita. Em função disso, pede a empresa, em tutela antecipada, a liberação dos valores retidos, tendo em vista a urgência para a quitação de dívidas trabalhistas, fiscais e com fornecedores. O risco para a parte requerida, neste caso, é o de nunca mais reaver os recursos dados em garantia. Nada obstante, é um risco reduzido, na medida em que, em juízo de cognição sumária, tem-se que nada justifica a retenção promovida. Já o risco para a empresa requerente é ter a falência decretada, deixando de pagar os valores que deve aos seus empregados, fornecedores e ao fisco. Na situação retratada, sendo provável o direito da requerente, deve o julgador deferir a liminar postulada, ainda que exista risco de irreversibilidade da medida, haja vista que, sopesando os interesses em conflitos, há que prevalecer a saúde financeira da requerente e, sobretudo, o pagamento de verbas trabalhistas, comerciais e fiscais. Pode a decisão, inclusive, determinar que os valores sejam liberados, diretamente, para os terceiros, com o objetivo de assegurar que o interesse tutelado seja efetivamente respeitado.

Nos EUA, as Cortes Federais consideram quatro fatores principais para o deferimento de tutela de urgência em caráter antecedente, a saber: a) se o requerente tem boas chances de sucesso no mérito da demanda (*fumus boni iuris*); b) a demonstração de dano irreparável, caso a medida não seja deferida (*periculum in mora*); c) a ponderação entre os danos que serão sofridos pela parte requerente e pela parte requerida; e d) o efeito da medida para o interesse público. O peso dado a cada um destes aspectos varia de acordo com a Corte e seu Circuito (região). No julgado referência no tema, da Suprema Corte Americana, de 2008, *Donald C. Winter, Secretary of the*

Navy, et al., v. Natural Resources Defense Council, Inc., et al., restou consignado que "uma tutela de urgência antecedente é uma medida extraordinária nunca concedida por mero direito; em cada caso as cortes devem ponderar os pedidos concorrentes de dano e devem considerar o efeito em cada parte ao conceder ou não o pedido... Ao exercerem sua discricionariedade as cortes devem considerar de maneira cuidadosa as consequências públicas da execução de tal medida extraordinária".[462]

3. Prazo para a apresentação do requerimento de instauração da arbitragem

A jurisdição estatal excepcional, na seara da tutela de urgência, não pode viger indefinidamente. A opção das partes pelo juízo arbitral, feita contratualmente, exige que aquele que, em sede judicial, postulou a tutela de urgência tem o prazo de 30 dias, contados da data da efetivação da decisão que a concedeu, para formular o requerimento de instauração da arbitragem, sob pena de cessar a eficácia da medida, nos exatos termos do parágrafo único do art. 22-A da Lei.

Perceba-se que o prazo de trinta dias de que trata a Lei inicia-se com a efetivação da decisão e não do seu deferimento pelo juiz estatal. Nesse sentido, a título ilustrativo, em sendo formulado pedido de tutela cautelar antecedente de arresto de uma fazenda, o prazo para a apresentação do requerimento de instauração da arbitragem começa a correr da data em que o ofício é protocolado no RGI (e, portanto, da data em que há o arresto efetivo do imóvel), pouco importando a data em que a medida foi concedida.

Para fins de cumprimento do prazo legal, entende-se por requerimento de instauração da arbitragem toda e qualquer iniciativa que provoque a outra parte quanto à intenção de instauração do procedimento, inclusive o encaminhamento de notificação simples, na hipótese de cláusula compromissória vazia, convocando a parte adversa para a assinatura de compromisso arbitral, na forma do art. 6º da Lei de Arbitragem.

Permite-se a concessão de tutela de urgência antecedente, para evitar perecimento de direito, mesmo que o contrato contemple cláusula escalonada, com previsão de procedimento prévio e mandatório de mediação, vinculante e impeditiva do início do procedimento arbitral. Em tal hipótese, a parte deverá, no aludido prazo legal de 30 dias, provocar a instauração da mediação, etapa inicial obrigatória para o deslinde da disputa.[463] É a inteligência do art. 23, parágrafo único, da Lei 13.140/2015 (Lei de Mediação).[464]

---

[462] Supreme Court of the United States, *Donald C. Winter*, Secretary of the Navy, et al., *v. Natural Resources Defense Council, Inc.*, et al. 129 S.Ct. 365 (2008).

[463] CAHALI, Francisco José. *Curso de arbitragem*: mediação, conciliação e tribunal multiportas. 7. ed. São Paulo: Thomson Reuters Brasil, 2018. p. 309.

[464] Lei 13.140/2015 (Lei de Mediação): "Art. 23. Se, em previsão contratual de cláusula de mediação, as partes se comprometerem a não iniciar procedimento arbitral ou processo judicial durante certo prazo ou até o implemento de determinada condição, o árbitro ou o juiz suspenderá o curso da arbitragem ou da ação pelo prazo previamente acordado ou até o implemento dessa condição. Parágrafo único. O disposto no *caput* não se aplica às medidas de urgência em que o acesso ao Poder Judiciário seja necessário para evitar o perecimento de direito".

Cabe a ressalva de que, no caso da tutela de urgência antecipada (não cautelar), em caráter antecedente ao procedimento arbitral, não cabe a sua estabilização se não for interposto recurso de agravo, conforme se dá no processo judicial, à luz dos arts. 304 c/c 1.015, I, ambos do CPC.[465] Com efeito, na seara judicial, caso não seja interposto o competente agravo de instrumento contra a decisão que antecipa, em caráter antecedente, os efeitos da tutela jurisdicional, a tutela se estabiliza e o processo é extinto (art. 304, § 1º, do CPC), admitindo-se a sua revisão apenas por meio de ação autônoma, a ser proposta no prazo de dois anos da ciência da extinção do processo (art. 304, §§ 2º e 5º, do CPC). Tendo sido celebrado o pacto arbitral, incidirá, sempre e necessariamente, o prazo de trinta dias da efetivação da decisão para a apresentação do pedido de instauração da arbitragem, seja a tutela deferida cautelar, seja antecipatória.

Enquanto não for instituída a arbitragem, a jurisdição estatal, ainda que precária, permanece íntegra e plena, podendo o magistrado modificar ou até mesmo revogar a decisão concessiva da tutela. Pode a parte prejudicada, ainda, além de pedir a reconsideração da decisão, interpor agravo de instrumento para a instância superior. Instaurado o juízo arbitral, "caberá aos árbitros manter, modificar ou revogar a medida cautelar ou de urgência concedida pelo Poder Judiciário" (art. 22-B da Lei).

Os regulamentos das câmaras arbitrais brasileiras e estrangeiras não discrepam significativamente a respeito do tema, admitindo que as partes se socorram da jurisdição estatal, para a concessão de medidas de urgência, enquanto pendente de instituição do Tribunal Arbitral, sem que isso represente infração ou renúncia à convenção de arbitragem.[466]

---

[465] CPC: "Art. 304. A tutela antecipada, concedida nos termos do art. 303, torna-se estável se da decisão que a conceder não for interposto o respectivo recurso. § 1º No caso previsto no *caput*, o processo será extinto. § 2º Qualquer das partes poderá demandar a outra com o intuito de rever, reformar ou invalidar a tutela antecipada estabilizada nos termos do *caput*. § 3º A tutela antecipada conservará seus efeitos enquanto não revista, reformada ou invalidada por decisão de mérito proferida na ação de que trata o § 2º. § 4º Qualquer das partes poderá requerer o desarquivamento dos autos em que foi concedida a medida, para instruir a petição inicial da ação a que se refere o § 2º, prevento o juízo em que a tutela antecipada foi concedida. § 5º O direito de rever, reformar ou invalidar a tutela antecipada, previsto no § 2º deste artigo, extingue-se após 2 (dois) anos, contados da ciência da decisão que extinguiu o processo, nos termos do § 1º. § 6º A decisão que concede a tutela não fará coisa julgada, mas a estabilidade dos respectivos efeitos só será afastada por decisão que a revir, reformar ou invalidar, proferida em ação ajuizada por uma das partes, nos termos do § 2º deste artigo. (...) Art. 1.015. Cabe agravo de instrumento contra as decisões interlocutórias que versarem sobre: I - tutelas provisórias".

[466] Vide art. 8 do regulamento de arbitragem da CAM-CCBC: "8.1. A menos que tenha sido convencionado de outra forma pelas partes, o Tribunal Arbitral poderá determinar medidas cautelares, coercitivas e antecipatórias, que poderão, a critério do Tribunal, ser subordinadas à apresentação de garantias pela parte solicitante. 8.2. Havendo urgência, quando ainda não instituído o Tribunal Arbitral, as partes poderão requerer medidas cautelares ou coercitivas à autoridade judicial competente, se outra forma não houver sido expressamente estipulada por elas. Nesse caso, a parte deverá dar ciência ao CAM-CCBC das decisões. 8.2.1. Assim que instituído o Tribunal Arbitral, caberá a ele manter, modificar ou revogar a medida concedida anteriormente. 8.2.2. O requerimento feito

por uma das partes a uma autoridade judicial para obter tais medidas, ou a execução de medidas similares ordenadas por um Tribunal Arbitral, não serão considerados como infração ou renúncia à convenção de arbitragem e não comprometerão a competência do Tribunal Arbitral" (Disponível em: https://ccbc.org.br/cam-ccbc-centro-arbitragem--mediacao/resolucao-de-disputas/arbitragem/regulamento-2012/. Acesso em: 9 fev. 2020). Vide art. IX do regulamento de arbitragem da CAMARB: "9.1. O Tribunal Arbitral, mediante requerimento de qualquer das partes ou quando julgar apropriado, poderá, por decisão devidamente fundamentada, deferir tutela de evidência ou de urgência, cautelar ou antecipada. 9.2. Enquanto não instalado o Tribunal Arbitral, as partes poderão requerer tutela de urgência, cautelar ou antecipada, à autoridade judicial competente. 9.3. O requerimento efetuado por uma das partes a uma autoridade judicial para obter tutela de urgência, cautelar ou antecipada, antes de constituído o Tribunal Arbitral, não será considerado renúncia à convenção de arbitragem, tampouco excluirá a competência do Tribunal Arbitral para reapreciá-la" (Disponível em: http://camarb.com.br/arbitragem/regulamento-de-arbitragem/. Acesso em: 9 fev. 2020). Vide item 13 do regulamento de arbitragem do CBMA: "13.1. Por solicitação das partes, ou a seu exclusivo critério, o Tribunal Arbitral poderá determinar medidas cautelares, coercitivas ou antecipatórias. 13.2. As partes poderão requerer medidas cautelares ou coercitivas à autoridade judicial competente quando ainda não instaurado o Tribunal Arbitral. Nesse caso, a parte deverá, imediatamente, dar ciência do pedido ao Centro. Após a instauração do Tribunal Arbitral, este poderá rever, manter, alterar ou revogar a medida concedida judicialmente, bem como conceder medida indeferida em juízo. 13.3. Qualquer medida ordenada pelo Tribunal Arbitral deverá ser cumprida pela parte. Caso contrário, a execução da referida medida poderá ser solicitada ao órgão do Poder Judiciário competente, para que atinja todos os fins de direito almejados e protegidos" (Disponível em: http://www.cbma.com.br/regulamento_1. Acesso em: 9 fev. 2020). No âmbito internacional, vide, por exemplo, o art. 28 do regulamento de arbitragem da CCI: "Artigo 28 Medidas cautelares e provisórias – 1 A menos que as partes tenham convencionado diferentemente, o tribunal arbitral poderá, tão logo esteja na posse dos autos, e a pedido de uma das partes, determinar a adoção de qualquer medida cautelar ou provisória que julgar apropriada. O tribunal arbitral poderá subordinar tal medida à apresentação de garantias pela parte solicitante. A medida que for adotada tomará a forma de ordem procedimental devidamente fundamentada, ou a forma de uma sentença arbitral, conforme o tribunal arbitral considerar adequado. 2 As partes poderão, antes da remessa dos autos ao tribunal arbitral e posteriormente, em circunstâncias apropriadas, requerer a qualquer autoridade judicial competente que ordene as medidas cautelares ou provisórias pertinentes. O requerimento feito por uma das partes a uma autoridade judicial para obter tais medidas, ou a execução de medidas similares ordenadas por um tribunal arbitral, não será considerado como infração ou renúncia à convenção de arbitragem e não comprometerá a competência do tribunal arbitral a este título. Quaisquer pedidos ou medidas adotadas pela autoridade judicial deverão ser notificados sem demora à Secretaria, devendo esta informar o tribunal arbitral" (Disponível em: https://iccwbo.org/dispute-resolution-services/arbitration/rules-of-arbitration/. Acesso em: 22 jan. 2021). Vide Rule 38 (h) do regulamento de arbitragem comercial da AAA: "R-38. Emergency Measures of Protection: (h) A request for interim measures addressed by a party to a judicial authority shall not be deemed incompatible with this rule, the agreement to arbitrate or a waiver of the right to arbitrate. If the AAA is directed by a judicial authority to nominate a special master to consider and

4. O árbitro de emergência - *Emergency Arbitrator (EA)*[467]

A figura do árbitro de emergência (também chamado de árbitro de urgência) não encontra menção na legislação brasileira. Nada obstante, trata-se de mecanismo que vem conquistando cada vez mais espaço no seio da arbitragem, encontrando previsão no regulamento de algumas importantes instituições, nacionais e estrangeiras, como alternativa à jurisdição estatal, na apreciação pedidos de tutela de urgência em caráter antecedente, antes de formado o Tribunal Arbitral.[468]

---

report on an application for emergency relief, the AAA shall proceed as provided in this rule and the references to the emergency arbitrator shall be read to mean the special master, except that the special master shall issue a report rather than an interim award" (Disponível em; https://www.adr.org/sites/default/files/CommercialRules_Web.pdf. Acesso em: 9 fev. 2020). Vide item 25.3 do regulamento de arbitragem da LCIA: "25.3 A party may apply to a competent state court or other legal authority for interim or conservatory measures that the Arbitral Tribunal would have power to order under Article 25.1: (i) before the formation of the Arbitral Tribunal; and (ii) after the formation of the Arbitral Tribunal, in exceptional cases and with the Arbitral Tribunal's authorisation, until the final award. After the Commencement Date, any application and any order for such measures before the formation of the Arbitral Tribunal shall be communicated promptly in writing by the applicant party to the Registrar; after its formation, also to the Arbitral Tribunal; and in both cases also to all other parties" (Disponível em: https://www.lcia.org/Dispute_Resolution_Services/lcia-arbitration-rules-2020.aspx#Article%20 25. Acesso em: 22 jan. 2021).

[467] Sobre a tema, veja-se: GOUVEIA, Mariana França; ANTUNES, João Gil. The suitability of the emergency arbitrator for investment disputes. *e-Pública*, v. 6, n. 2, p. 9-35, set. 2019. Disponível em: https://www.e-publica.pt/volumes/v6n2a03.html. Acesso em: 21 ago. 2020; GRION, Renato Stephan. *Árbitro de emergência - perspectiva brasileira à luz da experiência internacional. In:* CARMONA, Carlos Alberto; LEMES, Selma Ferreira; MARTINS, Pedro Batista. *20 anos da lei de arbitragem*. São Paulo: Atlas, 2017. p. 403-448; MARQUES, Paula Menna Barreto. *Árbitro de emergência. In:* CARNEIRO, Paulo Cezar Pinheiro; GRECO, Leonardo; DALLA, Humberto. *Temas controvertidos na arbitragem à luz do Código de Processo Civil de 2015*. Rio de Janeiro: LMJ Mundo Jurídico, 2018. p. 209-223. Para uma análise pela perspectiva das decisões tomadas pelas cortes judiciais americanas, confira-se: THOMAS, Erin. Review of emergency arbitral relief - recente developments in US case law. In: GONZÁLES-BUENO, Carlos. *40 under 40 international arbitration*. Spain: Dykinson S.L., 2018. p. 349-356.

[468] Sobre a tema, veja-se: GOUVEIA, Mariana França; ANTUNES, João Gil. The suitability of the emergency arbitrator for investment disputes. *e-Pública*, v. 6, n. 2, p. 9-35, set. 2019. Disponível em: https://www.e-publica.pt/volumes/v6n2a03.html. Acesso em: 21 ago. 2020; GRION, Renato Stephan. *Árbitro de emergência - perspectiva brasileira à luz da experiência internacional. In:* CARMONA, Carlos Alberto; LEMES, Selma Ferreira; MARTINS, Pedro Batista. *20 anos da lei de arbitragem*. São Paulo: Atlas, 2017. p. 403-448; MARQUES, Paula Menna Barreto. *Árbitro de emergência. In:* CARNEIRO, Paulo Cezar Pinheiro; GRECO, Leonardo; DALLA, Humberto. *Temas controvertidos na arbitragem à luz do Código de Processo Civil de 2015*. Rio de Janeiro: LMJ Mundo Jurídico, 2018. p. 209-223. Para uma análise pela perspectiva das decisões tomadas pelas cortes judiciais americanas, confira-se: THOMAS, Erin. Review of emergency arbitral relief - recente developments in US case law. In: GONZÁLES-BUENO, Carlos. *40 under 40 international arbitration*. Spain: Dykinson S.L., 2018. p. 349-356.

O surgimento do instituto remete à Corte Arbitral da Câmara de Comércio Internacional, que, no ano de 1990, editou o *Regulamento de Procedimento Cautelar Pré-Arbitral*.[469] Uma segunda instituição arbitral a aderir ao árbitro de emergência foi a *American Arbitration Association* que, em 1999, promulgou o *Optional Rules for Emergency Measures of Protection* (parte do regulamento de arbitragem comercial da AAA)[470]. Em 2006, o *International Center for Dispute Resolution* (ICDR), braço internacional da AAA, inseriu o instituto em seu regulamento, no art. 37 (art. 6º no regulamento vigente de 2014).[471] Foi o primeiro Centro de Arbitragem Internacional a prever, efetivamente, em seu regulamento de arbitragem, e não em documento apartado, o exame de liminares (cautelares ou antecipatórias) por árbitro de urgência. Em 2010, o modelo foi adotado pelo *Singapore International Arbitration Centre – SIAC* (*Rule 26*[472] e *Schedule* 1 de seu regulamento) e pelo *Arbitration Institute of the Stockholm Chamber of Commerce*, no apêndice II de seu regulamento de arbitragem.[473]

O árbitro de emergência, em regra, é designado pela própria instituição arbitral e tem jurisdição, exclusivamente, para o exame de medidas urgentes. Instituído o Tribunal Arbitral, exaure-se a jurisdição emergencial, que, por natureza, é provisória e precária. O painel nomeado poderá, então, confirmar, modificar ou mesmo revogar a tutela anteriormente deferida, tal e qual ocorre no caso de tutela de urgência antecedente deferida pelo Poder Judiciário, a teor do art. 22-B[474] da Lei. Significa dizer que as decisões do árbitro de emergência não são decisões finais, mas de natureza

---

[469] Disponível em: https://iccwbo.org/publication/rules-pre-arbitral-referee-procedure/. Acesso em: 3 fev. 2021.

[470] Disponível em: https://www.adr.org/sites/default/files/Commercial%20Arbitration%20Rules%20and%20Mediation%20Procedures%20Sept.%2015%2C%202005.pdf. Acesso em: 3 fev. 2021.

[471] Disponível em https://www.icdr.org/sites/default/files/document_repository/ICDR_Rules.pdf. Acesso em: 3 fev. 2021.

[472] Vide, a propósito, o art. 26 das regras de arbitragem de 2010 (as regras atuais são de 2016 – nesta a previsão encontra-se na Rule 30) da SIAC: "Rule 26: Interim and Emergency Relief. 26.1. The Tribunal may, at the request of a party, issue an order or an award granting an injunction or any other interim relief it deems appropriate. The Tribunal may order the party requesting interim relief to provide appropriate security in connection with the relief sought. 26.2. A party in need of emergency interim relief prior to the constitution of the Tribunal may apply for such relief pursuant to the procedures set forth in Schedule 1. 26.3. A request for interim relief made by a party to a judicial authority prior to the constitution of the Tribunal, or in exceptional circumstances thereafter, is not incompatible with these Rules" (Disponível em: https://www.siac.org.sg/our-rules/rules/siac-rules-2010. Acesso em: 3 fev. 2021).

[473] Vide apêndice II do Regulamento de Arbitragem vigente da SCC de 2017. Disponível em: https://sccinstitute.com/media/1407444/arbitrationrules_eng_2020.pdf. Acesso em: 3 fev. 2021.

[474] Art. 22-B da Lei de 9.307/1996: "Instituída a arbitragem, caberá aos árbitros manter, modificar ou revogar a medida cautelar ou de urgência concedida pelo Poder Judiciário".

meramente provisória. A referida orientação é referendada pelas resoluções que disciplinam o instituto nas câmaras de arbitragem.[475]

O surgimento da figura do árbitro de emergência é até certo ponto um movimento natural, de proteção da arbitragem. Isso porque a jurisdição estatal residual, no campo das tutelas de urgência, é até inconsistente com a escolha feita pelas partes, de submeter seus litígios ao juízo arbitral. Opta-se pela arbitragem, por se tratar de um ambiente mais técnico e especializado, mas é o Judiciário que toma uma das decisões mais relevantes em caso de conflito entre os contratantes. Opta-se pela arbitragem, também, por ser um método confidencial de solução de conflitos, mas não raramente o litígio chega ao conhecimento público, porque os processos judiciais, como regra, submetem-se ao princípio da publicidade. O uso da via arbitral emergencial, em vez da propositura da ação judicial, possui as vantagens de reforçar a escolha da arbitragem para solução da controvérsia e de preservar a confidencialidade.

Três motivos adicionais têm sido mencionados para justificar a adoção do chamado árbitro de emergência: a) a morosidade e custos nas Cortes locais (o que não é, definitivamente, o caso brasileiro); b) uma possível ausência de neutralidade das cortes judiciais; e c) ausência de expertise técnica a respeito da questão litigiosa.

Existem dois sistemas distintos que disciplinam o emprego, na via arbitral, do árbitro de emergência: o modelo *opt in* e o modelo *opt out*. No modelo *opt in*, as partes devem convencionar, expressamente, que aderem à utilização do árbitro de emergência, nos termos do regulamento da instituição arbitral escolhida. Era o modelo adotado no Brasil, até bem recentemente, pela CAM-CCBC, por força da Resolução Administrativa 32/2018, cujo teor dispunha no sentido de que "não haverá intervenção do árbitro de emergência" "se as partes não convencionaram expressamente a aplicação das regras relativas ao árbitro de emergência".[476] O silêncio das partes é compreendido como

---

[475] Vide, por exemplo, o item 9.5 do Regulamento de Arbitragem da CAMARB: "9.5 O Tribunal Arbitral, tão logo constituído, poderá reapreciar o pedido da parte, mantendo, modificando ou revogando, no todo ou em parte, a tutela deferida pela autoridade judicial ou pelo árbitro de emergência" (Disponível em: http://camarb.com.br/arbitragem/regulamento-de-arbitragem/. Acesso em: 3 fev. 2021). Vide, também, o art. 25 da Resolução Administrativa 44/2020 da CAM-CCBC: "Artigo 25. As decisões tomadas pelo Árbitro de Emergência, por seu caráter provisório, não vinculam o Tribunal Arbitral o qual, uma vez constituído, será competente para modificar, revogar ou anular qualquer decisão previamente tomada" (Disponível em: https://ccbc.org.br/cam-ccbc-centro-arbitragem-mediacao/ra-44-2020/#:~:text=Artigo%201%C2%BA%20%E2%80%93%20A%20parte%20que,termos%20das%20regras%20dispostas%20abaixo. Acesso em: 4 fev. 2021).

[476] Reza o § 2º do art. 1º da Resolução Administrativa 32/2018 da CAM-CCBC: "§ 2º Não haverá intervenção do árbitro de emergência nos seguintes casos: (a) Se as partes celebraram convenção de arbitragem anterior à presente Resolução e não incluíram, posteriormente, a opção por se submeterem ao procedimento de árbitro de emergência, ou (b) Se as partes não convencionaram expressamente a aplicação das regras relativas ao árbitro de emergência" (Disponível em: https://ccbc.org.br/cam-ccbc-centro-arbitragem-mediacao/resolucao-de-disputas/resolucoes-administrativas/ra-32-2018-ref-procedimento-do-arbitro-de-emergencia/. Acesso em: 3 fev. 2021). Ressalte-se, entretanto, que a CAM-CCBC alterou o regime jurídico aplicável ao ár-

opção pela não utilização do instituto. Já a adoção do sistema *opt out* implica a adesão automática à jurisdição arbitral emergencial, salvo havendo manifestação expressa em contrário. Nesse sentido, já dispunha o anterior regulamento de arbitragem da CCI, de 2017, que "as Disposições sobre o Árbitro de Emergência não são aplicáveis quando" "as partes tiverem convencionado excluir a aplicação das Disposições sobre o Árbitro de Emergência".[477]

O árbitro de emergência é, em regra, nomeado em um curtíssimo espaço de tempo (entre um e três dias), após a apresentação do pedido de tutela de urgência. Dele se espera que profira decisão com o máximo de brevidade, considerando a urgência do pedido.

No Brasil, algumas câmaras arbitrais nacionais já regulamentaram o procedimento do árbitro de emergência, entre elas: a CAM-CCBC (Resolução Administrativa 44/2020)[478] e a CAMARB (Resolução Administrativa 06/2020).[479] A CAMARB estabelece o prazo de dois dias para nomeação do árbitro de emergência, após o aceite do requerimento pelo Presidente do órgão (item 4.1 da Resolução Administrativa).[480] Já a regulamentação baixada pela CAM-CCBC não estabelece prazo para a nomeação,

---

bitro de emergência, no ano de 2020, passando do modelo *opt in* para o modelo *opt out*. Confira-se, a propósito, a Resolução Administrativa 44/2020 da CAM-CCBC. Disponível em: https://ccbc.org.br/cam-ccbc-centro-arbitragem-mediacao/ra-44-2020/#:~:text=Artigo%201%C2%BA%20%E2%80%93%20A%20parte%20que,termos%20das%20regras%20dispostas%20abaixo. Acesso em: 4 fev. 2021.

[477] Vide art. 29 (5) (6) do Regulamento de Arbitragem da CCI: "5 Os artigos 29(1)-29(4) e as Regras sobre o Árbitro de Emergência previstas no Apêndice V (coletivamente as 'Disposições sobre o Árbitro de Emergência') serão aplicáveis apenas às partes signatárias, ou seus sucessores, da convenção de arbitragem, que preveja a aplicação do Regulamento e invocada para o requerimento da medida. 6 As Disposições sobre o Árbitro de Emergência não são aplicáveis quando: a) a convenção de arbitragem que preveja a aplicação do Regulamento foi concluída antes da data de entrada em vigor do Regulamento; b) as partes tiverem convencionado excluir a aplicação das Disposições sobre o Árbitro de Emergência; ou c) as partes tiverem convencionado a aplicação de algum outro procedimento pré-arbitral o qual preveja a possibilidade de concessão de medidas cautelares, provisórias ou similares" (Disponível em: https://iccwbo.org/publication/2017-arbitration-rules-and-2014-mediation-rules-portuguese--version/?preview=true. Acesso em: 3 fev. 2021).

[478] Disponível em: https://ccbc.org.br/cam-ccbc-centro-arbitragem-mediacao/ra-44-2020/#:~:text=Artigo%201%C2%BA%20%E2%80%93%20A%20parte%20que,termos%20das%20regras%20dispostas%20abaixo. Acesso em: 4 fev. 2021.

[479] Disponível em: http://camarb.com.br/arbitragem/resolucoes-administrativa/resolucao-administrativa-n-06-20/. Acesso em: 3 fev. 2021.

[480] "4.1. Aceito o Requerimento, o Presidente da CAMARB individualmente ou, na ausência ou impossibilidade deste, o Vice-presidente de Arbitragem da CAMARB, em conjunto com outro Vice-presidente, nomearão, em até 2 (dois) dias, um Árbitro de Emergência dentre os membros da Lista de Árbitros da CAMARB" (Disponível em: http://camarb.com.br/arbitragem/resolucoes-administrativa/resolucao-administrativa-n-06-20/. Acesso em: 3 fev. 2021).

mas estipula, no art. 9º[481] da Resolução 32/2018, que o presidente da instituição, ao admitir o procedimento, nomeará automaticamente o árbitro de emergência entre os membros do corpo de árbitros da instituição.

O CBMA, em iniciativa inovadora, regulamentou a utilização do árbitro de emergência no campo da arbitragem esportiva.[482] O sistema difere dos demais, porque não é *opt in* nem *opt out*. Com efeito, prescreve o art. 3.4 do regulamento de arbitragem esportiva do CBMA que "as Partes automaticamente renunciam a possibilidade de requerer tais medidas perante o Poder Judiciário". É um modelo apropriado para o direito desportivo, ante a aversão que as entidades internacionais do esporte têm à utilização do Judiciário para resolução de conflitos.

O Tribunal de Justiça de São Paulo já teve a oportunidade de reconhecer, ainda que indiretamente, a existência e validade da utilização do árbitro de emergência. Na ocasião, assentou o Desembargador Alexandre Lazzarini que, ao menos naquele caso específico, "sequer há a previsão de árbitro de emergência, que muitas Câmaras Arbitrais já estão incluindo em seus regulamentos"[483], a revelar que a escolha poderia ter sido feita e, se o fosse, seria juridicamente lícita.

O árbitro de emergência é livre para conduzir o procedimento da maneira que considerar mais apropriada, devendo estabelecer calendário provisório para as partes (*vide*, a título ilustrativo, o art. 20 da Resolução Administrativa 44/2020 da CAM--CCBC).[484]

Questão relevante, em termos práticos, diz respeito à natureza jurídica da decisão prolatada pelo árbitro de emergência. Teria natureza de sentença ou seria mera ordem judicial? A resposta a ser dada ao referido questionamento tem impacto, diretamente, na forma de execução da decisão. O art. 515, VII, do CPC informa que a sentença arbitral possui natureza de título executivo judicial. Logo, se a decisão concessiva da tutela tiver a natureza de sentença judicial, poderá a parte requerer o cumprimento da decisão, na forma do art. 513 e seguintes do CPC.

---

[481] "Artigo 9º A Presidência do CAM-CCBC, ao admitir o procedimento do Árbitro de Emergência, nomeará um Árbitro de Emergência dentre os membros do Corpo de Árbitros" (Disponível em: https://ccbc.org.br/cam-ccbc-centro-arbitragem-mediacao/ra-44-2020/#:~:text=Artigo%201%C2%BA%20%E2%80%93%20A%20parte%20que,termos%20das%20regras%20dispostas%20abaixo. Acesso em: 4 fev. 2021).

[482] Vide o regulamento de arbitragem esportiva do CBMA. Disponível em: http://www.cbma.com.br/regulamento_esportiva_2019. Acesso em: 3 fev. 2021.

[483] TJSP, Apelação Cível 1027689-46.2017.8.26.0506, 1ª Câmara Reservada de Direito Empresarial, Rel. Des. Alexandre Lazzarini, *DJ* 09.05.2019.

[484] "Procedimento - Artigo 20 - O árbitro de emergência deverá conduzir o procedimento da maneira que considerar apropriada tendo em vista a natureza da controvérsia e a urgência do Requerimento, observados os princípios da ampla defesa, do contraditório e da igualdade de tratamento das partes. Parágrafo único - Após o recebimento dos autos, o árbitro de emergência deverá estabelecer calendário provisório para o procedimento" (Disponível em: https://ccbc.org.br/cam-ccbc-centro-arbitragem-mediacao/ra-44-2020/#:~:text=Artigo%201%C2%BA%20%E2%80%93%20A%20parte%20que,termos%20das%20regras%20dispostas%20abaixo. Acesso em: 4 fev. 2021).

Certo é que os regulamentos da CAMARB (item 8.1 da Resolução Administrativa 06/2020) e CAM-CCBC (art. 21 da Resolução Administrativa 32/2018) utilizam a nomenclatura "ordens" e "decisões". *Pari passu* afirmam, na sequência, que "ao submeterem o litígio à arbitragem de emergência, as partes se obrigam a cumprir sem demora as decisões que vierem a ser proferidas pelo árbitro de emergência" (art. 24 da RA 44/2020 da CAM-CCBC) e "ao submeterem o litígio à arbitragem de emergência, as partes se obrigam a cumprir, de imediato, as decisões que vierem a ser proferidas pelo Árbitro de Emergência" (item 8.5 da RA da CAMARB).

Fácil perceber que tais decisões têm natureza interlocutória. Não cabe, por isso mesmo, a utilização do procedimento de cumprimento de sentença. Pode o árbitro de emergência, todavia, em caso de descumprimento da decisão por uma das partes, emitir carta arbitral, conforme art. 22-C, *caput*,[485] da Lei de Arbitragem, para fins de execução coercitiva pelo Judiciário, se necessário for.

Remanesce, nada obstante, outra questão igualmente relevante e de enorme importância prática: seria possível a homologação de decisão cautelar estrangeira pelo STJ? Em caso negativo, qual seria o procedimento para dar cumprimento à decisão no Brasil?

Tendo isso em consideração, o regulamento da SIAC (item 8 do *Schedule 1*)[486] enuncia que o árbitro de emergência poderá proferir "*ordem ou sentença*". O regulamento da *LCIA* também preconiza no seu art. 9B, item 9.9, que o árbitro de emergência poderá proferir "ordem ou sentença", adequando-se, com isso, à "Convenção sobre Reconhecimento e a Execução de Sentenças Arbitrais Estrangeiras" (Convenção de Nova York, promulgada pelo Decreto 4.311/2002), que conceitua as sentenças arbitrais em seu art. I (2).[487]

Em Singapura, foi aprovada emenda, em 2012, ao *International Arbitration Act* de 1995, para incluir, na *Section 2* (1), o árbitro de emergência na definição legal de Tribunal Arbitral e assim facilitar a execução pelas cortes de suas decisões.[488]

---

[485] "Art. 22-C. O árbitro ou o tribunal arbitral poderá expedir carta arbitral para que o órgão jurisdicional nacional pratique ou determine o cumprimento, na área de sua competência territorial, de ato solicitado pelo árbitro."

[486] "The Emergency Arbitrator shall have the power to order or award any interim relief that he deems necessary, including preliminary orders that may be made pending any hearing, telephone or video conference or written submissions by the parties. The Emergency Arbitrator shall give summary reasons for his decision in writing. The Emergency Arbitrator may modify or vacate the preliminary order, the interim order or Award for good cause" (Disponível em: https://www.siac.org.sg/our-rules. Acesso em: 3 fev. 2021).

[487] Convenção de Nova York promulgada pelo Decreto 4.311/2002: "artigo I (...) 2. Entender-se-á por 'sentenças arbitrais' não só as sentenças proferidas por árbitros nomeados para cada caso, mas também aquelas emitidas por órgãos arbitrais permanentes aos quais as partes se submetam".

[488] "Seção 2 - (1) Tribunal arbitral significa árbitro único ou painel arbitral ou instituição arbitral permanente, e inclui árbitro de emergência nomeado através das regras de arbitragem convencionadas pelas partes ou adotadas pelas partes ao optarem pelas

A Lei Modelo da UNCITRAL sobre Arbitragem Comercial Internacional de 1985 é silente a respeito do tema.

Utilizar a expressão *sentença* para a decisão do árbitro de emergência pode facilitar sua execução pelas cortes de outros países, nos termos da Convenção de Nova York. Evidentemente, a execução ou não de ordem ou sentença estrangeira de árbitro de emergência vai depender muito do grau de aceitação da via arbitral (*arbitration-friendliness*) no país. A jurisprudência do Superior Tribunal de Justiça, amplamente favorável à arbitragem, confirma que o Brasil se insere hoje na categoria das nações "*amigas*" da arbitragem. Parece-nos que, confrontado com tal situação, o STJ homologará a decisão cautelar estrangeira, permitindo a sua execução imediata em território nacional. Não há razão, a não ser por um formalismo exagerado, para se indeferir a homologação da decisão estrangeira concessiva de tutela de urgência, por não se tratar de "sentença" propriamente dita. Aplica-se aqui o velho brocardo segundo o qual "onde houver a mesma razão, aplica-se o mesmo direito" (*ubi eadem ratio, ibi eadem legis dispositivo*).

Nos EUA, as cortes judiciais locais têm executado e analisado a possibilidade de anulação das decisões proferidas por árbitros de emergência, considerando-as como sentença, à luz das *Sections 10 e 11* do Federal Arbitration Act. Em *Publicis Communication v. True North Communications*, a Corte de Apelações do Sétimo Circuito deferiu pedido para execução de tutela de urgência incidental que havia sido deferida em forma de *ordem*.[489] Em *Yahoo! Inc., v. Microsoft Corporation*, a demandante *Yahoo* tentou, sem sucesso, anular a decisão do árbitro de emergência, alegando que tal decisão era final e permanente, e não provisória, como é da natureza das decisões emergenciais. A Corte Distrital de Nova York, contudo, considerou válida decisão prolatada por árbitro de urgência, ao fundamento de que as partes tinham convencionado que o árbitro poderia decidir sobre qualquer pedido provisório, liminar ou medida de emergência.[490]

---

regras de arbitragem de instituição ou organização arbitral" (Disponível em: https://sso.agc.gov.sg/Act/IAA1994. Acesso em: 9 fev. 2020).

[489] United States Court of Appeals, Seventh Circuit. *Publicis Communication, And Publicis S.A., v. True North Communications Inc.* 206 F.3d 725 (2000).

[490] "Yahoo first alleges that the Award must be vacated because the Emergency Arbitrator awarded Microsoft 'final permanent relief' even though the parties' Agreement–and the AAA Optional Rules for Emergency Measures of Protection (the 'Emergency Measures') expressly incorporated therein - only permit an Emergency Arbitrator to award 'interim relief'. Yahoo characterizes 'interim relief' as 'relief necessary to preserve the status quo until the matter can be fully and fairly decided by a three-Arbitrator panel of industry experts following discovery'. Yahoo alleges that the Emergency Arbitrator's award was final because migration in the Taiwan and Hong Kong markets, which is required by the injunction, is irreversible. Yahoo's argument fails, however, because there is a more than colorable basis for finding that the Arbitrator was authorized to grant the relief that was awarded. The 2009 Agreement between Yahoo and Microsoft adopts the Emergency Measures 'with respect to any claim for interim, injunctive, or other emergency relief'. Yahoo argues that this section indicates that an Emergency Arbitrator may only enter 'an interim award' for emergency relief 'prior to the cons-

Para finalizar, cabe a ressalva de que o emprego do árbitro de emergência tende a encarecer o procedimento arbitral, haja vista que, além dos honorários do painel arbitral, a parte requerente deverá arcar, ainda, com os honorários do árbitro de urgência. A referida afirmação, entretanto, há de ser considerada *cum grano salis*. De fato, conquanto a nomeação de árbitro de urgência possa incrementar os custos do procedimento arbitral, ao mesmo tempo isenta a parte tanto da necessidade de contratar advogado para atuar na esfera judicial, quanto das despesas com o processo correlato (de natureza cautelar), no Poder Judiciário.

> **Art. 22-B.** Instituída a arbitragem, caberá aos árbitros manter, modificar ou revogar a medida cautelar ou de urgência concedida pelo Poder Judiciário. (Incluído pela Lei nº 13.129, de 2015.)
>
> **Parágrafo único.** Estando já instituída a arbitragem, a medida cautelar ou de urgência será requerida diretamente aos árbitros. (Incluído pela Lei nº 13.129, de 2015.)

 Comentários

1. Tutelas de urgência incidentes – antecipada, cautelar e evidência – possibilidades

Antes de instituída a arbitragem, com a nomeação dos árbitros, a competência para decidir sobre os pedidos de tutela de urgência é entregue ao Judiciário, conforme prescreve o art. 22-A da Lei, salvo havendo a previsão, no regulamento da câmara eleita, da figura do árbitro de emergência.

Confirmados os árbitros, a competência excepcional da justiça estatal se exaure, cabendo ao Tribunal Arbitral a reapreciação da medida concedida pelo Poder Judiciário (ou por árbitro de emergência, se for o caso).[491] Neste caso, pode o painel

---

titution of a panel'. But the Agreement itself, in the same provision that adopts the Emergency Measures, states that '[t]he parties agree that the arbitrator is authorized to compel and award interim injunctive or emergency relief ... and the arbitrator[s] may compel and award specific performance (in addition to any other remedies and including in connection with claims for interim, injunctive or emergency relief)'. The Agreement further states, in the same provision providing for emergency arbitration, that '[a]ny non-monetary relief will be tailored to preserve, to the greatest extent possible, the scope of Services provided under this Agreement and the parties' intent with respect to such Services'" (United States District Court, S.D. New York, *Yahoo! Inc., v. Microsoft Corporation*, 983 F.Supp.2d 310 (2013)).

[491] Sobre o tema vide acórdão do TJSP: "Tribunal arbitral. Instauração. Medida cautelar requerida pela agravada. Deferimento. Manutenção, ainda que o procedimento arbitral tenha sido instaurado pelos agravantes. Cabe aos árbitros manter, modificar ou revogar a tutela de urgência concedida pelo Poder Judiciário. Aplicação do artigo 22-B

de árbitros (ou o árbitro único, se for o caso) confirmar, alterar ou cassar a anterior decisão concessiva da tutela de urgência.

O Tribunal Arbitral, uma vez nomeado e confirmado, tem jurisdição plena sobre a causa, competindo-lhe examinar não só o mérito da demanda, mas também pedidos de tutela de urgência (novos ou anteriores), não sendo mais lícito às partes propor tal medida perante o Poder Judiciário. Deferida a medida cautelar ou de urgência, caso não seja cumprida voluntariamente, o Tribunal Arbitral pode expedir carta arbitral com prova de nomeação dos árbitros e de sua aceitação, para que a decisão seja efetivada pelo Poder Judiciário, nos termos dos arts. 237, IV, e 260 a 268 do CPC.[492]

Excepcionalmente, se o árbitro estiver inacessível (ex.: recesso da Câmara Arbitral, sem que a parte consiga acessar o árbitro por outra via), caberá ao Judiciário a apreciação do pedido de tutela de urgência, conforme já decidiu o STJ.[493]

O magistrado deverá limitar-se, quando do cumprimento da carta arbitral, a verificar se a carta arbitral atende aos requisitos formais previstos na legislação, não podendo, evidentemente, adentrar no mérito da decisão. Confirmada a regularidade formal da carta arbitral, o juiz estatal deve despachar o "cumpra-se".

Na hipótese de o juiz togado negar, injustificadamente, o cumprimento da decisão do árbitro, caberá agravo de instrumento para a instância superior (ou até mesmo, a depender das circunstâncias, conflito de competência no STJ), posto se tratar de decisão judicial que nega a efetivação de decisão arbitral concessiva de tutela de urgência (art. 1.015, I, do CPC).[494]

Ao contrário da tutela de urgência (antecipada ou cautelar), o deferimento da tutela da evidência dispensa a presença do *periculum in mora*, o que torna, portanto, inviável seu pedido perante o Judiciário. Já o árbitro pode perfeitamente conceder, no âmbito de sua competência jurisdicional plena, tutela da evidência, tal e qual aquela prevista no art. 311 do CPC. Nada obstante, uma vez inexistente o *periculum in mora*, não cabe, pelo árbitro, deferimento de tutela da evidência *inaudita altera parte*. Há de se preservar o contraditório.

---

[492] da Lei 9.307/1996. Decisão mantida. Recurso desprovido" (TJSP, Agravo de Instrumento 2145395-28.2019.8.26.0000, 1ª Câmara Reservada de Direito Empresarial, Rel. Des. Fortes Barbosa, *DJe* 27.09.2019).

[492] De acordo com o art. 237, IV, do CPC: "Art. 237. Será expedida carta: (...) IV – arbitral, para que órgão do Poder Judiciário pratique ou determine o cumprimento, na área de sua competência territorial, de ato objeto de pedido de cooperação judiciária formulado por juízo arbitral, inclusive os que importem efetivação de tutela provisória".

[493] "Em situações nas quais o juízo arbitral esteja momentaneamente impedido de se manifestar, desatende-se provisoriamente as regras de competência, submetendo-se o pedido de tutela cautelar ao juízo estatal; mas essa competência é precária e não se prorroga, subsistindo apenas para a análise do pedido liminar" (STJ, AgRg na MC 19.226/MS, Terceira Turma, Rel. Min. p/ Acórdão Nancy Andrighi, *DJe* 29.06.2012).

[494] SCAVONE JR., Luiz Antonio. *Manual de arbitragem, mediação e conciliação*. 8. ed. Rio de Janeiro: Forense, 2018. p. 173.

Importante ressaltar que o PLS 406/2013, que deu origem à Lei 13.129/2015 (Reforma da Lei de Arbitragem), tramitou antes da aprovação da Lei 13.105/2015 (CPC) e, por isso, não previu expressamente a estrutura das tutelas provisórias do Código de Processo Civil, deixando de fora a tutela de evidência. Apesar disso, não há qualquer impedimento legal para que seja requerida de forma incidental no procedimento arbitral.

Observe-se, contudo, que a tutela da evidência não tem ocupado espaço de maior relevância na arbitragem, ante o uso recorrente e já consolidado na tradição da comunidade arbitral da chamada sentença parcial, prevista no art. 23, § 1º, da Lei. Isso porque, havendo prova incontroversa e exauriente do direito da parte, a sentença arbitral parcial torna-se instituto mais eficaz e efetivo do que a tutela transitória de evidência.

CAPÍTULO IV-B
Da Carta Arbitral

Art. 22-C. O árbitro ou o tribunal arbitral poderá expedir carta arbitral para que o órgão jurisdicional nacional pratique ou determine o cumprimento, na área de sua competência territorial, de ato solicitado pelo árbitro. (Incluído pela Lei nº 13.129, de 2015.)

Parágrafo único. No cumprimento da carta arbitral será observado o segredo de justiça, desde que comprovada a confidencialidade estipulada na arbitragem. (Incluído pela Lei nº 13.129, de 2015.)

 Comentários

1. Instrumento de cooperação com o Poder Judiciário[495]

A jurisdição arbitral não exclui, por inteiro, a competência do Estado-Juiz. A competência da justiça estatal é residual e supletiva, podendo a intervenção do Judiciário ocorrer antes, durante ou depois do encerramento do procedimento arbitral. Com efeito, mesmo quando regularmente contratada a cláusula compromissória,

---

[495] Sobre o tema, confira-se: DALLA, Humberto; MAZZOLA, Marcelo. A cooperação como elemento estruturante da interface entre o Poder Judiciário e o juízo arbitral. *Revista da EMERJ*, Rio de Janeiro, v. 20, n. 2, p. 181-201, maio/ago. 2018. Disponível em: https://www.emerj.tjrj.jus.br/revistaemerj_online/edicoes/revista_v20_n2/revista_v20_n2_181.pdf. Acesso em: 25 ago. 2020. Vide, ainda: FORBES, Carlos Suplicy de Figueiredo; KOBAYASHI, Patrícia Shiguemi. Carta arbitral: instrumento de cooperação. In: CARMONA, Carlos Alberto; LEMES, Selma Ferreira; MARTINS, Pedro Batista. *20 anos da lei de arbitragem*. São Paulo: Atlas, 2017. p. 521-536; SIQUEIRA, Francisco. Carta arbitral: um mecanismo de cooperação, 23 out. 2017. Disponível em: https://www.migalhas.com.br/depeso/267498/carta-arbitral-um-mecanismo-de-cooperacao#:~:text=A%20carta%20arbitral%20consiste%20num,a%20condu%C3%A7%C3%A3o%20de%20alguma%20testemunha. Acesso em: 25 ago. 2020.

o Poder Judiciário pode ser provocado para, por exemplo: a) examinar medidas de urgência, antes de instituído o Tribunal Arbitral (art. 22-A da Lei); b) viabilizar a instauração do juízo arbitral (mediante a ação de execução de cláusula compromissória vazia prevista no art. 7º); c) dar cumprimento a medidas coercitivas (ex.: condução de testemunha "debaixo de vara"); d) indicar árbitro substituto para a arbitragem (art. 16, § 2º); e) julgar ação anulatória de sentença arbitral (art. 33); f) homologar sentença arbitral estrangeira (art. 35); e, ainda, g) executar a sentença arbitral (art. 515, VII, do CPC).[496]

Por isso que, ainda que o contrato contemple previsão de solução do litígio pela via arbitral, é recomendável a inserção nele de cláusula de eleição de foro, definindo, de antemão, o juízo estatal competente para apreciar aquilo que extrapola as competências dos árbitros.[497]

O árbitro, como bem ensina Selma Lemes, "tem jurisdição, mas não tem o poder de constrição estatal, por isso a necessidade de colaboração judicial".[498] Depende, para dar cumprimento às suas decisões, da cooperação do Poder Judiciário. Deflagrada a arbitragem, a jurisdição estatal permanece em estado latente, até que eventualmente seja provocada, em caráter suplementar e colaborativo, para viabilizar o cumprimento de decisão que não tenha sido atendida espontaneamente.

---

[496] É nesse sentido que dizem Joaquim Muniz e João Marçal que "[m]ostra-se ilusória a dicotomia processo judicial – arbitragem, pois ambas encontram-se imbricadas. Essa inter-relação verifica-se antes, durante e depois da arbitragem. Antes, o requerente pode precisar do Poder Judiciário para uma medida de urgência, se o painel arbitral ainda não estiver constituído (art. 22-A da Lei de Arbitragem). Durante, uma das partes pode pleitear ao árbitro alguma medida cautelar ou coercitiva. Se for deferida, mas a contraparte recusar-se a cumprir a determinação arbitral, pode haver a necessidade de cooperação do Poder Judiciário. Depois, se não satisfeita espontaneamente, a sentença arbitral pode ser objeto de cumprimento judicial e a parte vencida poderá propor ação de anulação (art. 33 da Lei de Arbitragem)" (MUNIZ, Joaquim Tavares de Paiva; SILVA, João Marçal Rodrigues Martins. A carta arbitral. In: MELO, Leonardo de Campos; BENEDUZI, Renato Resende (coord.). *A reforma da arbitragem*. Rio de Janeiro: Forense, 2016. p. 312).

[497] STJ, Terceira Turma, REsp 904.813/SP, Rel. Min. Nancy Andrighi, j. 20.10.2011, *DJ* 28.02.2012: "A cláusula de eleição de foro não é incompatível com o juízo arbitral, pois o âmbito de abrangência pode ser distinto, havendo necessidade de atuação do Poder Judiciário, por exemplo, para a concessão de medidas de urgência, execução da sentença arbitral, instituição da arbitragem quando uma das partes não a aceita de forma amigável".

[498] LEMES, Selma M. Ferreira. Anotações sobre a nova Lei de Arbitragem. *Revista de Arbitragem e Mediação*, v. 47, n. 15, p. 37-44, out./dez. 2015. Na feliz síntese de Joaquim Muniz e João Marçal, "Poder Judiciário e juízo arbitral, na qualidade de métodos adequados e complementares de solução de conflitos, devem assumir uma relação de coordenação e colaboração" (MUNIZ, Joaquim Tavares de Paiva; SILVA, João Marçal Rodrigues Martins. A carta arbitral. In: MELO, Leonardo de Campos; BENEDUZI, Renato Resende (coord.). *A reforma da arbitragem*. Rio de Janeiro: Forense, 2016. p. 313).

O art. 22, § 2º, da Lei de Arbitragem disciplina, especificamente, a possibilidade de o Tribunal Arbitral requerer à autoridade judiciária a condução de testemunha renitente. Mas não é só. Por não disporem os árbitros da prerrogativa monopolística do Estado de uso da força, toda e qualquer medida coercitiva dependerá da cooperação judicial.[499]

Prevista no art. 22-C da Lei, a carta arbitral é o instrumento, por excelência, de comunicação com o Poder Judiciário,[500] podendo ser expedida para solicitar a cooperação da autoridade judiciária na efetivação de tutela de urgência ou de evidência deferida no curso da arbitragem; na apreensão de coisa ou documento; na requisição de provas a órgãos públicos e instituições privadas etc.

Será expedida, conforme estatui o art. 237, IV, do CPC, "para que órgão do Poder Judiciário pratique ou determine o cumprimento, na área de sua competência territorial, de ato objeto de pedido de cooperação judiciária formulado por juízo arbitral, inclusive os que importem efetivação de tutela provisória".

---

[499] "Como se sabe, as decisões arbitrais não possuem coercitividade. Logo, caso não sejam adimplidas voluntariamente por uma das partes, o árbitro deverá solicitar a colaboração do Poder Judiciário, a fim de que a medida seja cumprida" (DALLA, Humberto; MAZZOLA, Marcelo. A cooperação como elemento estruturante da interface entre o Poder Judiciário e o juízo arbitral. *Revista da EMERJ*, Rio de Janeiro, v. 20, n. 2, p. 181-201, maio/ago. 2018. Disponível em: https://www.emerj.tjrj.jus.br/revistaemerj_online/edicoes/revista_v20_n2/revista_v20_n2_181.pdf. Acesso em: 25 ago. 2020).

[500] Cahali entende que o tribunal arbitral pode comunicar-se com o Poder Judiciário por meio de ofício ou carta arbitral. Na lição do jurista: "(...) são expedidos ofícios, quando se espera uma providência do próprio magistrado destinatário, em si bastante, sem envolver qualquer outro além de seu respectivo cartório (informativa ou de expediente; ou como referido na lei, para 'auxílio direto' ou 'prestação de informação' - art. 69, I e III, do CPC), e carta, quando se solicitam providências a serem adotadas sob a jurisdição do destinatário (incerto), consistente em atos mais complexos a serem promovidos, como citação, colheita de provas, e efetivação de tutela provisória. Na primeira situação, o juízo destinatário certo e identificado no pedido, pratica o ato (diretamente ou por seu próprio expediente administrativo), na segunda situação, o juízo a quem for distribuído o pedido, de acordo com regras de organização interna, conduz a prática de atos para a efetivação das providências solicitadas. (...) Para informações, bastará, em nosso sentir, um ofício do árbitro, ou do presidente do tribunal arbitral. (...) Também por meio dele devem ser prestadas informações pelo juízo arbitral. (...) Também para a prática de determinado ato pelo próprio magistrado (ou seu respectivo cartório), pode-se utilizar de ofício simples. (...) Em qualquer dessas situações, há um destinatário certo: o juízo desta ou daquela vara ou tribunal. (...) Para outras providências a serem solicitadas ao juízo estatal, cujo atendimento, porém, dependerá de livre distribuição do pedido de cooperação para identificação de quem será o magistrado com autoridade para supervisionar a prática do ato, é adequada a utilização de carta arbitral, a exemplo do que se faz com a carta precatória" (CAHALI, Francisco José. *Curso de arbitragem*: mediação, conciliação e tribunal multiportas. 7. ed. São Paulo: Thomson Reuters Brasil, 2018. p. 324-325).

Ao juízo arbitral, neste caso, cabe proferir a decisão, e ao Judiciário cabe promover a sua efetivação. Trata-se de jurisdição partilhada, com funções complementares, sendo que "o pedido de cooperação deve ser prontamente atendido", a teor do art. 69 do CPC.

Pode o juiz estatal, excepcionalmente, recusar cumprimento à carta arbitral, nos casos indicados no art. 267 do CPC.[501] Nesse sentido, o STJ já decidiu que "a determinação de cumprimento de cartas arbitrais pelo Poder Judiciário não constitui uma atividade meramente mecânica. Por mais restrita que seja, o Poder Judiciário possui uma reduzida margem de interpretação para fazer cumprir as decisões legalmente exaradas por cortes arbitrais".[502]

2. Requisitos formais

A reforma da Lei 9.307/1996, promovida por meio da Lei 13.129/2015, incluiu a figura da carta arbitral (instrumento análogo à carta precatória) no art. 22-C da Lei de Arbitragem, como instrumento formal voltado para auxiliar a cooperação entre os juízos arbitral e estatal.

Revela-se fundamental, em qualquer caso de cooperação com o Judiciário, na forma do disposto no art. 260 do CPC,[503] que a carta arbitral seja instruída com: a) cópia da convenção arbitral; b) prova da instituição do Tribunal Arbitral; c) inteiro teor da petição e da respectiva decisão arbitral a ser cumprida pelo juiz togado; d) procurações outorgadas aos advogados das partes; e e) se for o caso, documento que ateste a confidencialidade do procedimento. Deve, ainda, conter os seguintes elementos: a) indicação do Tribunal Arbitral e do juízo estatal competente para cumprimento do ato; b) menção do ato processual a ser praticado; c) assinatura do árbitro; e d) prazo para seu cumprimento. Outrossim, é recomendável, ainda que lei não mencione, que a

---

[501] CPC: "Art. 267. O juiz recusará cumprimento a carta precatória ou arbitral, devolvendo-a com decisão motivada quando: I – a carta não estiver revestida dos requisitos legais; II – faltar ao juiz competência em razão da matéria ou da hierarquia; III – o juiz tiver dúvida acerca de sua autenticidade. Parágrafo único. No caso de incompetência em razão da matéria ou da hierarquia, o juiz deprecado, conforme o ato a ser praticado, poderá remeter a carta ao juiz ou ao tribunal competente".

[502] STJ, REsp 1.798.089/MG, Terceira Turma, Rel. Min. Nancy Andrighi, *DJe* 04.10.2019.

[503] CPC: "Art. 260. São requisitos das cartas de ordem, precatória e rogatória: I – a indicação dos juízes de origem e de cumprimento do ato; II – o inteiro teor da petição, do despacho judicial e do instrumento do mandato conferido ao advogado; III – a menção do ato processual que lhe constitui o objeto; IV – o encerramento com a assinatura do juiz. § 1º O juiz mandará trasladar para a carta quaisquer outras peças, bem como instruí-la com mapa, desenho ou gráfico, sempre que esses documentos devam ser examinados, na diligência, pelas partes, pelos peritos ou pelas testemunhas. § 2º Quando o objeto da carta for exame pericial sobre documento, este será remetido em original, ficando nos autos reprodução fotográfica. § 3º A carta arbitral atenderá, no que couber, aos requisitos a que se refere o *caput* e será instruída com a convenção de arbitragem e com as provas da nomeação do árbitro e de sua aceitação da função".

carta arbitral indique; a) número do procedimento arbitral; b) indicação da instituição arbitral, se for o caso; c) qualificação das partes.[504]

De acordo com o parágrafo único do art. 22-C da Lei, conjugado com o art. 189, IV, do CPC,[505] comprovada a confidencialidade da arbitragem, deverá ser observado o segredo de justiça no cumprimento da carta arbitral.

Cabe destacar que a Lei Modelo da UNCITRAL sobre Arbitragem Comercial Internacional de 1985 estabelece a cooperação do juízo arbitral com o Judiciário, sem, contudo, estabelecer mecanismo formal de comunicação entre eles.

CAPÍTULO V
Da Sentença Arbitral

Art. 23. A sentença arbitral será proferida no prazo estipulado pelas partes. Nada tendo sido convencionado, o prazo para a apresentação da sentença é de seis meses, contado da instituição da arbitragem ou da substituição do árbitro.

~~**Parágrafo único.** As partes e os árbitros, de comum acordo, poderão prorrogar o prazo estipulado.~~

§ 1º Os árbitros poderão proferir sentenças parciais. (Incluído pela Lei nº 13.129, de 2015.)

§ 2º As partes e os árbitros, de comum acordo, poderão prorrogar o prazo para proferir a sentença final. (Incluído pela Lei nº 13.129, de 2015.)

---

[504] Esclarecem Joaquim de Paiva Muniz e João Marçal, a propósito da questão, "[d]iante da similitude das cartas arbitrais com as cartas precatórias (e de ordem), as primeiras devem atender, no que couber, os mesmos requisitos destas últimas. Desse modo, além da necessidade de as cartas serem instruídas com a convenção de arbitragem e com as provas de nomeação do árbitro e de sua aceitação da função (art. 260, § 3º, do Novo CPC), impõe-se ao juízo arbitral: (i) indicar o número do procedimento arbitral e a respectiva câmara que o administra (se houver); (ii) acostar o inteiro teor da petição, da decisão que determina a expedição da carta e do instrumento de mandato conferido ao advogado; (iii) a menção do ato processual objeto da carta; e (iv) a assinatura do árbitro ou dos membros do painel arbitral" (MUNIZ, Joaquim Tavares de Paiva; SILVA, João Marçal Rodrigues Martins. A carta arbitral. In: MELO, Leonardo de Campos; BENEDUZI, Renato Resende (coord.). *A reforma da arbitragem*. Rio de Janeiro: Forense, 2016. p. 316). Vide modelo de carta arbitral disponível em: http://cbar.org.br/site/carta-arbitral/. Acesso em: 12 fev. 2020.

[505] CPC: "Art. 189. Os atos processuais são públicos, todavia tramitam em segredo de justiça os processos: (...) IV - que versem sobre arbitragem, inclusive sobre cumprimento de carta arbitral, desde que a confidencialidade estipulada na arbitragem seja comprovada perante o juízo".

 **Comentários**

1. Sentença Arbitral, Laudo Arbitral e *Arbitration Award* – Terminologia e definição

O CPC de 1973 empregava, indistintamente, duas diferentes expressões com o mesmo significado: sentença arbitral e laudo arbitral. Enquanto o termo "laudo" era utilizado nos arts. 1.075, I, 1.087, 1.093, 1.094, parágrafo único, 1.095, 1.096, 1.097, 1.098, 1.099, 1.100, 1.101 e 1.102, a expressão "sentença" era referida nos arts. 1.075, II, e 1.078 do CPC/1973.[506] A reforma da Lei de Arbitragem, promovida pela Lei 13.129/2015, suprimiu a referência a laudo arbitral, com a revogação do art. 33, § 2º, II, da Lei de Arbitragem.

A legislação estrangeira também se utiliza de ambas as expressões. Assim, a título ilustrativo, a Lei de Arbitragem Voluntária de Portugal (Lei 63/2011) fala em "sentença", ao passo que a Lei de Arbitragem Espanhola (Ley 60/2003) faz referência ao termo "laudo". O Código de Processo Civil francês serve-se da expressão sentença (*Sentence Arbitrale*). A legislação dos países anglófonos, por sua vez, se vale da expressão *award*, que, já em sua origem, no século XIV, significava *decidir após observação cuidadosa*.[507] É o termo utilizado pelo *Federal Arbitration Act (FAA)* dos EUA e pelo *English Arbitration Act*, de 1996.

Internacionalmente, não há qualquer disposição específica que defina, de forma precisa, a sentença arbitral (*arbitration award*). A Convenção de Nova York de 1958, internalizada no Brasil pelo Decreto 4.311/2002, em seu art. 1(2), explicita apenas que: "Entender-se-á por 'sentenças arbitrais' não só as sentenças proferidas por árbitros nomeados para cada caso, mas também aquelas emitidas por órgãos arbitrais permanentes aos quais as partes se submetam".

Houve proposta de definição da sentença arbitral, quando dos trabalhos voltados para a elaboração da Lei Modelo da UNCITRAL. O texto final, contudo, não contemplou uma conceituação do referido ato decisório. A proposta distinguia a sentença final da sentença parcial e estas, por sua vez, das decisões interlocutórias. No Brasil, a Lei de Arbitragem contempla expressamente a possibilidade de sentença arbitral parcial (§ 1º do art. 23, incluído pela Lei 13.129/2015).

Pouco importa o nome que se dá à rosa. O aroma dela em nada se altera, seja qual for o nome a ela atribuído. Nesse sentido, é irrelevante a terminologia utilizada pelo Tribunal Arbitral para sua decisão, seja ordem processual, decisão interlocutória, despacho, laudo ou sentença. Importa a natureza do ato decisório.[508] Se sentença, em

---

[506] Vide redação original do Código de Processo Civil de 1973. Disponível em: https://www2.camara.leg.br/legin/fed/lei/1970-1979/lei-5869-11-janeiro-1973-357991-publicacaooriginal-1-pl.html. Acesso em: 12 fev. 2020.

[507] Vide a etimologia da expressão *award* em: https://www.etymonline.com/word/award. Acesso em: 12 fev. 2020.

[508] Em sentido semelhante, tendo por *background* a experiência da arbitragem internacional, BLACKABY, Nigel et al. *Redfern and Hunter on International Arbitration*. 6th ed. Oxford: Oxford University Press, 2015. p. 503 (tradução livre): "Sentença significa sentença final

sua essência, a decisão poderá ser objeto de ação anulatória, nos termos do art. 33 da Lei de Arbitragem; e, se sentença estrangeira, poderá ser objeto de homologação pelo STJ (art. 37 da Lei de Arbitragem).

Nos EUA, a Corte de Apelação do Sétimo Circuito aderiu a orientação semelhante, em 2000, no caso *Publicis Communication v. True North Communications*.[509] Na ocasião, assentou que o "uso consistente da palavra 'sentença' ao discutir sobre decisões arbitrais finais não confere significado transcendental ao termo... O conteúdo de uma decisão – não sua nomenclatura – determina sua finalidade". Com efeito, "apesar do *Federal Arbitration Act* utilizar a nomenclatura sentença, conjugada com a palavra finalidade, os tribunais vão além do cabeçalho de um documento e investigam sua substância e seu impacto para determinar se a decisão é final".

No caso *Braspetro Oil Service v. Management and Implementation Authority of the Great Man-Made River Project*,[510] que teve curso na CCI, o Tribunal Arbitral deferiu medida cautelar, na forma de ordem (*order*) e não como sentença (*award*), mesmo se tratando de uma decisão final. Judicializada a questão, a *Cour d'Appel de Paris* considerou que se tratava de sentença arbitral final, por preencher a todos os requisitos que caracterizam o referido ato decisório, em especial fundamentação e parte dispositiva, com a solução final da matéria litigiosa. Assim, a Corte de Paris anulou a decisão arbitral em questão, ao fundamento de que não fora submetida ao controle formal prévio da Corte da CCI, como determinam os arts. 27 e 34 do Regulamento de Arbitragem da entidade.[511] Ali, assentou a Corte de Apelação de Paris que

---

que dispõe de todas as questões submetidas ao tribunal arbitral, bem como qualquer outra decisão terminativa do tribunal arbitral que deslinda questão de direito material, questão de competência ou qualquer outra questão do procedimento, mas, no último caso, somente se o tribunal arbitral denominar sua decisão como sentença".

[509] United States Court of Appeals, Seventh Circuit. *Publicis Communication, And Publicis S.A., v. True North Communications Inc.* United States Court of Appeals, Seventh Circuit. 206 F.3d 725 (2000).

[510] Cour d'Appel de Paris, *Braspetro Oil Service v. Management and Implementation Authority of the Great Man-Made River Project*, 1º de julho de 1999.

[511] A Corte Arbitral da CCI, em um modelo único, dispõe de órgãos próprios e competências específicas, sem paralelo na realidade arbitral brasileira. "Um exemplo disso é o escrutínio que faz, por órgão bem particular da sua estrutura, quanto aos aspectos formais da sentença arbitral, com o objetivo de zelar pela sua qualidade e minimizar os riscos de anulação do decisum pelo Poder Judiciário" (SCHMIDT, Gustavo da Rocha. *Arbitragem na Administração Pública*. Curitiba: Juruá, 2018. p. 111). Dispõem, a propósito, os arts. 27 e 34 do Regulamento de Arbitragem da CCI: "ARTIGO 27 – Encerramento da instrução e data para transmissão da minuta de sentença arbitral – 1 Logo que possível após a última audiência relativa a questões a serem decididas por meio de sentença arbitral, ou após a apresentação da última manifestação relativa a tais questões, autorizada pelo tribunal arbitral, o que ocorrer por último, o tribunal arbitral deverá: a) declarar encerrada a instrução no que tange às questões a serem decididas na sentença arbitral; e b) informar a Secretaria e as partes da data na qual pretende apresentar a minuta de sentença arbitral à Corte para aprovação nos termos do artigo 34. Uma vez encerrada a instrução, nenhuma outra manifestação ou alegação será admitida, nem prova será produzida, com relação às questões a serem decididas na sentença

"a qualificação como sentença não depende da terminologia utilizada pelos árbitros ou pelas partes".

Em outra decisão, datada de 2011, a *Cour de Cassation* ocupou-se novamente de conceituar a sentença arbitral, consignando que "uma sentença constitui decisão pela qual o árbitro decide definitivamente, no todo ou em parte, o mérito, a competência ou aspecto procedimental que põe termo ao procedimento arbitral".[512]

Seja qual for a terminologia utilizada, a sentença arbitral final é o momento culminante da prestação jurisdicional pretendida pelas partes. É o pronunciamento do árbitro (ou painel arbitral) que põe fim ao procedimento, seja mediante decisão de mérito, seja em função do acolhimento de alguma preliminar. Laudo, sentença ou ordem, se a decisão for terminativa, será sentença e produzirá os efeitos próprios de um título executivo judicial, nos precisos termos do art. 515, VII, do CPC e do art. 31 da Lei de Arbitragem.

Já a sentença arbitral parcial, prevista no art. 23, § 1º, é aquela que encerra parcialmente o litígio, com ou sem exame do mérito. Em certas circunstâncias, o árbitro pode, desde logo, imiscuir-se no mérito do litígio, acolhendo ou rejeitando um dos pedidos, sem prejuízo de posterior apreciação dos demais. É o que acontece, por exemplo, quando a parte requerida reconhece a procedência de parcela da pretensão formulada, contestando o restante. Ou quando o árbitro, ao sanear o processo, pronuncia a prescrição de parcela da pretensão autoral, prosseguindo-se o feito para exame da procedência da cobrança dos valores não prescritos.

Pode o árbitro, outrossim, extinguir parcialmente o procedimento, sem análise meritória, em função da ilegitimidade de um dos litisconsortes, prosseguindo-se o feito em relação aos demais, ou ante a ausência de jurisdição com relação a um dos pedidos (caso, por exemplo, que envolva direito de cunho indisponível). Aqui também a sentença será meramente parcial, mas sem exame do mérito.

Ao julgar o mérito, a sentença (parcial ou final) poderá ter natureza condenatória, constitutiva ou declaratória. No primeiro caso, o árbitro impõe o cumprimento de uma obrigação (de pagar, fazer ou não fazer) à parte sucumbente. No segundo, o árbitro inova na esfera jurídica das partes, constituindo (criando) ou desconstituindo (desfazendo) uma relação jurídica. Por fim, na terceira hipótese, o julgador confirma (declara) a anterior existência ou inexistência de uma relação ou situação jurídica, sem em nada alterar a esfera jurídica das partes.

---

arbitral, salvo quando solicitadas ou autorizadas pelo tribunal arbitral"; "ARTIGO 34 - Exame prévio da sentença arbitral pela Corte - Antes de assinar qualquer sentença arbitral, o tribunal arbitral deverá apresentá-la sob a forma de minuta à Corte. A Corte poderá prescrever modificações quanto aos aspectos formais da sentença e, sem afetar a liberdade de decisão do tribunal arbitral, também poderá chamar a atenção para pontos relacionados com o mérito do litígio. Nenhuma sentença arbitral poderá ser proferida pelo tribunal arbitral antes de ter sido aprovada quanto à sua forma pela Corte" (Disponível em: https://iccwbo.org/dispute-resolution-services/arbitration/rules-of-arbitration/. Acesso em: 22 jan. 2021).

[512] Cour de Cassation; Chambre Civile 1; nº de pourvoi: 09-72439; 12 de outubro de 2011.

2. Prazo legal e convencional para proferimento da sentença

O *caput* do art. 23 da Lei de Arbitragem prevê que o prazo para prolação da sentença arbitral pode ser livremente convencionado pelas partes. Na ausência de convenção sobre o tema, a sentença arbitral deverá ser proferida em até seis meses, contados da instituição da arbitragem[513] ou, se for o caso, da substituição do árbitro.[514] Trata-se de prazo supletivo que, por obviedade, pode ser prorrogado não só pela via contratual, como por qualquer outra forma de declaração de vontade das partes, inclusive por petição conjunta no procedimento arbitral.[515]

O prazo será interrompido (e não suspenso), se algum dos árbitros tornar-se impedido de seguir na função, a exigir a sua substituição. Significa dizer que o prazo supletivo da lei volta a fluir, por completo, quando da substituição do árbitro.[516]

Evidentemente, as partes e os árbitros, de comum acordo, podem prorrogar o prazo legal a qualquer momento, nos termos do § 2º do art. 23 da Lei de Arbitragem. Podem, inclusive, renovar prazo já esgotado, no campo da autonomia da vontade.

Feita a opção pela arbitragem institucional, o prazo para a apresentação da sentença será aquele indicado no regulamento da entidade, podendo ser alterado por convenção das partes ou fixado de modo distinto no Termo de Arbitragem[517] ou na Ata de Missão.

É comum (e recomendável) que as regras das câmaras de arbitragem indiquem que o prazo para a prolação da sentença arbitral seja contado da data da entrega, pelas partes, das alegações finais, sem fazer qualquer referência à data de instauração do procedimento arbitral.

O tempo de uma arbitragem pode variar muito, a depender da complexidade da matéria litigiosa. Arbitragens esportivas, por exemplo, tendem a ser muito mais rápidas, porquanto a prova a ser produzida, em geral, é de cunho meramente documental. Já as arbitragens na área de infraestrutura, por envolverem perícias altamente

---

[513] Vide os comentários ao art. 19 da Lei.

[514] Vide os comentários ao art. 16 da Lei.

[515] As partes, ao disciplinarem o procedimento arbitral, poderão fazer correr o prazo para a sentença arbitral a partir da instituição da arbitragem (ou seja, a partir do momento em que os árbitros aceitem o encargo), como fez a lei (supletivamente) ou escolher outro marco para fazer dali correr o tempo de que dispõem os julgadores para decidir. Tal marco pode ser a data da assinatura do compromisso arbitral (quando houver), a data da primeira audiência, o término da instrução processual etc. (CARMONA, Carlos Alberto. *Arbitragem e processo*: um comentário à Lei 9.307/96. 3. ed. São Paulo: Atlas, 2009. p. 341).

[516] CARMONA, Carlos Alberto. *Arbitragem e processo*: um comentário à Lei 9.307/96. 3. ed. São Paulo: Atlas, 2009. p. 341.

[517] Vide, por exemplo, regulamento de arbitragem da CAMARB ao tratar do Termo de Arbitragem em seu item 6.1 (f): "6.1 Após a nomeação do(s) árbitro(s), a Secretaria da CAMARB elaborará a minuta do Termo de Arbitragem, que deverá conter: (f) o prazo para apresentação da sentença arbitral. Regulamento de arbitragem da CAMARB" (Disponível em: http://camarb.com.br/arbitragem/regulamento-de-arbitragem/. Acesso em: 13 fev. 2020).

intrincadas, muitas vezes de cunho multidisciplinar, podem se alongar por anos. Logo, não faz sentido, de antemão, definir um prazo máximo para que a arbitragem seja concluída. Nessa linha, o regulamento de arbitragem da CAM-CCBC dispõe que o prazo para apresentação de sentença será de 60 dias, contados do recebimento pelos árbitros das alegações finais.[518]

Esgotado o prazo convencional (ou, na sua falta, o prazo legal), sem que o árbitro, devidamente notificado a respeito, entregue a sentença às partes, tem-se a jurisdição por exaurida. Morre, desaparece, dissipa-se, deixando o árbitro de ser o juiz de fato e de direito da causa.

A sentença prolatada fora do prazo é nula, nos termos do art. 32, VII, da Lei, autorizando o ajuizamento da competente ação anulatória prevista no art. 33. Nada obstante, para que o vício possa ser deduzido em juízo, cabe à parte interessada notificar o árbitro ou o presidente do Tribunal Arbitral para que este, em dez dias, apresente a sentença arbitral, em conformidade com o art. 12, III.

A sentença arbitral tem-se por entregue com o seu encaminhamento, pelos árbitros, para as partes ou, tratando-se de arbitragem institucional, para a entidade administradora. Não tem qualquer consequência para a arbitragem a demora, pela instituição arbitral, no envio da sentença para as partes. Ao contrário, é até frequente que a câmara represe a entrega da sentença, enquanto pendente de pagamento as custas e honorários dos árbitros. Ademais, a obrigação imposta na lei, de entrega da sentença arbitral, é para os árbitros; e não para os centros de arbitragem. Se proferida dentro do prazo, a exigência legal está atendida. Eventual demora por razões burocráticas, de estrita responsabilidade do órgão arbitral, não pode prejudicar as partes nem os árbitros, os quais nenhum controle têm sobre tal dinâmica.[519]

A Lei de Arbitragem espanhola, em seu art. 37 (2),[520] tal e qual o faz a lei brasileira, estabelece prazo de seis meses para apresentação do laudo arbitral, mas contado da data de apresentação da contestação (e não da instituição da arbitragem). O art.

---

[518] "10.1. O Tribunal Arbitral proferirá a sentença arbitral no prazo de 60 (sessenta) dias contados do recebimento pelos árbitros das alegações finais apresentadas pelas partes (ou de sua notificação sobre o decurso do referido prazo), salvo se outro for fixado no Termo de Arbitragem ou acordado com as partes" (Regulamento de Arbitragem da CAM--CCBC. Disponível em: https://ccbc.org.br/cam-ccbc-centro-arbitragem-mediacao/resolucao-de-disputas/arbitragem/regulamento-2012/. Acesso em: 13 fev. 2020).

[519] MUNIZ, Joaquim de Paiva. *Curso básico de direito arbitral*: teoria e prática. 4. ed. Curitiba: Juruá, 2017. p. 250.

[520] "Artículo 37. Plazo, forma, contenido y notificación del laudo. 2. Salvo acuerdo en contrario de las partes, los árbitros deberán decidir la controversia dentro de los seis meses siguientes a la fecha de presentación de la contestación a que se refiere el artículo 29 o de expiración del plazo para presentarla. Salvo acuerdo en contrario de las partes, este plazo podrá ser prorrogado por los árbitros, por un plazo no superior a dos meses, mediante decisión motivada. Salvo acuerdo en contrario de las partes, la expiración del plazo sin que se haya dictado laudo definitivo no afectará a la eficacia del convenio arbitral ni a la validez del laudo dictado, sin perjuicio de la responsabilidad en que hayan podido incurrir los árbitros" (Disponível em: https://www.boe.es/buscar/act.php?id=BOE-A-2003-23646. Acesso em: 14 fev. 2020).

1.463 do Código de Processo Civil francês[521] estabelece, igualmente, o prazo legal de seis meses da instituição do Tribunal Arbitral para que a sentença seja proferida. Já a Lei de Arbitragem Voluntária portuguesa, em seu art. 43(1),[522] estabelece prazo de doze meses para a prolação da sentença arbitral, contados da aceitação do encargo pelo último árbitro (ou seja, da instituição do Tribunal Arbitral). O prazo legal, em todos os casos, é supletivo, incidindo nas hipóteses em que não houver estipulação em contrário pelas partes.

A legislação dos países do *Common Law*, em regra, não adota um prazo legal máximo, prevalecendo aquele que for convencionado pelas partes ou estabelecido por regulamento de órgão arbitral. Reconhecem, no entanto, a possibilidade de buscar a extensão do prazo no Poder Judiciário, uma vez exauridas as tentativas de obtê-la no Tribunal Arbitral, desde que fique comprovado que a ausência de prorrogação ocasionará injustiça substancial a uma das partes (*substantial injustice*). A prorrogação do prazo pode ser pleiteada nas cortes estatais, tanto pelos árbitros (quando há discordância das partes) quanto pelas partes (quando há inércia dos árbitros ou má condução do procedimento). É o que preconiza, a título ilustrativo, o art. 36 da Lei de Arbitragem Doméstica de Singapura (*Arbitration Act – Chapter 10*).[523] A Lei Inglesa de Arbitragem, de 1996, segue lógica idêntica em sua *Section 50*.[525]

---

[521] "Article 1.463. Si la convention d'arbitrage ne fixe pas de délai, la durée de la mission du tribunal arbitral est limitée à six mois à compter de sa saisine. Le délai légal ou conventionnel peut être prorogé par accord des parties ou, à défaut, par le juge d'appui" (Disponível em: https://www.legifrance.gouv.fr/affichCode.do?idSectionTA=LEGISCTA 000023450830&cidTexte=LEGITEXT000006070716&dateTexte=20200214. Acesso em: 14 fev. 2020).

[522] "Artigo 43º Prazo para proferir sentença: 1 – Salvo se as partes, até à aceitação do primeiro árbitro, tiverem acordado prazo diferente, os árbitros devem notificar às partes a sentença final proferida sobre o litígio que por elas lhes foi submetido dentro do prazo de 12 meses a contar da data de aceitação do último árbitro. 2 – Os prazos definidos de acordo com o n.º 1 podem ser livremente prorrogados por acordo das partes ou, em alternativa, por decisão do tribunal arbitral, por uma ou mais vezes, por sucessivos períodos de 12 meses, devendo tais prorrogações ser devidamente fundamentadas. Fica, porém, ressalvada a possibilidade de as partes, de comum acordo, se oporem à prorrogação. 3 – A falta de notificação da sentença final dentro do prazo máximo determinado de acordo com os números anteriores do presente artigo, põe automaticamente termo ao processo arbitral, fazendo também extinguir a competência dos árbitros para julgarem o litígio que lhes fora submetido, sem prejuízo de a convenção de arbitragem manter a sua eficácia, nomeadamente para efeito de com base nela ser constituído novo tribunal arbitral e ter início nova arbitragem. 4 – Os árbitros que injustificadamente obstarem a que a decisão seja proferida dentro do prazo fixado respondem pelos danos causados" (Disponível em: http://www.pgdlisboa.pt/leis/lei_mostra_articulado.php?nid=1579&tabela=leis. Acesso em: 14 fev. 2020).

[523] "Extension of time for making award. 36. (1) Where the time for making an award is limited by the arbitration agreement, the Court may by order, unless otherwise agreed by the parties, extend that time. (2) An application for an order under this section may be made – (a) upon notice to the parties, by the arbitral tribunal; or (b) upon notice to the arbitral tribunal and the other parties, by any party to the proceedings. (3) An

Interessante é a previsão do art. 29[525] da Lei de Arbitragem da Índia (Lei de 1996, que sofreu importantes alterações em 2015 e 2019) que estabelece prazo de doze meses, a contar da resposta às alegações iniciais (contestação), para que seja prolatada a sentença arbitral, mas prevê, em seu parágrafo (2), em homenagem ao princípio da celeridade processual, o recebimento de honorários extras pelo Tribunal Arbitral, caso a sentença seja entregue em um período de até seis meses da data da instituição do Tribunal Arbitral.

3. Sentença arbitral parcial

A sentença arbitral final, à luz do art. 29 da Lei de Arbitragem, é aquela que põe um fim ao procedimento, mediante a solução de todas as questões suscitadas, cabendo contra ela, apenas, a apresentação pelas partes de pedido de esclarecimentos (embargos arbitrais – art. 30, I e II, da Lei de Arbitragem).

---

application under this section shall not be made unless all available tribunal processes for application of extension of time have been exhausted. (4) The Court shall not make an order under this section unless it is satisfied that substantial injustice would otherwise be done. (5) The Court may extend the time for such period and on such terms as it thinks fit, and may do so whether or not the time previously fixed by or under the arbitration agreement or by a previous order has expired. (6) The leave of the Court shall be required for any appeal from a decision of the Court under this section" (Disponível em: https://sso.agc.gov.sg/Act/AA2001?ProvIds=P1VIII-#pr36-. Acesso em: 14 fev. 2020).

[524] "50. Extension of time for making award. (1) Where the time for making an award is limited by or in pursuance of the arbitration agreement, then, unless otherwise agreed by the parties, the court may in accordance with the following provisions by order extend that time. (2) An application for an order under this section may be made - (a) by the tribunal (upon notice to the parties), or (b) by any party to the proceedings (upon notice to the tribunal and the other parties), but only after exhausting any available arbitral process for obtaining an extension of time. (3) The court shall only make an order if satisfied that a substantial injustice would otherwise be done. (4) The court may extend the time for such period and on such terms as it thinks fit, and may do so whether or not the time previously fixed (by or under the agreement or by a previous order) has expired. (5) The leave of the court is required for any appeal from a decision of the court under this section" (Disponível em: http://www.legislation.gov.uk/ukpga/1996/23/section/50. Acesso em: 14 fev. 2020).

[525] "29A.Time limit for arbitral award. (1) The award in matters other than international commercial arbitration shall be made by the arbitral tribunal within a period of twelve months from the date of completion of pleadings under sub-section (4) of section 23: Provided that the award in the matter of international commercial arbitration may be made as expeditiously as possible and endeavor may be made to dispose of the matter within a period of twelve months from the date of completion of pleadings under sub--section (4) of section 23. (2) If the award is made within a period of six months from the date the arbitral tribunal enters upon the reference, the arbitral tribunal shall be entitled to receive such amount of additional fees as the parties may agree" (Disponível em: https://indiacode.nic.in/show-data?actid=AC_CEN_3_46_00004_199626_1517807 323919&sectionId=24531&sectionno=29A&orderno=31. Acesso em: 14 fev. 2020).

A sentença parcial,[527] que se caracteriza pelo julgamento do litígio por etapas, permite a fragmentação da solução do mérito da disputa, sempre que a resolução parte das pretensões deduzidas pelas partes seja interessante (financeiramente, inclusive), ao menos para uma delas. Trata-se da denominada bifurcação do procedimento. O julgamento por etapas pode, por vezes, facilitar o acordo entre as partes.[528]

Com a inclusão do § 1º no art. 23 da Lei de Arbitragem, por meio da Lei 13.129/2015, restou consignada a possibilidade de prolação de sentença parcial, ficando definitivamente superada a orientação de que o Tribunal Arbitral só poderia "fatiar" o procedimento, mediante a solução (de mérito ou não) de parte do litígio, se houvesse autorização expressa no regulamento de arbitragem institucional ou se autorizado expressamente pelas partes.

Exemplo de sentença parcial é aquela que extingue parcialmente o procedimento arbitral, por ausência de competência dos árbitros para conhecer de parcela dos pedidos formulados na arbitragem. Constitui também sentença arbitral parcial aquela que reconhece, desde logo, a prescrição de parcela da pretensão autoral, prosseguindo o feito para a solução das demais questões pendentes de apreciação. Da mesma forma, é espécime de sentença parcial aquela que, antes da fase de instrução, resolve o mérito de questões que dispensam maior dilação probatória, relegando as demais para solução ulterior, quando encerrada a perícia.

Muito se controverteu, no passado, a respeito do termo inicial para o ajuizamento de ação anulatória de sentença arbitral parcial. Prevaleceu no Colendo STJ, todavia, o entendimento de que, em tais hipóteses, a ação anulatória deveria ser proposta no prazo de 90 dias, contados da data em que a parte é notificada do teor da decisão. A redação atual do art. 33, § 1º, da Lei, introduzida pela reforma da Lei de Arbitragem (Lei 13.129/2015), encerrou a controvérsia em definitivo.[529]

---

[527] Sobre análise da possibilidade de aplicação da sentença arbitral parcial anteriormente a sua inclusão expressa na lei de arbitragem em 2015 e sob o viés da sua possibilidade no Judiciário com a reforma imposta ao CPC de 1973 pela Lei 11.232/2005, vide CARMONA, Carlos Alberto. Ensaio sobre a sentença arbitral parcial. *Revista de Processo*, v. 165, p. 9-28, nov. 2008.

[528] Segundo Cahali: "(...) o litígio será por inteiro apreciado, mas cada questão de fundo a seu tempo e hora (por chamadas sentenças parciais), inclusive com decisão posterior integrativa da anterior, até o completo pronunciamento sobre o futuro do conflito, encerrando a atividade do juízo arbitral" (CAHALI, Francisco José. *Curso de arbitragem*: mediação, conciliação e tribunal multiportas. 7. ed. São Paulo: Thomson Reuters Brasil, 2018. p. 355).

[529] "(...) 1.1. Em se transportando a definição de sentença (ofertada pela Lei n. 11.232/2005) à Lei n. 9.307/1996, é de se reconhecer, portanto, a absoluta admissão, no âmbito do procedimento arbitral, de se prolatar sentença parcial, compreendida esta como o ato dos árbitros que, em definitivo (ou seja, finalizando a arbitragem na extensão do que ficou decidido), resolve parte da causa, com fundamento na existência ou não do direito material alegado pelos litigantes ou na ausência dos pressupostos de admissibilidade da tutela jurisdicional pleiteada. 1.2 A ação anulatória destinada a infirmar a sentença parcial arbitral - único meio admitido de impugnação do de-

Com efeito, prescreve o aludido § 1º do art. 33 que "a demanda para a declaração de nulidade da sentença arbitral, parcial ou final, seguirá as regras do procedimento comum" e "deverá ser proposta no prazo de até 90 (noventa) dias após o recebimento da notificação da respectiva sentença, parcial ou final, ou da decisão do pedido de esclarecimentos". Efeito disso é que, se deseja impugnar a sentença parcial na esfera judicial, não pode a parte, estrategicamente, aguardar o encerramento do procedimento, com a apresentação da sentença final, para fazê-lo. Deve ajuizar a anulatória imediatamente, no prazo de 90 dias, a partir do recebimento da sentença parcial.

A opção legislativa, de estabelecer como termo inicial para o decurso do prazo decadencial para a distribuição da ação anulatória a notificação da parte a respeito da sentença arbitral, tem como evidente vantagem a de consolidar definitivamente o julgado, após o decurso do sobredito prazo nonagesimal, dando ainda maior segurança jurídica às decisões terminativas ou definitivas dos árbitros (ainda que parciais). Nada obstante, pode ter como efeito colateral e adverso uma desnecessária e contraproducente suspensão do procedimento, em caso de deferimento de tutela de urgência, na esfera judicial.

Ontologicamente, é possível afirmar que todas as sentenças (quer as finais, quer as parciais) têm natureza final e extintiva do procedimento, no sentido de que põem um fim ao litígio, resolvendo-o total ou parcialmente, em caráter terminativa ou definitivo. A diferença é que, no caso de sentença arbitral final, o *decisum* encerra o procedimento como um todo, enquanto que, na parcial, o procedimento prosseguirá para solução das demais questões em aberto.

É da cultura e da prática da arbitragem o recurso às sentenças parciais, já há muito consagradas nos regulamentos de arbitragem das câmaras nacionais[530] e in-

---

cisum – deve ser intentada de imediato, sob pena de a questão decidida tornar-se imutável, porquanto não mais passível de anulação pelo Poder Judiciário, a obstar, por conseguinte, que o Juízo arbitral profira nova decisão sobre a matéria. Não há, nessa medida, nenhum argumento idôneo a autorizar a compreensão de que a impugnação ao comando da sentença parcial arbitral, por meio da competente ação anulatória, poderia ser engendrada somente por ocasião da prolação da sentença arbitral final. Tal incumbência decorre da própria lei de regência (Lei n. 9.307/1996, inclusive antes das alterações promovidas pela Lei n. 13.129/2015), que, no art. 33, estabelece o prazo decadencial de 90 (noventa dias) para anular a sentença arbitral. Compreendendo-se sentença arbitral como gênero, do qual a parcial e a final são espécies, o prazo previsto no aludido dispositivo legal aplica-se a estas, indistintamente. 1.3 A justificar, ainda, a imediata impugnação, é de suma relevância reconhecer que a questão decidida pela sentença arbitral parcial encontrar-se-á definitivamente julgada, não podendo ser objeto de ratificação e muito menos de modificação pela sentença arbitral final, exigindo-se de ambas, por questão lógica, tão somente, coerência" (STJ, REsp 1.543.564/SP, Terceira Turma, Rel. Min. Marco Aurélio Bellizze, *DJe* 01.10.2018).

[530] Vide os itens 10.2 e 10.2.1 do Regulamento de Arbitragem da CAM-CCBC: "10.2. A sentença arbitral poderá ser parcial ou final. 10.2.1. No caso de sentença parcial, o Tribunal Arbitral indicará as etapas processuais posteriores, necessárias para a

ternacionais.[531] Ilustrativamente, reza o item 10.8 do Regulamento de Arbitragem da CAMARB que "o Tribunal Arbitral poderá proferir sentenças parciais antes da decisão final da arbitragem", sendo certo que, "em caso de prolação de sentença arbitral parcial, o ajuizamento de ação de nulidade de sentença arbitral não impede o prosseguimento da arbitragem ou a prolação de sentença final pelo Tribunal Arbitral" (item 10.9 do Regulamento).[532]

A Lei Modelo da UNCITRAL não faz menção expressa às sentenças arbitrais parciais.

A legislação estrangeira é uníssona em autorizar a prolação, pelos árbitros, da sentença arbitral parcial. *Vide*, entre outros, o art. 42(2) da Lei de Arbitragem portuguesa (Lei 63/2011),[533] o art. 37(1) da Lei de Arbitragem espanhola,[534] a *Section 47*

[ ] elaboração da sentença final" (Disponível em: https://ccbc.org.br/cam-ccbc-centro--arbitragem-mediacao/resolucao-de-disputas/arbitragem/regulamento-2012/. Acesso em: 15. set. 2020). Ainda, em sentido semelhante, o item 14.2 do Regulamento de Arbitragem do CBMA: "14.2. O Tribunal Arbitral poderá proferir sentenças parciais" (Disponível em: http://www.cbma.com.br/regulamento_1. Acesso em: 14 fev. 2020).

[531] Vide artigo 44 do Regulamento de Arbitragem do Arbitration Institute of the Stockholm Chamber of Commerce (SCC): "Article 44 Separate award – The Arbitral Tribunal may decide a separate issue or part of the dispute in a separate award" (Disponível em: https://sccinstitute.com/our-services/rules/. Acesso em: 22 jan. 2021). Vide item 26.1 do Regulamento de Arbitragem da LCIA: "26.1 The Arbitral Tribunal may make separate awards on different issues at different times, including interim payments on account of any claim, counterclaim or cross-claim (including Legal and Arbitration Costs under Article 28). Such awards shall have the same status as any other award made by the Arbitral Tribunal" (Disponível em: https://www. lcia.org/Dispute_Resolution_Services/lcia-arbitration-rules-2020.aspx#Article%20 25. Acesso em: 22 jan. 2021). A CCI prevê a possibilidade da sentença parcial no art. 2º (V) de seu regulamento de arbitragem: "(v) o termo 'sentença arbitral' aplica-se, inter alia, a uma sentença arbitral interlocutória, parcial, final ou complementar" (Disponível em: https://iccwbo.org/dispute-resolution-services/arbitration/rules--of-arbitration/. Acesso em: 22 jan. 2021).

[532] Disponível em: http://camarb.com.br/arbitragem/regulamento-de-arbitragem/. Acesso em: 15 set. 2020.

[533] "Artigo 42 – 2 – Salvo convenção das partes em contrário, os árbitros podem decidir o fundo da causa através de uma única sentença ou de tantas sentenças parciais quantas entendam necessárias" (Disponível em: http://www.pgdlisboa.pt/leis/lei_mostra_articulado.php?nid=1579&tabela=leis. Acesso em: 14 fev. 2020).

[534] "Artigo 37 – 1. Salvo acuerdo en contrario de las partes, los árbitros decidirán la controversia en un solo laudo o en tantos laudos parciales como estimen necesarios" (Disponível em: https://www.boe.es/buscar/act.php?id=BOE-A-2003-23646. Acesso em: 14 fev. 2020).

(1) da Lei de Arbitragem inglesa[535] e a *Section* 33 da Lei de Arbitragem Doméstica de Singapura.[536]

As Cortes de Apelação dos EUA têm decidido, nos termos do art. 16 (D) do FAA,[537] que o judiciário pode anular ou confirmar sentenças arbitrais parciais, desde que estas estejam claramente decidindo de maneira definitiva (final), e não provisória, a questão.[538] Uma vez proferida sentença arbitral parcial definitiva, mesmo que um dos árbitros seja substituído ou faleça, não caberá ao novo painel revisitar as questões já decididas, conforme concluiu o Segundo Circuito da Corte de Apelações dos EUA em *Trade & Transport, Inc., v. Natural Petroleum Charterers Incorporated*, em 1991.[539]

Tem-se admitido também, no direito comparado, a homologação de acordo por sentença parcial (*partial consent award*). Nesse sentido, a Corte de Apelação de Kiev, na Ucrânia, em *Ostchem Holding Ltd v. Odesa Portside Plant Case no 824/241/2018*,

---

[535] "(1) Unless otherwise agreed by the parties, the tribunal may make more than one award at different times on different aspects of the matters to be determined" (Disponível em: http://www.legislation.gov.uk/ukpga/1996/23/contents. Acesso em: 14 fev. 2020).

[536] "33. (1) Unless otherwise agreed by the parties, the arbitral tribunal may make more than one award at different points in time during the proceedings on different aspects of the matters to be determined. (2) The arbitral tribunal may, in particular, make an award relating to - (a) an issue affecting the whole claim; or (b) a part only of the claim, counter-claim or cross-claim, which is submitted to the tribunal for decision. (3) If the arbitral tribunal makes an award under this section, it shall specify in its award, the issue, or claim or part of a claim, which is the subject-matter of the award" (Disponível em: https://sso.agc.gov.sg/Act/AA2001?ProvIds=P1VIII-#pr36-. Acesso em: 14 fev. 2020).

[537] Federal Arbitration Act (FAA) - Section 16. Appeals (D) confirming or denying confirmation of an award or partial award. Disponível em: https://sccinstitute.com/media/37104/the-federal-arbitration-act-usa.pdf. Acesso em: 14 fev. 2020.

[538] "A Corte distrital possui jurisdição para confirmar ou anular sentença arbitral parcial em procedimento bifurcado que considerou fabricante responsável por encerrar erroneamente acordo de distribuição nos termos do Federal Arbitration Act (FAA). (...) A sentença arbitral sobre a questão da responsabilidade do fabricante com relação ao acordo de distribuição em procedimento bifurcado era sentença arbitral parcial final, portanto, passível de revisão pela corte distrital. Apesar da questão de perdas e danos permanecer sem solução, as partes e o tribunal arbitral entenderam que a determinação da responsabilidade era sentença arbitral final" (United States Court of Appeals, First Circuit. *Hart Surgical, Inc., v. Ultracision, Inc., and Ethicon Endo-Surgery, Inc.*, 244 F.3d 231 (2001)).

[539] "(...) (1) quando as partes requisitam que o painel arbitral decida imediatamente sobre questão de responsabilidade civil resultando em 'sentença arbitral parcial final' com objetivo expresso de causar efeitos colaterais em processo judicial o painel não possuirá mais autoridade para, em seguida, revisitar a questão da responsabilidade, e (2) quando o coárbitro de uma das partes falece após a sentença parcial que decidiu a questão da responsabilidade civil, porém antes da sentença final que decidirá o valor das perdas e danos, a corte poderá autorizar árbitro substituto para analisar apenas a questão das perdas e danos, sem contudo poder apontar novo painel arbitral para iniciar o procedimento arbitral" (United States Court of Appeals, Second Circuit, *Trade & Transport, Inc., v. Natural Petroleum Charterers Incorporated*, 931 F.2d 191 (1991)).

reconheceu a validade e executou sentença arbitral parcial homologatória de acordo, prolatada sob as regras da Câmara de Comércio de Estocolmo (SCC).[540]

> **Art. 24.** A decisão do árbitro ou dos árbitros será expressa em documento escrito.
>
> **§ 1º** Quando forem vários os árbitros, a decisão será tomada por maioria. Se não houver acordo majoritário, prevalecerá o voto do presidente do tribunal arbitral.
>
> **§ 2º** O árbitro que divergir da maioria poderá, querendo, declarar seu voto em separado.

 Comentários

1. Requisitos formais da sentença arbitral

O *caput* do art. 24 da Lei de Arbitragem prevê que a forma escrita é requisito essencial da sentença arbitral. Efeito disso é que, se for prolatada em audiência, por via oral, deve ser reduzida a termo e assinada pelos árbitros, sob pena de nulidade.

---

[540] No acordo, a estatal Odessa Portside Plant (OPP) concordara em pagar à Ostchem Holding Ltd (Ostchem) o valor equivalente a duzentos e cinquenta e um milhões de dólares, referentes a contrato de fornecimento de gás. No entanto, a OPP e seu acionista majoritário (fundo estatal Ucrâniano – SPFU) resistiram à execução do acordo, ao argumento de que a sentença arbitral parcial havia escapado do escopo da convenção de arbitragem, ante a não observância do prazo de negociação de 30 (trinta) dias, anterior à instauração da arbitragem. Além disso, sustentaram violação às normas de ordem pública, sob a alegação de que o cumprimento da sentença parcial homologatória do acordo acarretaria a suspensão permanente das operações da empresa, levando-a à falência, com uma consequente catástrofe ecológica. O fundo estatal (SPFU) assinalou, outrossim, que a empresa estatal (OPP) era estrategicamente importante para a economia e segurança do Estado e, portanto, tal acordo seria nulo. A Corte de Apelações de Kiev, contudo, orientou-se no sentido de que o período prévio de 30 (trinta) dias de negociação (*cooling-off* período *for negotiations*) não estaria abarcado pelo art. V(1) (c) da Convenção de Nova Iorque. Também não haveria ofensa às normas de ordem pública, nos termos do art. V(2)(b) da Convenção de Nova Iorque, mas mera tentativa de preservação de interesses financeiros próprios, o seria era insuficiente para negar a execução de sentença parcial. Cabe ressalvar que o referido julgamento se encontrava, até bem recentemente, pendente de solução definitiva na Suprema Corte da Ucrânia, a qual, em caso similar (JKX Oil & Gas PLC and another v Ukraine, Case nº 757/5777/15- ц), decidira que a não observância do período prévio de negociação em tratado bilateral de investimento era fundamento suficiente para a não execução de sentença arbitral. Vide: *Ostchem Holding Ltd v Odesa Portside Plant Case No 824/241/2018.*

É lembrar, por relevante, que, a teor do art. 26 da Lei de Arbitragem, são requisitos obrigatórios para a validade da sentença arbitral o relatório, a fundamentação e a parte dispositiva do julgado, com o acolhimento ou não dos pedidos formulados. O não atendimento das referidas exigências é causa de anulação da sentença, conforme estatui o art. 32, III, da Lei.

A forma escrita confere segurança jurídica às partes quanto ao conteúdo do documento e possibilita, de forma mais acurada, a apresentação de eventual pedido de esclarecimentos (art. 30, I e II, da Lei de Arbitragem). Além disso, viabiliza a execução do julgado no âmbito do Poder Judiciário e torna possível a sua homologação em país estrangeiro. Eventual transcrição de sentença oral deverá ser assinada pelo(s) árbitro(s) para sua validade.

A redação da sentença arbitral será feita no idioma escolhido pelas partes, podendo os sujeitos do procedimento optar pela língua portuguesa ou por qualquer outro idioma. Incide aqui o princípio da autonomia da vontade. Caso o idioma escolhido seja distinto da língua portuguesa, a sentença deverá ser traduzida para o vernáculo, para viabilizar a execução do julgado (se sentença doméstica) ou a deflagração do processo de homologação do *decisum* no STJ (se sentença estrangeira).

A lei modelo da UNCITRAL de 1985 também prevê, para a sentença arbitral, a forma escrita, na forma de seu art. 31(1).[541] No direito comparado, as leis de arbitragem costumam exigir, igualmente, que a sentença arbitral respeite a forma escrita, cabendo mencionar, exemplificativamente: o art. 37(3) da Lei espanhola (Ley 60/2003),[542] o art. 42 (I) da Lei portuguesa (Lei 63/2011),[543] os arts. 1.480 e 1.481 do Código de

---

[541] "Artigo 31º Forma e conteúdo da sentença arbitral (1) A sentença arbitral será feita por escrito e assinada por um ou mais árbitros. Em um procedimento arbitral com mais de um árbitro, serão suficientes as assinaturas da maioria dos membros do tribunal arbitral, desde que seja mencionada a razão da omissão das restantes" (Disponível em: http://www.cbar.org.br/leis_intern_arquivos/Lei_Modelo_Uncitral_traduzida_e_revisada_versao_final.pdf. Acesso em: 15 fev. 2020).

[542] "Artículo 37. Plazo, forma, contenido y notificación del laudo. 3. Todo laudo deberá constar por escrito y ser firmado por los árbitros, quienes podrán dejar constancia de su voto a favor o en contra. Cuando haya más de un árbitro, bastarán las firmas de la mayoría de los miembros del colegio arbitral o sólo la de su presidente, siempre que se manifiesten las razones de la falta de una o más firmas" (Disponível em: https://www.boe.es/buscar/act.php?id=BOE-A-2003-23646. Acesso em: 15 fev. 2020).

[543] "Artigo 42. Forma, conteúdo e eficácia da sentença. 1 – A sentença deve ser reduzida a escrito e assinada pelo árbitro ou árbitros. Em processo arbitral com mais de um árbitro, são suficientes as assinaturas da maioria dos membros do tribunal arbitral ou só a do presidente, caso por este deva ser proferida a sentença, desde que seja mencionada na sentença a razão da omissão das restantes assinaturas" (Disponível em: http://www.pgdlisboa.pt/leis/lei_mostra_articulado.php?nid=1579&tabela=leis. Acesso em: 15 fev. 2020).

Processo Civil francês,[544] o § 36 da Lei norueguesa (Lei 25/2004),[545] o art. 38(1) da Lei de Arbitragem doméstica de Singapura (Lei 37/2001 – *Chapter* 10),[546] e a *Section* 31(1) da Lei de Arbitragem da Índia (Lei de arbitragem de 1996).[547]

Já a Lei de Arbitragem inglesa deixa a critério das partes a definição da forma que deverá ser observada na sentença arbitral. Lá, em consideração à autonomia privada, a sentença pode ser oral e pode, ainda, ser desprovida de fundamentação, desde que assim convencionem os contratantes, na forma da *Section* 52[548] da Lei. À falta de acordo entre as partes, contudo, a forma escrita deverá ser adotada (*Section* 52[3]).

Os regulamentos das instituições arbitrais, em geral, também trazem previsão expressa sobre o assunto. É o caso, a título ilustrativo, do item 10.3 do regulamento de arbitragem da CAM-CCBC[549] e, no âmbito internacional, do item 26.2 do regulamento de arbitragem da LCIA.[550]

---

[544] "Article 1480 La sentence arbitrale est rendue à la majorité des voix. Elle est signée par tous les arbitres. Si une minorité d'entre eux refuse de la signer, la sentence en fait mention et celle-ci produit le même effet que si elle avait été signée par tous les arbitres. Article 1481 En savoir plus sur cet article... La sentence arbitrale contient l'indication: 1º Des nom, prénoms ou dénomination des parties ainsi que de leur domicile ou siège social; 2º Le cas échéant, du nom des avocats ou de toute personne ayant représenté ou assisté les parties; 3º Du nom des arbitres qui l'ont rendue; 4º De sa date; 5º Du lieu où la sentence a été rendue" (Disponível em: https://www.legifrance.gouv.fr/affichCode.do?idSectionTA=LEGISCTA000023421462&cidTexte=LEGITEXT000006070716&dateTexte=20200215. Acesso em: 15 fev. 2020).

[545] "§ 36 The arbitral award The arbitral award shall be put in writing and shall be signed by all arbitrators. In arbitral proceedings with more than one arbitrator, it is sufficient that a majority signs the arbitral award, provided that the reason for any omitted signature is stated in the award" (Disponível em: https://www.chamber.no/wp-content/uploads/2014/02/Norwegian_Arbitration_Act.pdf. Acesso em: 15 fev. 2020).

[546] "Form and contents of award. 38. (1) The award shall be made in writing and shall be signed. (a) in the case of a single arbitrator, by the arbitrator himself; or (b) in the case of 2 or more arbitrators, by all the arbitrators or the majority of the arbitrators provided that the reason for any omitted signature of any arbitrator is stated" (Disponível em: https://sso.agc.gov.sg/Act/AA2001#pr38-. Acesso em: 15 fev. 2020).

[547] "Section 31. Form and contents of arbitral award. (1) An arbitral award shall be made in writing and shall be signed by the members of the arbitral tribunal" (Disponível em: https://indiacode.nic.in/handle/123456789/1978?view_type=browse&sam_handle=123456789/1362. Acesso em: 15 fev. 2020).

[548] "52 Form of award. (1) The parties are free to agree on the form of an award. (2) If or to the extent that there is no such agreement, the following provisions apply. (3) The award shall be in writing signed by all the arbitrators or all those assenting to the award. (4) The award shall contain the reasons for the award unless it is an agreed award or the parties have agreed to dispense with reasons. (5) The award shall state the seat of the arbitration and the date when the award is made" Disponível em: http://www.legislation.gov.uk/ukpga/1996/23/section/52. Acesso em: 15 fev. 2020.

[549] "10.3. A sentença arbitral será expressa em documento escrito" (Disponível em https://ccbc.org.br/cam-ccbc-centro-arbitragem-mediacao/resolucao-de-disputas/arbitragem/regulamento-2012/. Acesso em: 15 fev. 2020).

2. Decisão majoritária e voto divergente

Já se disse que o número de árbitros que compõem o painel será sempre ímpar, nos termos do art. 13, §§ 1º e 2º, da Lei de Arbitragem.[551] Em regra, as partes tendem a optar por um Tribunal de três árbitros, nos procedimentos de maior complexidade e de maior dimensão econômica, aderindo à figura do árbitro único apenas excepcionalmente, nos casos menores (*small claims*), sobremodo no modelo de arbitragem *expedita*.[552]

A sentença, portanto, será proferida pela maioria, sem a possibilidade (exceto se convencionada) de recurso. Em caso de divergência, prevalece a decisão da maioria. À falta de acordo majoritário, prevalece o voto do Presidente. Isso pode ocorrer nas seguintes situações: a) se ocorrer abstenção de um dos árbitros; b) se uma posição de membro do Tribunal estiver vacante em razão de renúncia, substituição, morte, incapacidade ou outro motivo; ou c) se mais de dois árbitros votarem de maneira distinta, em termos qualitativos.[553] Exemplo de dissenso qualitativo pode ocorrer em um contrato de obra de infraestrutura. Deflagrada a arbitragem, o requerente pede que o seu *ex adverso* seja condenado em obrigação de fazer, consistente na conclusão da obra. Subsidiariamente, pede que seja o requerido condenado a indenizá-lo pelos prejuízos causados. Suponha-se que, ao final do procedimento, um árbitro vote pela procedência do pedido, impondo à parte requerida a obrigação de concluir a obra; o outro vote pela improcedência dos pedidos; e o terceiro vote pela procedência parcial, convertendo a obrigação em indenização). Em tal hipótese, prevalecerá o voto do Presidente. Tal critério, no entanto, é supletivo, ou seja, utilizado apenas no silêncio da convenção ou do regulamento de arbitragem aplicável ao caso.[554]

---

550 "26.2 The Arbitral Tribunal shall make any award in writing and, unless all parties agree in writing otherwise, shall state the reasons upon which such award is based. The award shall also state the date when the award is made and the seat of the arbitration; and it shall be signed by the Arbitral Tribunal or those of its members assenting to it. Unless the parties agree otherwise, or the Arbitral Tribunal or LCIA Court directs otherwise, any award may be signed electronically and/or in counterparts and assembled into a single instrument" (Disponível em https://www.lcia.org/Dispute_Resolution_Services/lcia-arbitration-rules-2020.aspx#Article%2025. Acesso em: 22 jan. 2021).

551 Vide comentários ao art. 13 da Lei.

552 Para uma análise do modelo de arbitragem expedita: ALVES, Rute. Fast-track arbitration: back to basics? In: GONZÁLES-BUENO, Carlos. *40 under 40 international arbitration*. Spain: Dykinson S.L., 2018. p. 179-188.

553 MUNIZ, Joaquim de Paiva. *Curso básico de direito arbitral*: teoria e prática. 4. ed. Curitiba: Juruá, 2017. p. 254.

554 "(...) tal critério é supletivo, ou seja, utilizado apenas no silêncio da convenção (ou Regulamento na arbitragem encomendada a uma instituição), pois cabe às partes escolher a forma de solucionar impasse desta ordem, utilizando um dos critérios referidos ou outros, ou ainda, estabelecendo que, no caso, será ampliado painel com a expectativa de se obter maioria. Por outro lado, diante de um tribunal arbitral, todas as decisões são tomadas por este critério, inclusive aquelas relativas à análise de tutelas cautelares, antecipadas etc., consignadas pelas também chamadas ordens processuais. Assim, por exemplo, acolhida prova pericial por unanimidade, mas divergindo o colegiado quanto ao perito a ser indicado, cada qual apresentando um profissional diferente, prevalecerá o escolhido pelo presidente, diante da ausência de maioria quanto a outro

Não prevalece o voto do Presidente, todavia, em caso de desacordo meramente quantitativo. Em situações tais, em que há mera divergência quantitativa, como na hipótese de descordo a respeito do valor da indenização, a doutrina tem sugerido, como critério para a solução do dissenso, o emprego do método da continência. Busca-se, neste caso, identificar se existe algum grau de convergência entre as decisões, prevalecendo a vontade majoritária, naquilo em que houver convergência (ou continência). É importante, a propósito, diferenciar o critério da continência do critério da média aritmética. A título ilustrativo: se o primeiro árbitro fixar a indenização em R$ 500.000,00, o segundo em R$ 100.000,00 e o terceiro em R$ 50.000,00, como deve ser solucionado o impasse? Pelo critério da média aritmética, somar-se-iam os valores e o montante seria dividido pelo número de árbitros (três). No exemplo, teríamos o valor aproximado de R$ 216.667,00. Já com a utilização do critério da continência há que prevalecer o valor de R$ 100.000,00, uma vez que o montante de R$ 100.000,00 está mais próximo de R$ 500.000,00, do que a quantia de R$ 50.000,00.[555]

O § 2º do art. 24 da Lei de Arbitragem estabelece que o árbitro que divergir poderá declarar seu voto em separado. Trata-se de mera faculdade, inexistindo a obrigatoriedade de declaração de voto pelo árbitro vencido. Na decisão colegiada, no entanto, o árbitro divergente não precisa sequer ser identificado. Existe, também, a possibilidade de o árbitro divergente inserir seu posicionamento no próprio corpo da sentença, em capítulo separado, ou até mesmo em observação em nota de rodapé. Não há qualquer formalidade legal quanto à forma de manifestação do dissenso.

O árbitro divergente pode, inclusive, recusar-se a assinar a sentença arbitral, na linha do disposto no art. 26, parágrafo único, da Lei de Arbitragem, o que, por si só, já demonstra a sua insatisfação com o *decisum*. Nesse caso, deverá o presidente do painel certificar tal fato.

A lei modelo da UNCITRAL, ao versar sobre o tema em seu art. 29,[556] estatui que, em caso de desacordo, prevalece a vontade da maioria, salvo havendo acordo em sentido distinto firmado pelas partes.

---

nome" (CAHALI, Francisco José. *Curso de arbitragem*: mediação, conciliação e tribunal multiportas. 7. ed. São Paulo: Thomson Reuters Brasil, 2018. p. 347).

[555] O critério da continência, no campo da divergência quantitativa, também tem sido utilizado para a solução de tais impasses, no bojo de conflitos submetidos à jurisdição estatal. Nesse sentido, dispõe o art. 83 do Regimento Interno do Tribunal de Justiça do Estado do Rio de Janeiro: "Art. 83 – Se, em relação a uma única parte do pedido, não se puder formar a maioria, em virtude de divergência quantitativa, o Presidente disporá os diversos votos, com as quantidades que cada qual indicar, em ordem decrescente de grandeza, prevalecendo a quantidade que, com as que lhe forem superiores ou iguais, reunir votos em número suficiente para constituir a maioria" (Disponível em: http://www.tjrj.jus.br/documents/10136/18661/regi-interno-vigor.pdf?=v03. Acesso em: 15 fev. 2020).

[556] "Artigo 29.º Decisão tomada por um painel de árbitros – Em um procedimento arbitral com mais de um árbitro, qualquer decisão do tribunal arbitral será tomada pela maioria dos seus membros, salvo acordo das partes em contrário. Todavia, as questões do procedimento podem ser decididas pelo árbitro presidente, se estiver autorizado para tanto pelas partes ou por todos os membros do tribunal arbitral" (Disponível em: http://www.cbar.org.br/leis_intern_arquivos/Lei_Modelo_Uncitral_traduzida_e_revisada_versao_final.pdf. Acesso em: 15 fev. 2020).

Os regulamentos das câmaras arbitrais perfilham da mesma orientação constante das regras dos §§ 1º e 2º do art. 24 da Lei de Arbitragem, tal como ocorre, por exemplo, com os itens 10.3.1 e 10.3.3 do regulamento de arbitragem da CAM-CCBC[557] e com o art. 32(1) do regulamento da Corte Arbitral da CCI.[558]

> **Art. 25.** (Revogado pela Lei nº 13.129, de 2015.)
>
> ~~**Art. 25.** Sobrevindo no curso da arbitragem controvérsia acerca de direitos indisponíveis e verificando-se que de sua existência, ou não, dependerá o julgamento, o árbitro ou o tribunal arbitral remeterá as partes à autoridade competente do Poder Judiciário, suspendendo o procedimento arbitral.~~
>
> ~~**Parágrafo único.** Resolvida a questão prejudicial e juntada aos autos a sentença ou acórdão transitados em julgado, terá normal seguimento a arbitragem.~~

 Comentários

1. Questão prejudicial e suspensão do procedimento

O art. 25 da Lei de Arbitragem foi corretamente revogado pela reforma legislativa promovida pela Lei 13.129/2015.

O dispositivo disciplinava como os árbitros deveriam proceder, caso surgisse, no curso do procedimento arbitral, questão prejudicial ao julgamento do mérito, que dissesse respeito a direitos de caráter indisponível. Em tal hipótese, caberia ao árbitro suspender o procedimento e remeter as partes ao Poder Judiciário competente. O prazo para apresentação de sentença seria, por consequência, suspenso e voltaria a transcorrer apenas após o deslinde da questão prejudicial pelo Judiciário.

Ocorre que, ao assim estatuir, o art. 25 da Lei (hoje revogado) permitia excessiva e desnecessária sobreposição entre o procedimento arbitral e o processo judicial, servindo de expediente para procrastinar a solução definitiva da arbitragem, não raramente de má-fé.

---

[557] "10.3.1. Nos casos de Tribunal Arbitral, a sentença arbitral será proferida por consenso, sempre que possível, e se inviável, por maioria de votos, cabendo a cada árbitro, inclusive ao Presidente do Tribunal Arbitral, um voto. Se não houver acordo majoritário, prevalecerá o voto do Presidente do Tribunal. 10.3.3. O árbitro que divergir da maioria poderá fundamentar seu voto vencido, que constará da sentença arbitral" (Disponível em: https://ccbc.org.br/cam-ccbc-centro-arbitragem-mediacao/resolucao-de-disputas/arbitragem/regulamento-2012/. Acesso em: 15 fev. 2020).

[558] "Artigo 32. Prolação da sentença arbitral – 1. Quando o tribunal arbitral for composto por mais de um árbitro, a sentença arbitral será proferida por decisão da maioria. Se não houver maioria, a sentença arbitral será proferida pelo presidente do tribunal arbitral sozinho" (Disponível em: https://iccwbo.org/publication/2017-arbitration-rules-and-2014-mediation-rules-portuguese-version/?preview=true. Acesso em: 15 fev. 2020).

Bem ponderou o Senador Vital do Rego, no seu relatório apresentado à Comissão de Constituição e Justiça do Senado Federal, quando da tramitação do Projeto de Lei 406/2013, que a previsão contida no revogado art. 25 poderia ser utilizada "de má-fé, principalmente pelas partes que buscam nelas uma forma de tangenciar o processo arbitral, procrastinando seu andamento, a partir da 'criação' de questões de direito indisponível. A sua supressão é uma forma de se prestigiar ainda mais a arbitragem, evitando com isso paralisações e ingerências judiciais indevidas. A exclusão do artigo não tem a intenção de dar ao árbitro competência para resolver questões de direitos indisponíveis. Isto é vedado pelo próprio art. 1º da Lei. Se o árbitro entender que a discussão envolve direito indisponível, ele deverá suspender ou mesmo extinguir a arbitragem".[559]

Isso não significa, evidentemente, que possam os árbitros equacionar, na via arbitral, controvérsias que versem sobre direitos indisponíveis. A vedação legal, constante do art. 1º da Lei, permanece válida e eficaz. Em nenhuma hipótese, na sistemática jurídica em vigor no Brasil, pode o árbitro decidir a respeito de questões que versem sobre direitos de tal natureza. Não está mais o juízo arbitral, contudo, obrigado a suspender o procedimento, podendo decidir, casuisticamente, se a questão prejudica, de fato, o julgamento do mérito da arbitragem e em que medida.

A derrogação do dispositivo prestigia o instituto da arbitragem e, sobretudo, o princípio da competência-competência (art. 8º, parágrafo único, da Lei). Com efeito, a competência para avaliar e decidir, em primeiro lugar, se o direito controvertido é disponível ou indisponível é do próprio árbitro.[560] Eventual inconformismo de qualquer das partes, caso o juízo arbitral afirme a sua própria competência para dirimir a questão, deverá ser manifestado via a competente ação anulatória, na forma do art. 32, IV, da Lei de Arbitragem.

Se o árbitro determinar a suspensão do procedimento, as partes, por iniciativa própria, deverão provocar o Judiciário. Vale dizer: não será o Tribunal Arbitral que remeterá o procedimento ao Judiciário.

Exemplo de questão prejudicial, a exigir solução judicial, seria a alegação de uma eventual união estável, entre as partes, em uma disputa contratual sobre propriedade de bens. Suponha-se, nesse sentido, que a solução da controvérsia a respeito da definição do direito de propriedade dependa da confirmação quanto à existência, ou não, de união estável entre os litigantes. Em um caso como este, em que a questão prejudicial diz respeito a direito de caráter indisponível (relacionado ao estado da pessoa natural), deve o árbitro suspender o procedimento e remeter as partes para a via judicial.

---

[559] Disponível em: http://www.senado.leg.br/atividade/materia/getTexto.asp?t=142929#:~:text=a.,a.. Acesso em: 20 nov. 2020.

[560] "(...) Com a revogação do art. 25, da Lei nº 9.307/96, conquanto não se tenha conferido ao árbitro competência para julgamento de questão de direito indisponível, ampliou-se o seu objeto de conhecimento, eis que passou a poder decidir, primeiramente, se o direito é disponível ou indisponível" (STJ, AREsp 1.360.257/RJ, Decisão Monocrática, Rel. Min. Assusete Magalhães, *DJe* 10.10.2018).

Solucionada a questão prejudicial, o procedimento arbitral terá seguimento, mesmo que seja para o árbitro extingui-lo, nos termos do art. 20 da Lei de Arbitragem.[561]

> **Art. 26.** São requisitos obrigatórios da sentença arbitral:
>
> **I -** o relatório, que conterá os nomes das partes e um resumo do litígio;
>
> **II -** os fundamentos da decisão, onde serão analisadas as questões de fato e de direito, mencionando-se, expressamente, se os árbitros julgaram por equidade;
>
> **III -** o dispositivo, em que os árbitros resolverão as questões que lhes forem submetidas e estabelecerão o prazo para o cumprimento da decisão, se for o caso; e
>
> **IV -** a data e o lugar em que foi proferida.
>
> **Parágrafo único.** A sentença arbitral será assinada pelo árbitro ou por todos os árbitros. Caberá ao presidente do tribunal arbitral, na hipótese de um ou alguns dos árbitros não poder ou não querer assinar a sentença, certificar tal fato.

 Comentários

1. Requisitos essenciais (formais) da sentença arbitral[562]

Tal e qual a sentença judicial, que possui seus elementos essenciais previstos no art. 489 do CPC,[563] a sentença arbitral deve respeitar a forma escrita (art. 24) e, a teor

---

561   SCAVONE JR., Luiz Antonio. *Manual de arbitragem, mediação e conciliação*. 8. ed. Rio de Janeiro: Forense, 2018. p. 20.

562   Confira-se, a respeito dos requisitos formais de validade da sentença arbitral: BARROS, Octávio Fragata Martins de. *Como julgam os árbitros*: uma leitura do processo decisório arbitral. São Paulo: Marcial Pons, 2017. p. 210-226.

563   "Art. 489. São elementos essenciais da sentença: I - o relatório, que conterá os nomes das partes, a identificação do caso, com a suma do pedido e da contestação, e o registro das principais ocorrências havidas no andamento do processo; II - os fundamentos, em que o juiz analisará as questões de fato e de direito; III - o dispositivo, em que o juiz resolverá as questões principais que as partes lhe submeterem. § 1º Não se considera fundamentada qualquer decisão judicial, seja ela interlocutória, sentença ou acórdão, que: I - se limitar à indicação, à reprodução ou à paráfrase de ato normativo, sem explicar sua relação com a causa ou a questão decidida; II - empregar conceitos jurídicos indeterminados, sem explicar o motivo concreto de sua incidência no caso; III - invocar motivos que se prestariam a justificar qualquer outra decisão; IV - não enfrentar todos os argumentos deduzidos no processo capazes de, em tese, infirmar a conclusão adotada pelo julgador; V - se limitar a invocar precedente ou enunciado de súmula, sem identificar seus fundamentos determinantes nem demonstrar que o caso sob julgamento se ajusta àqueles fundamentos; VI - deixar de seguir enunciado de súmula, jurisprudência

do art. 26 da Lei de Arbitragem, deve ainda conter, obrigatoriamente: a) relatório; b) fundamentação; c) dispositivo; e d) data e lugar em que foi proferida.

O não atendimento dos requisitos indicados no art. 26 autoriza a nulificação da sentença arbitral, na forma do art. 32, III, da Lei de Arbitragem. A lei brasileira, como apregoado por Octávio Fragata Martins de Barros, "não admite renúncia dos requisitos formais por liberalidade das partes. Assim, os requisitos formais da sentença expostos no art. 26 da Lei de Arbitragem são obrigatórios, não cabendo nem às partes nem aos árbitros alterá-los de qualquer forma. A ausência de um desses requisitos é motivo para a nulidade da sentença arbitral".[564]

Os regulamentos das instituições arbitrais seguem linha semelhante. Confiram--se, a título ilustrativo, o item 10.4 do Regulamento de Arbitragem do CAM-CCBC[565] e a *Rule* 47 da ICSID (*International Center for Settlement of Investment Dispute*) do Banco Mundial.[566]

2. Relatório

O relatório, previsto no inciso I do art. 26 da Lei de Arbitragem, tem a função de explicitar as alegações das partes, no curso do procedimento, bem como descrever

---

ou precedente invocado pela parte, sem demonstrar a existência de distinção no caso em julgamento ou a superação do entendimento. § 2º No caso de colisão entre normas, o juiz deve justificar o objeto e os critérios gerais da ponderação efetuada, enunciando as razões que autorizam a interferência na norma afastada e as premissas fáticas que fundamentam a conclusão. § 3º A decisão judicial deve ser interpretada a partir da conjugação de todos os seus elementos e em conformidade com o princípio da boa-fé."

[564] BARROS, Octávio Fragata Martins de. *Como julgam os árbitros*: uma leitura do processo decisório arbitral. São Paulo: Marcial Pons, 2017. p. 211.

[565] "10.4. A sentença arbitral conterá, necessariamente: (a) relatório, com o nome das partes e um resumo do litígio; (b) os fundamentos da decisão, que disporá quanto às questões de fato e de direito, com declaração expressa, quando for o caso, de ter sido proferida por equidade; (c) o dispositivo, com todas as suas especificações e prazo para cumprimento da decisão, se for o caso; (d) o dia, mês, ano em que foi proferida e a sede da arbitragem" (Disponível em: https://ccbc.org.br/cam-ccbc-centro-arbitragem-mediacao/resolucao--de-disputas/arbitragem/regulamento-2012/. Acesso em: 16 fev. 2020).

[566] "Rule 47 The Award – (1) The award shall be in writing and shall contain: (a) a precise designation of each party; (b) a statement that the Tribunal was established under the Convention, and a description of the method of its constitution; (c) the name of each member of the Tribunal, and an identification of the appointing authority of each; (d) the names of the agents, counsel and advocates of the parties; (e) the dates and place of the sittings of the Tribunal; (f) a summary of the proceeding; (g) a statement of the facts as found by the Tribunal; (h) the submissions of the parties; (i) the decision of the Tribunal on every question submitted to it, together with the reasons upon which the decision is based; and (j) any decision of the Tribunal regarding the cost of the proceeding. (2) The award shall be signed by the members of the Tribunal who voted for it; the date of each signature shall be indicated. (3) Any member of the Tribunal may attach his individual opinion to the award, whether he dissents from the majority or not, or a statement of his dissent" (Disponível em: http://icsidfiles.worldbank.org/icsid/icsid/staticfiles/basicdoc/partf-chap06.htm. Acesso em: 16 fev. 2020).

todo o trâmite processual, com a indicação dos atos processuais relevantes (provas produzidas, audiência, incidentes processuais etc.). Em suma, trata-se da *história relevante do processo*.[567] Nele, é importante que conste um resumo das alegações das partes e das questões que terão de ser enfrentadas no *decisum*, bem como "referência expressa às partes, ao(s) árbitro(s) e o processo de constituição do Tribunal Arbitral, se houver, a convenção de arbitragem e os incidentes processuais tanto em relação à jurisdição como em relação à constituição do Tribunal Arbitral ao longo de todo o processo".[568] Cabe ao árbitro, nesse sentido, identificar a causa de pedir e o pedido formulado, delimitando as questões que foram submetidas à arbitragem.[569]

3. Fundamentação (motivação)

A fundamentação é requisito obrigatório de validade da sentença arbitral no Brasil. É dela que se extrai a *ratio* das conclusões apresentadas no dispositivo. É a fundamentação que permite que as partes confirmem se suas alegações foram consideradas e se as provas apresentadas foram devidamente examinadas pelos árbitros, ainda que para descartá-las. Além disso, é a partir da fundamentação que as partes conseguem identificar eventuais vícios na sentença arbitral que possam justificar a apresentação de pedido de esclarecimentos (assim chamados os embargos de declaração da arbitragem) ou até mesmo a propositura de ação anulatória. Corolário do princípio do devido processo legal, a motivação das decisões arbitrais representa verdadeira garantia para as partes de um julgamento justo e isonômico.[570]

Sobreleva notar, todavia, que, conforme jurisprudência do Superior Tribunal de Justiça: a) fundamentação contrária aos interesses das partes não é ausência de

---

[567]   CARMONA, Carlos Alberto. *Arbitragem e processo*: um comentário à Lei 9.307/96. 3. ed. São Paulo: Atlas, 2009. p. 369.

[568]   BARROS, Octávio Fragata Martins de. *Como julgam os árbitros*: uma leitura do processo decisório arbitral. São Paulo: Marcial Pons, 2017. p. 212.

[569]   "(...) se presta a estabelecer os limites do que foi submetido à arbitragem, com reflexos, inclusive, em eventual nulidade da sentença arbitral, vez que será nula se 'for proferida fora dos limites da convenção de arbitragem' ou 'não decidir todo o litígio submetido à arbitragem' (art. 32, IV e V, da Lei de Arbitragem)" (SCAVONE JR., Luiz Antonio. *Manual de arbitragem, mediação e conciliação*. 8. ed. Rio de Janeiro: Forense, 2018. p. 212).

[570]   Segundo Carmona: "(...) ao motivar a sentença, o julgador abandona o papel de mero relator imparcial e fiel dos acontecimentos, passando a analisá-los, estudá--los, adotando – nas palavras de Egas Moniz de Aragão – a postura do investigador" (CARMONA, Carlos Alberto. *Arbitragem e processo*: um comentário à Lei 9.307/96. 3. ed. São Paulo: Atlas, 2009. p. 370). Complementa Octávio Fragata Martins de Barros que "[o]s motivos são a alma da sentença, já se dizia em latim. No discurso legal, nada há mais importante que a redação da fundamentação da sentença. A obrigação de motivar a sentença força o árbitro a transmitir as razões que o determinaram a seguir determinada linha. É o cumprimento tanto da transparência exposta por Mirabeau como da aspiração de racionalidade de Taruffo" (BARROS, Octávio Fragata Martins de. *Como julgam os árbitros*: uma leitura do processo decisório arbitral. São Paulo: Marcial Pons, 2017. p. 213).

fundamentação;[571] b) o fato de a sentença ser concisa não significa, tampouco, ausência de fundamentação;[572] e c) a ausência de menção a dispositivos legais não significa que o julgamento foi realizado por equidade.[573]

Ainda assim, há que se ter muita cautela para não se flexibilizar, em excesso, a exigência de fundamentação das sentenças arbitrais. É lembrar que, em geral, diferentemente do processo judicial, a via arbitral não admite recurso. Logo, não há espaço para que um órgão, de hierarquia superior, possa revisitar a decisão, para corrigi-la. Não se pode ignorar, de mais a mais, que a arbitragem é exceção à solução do conflito pela justiça estatal, fruto de escolha contratualmente feita pelas partes, sob a premissa, precisamente, de que o Tribunal Arbitral (ou o árbitro único, se for o caso), composto por especialistas na temática controvertida, terá maior disponibilidade para examinar os argumentos das partes e a prova dos autos. Recai sobre os árbitros, por isso mesmo, um ônus mais rigoroso de fundamentação, do que aquele que incide sobre o juiz togado.[574]

---

[571] "O mero inconformismo quanto ao conteúdo meritório da sentença arbitral não pode ser apreciado pelo Poder Judiciário. Precedentes" (STJ, REsp 1.636.102, Terceira Turma, Rel. Min. Ricardo Villas Bôas Cueva, *DJe* 01.08.2017). Em seu voto, o Ministro Ricardo Villas Bôas Cueva assinalou: "Como último argumento para inquinar de nula a sentença arbitral, as recorrentes asseveram que a controvérsia foi decidida por equidade, a despeito da previsão contida na convenção de arbitragem, de que o litígio deveria ser resolvido de acordo com o ordenamento. Nesse aspecto, todavia, o que transparece é o mero inconformismo das recorrentes quanto ao conteúdo meritório da sentença arbitral, que, como já dito, não pode ser apreciado pelo Poder Judiciário, conforme já decidido por esta Corte Superior (...)".

[572] Nesse sentido: "Não é possível falar em nulidade da sentença arbitral por carência de fundamentação quando o árbitro, embora de forma sucinta, traz argumentos suficientes para embasar o resultado do julgamento" (STJ, Terceira Turma, AgInt no AgInt no AREsp 1.143.608/GO, Rel. Min. Moura Ribeiro, j. 18.03.2019, *DJe* 20.03.2019).

[573] STJ, REsp 1.636.102, Terceira Turma, Rel. Min. Ricardo Villas Bôas Cueva, *DJe* 01.08.2017: "(...) Sentença arbitral pautada em princípios basilares do direito civil, não importando se houve ou não referência expressa aos dispositivos legais que lhes conferem sustentação, não havendo como afirmar que houve julgamento por equidade, em desrespeito às condições estabelecidas no compromisso arbitral (...)". Extrai-se do voto condutor, ainda, o seguinte: "Além disso, conforme já ressaltado, a fundamentação da sentença arbitral está pautada na ausência de cláusula penal para a hipótese de resolução antecipada do contrato (livre pactuação) e na vedação ao enriquecimento sem causa, princípios basilares do direito civil, não importando se houve ou não menção expressa aos dispositivos legais que lhes conferem sustentação".

[574] Octávio Fragata Martins de Barros, sob uma perspectiva distinta, chega à mesma conclusão. Sustenta o ilustre arbitralista, a propósito, que deve "o Tribunal Arbitral buscar identificar todas aquelas questões que possam ser dispositivas na demanda, não apenas sob os seus próprios olhos, mas também sobre os olhos das partes, e explicar o processo decisório subjacente a cada uma delas". E conclui: "Se as partes confiam ao árbitro a resolução da controvérsia – excluindo da apreciação do Poder Judiciário o mérito da desavença –, é de se supor que ele deva amparar tal atribuição de responsabilidade, trazendo uma fundamentação ampla e detalhada dos fatos trazidos por ambas as partes e quais deles exerceram mais grau de convencimento, este

Registre-se, por relevante, que a fundamentação da sentença arbitral é exigência legal no Brasil, sem que se trate, contudo, de um princípio universal. É a forma exigida pelo art. 26, II, da Lei de Arbitragem. Opção legislativa, sem estatura constitucional.

O art. 1.482 do Código de Processo Civil francês[575] segue o modelo da lei brasileira, estabelecendo que a sentença arbitral deve ser motivada. Nada obstante, a legislação estrangeira é repleta de exemplos em que a motivação das sentenças arbitrais pode ser dispensada pelas partes, no campo da autonomia da vontade. A título exemplificativo, a lei modelo da UNCITRAL (art. 31[2]),[576] a Lei de Arbitragem espanhola (art. 37[4]),[577] a Lei de Arbitragem Voluntária portuguesa (art. 42[3]),[578] a Lei de Arbitragem inglesa (*Section* 52[1]),[579] a Lei de Arbitragem da Índia (*Section* 31[3])[580] e a Lei de Arbitragem

---

sendo o principal ato discricionário do árbitro" (BARROS, Octávio Fragata Martins de. *Como julgam os árbitros*: uma leitura do processo decisório arbitral. São Paulo: Marcial Pons, 2017. p. 220).

[575] "Article 1.482. La sentence arbitrale expose succinctement les prétentions respectives des parties et leurs moyens. Elle est motivée" (Disponível em: https://www.legifrance.gouv.fr/affichCode.do?idSectionTA=LEGISCTA000023421462&cidTexte=LEGITEXT000006070716&dateTexte=20200216. Acesso em: 16 fev. 2020).

[576] Lei Modelo da UNCITRAL sobre Arbitragem Comercial Internacional 1985: "Artigo 31.º Forma e conteúdo da sentença arbitral – (2) A sentença será fundamentada exceto se as partes acordarem que não haverá fundamentação ou se se tratar de uma sentença proferida com base em um acordo entre as partes nos termos do artigo 30" (Disponível em: https://www.uncitral.org/pdf/english/texts/arbitration/ml-arb/07-86998_Ebook.pdf. Acesso em: 8 jan. 2020).

[577] Lei 60/2003: "Artículo 37. Plazo, forma, contenido y notificación del laudo. 4. El laudo deberá ser siempre motivado, a menos que se trate de un laudo pronunciado en los términos convenidos por las partes conforme al artículo anterior" (Disponível em: https://www.boe.es/buscar/act.php?id=BOE-A-2003-23646. Acesso em: 5 fev. 2020).

[578] Lei 63/2011: "Artigo 42. Forma, conteúdo e eficácia da sentença – 3 – A sentença deve ser fundamentada, salvo se as partes tiverem dispensado tal exigência ou se trate de sentença proferida com base em acordo das partes, nos termos do artigo 41" (Disponível em: http://www.pgdlisboa.pt/leis/lei_mostra_articulado.php?nid=1579&tabela=leis. Acesso em: 16 fev. 2020).

[579] English Arbitration Act de 1996: "52 – Form of award (1) The parties are free to agree on the form of an award; (2) If or to the extent that there is no such agreement, the following provisions apply; (3) The award shall be in writing signed by all the arbitrators or all those assenting to the award; (4) The award shall contain the reasons for the award unless it is an agreed award or the parties have agreed to dispense with reasons; (5) The award shall state the seat of the arbitration and the date when the award is made" (Disponível em: http://www.legislation.gov.uk/ukpga/1996/23/contents. Acesso realizado em 16 de fevereiro de 2020).

[580] The Arbitration and Conciliation Act of 1996: "Section 31 – Form and contents of arbitral awards – (3) The arbitral award shall state the reasons upon which it is based, unless – (a) the parties have agreed that no reasons are to be given, or (b) the award is an arbitral award on agreed terms under section 30" (Disponível em: https://indiacode.nic.in/show-data?actid=AC_CEN_3_46_00004_199626_1517807323919&sectionId=24534&sectionno=31&orderno=34. Acesso em: 16 fev. 2020).

doméstica de Singapura (*Section* 38[2])[581] dispensam a fundamentação da sentença arbitral, se assim for convencionado pelas partes.

Isso se dá porque, na esfera estritamente privada, na seara dos direitos patrimoniais disponíveis, os contratantes podem renunciar livremente aos seus direitos, desde que as partes sejam capazes, o objeto seja lícito e a forma seja aquela prevista em lei. Assim, se a lei forasteira autorizar (ou não se opuser a) que a arbitragem seja encerrada por sentença desprovida de fundamentação, o julgado será válido, se assim for pactuado pelas partes. Escolha essa que pode ser feita, inclusive, para reduzir os custos com o procedimento.

Cabe perquirir, neste particular, se a sentença arbitral estrangeira, sem fundamentação, seria passível de homologação pelo STJ. No caso *Newedge v. Manoelo Fernando Garcia*, julgado em 2014, que tinha por objeto pedido de homologação de sentença prolatada nos Estados Unidos, com base na lei do Estado de Nova York, orientou-se o STJ no sentido de que "a motivação adotada pela sentença arbitral e seus aspectos formais seguem os padrões do país em que foi proferida, não podendo sua concisão servir de pretexto para inibir a homologação do *decisum*".[582] Ali, perceba-se, a decisão era concisa e não sem fundamentação. Nada obstante, o substrato teórico subjacente ao julgado revela que há espaço no STJ para admitir a homologação de sentença arbitral estrangeira, ainda que sem qualquer motivação. Com efeito, se o regramento aplicável à sentença é o do país em que é proferida, há que se admitir a licitude de sentença arbitral estrangeira sem fundamentação, caso exista previsão na lei respectiva.

Essa possibilidade (de validade de sentença arbitral estrangeira sem fundamentação) foi expressamente ventilada no STJ, em voto vencido do Ministro Massami Uyeda, no caso *Kanematsu*. No referido voto, o Ministro reconheceu a validade de sentença estrangeira sem fundamentação, prolatada nos Estados Unidos, segundo o regulamento da AAA.[583] O tema, contudo, não foi apreciado pelo colegiado. Isso porque a Corte Especial do STJ, na forma do voto vencedor do Ministro Francisco Falcão, deixou de homologar a sentença arbitral forasteira, mas por outro motivo (qual

---

[581] Act 37 de 2001 – Chapter 10: "Form and contents of award – (2) The award shall state the reasons upon which it is based, unless the parties have agreed that no grounds are to be stated or the award is an award on agreed terms under section 37" (Disponível em: https://sso.agc.gov.sg/Act/AA2001#pr38-. Acesso realizado em 16 de fevereiro de 2020).

[582] STJ, SEC 5.692-EX, Corte Especial, Rel. Min. Ari Pargendler, j. 20.08.2014, *DJe* 01.09.2014.

[583] STJ, SEC 885/EX, Corte Especial, Rel. Min. Francisco Falcão, j. 18.04.2012, *DJe* 13.08.2012. Vide, a propósito da questão, o seguinte trecho do voto-vencido do Ministro Massami Uyeda: "Destaca-se, por oportuno, que, ao contrário do que sustentou a Requerida em sua contestação, a ausência de fundamentação na Sentença Arbitral se deve ao fato de que no procedimento adotado pela American Arbitration Association – AAA admitir-se a emissão de laudo sem conter uma declaração de motivos, a menos que a parte se manifeste em contrário, como restou destacado pelo Árbitro em seu Laudo e no Procedimento para Resolução de Litígios Comerciais da AAA (fls. 106 – tradução e 111 – original e 309/310 – tradução e 326-original). Enfim, preenchidos os requisitos necessários, impõe-se a homologação da Sentença Arbitral Estrangeira".

seja, a ausência de compromisso arbitral),[584] sem adentrar na discussão da validade da sentença desprovida de fundamentação.

As melhores sentenças arbitrais internacionais são bem fundamentadas e redigidas de forma clara e isenta de linguagem ambígua. O Tribunal Arbitral deverá sempre ter como objetivo proferir sentença arbitral justa, válida e executável.[585] Este último aspecto (a exequibilidade da sentença arbitral) é especialmente importante, em se tratando de sentença estrangeira. De nada vale uma sentença justa e válida no local em que prolatada, sem que possa ser executada no país em que o vencido possua o seu patrimônio. Nesse sentido, o art. 42 do regulamento de arbitragem da CCI estipula que a Corte e o Tribunal Arbitral farão *o possível para assegurar que a sentença arbitral seja executável perante a lei*.[586] O ideal é que, em arbitragens internacionais, os árbitros redijam a sentença pautados nos critérios da Convenção de Nova York (Decreto 4.311/2002), o que garantirá sua execução em todos os países signatários.

4. Dispositivo

O inciso III do art. 26 da Lei de Arbitragem estabelece que o dispositivo é a parte da sentença em que os árbitros, após o relatório e a fundamentação, resolvem as questões em disputa, nos limites estabelecidos (i) na convenção de arbitragem e (ii) nos pedidos formulados pelas partes. A ausência de correlação (ou congruência) entre o pedido e a sentença é causa para a anulação da sentença arbitral, à luz do art. 32, IV e VIII, da Lei. Com efeito, tem aplicação na arbitragem, tal e qual no processo civil, o princípio da correlação (também chamado de princípio da adstrição ou da congruência) entre o pedido formulado e a decisão final prolatada pelo juízo arbitral.[587] Como leciona José Rogério Cruz e Tucci, "adstrição é a chave para o diagnóstico da higidez da sentença arbitral. Esta deve enfrentar as *causas petendi* e *excipiendi* na motivação e o pedido no respectivo dispositivo".[588] Tanto a sentença arbitral *extra petita* (fora do

---

[584] Confira-se: "Sentença estrangeira contestada. Juízo arbitral. Ausência de prova quanto a sua eleição. Artigo 37, inciso II, da Lei n. 9.307/96. I - Não trazida aos autos a prova da convenção de arbitragem, não é possível homologar-se laudo arbitral. II - Observância à norma contida no inciso II do artigo 37 da Lei n. 9.307/96. III – Pedido homologatório indeferido" (SEC 885/EX, Rel. Min. Francisco Falcão, Corte Especial, j. 18.04.2012, *DJe* 13.08.2012).

[585] BLACKABY, Nigel et al. *Redfern and Hunter on International Arbitration*. 6th ed. Oxford: Oxford University Press, 2015. p. 549.

[586] Vide art. 42 do regulamento de arbitragem da CCI: "Artigo 42. Regra geral – Em todos os casos não expressamente previstos no Regulamento, a Corte e o tribunal arbitral deverão proceder em conformidade com o espírito do Regulamento, fazendo o possível para assegurar que a sentença arbitral seja executável perante a lei" (Disponível em: https://iccwbo.org/dispute-resolution-services/arbitration/rules-of-arbitration/. Acesso em: 22 jan. 2021).

[587] No sentido do texto: CRUZ E TUCCI, José Rogério. Liberdade de decisão do árbitro é limitada pelo princípio da congruência. *Revista Consultor Jurídico*, 2 set. 2014. Disponível em: https://www.conjur.com.br/2014-set-02/paradoxo-corte-liberdade-arbitro--limitada-principio-congruencia. Acesso em: 23 nov. 2020.

[588] Idem.

que foi pedido) como a *ultra petita* (além do que foi pedido) não só importam em mácula ao devido processo legal (já que versam sobre tema que não foi submetido ao contraditório), como emanam de árbitro sem jurisdição sobre a questão decidida.

Excepcionalmente, a sentença *citra petita*, assim entendida aquela em que o árbitro deixa de decidir algum (ou alguns) dos pedidos, não fica contaminada pelo vício de nulidade. Sempre caberá pedido de esclarecimentos para sanar a irregularidade. Sem prejuízo disso, estatui o art. 33, § 4º, da Lei "a parte interessada poderá ingressar em juízo para requerer a prolação de sentença arbitral complementar, se o árbitro não decidir todos os pedidos submetidos à arbitragem". Assim, em caso de sentença *citra petita*, fica a parte prejudicada autorizada a propor demanda judicial para exigir que seja prolatada sentença arbitral de cunho complementar.

É dever do árbitro o de decidir tudo o que lhe tenha sido pleiteado pelas partes, nos limites da convenção de arbitragem, ainda que de forma repartida (via sentenças parciais e final). No dispositivo, o árbitro (ou painel arbitral) deverá resolver pontualmente, sem ser obrigado a detalhar cada tópico, cada um dos pedidos apresentados.

5. Data e lugar em que a sentença é proferida

A data lançada na sentença arbitral indica o momento em que se considera finalizado o procedimento, pondo termo na contagem do prazo (legal ou convencional) para ser proferida.[589] Prolatada dentro do prazo estipulado, evita qualquer alegação de nulidade. Nada obstante, mesmo que proferida fora do prazo, só autoriza a ação anulatória do art. 32, VII, da Lei caso "a parte interessada tenha notificado o árbitro, ou o presidente do tribunal arbitral, concedendo-lhe o prazo de dez dias para a prolação e apresentação da sentença arbitral",[590] e o prazo seja descumprido.

É de extrema relevância a indicação do lugar em que a sentença é proferida. Isso porque, de acordo com o critério da territorialidade, adotado pelo art. 34, parágrafo único, da Lei de Arbitragem, a sentença será doméstica se proferida em território nacional, ficando dispensada a sua homologação no STJ (art. 37 da Lei de Arbitragem), ao passo que será tida por estrangeira, na hipótese de ser prolatada em qualquer outro país. Por isso também que é tão importante que a convenção arbitral indique o local da deliberação final (o instrumento poderá vir a ser assinado pelos árbitros em local distinto, uma vez que podem ser de nacionalidades distintas). O legislador nacional elegeu, portanto, o critério geográfico (*ius solis*)[591] como definidor na nacionalidade da sentença arbitral, se doméstica ou estrangeira.

---

[589] Sustenta Carmona que "a data que deve constar na sentença é aquela em que a decisão foi tomada, não a data em que foi escrita" (CARMONA, Carlos Alberto. *Arbitragem e processo*: um comentário à Lei 9.307/96. 3. ed. São Paulo: Atlas, 2009. p. 372).

[590] Vide comentários ao art. 12, III, da Lei.

[591] Nesse sentido: "No ordenamento jurídico pátrio, elegeu-se o critério geográfico (*ius solis*) para determinação da nacionalidade das sentenças arbitrais, baseando-se exclusivamente no local onde a decisão for proferida (art. 34, parágrafo único, da Lei nº 9.307/96). 5. Na espécie, o fato de o requerimento para instauração do procedimento arbitral ter sido apresentado à Corte Internacional de Arbitragem da Câmara de Comércio Internacional não tem o condão de alterar a nacionalidade

A adoção do sobredito critério pela legislação brasileira foi inspirada no art. 56(2) da antiga Lei de Arbitragem espanhola de 1988 (Lei 36/1988) que enunciava que "se entiende por laudo arbitral extranjero el que no haya sido pronunciado en España".[592] Tal opção legislativa encontra-se reproduzida pela Lei de Arbitragem vigente naquele país (Lei 60/2003), cujo art. 46(1) disciplina que "se entiende por laudo extranjero el pronunciado fuera del territorio español".[593]

O art. 31(3) da lei modelo da UNCITRAL[594] estabelece que a sentença deve indicar o local da arbitragem, nos moldes do que dispõe o seu art. 20.[595]

Em recente decisão, a Suprema Corte da Índia decidiu que se as partes indicam na convenção de arbitragem o *local do procedimento arbitral (venue of arbitration proceedings)*, mas não indicam o *local de proferimento da sentença (seat of arbitration)*, há que se entender que o local do procedimento declarado pelas partes deve ser também o lugar em que a sentença há de ser prolatada. Ficou assentado na ocasião, ainda, que *venue* e *seat*, para os da Lei de Arbitragem da Índia (*Indian Arbitration and Conciliation Act*), são expressões que se equiparam.[596]

---

dessa sentença, que permanece brasileira. 6. Sendo a sentença arbitral em comento de nacionalidade brasileira, constitui, nos termos dos arts. 475-N, IV, do CPC e 31 da Lei da Arbitragem, título executivo idôneo para embasar a ação de execução da qual o presente recurso especial se origina, razão pela qual é desnecessária a homologação por esta Corte" (STJ, REsp 1.232.554, Terceira Turma, Rel. Min. Nancy Andrighi, *DJe* 01.06.2011).

[592] Disponível em: https://www.boe.es/buscar/doc.php?id=BOE-A-1988-28027. Acesso em: 16 fev. 2020.

[593] Disponível em: https://www.boe.es/buscar/act.php?id=BOE-A-2003-23646. Acesso em: 16 fev. 2020.

[594] "Artigo 31. Forma e conteúdo da sentença arbitral. (3) Da sentença constará a data e o local da arbitragem, em conformidade com o artigo 20.º, parágrafo 1.º. Considerar-se-á que a sentença foi proferida nesse local" (Disponível em: http://www.cbar.org.br/leis_intern_arquivos/Lei_Modelo_Uncitral_traduzida_e_revisada_versao_final.pdf. Acesso em: 16 fev. 2020).

[595] "Artigo 20º Local da arbitragem (1) As partes podem decidir livremente sobre o local da arbitragem. Na falta de tal decisão, este local será fixado pelo tribunal arbitral, tendo em conta as circunstâncias do caso, incluindo a conveniência das partes. (2) Não obstante as disposições do parágrafo 1.º do presente artigo, o tribunal arbitral pode, salvo acordo das partes em contrário, reunir-se em qualquer local que julgar apropriado para a realização de consultas entre os seus membros, para a oitiva de testemunhas, de peritos ou das partes, ou para a inspeção de mercadorias, outros bens ou documentos" (Disponível em: http://www.cbar.org.br/leis_intern_arquivos/Lei_Modelo_Uncitral_traduzida_e_revisada_versao_final.pdf. Acesso em: 16 fev. 2020).

[596] "It will thus be seen that wherever there is an express designation of a 'venue', and no designation of any alternative place as the 'seat', combined with a supranational body of rules governing the arbitration, and no other significant contrary indicia, the inexorable conclusion is that the stated venue is actually the juridical seat of the arbitral proceeding" (Supreme Court of India, *BGS SGS Soma JV v. NHPC Ltd*, Civil Appeal 9307 of 2019, 10 de dezembro de 2019).

6. Assinatura dos árbitros

Como regra, a sentença arbitral há de ser assinada pelo árbitro, em caso de árbitro único, ou por todos os árbitros, na hipótese de juízo colegiado. É possível, contudo, que um dos árbitros, por problemas estranhos à arbitragem, ou por divergência insuperável, não possa ou mesmo recuse-se a assiná-la. Para tais hipóteses, o parágrafo único do art. 26 da Lei de Arbitragem estabelece que o presidente do Tribunal Arbitral deverá certificar a eventual impossibilidade, ou recusa, de assinatura da sentença, dando ciência de tal fato às partes, sem que isso invalide ou de qualquer forma importe em vício ao procedimento arbitral.

> **Art. 27.** A sentença arbitral decidirá sobre a responsabilidade das partes acerca das custas e despesas com a arbitragem, bem como sobre verba decorrente de litigância de má-fé, se for o caso, respeitadas as disposições da convenção de arbitragem, se houver.

 Comentários

1. Despesas e custas na arbitragem

As regras da convenção de arbitragem, bem como as do regulamento de arbitragem institucional (se for o caso), têm o papel de disciplinar a forma pela qual serão repartidas as custas e demais despesas com a arbitragem, podendo delimitar, ainda, as responsabilidades quanto ao reembolso, ao final, em caso de sucumbência. É a partir delas que o painel arbitral, ao final do procedimento, irá fixar, por sentença, se a parte vencida deverá ressarcir as despesas que o vencedor teve com o procedimento e em que medida.

Na ausência de previsão específica na convenção de arbitragem, sobretudo nas hipóteses de arbitragem *ad hoc*, caberá ao Tribunal Arbitral definir a responsabilidade das partes a propósito das custas e despesas com o procedimento, podendo, ainda, aplicar sanções por litigância de má-fé, a depender do comportamento das partes no trâmite procedimental.

Os árbitros têm em regra certa discricionariedade para alocar às partes as responsabilidades acerca das custas e despesas com a arbitragem. Como bem ensina Joaquim Muniz, "uma questão recorrente refere-se a como se deve repartir entre as partes a responsabilidade pelas custas e despesas, quando há procedência parcial da ação e/ou ação e reconvenção julgadas procedentes e/ou improcedentes. Não há fórmula matemática adotada amplamente que permita uma resolução automática desse problema. Salvo se as regras procedimentais e/ou convenção arbitral regularem a questão de forma específica, os árbitros terão certa discricionariedade para alocar às partes a responsabilidade por custas e despesas, de acordo com a intensidade do efetivo ganho e perda de cada um, balizando-se por critérios de proporcionalidade, razoabilidade e equidade".[597]

---

[597] MUNIZ, Joaquim de Paiva. *Curso básico de direito arbitral*: teoria e prática. 4. ed. Curitiba: Juruá, 2017. p. 257.

As despesas com a arbitragem dividem-se em três categorias: a) custas devidas à instituição arbitral (taxa de instauração do procedimento e taxa de administração, conforme regulamento da entidade); b) despesas incorridas pelas partes no curso do procedimento (diligências, reuniões, audiências, deslocamento, entregas de documentos, traduções, reproduções especiais de documentos, gravações, gastos com perícia, avaliações, visitas técnicas); e c) os honorários dos árbitros.

Muito diferente do que se supõe, a maior parte das despesas com o procedimento arbitral são, de acordo com relatório de 2015 da CCI (*ICC Commission Report Decisions on Costs in International Arbitration*),[598] aquelas que recaem na contratação de advogados e com a realização de perícia, incluída a contratação de assistente técnico. Os gastos com os honorários dos árbitros, assim como os custos suportados com as câmaras arbitrais, representam percentual de menor dimensão nas despesas totais com a arbitragem. As despesas gerais (com advogados e perícia, entre outros) totalizaram, em média, 83% do custo com o procedimento, ao passo os honorários arbitrais representam, em média, 15% dos custos da arbitragem. Já a taxa de administração, devida às entidades arbitrais, no caso de opção pela arbitragem institucional, correspondem a cerca de 2% dos desembolsos com o procedimento.[599]

O referido relatório, elaborado pela Corte Arbitral da CCI, faz uma sintomática menção ao art. 38 do regulamento da entidade, cujo teor confere significativa discricionariedade aos árbitros para decidirem sobre as responsabilidades das partes, a respeito das custas e despesas do procedimento, os quais deverão levar em consideração, quando da sentença, o comportamento delas no desenrolar da arbitragem, em especial se agiram de forma eficiente e expedita, nos termos do art. 38(4) (5).[600]

---

[598] ICC Commission Report Decisions on Costs in International Arbitration, 2015, p. 3. Disponível em: https://iccwbo.org/content/uploads/sites/3/2015/12/Decisions-on--Costs-in-International-Arbitration.pdf. Acesso em: 17 fev. 2020.

[599] Já mencionamos na análise do art. 22 da Lei de Arbitragem o ICC Commission Report: Controlling Time and Costs in Arbitration (*Relatório de Comissão da CCI sobre Controle de Tempo e Gastos na Arbitragem*) de março de 2018. Guia essencial para uma melhor gestão financeira do procedimento arbitral pelas partes. ICC Arbitration Commission Report on Techniques for Controlling Time and Costs in Arbitration. Disponível em: https://iccwbo.org/publication/icc-arbitration-commission-report-on-techniques-for--controlling-time-and-costs-in-arbitration/. Acesso em: 17 fev. 2020.

[600] Vide art. 38 (4)(5) do Regulamento de Arbitragem da CCI: "4. A sentença arbitral final fixará os custos da arbitragem e decidirá qual das partes arcará com o seu pagamento, ou em que proporção serão repartidos entre as partes. 5. Ao tomar decisões relativas aos custos, o tribunal arbitral deverá considerar quaisquer circunstâncias que entenda relevantes, inclusive em que medida cada parte conduziu a arbitragem de uma forma expedita e eficiente quanto aos custos" (Disponível em: https://iccwbo.org/dispute--resolution-services/arbitration/rules-of-arbitration/. Acesso em: 22 jan. 2021). Em sentido semelhante, dispõe o item 28.4 do Regulamento de Arbitragem da LCIA: "28.4 The Arbitral Tribunal shall make its decisions on both Arbitration Costs and Legal Costs on the general principle that costs should reflect the parties' relative success and failure in the award or arbitration or under different issues, except where it appears to the Arbitral Tribunal that in the circumstances the application of such a general principle would be inappropriate under the Arbitration Agreement or otherwise. The Arbitral Tribunal may

Nesse sentido, cabe ao painel arbitral (ou ao árbitro único, se for o caso) avaliar, no momento de prolatar a sentença, se as partes contribuíram para uma solução mais célere e eficiente (isto é, menos custosa) do litígio, alocando as responsabilidades acerca das custas e despesas com a arbitragem, também, em função disso. Trata-se de importante esforço conduzido pela CCI, com o objetivo de tentar criar mecanismos voltados para viabilizar a redução dos custos com a arbitragem.

O sobredito relatório sugere que o Tribunal Arbitral utilize a alocação de custos como ferramenta para gestão da eficiência e controle de tempo e dos próprios custos em cada etapa do procedimento arbitral. Para tanto, podem os árbitros se valer de três espécies de medidas: a) discutir e deliberar sobre a alocação de custos no início do procedimento, em sua em etapa inicial (por exemplo, no termo de arbitragem); b) prolatar sentenças parciais sobre custos, bem como emitir ordens a respeito, em etapas ou decisões interlocutórias; e c) punir condutas impróprias, incluindo comportamento ineficiente ou desarrazoado, via sentenças parciais ou final.[601]

O relatório sumariza os diversos aspectos que devem ser considerados pelos árbitros, a propósito do tema, da seguinte maneira: "Ao alocar custos na arbitragem comercial internacional, pode ser necessário: (i) identificar e estabelecer o escopo de qualquer acordo entre as partes sobre custos; (ii) decidir quais das partes arcarão com os custos ou em que proporção serão suportadas pelas partes, inclusive, quando apropriado, com base em seu relativo sucesso e fracasso; (iii) avaliar a razoabilidade e a realidade dos custos incorridos pelas partes; e (iv) levar em conta outras circunstâncias, quando relevantes, incluindo até que ponto cada uma das partes conduziu a arbitragem de maneira expedita e eficiente financeiramente".[602]

A *IBA Rules on Party Representation in International Arbitration*, de maio de 2013, estabelece, em seus parágrafos 26 e 27,[603] sanções para a má-conduta dos patronos

---

also take into account the conduct of the parties and that of their authorised representatives in the arbitration, including any cooperation in facilitating the proceedings as to time and cost and any non-cooperation resulting in undue delay and unnecessary expense. Any decision on costs by the Arbitral Tribunal shall be made with reasons in the order or award containing such decision (unless it is a Consent Award)" (Disponível em: https://www.lcia.org/Dispute_Resolution_Services/lcia-arbitration-rules-2020. aspx#Article%2025. Acesso em: 22 jan. 2021).

601 ICC Commission Report Decisions on Costs in International Arbitration, 2015, p. 7. Disponível em: https://iccwbo.org/content/uploads/sites/3/2015/12/Decisions-on--Costs-in-International-Arbitration.pdf. Acesso em: 17 fev. 2020.

602 ICC Commission Report Decisions on Costs in International Arbitration, 2015, p. 9. Disponível em: https://iccwbo.org/content/uploads/sites/3/2015/12/Decisions-on--Costs-in-International-Arbitration.pdf. Acesso em: 17 fev. 2020.

603 "26. If the Arbitral Tribunal, after giving the Parties notice and a reasonable opportunity to be heard, finds that a Party Representative has committed Misconduct, the Arbitral Tribunal, as appropriate, may: (a) admonish the Party Representative; (b) draw appropriate inferences in assessing the evidence relied upon, or the legal arguments advanced by, the Party Representative; (c) consider the Party Representative's Misconduct in apportioning the costs of the arbitration, indicating, if appropriate, how and in what amount the Party Representative's Misconduct leads the Tribunal to a different

das partes, no curso dos procedimentos arbitrais internacionais, com destaque para a sanção prevista no parágrafo 26(c), que prevê a alocação de custos proporcional à gravidade do comportamento manifestado.

É lembrar que o Código de Processo Civil não se aplica à via arbitral. Assim, regra geral, não há que se falar na condenação da parte vencida em honorários de sucumbência. Eventual condenação a tal título só será possível se houver previsão específica a respeito na convenção de arbitragem. Do contrário, a fixação de honorários advocatícios sucumbenciais na sentença, com base no art. 85 do CPC, importará em desrespeito aos limites objetivos estabelecidos pela cláusula arbitral, autorizando o manejo da ação anulatória prevista no art. 32, IV, da Lei 9.307/1996.[604]

Nada impede, contudo, que o árbitro condene a parte vencida a reembolsar os custos razoáveis que o vencedor teve com a contratação de advogado. Ao contrário, é previsão corriqueira nos regulamentos de arbitragem,[605] que deriva, aí sim, da regra do art. 27 da Lei. O montante a ser ressarcido vai para a parte vencedora (e não para seu patrono), consistindo em verdadeiro reembolso. Considerando que a presença de advogado na arbitragem é apenas recomendável, porém facultativa, pode ocorrer de

---

apportionment of costs; (d) take any other appropriate measure in order to preserve the fairness and integrity of the proceedings. 27. In addressing issues of Misconduct, the Arbitral Tribunal should take into account: (a) the need to preserve the integrity and fairness of the arbitral proceedings and the enforceability of the award; (b) the potential impact of a ruling regarding Misconduct on the rights of the Parties; (c) the nature and gravity of the Misconduct, including the extent to which the misconduct affects the conduct of the proceedings; (d) the good faith of the Party Representative; (e) relevant considerations of privilege and confidentiality; and (f) the extent to which the Party represented by the Party Representative knew of, condoned, directed, or participated in, the Misconduct" (Disponível em: https://www.ibanet.org/Publications/publications_IBA_guides_and_free_materials.aspx. Acesso em: 17 fev. 2020).

[604] Em sentido semelhante é a lição do José Roberto Castro Neves: "Como a Lei de Arbitragem não menciona a sucumbência dos advogados, diante do silêncio das partes, o tribunal arbitral não está autorizado a estabelecer esse ônus. Pode, como antes se registrou, tratar dos honorários de advogado, que devem corresponder ao ressarcimento do que se pagou, tanto assim que destinado à parte e não ao seu patrono". E complementa o ilustre jurista: "Caso o Tribunal arbitral, sem estar autorizado expressamente para tanto, estabelecer o pagamento de honorários de sucumbência, estará agindo de forma ilegal, despido de jurisdição e de fundamento jurídico" (NEVES, José Roberto Castro. Os honorários de sucumbência na arbitragem. In: CARMONA, Carlos Alberto; LEMES, Selma Ferreira; MARTINS, Pedro Batista. *20 anos da lei de arbitragem*. São Paulo: Atlas, 2017. p. 646).

[605] Vide, a título ilustrativo, o § 2º do art. 39 do Regulamento da Câmara FGV: "A sentença arbitral fixará a responsabilidade pelo pagamento de custas e honorários, incluindo-se as despesas dos árbitros e de quaisquer peritos nomeados pelo tribunal arbitral e custos administrativos da Câmara FGV, bem como as despesas razoáveis incorridas pelas partes para a sua defesa, observada a declaração de responsabilidade de que trata a letra (i) do artigo 28 deste Regulamento" (Disponível em: https://camara.fgv.br/artigos/versao-de-2016-vigente. Acesso em: 31 nov. 2020).

que a discussão inexista no procedimento.[606] Basta que a defesa tenha sido feita por advogado interno da empresa, por exemplo.

Na forma do art. 13, § 7º, da Lei de Arbitragem, a instituição arbitral (ou o Tribunal Arbitral, no caso da arbitragem *ad hoc*) poderá exigir o adiantamento das despesas com o procedimento, como condição para o desenvolvimento regular da arbitragem. É, aliás, a regra geral na arbitragem. A via arbitral é uma opção das partes, feita contratualmente, mas compete aos litigantes a antecipação das despesas (total ou parcialmente) com os árbitros e com o procedimento.

A taxa de administração, própria da arbitragem institucional, é definida, em regra, pelos regimentos de custas das câmaras arbitrais, sendo suportada por ambas as partes (requerentes e requeridos), à razão de 50% para cada um dos polos da disputa.[607]

As instituições arbitrais possuem, em regra, duas tabelas de valores de custas, que variam de acordo com o montante em disputa (soma dos pedidos das partes): uma tabela para a taxa de administração do procedimento e outra para os honorários dos árbitros.

A remuneração dos árbitros, conforme já assentou o STJ, "compete às partes que se valeram da arbitragem e poderá estar contida no próprio compromisso arbitral, se for o caso. Todavia, se o árbitro integrar uma câmara arbitral, nada impede que haja convenção determinando que os honorários, custas e despesas sejam pagos diretamente à instituição privada, a qual, por sua vez, repassará o valor devido aos seus árbitros".[608] E mais: "Não existe, igualmente, nenhum óbice legal para que os serviços prestados pelos árbitros sejam remunerados por salário, mediante observância da Consolidação das Leis do Trabalho – CLT".[609]

Algumas instituições arbitrais também estipulam o pagamento de honorários a Comitê Especial, em caso de arguição de recusa de árbitro. O referido pagamento, salvo disposição expressa em contrário, há de ser efetuado pela parte que suscitou o incidente.[610]

---

606 CARMONA, Carlos Alberto. *Arbitragem e processo*: um comentário à Lei 9.307/96. 3. ed. São Paulo: Atlas, 2009. p. 374-375.

607 Vide, por exemplo, item 11.3. do regulamento de arbitragem da CAMARB: "11.3. Após o decurso do prazo para manifestação do requerido sobre a solicitação de instituição da arbitragem e anteriormente à audiência para assinatura do Termo de Arbitragem, as partes serão intimadas pela Secretaria para recolher a taxa de administração e os honorários de árbitro, à razão de 50% (cinquenta por cento) para cada polo processual" (Disponível em: http://camarb.com.br/arbitragem/regulamento-de-arbitragem/. Acesso em: 17 fev. 2020).

608 STJ, Segunda Seção, CC 129.310/GO, Rel. Min. Ricardo Villas Bôas Cueva, j. 13.05.2015, *DJe* 19.05.2015.

609 Idem.

610 Vide item VII do Regimento de Custas da CAM-CCBC: "VII. Comitê Especial (art. 5.4 e 12.13 do Regulamento do CAM-CCBC) Valor dos Honorários do Comitê: R$ 20.000,00 por árbitro impugnado. O Presidente do Comitê Especial receberá 40% dos honorários e os demais membros do Comitê receberão o restante do valor dividido igualmente, ou seja, 30% cada. Em caráter excepcional, a Direção do CAM-CCBC por solicitação do Comitê Especial constituído, poderá justificadamente fixar um acréscimo aos honorá-

Na hipótese de inadimplemento das despesas por uma das partes, os regulamentos facultam à outra efetuar o pagamento por conta daquela que não honrou com os valores devidos. Se o fizer, poderá a parte adimplente ser reembolsada ao final, caso se sagre vencedora no litígio. Se não houver tal pagamento, o procedimento será suspenso, até a devida quitação.[611]

Caso uma das partes se recuse a arcar com os custos relacionados à realização de diligência ou com a produção de determinada prova, ou não tenha como suportá-los, o árbitro poderá dispensar a providência, cabendo à parte à qual incumbia a comprovação do fato os ônus de não o fazê-lo.[612] Perderá o direito de produzir a prova e, em se tratando de fato determinante para a solução do litígio, possivelmente ficará vencida no procedimento. Em tal hipótese, não há como o juízo arbitral transferir os ônus envolvidos na produção da prova à parte contrária.

2. Litigância de má-fé

A arbitragem é um método consensual eleito pelas partes para solução de uma disputa. Devido a isso, a ocorrência de litigância de má-fé é menos frequente do que

---

rios. Responsável pelo provisionamento: Salvo disposição expressa e específica em contrário, os honorários serão provisionados pela Parte que suscitou o incidente, sob pena de extinção do incidente. Prazo para provisionamento: O Presidente do CAM-CCBC fixará em Despacho prazo de 10 (dez) dias para o provisionamento" (Disponível em: https://ccbc.org.br/cam-ccbc-centro-arbitragem-mediacao/resolucao-de-disputas/arbitragem/tabela-despesas-calculadora-2019/. Acesso em: 17 fev. 2020). Vide também item 12.13 do Regulamento de Arbitragem da CAM-CCBC: "12.13. O Comitê Especial previsto no artigo 5.4 do Regulamento, somente será constituído mediante o pagamento dos valores estipulados na Tabela de Despesas. Salvo disposição expressa e específica em contrário, os honorários deverão ser recolhidos pela parte que suscitou o incidente" (Disponível em: https://ccbc.org.br/cam-ccbc-centro-arbitragem-mediacao/resolucao-de-disputas/arbitragem/regulamento-2012/. Acesso em: 17 fev. 2020).

[611] Vide Regulamento de Arbitragem da CAM-CCBC: "12.10. Na hipótese do não pagamento das Taxas de Administração, honorários de árbitro e peritos ou quaisquer despesas da arbitragem, será facultado a uma das partes efetuar o pagamento por conta da outra, em prazo a ser fixado pela Secretaria do CAM-CCBC. 12.10.1. Caso o pagamento seja efetuado pela outra parte, a Secretaria do CAM-CCBC dará ciência às partes e ao Tribunal Arbitral, hipótese em que este considerará retirados os pleitos da parte inadimplente, se existentes. 12.10.2. Caso nenhuma das partes se disponha a efetuar o pagamento, o procedimento será suspenso" (Disponível em: https://ccbc.org.br/cam-ccbc-centro--arbitragem-mediacao/resolucao-de-disputas/arbitragem/regulamento-2012/. Acesso em: 17 fev. 2020). Vide também item 11.4 do Regulamento de Arbitragem da CAMARB: "11.4 - No caso do não pagamento, por qualquer das partes, da taxa de administração, dos honorários de árbitros, demais despesas ou adiantamentos solicitados pela Secretaria, no tempo e nos valores estipulados, poderá a outra parte adiantar o respectivo valor de modo a permitir a realização da arbitragem, procedendo-se ao acerto das contas ao final do procedimento, conforme decidido na sentença arbitral" (Disponível em: http://camarb.com.br/arbitragem/regulamento-de-arbitragem/. Acesso em: 17 fev. 2020).

[612] CAHALI, Francisco José. *Curso de arbitragem*: mediação, conciliação e tribunal multiportas. 7. ed. São Paulo: Thomson Reuters Brasil, 2018. p. 292-293.

na esfera judicial. O art. 80 do CPC, que define litigância de má-fé,[613] serve como mera referência para aferição de litigância de má-fé em arbitragens domésticas. Caberá ao árbitro, na análise do caso concreto, decidir a respeito. Em se verificando o comportamento ardiloso ou reprovável, por qualquer das partes, com o uso excessivo de táticas de guerrilha, devem os árbitros considerar a possibilidade de alocar os custos do procedimento como forma de punição para partes e patronos que atuem de forma temerária e ineficiente. Hermes Marcelo Huck salienta, entretanto, que a mera punição do guerrilheiro, quando da distribuição dos ônus de sucumbência, "é muito pouco",[614] enfatizando a importância da aplicação de "multas mais pesadas pela conduta inadequada ou pelo uso de má-fé processual".[615] E complementa: "Lições inesquecíveis são aquelas que atingem os bolsos".[616]

O regulamento de arbitragem do CBMA, entre outros, é explícito, em seu item 14.7, quanto a possibilidade de condenação da parte por litigância de má-fé ("A sentença arbitral decidirá sobre a responsabilidade das partes acerca das custas e despesas havidas com a arbitragem, bem como sobre verba decorrente de litigância de má-fé, se for o caso, respeitadas as disposições da convenção de arbitragem, se houver").[617]

> **Art. 28.** Se, no decurso da arbitragem, as partes chegarem a acordo quanto ao litígio, o árbitro ou o tribunal arbitral poderá, a pedido das partes, declarar tal fato mediante sentença arbitral, que conterá os requisitos do art. 26 desta Lei.

 Comentários

1. Sentença homologatória de acordo ou *Consent Award*

É frequente que, no desenrolar do procedimento arbitral, as partes cheguem a um acordo, formalizando a respectiva transação, na linha do disposto no art. 840 do

---

[613] "Art. 80. Considera-se litigante de má-fé aquele que: I – deduzir pretensão ou defesa contra texto expresso de lei ou fato incontroverso; II – alterar a verdade dos fatos; III – usar do processo para conseguir objetivo ilegal; IV – opuser resistência injustificada ao andamento do processo; V – proceder de modo temerário em qualquer incidente ou ato do processo; VI – provocar incidente manifestamente infundado; VII – interpuser recurso com intuito manifestamente protelatório."

[614] HUCK, Hermes Marcelo. As táticas de guerrilha na arbitragem. In: CARMONA, Carlos Alberto; LEMES, Selma Ferreira; MARTINS, Pedro Batista. *20 anos da lei de arbitragem*. São Paulo: Atlas, 2017. p. 315.

[615] Idem.

[616] Idem.

[617] Disponível em: http://www.cbma.com.br/regulamento_1. Acesso em: 17 fev. 2020.

Código Civil.[618] Inclusive, na forma do art. 21, § 4º, da Lei de Arbitragem, compete ao árbitro tentar a conciliação entre as partes no início do procedimento.

Celebrada a transação, as partes podem pedir aos árbitros a homologação do acordo, conferindo àquilo que foi ajustado o *status* de sentença judicial, na forma do art. 515, VII, do CPC. Evidentemente, o árbitro deverá respeitar os limites legais e aqueles estabelecidos na convenção de arbitragem, ao decidir sobre a homologação do acordo.

Mais do que isso, de acordo com o art. 28 da Lei de Arbitragem, a sentença homologatória deve observar, necessariamente, os requisitos formais indicados no art. 26, dela devendo constar, ainda que de forma abreviada, relatório, fundamentação, dispositivo e a data e lugar em que foi proferida. Em regra, todas as instituições arbitrais contemplam a sentença homologatória de acordo em seus regulamentos de arbitragem.

Admite-se, inclusive, a sentença arbitral parcial homologatória de acordo, isto é, que homologa acordo apenas com relação a tópico específico da disputa.

A homologação não é obrigatória. É corriqueiro que as partes se abstenham de pedi-la ao Tribunal Arbitral. Em tal hipótese, o acordo terá natureza extrajudicial. A principal vantagem da homologação de acordo, obviamente, é o caráter de título executivo judicial da sentença arbitral, nos termos do art. 31 da Lei de Arbitragem e, ainda, do art. 515, VII, do CPC.

> **Art. 29.** Proferida a sentença arbitral, dá-se por finda a arbitragem, devendo o árbitro, ou o presidente do tribunal arbitral, enviar cópia da decisão às partes, por via postal ou por outro meio qualquer de comunicação, mediante comprovação de recebimento, ou, ainda, entregando-a diretamente às partes, mediante recibo.

 Comentários

1. Comunicação da sentença arbitral

A Lei de Arbitragem oferece uma disciplina bastante flexível quanto à forma de ciência das partes a respeito da sentença arbitral. Assim, pode ser feita por *e-mail*, carta ou até mesmo por vias menos tradicionais, como fax ou outro meio de comunicação idôneo. É recomendável que o Termo de Arbitragem especifique a forma como a sentença será encaminhada para ciência das partes.

A prolação da sentença importa no encerramento do procedimento arbitral, conforme já explanado nos comentários ao art. 26 da Lei de Arbitragem. Com ela,

---

[618] "Art. 840. É lícito aos interessados prevenirem ou terminarem o litígio mediante concessões mútuas."

encerra-se a jurisdição do Tribunal (ou do árbitro único, se for o caso), dando-se por resolvido o conflito. É, portanto, o momento culminante da arbitragem. Tudo leva a ela. Todos os atos praticados no procedimento têm por objetivo, ao final, viabilizar que a sentença seja proferida. O fato de eventualmente ser possível a apresentação de pedido de esclarecimentos em nada altera isso, na medida em que a decisão correlata irá integrar a sentença arbitral, complementando-a.

Perceba-se que a Lei dispõe que o árbitro, ou o presidente do Tribunal Arbitral (se for o caso), deverá enviar cópia da decisão às partes e não aos respectivos procuradores. Os procuradores, contudo, representam as partes e, como tal, agem em nome delas, de modo a comunicação feita a eles equivale à ciência das partes a respeito.

O mais comum tem sido a entrega de originais da sentença para as partes, em tantas vias quanto necessárias, além do encaminhamento de uma via para arquivamento na instituição arbitral (se for o caso).[619]

Nas arbitragens institucionais, o presidente do Tribunal enviará os originais da sentença para a Secretaria da Câmara, que, por sua vez, as encaminhará às partes[620] por via postal ou qualquer outro meio de comunicação (inclusive eletrônico, desde que seja hábil a comprovar o recebimento pela parte). A comprovação do recebimento é de suma importância para a arbitragem, pois delimita o termo inicial para a contagem do prazo de 5 (cinco) dias para a oposição dos embargos arbitrais, também conhecidos como pedido de esclarecimentos, nos termos do art. 30 da Lei de Arbitragem.

Com o recebimento da sentença arbitral, também se inicia a contagem do prazo decadencial de noventa dias para a ação anulatória de sentença arbitral perante o Poder Judiciário (art. 33, § 1º, da Lei de Arbitragem).

Evidentemente, para que o prazo decadencial de noventa dias possa ter início, a parte vencida há de ser notificada da sentença arbitral, tendo participado do processo. Se a parte revel não for comunicada da sentença prolatada, não há que se falar em

---

[619] Segundo Cahali: "(...) o envio de cópia, porém, mais comum tem sido a entrega de originais da sentença, promovida em tantas vias quanto as partes, além daquela destinada aos arquivos do procedimento" (CAHALI, Francisco José. *Curso de arbitragem*: mediação, conciliação e tribunal multiportas. 7. ed. São Paulo: Thomson Reuters Brasil, 2018. p. 343).

[620] Vide item 10.5.1 do Regulamento de Arbitragem da CAM-CCBC: "10.5.1. O Presidente do Tribunal Arbitral enviará as vias originais da decisão à Secretaria do CAM-CCBC, que as encaminhará às partes" (Disponível em: https://ccbc.org.br/cam-ccbc-centro--arbitragem-mediacao/resolucao-de-disputas/arbitragem/regulamento-2012/. Acesso em: 17 fev. 2020). Vide itens 14.9 e 14.10 do Regulamento de Arbitragem do CBMA: "14.9. Proferida a sentença arbitral, dar-se-á por finda a arbitragem, devendo o árbitro, ou o Presidente do Tribunal Arbitral, enviar a sentença arbitral ao Centro por via postal ou por outro meio qualquer de comunicação, mediante comprovação de recebimento em tantas cópias quanto exigidas pelo item 2.1. 14.10. Uma vez recebida a sentença arbitral pelo Centro, este deverá encaminhá-la às partes por via postal ou por outro meio qualquer de comunicação, mediante comprovação de recebimento da decisão às partes, ou, ainda, entregando-a diretamente às partes, mediante recibo" (Disponível em: http://www.cbma.com.br/regulamento_1. Acesso em: 17 fev. 2020).

decurso do prazo legal. Nesse sentido, já teve o Tribunal de Justiça do Estado de São Paulo a oportunidade de assentar "que se a agravante não foi chamada a defender-se na arbitragem, o processo para ela é, em verdade, inexistente", de sorte que "não está sujeita ao prazo de noventa (90) dias, que se aplica à ação direta e só começa da notificação da sentença arbitral".[621]

O art. 31(4) da Lei Modelo da UNCITRAL prevê dispositivo similar ao art. 29 da Lei de Arbitragem brasileira.[622]A Lei de Arbitragem espanhola (Ley 60/2003) também possui previsão semelhante em seu art. 37(7).[623] Na mesma linha dispõe a Lei de Arbitragem Voluntária portuguesa (Lei 63/2011) em seu art. 42(6).[624] A Lei de Arbitragem doméstica de Singapura (Lei 37/2001 – Chapter 10) disciplina a comunicação da sentença arbitral em sua *Section* 38(5).[625] A Lei de Arbitragem e conciliação da Índia de 1996 disciplina o tema em sua *Section* 31(5).[626] Por fim, a Lei

---

[621] "(...) A sentença arbitral pode ser invalidada por ação direta, cuja propositura deve ocorrer 'no prazo de até noventa dias após o recebimento de notificação de sentença arbitral ou de seu aditamento' (artigo 33, § 1º, da Lei nº 9.307/96) ou pela via dos embargos do devedor, agora substituídos pelo pedido de cumprimento de sentença (artigo 33, § 3º). No caso, a agravante alega que a arbitragem correu à sua revelia, portanto, a via de que dispõe para arrestá-la é a impugnação do cumprimento de sentença e, para isso, não está sujeita ao prazo de noventa (90) dias, que se aplica à ação direta e só começa da notificação da sentença arbitral. Assim, o decaimento para a impugnação não encontra previsão legal e, por isso, as nulidades do procedimento arbitral podem ser nesta sede arguidas. Além disso, não se pode olvidar que se a agravante não foi chamada a defender-se na arbitragem, o processo para ela é, em verdade, inexistente e isso precisa ser investigado no bojo de impugnação ao cumprimento de sentença arbitral (artigo 475-L, I, do CPC)" (TJSP, Agravo de Instrumento 0170442-82.2012.8.26.0000, 34ª Câmara de Direito Privado, Rel. Des. Nestor Duarte, *DJ* 28 de março de 2013).

[622] "Artigo 31 - (4) Proferida a sentença, será enviada a cada uma das partes uma cópia assinada pelo árbitro ou árbitros, nos termos do parágrafo 1.º do presente artigo" (Disponível em: http://www.cbar.org.br/leis_intern_arquivos/Lei_Modelo_Uncitral_traduzida_e_revisada_versao_final.pdf. Acesso em: 17 fev. 2020).

[623] "7. Los árbitros notificarán el laudo a las partes en la forma y en el plazo que éstas hayan acordado o, en su defecto, mediante entrega a cada una de ellas de un ejemplar firmado de conformidad con lo dispuesto en el apartado 3, dentro del mismo plazo establecido en el apartado 2" (Disponível em: https://www.boe.es/buscar/act.php?id=BOE-A-2003-23646. Acesso em: 17 fev. 2020).

[624] "6 - Proferida a sentença, a mesma é imediatamente notificada através do envio a cada uma das partes de um exemplar assinado pelo árbitro ou árbitros, nos termos do disposto n.º 1 do presente artigo, produzindo efeitos na data dessa notificação, sem prejuízo do disposto no n.º 7" (Disponível em: http://www.pgdlisboa.pt/leis/lei_mostra_articulado.php?nid=1579&tabela=leis. Acesso em: 17 fev. 2020).

[625] "(5) After the award is made, a copy of the award signed by the arbitrators in accordance with subsection (1) shall be delivered to each party" (Disponível em: https://sso.agc.gov.sg/Act/AA2001#pr38-. Acesso em: 17 fev. 2020).

[626] "(5) After the arbitral award is made, a signed copy shall be delivered to each party" (Disponível em: https://indiacode.nic.in/show-data?actid=AC_CEN_3_46_00004_1996 26_1517807323919&orderno=34. Acesso em: 17 fev. 2020).

de Arbitragem inglesa de 1996, em sua *Section* 55(1),[627] conquanto confira às partes ampla autonomia para convencionarem a forma de notificação da sentença arbitral, estipula que, se nada for pactuado a respeito, cada um dos polos da relação processual receberá uma cópia da sentença.

A *LCIA* estabelece, textualmente, no item 26.7 de seu regulamento de arbitragem, que o presidente do Tribunal Arbitral (ou o árbitro único) poderá realizar a transmissão da sentença arbitral por meio eletrônico e em papel (se requisitado pela parte). Acrescenta ainda que, em caso de discrepância entre a via digital e a via física, deverá prevalecer a versão física.[628]

Já o art. 35 do Regulamento de Arbitragem da CCI estabelece que uma via original da sentença arbitral "deverá ser depositada na Secretaria da Corte" e que, prolatada a decisão, "a Secretaria notificará às partes o texto assinado pelo Tribunal Arbitral, desde que os custos da arbitragem tenham sido integralmente pagos à CCI pelas partes ou por uma delas", sendo certo que, "por força da notificação feita" "as partes renunciam a qualquer outra forma de notificação ou depósito por parte do Tribunal Arbitral".[629]

---

[627] "Section 55. Notification of award. (1) The parties are free to agree on the requirements as to notification of the award to the parties. (2) If there is no such agreement, the award shall be notified to the parties by service on them of copies of the award, which shall be done without delay after the award is made. (3) Nothing in this section affects section 56 (power to withhold award in case of non-payment)" (Disponível em: http://www.legislation.gov.uk/ukpga/1996/23/contents. Acesso em: 17 fev. 2020).

[628] "26.7 The sole or presiding arbitrator shall be responsible for delivering the award to the LCIA Court, which shall transmit to the parties the award authenticated by the Registrar as an LCIA award, provided that all Arbitration Costs have been paid in full to the LCIA in accordance with Articles 24 and 28. Such transmission may be made by any electronic means, and (if so requested by any party or if transmission by electronic means to a party is not possible) in paper form. In the event of any disparity between electronic and paper forms, the electronic form shall prevail" (Disponível em: https://www.lcia.org/Dispute_Resolution_Services/lcia-arbitration-rules-2020.aspx#Article%2025. Acesso em: 22 jan. 2021).

[629] "Artigo 35. Notificação, depósito e caráter executório da sentença arbitral – 1. Após a sentença arbitral ter sido proferida, a Secretaria notificará às partes o texto assinado pelo tribunal arbitral, desde que os custos da arbitragem tenham sido integralmente pagos à CCI pelas partes ou por uma delas. 2. Cópias adicionais autenticadas pelo Secretário-Geral serão entregues exclusivamente às partes sempre que assim as solicitarem. 3. Por força da notificação feita em conformidade com o artigo 35(1), as partes renunciam a qualquer outra forma de notificação ou depósito por parte do tribunal arbitral. 4. Uma via original de cada sentença arbitral proferida nos termos do Regulamento deverá ser depositada na Secretaria da Corte. 5. O tribunal arbitral e a Secretaria deverão auxiliar as partes no cumprimento de quaisquer formalidades adicionais consideradas necessárias. 6. Toda sentença arbitral obriga as partes. Ao submeter o litígio à arbitragem segundo o Regulamento, as partes comprometem-se a cumprir a sentença arbitral sem demora e renunciam a todos os recursos a que podem validamente renunciar" (Disponível em: https://iccwbo.org/dispute-resolution-services/arbitration/rules-of-arbitration/. Acesso em: 22 jan. 2021).

> **Art. 30.** No prazo de 5 (cinco) dias, a contar do recebimento da notificação ou da ciência pessoal da sentença arbitral, salvo se outro prazo for acordado entre as partes, a parte interessada, mediante comunicação à outra parte, poderá solicitar ao árbitro ou ao tribunal arbitral que: (Redação dada pela Lei nº 13.129, de 2015.)
>
> **I** - corrija qualquer erro material da sentença arbitral;
>
> **II** - esclareça alguma obscuridade, dúvida ou contradição da sentença arbitral, ou se pronuncie sobre ponto omitido a respeito do qual devia manifestar-se a decisão.
>
> **Parágrafo único.** O árbitro ou o tribunal arbitral decidirá no prazo de 10 (dez) dias ou em prazo acordado com as partes, aditará a sentença arbitral e notificará as partes na forma do art. 29. (Redação dada pela Lei nº 13.129, de 2015.)

 Comentários

1. Hipóteses de cabimento do pedido de esclarecimentos (embargos arbitrais)

Salvo convenção das partes em sentido contrário (de cunho contratual[630] ou previsão específica e excepcional no regulamento da câmara eleita),[631] não há recurso

---

[630] No âmbito da arbitragem desportiva, vale conferir a previsão constante do art. 59, § 1º, do Estatuto do Comitê Olímpico Brasileiro (COB), que prevê a possibilidade de recurso contra as decisões prolatadas pelo Tribunal Arbitral do Deporto (TAD), para a Corte Arbitral do Esporte (CAS), na Suíça. A dicção da referida disposição estatutária é a seguinte: "§ 1º Das decisões do Tribunal Arbitral do Desporto caberá recurso à Corte Arbitral do Esporte, sediada em Lausanne, Suíça, a qual resolverá o litígio definitivamente de acordo com as regras previstas no Code of Sports Related Arbitration. O prazo para interposição de recurso se encerrará 21 (vinte e um) dias após o recebimento da decisão correspondente" (Disponível em: https://www.cob.org.br/pt/documentos/download/13aa309397ef5/. Acesso em: 4 jan. 2021). A 1ª instância, em tais conflitos, tramita no CBMA, que faz as vezes de TAD, por opção do próprio COB. Veja-se: https://www.cob.org.br/pt/galerias/noticias/cbma--atuara-como-camara-arbitral-do-comite-olimpico-do-brasil/. Acesso em: 4 jan. 2021.

[631] Vide, a título ilustrativo, o Capítulo VII do Regulamento de Arbitragem do International Centre for Settlement of Investment Disputes (ICSID), que prevê o duplo grau de jurisdição para a sentença arbitral: "(1) An application for the interpretation, revision or annulment of an award shall be addressed in writing to the Secretary-General and shall: (a) identify the award to which it relates; (b) indicate the date of the application; (c) state in detail: (i) in an application for interpretation, the precise points in dispute; (ii) in an application for revision, pursuant to Article 51(1) of the Convention, the change sought in the award, the discovery of some fact of such a nature as decisively to affect the award, and evidence that when the award was rendered that fact was unknown to

no procedimento arbitral. Existem apenas duas formas de se postular a revisão da sentença arbitral: a) mediante a apresentação de pedido de esclarecimentos, em linha com o art. 30 da Lei de Arbitragem; e b) mediante a propositura de ação anulatória da sentença arbitral, na forma do art. 33 da Lei.

As hipóteses de cabimento e o prazo para a apresentação do pedido de esclarecimentos (ou embargos arbitrais) encontram-se disciplinados no art. 30 da Lei de Arbitragem, havendo certa semelhança com as regras aplicáveis aos embargos de declaração, no processo civil brasileiro, conforme previstas nos arts. 1.022 e 1.023 do CPC de 2015.

A primeira hipótese de cabimento dos embargos arbitrais (art. 30, I) refere-se à necessidade de correção de erro material. Erro material é o equívoco evidente, facilmente perceptível por qualquer operador do direito, que decorre de eventual erro de digitação ou de divergência flagrante entre uma ideia e a manifestação escrita.[632] Decorre, em geral, de um pequeno lapso do julgador, na redação da decisão. Não se confunde com o *error in judicando*. Nele, não há que se falar em aplicação equivocada do direito material ao caso concreto. Trata-se de vício de inexatidão material (indicação errônea de nomes, números, informações técnicas extraídas da perícia etc.).[633] Por isso mesmo, permite o reparo, inclusive de ofício,[634] de forma análoga ao previsto no art. 494, I, do CPC.[635]

---

the Tribunal and to the applicant, and that the applicant's ignorance of that fact was not due to negligence; (iii) in an application for annulment, pursuant to Article 52(1) of the Convention, the grounds on which it is based. These grounds are limited to the following: – that the Tribunal was not properly constituted; – that the Tribunal has manifestly exceeded its powers; – that there was corruption on the part of a member of the Tribunal; – that there has been a serious departure from a fundamental rule of procedure; – that the award has failed to state the reasons on which it is based; (d) be accompanied by the payment of a fee for lodging the application" (Disponível em: http://icsidfiles.worldbank.org/icsid/icsid/staticfiles/basicdoc/partf-chap07.htm. Acesso em: 18 fev. 2020).

[632] Carmona afirma: "(...) configura-se erro material quando há equívoco flagrante, palmar mesmo, como o decorrente de lapsos ortográficos ou de cálculo aritmético. Com uma ou outra nuance, pode-se dizer que concordam os doutrinadores que o erro material estaria configurado sempre que houver divergência entre a ideia e sua manifestação, erro de expressão, portanto, que pode ser notado com a simples leitura do provimento" (CARMONA, Carlos Alberto. *Arbitragem e processo*: um comentário à Lei 9.307/96. 3. ed. São Paulo: Atlas, 2009. p. 384-385).

[633] CAHALI, Francisco José. *Curso de arbitragem*: mediação, conciliação e tribunal multiportas. 7. ed. São Paulo: Thomson Reuters Brasil, 2018. p. 349.

[634] É o posicionamento de Carlos Alberto Carmona e Francisco José Cahali, entre outros. Vide, a propósito, CARMONA, Carlos Alberto. *Arbitragem e processo*: um comentário à Lei 9.307/96. 3. ed. São Paulo: Atlas, 2009. p. 385; e CAHALI, Francisco José. *Curso de arbitragem*: mediação, conciliação e tribunal multiportas. 7. ed. São Paulo: Thomson Reuters Brasil, 2018. p. 348.

[635] CPC/2015: "Art. 494. Publicada a sentença, o juiz só poderá alterá-la: I – para corrigir-lhe, de ofício ou a requerimento da parte, inexatidões materiais ou erros de cálculo; II – por meio de embargos de declaração".

Sobredita orientação, contudo, não é unânime na doutrina. Luiz Antonio Scavone Junior sustenta que não haveria espaço para qualquer providência de ofício, por parte dos árbitros, após encerrada a arbitragem, com a prolação da sentença arbitral, porquanto a jurisdição do Tribunal Arbitral já se teria exaurido, impedindo qualquer retificação no texto da decisão.[636]

Não nos parece seja este o melhor posicionamento. Com efeito, em interpretação sistemática da Lei de Arbitragem, tem-se por perfeitamente possível a retificação de ofício do eventual erro material, desde que isso seja feito no prazo previsto para a apresentação de pedido de esclarecimentos. Isso porque, conquanto concluída a arbitragem com a prolação da sentença (art. 29 da Lei), o Tribunal Arbitral somente considera-se dissolvido após esgotado o prazo de cinco dias (ou prazo mais dilatado convencionado pelas partes) para a oposição dos embargos arbitrais. Nesse interregno, em observância ao dever de diligência do árbitro (art. 13, § 6º), há que se admitir a correção de ofício de eventual inexatidão material. Referida interpretação encontra guarida expressamente na Lei Modelo da UNCITRAL.[637] Em sentido semelhante, o regulamento da Corte Arbitral da CCI permite, em seu art. 36, de forma textual, a correção de erro material de ofício.[638]

Nada obstante, transcorrido o prazo de cinco dias para o pedido de esclarecimentos (ou, se for o caso, após o decurso do prazo correlato previsto no regulamento de arbitragem), considera-se encerrada a jurisdição arbitral e eventual correção deverá ser promovida no Judiciário, quando da execução da sentença arbitral. Evidentemente, a correção do erro material pelo juiz estatal não poderá alterar, de forma alguma, o julgamento de mérito da disputa decidida na via arbitral.

A segunda hipótese de cabimento do pedido de esclarecimentos é aquela voltada para sanar obscuridade, dúvida, contradição ou omissão da sentença arbitral.[639]

---

[636] Scavone sustenta: "(...) a abrangência, aqui, é maior que aquela empregada no Código de Processo Civil, isto porque, lá, sempre é possível, inclusive de ofício, a correção de erros materiais. Aqui a atividade do árbitro ou do tribunal arbitral cessa com a sentença, de tal sorte que não há possibilidade de retificação posterior" (SCAVONE JR., Luiz Antonio. *Manual de arbitragem, mediação e conciliação*. 8. ed. Rio de Janeiro: Forense, 2018. p. 216).

[637] "Artigo 33º Ratificação e interpretação da sentença arbitral; sentença arbitral adicional – (2) O tribunal arbitral pode, por sua iniciativa, retificar qualquer erro do tipo referido na alínea (a) do parágrafo 1º do presente artigo, nos 30 (trinta) dias seguintes à data da sentença" (Disponível em: http://www.cbar.org.br/leis_intern_arquivos/Lei_Modelo_Uncitral_traduzida_e_revisada_versao_final.pdf. Acesso em: 18 fev. 2020).

[638] "Artigo 36. Correção e interpretação da sentença arbitral; devolução de sentenças arbitrais 1. Por iniciativa própria, o tribunal arbitral poderá corrigir qualquer erro material, de cálculo ou tipográfico, ou quaisquer erros similares encontrados na sentença arbitral, desde que tal correção seja submetida à aprovação da Corte dentro do prazo de 30 dias a partir da data da prolação da sentença" (Disponível em: https://iccwbo.org/dispute-resolution-services/arbitration/rules-of-arbitration/. Acesso em: 18 fev. 2020).

[639] "(...) obscura é a decisão imprecisa, de difícil ou impossível compreensão; contraditória quando o julgado contém afirmações ou fundamentos inconciliáveis entre si ou que

Sobretudo nos casos de omissão podem ser atribuídos efeitos infringentes ao pedido, com a consequente modificação dos termos da sentença. É a hipótese, para exemplificar, de omissão da sentença quanto a eventual preliminar de prescrição que, se acolhida, pode alterar aquilo que foi decidido, ocasionando a improcedência dos pedidos formulados pela parte.

É mandatória a oitiva da parte contrária, antes de se decidir a respeito do pedido de esclarecimentos, em respeito ao princípio do contraditório (art. 21, § 2º, da Lei de Arbitragem), sob pena de cerceamento de defesa da parte prejudicada. Evidentemente, se a sentença for mantida, sem qualquer reparo, o desrespeito ao contraditório não terá qualquer consequência, por ausência de prejuízo.

Admite-se, outrossim, a provocação do árbitro, por embargos, para complementação da sentença, quando ausente algum dos requisitos estabelecidos pelo art. 26 da Lei, com a sanatória do vício que poderia gerar eventual ação anulatória, lastreada no art. 32, III, também da Lei de Arbitragem.

Há, ainda, a possibilidade de interposição de novo (isto é, um segundo) pedido de esclarecimentos, caso o Tribunal Arbitral perpetue o vício apontado ou incida em novo erro material, obscuridade, dúvida ou contradição, quando da apreciação dos embargos originais.[640] Em tal hipótese, caberá ao árbitro firmeza para coibir chicanas e comportamentos ardilosos e de má-fé.

Nos termos da parte final do art. 33, § 1º, da Lei 9.307/1996, o prazo de 90 dias para propositura de ação anulatória de sentença arbitral começará a contar da notificação da parte quanto à decisão prolatada no pedido de esclarecimentos, se houver.

2. Prazo para aditar a sentença

O parágrafo único do art. 30 estabelece prazo de dez dias para aditamento da sentença arbitral, em caso de pedido de esclarecimentos. O prazo aqui tem caráter supletivo, podendo as partes convencionar de forma distinta.

O STJ entende que o descumprimento do referido prazo, por si só, não autoriza a anulação da sentença arbitral. Exige-se, para tanto, prévia notificação do árbitro, se lhe conferindo o prazo de dez dias para prolação de sentença arbitral (art. 12, III).[641] Só

---

levam a resultado diverso do alcançado; gera dúvida o julgado que para ambíguo ao leitor pela motivação ou conclusão apresentada; por fim, omissa a decisão que silencia a respeito de importante fundamento ou fato provado que influencia, decisivamente, no resultado da ação" (CAHALI, Francisco José. *Curso de arbitragem*: mediação, conciliação e tribunal multiportas. 7. ed. São Paulo: Thomson Reuters Brasil, 2018. p. 350).

[640] MUNIZ, Joaquim de Paiva. *Curso básico de direito arbitral*: teoria e prática. 4. ed. Curitiba: Juruá, 2017. p. 266.

[641] Confira-se: STJ, REsp 1.636.102, Terceira Turma, Rel. Min. Ricardo Villas Bôas Cueva, *DJe* 01.08.2017. Nos termos do voto do Ministro Relator: "(...) No procedimento arbitral, é plenamente admitida a prorrogação dos prazos legalmente previstos por livre disposição entre as partes e respectivos árbitros, sobretudo em virtude da maior flexibilidade desse meio alternativo de solução de conflitos, no qual deve prevalecer, em regra, a autonomia da vontade. Se a anulação da sentença proferida fora do prazo está condicionada à prévia notificação do árbitro ou do presidente do tribunal arbitral, concedendo-lhe

então será tida por exaurida a jurisdição arbitral, abrindo-se às partes a possibilidade de invalidação da decisão, por desrespeito ao art. 32, VII, da Lei.

3. Regulamentos nacionais, internacionais e legislação estrangeira

A lei modelo da UNCITRAL também contempla, em seu art. 33, o aviamento dos embargos arbitrais. O prazo, tanto para a apresentação do pedido de esclarecimentos, como para aditamento da sentença, é mais dilatado (30 dias) que o previsto na lei brasileira.[642]

Os embargos arbitrais (ou pedido de esclarecimentos), com denominações variadas, possuem previsão em diversos diplomas normativos estrangeiros, tais como: o art. 1.485 do Código de Processo Civil francês,[643] a *Section* 57 do Arbitration Act

---

um prazo suplementar de dez dias (art. 32 VII, da Lei de Arbitragem), não há motivo razoável para não aplicar a mesma disciplina ao pedido de esclarecimentos, que, em última análise, visa tão somente aclarar eventuais dúvidas, omissões, obscuridades ou contradições, ou corrigir possíveis erros materiais".

[642] "Artigo 33º Ratificação e interpretação da sentença arbitral; sentença arbitral adicional (1) Nos trinta dias seguintes à recepção da sentença arbitral, a menos que as partes tenham acordado outro prazo: (a) Uma das partes pode, notificando a outra parte, pedir ao tribunal arbitral que retifique no texto da sentença qualquer erro de cálculo ou tipográfico ou qualquer erro de natureza similar. (b) Se as partes assim acordarem, uma delas pode, notificando a outra, pedir ao tribunal arbitral que interprete um ponto ou uma passagem específica da sentença arbitral. Se o tribunal arbitral considerar o pedido justificado, fará a retificação ou interpretação nos 30 (trinta) dias seguintes à recepção do pedido. A interpretação fará parte integrante da sentença arbitral. (2) O tribunal arbitral pode, por sua iniciativa, retificar qualquer erro do tipo referido na alínea a) do parágrafo 1.º do presente artigo, nos 30 (trinta) dias seguintes à data da sentença. (3) Salvo acordo das partes em contrário, uma das partes pode, notificando a outra, pedir ao tribunal arbitral que, nos 30 (trinta) dias seguintes à recepção da sentença arbitral, profira uma sentença arbitral adicional sobre certos pontos do pedido expostos no decurso do procedimento arbitral, mas omitidos na sentença. Se julgar o pedido justificado, o tribunal arbitral proferirá a sentença adicional dentro de 60 (sessenta) dias. (4) O tribunal arbitral pode prolongar, se necessário, o prazo de que dispõe para retificar, interpretar ou completar a sentença, nos termos dos parágrafos 1.º ou 3.º do presente artigo. (5) As disposições do artigo 31.º aplicam-se à retificação ou à interpretação da sentença, ou à sentença adicional" (Disponível em: http://www.cbar. org.br/leis_intern_arquivos/Lei_Modelo_Uncitral_traduzida_e_revisada_versao_final. pdf. Acesso em: 18 fev. 2020).

[643] "Article 1.485. La sentence dessaisit le tribunal arbitral de la contestation qu'elle tranche. Toutefois, à la demande d'une partie, le tribunal arbitral peut interpréter la sentence, réparer les erreurs et omissions matérielles qui l'affectent ou la compléter lorsqu'il a omis de statuer sur un chef de demande. Il statue après avoir entendu les parties ou celles-ci appelées. Si le tribunal arbitral ne peut être à nouveau réuni et si les parties ne peuvent s'accorder pour le reconstituer, ce pouvoir appartient à la juridiction qui eût été compétente à défaut d'arbitrage" (Disponível em: https://www.legifrance.gouv.fr/ affichCode.do?idSectionTA=LEGISCTA000023421462&cidTexte=LEGITEXT000006070716 &dateTexte=20200219. Acesso em: 18 fev. 2020).

de 1996 no Reino Unido,[644] o art. 39 da Ley espanhola 60/2003,[645] o art. 45 da Lei portuguesa Lei 63/2011,[646] a *Section* 43 (Chapter 10) da Lei 37/2001 de Singapura[647] etc.

---

[644] "Section 57 – Correction of award or additional award. (1) The parties are free to agree on the powers of the tribunal to correct an award or make an additional award. (2) If or to the extent there is no such agreement, the following provisions apply. (3) The tribunal may on its own initiative or on the application of a party – (a)correct an award so as to remove any clerical mistake or error arising from an accidental slip or omission or clarify or remove any ambiguity in the award, or (b)make an additional award in respect of any claim (including a claim for interest or costs) which was presented to the tribunal but was not dealt with in the award. These powers shall not be exercised without first affording the other parties a reasonable opportunity to make representations to the tribunal. (4) Any application for the exercise of those powers must be made within 28 days of the date of the award or such longer period as the parties may agree. (5) Any correction of an award shall be made within 28 days of the date the application was received by the tribunal or, where the correction is made by the tribunal on its own initiative, within 28 days of the date of the award or, in either case, such longer period as the parties may agree. (6) Any additional award shall be made within 56 days of the date of the original award or such longer period as the parties may agree. (7) Any correction of an award shall form part of the award" (Disponível em: http://www.legislation.gov.uk/ukpga/1996/23/section/57. Acesso em: 18 fev. 2020).

[645] "Artículo 39. Corrección, aclaración, complemento y extralimitación del laudo. 1. Dentro de los diez días siguientes a la notificación del laudo, salvo que las partes hayan acordado otro plazo, cualquiera de ellas podrá, con notificación a la otra, solicitar a los árbitros: a) La corrección de cualquier error de cálculo, de copia, tipográfico o de naturaleza similar. b) La aclaración de un punto o de una parte concreta del laudo. c) El complemento del laudo respecto de peticiones formuladas y no resueltas en él. d) La rectificación de la extralimitación parcial del laudo, cuando se haya resuelto sobre cuestiones no sometidas a su decisión o sobre cuestiones no susceptibles de arbitraje. 2. Previa audiencia de las demás partes, los árbitros resolverán sobre las solicitudes de corrección de errores y de aclaración en el plazo de diez días, y sobre la solicitud de complemento y la rectificación de la extralimitación, en el plazo de veinte días. 3. Dentro de los 10 días siguientes a la fecha del laudo, los árbitros podrán proceder de oficio a la corrección de errores a que se refiere el párrafo a) del apartado 1. 4. Lo dispuesto en el artículo 37 se aplicará a las resoluciones arbitrales sobre corrección, aclaración, complemento y extralimitación del laudo. 5. Cuando el arbitraje sea internacional, los plazos de 10 y 20 días establecidos en los apartados anteriores serán plazos de uno y dos meses, respectivamente" (Disponível em: https://www.boe.es/buscar/act.php?id=BOE-A-2003-23646. Acesso em: 18 fev. 2020).

[646] "Artigo 45º – Rectificação e esclarecimento da sentença; sentença adicional – 1 – A menos que as partes tenham convencionado outro prazo para este efeito, nos 30 dias seguintes à recepção da notificação da sentença arbitral, qualquer das partes pode, notificando disso a outra, requerer ao tribunal arbitral, que rectifique, no texto daquela, qualquer erro de cálculo, erro material ou tipográfico ou qualquer erro de natureza idêntica. 2 – No prazo referido no número anterior, qualquer das partes pode, notificando disso a outra, requerer ao tribunal arbitral que esclareça alguma obscuridade ou ambiguidade da sentença ou dos seus fundamentos. 3 – Se o tribunal arbitral considerar o requerimento justificado, faz a rectificação ou o esclarecimento nos 30 dias seguintes à recepção daquele. O esclarecimento faz parte integrante da

As instituições arbitrais nacionais,[648] em razão da previsão contida no art. 30 da Lei de Arbitragem, admitem o pedido de esclarecimento em seus regulamentos de

---

sentença. 4 – O tribunal arbitral pode também, por sua iniciativa, nos 30 dias seguintes à data da notificação da sentença, rectificar qualquer erro do tipo referido no n.º 1 do presente artigo. 5 – Salvo convenção das partes em contrário, qualquer das partes pode, notificando disso a outra, requerer ao tribunal arbitral, nos 30 dias seguintes à data em que recebeu a notificação da sentença, que profira uma sentença adicional sobre partes do pedido ou dos pedidos apresentados no decurso do processo arbitral, que não hajam sido decididas na sentença. Se julgar justificado tal requerimento, o tribunal profere a sentença adicional nos 60 dias seguintes à sua apresentação. 6 – O tribunal arbitral pode prolongar, se necessário, o prazo de que dispõe para rectificar, esclarecer ou completar a sentença, nos termos dos n.os 1, 2 ou 5 do presente artigo, sem prejuízo da observância do prazo máximo fixado de acordo com o artigo 43. 7 – O disposto no artigo 42. aplica-se à rectificação e ao esclarecimento da sentença bem como à sentença adicional" (Disponível em: http://www.pgdlisboa.pt/leis/lei_mostra_articulado.php?nid=1579&tabela=leis. Acesso em: 18 fev. 2020).

[647] "Correction or interpretation of award and additional award – 43.–(1) A party may, within 30 days of the receipt of the award, unless another period of time has been agreed upon by the parties – (a) upon notice to the other parties, request the arbitral tribunal to correct in the award any error in computation, any clerical or typographical error, or other error of similar nature; and (b) upon notice to the other parties, request the arbitral tribunal to give an interpretation of a specific point or part of the award, if such request is also agreed to by the other parties. (2) If the arbitral tribunal considers the request in subsection (1) to be justified, the tribunal shall make such correction or give such interpretation within 30 days of the receipt of the request and such interpretation shall form part of the award. (3) The arbitral tribunal may correct any error of the type referred to in subsection (1)(a) or give an interpretation referred to in subsection (1)(b), on its own initiative, within 30 days of the date of the award. (4) Unless otherwise agreed by the parties, a party may, within 30 days of receipt of the award and upon notice to the other party, request the arbitral tribunal to make an additional award as to claims presented during the arbitral proceedings but omitted from the award. (5) If the arbitral tribunal considers the request in subsection (4) to be justified, the tribunal shall make the additional award within 60 days of the receipt of such request. (6) The arbitral tribunal may, if necessary, extend the period of time within which it shall make a correction, interpretation or an additional award under this section. (7) Section 38 shall apply to an award in respect of which a correction or interpretation has been made under this section and to an additional award" (Disponível em: https://sso.agc.gov.sg/Act/AA2001#pr43-. Acesso em: 18 fev. 2020).

[648] Vide por exemplo item 10.10 e 10.11 do Regulamento de Arbitragem da CAMARB: "10.10 Na hipótese de erro material, omissão, obscuridade, dúvida ou contradição da sentença arbitral, as partes terão o prazo de 15 (quinze) dias, contado da data de recebimento da sentença, para formular pedido de esclarecimentos. 10.11 O Tribunal Arbitral decidirá o pedido de esclarecimentos no prazo de até 20 (vinte) dias contado de seu recebimento, podendo tal prazo ser prorrogado por mais 10 (dez) dias pelo Tribunal Arbitral" (Disponível em: http://camarb.com.br/arbitragem/regulamento-de--arbitragem/. Acesso em: 18 fev. 2020). Vide também itens 10.6 e 10.6.1 do Regulamento de Arbitragem da CAM-CCBC: "10.6. As partes poderão, no prazo de 15 (quinze) dias contados da data do recebimento da sentença arbitral, requerer esclarecimentos

arbitragem. A CAMARB e a CAM-CCBC, por exemplo, estabelecem prazo maior (15 dias) do que o prazo supletivo de cinco dias estabelecido no *caput* do art. 30 da Lei de Arbitragem para interposição do pedido de esclarecimentos. O CBMA, por sua vez, adota em seu regulamento o prazo legal de cinco dias para a apresentação do pedido de esclarecimentos, mas concede prazo dilatado de 30 dias para o aditamento da sentença pelos árbitros.[649]

As câmaras estrangeiras também consagram, em seus regulamentos, normas específicas sobre o pedido de esclarecimentos.[650]

---

sobre contradição, omissão ou obscuridade, mediante petição dirigida ao Tribunal Arbitral. 10.6.1. O Tribunal Arbitral decidirá nos 10 (dez) dias seguintes, contados de sua notificação sobre o pedido de esclarecimentos" (Disponível em: https://ccbc. org.br/cam-ccbc-centro-arbitragem-mediacao/resolucao-de-disputas/arbitragem/regulamento-2012/. Acesso em: 18 fev. 2020).

[649] "Vide itens 14.11 e 14.12 do Regulamento de Arbitragem do CBMA: "14.11. No prazo de 5 dias do recebimento da sentença arbitral, a parte interessada, mediante comunicação à outra parte, poderá solicitar ao Tribunal Arbitral que: (a) corrija qualquer erro material da sentença arbitral; (b) esclareça alguma obscuridade ou contradição da sentença arbitral, ou se pronuncie sobre ponto omitido a respeito do qual devia manifestar-se a decisão. 14.12. O Tribunal Arbitral decidirá, no prazo de 30 dias, aditando a sentença arbitral e notificando as partes" (Disponível em: http://www.cbma. com.br/regulamento_1. Acesso em: 18 fev. 2020).

[650] "Artigo 36. Correção e interpretação da sentença arbitral; sentença adicional; devolução de sentenças arbitrais 1. Por iniciativa própria, o tribunal arbitral poderá corrigir qualquer erro material, de cálculo ou tipográfico, ou quaisquer erros similares encontrados na sentença arbitral, desde que tal correção seja submetida à aprovação da Corte dentro do prazo de 30 dias a partir da data da notificação da sentença pela Secretaria nos termos do artigo 35(1). 2. Qualquer pedido de correção de um erro do tipo referido no artigo 36(1), ou quanto à interpretação de uma sentença arbitral, deverá ser feito à Secretaria dentro de 30 dias contados da notificação da sentença às partes. 3. Qualquer pedido de uma parte para uma sentença adicional quanto a reclamações feitas no processo arbitral que o tribunal arbitral tenha omitido de decidir deve ser feito ao Secretariado no prazo de 30 dias a partir do recebimento da sentença por tal parte. 4. Após a transmissão de um pedido nos termos dos artigos 36 (2) ou 36 (3) ao tribunal arbitral, este último concederá à outra parte ou às partes um curto prazo, normalmente não superior a 30 dias, a partir do recebimento do pedido por essa parte ou partes, para submeter quaisquer comentários sobre o assunto. O tribunal arbitral apresentará sua decisão sobre o pedido em forma de anteprojeto ao Tribunal, o mais tardar 30 dias após a expiração do prazo para o recebimento de quaisquer comentários da outra parte ou partes ou em qualquer outro prazo que o Tribunal possa decidir. A decisão de corrigir ou interpretar a sentença arbitral assumirá a forma de adendo e fará parte da sentença arbitral. A decisão de deferir o pedido nos termos do n.º 3 assume a forma de sentença adicional. As disposições dos artigos 32.º, 34.º e 35.º aplicam-se mutatis mutandis. 5. Quando um tribunal remete uma sentença arbitral ao tribunal arbitral, as disposições dos artigos 32, 34, 35 e deste artigo 36 aplicam-se mutatis mutandis a qualquer adendo ou sentença arbitral proferida de acordo com os termos dessa remissão. O Tribunal poderá tomar todas as medidas necessárias para permitir que o tribunal arbitral cumpra os termos de tal remissão e pode fixar um

> **Art. 31.** A sentença arbitral produz, entre as partes e seus sucessores, os mesmos efeitos da sentença proferida pelos órgãos do Poder Judiciário e, sendo condenatória, constitui título executivo.

 Comentários

1. Efeitos da sentença arbitral

De acordo com o art. 31 da Lei de Arbitragem, a sentença arbitral produz os mesmos efeitos da sentença judicial, constituindo-se, na hipótese de imposição de condenação de qualquer das partes, em título executivo.[651]

---

adiantamento para cobrir quaisquer taxas e despesas adicionais do tribunal arbitral e quaisquer despesas administrativas adicionais da CCI" (Disponível em: https://iccwbo. org/dispute-resolution-services/arbitration/rules-of-arbitration/. Acesso em: 22 jan. 2021). De forma similar, vide o art. 33 do Regulamento de Arbitragem da ICDR: "Artigo 33: Interpretação ou Retificação da Sentença Arbitral – 1. Em 30 dias a contar do recebimento da sentença arbitral, qualquer parte, mediante ciência às outras, poderá requerer ao tribunal arbitral que interprete a sentença arbitral ou corrija qualquer erro material, tipográfico ou de cálculo ou, ainda, requerer que o tribunal arbitral adite a sentença arbitral em relação às demandas, reconvenções ou pedidos de compensação apresentados e que não tenham sido apreciados na sentença arbitral. 2. Se o tribunal, após considerar as alegações das partes, entender que o requerimento é justificado, deverá atendê-lo em até 30 dias a contar da data da última manifestação a respeito da interpretação, correção ou aditamento da sentença. Qualquer interpretação, correção ou aditamento deverá conter fundamentação e deverá integrar a sentença. 3. O tribunal arbitral poderá, de ofício, em 30 dias a contar da data da sentença, corrigir qualquer erro material, tipográfico ou de cálculo ou aditar a sentença arbitral para contemplar pedidos apresentados sobre ao quais a sentença não tenha se pronunciado. 4. As partes serão responsáveis por todos os custos associados aos pedidos de interpretação, correção ou aditamento da sentença, cabendo ao tribunal alocar esses custos" (Disponível em: https://www.icdr.org/sites/default/files/document_repository/ ICDR_Rules.pdf. Acesso em: 18 fev. 2020).

[651] O STF manifestou-se especificamente sobre a constitucionalidade do art. 31 da Lei de Arbitragem no processo de homologação de Sentença Estrangeira (SE nº 5.206), tendo confirmado a validade da equiparação legal feita entre sentença arbitral e sentença judicial: "A nova Lei nº 9.307/96, sem dúvida, significa uma tentativa de inserir neste contexto o nosso País, até agora arredio ao instituto. Começou a equiparar, como já observado, o laudo arbitral à sentença arbitral, dispensando-se, portanto, da homologação a que o sujeitavam os arts. 1.097 e seguintes do Código de Processo Civil. Ademais, o que é mais importante, deu-lhe caráter de decisão final, ao torná-lo irrecorrível, embora não a cobro de controle judicial, conquanto *a posteriori*. Por isso mesmo, sendo de natureza condenatória, vale, por si só, como título executivo (art. 31)" (STF, Tribunal Pleno, AgRg na SEC 5.206, Rel. Min. Sepúlveda Pertence, *DJ* 30.04.2004).

Nem sempre foi assim. Ao contrário, antes do advento da Lei de Arbitragem, em 1996, a sentença arbitral (naquele momento denominada laudo arbitral) submetia-se a um processo homologatório, perante o Poder Judiciário, para adquirir o *status* de sentença judicial, nos termos do art. 1.097 do CPC/1973.[652] Tornava-se título executivo judicial somente após homologação que, indeferida ou deferida, poderia ensejar a interposição de apelação (art. 1.101 do CPC de 1973). Nesse sentido, a satisfação de um direito, no caso de contratação da arbitragem como método de solução do conflito, submetia-se a um procedimento trifásico, que se iniciava na esfera arbitral e terminava com a execução judicial, passando pela indispensável homologação do laudo, no meio do caminho.

A equiparação entre uma e outra, portanto, é apenas uma opção legislativa, inspirada nas melhores práticas internacionais, voltada para tornar o procedimento arbitral mais célere e eficaz.

A Lei de Arbitragem, de 1996, revogou o Capítulo XIV (*Do Juízo Arbitral*) do CPC/1973. Hoje, a sentença arbitral (final ou parcial), à luz dos arts. 18 e 31 da Lei 9.307/1996 e, ainda, do art. 515, VII, do CPC/2015, constituí título executivo judicial. Efeito disso é que, na hipótese de não cumprimento espontâneo, poderá ser executada no âmbito do Poder Judiciário, tal e qual a sentença estatal.

Nos EUA, nos termos da *Section* 9 do *Federal Arbitration Act (FAA)*,[653] a sentença arbitral comercial doméstica necessita de confirmação, pelo Poder Judiciário, no prazo recomendável de um ano,[654] para ser equiparada a título executivo judicial. A homo-

---

[652] CPC/1973: "Art. 1.097. O laudo arbitral, depois de homologado, produz entre as partes e seus sucessores os mesmos efeitos da sentença judiciária; contento condenação da parte, a homologação lhe confere eficácia de título executivo (artigo 584, número III)" (Disponível em: https://www2.camara.leg.br/legin/fed/lei/1970-1979/lei-5869--11-janeiro-1973-357991-publicacaooriginal-1-pl.html. Acesso em: 19 fev. 2020).

[653] "Section 9. Award of arbitrators; confirmation; jurisdiction; procedure. If the parties in their agreement have agreed that a judgment of the court shall be entered upon the award made pursuant to the arbitration, and shall specify the court, then at any time within one year after the award is made any party to the arbitration may apply to the court so specified for an order confirming the award, and thereupon the court must grant such an order unless the award is vacated, modified, or corrected as prescribed in sections 10 and 11 of this title. If no court is specified in the agreement of the parties, then such application may be made to the United States court in and for the district within which such award was made. Notice of the application shall be served upon the adverse party, and thereupon the court shall have jurisdiction of such party as though he had appeared generally in the proceeding. If the adverse party is a resident of the district within which the award was made, such service shall be made upon the adverse party or his attorney as prescribed by law for service of notice of motion in an action in the same court. If the adverse party shall be a nonresident, then the notice of the application shall be served by the marshal of any district within which the adverse party may be found in like manner as other process of the court" (Disponível em: https://sccinstitute.com/media/37104/the-federal-arbitration-act-usa.pdf. Acesso em: 19 fev. 2020).

[654] Esse prazo de um ano previsto da *Section 9 do FAA* seria flexível, à luz do entendimento externado pelo Quarto Circuito da Corte de Apelações em *Sverdrup Corporation, v. WHC*

logação é realizada em procedimento sumário, conforme já teve a oportunidade de se manifestar o Segundo Circuito da Corte de Apelações em *Florasynth, Inc. v. Alfred Pickholz*.[655] Exatamente por isso, é frequente a definição, na convenção arbitral, do local (*seat*) da arbitragem, com a indicação da Corte Distrital competente não apenas pela execução da sentença arbitral, mas também pelo correlato processo sumário de confirmação (homologação).

Conforme disposto no art. 24 da Lei, a sentença será expressa em documento escrito e, nos termos do art. 29, uma cópia será encaminhada para cada uma das partes. Dessa forma, a própria via da sentença encaminhada será o título executivo. A execução judicial da sentença arbitral deve ser instruída nos mesmos moldes da carta arbitral (art. 22-C), acompanhada da convenção de arbitragem e dos atos de nomeação e aceitação do árbitro (art. 260, § 3º, do CPC).

Regra geral, a sentença arbitral produz efeitos apenas entre as partes e seus sucessores, não podendo atingir terceiros que não integraram a relação processual. Excepcionalmente, o STJ tem admitido a desconsideração da personalidade jurídica da parte vencida na arbitragem, para permitir que o julgado arbitral alcance empresa controladora que não era parte do procedimento, quando "terceiro, utilizando-se de seu poder de controle para a realização de contrato, no qual há a estipulação de compromisso arbitral, e, em abuso da personalidade da pessoa jurídica interposta, determina tal ajuste, sem dele figurar formalmente, com o manifesto propósito de prejudicar o outro contratante, evidenciado, por exemplo, por atos de dissipação patrimonial em favor daquele".[656]

Constructors, Incorporated, And Century III, Incorporated. 989 F.2d 148 (1993). A propósito, vale a leitura dos seguintes e relevantes trechos do julgado: "The word 'may' in statute normally confers discretionary power, not mandatory power, unless legislative intent, as evidenced by legislative history, shows contrary purpose; however, this rule is not inflexible, and there are situations where legislative intent indicates that term 'may' should be interpreted as mandatory. (...) Federal Arbitration Act (FAA) section providing that at any time within one year after arbitration award is made, any party to arbitration may apply to court for order confirming award was permissive provision which did not bar confirmation of award beyond one-year period. Ressalte-se, no entanto, que outros circuitos entendem que o prazo deverá ser respeitado. Registre-se que o prazo de pedido de confirmação é de 3 (três) anos para sentença arbitral estrangeira".

[655]   "(...) a confirmação de sentença arbitral é procedimento sumário que meramente transforma, o que já é sentença arbitral final, em julgado da corte" (United States Court of Appeals, Second Circuit. *Florasynth, Inc., v. Alfred Pickholz,* 750 F.2d 171 (1984)).

[656]   STJ: "(...) Os titulares dos bens sobre os quais recaiu o bloqueio não integraram a ação principal que tramitou perante o Juízo arbitral, não lhes sendo ofertada a possibilidade de exercer minimamente seu direito de defesa, compreendendo-se este não apenas como a possibilidade de ter ciência e de se manifestar sobre os atos processuais praticados, mas, principalmente, a de influir na convicção do julgador. Desse modo, se os efeitos subjetivos da sentença arbitral não lhes atingem, já que não fizeram parte da arbitragem, tampouco dela passaram a integrar, inafastável a conclusão de que o propósito acautelatório de garantir o resultado útil da demanda principal afigura-se completamente esvaziado. O substrato da arbitragem está na autonomia de vontade das partes que, de modo consciente e voluntário, renunciam à jurisdição estatal, ele-

O art. 31 da Lei de Arbitragem permite o cumprimento forçado não apenas das chamadas sentenças condenatórias, de qualquer natureza, que reconheçam obrigação de dar (dinheiro, bens móveis ou imóveis), fazer ou não fazer, mas também comandos arbitrais de cunho constitutivo ou desconstitutivo, caso haja a necessidade de intervenção judicial para fazer valer a autoridade do juízo arbitral.[657]

---

gendo um terceiro, o árbitro, para solver eventuais conflitos de interesses advindos da relação contratual subjacente. Esse consentimento à arbitragem, ao qual se busca proteger, pode apresentar-se não apenas de modo expresso, mas também na forma tácita, afigurando possível, para esse propósito, a demonstração, por diversos meios de prova, da participação e adesão da parte ao processo arbitral, especificamente na relação contratual que o originou. O consentimento tácito ao estabelecimento da arbitragem há de ser reconhecido, ainda, nas hipóteses em que um terceiro, utilizando-se de seu poder de controle para a realização de contrato, no qual há a estipulação de compromisso arbitral, e, em abuso da personalidade da pessoa jurídica interposta, determina tal ajuste, sem dele figurar formalmente, com o manifesto propósito de prejudicar o outro contratante, evidenciado, por exemplo, por atos de dissipação patrimonial em favor daquele. Em tal circunstância, se prevalecer o entendimento de que o compromisso arbitral somente produz efeitos em relação às partes que formalmente o subscreveram, o processo arbitral servirá de escudo para evitar a responsabilização do terceiro que laborou em fraude, verdadeiro responsável pelas obrigações ajustadas e inadimplidas, notadamente se o instituto da desconsideração da personalidade jurídica remédio jurídico idôneo para contornar esse tipo de proceder fraudulento não puder ser submetido ao juízo arbitral. É preciso atentar que, com exceção de questões relacionadas a direitos indisponíveis, qualquer matéria naturalmente, afeta à relação contratual estabelecida entre as partes, pode ser submetida à análise do Tribunal arbitral, que a decidirá em substituição às partes, com o atributo de definitividade. O pedido de desconsideração da personalidade jurídica não refoge a essa regra, a pretexto de atingir terceiros não signatários do compromisso arbitral. No contexto de abuso da personalidade jurídica, fraude e má-fé da parte formalmente contratante, afigura-se possível ao Juízo arbitral desde que provocado para tanto, após cuidadosa análise da pertinência das correlatas alegações, observado o contraditório, com exauriente instrução probatória (tal como se daria perante a jurisdição estatal), deliberar pela existência de consentimento implícito ao compromisso arbitral por parte desse terceiro, que, aí sim, sofreria os efeitos subjetivos de futura sentença arbitral. Afinal, o consentimento formal exigido na arbitragem, que tem por propósito justamente preservar a autonomia dos contratantes (essência do instituto), não pode ser utilizado para camuflar a real vontade da parte, por ela própria dissimulada deliberadamente" (STJ, REsp 1.698.730/SP, Terceira Turma, Rel. Min. Marco Aurélio Bellizze, *DJe* 21.05.2018). Na doutrina, sustentando a possibilidade de desconsideração da personalidade jurídica no procedimento arbitral, veja-se: ASSIS, Carolina Azevedo. A desconsideração da personalidade jurídica e a extensão da cláusula compromissória no processo arbitral. In: CARNEIRO, Paulo Cezar Pinheiro; GRECO, Leonardo; DALLA, Humberto. *Temas controvertidos na arbitragem à luz do Código de Processo Civil de 2015*. Rio de Janeiro: GZ, 2020. v. II, p. 92-106.

[657] Como afirma Scavone: "(...) havendo prestação desde logo exercitável extraída da sentença, seja lá qual for a sua natureza, é possível o pedido de cumprimento forçado nos termos do Código de Processo Civil" (SCAVONE JR., Luiz Antonio. *Manual de arbitragem, mediação e conciliação*. 8. ed. Rio de Janeiro: Forense, 2018. p. 197).

O STJ tem, reiteradamente, reconhecido a natureza de título executivo judicial da sentença arbitral.[658] O cumprimento de sentença, em tais hipóteses, segue exatamente a sistemática dos títulos executivos judiciais, com apenas uma distinção: na execução do provimento arbitral, há a necessidade de citação da parte vencida, na forma dos arts. 238 e seguintes do CPC, ao passo que no cumprimento da sentença judicial a fase de execução, a teor do 535 do CPC, é deflagrada com a intimação do executado por intermédio de seu advogado.[659]

No cenário internacional, a força executiva da sentença arbitral é amplamente reconhecida, nos mais diversos diplomas normativos, tais como: o Código de Processo Civil francês – art. 1.484;[660] o *Arbitration Act* de 1996 do Reino Unido – *Section* 66(1);[661] Ley espanhola 60/2003 – Artículo 43;[662] a Lei portuguesa 63/2011 – art. 42(7);[663] e a Lei 37/2001 de Singapura – *Chapter* 10 – *Section* 44(1).[664]

---

[658] STJ: "De forma inédita no direito brasileiro, como já visto, a Lei 9.307/96 confere à sentença arbitral caráter de 'título executivo judicial' qualificado pela produção de efeito de coisa julgada material (CPC, art. 475-N, IV)" (STJ, Segunda Seção, CC 111.230/DF, Rel. Min. Nancy Andrighi, Voto-Vista Min. Maria Isabel Gallotti, *DJe* 03.04.2014).

[659] Nesse sentido: "O Código de Processo Civil, assim como a Lei da Arbitragem, confere a natureza de título executivo judicial à sentença arbitral, distinguindo apenas o instrumento de comunicação processual do executado. Com efeito, em se tratando de cumprimento de sentença arbitral, a angularização da relação jurídica processual dar-se-á mediante citação do devedor no processo de liquidação ou de execução em vez da intimação promovida nos processos sincréticos (nos quais ocorrida a citação no âmbito de precedente fase de conhecimento). Eis, portanto, a única diferença procedimental entre o cumprimento da sentença proferida no processo civil e o da sentença arbitral" (STJ, REsp 1.102.460/RJ, Corte Especial, Rel. Min. Marco Buzzi, *DJe* 23.09.2015).

[660] "Article 1.484. La sentence arbitrale a, dès qu'elle est rendue, l'autorité de la chose jugée relativement à la contestation qu'elle tranche. Elle peut être assortie de l'exécution provisoire. Elle est notifiée par voie de signification à moins que les parties en conviennent autrement" (Disponível em: https://www.legifrance.gouv.fr/affichCode.do?idSection TA=LEGISCTA000023421462&cidTexte=LEGITEXT000006070716&dateTexte=20200221. Acesso em: 20 fev. 2020).

[661] "Section 66: Enforcement of the award. (1) An award made by the tribunal pursuant to an arbitration agreement may, by leave of the court, be enforced in the same manner as a judgment or order of the court to the same effect" (Disponível em http://www. legislation.gov.uk/ukpga/1996/23/section/66. Acesso em: 20 fev. 2020).

[662] "Artículo 43. Cosa juzgada y revisión de laudos. El laudo produce efectos de cosa juzgada y frente a él sólo cabrá ejercitar la acción de anulación y, en su caso, solicitar la revisión conforme a lo establecido en la Ley 1/2000, de 7 de enero, de Enjuiciamiento Civil para las sentencias firmes" (Disponível em https://www.boe.es/buscar/act. php?id=BOE-A-2003-23646. Acesso em: 20 fev. 2020).

[663] "Artigo 42. Forma, conteúdo e eficácia da sentença 7 – A sentença arbitral de que não caiba recurso e que já não seja susceptível de alteração nos termos do artigo 45.º tem o mesmo carácter obrigatório entre as partes que a sentença de um tribunal estadual transitada em julgado e a mesma força executiva que a sentença de um tribunal estadual" (Disponível em: http://www.pgdlisboa.pt/leis/lei_mostra_articulado. php?nid=1579&tabela=leis. Acesso em: 20 fev. 2020).

A sentença arbitral, assim como a judicial, constitui res iudicata,[665] formal e material,[666] com efeito conclusivo e preclusivo. É de cumprimento compulsório, não havendo, como regra, a possibilidade de recurso (*final and binding*), em linha com os regulamentos das instituições arbitrais mundo afora.[667] A adjetivação de final (*final*) e vinculante (*binding*), frequentemente utilizada nos regulamentos de arbitragem, revela o efeito positivo da res iudicata. Além disso, as partes, ao concordarem com tais regras institucionais, aceitam também o efeito negativo da res iudicata, ou seja, que a matéria julgada pela sentença não poderá ser objeto de nova disputa.

Alguns regulamentos de arbitragem, em âmbito nacional, reproduzem o conteúdo do art. 31.[668] Outros optam por não o reproduzir, sem qualquer consequência para o procedimento arbitral, por se tratar de comando já previsto na lei, cuja aplicação é dirigida ao Judiciário.

---

[664] "Effect of award – 44. (1) An award made by the arbitral tribunal pursuant to an arbitration agreement shall be final and binding on the parties and on any person claiming through or under them and may be relied upon by any of the parties by way of defence, set-off or otherwise in any proceedings in any court of competent jurisdiction" (Disponível em: https://sso.agc.gov.sg/Act/AA2001#pr44-. Acesso em: 20 fev. 2020).

[665] Vide relatório de uniformização da *Res Judicata* elaborado pelo International Arbitration Committee da International Law Association (ILA). Desde 2004 o Comitê publica relatórios sobre *res judicata* e *lis pendens*, o *ILA Final Report on Res Judicata and Arbitration*. Hipóteses de *res judicata* podem surgir nos termos do relatório: entre sentença parcial e sentença final; entre dois tribunais arbitrais; entre corte estatal e tribunal arbitral; e entre corte supranacional e tribunal arbitral. Disponível em: https://www.law.columbia.edu/sites/default/files/microsites/columbia-arbitration-day/files/ila_interim_report_on_res_judicata_2004.pdf. Acesso em: 21 fev. 2020.

[666] Conforme afirmado pelo Tribunal Supremo da Espanha, em 2010: "enquanto todas as sentenças finais constituem res judicata formal, somente as sentenças que decidem definitivamente uma disputa ensejarão res judicata material" (Suprema Corte da Espanha, RJ 6.969, 13 de setembro de 2010 apud MONTERO, Félix J. et al. Res Judicata and issue preclusion in international arbitration: an ICC case study. *The Paris Journal of International Arbitration*, n. 1, p. 21, 2016.

[667] Confira-se, a título ilustrativo, o item 26.8 do Regulamento de Arbitragem da LCIA: "26.8 Every award (including reasons for such award) shall be final and binding on the parties. The parties undertake to carry out any award immediately and without any delay (subject only to Article 27); and the parties also waive irrevocably their right to any form of appeal, review or recourse to any state court or other legal authority, insofar as such waiver shall not be prohibited under any applicable law" (Disponível em: https://www.lcia.org/Dispute_Resolution_Services/lcia-arbitration-rules-2020.aspx#Article%2025. Acesso em: 22 jan. 2021). Vide também artigo 46 do Regulamento de Arbitragem do Instituto de Arbitragem da Câmara de Comércio de Estocolmo – SCC: "Article 46. Effect of an award An award shall be final and binding on the parties when rendered. By agreeing to arbitration under these Rules, the parties undertake to carry out any award without delay" (Disponível em: https://sccinstitute.com/our-services/rules/. Acesso em: 20 fev. 2020).

[668] Veja-se o item 15.1 do Regulamento de Arbitragem do CBMA: "15.1. A sentença arbitral produz, entre as partes e seus sucessores, os mesmos efeitos da sentença proferida pelos órgãos do Poder Judiciário e, sendo condenatória, constitui título executivo judicial" (Disponível em: http://www.cbma.com.br/regulamento_1. Acesso em: 20 fev. 2020).

> **Art. 32.** É nula a sentença arbitral se:
>
> **I** - for nula a convenção de arbitragem; (Redação dada pela Lei nº 13.129, de 2015.)
>
> **II** - emanou de quem não podia ser árbitro;
>
> **III** - não contiver os requisitos do art. 26 desta Lei;
>
> **IV** - for proferida fora dos limites da convenção de arbitragem;
>
> **V** - (Revogado pela Lei nº 13.129, de 2015.);
>
> ~~V - não decidir todo o litígio submetido à arbitragem;~~
>
> **VI** - comprovado que foi proferida por prevaricação, concussão ou corrupção passiva;
>
> **VII** - proferida fora do prazo, respeitado o disposto no art. 12, inciso III, desta Lei; e
>
> **VIII** - forem desrespeitados os princípios de que trata o art. 21, § 2º, desta Lei.

 Comentários

1. Ação anulatória de sentença arbitral[669] e impugnação ao cumprimento de sentença

Os vícios legais que autorizam a anulação da sentença arbitral encontram-se taxativamente indicados no art. 32 da Lei de Arbitragem. Existem defeitos intrínsecos e extrínsecos ao procedimento arbitral que podem ensejar a desconstituição da sentença correlata. Com efeito, tanto eventuais máculas na convenção de arbitragem (defeitos extrínsecos), como vícios no procedimento arbitral e na própria sentença (defeitos intrínsecos), podem acarretar a invalidação do *decisum*.

De acordo com o STJ, o art. 32 da Lei apresenta rol taxativo (*numerus clausus*), admitindo-se a propositura de ação anulatória apenas nas hipóteses indicadas em seus incisos.[670] Ressalva o próprio STJ, todavia, que, muito embora a ação tenha que fundar-se "em uma das específicas hipóteses contidas no art. 32", a elas seria "possível conferir uma interpretação razoavelmente aberta, com o propósito de preservar, em

---

[669] Sobre o tema, com ênfase nas hipóteses de invalidação previstas no art. 32, antes da Reforma da Lei de Arbitragem, de 2015, veja-se: FARIA, Marcela Kohlbach de. *Ação anulatória de sentença arbitral*: aspectos e limites. Brasília: Gazeta Jurídica, 2014.

[670] Em seu voto, o Ministro Relator destacou: "A despeito da principal característica da arbitragem, consubstanciada na adesão voluntária das partes a essa via de composição de litígios, com prevalência, sempre que possível, da autonomia da vontade, não raros são os casos em que a validade da sentença arbitral é questionada no âmbito do Poder Judiciário, estando a discussão, contudo, restrita às hipóteses legalmente previstas no art. 32 da Lei nº 9.307/1996" (STJ, REsp 1.636.102/SP, Terceira Turma, Rel. Min. Ricardo Villas Bôas Cueva, *DJe* 01.08.2017).

todos os casos, a ordem pública e o devido processo legal e substancial, inafastáveis do controle judicial".[671]

As hipóteses previstas nos incisos do art. 32 podem ser reagrupadas em duas categorias: de anulabilidade (ou nulidade relativa) e de nulidade (nulidade absoluta). Nesse sentido, o termo "nulo", utilizado no referido dispositivo legal, não se revela o tecnicamente mais apropriado. Os casos de nulidade absoluta não ficam sujeitos ao prazo decadencial de 90 dias para propositura da ação anulatória previsto no art. 33, § 1º, da Lei.[672] Seria o caso de eventual procedimento arbitral, contratado pelas partes, voltado para a resolução de um conflito que envolva direito de família (guarda, alimentos etc.). Em tal hipótese, a convenção de arbitragem seria absolutamente nula e, por consequência, seria absolutamente nula a sentença arbitral que dela derive, sem que possa produzir qualquer efeito, não havendo que se falar em convalidação da sentença, mesmo após o decurso do prazo nonagesimal do art. 33.

O exemplo anteriormente retratado é, contudo, improvável e sem precedente no Brasil. Os vícios mais frequentes, sem sombra de dúvida, recaem nas hipóteses de nulidade relativa. Neles, a ação anulatória (de desconstituição) é a via propícia para impugnar eventual sentença arbitral, sendo de se respeitar, em hipóteses tais, o prazo decadencial de 90 dias previsto em lei.[673]

O rol exaustivo do art. 32 representa um conjunto de garantias mínimas assegurado às partes de que, em caso de renúncia voluntária à jurisdição estatal, mediante a contratação da via arbitral como método de solução de conflitos, o procedimento a ser seguido respeitará o devido processo legal e de que o julgamento será feito nos limites da convenção de arbitragem, com observância das escolhas feitas. Exatamente por isso, as partes não podem renunciar previamente à incidência dos arts. 32 e 33 da Lei, normas verdadeiramente cogentes, de ordem pública.

Somente o *error in procedendo* autoriza a desconstituição da sentença arbitral; jamais o *error in judicando*. É intuitivo que, quando as partes optam pela arbitragem e renunciam à jurisdição estatal, afastam qualquer possibilidade de o Judiciário examinar o mérito da disputa.[674] É da essência da escolha feita que, mesmo discordando do mérito da decisão arbitral, a parte tenha que com ela se conformar, como decisão final e vinculante. O papel da justiça estatal, neste caso, é apenas o de assegurar que o procedimento arbitral seja conduzido em conformidade com o devido processo legal, nos limites da convenção de arbitragem. Mero inconformismo quanto ao mérito da sentença arbitral jamais ensejará a sua nulidade.[675]A desconstituição de sentença

---

[671] STJ, REsp 1.660.963/SP, Terceira Turma, Rel. Min. Marco Aurélio Bellizze, *DJe* 29.03.2019.

[672] Vide comentários do art. 33 da Lei de Arbitragem.

[673] CAHALI, Francisco José. *Curso de arbitragem*: mediação, conciliação e tribunal multiportas. 7. ed. São Paulo: Thomson Reuters Brasil, 2018. p. 421-422.

[674] STJ, Terceira Turma, REsp 1.636.102, Rel. Min. Ricardo Villas Bôas Cueva, *DJe*, 1º.08.2017; STJ, Terceira Turma, REsp 693.219, Rel. Min. Nancy Andrighi, *DJ* 06.06.2005.

[675] STJ: "Recurso especial. Processual civil. Agravo de instrumento. Execução de sentença arbitral. Ação anulatória. Recebimento como impugnação ao cumprimento de sentença. Possibilidade em tese. 1. Controvérsia limitada a saber se é possível o recebimento de ação anulatória em curso como impugnação ao cumprimento de sentença arbitral,

arbitral, segundo as hipóteses do art. 32 da Lei, também poderá ser promovida por intermédio de eventual impugnação ao cumprimento (execução) de sentença arbitral, conforme estatui o art. 33, § 3º, da Lei, conjugado com o 525, § 1º, do CPC. No entanto, mesmo neste caso (de impugnação ao cumprimento da sentença arbitral), tem incidência o prazo decadencial de 90 (noventa dias). Assim, se a impugnação for aviada após esgotado o prazo nonagesimal, com fulcro apenas em alguma das previsões descritas no art. 32, deverá ser rejeitada, pelo fenômeno da decadência. Restará ao impugnante, tão somente, deduzir as matérias referidas no art. 525, § 1º e seus incisos, do CPC, em relação às quais não há que se falar na incidência de qualquer prazo extintivo de direito.

Perceba-se que, não obstante o legislador tenha equiparado a sentença arbitral à sentença judicial, nos termos do art. 31 da Lei, a referida equiparação está longe de ser absoluta. Foi adotada para facilitar a execução do julgado, em caso de não cumprimento voluntário do comando arbitral. A desconstituição da sentença arbitral, contudo, somente poderá ser efetivada por meio da ação anulatória, nas hipóteses do art. 32 e no prazo do art. 33 da Lei; jamais via a ação rescisória do art. 966 do CPC (medida adequada para a desconstituição de sentença judicial).

2. Causas de invalidação da sentença arbitral

2.1. Convenção de arbitragem nula (inciso I)

A primeira hipótese de invalidação da sentença arbitral, na forma do inciso I do art. 32 da Lei, refere-se à nulidade da própria convenção de arbitragem.

---

inclusive com a concessão de efeito suspensivo, nos termos do art. 475-M do CPC/1973. 2. O cumprimento de sentença arbitral é sempre processado em caráter definitivo, circunstância que não se modifica em virtude do ajuizamento de ação anulatória. 3. São duas as formas de impugnação judicial da sentença proferida em procedimento arbitral quando dela resulta a condenação ao pagamento de quantia certa: a) o ajuizamento de ação visando a declaração de nulidade da sentença, nos moldes do art. 33 da Lei nº 9.307/1996, e b) o oferecimento de impugnação ao pedido de cumprimento de sentença, nos moldes do art. 475-J, § 1º, do CPC/1973, observada a regra do parágrafo 3º do art. 33 da Lei da Arbitragem. 4. A simples propositura de ação anulatória não é suficiente para suspender a execução, ressalvada a concessão de efeito suspensivo em atendimento a pedido de tutela provisória de urgência, o que não ocorreu na espécie. 5. Possibilidade, em tese, de dar à ação de invalidação de sentença arbitral em curso o mesmo tratamento conferido à impugnação ao cumprimento de sentença, desde que oferecida a garantia e requerida tal providência ao juízo da execução dentro do prazo legal, cabendo a ele decidir, se for o caso, a respeito da suspensão do feito executivo. 6. Hipótese em que a demanda pela qual se busca a anulação da sentença arbitral não apresenta a menor perspectiva de êxito, a afastar a pretensão recursal. 7. Sentença arbitral devidamente fundamentada em princípios basilares do direito civil, apresentando solução que não desborda das postulações inicialmente propostas pelas partes. 8. O mero inconformismo quanto ao conteúdo meritório da sentença arbitral não pode ser apreciado pelo Poder Judiciário. Precedentes. 9. Recurso especial não provido" (STJ, Terceira Turma, REsp 1.636.113, Rel. Min. Ricardo Villas Bôas Cueva, *DJe* 05.09.2017).

Antes da alteração promovida pela Lei 13.129/2015, o referido dispositivo legal falava em nulidade do "compromisso", o que gerava a falsa impressão de que eventual nulidade da cláusula compromissória não acarretaria em qualquer mácula na sentença. A nova redação do art. 32, I, pôs um fim a qualquer dúvida que pudesse existir a respeito, estatuindo que a sentença poderá ser desconstituída em caso de nulidade da "convenção de arbitragem", o que abrange tanto a cláusula compromissória, como o compromisso arbitral.

A convenção de arbitragem é gênero que se divide em duas espécies: a) cláusula compromissória: "convenção através da qual as partes em um contrato comprometem-se a submeter à arbitragem os litígios que possam vir a surgir, relativamente a tal contrato" (art. 4º); e b) compromisso arbitral: "convenção através da qual as partes submetem um litígio à arbitragem de uma ou mais pessoas, podendo ser judicial ou extrajudicial" (art. 9º).[676]

Constitui o pacto arbitral um negócio jurídico, produto da autonomia da vontade das partes, que escolhem a via extrajudicial, de natureza heterocompositiva, para solução de seus conflitos. Como tal, as causas de invalidação do ajuste devem ser analisadas à luz do Código Civil.

Consequência disso é que será nula a convenção de arbitragem quando, a teor dos arts. 166 e 167 do Código Civil: a) celebrada por pessoa absolutamente incapaz; b) for ilícito, impossível ou indeterminado o seu objeto; c) o motivo determinante, comum a ambas as partes, for ilícito; d) não revestir a forma prescrita em lei; e) for preterida alguma solenidade que a lei considera essencial para a sua validade; f) tiver por objeto fraudar lei imperativa; g) a lei taxativamente a declarar nula, ou proibir-lhe a prática, sem cominar sanção; e também se verificada a simulação (art. 167 do CC).[677] Será, outrossim, anulável a convenção de arbitragem eivada dos vícios do art. 171 do Código Civil.[678]

---

[676] Vide comentários ao art. 3º da Lei.

[677] CAHALI, Francisco José. *Curso de arbitragem*: mediação, conciliação e tribunal multiportas. 7. ed. São Paulo: Thomson Reuters Brasil, 2018. p. 406. Scavone Jr. exemplifica algumas hipóteses de nulidade da convenção de arbitragem: a) não contiver os requisitos do artigo 10 da Lei de Arbitragem, nos termos do art. 166, IV, do CC, lembrando que a mesma razão macula, neste caso, a cláusula arbitral, que pode ser vazia e, se assim se manifestar, demandará ação judicial para que seja firmado o compromisso com os requisitos do art. 10 da Lei de Arbitragem, na ausência de acordo entre as partes (art. 7º da Lei de Arbitragem); b) Tencionar submeter as partes à solução arbitral de direitos indisponíveis, por exemplo, quanto ao estado das pessoas. Neste caso, igualmente a nulidade será absoluta por incompetência do árbitro, vez que proibida a prática do ato por Lei (art. 1º da Lei de Arbitragem, cumulado com o art. 166, VII, do CC); c) A pessoa que celebrou a cláusula arbitral ou o compromisso é absolutamente incapaz (art. 166, I, do CC). Se for relativamente incapaz, a sentença será anulável (art. 171, I, do CC); d) foi obtido mediante simulação (art. 167 do CC) (SCAVONE JR., Luiz Antonio. *Manual de arbitragem, mediação e conciliação*. 8. ed. Rio de Janeiro: Forense, 2018. p. 224).

[678] Código Civil: "Art. 171. Além dos casos expressamente declarados na lei, é anulável o negócio jurídico: I – por incapacidade relativa do agente; II – por vício resultante de erro, dolo, coação, estado de perigo, lesão ou fraude contra credores". Cahali ressalta

Perceba-se, por relevante, que muitas das hipóteses de invalidação da convenção de arbitragem, tal e qual previstas nos arts. 166, 167 e 171 do Código Civil, encontram guarida, ainda, na própria Lei de Arbitragem. Nesse sentido, estabelece o art. 1º,[679] *caput*, que só "as pessoas capazes de contratar poderão valer-se da arbitragem para dirimir litígios", em sintonia com os arts. 166, I, e 171, I, ambos do Diploma Civil. Antecipa o *caput* do art. 1º da Lei de Arbitragem, ainda, que a via arbitral só será válida para resolver conflitos "relativos a direitos patrimoniais disponíveis", do que resulta que se a cláusula compromissória abranger direitos indisponíveis terá objeto ilícito (art. 166, II, do CC), nulificando-a.

Também, por violação aos arts. 166, III e VI, do Código Civil, será nulo o pacto arbitral cujo motivo determinante para a sua celebração tenha sido o de validar, via procedimento arbitral, algum ato criminoso, como corrupção ou tráfico de entorpecentes, por exemplo.

A convenção arbitral deverá respeitar a forma prescrita em lei, sob pena de invalidação (art. 166, IV, do CC). Deve a cláusula compromissória, a teor do art. 4º, § 1º, "ser estipulada por escrito, podendo estar inserta no próprio contrato ou em documento apartado que a ele se refira", sendo certo que, nos "contratos de adesão, a cláusula compromissória só terá eficácia se o aderente tomar a iniciativa de instituir a arbitragem ou concordar, expressamente, com a sua instituição, desde que por escrito em documento anexo ou em negrito, com a assinatura ou visto especialmente para essa cláusula" (art. 4º, § 2º).[680] Já o compromisso arbitral deverá atender, também, aos requisitos indicados no art. 10.[681]

Em recente decisão da Corte Superior de Delhi (*High Court of Delhi*), na Índia, o Tribunal considerou inválida cláusula compromissória contida em recibo de mercadorias assinado pela parte, por ofensa aos termos da *Section* 34 do *Indian Arbitration and Conciliation Act*.[682] A corte ressaltou que a cláusula compromissória estava impressa em

---

que na hipótese de o vício da convenção (negócio jurídico) ser considerado caso de nulidade absoluta pelo direito material, será desnecessária a sua prévia arguição durante a arbitragem, pois, sendo de ordem pública, escapa da disponibilidade das partes, impedindo o seu saneamento durante o procedimento. Assim, enquanto nulo, o ato não se convalida, e mesmo omissa a parte até a sentença, o vício contamina toda a arbitragem, e compromete, inclusive, a decisão que estará exposta à invalidação nos termos dos arts. 32 e 33 da Lei Especial. Por outro lado, se o vício da convenção for considerado pelo direito material como relativo, sua arguição deve ser feita no momento oportuno (p. ex. art. 20 da Lei 9.307/1996), sob pena de impedir que venha a ser invocado como causa de invalidação da sentença (CAHALI, Francisco José. *Curso de arbitragem*: mediação, conciliação e tribunal multiportas. 7. ed. São Paulo: Thomson Reuters Brasil, 2018. p. 407).

[679] Vide comentários ao art. 1º.

[680] Vide comentários ao art. 4º.

[681] Vide comentários ao art. 10.

[682] A Section 34 (2) da Lei de Arbitragem e Conciliação de 1996 da Índia versa sobre hipóteses bem similares às elencadas pelo art. 32 da Lei de Arbitragem brasileira: "(2) An arbitral award may be set aside by the Court only if – (a) the party making the application 1[establishes on the basis of the record of the arbitral tribunal that] – (i) a

fonte reduzida, no final do documento, e que, portanto, muito provavelmente o signatário não percebera a existência dela, de modo que não seria possível extrair dos fatos que as partes estariam *ad idem*, isto é, em consenso quanto à celebração da convenção de arbitragem. Os magistrados consideraram que as assinaturas no recibo serviriam apenas como prova idônea para confirmar o recebimento dos produtos; nada além disso. Assim, por ser a cláusula compromissória nula, a sentença arbitral deveria ser invalidada.[683]

No esporte, tem sido admitida (e até mesmo estimulada) a utilização da via arbitral como método de solução de conflitos. Nada obstante, por força do art. 90-C da Lei 9.615/1998, será tida por nula eventual cláusula compromissória, quer de natureza estatutária (muito comum no setor esportivo), quer firmada para uma competição específica, que estabeleça, no segmento desportivo, a solução arbitral de conflitos que envolvam questões disciplinares ou de competição. A nulidade aqui é deriva da parte final do inciso VII do art. 166 do Código Civil.

Regra geral, as causas de nulidade, invalidade e ineficácia da convenção de arbitragem devem ser arguidas na primeira oportunidade que a parte tiver para se manifestar no procedimento arbitral (art. 20, *caput*, da Lei de Arbitragem), sob pena de convalidação do pacto arbitral. Evidentemente, existem exceções a esta regra, tal e qual eventual cláusula compromissória que submeta à arbitragem litígios que versem sobre direitos indisponíveis de família. Em tais hipóteses, não há convalidação possível, por se tratar de hipótese de nulidade absoluta da cláusula de arbitragem. Ainda assim, não se aplica aqui, na sua inteireza, a disciplina geral dos arts. art. 169[684] e 172[685] do Código Civil, ante o regramento especial do art. 20 da Lei de Arbitragem. Por isso mesmo que, ainda que a cláusula compromissória não tenha sido firmada por escrito, a sentença arbitral será válida, se a parte não arguir a nulidade dela assim que notificada para se defender na arbitragem, presumindo-se, em tais circunstâncias, que aquiesceu com o procedimento.

Da mesma forma, desde que admitido por lei, as partes poderão sanar eventual vício em qualquer fase do procedimento arbitral, o que ocorre, mais frequentemente, no momento da assinatura do termo de arbitragem, nos termos do art. 19, § 1º, da Lei de Arbitragem.

---

party was under some incapacity, or (ii) the arbitration agreement is not valid under the law to which the parties have subjected it or, failing any indication thereon, under the law for the time being in force; or (iii) the party making the application was not given proper notice of the appointment of an arbitrator or of the arbitral proceedings or was otherwise unable to present his case; or (iv) the arbitral award deals with a dispute not contemplated by or not falling within the terms of the submission to arbitration, or it contains decisions on matters beyond the scope of the submission to arbitration" (Disponível em: https://indiacode.nic.in/show-data?actid=AC_CEN_3_46_00004_199626_1 517807323919&sectionId=24538&sectionno=34&orderno=38. Acesso em: 27 fev. 2020).

[683] High Court of Delhi, *Parmeet Singh Chatwal & Ors. v. Ashwani Sahani O.M.P.* 1445/2014, 14 de fevereiro de 2020.

[684] Código Civil: "Art. 169. O negócio jurídico nulo não é suscetível de confirmação, nem convalesce pelo decurso do tempo".

[685] Código Civil: "Art. 172. O negócio anulável pode ser confirmado pelas partes, salvo direito de terceiro".

2.2. Emanou de quem não podia ser árbitro (inciso II)

A incapacidade civil,[686] nos termos do art. 13[687] da Lei de Arbitragem, obsta a atividade jurisdicional. Menores de 18 anos, assim, não podem ser árbitros, ainda que o indicado seja da confiança das partes.

Existe certa controvérsia doutrinária sobre a possibilidade de indicação de pessoa jurídica como árbitra. Há quem sustente que, por não existir proibição legal, seria possível a nomeação.[688] A escolha seria da parte. Parece-nos, entretanto, que só as pessoas naturais podem arbitrar conflitos, na forma da Lei 9.307/1996. A atividade é flagrantemente personalíssima. É o que se extrai da inteligência da Lei de Arbitragem, em especial dos próprios deveres que recaem sobre os árbitros, bem como, sobremodo, das causas de impedimento e suspeição previstas na lei.[689]

É nula, outrossim, a sentença arbitral prolatada por árbitro suspeito ou impedido, nos exatos termos do art. 14[690] da Lei. Referido vício, todavia, só poderá ser deduzido na competente ação anulatória se a parte prejudicada tiver, oportunamente, apresentado arguição de recusa do árbitro nomeado. A recusa ao árbitro deve ser prévia e tempestivamente deduzida no procedimento arbitral, sob pena de convalidação do vício.

Na dicção legal, é nula a sentença arbitral que "emanou de quem não podia ser árbitro". Cabe perquirir, a este propósito, se eventual proibição ao exercício da função de árbitro, na esfera administrativa, macularia o procedimento arbitral. O questionamento assume especial relevância porque há orientação recente, no âmbito da Advocacia-Geral União, vedando aos seus membros o exercício de qualquer atividade no campo das soluções extrajudiciais de litígios, inclusive da arbitragem.[691] Assim, se

---

[686]   As causas de incapacidade civil (absoluta e relativa) estão previstas nos arts. 2º e 3º do Código Civil.

[687]   Vide comentários ao art. 13.

[688]   Scavone Jr. defende a possibilidade de pessoa jurídica poder ser nomeada árbitro enquanto Cahali sustenta posição contrária alegando atividade personalíssima. Vide: SCAVONE JR., Luiz Antonio. *Manual de arbitragem, mediação e conciliação.* 8. ed. Rio de Janeiro: Forense, 2018. p. 114; e CAHALI, Francisco José. *Curso de arbitragem:* mediação, conciliação e tribunal multiportas. 7. ed. São Paulo: Thomson Reuters Brasil, 2018. p. 211.

[689]   Vide arts. 13, § 6º, e 14 da Lei.

[690]   Vide os comentários ao art. 14.

[691]   AGU, Parecer 00043/2019/CGAU/AGU, NUP: 00400.001911/2018-89, Corregedor-Geral da AGU Vládia Pompeo Silva, 23.08.2019: "Exercício de atividade privada por membros da Advocacia-Geral da União – AGU. Proibição do exercício de quaisquer atividades que sejam incompatíveis com as atribuições do cargo. Art. 117, inciso XVIII, da Lei nº 8.112, de 11 de dezembro de 1990. Impedimento de exercer outra atividade, pública ou privada potencialmente causadora de conflito de interesse. Disposição expressa do art. 6º, da Lei nº 11.890, de 24 de dezembro de 2008, com redação dada pela Lei nº 13.328, 29 de julho de 2016. Exercício de arbitragem. Mediação, conciliação, negociação e *compliance* por membros da AGU. Impossibilidade. Atividade incompatível com o exercício do cargo. Atividades potencialmente causadoras de conflito de interesses. Competência da Corregedoria-Geral da Advocacia da União para se manifestar sobre o tema. Inteligência dos arts. 5º da Lei Complementar nº 73, de 10 de fevereiro de 1993, e do art. 19 do Decreto nº 7.392, de 13 de dezembro de 2010. Comissão de ética da AGU:

Competência limitada à análise de consultas sobre conflito de interesses. I – Análise acerca da possibilidade do exercício de atividade privada de arbitragem, mediação, conciliação, negociação e *compliance* por membros da AGU. II – Competência da CGAU para manifestar-se sobre a possibilidade do exercício de atividade privada relacionada à arbitragem, mediação, conciliação, negociação e *compliance*. III – A atuação da CGAU e CEAGU são aproximadas quanto à manifestação sobre exercício de atividade privada. Resumidamente, a CGAU tem sua atuação vinculada ao viés correicional/disciplinar do fato/ato, editando ou sugerindo ao AGU a edição de normas sobre o assunto ou apurando, em concreto, eventuais irregularidades praticadas pelos membros da carreira. A CEAGU, por sua vez, age de forma preventiva, na medida que informa, quando consultada, se a prática de determinada atividade privada pressupõe conflito de interesses com o exercício do cargo público. IV – O exercício concomitante de outra atividade, seja ela pública ou privada, com os cargos de Advogado da União, Procurador Federal, Procurador da Fazenda Nacional e Procurador do Banco Central, é vedado se referida atividade for incompatível com o exercício do cargo e com o horário de trabalho (art. 117, da Lei nº 8112, de 1990) ou for potencialmente causadora de conflito de interesse, conforme definido pelo art. 5º da Lei nº 12.813, de 2016. Ou, ainda, naqueles casos em que incompatível com o exercício do cargo ou função e com o horário de trabalho, conforme descrito na Lei nº 8.112, de 1990. V – As soluções alternativas de disputas se inserem como métodos que visam evitar, minorar ou ainda resolver mais rapidamente o litígio, seja judicial e extrajudicial. Apresentam-se, portanto, como atividades situadas no meio-termo entre a advocacia (interferência em etapa judicial e necessária – na maior parte dos casos –, quanto o litígio encontra-se instaurado) e a solução pacífica entre as partes (sem interferência de terceiros). Transitam, ainda, entre as atribuições de consultoria e representação (ainda que pacífica, não impositiva ou imparcial). VI – Entende-se como atividade potencialmente causadora de conflito de interesse àquela que, por sua natureza, possa comprometer o interesse coletivo ou influenciar, de maneira imprópria, o desempenho da função pública. E, mais especificamente, aquela atividade que se insira, de maneira abstrata em uma ou mais das situações descritas nos incisos do artigo 5º da Lei nº 12.813, de 2013. VII – O exercício da atividade relacionada às soluções alternativas de disputas (arbitragem, mediação, conciliação e negociação) e *compliance* por advogados públicos federais encontraria vedação nas hipóteses descritas no inciso III do art. 5º da Lei nº 12.813, de 2013, aplicando-se ao caso a vedação exposta no art. 117, inciso XVIII, da Lei nº 8.112, de 1990" (Disponível em: https://www.conjur.com.br/dl/corregedoria-agu-veta-pratica.pdf. Acesso em: 6 jan. 2021). O referido parecer culminou com a aprovação da Orientação Normativa 57/2019, de seguinte teor: "O Advogado-Geral da União, no uso das atribuições que lhe conferem os incisos I, VII, XI, XIII e XVIII do art. 4º da Lei Complementar nº 73, de 10 de fevereiro de 1993, e tendo em vista o disposto no Processo Administrativo nº 00400.001911/2018-89, em especial o Parecer Nº 43/2019/CGAU/AGU, de 23 de agosto de 2019, resolve expedir a presente Orientação Normativa: "O exercício de atividades privadas relacionadas às soluções alternativas de disputas e conflitos (arbitragem, mediação, conciliação e negociação) e o exercício de atividades privadas relacionadas à *compliance* são incompatíveis com o exercício dos cargos das carreiras jurídicas da Advocacia-Geral da União, da Procuradoria-Geral Federal e da Procuradoria-Geral do Banco Central. Aos advogados da União, Procuradores da Fazenda Nacional, Procuradores Federais, Procuradores do Banco Central do Brasil e integrantes dos quadros suplementares em extinção previstos no art. 46 da Medida Provisória nº 2.229-43, de 6

os integrantes da AGU não podem ser árbitros, a consequência natural disso seria a de que eventuais sentenças por eles prolatadas estariam sujeitas à anulação, por força do disposto no art. 32, II, da Lei. Entendemos, contudo, que não há que se falar, em tais casos, em qualquer vício que possa contaminar o julgado. A referida prática, se evidenciada no caso concreto, pode até caracterizar eventual infração administrativa, com efeitos disciplinares, na esfera da AGU. Jamais, no entanto, terá qualquer impacto no procedimento arbitral. A sentença será perfeitamente válida. O defeito que autoriza a ação anulatória, à luz do inciso II do art. 32, é apenas aquele que agride algum bem jurídico de relevância para o regular desenvolvimento do procedimento arbitral. Consequentemente, se o procurador federal tem capacidade para a vida civil e a confiança das partes, não incidindo em qualquer das hipóteses de impedimento ou suspeição previstas em lei, pode perfeitamente funcionar como árbitro, sem que se possa falar em qualquer vício na sentença arbitral.

As partes também podem estabelecer requisitos para nomeação do árbitro (ex.: qualificação acadêmica, experiência profissional, profissão específica etc.). É incomum e até certo ponto contraditório (já quem opta pela arbitragem quer, em geral, fugir da justiça estatal), mas há relatos, na comunidade arbitral, de cláusulas compromissórias que exigiriam que o Tribunal Arbitral fosse composto apenas por ex-magistrados. Assim como há casos em que a convenção de arbitragem estatui que os árbitros devem ter experiência na matéria técnica em discussão. Em casos tais, aqueles que não se enquadrem nas exigências constantes da cláusula arbitral não poderão ser indicados para integrar o painel julgador, cabendo à parte contrária, na primeira oportunidade para se manifestar no procedimento, oferecer objeção ao nome indicado, sob pena de preclusão.

2.3. Não contiver os requisitos do art. 26 desta Lei (inciso III)

Como sabido, "são requisitos obrigatórios da sentença arbitral: I – o relatório, que conterá os nomes das partes e um resumo do litígio; II – os fundamentos da decisão, onde serão analisadas as questões de fato e de direito, mencionando-se, expressamente, se os árbitros julgaram por equidade; III – o dispositivo, em que os árbitros resolverão as questões que lhes forem submetidas e estabelecerão o prazo para o cumprimento da decisão, se for o caso; e IV – a data e o lugar em que foi proferida" (art. 26[692] da Lei).

Desatendido algum dos requisitos do art. 26, a sentença será passível de invalidação, ficando autorizada a deflagração da ação anulatória do art. 33 da Lei de Arbitragem.

É questionável se o mero vício formal, desprovido de prejuízo para qualquer das partes, seria suficiente, por si só, para nulificar a sentença arbitral. No direito britânico,

---

de setembro de 2001, que, na data da publicação desta orientação normativa, estejam exercendo as referidas atividades, é assegurado o prazo de 60 (sessenta) dias, improrrogável, para a desincompatibilização e cessação definitiva do exercício das citadas atividades incompatíveis" (AGU, Orientação Normativa 57/2019, Min. Chefe da AGU André Luiz de Almeida Mendonça, *DU* 30.08.2019). Disponível em: https://www.in.gov. br/en/web/dou/-/orientacao-normativa-n-57-de-29-de-agosto-de-2019-213478329. Acesso em: 6 jan. 2021.

[692] Vide os comentários ao art. 26 da Lei.

o *English Arbitration Act* de 1996 enuncia em sua *Section* 68 (2) que, para anular a sentença arbitral, além de ter que se comprovar o vício formal (*serious irregularity*), há que ficar evidenciada *injustiça substancial (presente ou futura)*,[693] requisito que, nos termos postos pela *House of Lords*, foi imposto pela lei para *eliminar ações anulatórias puramente técnicas e sem fundamento.*[694]

Evidentemente, para evitar a propositura de ação anulatória da sentença arbitral, a melhor técnica recomenda a apresentação prévia de pedido de esclarecimentos, inclusive pela parte vencedora, de modo a permitir o saneamento da sentença pelo painel arbitral. O pedido de esclarecimentos, contudo, não é condição necessária para a ação.

Compete examinar, neste particular, se o desrespeito pelo árbitro a eventual precedente judicial vinculante acarretaria a nulidade do julgado. É lembrar que os arts. 489, § 1º, VI, e 927 do CPC[695] estabelecem que os precedentes vinculantes são de

---

[693] "Section 68 – Challenging the award: serious irregularity. (2) Serious irregularity means an irregularity of one or more of the following kinds which the court considers has caused or will cause substantial injustice to the applicant– (a) failure by the tribunal to comply with section 33 (general duty of tribunal); (b) the tribunal exceeding its powers (otherwise than by exceeding its substantive jurisdiction: see section 67); (c) failure by the tribunal to conduct the proceedings in accordance with the procedure agreed by the parties; (d) failure by the tribunal to deal with all the issues that were put to it; (e) any arbitral or other institution or person vested by the parties with powers in relation to the proceedings or the award exceeding its powers; (f) uncertainty or ambiguity as to the effect of the award; (g) the award being obtained by fraud or the award or the way in which it was procured being contrary to public policy (h) failure to comply with the requirements as to the form of the award; or (i)any irregularity in the conduct of the proceedings or in the award which is admitted by the tribunal or by any arbitral or other institution or person vested by the parties with powers in relation to the proceedings or the award" (Disponível em: http://www.legislation.gov.uk/ukpga/1996/23/section/68. Acesso em: 26 fev. 2020).

[694] House of Lords, *Lesotho Highlands Development Authority (Respondents) v. Impregilo SpA and others* (Appellants), EWCA Civ 1159 (2005). Vale conferir, a propósito, o seguinte trecho do julgado, quanto ao teor da *Section* 68(2) do *Arbitration Act* inglês: "This is a mandatory provision. The policy in favour of party autonomy does not permit derogation from the provisions of section 68. A number of preliminary observations about section 68 are pertinent. First, unlike the position under the old law, intervention under section 68 is only permissible after an award has been made. Secondly, the requirement is a serious irregularity. It is a new concept in English arbitration law. Plainly a high threshold must be satisfied. Thirdly, it must be established that the irregularity caused or will cause substantial injustice to the applicant. This is designed to eliminate technical and unmeritorious challenges. It is also a new requirement in English arbitration law. Fourthly, the irregularity must fall within the closed list of categories set out in paragraphs (a) to (i)".

[695] CPC: "Art. 489. São elementos essenciais da sentença: § 1º Não se considera fundamentada qualquer decisão judicial, seja ela interlocutória, sentença ou acórdão, que: VI - deixar de seguir enunciado de súmula, jurisprudência ou precedente invocado pela parte, sem demonstrar a existência de distinção no caso em julgamento ou a superação do entendimento. (...) Art. 927. Os juízes e os tribunais observarão: I - as

observância obrigatória para o juiz estatal. Indaga-se, assim: os precedentes judiciais indicados no art. 927 do CPC vinculam os árbitros? Seria possível a propositura de ação anulatória da sentença arbitral por inobservância de precedente judicial vinculante? O tema é polêmico.

É inconteste que, ante o dever de fundamentação que recai sobre a atividade jurisdicional, cabe ao árbitro, acaso apontada por qualquer das partes a existência de precedente vinculante, aplicá-lo ou indicar as razões que revelem a sua inaplicabilidade ao caso concreto (mediante a técnica do *distinguish*), sem mínima fundamentação, autoriza induvidosamente a propositura da ação anulatória da sentença arbitral, na forma do art. 32, III, conjugado com o art. 26, II, ambos da Lei de Arbitragem.[696]

Bem diferente, no entanto, é a situação em que o árbitro enfrenta a questão fundamentadamente, mas, por erro de julgamento, deixa de aplicar o precedente vinculante ao caso em exame. Parcela relevante da doutrina[697] sustenta a ausência de vinculação dos árbitros aos precedentes judiciais com os seguintes argumentos: a) inexistência de hierarquia entre o juízo arbitral e o juízo estatal; b) inaplicabilidade do CPC ao juízo arbitral, salvo convenção em sentido contrário; c) possibilidade de escolha pelas partes do direito aplicável à solução da controvérsia, com o afastamento da lei brasileira (art. 2º, § 1º, da Lei de Arbitragem); d) impossibilidade de reexame do mérito da sentença arbitral pelo juízo estatal.

---

decisões do Supremo Tribunal Federal em controle concentrado de constitucionalidade; II – os enunciados de súmula vinculante; III – os acórdãos em incidente de assunção de competência ou de resolução de demandas repetitivas e em julgamento de recursos extraordinário e especial repetitivos; IV – os enunciados das súmulas do Supremo Tribunal Federal em matéria constitucional e do Superior Tribunal de Justiça em matéria infraconstitucional; V – a orientação do plenário ou do órgão especial aos quais estiverem vinculados. § 1º Os juízes e os tribunais observarão o disposto no art. 10 e no art. 489, § 1º, quando decidirem com fundamento neste artigo".

[696] Em sentido semelhante, Cruz e Tucci afirma que os árbitros devem observar os precedentes judiciais, mas o descumprimento desse dever configuraria *error in iudicando* e não ensejaria a propositura de ação anulatória, que ficaria restrita à hipótese na qual o árbitro, de forma injustificada, ignora o precedente na fundamentação da sentença arbitral (CRUZ E TUCCI, José Rogério. O árbitro e a observância do precedente judicial. Disponível em: https://www.conjur.com.br/2016-nov-01/paradoxo-corte-arbitro--observancia-precedente-judicial. Acesso em: 10 fev. 2020).

[697] Nesse sentido, entre outros: FIGUEIRA JR., Joel Dias. *Arbitragem*. 3. ed. Rio de Janeiro: Forense, 2019. item 9.2.1; ROQUE, Andre Vasconcelos; GAJARDONI, Fernando Fonseca. A sentença arbitral deve seguir o precedente judicial? Disponível em: https://www.jota.info/opiniao-e-analise/colunas/novo-cpc/sentenca-arbitral-deve-seguir-o-prece-dente-judicial-novo-cpc-07112016. Acesso em: 10 fev. 2020; CAMPISTA, Fabio Farias. Precedentes judiciais, arbitragem, princípio da autonomia da vontade das partes e a (não) vinculação dos árbitros. In: CARNEIRO, Paulo Cezar Pinheiro; GRECO, Leonardo; DALLA, Humberto. *Temas controvertidos na arbitragem à luz do Código de Processo Civil de 2015*. Rio de Janeiro: LMJ Mundo Jurídico, 2018. p. 97-119.

Outra corrente doutrinária,[698] contudo, sustenta a vinculação dos árbitros aos precedentes judiciais, forte nas seguintes razões: a) os precedentes judiciais são fontes do direito e, por esta razão, devem ser observados nas arbitragens, salvo se as partes convencionarem pela arbitragem por equidade (art. 2º, *caput*, da Lei de Arbitragem); b) os árbitros são equiparados aos juízes (art. 18 da Lei de Arbitragem), devendo respeito aos precedentes vinculantes; c) o dever de fundamentação da sentença arbitral, nas arbitragens de direito, reforçaria a necessidade de observar os precedentes judiciais, na forma dos art. 489, § 1º, VI, do CPC e art. 26, II, da Lei de Arbitragem.

É evidente que, nas arbitragens de direito (e não por equidade), em que o direito material aplicável é o brasileiro, os árbitros devem obediência aos precedentes judiciais. Os precedentes vinculantes são fontes do direito, cabendo aos árbitros, como juízes de fato e de direito da causa, fazer valer o direito posto.

Todavia, na hipótese de desrespeito a precedente judicial vinculante, tal como ocorre caso incida o árbitro em violação ao direito material aplicável, não há que se falar em vício a macular a sentença arbitral. Haverá aí mero de julgamento (*error in iudicando*), o que, como é cediço, não permite a propositura de ação anulatória da

---

[698] Dalla e Mazzola entendem que os árbitros devem observar os precedentes e fundamentar as suas decisões, salvo se as partes afastarem o dever de observância dos precedentes na convenção de arbitragem, admitindo-se a ação anulatória, nas arbitragens de direito, apenas nos casos em que os árbitros ignorarem solenemente os precedentes judiciais (DALLA, Humberto; MAZZOLA, Marcelo. *Manual de mediação e arbitragem*. São Paulo: Saraiva Educação, 2019. p. 387); Abboud afirma a possibilidade de ação anulatória contra a sentença arbitral que utilizou como fundamento lei declarada inconstitucional em sede abstrata pelo STF, com fundamento no art. 32, III, da Lei da Arbitragem, em razão da nulidade da fundamentação (ABBOUD, Georges. Jurisdição *vs.* arbitragem: os reflexos do efeito vinculante na atividade do árbitro. *Revista de Processo*, São Paulo, v. 214, p. 271 e ss., dez. 2012); Guilherme Amaral sustenta a vinculação dos árbitros aos precedentes oriundos das Cortes Superiores, mas a ação anulatória não seria possível em razão da aplicação errônea do precedente, abrindo-se caminho para a ação anulatória se a desconsideração do precedente for expressa (art. 32, IV, da Lei de Arbitragem) ou tácita, se houver provocação da parte (arts. 32, III, c/c 26, II, da Lei de Arbitragem) (AMARAL, Guilherme Rizzo. Arbitragem e precedentes. In: LEVY, Daniel; PEREIRA, Guilherme Setoguti J. (coord.). *Curso de arbitragem*. São Paulo: Thomson Reuters Brasil, 2018. p. 279-306); Cramer sustenta que os precedentes vinculantes devem ser observados pelos árbitros, em razão da necessidade de compreensão dworkiniana do Direito como integridade (CRAMER, Ronaldo. *Precedentes judiciais*: teoria e dinâmica. Rio de Janeiro: Forense, 2016. p. 119); Ruy Rosado Aguiar sustenta que o árbitro deve aplicar a Súmula vinculante e as decisões em controle concentrado de constitucionalidade do STF, uma vez que a sentença arbitral não pode decidir contra a ordem pública nacional, sob pena de cabimento da ação anulatória, com base no art. 2º, § 1º, da Lei de Arbitragem (AGUIAR, Ruy Rosado de. Arbitragem, os precedentes e a ordem pública. In: BRASIL. SUPERIOR TRIBUNAL DE JUSTIÇA. *Doutrina*: edição comemorativa: 30 anos do STJ. Brasília: Superior Tribunal de Justiça, 2019. p. 191-224). Dinamarco entende que apenas os precedentes vinculantes previstos na Constituição vinculariam o juízo arbitral (DINAMARCO, Cândido Rangel. *A arbitragem na teoria geral do processo*. São Paulo: Malheiros, 2013. p. 213).

sentença arbitral. Vale recordar que a ação anulatória somente é admissível nas situações taxativamente indicadas no art. 32 da Lei de Arbitragem, inexistindo previsão específica no sobredito dispositivo legal que permita a nulificação da sentença arbitral por inobservância de precedente vinculante. Prevalece aqui, portanto, a orientação que prega o Poder Judiciário não poderia reexaminar o mérito da sentença arbitral.[699] Na arbitragem comercial internacional as partes optam por esta via justamente porque confiam na expertise do árbitro e não esperam que seja ele mero aplicador do *stare decisis* (*self-deregulation*).[700] O árbitro, nesses casos, aplica regras transnacionais e princípios gerais do direito, não havendo que falar, sequer, de precedentes judiciais passíveis de observância.

Para Mark Weidemaier a comparação entre o árbitro e o magistrado é tarefa difícil de ser realizada. No entanto, em sua pesquisa, Weidemaier atingiu a conclusão de que os magistrados citam um número maior de precedentes e precedentes mais específicos

---

[699]   Em sentido semelhante, sustenta Sofia Temer que: "Os precedentes judiciais são fontes de direito, compõem o ordenamento jurídico e devem ser ponderados pelos árbitros no exercício de sua função jurisdicional. A afirmativa não implica, contudo, na imediata importação à arbitragem dos remédios processuais (reclamação) ou das mudanças procedimentais (como julgamento de improcedência liminar, tutela de evidência) previstas para o processo judicial. Do mesmo modo, sendo o precedente aplicável à arbitragem na mesma medida que a lei, mas não mais do que isso, não há 'novas' hipóteses de anulatória, tampouco deve haver o alargamento das já previstas para permitir o controle judicial tão só pelo argumento de ofensa ao precedente" (TEMER, Sofia. Precedentes judiciais e arbitragem. In: CARNEIRO, Paulo Cezar Pinheiro; GRECO, Leonardo; DALLA, Humberto. *Temas controvertidos na arbitragem à luz do Código de Processo Civil de 2015*. Rio de Janeiro: LMJ Mundo Jurídico, 2018. p. 296).

[700]   As partes optam pela arbitragem justamente para fugir da aplicação do precedente judicial local. Em sentido contrário vide DRAHOZAL, Christopher R. Is arbitration lawless. *Loyola of Los Angeles Law Review*, v. 40, p. 204-205, 2006. A evidência de que as empresas utilizam a arbitragem para evitarem a aplicação de regras mandatórias não é robusta. Em uma pesquisa de 1997 do conselho geral ou dos diretores jurídicos das empresas da Fortune 1000, 36.9% dos respondentes concordaram que suas empresas utilizavam a arbitragem porque esta evitava/anulava os precedentes judiciais. Ao passo que 48.6% dos respondentes citaram o fato de que a arbitragem não estaria confinada às regras legais como barreira para seu uso. A maior parte dos executivos das empresas de construção civil responderam uma pesquisa realizada por Murray S. Levin e Doug Joyce afirmando acreditar que os árbitros favoreciam soluções por equidade em contraposição às decisões baseadas na lei. Apenas 7% discordavam com a afirmação de que os árbitros estão mais preocupados em atingirem resultados por equidade do que em aderência estrita à lei, enquanto apenas 17% concordou que o fato dos árbitros não aderirem de forma estrita à lei afeta negativamente a justiça da decisão arbitral. Em comparação, em uma pesquisa com advogados transacionais realizada por Celeste Hammons, quase 70% dos respondentes possuíam a expectativa que o árbitro fosse aplicar a lei na disputa. Os estudos encontram-se misturados, porém, demonstram uma percepção de algumas partes de que a arbitragem nem sempre segue a lei. No entanto, o que quer que seja que os estudos sugerem sobre a percepção das partes estes, por fim, nos dão pouca evidência da frequência em que as partes procuram a arbitragem por estes motivos.

do que os árbitros. As citações de precedentes pelos magistrados também tendem a alcançar uma variedade maior.[701] O autor assevera em seu escrito que existe um problema fundamental na comparação entre os árbitros e os magistrados: o procedimento é distinto, de modo que qualquer tentativa de comparação se revela eivada de imperfeições. Muitos dos procedimentos que ocorrem no processo convencional não se acontecem na arbitragem, tanto no Brasil como nos EUA. Mesmo que os magistrados e os árbitros julguem casos similares é difícil considerar que foi realizado o mesmo tipo de trabalho na sentença arbitral e na sentença judicial[702]. No entanto, cabe mencionar que o autor denomina o árbitro de *judge-lite*, ou seja, um juiz que considera sim o precedente judicial em alguma medida, porém em medida menor que o magistrado.

Weidemaier prega um diálogo maior entre árbitros e o judiciário. Por definição, as sentenças arbitrais são produto de um mercado de serviços para a solução de disputas. Portanto, torna-se razoável supor que os árbitros bem-sucedidos solucionaram as questões legais de maneira que os atores do mercado consideram satisfatória.[703] Sendo assim, suas decisões podem sim influenciar de maneira positiva as decisões judiciais em certos casos e poderiam servir como precedentes (se não fossem confidenciais). Até porque, como ressalta o autor, *judging-lite*, ou seja, arbitrar, também é uma forma de produção de decisões e precedentes.

Gabrielle Kaufmann-Kohler entende que o tema merece tratamento distinto, nas hipóteses de arbitragem comercial internacional e de arbitragem doméstica. Na arbitragem comercial internacional, baseando-se em pesquisas empíricas, tanto na *Vienna Sales Convention* (CISG) quanto na *International Chamber of Commerce* (ICC ou CCI), a autora afirma que o uso de precedentes arbitrais é precário nas sentenças respectivas. Na CCI, por exemplo, de 190 sentenças arbitrais analisadas, apenas 15 citavam outras decisões arbitrais. A maioria dos precedentes arbitrais utilizados tratava especificamente sobre problemas de jurisdição e procedimento.[704] As decisões, no mérito propriamente dito, raramente fazem referência a precedentes arbitrais. Os árbitros geralmente aplicam princípios que prevalecem nas leis nacionais e nos tratados internacionais, tais como o *pacta sunt servanda*, a boa-fé, o caso fortuito (*force majeure*), o respeito pela política pública internacional, o *venire contra factum proprium* e a mitigação de danos, entre outros. Os árbitros tendem, nesses casos, a transnacionalizar a regras que aplicam ou porque não estão sujeitos a nenhuma espécie de controle com relação ao mérito, ou por atuarem em um ambiente transnacional, ou ainda por pertencerem a culturas jurídicas distintas. Independentemente do método decisório utilizado, o objetivo principal da transnacionalização na arbitragem comercial internacional é o de remover a disputa do âmbito de aplicação de uma lei nacional inadequada.

---

[701] WEIDEMAIER, W. Mark C. Judging-Lite: how arbitrators use and create precedent. *North Carolina Law Review*, p. 1091-1146, 2012. p. 1133.

[702] WEIDEMAIER, W. Mark C. Judging-Lite: how arbitrators use and create precedent. *North Carolina Law Review*, p. 1091-1146, 2012. p. 1135.

[703] WEIDEMAIER, W. Mark C. *Judging-Lite: How Arbitrators Use and Create Precedent.* North Carolina Law review, 2012, p. 1143-1144.

[704] KAUFMANN-KOHLER, Gabrielle. Arbitral precedent: dream, necessity or excuse?. *Arbitration International*, v. 23, n. 3, p. 362, 2007.

Como se vê, na arbitragem comercial internacional a liberdade do árbitro de aplicar a lei e de transnacionalizar a regra que irá incidir na hipótese está em contraposição direta com qualquer consideração a respeito de eventual precedente arbitral ou judicial. Já na arbitragem doméstica, caso o árbitro (ou painel) deixe de seguir precedente persuasivo ou vinculante, cabe à parte apresentar o competente pedido de esclarecimentos para, posteriormente, se for o caso, ingressar com ação desconstitutiva de sentença arbitral, por ausência de fundamentação, caso o precedente indicado deixe de ser examinado. Mesmo assim, não haverá que falar em anulação da sentença se a fundamentação utilizada, ainda que tenha havido erro de julgamento, tiver enfrentado o tema.

2.4. For proferida fora dos limites da convenção de arbitragem (inciso IV)

No processo judicial, o magistrado deve respeitar os limites estabelecidos em lei. Já na arbitragem o árbitro deve, prioritariamente, respeitar os limites estabelecidos pela vontade das partes e indicados na cláusula arbitral[705] (cláusula compromissória ou compromisso arbitral). É a convenção de arbitragem que fixa, de antemão, os limites subjetivos e objetivos de eventual procedimento arbitral. Somente aqueles que, no campo da autonomia da vontade, mediante a celebração do pacto arbitral, aquiesceram voluntariamente com a solução de litígios pela via arbitral poderão ser partes em eventual arbitragem que venha a ser instaurada. Da mesma forma, só poderão ser dirimidos pelo juízo arbitral conflitos que estejam albergados pela convenção de arbitragem. É dentro da moldura definida pela cláusula compromissória (ou, se for o caso, pelo compromisso arbitral) que se desenvolve a jurisdição dos árbitros e são fixadas as regras de condução do procedimento.

Na seara da arbitrabilidade objetiva, é frequente a utilização da fórmula-padrão, empregada pelo art. 1º da Lei, no sentido de que, no tocante ao contrato celebrado pelas partes, em caso de conflito, as partes deverão valer-se da arbitragem "para dirimir litígios relativos a direitos patrimoniais disponíveis". Nada impede, entretanto, que as partes optem por restringir os limites objetivos da jurisdição arbitral. Suponha-se, a título ilustrativo, que as partes desejem que a arbitragem verse especificamente sobre a qualidade de material utilizado na obra, sem considerar outras questões relacionadas à execução do serviço. Os árbitros deverão ater-se ao objeto do litígio, tal e qual estabelecido na convenção de arbitragem.

É comum, ainda, nos contratos com a Administração Pública, que o ente estatal se proponha a definir, ou a restringir, o conceito de "direitos patrimoniais disponíveis". Um exemplo marcante está na cláusula 34.7.1 do contrato de concessão da 13ª rodada de licitações da ANP. "Diz o item 34.7.1, com efeito, que se deve considerar como

---

[705] Vide comentário de sentença proferida em ação anulatória do TJSP (Processo 583.00.2011.200971-0, j. 11.07.2012, rel. Juiz Dimitrios Zarvos Varellis) e que indeferiu o pedido de anulação da sentença arbitral com fundamento no art. 33 sob a alegação de ser viciada a decisão arbitral porque julgou procedente pedido de rescisão contratual formulado pela ré apenas em Réplica, ferindo o disposto na cláusula compromissória e no termo de arbitragem (LEMES, Selma M. Ferreira. Ação de anulação de sentença arbitral - termo de arbitragem e estabilização da demandada. comentários à sentença proferida no processo 583.00.2011.200971-0. *Revista de Arbitragem e Mediação*, v. 36, p. 391-400, jan./mar. 2013).

direito patrimonial disponível, para fins de arbitrabilidade objetiva, 'os direitos e deveres cujo fundamento são as cláusulas sinalagmáticas do presente contrato, e que não envolvam obrigações previstas em lei, interpretação de definições legais, questões de direito público, nem obrigações de cunho ambiental'. Excluiu-se, portanto, do campo da arbitragem controvérsias que envolvam obrigações previstas em lei, a interpretação de definições legais e questões de direito público e de cunho ambiental".[706]

É por isso que se costuma enfatizar que a sentença arbitral deve solucionar o litígio com atenção a duas balizas: a) a convenção de arbitragem; e b) os pedidos formulados pelas partes. Caso contrário, a sentença será *extra petita* (fora do que foi pedido) ou *ultra petita* (além do que foi pedido).

Se as partes, por exemplo, decidirem pela aplicação da lei brasileira no procedimento arbitral,[707] não poderão os árbitros julgar por equidade. Nessa hipótese a sentença será nula.

2.5. Comprovado que foi proferida por prevaricação, concussão ou corrupção passiva (inciso VI)

É causa para a invalidação da sentença arbitral o desvio de conduta, de cunho criminoso, perpetrado pelo árbitro, para atender aos interesses de uma das partes do litígio. Nesse sentido, prescreve o art. 32, VI, que será nulo o julgado se ficar comprovado que a decisão foi proferida por prevaricação, concussão ou corrupção passiva, crimes tipificados nos arts. 316, 317 e 319 do Código Penal.[708]

---

[706] SCHMIDT, Gustavo da Rocha. Arbitragem administrativa à brasileira, 30 jul. 2020. Disponível em: https://www.migalhas.com.br/depeso/331362/arbitragem-administrativa-a-brasileira. Acesso em: 1º ago. 2020.

[707] Nesse sentido, o STJ decidiu: "(...) Sustentam, ademais, que a Sentença n. 16.513/JRF/CA fixou condenação que extrapola o limite previsto no art. 944 do Código Civil, equivalendo a 1/3 do valor de aquisição do contrato. Aduzem que a indenização foi estabelecida com base em juízo de equidade e, portanto, fora dos limites da convenção de arbitragem, que previa utilização da lei brasileira, a qual não autoriza julgamento por equidade senão com expressa autorização legal ou convenção entre as partes e limita o valor da indenização à extensão do dano, não admitindo tenha ela caráter punitivo. (...) Assim, considerando que o direito brasileiro - eleito pelas partes para regular a relação contratual e a arbitragem - não autoriza a condenação na obrigação de indenizar em valor que supere os efetivos prejuízos suportados pela vítima, a sentença arbitral extrapolou os limites da convenção de arbitragem, devendo ser recusada a pretendida homologação nesta parte, consoante prevê o art. 38, IV, da Lei de Arbitragem" (STJ, CE, SEC 9.412, Rel. Min. p/ Acórdão João Otávio de Noronha, *DJe* 19.04.2017).

[708] Código Penal: "Concussão - Art. 316. Exigir, para si ou para outrem, direta ou indiretamente, ainda que fora da função ou antes de assumi-la, mas em razão dela, vantagem indevida: Pena - reclusão, de 2 (dois) a 12 (doze) anos, e multa. Corrupção passiva - Art. 317. Solicitar ou receber, para si ou para outrem, direta ou indiretamente, ainda que fora da função ou antes de assumi-la, mas em razão dela, vantagem indevida, ou aceitar promessa de tal vantagem: Pena - reclusão, de 2 (dois) a 12 (doze) anos, e multa. (...) Prevaricação - Art. 319. Retardar ou deixar de praticar, indevidamente, ato de ofício, ou praticá-lo contra disposição expressa de lei, para satisfazer interesse ou sentimento pessoal: Pena - detenção, de três meses a um ano, e multa".

Cabe lembrar que o art. 17[709] da Lei de Arbitragem equipara o árbitro aos servidores públicos para fins da legislação penal, exatamente para que não fique qualquer dúvida de que pode responder pelos aludidos crimes, se vier a praticá-los. Nada obstante, não se exige a condenação criminal, como condição para o ajuizamento da ação anulatória. A prova, como bem elucida José Francisco Cahali, pode ser feita na própria ação, cujo resultado independe da solução do processo criminal".[710]

O ônus da prova do ato de corrupção, evidentemente, é de quem alega.

Obviamente, em se tratando de procedimento conduzido por árbitro único, a prova de ato de concussão, corrupção ou prevaricação é suficiente para dar ensejo à anulação da sentença arbitral, cujas conclusões ficam integralmente comprometidas, em razão da violação do dever de imparcialidade do árbitro, de forma bastante semelhante ao que ocorre com a sentença prolatada por juiz togado, em situações similares, na forma do art. 966 do CPC.[711]

É de refletir, entretanto, se a invalidação há de ser automática, nas hipóteses em que a arbitragem é julgada por órgão colegiado. Pergunta-se: a prática de ato de criminoso, por apenas um dos árbitros, contamina necessariamente o julgamento do painel arbitral, como um todo?

Poder-se-ia argumentar que, em caso de julgamento unânime, a corrupção de um árbitro, isoladamente, não teria qualquer efeito sobre o resultado final, a inviabilizar o êxito de eventual ação anulatória. A tese aqui seria a de que, mesmo sem o voto corrompido, a parte teria se sagrado vencedora com os votos dos demais membros do Tribunal Arbitral, nada justificando a invalidação da sentença.

Ocorre que, como sabido, as decisões prolatadas no curso do procedimento arbitral, pelo colegiado, são frequentemente unânimes, fruto do diálogo entre os árbitros, em um verdadeiro processo de convencimento recíproco. Significa dizer que, até que cada decisão seja prolatada, os árbitros dividem, entre si, as suas percepções sobre o tema, até que todos estejam convencidos quanto ao melhor encaminhamento a ser dado ao caso. Não é que não haja divergência. Acontece, vez por outra, mas fica restrita àquelas situações em que se verifica uma profunda discrepância de convicções entre os julgadores. É assim que a arbitragem tem funcionado, historicamente. É um traço característico deste método de solução de conflitos. E bem revela como o árbitro corrupto pode influenciar seus pares, maculando inteiramente o procedimento e, por via de consequência, a sentença prolatada ao final. A nulidade aqui é automática, sendo irrelevante a higidez comportamental dos demais integrantes do Tribunal Arbitral.

---

[709]   Vide os comentários ao art. 17 da Lei.

[710]   Segundo Cahali, "aproveitando-se do paralelo feito com a sentença arbitral, deve-se prestigiar a jurisprudência que dispensa para a propositura da ação desconstitutiva a prévia condenação do julgador em um dos crimes indicados na norma" (CAHALI, Francisco José. *Curso de arbitragem*: mediação, conciliação e tribunal multiportas. 7. ed. São Paulo: Thomson Reuters Brasil, 2018. p. 412).

[711]   CPC: "Art. 966. A decisão de mérito, transitada em julgado, pode ser rescindida quando: I - se verificar que foi proferida por força de prevaricação, concussão ou corrupção do juiz".

Já na hipótese de julgamento majoritário (não unânime) a solução da questão é um pouco diferente. Assinala Francisco José Cahali, a propósito, que "o vício cometido por quem votou vencido não contamina a sentença, se a posição adotada não interferiu na conclusão final alcançada pela maioria e tornada definitiva".[712] De fato, se o pedido for julgado integralmente procedente pelos demais árbitros, ficando vencido tão somente aquele que incidiu em ato de corrupção, não há que se falar em prejuízo, a justificar a procedência da ação anulatória. Da mesma maneira, se a pretensão foi integralmente rejeitada pela maioria, o voto vencido em nada altera o julgamento, não havendo que se falar em invalidação da sentença arbitral. A orientação ora defendida, contudo, não se aplica para os casos de improcedência parcial. Isso porque, em tais hipóteses, há que se reconhecer que aquele que incidiu em ato de corrupção pode, perfeitamente, ter influenciando o resultado final, presumindo-se o prejuízo da parte que ficou vencida (ainda que em parte), a autorizar a desconstituição do julgado.

2.6. Proferida fora do prazo, respeitado o disposto no art. 12, III (inciso VII)

Já se viu que, a teor o art. 23[713] da Lei, as partes têm ampla liberdade para definir, de comum acordo, o prazo aplicável para que seja proferida a sentença arbitral. Na ausência de convenção a respeito (seja na cláusula arbitral, seja no termo de arbitragem, seja ainda no regulamento da instituição arbitral eleita), a sentença arbitral deve ser proferida em até seis meses, contados da instituição da arbitragem[714] ou, se for o caso, da substituição do árbitro.[715]

Encerrado o prazo convencional (ou o prazo legal, se for o caso), tem-se por exaurida a jurisdição arbitral. A sentença prolatada fora do prazo é passível de anulação, nos termos do art. 32, VII. Ainda assim, para que o vício possa ser arguido via a competente ação anulatória, a parte interessada deverá antes notificar o árbitro ou o presidente do Tribunal Arbitral para que, em dez dias, seja prolatada a sentença arbitral, em conformidade com o art. 12, III.

O descumprimento do prazo gera invalidação da sentença, desde que tenha ocorrido a prévia notificação do árbitro ou do presidente do Tribunal Arbitral.

Somente a parte que notificou o árbitro único (ou o presidente do painel arbitral, se for o caso) poderá propor a ação anulatória de sentença arbitral. Já diz o velho brocardo: "o direito não socorre aos que dormem" (*dormientibus non sucurrit ius*). Assim, a parte que se quedou inerte nada poderá fazer a respeito.

2.7. Forem desrespeitados os princípios de que trata o art. 21, § 2º, desta Lei (inciso VIII)

Já firmou o STJ o entendimento de que, "na ação de invalidação de sentença arbitral, o controle judicial, exercido somente após a sua prolação, está circunscrito a aspectos de ordem formal, a exemplo dos vícios previamente elencados pelo legislador

---

712 CAHALI, Francisco José. *Curso de arbitragem*: mediação, conciliação e tribunal multiportas. 7. ed. São Paulo: Thomson Reuters Brasil, 2018. p. 412.

713 Vide os comentários ao art. 23 da Lei.

714 Vide os comentários ao art. 19 da Lei.

715 Vide os comentários ao art. 16 da Lei.

(art. 32 da Lei 9.307/1996), em especial aqueles que dizem respeito às garantias constitucionais aplicáveis a todos os processos, que não podem ser afastados pela vontade das partes".[716]

Em especial, as garantias processuais aplicáveis ao procedimento arbitral encontram-se consagradas no art. 21,[717] § 2º, da Lei, a saber: o contraditório, a igualdade das partes, a imparcialidade do árbitro e o livre convencimento. Princípios cogentes, de ordem pública, que não podem ser derrogados pela vontade das partes.

Destaque-se, por relevante, que a eventual autorização para julgamento por equidade não autoriza, em hipótese alguma, o afastamento das garantias inerentes ao devido processo legal. Julgamento por equidade não se confunde com julgamento arbitrário.[718] Apenas que, no mérito, em vez de o árbitro fazer incidir o direito brasileiro (ou estrangeiro, se for da escolha das partes), julgará o mérito com base nos princípios de equidade. O procedimento, entretanto, deverá ser conduzido com imparcialidade e rigoroso respeito ao contraditório e à igualdade das partes.

> **Art. 33.** A parte interessada poderá pleitear ao órgão do Poder Judiciário competente a declaração de nulidade da sentença arbitral, nos casos previstos nesta Lei. (Redação dada pela Lei nº 13.129, de 2015.)
>
> **§ 1º** A demanda para a declaração de nulidade da sentença arbitral, parcial ou final, seguirá as regras do procedimento comum, previstas na Lei no 5.869, de 11 de janeiro de 1973 (Código de Processo Civil), e deverá ser proposta no prazo de até 90 (noventa) dias após o recebimento da notificação da respectiva sentença, parcial ou final, ou da decisão do pedido de esclarecimentos. (Redação dada pela Lei nº 13.129, de 2015.)
>
> **§ 2º** A sentença que julgar procedente o pedido declarará a nulidade da sentença arbitral, nos casos do art. 32, e determinará, se for o caso, que o árbitro ou o tribunal profira nova sentença arbitral. (Redação dada pela Lei nº 13.129, de 2015.)
>
> ~~**§ 2º** A sentença que julgar procedente o pedido:~~
>
> ~~**I** – decretará a nulidade da sentença arbitral, nos casos do art. 32, incisos I, II, VI, VII e VIII;~~
>
> ~~**II** – determinará que o árbitro ou o tribunal arbitral profira novo laudo, nas demais hipóteses.~~
>
> **§ 3º** A decretação da nulidade da sentença arbitral também poderá ser requerida na impugnação ao cumprimento da sentença, nos termos dos arts. 525 e seguintes do Código de Processo Civil, se houver execução judicial. (Redação dada pela Lei nº 13.105, de 2015.)
>
> **§ 4º** A parte interessada poderá ingressar em juízo para requerer a prolação de sentença arbitral complementar, se o árbitro não decidir todos os pedidos submetidos à arbitragem. (Incluído pela Lei nº 13.129, de 2015.)

---

[716]   STJ, REsp 1.636.102/SP, Terceira Turma, Rel. Min. Ricardo Villas Bôas Cueva, *DJe* 01.08.2017.

[717]   Vide os comentários ao art. 21, § 2º, da Lei.

[718]   CARMONA, Carlos Alberto. *Arbitragem e processo*: um comentário à Lei nº 9.307/96. 2. ed. São Paulo: Atlas, 2004. p. 410.

 **Comentários**

1. Procedimento, prazo decadencial, legitimidade, valor da causa e natureza da sentença (*caput* e §§ 1º e 2º)

O art. 33 da Lei sofreu alguns ajustes com a edição da Lei 13.129/2015 (também conhecida como Reforma da Lei de Arbitragem).

A ação anulatória de sentença arbitral deve seguir o procedimento comum previsto no Código de Processo Civil, sendo competente para processar e julgá-la o juízo de primeiro grau.

Perceba-se que não cabe ação anulatória contra sentença arbitral estrangeira. Neste caso, a fiscalização da legalidade da sentença arbitral é feita pelo STJ, nos estritos limites admitidos no processo de homologação de sentença arbitral estrangeira.

O prazo para a propositura da demanda é de 90 dias,[719] contados "do recebimento da notificação da respectiva sentença, parcial ou final, ou da decisão do pedido de

---

[719] A Lei de Arbitragem voluntária portuguesa (Lei 63/2011), por exemplo, estabelece prazo de 60 (sessenta dias) para a ação anulatória, em seu artigo 46 (6): "O pedido de anulação só pode ser apresentado no prazo de 60 dias a contar da data em que a parte que pretenda essa anulação recebeu a notificação da sentença ou, se tiver sido feito um requerimento nos termos do artigo 45.º, a partir da data em que o tribunal arbitral tomou uma decisão sobre esse requerimento" (Disponível em: http://www.pgdlisboa.pt/leis/lei_mostra_articulado.php?nid=1579&tabela=leis. Acesso em: 30 jan. 2020). A lei de arbitragem espanhola (Lei 60/2003) segue o mesmo prazo de dois meses em seu artigo 41 (4): "4. La acción de anulación del laudo habrá de ejercitarse dentro de los dos meses siguientes a su notificación o, en caso de que se haya solicitado corrección, aclaración o complemento del laudo, desde la notificación de la resolución sobre esta solicitud, o desde la expiración del plazo para adoptarla" (Disponível em: https://www.boe.es/buscar/act.php?id=BOE-A-2003-23646. Acesso em: 1º fev. 2020). Já o *Federal Arbitration Act* dos EUA estabelece, em sua Section 12, prazo de 90 (noventa) dias para a ação: "Section 12. Notice of motions to vacate or modify; service; stay of proceedings – Notice of a motion to vacate, modify, or correct an award must be served upon the adverse party or his attorney within three months after the award is filed or delivered. If the adverse party is a resident of the district within which the award was made, such service shall be made upon the adverse party or his attorney as prescribed by law for service of notice of motion in an action in the same court. If the adverse party shall be a nonresident then the notice of the application shall be served by the marshal of any district within which the adverse party may be found in like manner as other process of the court. For the purposes of the motion any judge who might make an order to stay the proceedings in an action brought in the same court may make an order, to be served with the notice of motion, staying the proceedings of the adverse party to enforce the award" (Disponível em: https://sccinstitute.com/media/37104/the-federal-arbitration-act-usa.pdf. Acesso em: 20 jan. 2020). Por sua vez, a lei de arbitragem inglesa, de 1996, estabelece prazo de 28 dias para a ação, nos termos da Section 70(3): "3) Any application or appeal must be brought within 28 days of the date of the award or, if there has been any arbitral process of appeal or review, of the date when the applicant or appellant was notified of the result of that process"

esclarecimentos". Considerando que o aludido prazo se inicia, apenas, a partir da data da ciência da sentença arbitral (ou da decisão que julgou o pedido de esclarecimentos, se for o caso), é possível que o prazo disponível a cada uma das partes, para ajuizamento da ação, se encerre em momentos distintos.

O prazo decadencial para propositura da ação anulatória não pode ser suspenso, interrompido ou dilatado.[720] Trata-se de prazo de direito material, e não de direito processual, motivo pelo qual não se lhe aplica a norma que prorroga o termo final do prazo ao primeiro dia útil posterior, conforme entendimento adotado pelo STF para as ações rescisórias.[721]

É lembrar que o CPC não se aplica à arbitragem, que se rege pelo microssistema instituído pela Lei 9.307/1996. Não por outra razão, o STJ orienta-se no sentido de que a ação rescisória (e seu prazo de dois anos) não pode ser utilizada para, por via transversa, em caso de perda do prazo nonagesimal do § 1º do art. 33, se buscar a invalidação da sentença arbitral.[722]

(Disponível em: http://www.legislation.gov.uk/ukpga/1996/23/section/44. Acesso em 8 fev. 2020). Por fim, o Código de Processo Civil francês estabelece prazo decadencial de um mês, conforme seu art. 1.494: "L'appel et le recours en annulation sont portés devant la cour d'appel dans le ressort de laquelle la sentence a été rendue. Ces recours sont recevables dès le prononcé de la sentence. Ils cessent de l'être s'ils n'ont pas été exercés dans le mois de la notification de la sentence" (Disponível em: https://www.legifrance.gouv.fr/affichCode.do;jsessionid=6062973750D74C2827B3C95BD1BBA5D6.tplgfr28s_1?idSectionTA=LEGISCTA000023450830&cidTexte=LEGITEXT000006070716&dateTexte=20200123. Acesso em: 22 jan. 2020).

[720] Cabe observar decisão do Tribunal de Justiça do Rio de Janeiro esclarecedora sobre o prazo decadencial previsto no art. 33, § 1º, da Lei de Arbitragem: "(...) Sendo caso de decadência prevista em legislação especial cuja finalidade primordial é a celeridade e efetividade na composição dos conflitos, o prazo de propositura da ação anulatória não se suspende, não se interrompe nem se dilata, mesmo quando o termo final recaia em sábado ou domingo, como na espécie. Manutenção da sentença que reconheceu a decadência do direito de postular a anulação da sentença (...)" (TJRJ, Apelação Cível 0414916-83.2011.8.19.0001, 17ª Câmara Cível, Rel. Des. Elton M. C. Leme, DJe 16.09.2016).

[721] STF: "Ação rescisória. Prazo decadencial de 02 (dois) anos. Direito material. Não incidência da norma que prorroga o termo final do prazo ao primeiro dia útil posterior. 1. Por se tratar de decadência, o prazo de propositura da ação rescisória estabelecido no art. 495 do CPC não se suspende, não se interrompe, nem se dilata (RE 114.920, Rel. Min. Carlos Madeira, DJ 02.09.1988), mesmo quando o termo final recaia em sábado ou domingo. 2. Prazo de direito material. Não incidência da norma que prorroga o termo final do prazo ao primeiro dia útil posterior, pois referente apenas a prazos de direito processual. 3. Recurso improvido" (STF, AR 2001 AgR, Rel. Min. Ellen Gracie, Tribunal Pleno, DJe 27.03.2009).

[722] Conforme destacado pelo Ministro Relator Marco Aurélio Bellizze: "Em linha de princípio, levando-se em conta o sistema de controle judicial da sentença arbitral proposto pelo legislador, deve a parte interessada/prejudicada promover, imediatamente à prolação daquela, a competente ação anulatória. Não se compatibiliza, de igual modo, com os princípios da autonomia da vontade, da efetividade da prestação jurisdicional arbitral, da celeridade e da segurança jurídica o longo prazo decadencial de dois anos para

De acordo com o art. 33, *caput* e § 4º, da Lei de Arbitragem, a parte interessada poderá pleitear ao órgão do Poder Judiciário competente a declaração de nulidade da sentença arbitral. A legitimidade ativa, portanto, é da "parte interessada", assim entendida aquela que, tendo sido parte no procedimento arbitral, teve a sua esfera jurídica prejudicada pela sentença prolatada na arbitragem, enquadrando-se em alguma das hipóteses do art. 32 da Lei.

Terceiros não têm legitimidade para a propositura da ação. Como já assentou o STJ, por força da inteligência do art. 31 da Lei, "a sentença não abrange terceiros, motivo pelo qual estes não possuem legitimidade para pleitear a nulidade da sentença arbitral, nos moldes dos arts. 32 e 33 da Lei n.º 9.307/96".[723] Guilherme Recena Costa e Marcel Carvalho Engholm Cardoso, contudo, em percuciente exame da questão, defendem que, em situações excepcionalíssimas, há "que se reconhecer a um terceiro legitimação para a propositura de ação anulatória de sentença arbitral. Incluem-se aqui tanto o substituído processual quanto o terceiro juridicamente prejudicado, i.e., atingido pela eficácia reflexa da sentença. A posição justifica-se na medida em que, havendo a possibilidade de prejuízo a terceiro, a este tem de ser disponibilizado algum meio efetivo para tutelar seu direito. É particularmente relevante a hipótese em que a sentença arbitral encubra dolo ou resulte de conluio entre as partes".[724]

A legitimidade passiva na ação anulatória, por sua vez, é da parte que figurou no polo oposto da relação arbitral, e não do(s) árbitro(s) ou do órgão arbitral, conforme já decidiu o STJ.[725] O árbitro – vale lembrar – é juiz de fato e de direito da causa. De-

---

rescindir a sentença arbitral (ou a qualquer tempo, no caso de se reputar inexistente a sentença), especialmente no caso em que a questão foi efetivamente decidida e a parte suposta e indevidamente excluída do feito arbitral, ciente do desfecho, concorda ou não tece qualquer insurgência" (STJ, Terceira Turma, REsp 1.519.041/RJ, Rel. Min. Marco Aurélio Bellizze, *DJe* 11.09.2015).

[723] STJ, Quarta Turma, AgInt no REsp 1.707.239/PR, Rel. Min. Raul Araújo, *DJe* 04.05.2020.

[724] COSTA, Guilherme Recena Costa; CARDOSO, Marcel Carvalho Engholm. Limites subjetivos da sentença arbitral e a legitimidade do terceiro para ajuizar ação anulatória. In: MELO, Leonardo de Campos; BENEDUZI, Renato Resende (coord.). *A reforma da arbitragem.* Rio de Janeiro: Forense, 2016. p. 618.

[725] STJ: "(...) nem mesmo os árbitros, embora prolatores do ato considerado viciado, teriam, em tese, legitimidade para integrar o polo passivo de demanda anulatória de sentença arbitral. Assim é porque a ação anulatória de sentença arbitral guarda certa semelhança com a ação rescisória de sentença judicial. Logo, não se cogita da inclusão do órgão julgador no polo passivo da demanda visando a sua desconstituição, somente figurando como partes legítimas da ação anulatória aquelas que integraram a relação original, ou seja, que submeteram a solução do litígio ao juízo arbitral. (...) a instituição arbitral por ser simples organizadora do procedimento arbitral não possui interesse processual nem legitimidade para integrar o polo passivo da ação que busca a sua anulação. Nesse contexto, não há outra possibilidade senão o provimento do recurso especial a fim de acolher a preliminar de ilegitimidade passiva suscitada pela ora recorrente" (STJ, Terceira Turma, REsp 1.433.940, Rel. Min. Ricardo Villas Bôas Cueva, *DJe* 02.10.2017). Vide também acórdão do TJSP: Apelação – Ação declaratória de nulidade de sentença arbitral – Ilegitimidade passiva – Hipótese em que a apelante alega ser parte ilegítima para figurar no polo passivo da lide, argumentando que quem deveria responder pela

cide o mérito da demanda, resolvendo o litígio, em favor de uma ou da outra parte. Inserir o árbitro no polo passivo seria o mesmo que colocar o juiz togado como réu em uma ação rescisória. Ao passo que a instituição arbitral tem função meramente administrativa, de cunho semelhante, em termos, a um cartório judicial, auxiliando as partes e organizando o andar do procedimento. São as partes (nem os árbitros nem as câmaras de arbitragem) que têm legitimidade para figurar na ação de invalidação da sentença arbitral.

O valor da causa da ação anulatória observará o disposto nos arts. 291 e 292 do CPC.[726]

---

ação anulatória de sentença arbitral deveria ser o presidente da câmara arbitral que proferiu a sentença no processo arbitral – Ausência de legitimidade dos árbitros em razão deles não serem parte na relação processual – Apelante que integrou o polo ativo da lide no juízo arbitral – Legitimidade evidenciada – Preliminar rejeitada – Cláusula arbitral – Validade e eficácia da cláusula arbitral – Sentença proferida em procedimento arbitral – Inexistência de vícios na fundamentação – Mero inconformismo da parte com a decisão que lhe foi desfavorável – Inocorrência – Exigibilidade do crédito – Sentença que se ateve as provas dos autos – Documentos válidos – Crédito devido – Compensação de valores – Decisão proferida no Tribunal Arbitral que extrapolou os limites da convenção de arbitragem – Impossibilidade de compensação de crédito vencido após o decreto de liquidação extrajudicial – Reconhecida a nulidade apenas parcial da sentença arbitral para afastar pequena parcela da compensação de valores – Violação ao concurso de credores – Inteligência do artigo 32, inciso IV, da Lei n.º 9.307/1996 – Recurso provido parcialmente. Dispositivo: deram provimento em parte ao recurso. Vide trecho da decisão: Os árbitros, assim como os juízes togados, não integram o polo passivo de processo judicial de anulação de sentença, exatamente em razão deles não serem parte na relação processual, exceto, se há pedido de responsabilização do juiz, o que não é o caso sob análise" (TJSP, Apelação Cível 1019871-29.2019.8.26.0100, 2ª Câmara Reservada de Direito Empresarial, Rel. Des. Ricardo Negrão, DJe 18.03.2020).

[726] CPC: "Art. 291. A toda causa será atribuído valor certo, ainda que não tenha conteúdo econômico imediatamente aferível. Art. 292. O valor da causa constará da petição inicial ou da reconvenção e será: I – na ação de cobrança de dívida, a soma monetariamente corrigida do principal, dos juros de mora vencidos e de outras penalidades, se houver, até a data de propositura da ação; II – na ação que tiver por objeto a existência, a validade, o cumprimento, a modificação, a resolução, a resilição ou a rescisão de ato jurídico, o valor do ato ou o de sua parte controvertida; III – na ação de alimentos, a soma de 12 (doze) prestações mensais pedidas pelo autor; IV – na ação de divisão, de demarcação e de reivindicação, o valor de avaliação da área ou do bem objeto do pedido; V – na ação indenizatória, inclusive a fundada em dano moral, o valor pretendido; VI – na ação em que há cumulação de pedidos, a quantia correspondente à soma dos valores de todos eles; VII – na ação em que os pedidos são alternativos, o de maior valor; VIII – na ação em que houver pedido subsidiário, o valor do pedido principal. § 1º Quando se pedirem prestações vencidas e vincendas, considerar-se-á o valor de umas e outras. § 2º O valor das prestações vincendas será igual a uma prestação anual, se a obrigação for por tempo indeterminado ou por tempo superior a 1 (um) ano, e, se por tempo inferior, será igual à soma das prestações. § 3º O juiz corrigirá, de ofício e por arbitramento, o valor da causa quando verificar que não corresponde ao conteúdo patrimonial em discussão ou ao proveito econômico perseguido pelo autor, caso em que se procederá ao recolhimento das custas correspondentes".

A propositura da ação anulatória não obsta o prosseguimento do cumprimento judicial da sentença arbitral condenatória, a não ser que seja requerida e deferida tutela provisória (de urgência ou evidência) para suspender os efeitos da decisão questionada nos termos do art. 294[727] do CPC.

O art. 33, na sua redação original, falava em "decretação de nulidade". A nova redação do aludido dispositivo legal, introduzida pela Lei 13.129/2015, substituiu a expressão "decretação" por "declaração", sem apego à melhor técnica sobre o tema. A sentença terá caráter meramente declaratório, tão somente, naquelas hipóteses de nulidade absoluta; não nos casos de anulabilidade, em que a sentença terá natureza desconstitutiva.[728]

É relevante enfatizar que não pode o magistrado estatal, em hipótese alguma, proferir sentença a respeito do mérito do litígio submetido à jurisdição arbitral, conforme entendimento sufragado pelo STJ.[729] Isso se dá porque, por força da convenção de arbitragem, fica interditado ao Judiciário o exame do mérito de litígios que derivem da relação contratual existente entre as partes. Mesmo o § 4º do art. 33, cujo teor autoriza a parte interessada a "ingressar em juízo para requerer a prolação de sentença arbitral complementar, se o árbitro não decidir todos os pedidos submetidos à arbitragem", não confere jurisdição ao Poder Judiciário quanto ao mérito do litígio, para julgamento do pedido não apreciado na arbitragem. Pela própria literalidade do § 4º, a sentença complementar será "arbitral"; e não sentença judiciária. Caberá ao juiz estatal, tão somente, determinar que o árbitro (ou o Tribunal Arbitral, se for o caso) profira sentença arbitral complementar. O § 4º do art. 33 é, em verdade, apenas mais uma forma de controle judicial da atividade exercida pelos árbitros, acaso venham a prolatar sentença de natureza *citra petita*.[730]

---

[727] "Art. 294. A tutela provisória pode fundamentar-se em urgência ou evidência."

[728] SCAVONE JR., Luiz Antonio. *Manual de arbitragem, mediação e conciliação*. 8. ed. Rio de Janeiro: Forense, 2018. p. 233.

[729] "O art. 33, § 2º, da Lei 9.307/1996 estabelece que a sentença que julgar procedente o pedido de anulação determinará que o árbitro ou tribunal profira novo laudo, o que significa ser defeso ao julgador proferir sentença substitutiva à emanada do Juízo arbitral" (STJ, Corte Especial, SEC 611/US, Rel. Min. João Otávio de Noronha, *DJ* 11.12.2006).

[730] A sentença arbitral, assim como a judicial, que não resolve todo o litígio, é considerada *citra petita*. A sentença parcial, fruto do julgamento por etapas, não será exauriente, pela sua própria natureza. A sentença final, no entanto, necessita solucionar todo o conflito. A primeira medida a ser adotada pelas partes, em hipótese de sentença final *citra petita*, é a apresentação do pedido de esclarecimentos, à luz do art. 30, II, da Lei, para conceder a oportunidade ao árbitro (ou ao tribunal arbitral) para que "se pronuncie sobre ponto omitido a respeito do qual devia manifestar-se a decisão". A Lei 13.129/2015 (Reforma da Lei de Arbitragem) revogou o inciso V do art. 32, que considerava nula a sentença que não decidisse todo o litígio submetido à arbitragem, e incluiu o § 4º do art. 33. Segundo o art. 33, § 4º, da Lei, a parte interessada poderá propor ação judicial para que o árbitro ou o tribunal arbitral complemente a sentença *citra petita*, com a análise das questões não decididas. Trata-se de ação judicial que prestigia a escolha feita pelas partes, uma vez que o Poder Judiciário não substitui a jurisdição arbitral, mas apenas se limita a determinar que o juízo arbitral complemente a decisão. Vale dizer: a apreciação do Poder Judiciário, no caso, está limitada ao confronto objetivo entre os pedidos realizados pelas partes e o que foi apreciado pela sentença arbitral, determinando que a referida decisão seja complementada, no bojo da arbitragem.

A ação anulatória, apesar de ter alguma proximidade com a ação rescisória do art. 966 do CPC, com ela não se confunde. Com efeito, na ação rescisória, o juízo pode ser rescindente (desconstituindo a decisão) ou rescisório (revisando a decisão e substituindo-a).[731] Na ação anulatória, o juízo estatal somente poderá desconstituir a sentença arbitral; jamais substituí-la. É efeito negativo da opção feita contratualmente pela solução de conflitos pela via da arbitragem.[732]

Ao julgar procedente o pedido formulado na ação anulatória, o Poder Judiciário reconhecerá a invalidade da sentença arbitral e determinará, se for o caso, que o árbitro ou o Tribunal profira nova sentença arbitral, nos termos do art. 33, § 2º, da Lei.

Nem sempre, contudo, haverá a necessidade ou mesmo a possibilidade jurídica de a arbitragem ser retomada ou reiniciada.

Com efeito, em caso de sentença *ultra petita*, poderá o Poder Judiciário desconstituir a parte do *decisum* que excedeu os limites do pedido (ou da convenção de arbitragem), inexistindo a necessidade de se devolver o processo à via arbitral, até por um imperativo de celeridade processual.[733] O reinício do procedimento aqui seria completamente desnecessário e contraproducente. Há que se ter, todavia, muita cautela com a utilização de tal expediente, sendo vedado ao juiz estatal, terminantemente, o reexame do mérito da sentença arbitral. Em qualquer hipótese, se o Poder Judiciário confrontar-se com a necessidade de ter que reexaminar o mérito da sentença arbitral, para retificá-la, estará extrapolando os limites decisórios fixados pelo art. 33 da Lei 9.307/1996.

---

[731]   Sobre o tema, confira-se a obra: MARINONI, Luiz Guilherme; MITIDIERO, Daniel. Ação rescisória: do juízo rescindente ao juízo rescisório. *Revista dos Tribunais*, 2017.

[732]   Como bem assinala Thiago Marinho Nunes, respaldado nas lições de "Fouchard, Gaillard e Goldman, para que seja assegurado o respeito ao cumprimento da convenção de arbitragem, é necessário que ao efeito positivo, que impõe às partes a atribuição dos árbitros de todos os litígios cobertos pela convenção de arbitragem (o que será visto no item 1.1.2), corresponda também um efeito negativo, o qual proíbe as jurisdições estatais de se manifestarem sobre qualquer litígio, objeto da convenção de arbitragem" (NUNES, Thiago Marinho. *Arbitragem e prescrição*. São Paulo: Atlas, 2014. p. 19).

[733]   Nesse sentido, leciona Marcela Kohlbach que "a anulação pode ser apenas parcial, preservando-se a parte hígida da sentença. É o que ocorre, por exemplo, nos casos em que o tribunal arbitral extrapola o conteúdo da convenção de arbitragem. Tudo o que foi decidido dentro do âmbito da convenção de arbitragem deverá ser preservado, extirpando-se tão somente a parte da sentença que vai além do que foi contratualmente submetido à cognição dos árbitros pelas partes" (FARIA, Marcela Kohlbach de. Efeitos da anulação da sentença arbitral. *Jusbrasil: Processualistas*, 26 ago. 2019. Disponível em: https://processualistas.jusbrasil.com.br/artigos/748364996/efeitos-da-anulacao--da-sentenca-arbitral. Acesso em: 8 jan. 2021). Em sentido semelhante, elucida José Francisco Cahali que, "tratando-se de decisum que ultrapassa em parte a convenção (julgamento ultra petita), entendemos que, neste caso específico, bastará ao juízo estatal, como acima referido, desconstituir a parte contaminada do pronunciamento, prescindindo de outra sentença arbitral para que a parcela sadia da decisão venha a produzir seus efeitos" (CAHALI, Francisco José. *Curso de arbitragem*: mediação, conciliação e tribunal multiportas. 7. ed. São Paulo: Thomson Reuters Brasil, 2018. p. 416).

Evidentemente, se a ação desconstitutiva tiver por fundamento a nulidade da cláusula arbitral (art. 32, I), a procedência do pedido terá por única consequência a invalidação da sentença arbitral, cabendo às partes dirimir o litígio no Judiciário, se for o caso. Excluída a convenção de arbitragem do mundo jurídico, desparece o lastro para a deflagração do procedimento arbitral. Inclusive, como bem salienta Marcela Kohlbach, "parece razoável se admitir a cumulação de pedidos para que a parte possa requerer a apreciação da matéria pelo judiciário em caso de procedência do pedido de anulação nessa hipótese".[734] Naturalmente, se as partes assim desejarem, podem firmar compromisso arbitral, nos limites permitidos pela legislação, e submeter a disputa novamente à arbitragem.

Da mesma forma, se a sentença desrespeitar os limites subjetivos ou objetivos fixados pela convenção de arbitragem (art. 32, IV), caberá ao juiz estatal nulificá-la, sem que nova arbitragem, com as mesmas partes ou o com mesmo pedido e causa de pedir, possa ser instaurada. A invalidação da sentença, como um todo, somente será necessária se alcançar terceiro que não anuiu com a cláusula arbitral ou se a decisão tratar de tema inteiramente estranho àquilo que poderia ser submetido à via arbitral. Nada obstante, se alguma parte da sentença puder ser aproveitada, fica o Judiciário autorizado a extirpar o excesso.[735] Aplica-se aqui, por analogia, a regra do art. V, "c", da Convenção de Nova York (Decreto 4.311/2002), segundo a qual pode a autoridade judiciária, na situação em tela, negar homologação à sentença arbitral estrangeira, "contanto que, se as decisões sobre as matérias suscetíveis de arbitragem puderem ser separadas daquelas não suscetíveis, a parte da sentença que contém decisões sobre matérias suscetíveis de arbitragem possa ser reconhecida e executada".

Assim, a título ilustrativo, suponha-se a inserção de cláusula compromissória em contrato administrativo, cujo teor restrinja o emprego da arbitragem à solução de conflitos relacionados à recomposição do equilíbrio econômico-financeiro do ajuste. Suponha-se, ainda, que o Tribunal Arbitral, além de promover o reequilíbrio, mediante a fixação de indenização em favor do contratado, tenha anulado sanção administrativa aplicada pela Administração Pública. Neste caso, pode o juiz togado anular o capítulo da sentença que anulou a penalidade aplicada, preservando, ao mesmo tempo, a parte do *decisum* que condenou o ente público ao pagamento de indenização, a título de

---

[734] FARIA, Marcela Kohlbach de. Efeitos da anulação da sentença arbitral. *Jusbrasil: Processualistas*, 26 ago. 2019. Disponível em: https://processualistas.jusbrasil.com.br/artigos/748364996/efeitos-da-anulacao-da-sentenca-arbitral. Acesso em: 8 jan. 2021. No mesmo sentido: "Se assim é, não se pode excluir a possibilidade de cumulação, em caráter sucessivo eventual, o pedido de novo julgamento da causa (agora pelo Poder Judiciário) ao pedido de anulação da sentença arbitral, nos casos em que a retomada da arbitragem se mostrar em tese inviável e, além disso, não for possível (e, quando o defeito da sentença arbitral for de verdadeira e própria nulidade, não será de regra possível – vide o item 7.1.15.1) exigir da parte interessada, em relação ao novo processo, a observância da convenção de arbitragem" (WLADECK, Felipe Scripes. *Impugnação da sentença arbitral*. Salvador: JusPodivm, 2014. p. 276).

[735] Evidentemente, em nenhuma hipótese poderá o Judiciário, a pretexto de eliminar a parte da sentença que excedeu aos termos da convenção de arbitragem, alterar o conteúdo do que foi decidido, pois aí estaria ingressando, indevidamente, em esfera meritória interditada à justiça estatal.

reequilíbrio contratual. Igualmente, se a sentença arbitral impuser o cumprimento de obrigação de fazer não só àquele que firmou a convenção de arbitragem, mas também a terceiro que com ela não anuiu, poderá o juiz estatal desconstituir os efeitos da sentença, em relação ao terceiro não signatário, preservando-a no restante.

Também a ação anulatória lastreada no art. 32, VII, terá por único efeito a anulação do *decisum*, sem que possa a parte autora da medida judicial cumular nela o pedido de que nova sentença arbitral seja prolatada. É que, neste caso, encerrado o prazo referido no art. 23 da Lei e notificados os árbitros, na forma do inciso III do art. 12, exaure-se a jurisdição do Tribunal Arbitral (ou do árbitro único, se for o caso). Permite-se, no entanto, se houver interesse, que nova arbitragem seja deflagrada, com fundamento na convenção de arbitragem firmada pelas partes, para dirimir o conflito entre elas existente. Um painel diferente (ou o mesmo, se as partes concordarem) terá de ser constituído, iniciando-se ali um procedimento arbitral, distinto do anterior, até que nova sentença seja prolatada, resolvendo em definitivo o litígio em questão. Isso, naturalmente, só será possível se o prazo fixado para a sentença não estiver estipulado na convenção de arbitragem. Se o prazo estiver contemplado no compromisso arbitral, conforme autoriza o art. 11, III, da Lei, aí não restará alternativa às partes, a não ser se socorrer do Judiciário, porquanto o próprio pacto arbitral não mais estará produzindo efeitos.

É intuitivo, outrossim, que a invalidação de sentença arbitral emanada "de quem não podia ser árbitro" (art. 32, II), "proferida por prevaricação, concussão ou corrupção" (art. 32, VI) ou proferida por árbitro que se revele parcial (art. 32, VIII) é incompatível com o aproveitamento do anterior procedimento arbitral, em qualquer aspecto. Seria até uma contradição em termos pedir-se a anulação da sentença arbitral, para que nova seja prolatada, pelo mesmo árbitro, com a presença dos mesmos vícios que macularam a decisão anterior. Nenhum sentido lógico faz, obviamente, determinar que o árbitro incapaz, parcial ou corrompido profira nova sentença arbitral. Tampouco a parte prejudicada concordaria com isso, ou pediria algo semelhante, na ação anulatória. Nada obstante, podem as partes, aqui também, instituir nova arbitragem para dirimir a disputa, por outro árbitro, idôneo e capaz.

Em verdade, existem somente duas situações, descritas no art. 32, que efetivamente permitem a cumulação do pedido de anulação da sentença arbitral, com a determinação de que nova decisão seja proferida, pelo mesmo árbitro ou tribunal. Isso é juridicamente possível, unicamente, naquelas hipóteses em que a sentença deixa de observar os requisitos do art. 26 (art. 32, III) ou quando incide o árbitro em violação ao contraditório e/ou à igualdade das partes no processo (art. 32, VIII). No primeiro caso, pode o juiz estatal determinar que o painel arbitral profira nova decisão, sanando os defeitos identificados, de modo a adequar a sentença arbitral às exigências do art. 26 da Lei. Enquanto, na segunda hipótese, deverá o Tribunal retomar o procedimento do momento em que a violação ao contraditório foi detectada, podendo, inclusive, revolver a etapas anteriores do procedimento, mediante a reabertura de prazo para as partes se manifestarem, a realização de audiência de instrução, a produção de prova pericial ou a adoção de qualquer outra medida necessária a sanar o vício apurado.

Por questões de ordem prática, todavia, é bastante improvável que, mesmo nestes casos dos incisos III e VIII, seja retomado o anterior procedimento arbitral, para que nova sentença arbitral seja prolatada, pelo mesmo tribunal. É lembrar, como leciona Marcela Kohlbach, que os árbitros "exercem jurisdição em caráter temporário e devem aceitar o encargo de julgar determinada controvérsia, podendo, por sua vez, renunciar ao encargo a qualquer tempo. Ainda que essa renúncia possa implicar alguma responsabilização civil pelos prejuízos causados às partes em razão do ato praticado pelo árbitro, não se pode afirmar que o árbitro ou Tribunal Arbitral esteja obrigado a proferir sentença tal qual está o juiz togado no poder judiciário. Assim, diante da anulação da sentença arbitral por violação ao contraditório, somente poderá ser proferida nova sentença pelo mesmo árbitro ou tribuna arbitral caso ele aceite novamente o encargo".[736]

Mais do que isso, o modelo é desinteressante para a parte prejudicada, porquanto o anterior Tribunal Arbitral (ou árbitro único) já formou a sua convicção a respeito dos fatos e das provas dos autos e dificilmente irá mudar a sua percepção a respeito. Já prejulgou a causa. Cabe até refletir se não perdeu a imparcialidade para julgá-la novamente. Nesse sentido, é estrategicamente mais inteligente, sob a perspectiva da parte que busca a invalidação da sentença arbitral, que um novo painel seja constituído, sem que esteja contaminado pela análise viciada já feita. Basta, em tais circunstâncias, que o autor da ação anulatória peça apenas a desconstituição da sentença arbitral, sem cumular qualquer pedido voltado para que nova sentença arbitral seja proferida pelo anterior Tribunal Arbitral.

2. Da impugnação ao cumprimento da sentença arbitral (§ 3º)

Nos termos postos pelo art. 525, § 1º, do CPC,[737] a impugnação ao cumprimento de sentença poderá versar sobre: a) falta ou nulidade da citação se, na fase de conhecimento, o processo correu à revelia; b) ilegitimidade de parte; c) inexequibilidade do título ou inexigibilidade da obrigação; d) penhora incorreta ou avaliação errônea; e) excesso de execução ou cumulação indevida de execuções; f) incompetência absoluta ou relativa do juízo da execução; g) qualquer causa modificativa ou extintiva da obrigação, como pagamento, novação, compensação, transação ou prescrição, desde que supervenientes à sentença.

Sem prejuízo dos temas referidos no § 1º do art. 525 do CPC[738], poderá o executado, na fase de cumprimento da sentença arbitral, deduzir ainda qualquer das hipóteses de nulidade aludidas no art. 32 da Lei, conforme autoriza o art. 33, § 3º, da Lei de Arbitragem.

---

[736] FARIA, Marcela Kohlbach de. Efeitos da anulação da sentença arbitral. *Jusbrasil: Processualistas*, 26 ago. 2019. Disponível em: https://processualistas.jusbrasil.com.br/artigos/748364996/efeitos-da-anulacao-da-sentenca-arbitral. Acesso em: 8 jan. 2021.

[737] "Art. 525. Transcorrido o prazo previsto no art. 523 sem o pagamento voluntário, inicia-se o prazo de 15 (quinze) dias para que o executado, independentemente de penhora ou nova intimação, apresente, nos próprios autos, sua impugnação. § 1º Na impugnação, o executado poderá alegar: I - falta ou nulidade da citação se, na fase de conhecimento, o processo correu à revelia; II - ilegitimidade de parte; III - inexequibilidade do título ou inexigibilidade da obrigação; IV - penhora incorreta ou avaliação errônea; V - excesso de execução ou cumulação indevida de execuções; VI - incompetência absoluta ou relativa do juízo da execução; VII - qualquer causa modificativa ou extintiva da obrigação, como pagamento, novação, compensação, transação ou prescrição, desde que supervenientes à sentença."

[738] Nesse sentido: "Em sede de impugnação ao cumprimento de sentença arbitral ou em exceção de pré-executividade, é possível a invocação das razões contidas no art. 525, § 1º, do CPC/2015, relativa à nulidade da citação" (STJ, Terceira Turma, REsp 1.854.483/GO, Rel. Min. Nancy Andrighi, *DJe* 16.09.2020).

Evidentemente, os vícios mencionados no art. 32 da Lei somente poderão ser alegados na impugnação ao cumprimento da sentença arbitral se respeitado o prazo decadencial de 90 dias previsto no § 1º do art. 33. Encerrado o aludido prazo decadencial, o executado não poderá mais suscitar qualquer dos defeitos apontados no art. 32, restando-lhe apenas deduzir em juízo as defesas previstas no art. 525 do CPC.

Existirá sempre inequívoca e evidente conexão entre eventual ação anulatória e o processo de execução da correlata sentença arbitral. Portanto, distribuídas a ação anulatória e o cumprimento da sentença arbitral a juízes distintos, deverá ser promovida a reunião dos processos, na forma dos arts. 55 a 58 do CPC, para julgamento conjunto.[739] É dispensável, entretanto, a ação de invalidação se a matéria for deduzida, no prazo legal, em sede de impugnação ao cumprimento de sentença.[740] Em tal hipótese, se as matérias do art. 32 forem suscitadas na impugnação, a ação anulatória deverá ser extinta, sem exame do mérito, ante a manifesta litispendência.

3. Ação declaratória de inexistência de sentença arbitral

Existem algumas situações excepcionais, tamanha a gravidade do vício detectado, que afastam a incidência do prazo decadencial de 90 dias previsto no § 1º do art. 33 da Lei de Arbitragem.[741] Nelas, assinala Fabrizzio Matteucci Vicente,[742]

---

[739]   CPC: "Art. 55. Reputam-se conexas 2 (duas) ou mais ações quando lhes for comum o pedido ou a causa de pedir. § 1º Os processos de ações conexas serão reunidos para decisão conjunta, salvo se um deles já houver sido sentenciado. § 2º Aplica-se o disposto no *caput*: I - à execução de título extrajudicial e à ação de conhecimento relativa ao mesmo ato jurídico; II - às execuções fundadas no mesmo título executivo. § 3º Serão reunidos para julgamento conjunto os processos que possam gerar risco de prolação de decisões conflitantes ou contraditórias caso decididos separadamente, mesmo sem conexão entre eles. Art. 56. Dá-se a continência entre 2 (duas) ou mais ações quando houver identidade quanto às partes e à causa de pedir, mas o pedido de uma, por ser mais amplo, abrange o das demais. Art. 57. Quando houver continência e a ação continente tiver sido proposta anteriormente, no processo relativo à ação contida será proferida sentença sem resolução de mérito, caso contrário, as ações serão necessariamente reunidas. Art. 58. A reunião das ações propostas em separado far-se-á no juízo prevento, onde serão decididas simultaneamente".

[740]   SCAVONE JR., Luiz Antonio. *Manual de arbitragem, mediação e conciliação*. 8. ed. Rio de Janeiro: Forense, 2018. p. 238-239.

[741]   Nesse sentido, vide acórdão do TJSP: "Exceção de suspeição - Art. 138, CPC e artigo 14 da Lei nº 9.307, de 29.09.1996 - Impedimento - O árbitro eleito (Dr. Paulo Antônio Papini - OAB/SP n 161 782), por ter sido advogado da empresa apelante e, inclusive, causídico dos sócios proprietários da apelante, encontrava-se impedido de funcionar como árbitro no juízo arbitral na causa entre as partes litigantes - Por se tratar de nulidade absoluta (art. 21, par. 2º, e 32, incisos II e VIM, ambos da Lei n. 9.307/96) não incide o prazo de noventa dias (art. 33, par. 1º, da Lei n. 9 307/96) e, ainda, o impedimento do árbitro só veio a conhecimento da apelada por ocasião da interposição dos embargos à execução - Recurso não provido" (TJSP, Apelação Cível 7.261.884-9, 19ª Câmara de Direito Privado, Rel. Des. Paulo Hatanaka, *DJe* 21.01.2009).

[742]   VICENTE, Fabrizzio Matteucci. *Arbitragem e nulidades*: uma proposta de sistematização. 2010. Tese (Doutorado) - Universidade de São Paulo, São Paulo, 2010, p. 115. Disponível em: https://www.teses.usp.br/teses/disponiveis/2/2137/tde-30042013-151843/publico/100112_Fabrizzio_Matteuci_Vicente_Integral.pdf. Acesso em: 11 jan. 2021.

poderá "a parte prejudicada valer-se da ação declaratória de inexistência da sentença arbitral", de caráter imprescritível, que não está sujeita ao aludido prazo decadencial nonagesimal.

A sentença judicial que declara a inexistência da sentença arbitral terá efeito meramente declaratório e *ex tunc*, como se nunca tivesse existido ou produzido efeitos. É o caso de sentença arbitral que verse sobre direitos de natureza indisponível. Ou de sentença resultante de procedimento instaurado sem a ciência da parte requerida e sem que tenha ela anuído com a convenção de arbitragem. Ou ainda de sentença arbitral completamente desprovida de relatório e de fundamentação, composta apenas pela parte dispositiva do julgado. Não há convalidação possível, em tais circunstâncias, incidindo aqui a regra do art. 169 do Código Civil, segundo a qual "o negócio jurídico nulo não é suscetível de confirmação, nem convalesce pelo decurso do tempo".[743]

Por isso mesmo, a parte prejudicada poderá suscitar tais vícios a qualquer tempo, inclusive em sede de impugnação ao cumprimento de sentença[744] e mesmo em exceção de pré-executividade.

Nem sempre, no entanto, o defeito da sentença será assim tão flagrante, a autorizar, com clareza, o ajuizamento da sobredita ação de declaratória de inexistência do *decisum*. Em função disso, a opção mais segura, com o intuito de evitar discussões técnicas a respeito dos conceitos de existência, validade e eficácia dos atos jurídicos, será a propositura da ação anulatória no prazo decadencial de 90 dias para desconstituição da sentença arbitral, ainda que fundamentada em motivos capazes de ensejar a propositura da ação declaratória.[745]

4. A anulação da sentença arbitral na perspectiva internacional (*Challenging the Award*)

Instituições arbitrais podem estabelecer, em seus regulamentos, um processo interno de revisão ou de anulação das sentenças prolatadas, mas a regra é a ausência de duplo grau de jurisdição interno. A principal exceção a essa regra está no regulamento do *International Centre for Settlement of Investment Disputes* (*ICSID*), câmara do Banco Mundial para arbitragens de investimentos. O órgão estabelece, em seu regulamento de arbitragem (arts. 50 a 52), o procedimento para interpretação, revisão e anulação da sentença arbitral. As partes poderão ingressar com ação anulatória interna (prazo de

---

[743] Em sentido ligeiramente distinto, preconiza Francisco José Cahali que "a ação declaratória, neste caso, tem como expectativa reconhecer, sempre, a ineficácia do procedimento arbitral, ou, mais propriamente, a ineficácia da jurisdição arbitral. Seu fundamento, este sim, poderá ser nulidade absoluta, ineficácia ou inexistência da convenção (cláusula ou compromisso), ou da própria instauração do procedimento arbitral (p.ex. imposto contra a vontade e sem participação da parte)". Vide: CAHALI, Francisco José. *Curso de arbitragem*: mediação, conciliação e tribunal multiportas. 7. ed. São Paulo: Thomson Reuters Brasil, 2018. p. 420.

[744] SCAVONE JR., Luiz Antonio. *Manual de arbitragem, mediação e conciliação*. 8. ed. Rio de Janeiro: Forense, 2018. p. 243.

[745] CAHALI, Francisco José. *Curso de arbitragem*: mediação, conciliação e tribunal multiportas. 7. ed. São Paulo: Thomson Reuters Brasil, 2018. p. 423.

120 dias – art. 52[1]) nas situações descritas no art. 52(1) do regulamento, tais como "a impropriedade na constituição do tribunal; o tribunal ter extrapolado sua jurisdição; casos de corrupção; desrespeito a regra procedimental; e ausência de fundamentação da sentença".[746] Com a apresentação do pedido de anulação da sentença, a ICSID constituirá um comitê *ad hoc* de três membros para o julgamento do pedido.[747] Se a sentença for anulada, no todo ou em parte, as partes poderão requisitar que a disputa seja submetida a novo Tribunal Arbitral, iniciando-se novo procedimento (art. 52 [6]).

Como é fácil perceber, os motivos para a invalidação da sentença arbitral, no bojo da ICSID, são bem similares aos tipificados no art. 32 da Lei de Arbitragem brasileira. Cabe a ressalva, no entanto, que o sistema da ICSID é um sistema autocontido, que não permite ação anulatória perante o Poder Judiciário, em qualquer país.

Desde 2010 várias sentenças arbitrais foram anuladas na ICSID pelos Comitês *ad hoc*.[748] Assim, em *Fraport AG Frankfurt Airport Services Worldwide v Republic of the Philippines*, a sentença arbitral foi invalidada, por ter o Tribunal Arbitral admitido prova no procedimento, sem dar oportunidade de manifestação às partes a respeito.[749] Em 2012, a ICSID, por meio do seu secretariado, publicou relatório para esclarecer

---

[746] Regulamento de Arbitragem da ICSID. Disponível em: https://icsid.worldbank.org/en/Documents/icsiddocs/ICSID%20Convention%20English.pdf. Acesso em: 27 fev. 2020.

[747] Vide art. 52(3) sobre a composição do Comitê *ad hoc*: "(3) On receipt of the request the Chairman shall forthwith appoint from the Panel of Arbitrators an ad hoc Committee of three persons. None of the members of the Committee shall have been a member of the Tribunal which rendered the award, shall be of the same nationality as any such member, shall be a national of the State party to the dispute or of the State whose national is a party to the dispute, shall have been designated to the Panel of Arbitrators by either of those States, or shall have acted as a conciliator in the same dispute. The Committee shall have the authority to annul the award or any part thereof on any of the grounds set forth in paragraph (1)" (Disponível em: https://icsid.worldbank.org/en/Documents/icsiddocs/ICSID%20Convention%20English.pdf. Acesso em: 27 fev. 2020).

[748] BLACKABY, Nigel et al. *Redfern and Hunter on International Arbitration*. 6th ed. Oxford: Oxford University Press, 2015. p. 574.

[749] *Fraport AG Frankfurt Airport Services Worldwide v. Republic of the Philippines*, Caso nº ARB/03/25. Julgamento em 23.12.2010. Disponível em: https://icsid.worldbank.org/en/Pages/cases/AdvancedSearch.aspx. Acesso em: 27 fev. 2020. Confira-se o seguinte trecho da decisão: "The object and purpose of the power to annul an award for a serious departure from a fundamental rule of procedure is to control the integrity of the arbitral procedure, a formulation accepted in the present case by both parties. With this object in mind, Article 52(1)(d) contains the twin requirements that the rule of procedure must be fundamental and that the departure from it must be serious. (...) In the Committee's view, the Tribunal's treatment of the parties following receipt of the Prosecutor's Resolution did constitute a serious departure from the fundamental rule of procedure entitling the parties to be heard. This was so in respect of the Tribunal's consideration of both (i) the factual record before the Philippine Prosecutor; and (ii) the implications of the Prosecutor's Resolution for the issue of Philippine law before the Arbitral Tribunal as to the construction of Section 2-A of the ADL".

o escopo de anulação de sentença arbitral, nos termos do art. 52 de seu regulamento.[750] O estudo revelou o incremento de propositura de medidas anulatórias internas na ICSID, inclusive com o objetivo de, em determinadas hipóteses, procrastinar a execução do *decisum*.

A lei Modelo da UNCITRAL dispõe sobre a ação anulatória em seu art. 34, com a fixação do prazo de 90 dias (art. 34 [3]) para a sua propositura, de forma semelhante ao art. 33, § 1º, da Lei brasileira.[751]

Nos EUA, as hipóteses de anulação da sentença arbitral encontram-se delimitadas na *Section* 10 do *Federal Arbitration Act* (FAA).[752] A Lei espanhola (Lei 60/2003)

---

[750] ICSID, Background Report on Annulment For the Administrative Council of ICSID by the ICSID SECRETARIAT. *ICSID Review – Foreign Investment Law Journal*, v. 27, n. 2, p. 443-492, 2010.

[751] "Artigo 34º Pedido de anulação como recurso exclusivo contra a sentença arbitral – (1) O recurso interposto contra uma sentença arbitral perante um tribunal estatal só pode revestir a forma de um pedido de anulação, nos termos dos parágrafos 2.º e 3.º do presente artigo. (2) A sentença arbitral só pode ser anulada pelo tribunal referido no artigo 6.º se (a) A parte que faz o pedido fizer prova de que: (i) Uma parte da convenção de arbitragem referida no artigo 7.º era incapaz; ou que a convenção de arbitragem não é válida nos termos da lei a que as partes a tenham subordinado ou, na falta de qualquer indicação a este respeito, nos termos da lei do presente Estado; ou (ii) A parte que requer a anulação da sentença arbitral não foi devidamente informada da nomeação de um árbitro ou do procedimento arbitral, ou que lhe foi impossível fazer valer os seus direitos por qualquer outra razão; ou (iii) A sentença tem por objeto uma disputa não referida ou não abrangida pela convenção de arbitragem ou contém decisões sobre matérias que ultrapassam o âmbito da convenção, a menos que a parte da sentença que contém decisões sobre matérias não submetidas à arbitragem possa ser anulada, caso as decisões sobre matérias submetidas à arbitragem possam ser tratadas de forma separada das que o não foram; ou (iv) A constituição do tribunal arbitral ou o procedimento arbitral não estão conformes ao acordo entre as partes, a menos que referido acordo contrarie uma disposição da presente Lei que as partes não possam derrogar, ou que, na falta de tal acordo, não estão conformes à presente Lei; ou (b) O tribunal estatal constatar: (i) Que o objeto da disputa não é susceptível de ser decidido por arbitragem nos termos da lei do presente Estado; ou (ii) Que a sentença arbitral contraria a ordem pública do presente Estado" (Disponível em: http://www.cbar.org.br/leis_intern_arquivos/Lei_Modelo_Uncitral_traduzida_e_revisada_versao_final.pdf. Acesso em: 27 fev. 2020).

[752] "Section 10. Same; vacation; grounds; rehearing (a) In any of the following cases the United States court in and for the district wherein the award was made may make an order vacating the award upon the application of any party to the arbitration (1) Where the award was procured by corruption, fraud, or undue means. (2) Where there was evident partiality or corruption in the arbitrators, or either of them. (3) Where the arbitrators were guilty of misconduct in refusing to postpone the hearing, upon sufficient cause shown, or in refusing to hear evidence pertinent and material to the controversy; or of any other misbehavior by which the rights of any party have been prejudiced. (4) Where the arbitrators exceeded their powers, or so imperfectly executed them that a mutual, final, and definite award upon the subject matter submitted was not made. (5) Where an award is vacated and the time within which the agreement required the award to be made has not expired the court may, in its discretion, direct a rehearing by

dispõe sobre os casos de anulação da sentença em seu art. 41[753] e a Lei portuguesa (Lei 63/2011) em seu art. 46(3).[754] O Código de Processo Civil francês, por sua vez, elenca as hipóteses de anulação da sentença arbitral em seu art. 1.492.[755]

---

the arbitrators. (b) The United States district court for the district wherein an award was made that was issued pursuant to section 590 of title 5 may make an order vacating the award upon the application of a person, other than a party to the arbitration, who is adversely affected or aggrieved by the award, if the use of arbitration or the award is clearly inconsistent with the factors set forth in section 582 of Title 5" (Disponível em: https://sccinstitute.com/media/37104/the-federal-arbitration-act-usa.pdf. Acesso em: 27 fev. 2020).

[753] "Artículo 41. Motivos. 1. El laudo sólo podrá ser anulado cuando la parte que solicita la anulación alegue y pruebe: a) Que el convenio arbitral no existe o no es válido. b) Que no ha sido debidamente notificada de la designación de un árbitro o de las actuaciones arbitrales o no ha podido, por cualquier otra razón, hacer valer sus derechos. c) Que los árbitros han resuelto sobre cuestiones no sometidas a su decisión. d) Que la designación de los árbitros o el procedimiento arbitral no se han ajustado al acuerdo entre las partes, salvo que dicho acuerdo fuera contrario a una norma imperativa de esta Ley, o, a falta de dicho acuerdo, que no se han ajustado a esta ley. e) Que los árbitros han resuelto sobre cuestiones no susceptibles de arbitraje. f) Que el laudo es contrario al orden público" (Disponível em: https://www.boe.es/buscar/act.php?id=BOE-A-2003-23646. Acesso em: 27 fev. 2020).

[754] "Da impugnação da sentença arbitral. Artigo 46 – 3 – A sentença arbitral só pode ser anulada pelo tribunal estadual competente se: a) A parte que faz o pedido demonstrar que: I) Uma das partes da convenção de arbitragem estava afectada por uma incapacidade; ou que essa convenção não é válida nos termos da lei a que as partes a sujeitaram ou, na falta de qualquer indicação a este respeito, nos termos da presente lei; ou II) Houve no processo violação de alguns dos princípios fundamentais referidos no n.º 1 do artigo 30.º com influência decisiva na resolução do litígio; ou III) A sentença se pronunciou sobre um litígio não abrangido pela convenção de arbitragem ou contém decisões que ultrapassam o âmbito desta; ou IV) A composição do tribunal arbitral ou o processo arbitral não foram conformes com a convenção das partes, a menos que esta convenção contrarie uma disposição da presente lei que as partes não possam derrogar ou, na falta de uma tal convenção, que não foram conformes com a presente lei e, em qualquer dos casos, que essa desconformidade teve influência decisiva na resolução do litígio; ou V) O tribunal arbitral condenou em quantidade superior ou em objecto diverso do pedido, conheceu de questões de que não podia tomar conhecimento ou deixou de pronunciar-se sobre questões que devia apreciar; ou VI) A sentença foi proferida com violação dos requisitos estabelecidos nos números 1 e 3 do artigo 42º; ou VII) A sentença foi notificada às partes depois de decorrido o prazo máximo para o efeito fixado de acordo com ao artigo 43º ; ou b) O tribunal verificar que: I) O objecto do litígio não é susceptível de ser decidido por arbitragem nos termos do direito português; II) O conteúdo da sentença ofende os princípios da ordem pública internacional do Estado português" (Disponível em: http://www.pgdlisboa.pt/leis/lei_mostra_articulado.php?nid=1579&tabela=leis. Acesso em: 27 fev. 2020).

[755] "Article 1.492. Le recours en annulation n'est ouvert que si: 1º Le tribunal arbitral s'est déclaré à tort compétent ou incompétent; ou 2º Le tribunal arbitral a été irrégulièrement constitué; ou 3º Le tribunal arbitral a statué sans se conformer à la mission qui lui avait été confiée; ou 4º Le principe de la contradiction n'a pas été respecté; ou 5º La

> ## CAPÍTULO VI
> ## Do Reconhecimento e Execução de
> ## Sentenças Arbitrais Estrangeiras
>
> **Art. 34.** A sentença arbitral estrangeira será reconhecida ou executada no Brasil de conformidade com os tratados internacionais com eficácia no ordenamento interno e, na sua ausência, estritamente de acordo com os termos desta Lei.
>
> **Parágrafo único.** Considera-se sentença arbitral estrangeira a que tenha sido proferida fora do território nacional.

 Comentários

1. Conceito e reconhecimento de sentença arbitral estrangeira

A sentença arbitral estrangeira, para ser executada no Brasil, deve ser previamente submetida à homologação no Superior Tribunal de Justiça. Já a sentença doméstica, se descumprida, pode ser automaticamente executada perante o Poder Judiciário, equiparando-se à sentença judicial, para todos os fins de direito. Essa distinção, por si só, já revela a importância prática da conceituação da sentença estrangeira. A definição de sentença estrangeira, prevista nas convenções internacionais, é flexível, permitindo-se aos Estados regularem internamente o tema.[756] O legislador brasileiro optou por um conceito objetivo, com a adoção do critério territorial. Assim é que a sentença arbitral prolatada no território nacional será classificada como doméstica, ao passo que a sentença proferida fora do território nacional será considerada estrangeira.

Sucede que sentença arbitral prolatada em arbitragem internacional, mesmo que no bojo de procedimento em curso em instituição arbitral estrangeira, se prolatada

---

sentence est contraire à l'ordre public; ou 6º La sentence n'est pas motivée ou n'indique pas la date à laquelle elle a été rendue ou le nom du ou des arbitres qui l'ont rendue ou ne comporte pas la ou les signatures requises ou n'a pas été rendue à la majorité des voix" (Disponível em: https://www.legifrance.gouv.fr/affichCode.do?idSectionTA=LEGISCTA000023421730&cidTexte=LEGITEXT000006070716&dateTexte=20200227. Acesso em: 27 fev. 2020).

[756] De acordo com Vera Barros, "somente as sentenças arbitrais estrangeiras, e não necessariamente aquelas proferidas em arbitragens internacionais, demandam processo de homologação. Os conceitos de sentenças arbitrais estrangeiras presentes nas convenções internacionais mostram-se bastante flexíveis, permitindo aos Estados maior flexibilidade na hora de regular internamente a questão" (BARROS, Vera Cecília Monteiro de. *Exceção da ordem pública na homologação de sentença arbitral estrangeira no Brasil.* São Paulo: Quartier Latin, 2017. p. 50).

em território brasileiro, será considerada sentença doméstica, dispensando o procedimento de homologação.[757]

O STJ também considera prioritária, no processo de homologação da sentença arbitral estrangeira, a aplicação dos tratados internacionais internalizados na ordem jurídica nacional, nos precisos termos do *caput* do art. 34 da Lei de Arbitragem.[758]

O regime jurídico de homologação de sentenças arbitrais estrangeiras no Brasil é aquele previsto na Convenção de Nova York.[759] Eventuais conflitos entre tratados e leis ordinárias devem ser dirimidos pelos critérios clássicos de resolução de antinomias normativas, o da especialidade e o cronológico, sendo evidentemente inaplicável aqui o critério hierárquico, haja vista que a inexistência de hierarquia normativa entre tais espécies normativas, de caráter infraconstitucional.[760]

---

[757] STJ: "Processual civil. Recurso especial. Ação de execução de sentença arbitral. Nacionalidade. Determinação. Critério territorial. Embargos de declaração. Omissão, contradição ou obscuridade. Não indicação. Súmula 284/STF. 1. A ausência de expressa indicação de obscuridade, omissão ou contradição nas razões recursais enseja o não conhecimento do recurso especial. 2. A execução, para ser regular, deve estar amparada em título executivo idôneo, dentre os quais, prevê o art. 475-N a sentença arbitral (inciso IV) e a sentença estrangeira homologada pelo STJ (inciso VI). 3. A determinação da internacionalidade ou não de sentença arbitral, para fins de reconhecimento, ficou ao alvedrio das legislações nacionais, conforme o disposto no art. 1º da Convenção de Nova York (1958), promulgada pelo Brasil, por meio do Decreto 4.311/02, razão pela qual se vislumbra no cenário internacional diferentes regulamentações jurídicas acerca do conceito de sentença arbitral estrangeira. 4. No ordenamento jurídico pátrio, elegeu-se o critério geográfico (*ius solis*) para determinação da nacionalidade das sentenças arbitrais, baseando-se exclusivamente no local onde a decisão for proferida (art. 34, parágrafo único, da Lei nº 9.307/96). 5. Na espécie, o fato de o requerimento para instauração do procedimento arbitral ter sido apresentado à Corte Internacional de Arbitragem da Câmara de Comércio Internacional não tem o condão de alterar a nacionalidade dessa sentença, que permanece brasileira. 6. Sendo a sentença arbitral em comento de nacionalidade brasileira, constitui, nos termos dos arts. 475-N, IV, do CPC e 31 da Lei da Arbitragem, título executivo idôneo para embasar a ação de execução da qual o presente recurso especial se origina, razão pela qual é desnecessária a homologação por esta Corte. 7. Recurso especial provido para restabelecer a decisão proferida à e-STJ fl. 60" (STJ, Terceira Turma, REsp 1.231.554/RJ, Rel. Min. Nancy Andrighi, *DJe* 01.06.2011).

[758] "O art. 34 da Lei 9.307/1996 determina que a sentença arbitral estrangeira será homologada no Brasil, inicialmente, de acordo com os tratados internacionais com eficácia no ordenamento interno e que, somente na ausência destes, incidirão os dispositivos da Lei de Arbitragem Brasileira" (STJ, SEC 5.782/EX, CE, Rel. Min. Jorge Mussi, *DJe* 16.12.2015).

[759] A Convenção de Nova York, internalizada no Brasil pelo Decreto 4.311/2002, estatui em seu art. I(1) o seguinte: "A presente Convenção aplicar-se-á ao reconhecimento e à execução de sentenças arbitrais estrangeiras proferidas no território de um Estado que não o Estado em que se tencione o reconhecimento e a execução de tais sentenças (...)".

[760] O STF, no RE 80.004/SE com julgamento em 01.06.1977 e Relatoria do Min. Xavier de Albuquerque adotou o sistema paritário, ou seja, tratados e Convenções Internacionais são internalizados como leis ordinárias salvo se versarem sobre Direitos Humanos nos termos do art. 5º, § 3º, da CF. Vide ementa: "Convenção de Genebra, Lei Uniforme sobre Letras de

Neste ponto, cabe estabelecer a distinção entre *homologação, reconhecimento e execução* (os dois últimos mencionados no *caput* do art. 34 da Lei de Arbitragem). Em breves linhas, a *homologação* é o procedimento estabelecido para que a sentença seja reconhecida (*não acrescenta eficácia à sentença estrangeira, mas somente libera a eficácia nela contida*)[761] e, ato contínuo, executada. O *reconhecimento* é a internalização da eficácia da sentença, validando-se a coisa julgada. Por fim, a *execução* é o processo voltado para viabilizar o cumprimento não espontâneo do comando contido na sentença, de caráter coercitivo, mediante o emprego do uso da força pelo Poder Judiciário. A sentença arbitral, para ser executada no Brasil, precisa ser reconhecida como válida e, para tanto, deve passar pelo procedimento de homologação no STJ, conforme dispõe o art. 105, I, *i*, da CRFB/1988.

Assim, por exemplo, se o procedimento arbitral tramitar nos Estados Unidos e o *decisum* for prolatado lá, mesmo que as partes sejam brasileiras e a lei aplicável seja a do Brasil, a sentença será caracteriza como "estrangeira" e dependerá de homologação pelo STJ para ser reconhecida e executada no Brasil.

A Lei Modelo da UNCITRAL, em seu art. 1.º (3), ao contrário do que dispõe a Lei de Arbitragem brasileira, privilegia a vontade das partes, permitindo-as estabelecer se uma arbitragem é doméstica ou estrangeira.[762] O *International Arbitration Act* de Singapura (*IAA*) leva em consideração a Lei Modelo e estabelece, em sua Section 27,[763] que a "sentença arbitral estrangeira é sentença prolatada em consonância com

---

Câmbio e Notas Promissórias – Aval aposto a nota promissória não registrada no prazo legal – Impossibilidade de ser o avalista acionado, mesmo pelas vias ordinárias. Validade do Decreto-lei nº 427, de 22.01.1969. Embora a Convenção de Genebra que previu uma lei uniforme sobre letras de câmbio e notas promissórias tenha aplicabilidade no direito interno brasileiro, não se sobrepõe ela às leis do país, disso decorrendo a constitucionalidade e consequente validade do Decreto-lei nº 427/69, que institui o registro obrigatório da nota promissória em repartição fazendária, sob pena de nulidade do título. Sendo o aval um instituto do direito cambiário, inexistente será ele se reconhecida a nulidade do título cambial a que foi aposto. Recurso Extraordinário conhecido e provido".

[761] STJ, SEC 5.782/EX, CE, Rel. Min. Jorge Mussi, *DJe* 16.12.2015.

[762] "Artigo 1.º Âmbito de Aplicação – (3) Uma arbitragem é internacional se: a) As partes em uma convenção de arbitragem tiverem, no momento da sua conclusão, as suas sedes comerciais em diferentes Estados; ou b) Um dos locais a seguir referidos estiver situado fora do Estado no qual as partes têm a sua sede; (i) O local da arbitragem, se determinado na, ou de acordo com, convenção de arbitragem; (ii) Qualquer local onde deva ser cumprida uma parte substancial das obrigações resultantes da relação comercial ou o local com o qual o objeto da disputa tenha vínculos mais estreitos; ou c) As partes tiverem convencionado expressamente que o objeto da convenção de arbitragem envolve mais de um país. (4) Para os fins do parágrafo 3º do presente artigo: (a) Se uma das partes tiver mais de uma sede, deve ser considerada a que tiver vínculos mais estreitos com a convenção de arbitragem; (b) Se uma das partes não tiver sede, a sua residência habitual deve ser considerada" (Disponível em: http://www.cbar.org.br/leis_intern_arquivos/Lei_Modelo_Uncitral_traduzida_e_revisada_versao_final.pdf. Acesso em: 3 mar. 2020).

[763] "'Foreign award' means an arbitral award made in pursuance of an arbitration agreement in the territory of a Convention country other than Singapore" (Disponível em: https://sso.agc.gov.sg/Act/IAA1994#pr19-. Acesso em: 3 mar. 2020).

convenção de arbitragem firmada em outro território signatário da Convenção de Nova York que não Singapura".

Por outro lado, na mesma linha da Lei de Arbitragem brasileira, a Lei espanhola de arbitragem (Lei 60/2003), em seu art. 46(1),[764] adota o critério territorialista, assim como o art. 55 da Lei de Arbitragem Voluntária portuguesa (Lei 63/2011).[765] O *English Arbitration Act*, de 1996, adota o mesmo critério da Convenção de Nova York em sua *Section 100 (1)*,[766] inclusive denomina a sentença arbitral estrangeira de *sentença arbitral da Convenção de Nova York* (*New York Convention Awards*).

Como se vê, o critério definidor da nacionalidade da sentença arbitral é aquele previsto na legislação de cada país, à qual compete estabelecer, ainda, o procedimento e as formalidades para seu reconhecimento e execução.

> **Art. 35.** Para ser reconhecida ou executada no Brasil, a sentença arbitral estrangeira está sujeita, unicamente, à homologação do Superior Tribunal de Justiça. (Redação dada pela Lei nº 13.129, de 2015.)

 Comentários

1. A competência do STJ

O art. 35 da Lei de Arbitragem, na sua redação original, dispunha que a sentença arbitral estrangeira deveria ser homologada[767] pelo STF para ser reconhecida e aplicada no Brasil.

---

[764] "Artículo 46. Carácter extranjero del laudo. Normas aplicables.1. Se entiende por laudo extranjero el pronunciado fuera del territorio español" (Disponível em: https://www.boe.es/buscar/act.php?id=BOE-A-2003-23646. Acesso em: 3 mar. 2020).

[765] "Artigo 55º Necessidade do reconhecimento – Sem prejuízo do que é imperativamente preceituado pela Convenção de Nova York de 1958, sobre o reconhecimento e a execução de sentenças arbitrais estrangeiras, bem como por outros tratados ou convenções que vinculem o Estado português, as sentenças proferidas em arbitragens localizadas no estrangeiro só têm eficácia em Portugal, seja qual for a nacionalidade das partes, se forem reconhecidas pelo tribunal estadual português competente, nos termos do disposto no presente capítulo desta lei" (Disponível em: https://dre.pt/pesquisa/-/search/145578/details/maximized.. Acesso em: 3 mar. 2020).

[766] "Section 100 New York Convention awards. (1) In this Part a 'New York Convention award' means an award made, in pursuance of an arbitration agreement, in the territory of a state (other than the United Kingdom) which is a party to the New York Convention" (Disponível em: http://www.legislation.gov.uk/ukpga/1996/23/part/III. Acesso em: 3 mar. 2020).

[767] Sobre a temática, vide LEMES, Selma M. Ferreira. A jurisprudência do STJ referente à homologação de sentença estrangeira na área de arbitragem. O promissor ano de 2013. *Revista de Arbitragem e Mediação*, v. 42, p. 145-151, jul./set. 2014.

Ocorre que a Emenda Constitucional 45/2004 deslocou a competência para homologação de sentenças estrangeiras do STF para o STJ. De acordo com o art. 105, I, *i*, da CRFB, compete ao STJ processar e julgar originariamente "a homologação de sentenças estrangeiras e a concessão de exequatur às cartas rogatórias".

Apenas com a reforma promovida pela Lei 13.129/2015, o art. 35 da Lei de Arbitragem foi alterado para adequação do seu texto à Constituição Federal, com a previsão expressa de que a competência para homologação da sentença estrangeira cabe ao STJ.

Efeito disso é que hoje, por força da nova redação atribuída ao art. 105, I, *i*, da Carta de 1988, para ser reconhecida no Brasil, a sentença arbitral estrangeira deve ser internalizada, mediante procedimento de homologação no STJ, para que assim, posteriormente, tenha o *status* de título executivo judicial, na forma do art. 31 da Lei de Arbitragem e do art. 515, VII, do CPC.[768]

Vale ressaltar, por relevante, que, mesmo que a legislação da sede da arbitragem exija que a sentença arbitral, para produzir os efeitos próprios de uma decisão judicial, seja submetida à prévia validação interna pelo judiciário local, a homologação pelo STJ supre tal etapa.[769] É lembrar, como bem o fazem Gustavo Schiefler e Bernardo Rohden Pires, que uma "das principais contribuições da Convenção de Nova York foi a eliminação da necessidade de ratificação da sentença arbitral pelas cortes do Estado de origem para a execução no estrangeiro. Em outras palavras, a Convenção de Nova York instituiu uma presunção de validade da sentença arbitral lavrada em qualquer

---

[768] STJ: "(...) A homologação em questão é procedimento necessário para que o título arbitral adquira o *status* executivo, nos termos do art. 515, VII do Código de Processo Civil, e, assim, possa ser mobilizado em ação futura no Poder Judiciário brasileiro (...)" (STJ, CE, SEC 15.977/EX, Rel. Min. Humberto Martins, *DJe* 15.09.2017).

[769] "As convenções internacionais reforçam a ideia de que a exigência de homologação da sentença arbitral pela Justiça local vai perdendo força. A Convenção de Nova York para o reconhecimento e execução de laudos arbitrais (10 de junho de 1958) deixou claro que os países signatários comprometeram-se a dar eficácia aos laudos arbitrais provenientes dos países contratantes independentemente de atos de ratificação da justiça local, somente podendo ser recusado o reconhecimento e execução nos casos do art. V (tais casos foram reproduzidos no art. 38 da Lei brasileira); da mesma forma, a Convenção Interamericana sobre Arbitragem Comercial Internacional (Convenção do Panamá, 1975) manteve-se fiel às disposições do art. V da Convenção de Nova York (vide art. 5º da Convenção do Panamá, que reproduz as hipóteses relacionadas pelo Tratado de 1958), declarando em seu art. 4º 'as sentenças ou laudos arbitrais não impugnáveis segundo a lei ou as normas processuais aplicáveis terão força de sentença judicial definitiva' e que 'sua execução ou reconhecimento poderá ser exigido da mesma maneira que a das sentenças proferidas por tribunais ordinários nacionais ou estrangeiros, segundo as leis processuais do país onde forem executadas e o que for estabelecido a tal respeito por tratados internacionais" (CARMONA, Carlos Alberto. *Arbitragem e processo*: um comentário à Lei 9.307/96. 3. ed. São Paulo: Atlas, 2009. p. 444). Vide, ainda, a Convenção do Panamá, internalizada pelo Decreto 1.902/1996.

dos Estados-partes e, assim, contribuiu decisivamente para a afirmação da arbitragem como um mecanismo viável para a solução de disputas comerciais transnacionais".[770]

Nesse sentido, o *caput* do art. 35 da Lei de Arbitragem, ao utilizar o vocábulo "unicamente", deixa claro que a sentença arbitral necessita apenas de juízo de delibação positivo do STJ, e não da homologação prévia do Judiciário do país em que foi prolatada, para receber o *exequatur*.

Em teoria, nos termos do art. 102, III, da CRFB, cabe recurso extraordinário ao STF contra decisão em processo de homologação de sentença arbitral forasteira, uma vez que se trata de causa decidida em única ou última instância pelo STJ.[771] Na prática, é muito improvável que isso aconteça, sobretudo ante os estritos limites a que se submete o juízo de delibação promovido pela Corte Especial.

> **Art. 36.** Aplica-se à homologação para reconhecimento ou execução de sentença arbitral estrangeira, no que couber, o disposto nos arts. 483 e 484 do Código de Processo Civil.

 Comentários

1. Aplicação do CPC no procedimento de homologação de sentença arbitral estrangeira

No processo de homologação de sentença arbitral estrangeira será observado o disposto nos arts. 960 a 965 do CPC/2015, uma vez que os arts. 483 e 484 do CPC indicados no art. 36 da Lei de Arbitragem referem-se ao revogado CPC de 1973.

---

[770] SCHIEFLER, Gustavo Henrique Carvalho; PIRES, Bernardo Rohden. A homologação de sentença arbitral estrangeira anulada na origem, 2 de abril de 2016. Disponível em: https://www.conjur.com.br/2016-abr-02/homologacao-sentenca-arbitral-estrangeira--anulada-origem. Acesso em: 15 jan. 2021.

[771] Nessa linha: "Direito civil e processual civil. Homologação de sentença arbitral estrangeira. Cláusula arbitral. Lei nº 9.307/1996. Negativa de prestação jurisdicional. Art. 93, IX, da Constituição da República. Nulidade. Inocorrência. Razões de decidir explicitadas pelo órgão jurisdicional. Acórdão recorrido publicado em 03.08.2015. 1. Não ocorre violação do art. 93, IX, da Constituição Federal. A jurisprudência do Supremo Tribunal Federal é no sentido de que o referido dispositivo constitucional exige a explicitação, pelo órgão jurisdicional, das razões do seu convencimento, sem impor o exame detalhado de cada argumento trazido pelas partes. 2. As razões do agravo regimental não se mostram aptas a infirmar os fundamentos que lastrearam a decisão agravada, mormente no que se refere à ausência de ofensa direta e literal a preceito da Constituição da República. 3. Agravo regimental conhecido e não provido" (STF, Primeira Turma, ARE 933.368 AgR/DF, Rel. Min. Rosa Weber, *DJe* 24.02.2016).

A aplicação do CPC é, no entanto, subsidiária, prevalecendo os tratados internacionais sobre o tema e, em matéria de homologação de sentenças arbitrais estrangeiras, tem incidência, prioritariamente, a Convenção de Nova York. Nesse sentido, o art. 960, § 3º, do CPC enuncia que "a homologação de decisão arbitral estrangeira obedecerá ao disposto em tratado e em lei, aplicando-se, subsidiariamente, as disposições deste Capítulo".

A competência para homologação de sentença estrangeira, inclusive sobre eventuais pedidos de tutela de urgência, é do STJ, na linha do art. 105, I, *i*, da CRFB e do art. 961, § 3º, do CPC.[772]

O STJ tem oscilado no que diz respeito à base de cálculo aplicável para a fixação de honorários de sucumbência. Assim, há precedente da Corte Especial no sentido de que não se deve utilizar o valor da causa como parâmetro para a condenação em

---

[772] CRFB: "Art. 105. Compete ao Superior Tribunal de Justiça: I – processar e julgar, originariamente: (...) i) a homologação de sentenças estrangeiras e a concessão de exequatur às cartas rogatórias". CPC: "Art. 961. A decisão estrangeira somente terá eficácia no Brasil após a homologação de sentença estrangeira ou a concessão do exequatur às cartas rogatórias, salvo disposição em sentido contrário de lei ou tratado. § 1º É passível de homologação a decisão judicial definitiva, bem como a decisão não judicial que, pela lei brasileira, teria natureza jurisdicional. § 2º A decisão estrangeira poderá ser homologada parcialmente. § 3º A autoridade judiciária brasileira poderá deferir pedidos de urgência e realizar atos de execução provisória no processo de homologação de decisão estrangeira. § 4º Haverá homologação de decisão estrangeira para fins de execução fiscal quando prevista em tratado ou em promessa de reciprocidade apresentada à autoridade brasileira. § 5º A sentença estrangeira de divórcio consensual produz efeitos no Brasil, independentemente de homologação pelo Superior Tribunal de Justiça. § 6º Na hipótese do § 5º, competirá a qualquer juiz examinar a validade da decisão, em caráter principal ou incidental, quando essa questão for suscitada em processo de sua competência". A respeito do tema, merece menção decisão do STJ que deferiu medida cautelar para determinar arresto de bens do devedor após a homologação da sentença arbitral estrangeira: "Medida cautelar em sentença estrangeira contestada. Arresto de bens. Requisitos preenchidos. 1. Cuida-se de caso em que, instaurado processo arbitral estrangeiro, o devedor deu início a alienações de bens da empresa ré, por ele controlada. Alienações que se acentuaram após a prolação da sentença arbitral, hoje já homologado na SEC 5692. 2. Confusão patrimonial entre os bens do devedor pessoa física e os bens da empresa ré (S/A Fluxo), da qual ele é sócio majoritário e controlador. Desconsidera-se a personalidade jurídica, nos termos do art. 50 do Código Civil. 3. Alienações que se deram em favor dos filhos, de empresa dos filhos e da ex-esposa do devedor, esvaziando o patrimônio imobiliário da empresa logo após instaurado o procedimento arbitral e especialmente logo após proferida a sentença arbitral capaz de reduzir o devedor à insolvência (mormente se somado o valor de tal condenação ao de outras provenientes de sentenças estrangeiras também já homologadas nas SECs 6197 e 6079). Presentes os elementos que autorizam o reconhecimento da fraude à execução, nos termos do art. 593, II, do CPC/1973. 4. Não se pode negar ao processo arbitral as mesmas garantias executivas e acauteladoras colocadas à disposição daqueles que optam pela via judicial. 5. Medida cautelar procedente. Liminares confirmadas. Prejudicados os embargos de declaração de fls. 3677/3681" (STJ, Corte Especial, MC 17.411/DF, Rel. Min. Benedito Gonçalves, *DJe* 04.11.2016).

honorários advocatícios, nos casos em que há contestação no processo de homologação de sentença arbitral estrangeira, devendo o arbitramento dos honorários ser feito por equidade e não com base no art. 85, § 2º, do CPC.[773] No entanto, há também jurisprudência relevante no STJ no sentido de que a fixação do valor dos honorários deve dar-se nos moldes do art. 85, § 2º, do CPC.[774]

> **Art. 37.** A homologação de sentença arbitral estrangeira será requerida pela parte interessada, devendo a petição inicial conter as indicações da lei processual, conforme o art. 282 do Código de Processo Civil, e ser instruída, necessariamente, com:
>
> **I -** o original da sentença arbitral ou uma cópia devidamente certificada, autenticada pelo consulado brasileiro e acompanhada de tradução oficial;
>
> **II -** o original da convenção de arbitragem ou cópia devidamente certificada, acompanhada de tradução oficial.

---

[773] CPC: "Art. 85. A sentença condenará o vencido a pagar honorários ao advogado do vencedor. (...) § 2º Os honorários serão fixados entre o mínimo de dez e o máximo de vinte por cento sobre o valor da condenação, do proveito econômico obtido ou, não sendo possível mensurá-lo, sobre o valor atualizado da causa, atendidos". Nesse sentido, o STJ, por meio do voto do Min. Relator, decidiu: "(...) Diante do exposto, defiro o pedido de homologação. Por fim, esclareço que, por inexistir condenação na hipótese dos autos, o julgador não está vinculado aos percentuais do artigo 85, § 2º, do CPC. Nesse sentido, condeno a requerida no pagamento dos honorários advocatícios de sucumbência no valor de R$ 10.000,00 (dez mil reais), nos termos do artigo 85, § 8º, do CPC" (STJ, SEC 8.421/EX, Corte Especial, Rel. Min. Herman Benjamin, *DJe* 11.10.2017).

[774] Sobre o tema, o STJ, na linha do voto condutor da Ministra Nancy Andrighi, já decidiu: "(...) Assim, com o presente pedido de homologação de sentença estrangeira está sendo julgado sob a vigência do CPC/15, os honorários devem ser fixados segundo os ditames de referido diploma legal. Ademais, segundo a jurisprudência também majoritária desta Corte, 'os honorários advocatícios devem ser arbitrados a partir do valor da causa ou do proveito econômico experimentado, com obediência aos limites impostos pelo § 2º do art. 85 do CPC/2015, os quais se aplicam, inclusive, nas decisões de improcedência e quando houver julgamento sem resolução do mérito' (AgInt no AREsp 1.187.650/SP, Terceira Turma, *DJe* 30.04.2018). No mesmo sentido: REsp 1.731.617/SP, Quarta Turma, *DJe* 15.05.2018; Desse modo, fixo os honorários devidos pelo requerido Carlos Alberto Resende Sobral em favor dos requerentes, ante a parcial homologação da sentença arbitral estrangeira, e os devidos pelos requerentes em favor de Illusion Acessórios de Moda Ltda, decorrentes da extinção do processo sem resolução do mérito, em 10% do valor atualizado da causa, nos termos do art. 85, § 2º, do CPC/15, ante a ausência de condenação no julgamento de homologação de sentença arbitral estrangeira (...)" (STJ, SEC 14.385/EX, Corte Especial, Rel. Min. Nancy Andrighi, *DJe* 21.08.2018).

Comentários

1. Petição inicial e pressupostos positivos de homologação das sentenças arbitrais estrangeiras

Preconiza o art. I, 1, da Convenção de Nova York (Decreto 4.311/2002)[775] que a "presente Convenção aplicar-se-á ao reconhecimento e à execução de sentenças arbitrais estrangeiras proferidas no território de um Estado que não o Estado em que se tencione o reconhecimento e a execução de tais sentenças, oriundas de divergências entre pessoas, sejam elas físicas ou jurídicas. A Convenção aplicar-se-á igualmente a sentenças arbitrais não consideradas como sentenças domésticas no Estado onde se tencione o seu reconhecimento e a sua execução".

O procedimento de homologação da sentença arbitral estrangeira é regido, ainda, pelos arts. 34 a 40 da Lei de Arbitragem, 960 a 965 do CPC e 216-A a 216-X do Regimento Interno do Superior Tribunal de Justiça (RISTJ).[776]

O interessado deverá endereçar a ação de homologação de sentença arbitral estrangeira ao Presidente do Superior Tribunal de Justiça, na forma do art. 216-A do RISTJ. Note-se que, segundo a jurisprudência do STJ, "o pedido de homologação pode ser proposto por qualquer pessoa interessada nos efeitos da sentença estrangeira".[777]

---

[775] Sobre os motivos de recusa do Brasil em aderir à Convenção de Nova York nos anos 50, período de sua negociação e assinatura, vide: ARAUJO, Nádia de. A convenção de Nova Iorque sobre reconhecimento e execução de laudos arbitrais estrangeiros: análise das razões contrárias à sua adoção nos anos 50 do século XX. *Revista de Arbitragem e Mediação*, v. 18, p. 42-49, jul./set. 2008.

[776] Vide, a propósito, o art. 216-C do Regimento Interno do STJ: "A homologação da decisão estrangeira será proposta pela parte requerente, devendo a petição inicial conter os requisitos indicados na lei processual, bem como os previstos no art. 216-D, e ser instruída com o original ou cópia autenticada da decisão homologanda e de outros documentos indispensáveis, devidamente traduzidos por tradutor oficial ou juramentado no Brasil e chancelados pela autoridade consular brasileira competente, quando for o caso". Confira-se, também, o teor do art. 216-D do RISTJ: "art. 216-D. A decisão estrangeira deverá: I - ter sido proferida por autoridade competente; II - conter elementos que comprovem terem sido as partes regularmente citadas ou ter sido legalmente verificada a revelia; III - ter transitado em julgado" (Disponível em: https://ww2.stj.jus.br/publicacaoinstitucional/index.php/Regimento/article/view/532/3959. Acesso em: 5 mar. 2020).

[777] Sobre a legitimidade ativa para requerer a homologação da sentença estrangeira, o STJ já decidiu: "Sentença estrangeira contestada. Ausência de comprovação da citação de todos os réus. Legitimidade ativa. Interesse. Mérito. Impossibilidade de discussão. 1. Não é possível a homologação de sentença estrangeira quando não comprovada a citação regular ou o comparecimento espontâneo das partes. 2. O pedido de homologação pode ser proposto por qualquer pessoa interessada nos efeitos da sentença estrangeira. 3. O mérito da sentença não pode ser apreciado pelo Superior Tribunal de Justiça, pois o ato homologatório restringe-se à análise dos seus requisitos formais. Precedentes. 4. O pedido de homologação merece deferimento, uma vez que, a par da ausência de ofensa à ordem pública, reúne os requisitos essenciais e necessários

Portanto, há que admitir como parte legítima para deflagrar a ação homologatória aquele que foi parte no procedimento arbitral, bem como seus sucessores e, ainda, terceiros juridicamente interessados nos efeitos da sentença.

O valor da causa deverá corresponder ao conteúdo econômico da sentença, na forma dos arts. 291 e 292 do CPC.

A teor do art. 37 da Lei de Arbitragem, a petição inicial deverá ser instruída com os seguintes documentos: a) o original da sentença arbitral ou uma cópia devidamente certificada, autenticada pelo consulado brasileiro e acompanhada de tradução oficial; e b) o original da convenção de arbitragem ou cópia devidamente certificada, acompanhada de tradução oficial.

Os aludidos documentos também se encontram indicados no art. IV da Convenção de Nova York (Decreto 4.311/2002)[778] e constituem pressupostos formais objetivos de homologação das sentenças arbitrais estrangeiras.

Identificado algum vício formal na petição inicial, ou a falta de algum documento relevante para o exame do pedido homologatório, o Presidente do STJ assinará prazo para que o requerente possa sanar a irregularidade, sob pena de extinção do processo, sem exame do mérito, nos termos do art. 216-E do RISTJ e da jurisprudência do STJ.[779]

A parte interessada será citada para, no prazo de quinze dias, apresentar contestação, cujo teor somente poderá versar a respeito do descumprimento dos requisitos

---

a este *desideratum*, previstos na Resolução nº 9/2005 do Superior Tribunal de Justiça e dos artigos 38 e 39 da Lei 9.307/96. 5. Pedido de homologação deferido em parte" (STJ, Corte Especial, SEC 269/RU, Rel. Min. Fernando Gonçalves, *DJe* 10.06.2010).

[778] "Artigo IV – 1. A fim de obter o reconhecimento e a execução mencionados no artigo precedente, a parte que solicitar o reconhecimento e a execução fornecerá, quando da solicitação: a) a sentença original devidamente autenticada ou uma cópia da mesma devidamente certificada; b) o acordo original a que se refere o Artigo II ou uma cópia do mesmo devidamente autenticada. 2. Caso tal sentença ou tal acordo não for feito em um idioma oficial do país no qual a sentença é invocada, a parte que solicitar o reconhecimento e a execução da sentença produzirá uma tradução desses documentos para tal idioma. A tradução será certificada por um tradutor oficial ou juramentado ou por um agente diplomático ou consular."

[779] RISTJ: "Art. 216-E. Se a petição inicial não preencher os requisitos exigidos nos artigos anteriores ou apresentar defeitos ou irregularidades que dificultem o julgamento do mérito, o Presidente assinará prazo razoável para que o requerente a emende ou complete". A respeito do tema, merece menção o seguinte julgado do STJ: "(...) 2. São trazidos dois óbices formais à homologação, consistentes na ausência da tradução juramentada do sexto contrato, bem como o fato de que as partes requeridas não teriam podido participar do procedimento arbitral, porquanto não conseguiram constituir advogado no estrangeiro, bem como se insurgem contra a injustiça da situação. 3. Não prospera a alegação relacionada à ausência de juntada da tradução juramentada do sexto contrato. Os contratos, em princípio, não são o objeto precípuo da homologação, apesar de serem parte importante da instrução do feito de deliberação e, logo, mostra-se não somente possível e razoável sua posterior juntada (fls. 183- 190) em homenagem à instrumentalidade do processo (...)" (STJ, Corte Especial, SEC 10.643/ EX, Rel. Min. Humberto Martins, *DJe* 11.12.2014).

formais previstos no art. 37 da Lei de Arbitragem e sobre os temas enumerados no art. V da Convenção de Nova York[780] e também nos arts. 38 e 39 da lei brasileira.

Após a apresentação da contestação, serão admitidas réplica e tréplica no prazo de cinco dias (art. 216-J do RISTJ). Nos termos do art. 216-L do RISTJ, o Ministério Público, no prazo de quinze dias, poderá impugnar o pedido.

Contestado o pedido, o processo será distribuído para julgamento pela Corte Especial do STJ, cabendo ao relator conduzir o andamento e a instrução do processo (art. 216-K do RISTJ).

As decisões Presidente ou do relator poderão ser impugnadas por meio de agravo (art. 216-M do RISTJ).

O processo homologatório de sentença arbitral estrangeira é um procedimento de *jurisdição contenciosa limitada*. O STJ não pode nele reexaminar o mérito da sentença arbitral, mas, tão somente, aferir a presença, ou não, dos requisitos legais para que a decisão produza efeitos no país.[781] De fato, a jurisprudência do STJ é farta no sentido de que "o mérito da sentença não pode ser apreciado pelo Superior Tribunal de

---

[780] Convenção de Nova York: "Artigo V - 1. O reconhecimento e a execução de uma sentença poderão ser indeferidos, a pedido da parte contra a qual ela é invocada, unicamente se esta parte fornecer, à autoridade competente onde se tenciona o reconhecimento e a execução, prova de que: a) as partes do acordo a que se refere o Artigo II estavam, em conformidade com a lei a elas aplicável, de algum modo incapacitadas, ou que tal acordo não é válido nos termos da lei à qual as partes o submeteram, ou, na ausência de indicação sobre a matéria, nos termos da lei do país onde a sentença foi proferida; ou b) a parte contra a qual a sentença é invocada não recebeu notificação apropriada acerca da designação do árbitro ou do processo de arbitragem, ou lhe foi impossível, por outras razões, apresentar seus argumentos; ou c) a sentença se refere a uma divergência que não está prevista ou que não se enquadra nos termos da cláusula de submissão à arbitragem, ou contém decisões acerca de matérias que transcendem o alcance da cláusula de submissão, contanto que, se as decisões sobre as matérias suscetíveis de arbitragem puderem ser separadas daquelas não suscetíveis, a parte da sentença que contém decisões sobre matérias suscetíveis de arbitragem possa ser reconhecida e executada; ou d) a composição da autoridade arbitral ou o procedimento arbitral não se deu em conformidade com o acordado pelas partes, ou, na ausência de tal acordo, não se deu em conformidade com a lei do país em que a arbitragem ocorreu; ou e) a sentença ainda não se tornou obrigatória para as partes ou foi anulada ou suspensa por autoridade competente do país em que, ou conforme a lei do qual, a sentença tenha sido proferida. 2. O reconhecimento e a execução de uma sentença arbitral também poderão ser recusados caso a autoridade competente do país em que se tenciona o reconhecimento e a execução constatar que: a) segundo a lei daquele país, o objeto da divergência não é passível de solução mediante arbitragem; ou b) o reconhecimento ou a execução da sentença seria contrário à ordem pública daquele país".

[781] BARROS, Vera Cecília Monteiro de. *Exceção da ordem pública na homologação de sentença arbitral estrangeira no Brasil*. São Paulo: Quartier Latin, 2017. p. 77.

Justiça, pois o ato homologatório restringe-se à análise dos seus requisitos formais"[782], excepcionando-se, apenas, aquelas hipóteses em que se verifique inequívoca afronta à soberania nacional ou à ordem pública. Mesmo assim, enfatiza a Corte que, ante "o caráter indeterminado de tais conceitos, para não subverter o papel homologatório do STJ, deve-se interpretá-los de modo a repelir apenas aqueles atos e efeitos jurídicos absolutamente incompatíveis com o sistema jurídico brasileiro".[783]

A decisão homologatória tem natureza *declaratória-constitutiva*. Reconhece a validade da sentença arbitral, em caráter *ex tunc*, desde o momento em que prolatada na arbitragem, tornando-a apta a produzir efeitos no ordenamento jurídico nacional, a partir de sua homologação. Já a decisão que rejeita a pretensão homologatória tem natureza *declaratória negativa*,[784] confirmando a invalidade da sentença arbitral, desde o seu nascedouro, como se jamais tivesse existido no Brasil.

Observe-se, por relevante, que o procedimento descrito não se aplica às sentenças arbitrais proferidas nos países do Mercosul, já que estas se submetem à via simplificada da carta rogatória, conforme disposto nos arts. 18 a 24 do Protocolo de Las Leñas (Decreto 2.067/1996).[785]

> **Art. 38.** Somente poderá ser negada a homologação para o reconhecimento ou execução de sentença arbitral estrangeira, quando o réu demonstrar que:

---

[782] Veja-se, por todos: STJ, Corte Especial, SEC 269/RU, Rel. Min. Fernando Gonçalves, *DJe* 10.06.2010.

[783] STJ, Corte Especial, SEC 9.412/EX, Rel. Min. Felix Fischer, Rel. p/ Acórdão Min. João Otávio Noronha, *DJe* 30.05.2017.

[784] BARROS, Vera Cecília Monteiro de. *Exceção da ordem pública na homologação de sentença arbitral estrangeira no Brasil.* São Paulo: Quartier Latin, 2017. p. 79.

[785] Mencione-se, a propósito, o art. 19 do Protocolo de Las Leñas, cuja redação é a seguinte: "O pedido de reconhecimento e execução de sentenças e de laudos arbitrais por parte das autoridades jurisdicionais será tramitado por via de cartas rogatórias e por intermédio da Autoridade Central" (Disponível em: https://www.justica.gov.br/sua-protecao/cooperacao-internacional/cooperacao-juridica-internacional-em-materia-civil/arquivos/protocolo-las-lenhas/view. Acesso em: 12 jan. 2021). Em sentido semelhante é o art. 19 do Decreto 6.891/2009, que estende a referida prerrogativa às sentenças arbitrais prolatadas na República do Chile e na República da Bolívia: "O reconhecimento e execução de sentenças e de laudos arbitrais solicitado pelas autoridades jurisdicionais poderá tramitar-se por via de cartas rogatórias e transmitir-se por intermédio da Autoridade Central, ou por via diplomática ou consular, em conformidade com o direito interno. Não obstante o assinalado no parágrafo anterior, a parte interessada poderá tramitar diretamente o pedido de reconhecimento ou execução de sentença. Em tal caso, a sentença deverá estar devidamente legalizada de acordo com a legislação do Estado em que se pretenda sua eficácia, salvo se entre o Estado de origem da sentença e o Estado onde é invocado, se houver suprimido o requisito da legalização ou substituído por outra formalidade" (Disponível em: http://www.planalto.gov.br/ccivil_03/_ato2007-2010/2009/decreto/d6891.htm. Acesso em: 12 jan. 2021).

I - as partes na convenção de arbitragem eram incapazes;

II - a convenção de arbitragem não era válida segundo a lei à qual as partes a submeteram, ou, na falta de indicação, em virtude da lei do país onde a sentença arbitral foi proferida;

III - não foi notificado da designação do árbitro ou do procedimento de arbitragem, ou tenha sido violado o princípio do contraditório, impossibilitando a ampla defesa;

IV - a sentença arbitral foi proferida fora dos limites da convenção de arbitragem, e não foi possível separar a parte excedente daquela submetida à arbitragem;

V - a instituição da arbitragem não está de acordo com o compromisso arbitral ou cláusula compromissória;

VI - a sentença arbitral não se tenha, ainda, tornado obrigatória para as partes, tenha sido anulada, ou, ainda, tenha sido suspensa por órgão judicial do país onde a sentença arbitral for prolatada.

 Comentários

1. Hipóteses de rejeição do pedido de homologação (Pressupostos negativos de homologação das sentenças arbitrais estrangeiras)[786]

O art. 38 reproduz, basicamente, o art. V(1) da Convenção de Nova York,[787] relacionando parte importante das hipóteses que autorizam a rejeição do pedido de

---

[786] Vide, a respeito do tema: BARBOSA, Flavio. A homologação das sentenças arbitrais estrangeiras desde o advento da Lei nº 9.307/93. In: MELO, Leonardo de Campos; BENEDUZI, Rento Resende (coord.). *A reforma da arbitragem*. Rio de Janeiro: Forense, 2016. p. 141-167.

[787] Convenção de Nova York: "Artigo V - 1. O reconhecimento e a execução de uma sentença poderão ser indeferidos, a pedido da parte contra a qual ela é invocada, unicamente se esta parte fornecer, à autoridade competente onde se tenciona o reconhecimento e a execução, prova de que: a) as partes do acordo a que se refere o Artigo II estavam, em conformidade com a lei a elas aplicável, de algum modo incapacitadas, ou que tal acordo não é válido nos termos da lei à qual as partes o submeteram, ou, na ausência de indicação sobre a matéria, nos termos da lei do país onde a sentença foi proferida; ou b) a parte contra a qual a sentença é invocada não recebeu notificação apropriada acerca da designação do árbitro ou do processo de arbitragem, ou lhe foi impossível, por outras razões, apresentar seus argumentos; ou c) a sentença se refere a uma divergência que não está prevista ou que não se enquadra nos termos da cláusula de submissão à arbitragem, ou contém decisões acerca de matérias que transcendem o alcance da cláusula de submissão, contanto que, se as decisões sobre as matérias suscetíveis de arbitragem puderem ser separadas daquelas não suscetíveis, a parte da sentença que contém decisões sobre matérias suscetíveis de arbitragem possa ser reconhecida e executada; ou

homologação de sentença arbitral estrangeira, a saber: (i) incapacidade de qualquer das partes que tenham celebrado a convenção de arbitragem; (ii) invalidade da convenção de arbitragem, segundo a lei à qual as partes a submeteram, ou, na falta de indicação, em virtude da lei do país onde a sentença arbitral foi proferida; (iii) ausência de notificado da designação do árbitro ou do procedimento de arbitragem, ou qualquer outra violação ao princípio do contraditório, que impossibilite o exercício da ampla defesa; (iv) sentença arbitral que tenha sido proferida fora dos limites da convenção de arbitragem, e em que não seja possível separar a parte excedente daquela submetida à arbitragem; (v) instituição da arbitragem em desacordo com o compromisso arbitral ou cláusula compromissória; e (vi) sentença arbitral que não se tenha, ainda, tornado obrigatória para as partes, que tenha sido anulada, ou, ainda, que tenha sido suspensa por órgão judicial do país onde a sentença arbitral for prolatada.

Complementa o art. 39 da Lei, ainda, que deverá ser indeferida a pretensão homologatória, em linha com o disposto no art. V(2) da Convenção de Nova York: (i) se o objeto do litígio, segundo a lei brasileira, não for suscetível de ser resolvido por arbitragem; e (ii) se a decisão cujo reconhecimento se pretenda ofenda a ordem pública nacional.

As hipóteses descritas no art. 38 da Lei e no art. V(1) devem ser obrigatoriamente invocadas pela parte que se opõe à homologação da sentença arbitral estrangeira, enquanto que aquelas indicadas no art. 39 e no art. V(2) ensejam a recusa pelo Poder Judiciário *ex officio*.

O art. 216-F do Regimento Interno do STJ estabelece, outrossim, que "não será homologada a decisão estrangeira que ofender a soberania nacional, a dignidade da pessoa humana e/ou a ordem pública".[788]

A regra geral, nada obstante, é a de que "cada Estado signatário reconhecerá as sentenças como obrigatórias e as executará em conformidade com as regras de procedimento do território no qual a sentença é invocada", conforme art. III da Convenção de Nova York. Logo, as situações previstas no art. V da Convenção revelam exceção à regra geral, de caráter taxativo, devendo ser interpretadas restritivamente.[789]

Questão relevante é definir se as hipóteses de recusa de homologação de sentença arbitral estrangeira previstas no art. V da Convenção de Nova York seriam de aplicação obrigatória ou facultativa pelo Poder Judiciário dos países signatários. A Convenção

---

d) a composição da autoridade arbitral ou o procedimento arbitral não se deu em conformidade com o acordado pelas partes, ou, na ausência de tal acordo, não se deu em conformidade com a lei do país em que a arbitragem ocorreu; e) a sentença ainda não se tornou obrigatória para as partes ou foi anulada ou suspensa por autoridade competente do país em que, ou conforme a lei do qual, a sentença tenha sido proferida".

[788] RISTJ. Disponível em: https://ww2.stj.jus.br/publicacaoinstitucional/index.php/Regimento/article/view/532/3959. Acesso em: 6 mar. 2020.

[789] BARROS, Vera Cecília Monteiro de. *Exceção da ordem pública na homologação de sentença arbitral estrangeira no Brasil*. São Paulo: Quartier Latin, 2017. p. 93.

de Nova York foi redigida, de forma autêntica, em cinco idiomas:[790] chinês, inglês, espanhol, francês e russo. Os textos redigidos em inglês e francês, no entanto, divergem em um pequeno aspecto, que possui significativo impacto na interpretação do art. V(1). Com efeito, o texto em inglês do art. V(1) permite, mas não obriga, os magistrados anglofônicos a rejeitarem a homologação de sentença estrangeira, enunciando que "recognition and enforcement of the award may be refused".[791] O verbo "may" denota mera faculdade, uma vez que, em tradução livre, significa "pode", "podem" ou "poderá" ser rejeitado o pedido. Já o texto em francês torna a rejeição obrigatória, ao estatuir que "La reconnaissance et l'exécution de la sentence ne seront refusées (...) que si",[792] isto é, o texto em francês menciona que os pedidos de homologação "serão recusados", o que revela a obrigatoriedade da rejeição da homologação.

Resultado disso é que, nos EUA[793] e na França[794], há relevante divergência a respeito do tema. Enquanto nos EUA a orientação predominante é a de que o indeferimento do pedido de homologação é meramente facultativo, na França prevalece o entendimento de que a recusa seria obrigatória.

É interessante notar, entretanto, que na França existe regramento interno mais restritivo, no que toca às hipóteses de recusa do pedido de homologação da sentença arbitral, conforme se depreende do art. 1.520 do Código de Processo Civil francês.[795]

---

[790] PAULSSON, Jan. May or must under the New York Convention: an exercise in syntax and linguistics. *Arbitration International*, v. 14, Issue 2, p. 227-230, 1998.

[791] "Article V – 1. Recognition and enforcement of the award may be refused, at the request of the party against whom it is invoked, only if that party furnishes to the competent authority where the recognition and enforcement is sought, proof that (...)" (Disponível em: http://www.newyorkconvention.org/new+york+convention+texts. Acesso em: 6 mar. 2020).

[792] "Art. V – 1. La reconnaissance et l'exécution de la sentence ne seront refusées, sur requête de la partie contre laquelle elle est invoquée, que si cette partie fournit à l'autorité compétente du pays où la reconnaissance et l'exécution sont demandées la preuve (...)" (Disponível em: http://www.newyorkconvention.org/new+york+convention+texts. Acesso em: 6 mar. 2020).

[793] "(...) the Convention mandates very different regimes for the review of arbitral awards (1) in the state in which, or under the law of which, the award was made, and (2) in other states where recognition and enforcement are sought. The Convention specifically contemplates that the state in which, or under the law of which, the award is made, will be free to set aside or modify an award in accordance with its domestic arbitral law and its full panoply of express and implied grounds for relief. See Convention art. V(1) (e). However, the Convention is equally clear that when an action for enforcement is brought in a foreign state, the state may refuse to enforce the award only on the grounds explicitly set forth in Article V of the Convention (...)" (United States Court of Appeals, District of Columbia Circuit, *Termorio S.A. E.S.P. and LeaseCo Group, LLC, v. Electranta S.P.*, et al. 487 F.3d 928 (2007)).

[794] Para uma lista temática de julgados internacionais sobre variados temas da Convenção de Nova York vide sítio da própria Convenção em: http://www.newyorkconvention.org/court+decisions/decisions+per+topic. Acesso em: 6 mar. 2020.

[795] "Article 1.520. Le recours en annulation n'est ouvert que si : 1º Le tribunal arbitral s'est déclaré à tort compétent ou incompétent; ou 2º Le tribunal arbitral a été irrégulièrement constitué; ou 3º Le tribunal arbitral a statué sans se conformer à la mission qui lui avait

Assim, e considerando que é princípio fundamental da Convenção de Nova York o de que as regras dela constantes não "privarão qualquer parte interessada de qualquer direito que ela possa ter de valer-se de uma sentença arbitral da maneira e na medida permitidas pela lei ou pelos tratados do país em que a sentença é invocada" (art. VII (1) da Convenção), a *Cour de Cassation* francesa tem prestigiado a regra mais favorável da legislação francesa.[796]

été confiée; ou 4º Le principe de la contradiction n'a pas été respecté; ou 5º La reconnaissance ou l'exécution de la sentence est contraire à l'ordre public international" (Disponível em: https://www.legifrance.gouv.fr/. Acesso em: 6 mar. 2020). Sobre a homologação de sentenças arbitrais estrangeiras na França vide: TRAIN, François-Xavier. Reconnaissance et Exécution Des Sentences Arbitrales Étrangères: Le Droit Français Au Prisme de La Convention de New York. *Revue Internationale de Droit Comparé*, v. 66, n. 2, p. 249-282, 2014.

[796] Nesse sentido: "Attendu, ensuite, que c'est à juste titre que l'arrêt attaqué décide qu'en application de l'article 7 de la convention de New-York du 10 janvier 1958, la société OTV était fondée à se prévaloir des règles françaises relatives à la reconnaissance et à l'exécution des sentences rendues à l'étranger en matière d'arbitrage international et notamment de l'article 1502 du nouveau Code de procédure civile qui ne retient pas, au nombre des cas de refus de reconnaissance et d'exécution, celui prévu par l'article 5 de la Convention de 1958 ; Attendu, enfin, que la sentence rendue en Suisse était une sentence internationale qui n'était pas intégrée dans l'ordre juridique de cet Etat, de sorte que son existence demeurait établie malgré son annulation et que sa reconnaissance en France n'était pas contraire à l'ordre public international" (*Cour de Cassation, Chambre Civile 1, n. de pourvoi: 92-15137, 23.03.1994*). Confira-se o resumo do caso no *site* da Convenção de Nova York: "A French company (Omnium de Traitement et de Valorisation - OTV) entrusted an English company (Hilmarton) with the task of providing advise and coordination for a bid to obtain and perform a contract for works in Algeria. Hilmarton relied on the International Chamber of Commerce (ICC) arbitration agreement in order to obtain payment of the remaining balance of its fees. The award rendered in Geneva on 19 August 1988 dismissed this claim. The award was declared enforceable in France even though it had been set aside in Switzerland. Hilmarton challenged the decision of the Cour d'appel de Paris (Paris Court of Appeal) which upheld the enforcement order. It contended that, pursuant to Article V(1)(e) NYC, the recognition and enforcement should have been refused since it has been set aside in Switzerland. It argued further that the Cour d'appel de Paris also violated Articles 1498 and 1502 5º of the Code of Civil Procedure by granting effect to an award which had no legal existence since it had been set aside. The Cour de cassation (Supreme Court) affirmed the decision of the Cour d'appel de Paris and dismissed the action. Pursuant to Article VII NYC, it found that the Cour d'appel de Paris rightly held that OTV could avail itself of French rules pertaining to the recognition and enforcement of foreign awards in international arbitration and notably Article 1502 of the Code of Civil Procedure, which does not include the same ground for refusal of recognition and enforcement of awards as set forth in Article V(1)(e) NYC. The Cour de cassation added that the award rendered in Switzerland was an international award which was not integrated into the legal order of that State and therefore continues to exist notwithstanding the notion that it had been set aside and its recognition in France was not contrary to international public policy" (Disponível em: http://newyorkconvention1958.org/index.php?lvl=notice_display&id=140. Acesso em: 6 mar. 2020). Vide, também sobre o assunto, o caso Putrabali: "Mais attendu que la sentence internationale, qui n'est rattachée à aucun ordre juridique étatique, est une décision de justice internationale dont la régularité est

Remanesce, no entanto, dúvida a respeito de qual entendimento que deve predominar no Brasil, já que a Convenção de Nova York não foi redigida, na origem, em português. Segundo Vera Cecília Monteiro de Barros, deve prevalecer no país a orientação que defende a obrigatoriedade de rejeição de homologação de sentença arbitral estrangeira, nos casos indicados no art. V da Convenção de Nova York e também nos arts. 38 e 39 da Lei de Arbitragem. A "referida solução", diz a jurista, "parece de fato a mais adequada, uma vez que o sistema instituído pela Convenção de Nova Iorque busca assegurar a coordenação internacional sobre o controle da sentença arbitral, com regras uniformes para o seu reconhecimento".[797]

2. Hipóteses de recusa do art. 38 da Lei de Arbitragem pelo prisma do art. V(1) da Convenção de Nova York

O art. 38 da Lei prevê seis hipóteses para a recusa da homologação de sentença arbitral estrangeira, ao passo que o art. V(1) da Convenção de Nova York (Decreto 4.311/2002) enuncia apenas cinco. A diferença numérica encontra explicação no fato de que a alínea *a* do art. V(1) da Convenção de Nova York engloba os incisos I e II do art. 38 da Lei de Arbitragem, conforme se vê da tabela comparativa a seguir:

Art. 38 da Lei de Arbitragem:	Art. V(1) da Convenção de Nova York:
"Somente poderá ser negada a homologação para o reconhecimento ou execução de sentença arbitral estrangeira, quando o réu demonstrar que:	"1. O reconhecimento e a execução de uma sentença poderão ser indeferidos, a pedido da parte contra a qual ela é invocada, unicamente se esta parte fornecer, à autoridade competente onde se tenciona o reconhecimento e a execução, prova de que:
I - as partes na convenção de arbitragem eram *incapazes*; II - a *convenção de arbitragem* não era *válida segundo a lei à qual as partes a submeteram, ou, na falta de indicação*, em virtude da lei do país onde a sentença arbitral foi proferida;	a) as partes do acordo a que se refere o Artigo II estavam, em conformidade com a lei a elas aplicável, de algum modo *incapacitadas*, ou que tal *acordo* não é *válido nos termos da lei à qual as partes o submeteram, ou, na ausência de indicação* sobre a matéria, nos termos da lei do país onde a sentença foi proferida

examinée au regard des règles applicables dans le pays où sa reconnaissance et son exécution sont demandées; qu'en application de l'article VII de la Convention de New York du 10 janvier 1958, la société Rena Holding était recevable à présenter en France la sentence rendue à Londres le 10 avril 2001 conformément à la convention d'arbitrage et au règlement de l'IGPA, et fondée à se prévaloir des dispositions du droit français de l'arbitrage international, qui ne prévoit pas l'annulation de la sentence dans son pays d'origine comme cause de refus de reconnaissance et d'exécution de la sentence rendue à l'étranger" (Cour de Cassation, Chambre Civil 1, n. de pourvoi: 05-18053, 29.06.2007).

[797] BARROS, Vera Cecília Monteiro de. *Exceção da ordem pública na homologação de sentença arbitral estrangeira no Brasil*. São Paulo: Quartier Latin, 2017. p. 94.

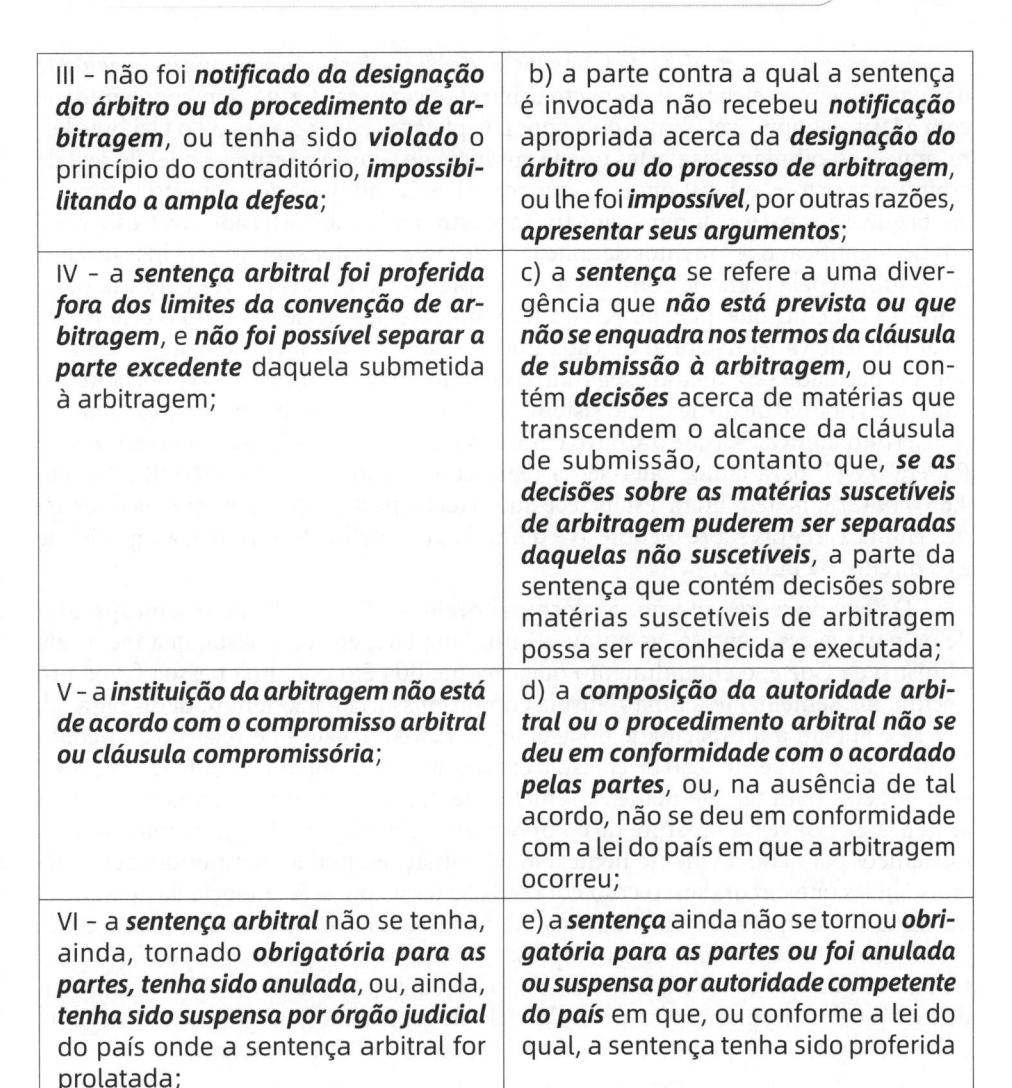

III – não foi *notificado da designação do árbitro ou do procedimento de arbitragem*, ou tenha sido *violado* o princípio do contraditório, *impossibilitando a ampla defesa*;	b) a parte contra a qual a sentença é invocada não recebeu *notificação* apropriada acerca da *designação do árbitro ou do processo de arbitragem*, ou lhe foi *impossível*, por outras razões, *apresentar seus argumentos*;
IV – a *sentença arbitral foi proferida fora dos limites da convenção de arbitragem*, e *não foi possível separar a parte excedente* daquela submetida à arbitragem;	c) a *sentença* se refere a uma divergência que *não está prevista ou que não se enquadra nos termos da cláusula de submissão à arbitragem*, ou contém *decisões* acerca de matérias que transcendem o alcance da cláusula de submissão, contanto que, *se as decisões sobre as matérias suscetíveis de arbitragem puderem ser separadas daquelas não suscetíveis*, a parte da sentença que contém decisões sobre matérias suscetíveis de arbitragem possa ser reconhecida e executada;
V – a *instituição da arbitragem não está de acordo com o compromisso arbitral ou cláusula compromissória*;	d) a *composição da autoridade arbitral ou o procedimento arbitral não se deu em conformidade com o acordado pelas partes*, ou, na ausência de tal acordo, não se deu em conformidade com a lei do país em que a arbitragem ocorreu;
VI – a *sentença arbitral* não se tenha, ainda, tornado *obrigatória para as partes, tenha sido anulada*, ou, ainda, *tenha sido suspensa por órgão judicial* do país onde a sentença arbitral for prolatada;	e) a *sentença* ainda não se tornou *obrigatória para as partes ou foi anulada ou suspensa por autoridade competente do país* em que, ou conforme a lei do qual, a sentença tenha sido proferida

Como se vê, os motivos que autorizam o indeferimento do pedido de homologação de sentença arbitral estrangeira, tanto na lei brasileira, como na Convenção de Nova York, são muitíssimo semelhantes, para não dizer idênticos. Não há, por isso mesmo, qualquer razão para se invocar o princípio da máxima eficácia prevista no art. VII da Convenção de Nova York, tal como tem sido feito pelos tribunais judiciários franceses.

2.1. As partes na convenção de arbitragem eram incapazes (inciso I do art. 38 da Lei de Arbitragem e alínea *a* do art. V[1] da Convenção de Nova York)

O tema de fundo, aqui, já foi objeto de análise nos comentários feitos aos arts. 1º e 32 da Lei de Arbitragem.

Com efeito, o primeiro vício que autoriza a rejeição da homologação da sentença arbitral estrangeira é, precisamente, a eventual incapacidade das partes que tenham celebrado a convenção de arbitragem (art. 38, I).

Em especial, o art. V(1) da Convenção de Nova York enuncia que a capacidade das partes para a celebração do pacto arbitral deverá ser aferida "em conformidade com a lei a elas aplicável". Entende-se por lei aplicável, a teor do art. 38 da lei brasileira, aquela escolhida pelas partes ou, na ausência de acordo a respeito, a lei de *seat* da arbitragem (isto é, o local onde a sentença foi prolatada). Carlos Alberto Carmona anota que "se as partes, porém, nada tiverem estipulado sobre a lei aplicável, caberá ao árbitro identificar os elementos de conexão relevantes – o que sempre gera insegurança –, decidindo pela regra de conflitos a ser empregada no caso concreto. Assim, pode o árbitro concluir que, pela lei de conflitos aplicável à espécie, incidirá o critério da nacionalidade (a lei nacional de cada litigante identificará a capacidade), ou então que a capacidade será medida segundo o critério do domicílio. Caberá, portanto, ao Superior Tribunal de Justiça, pelo sistema de delibação, aferir apenas e tão somente se, pela lei de qualificações que o árbitro empregou, as partes são efetivamente capazes".[798] Poderá o STJ, para tanto, valer-se da regra contida no art. 7º da LINDB (Decreto 4.657/1942), cujo teor literal estabelece que "a lei do país em que domiciliada a pessoa determina as regras sobre o começo e o fim da personalidade, o nome, a capacidade e os direitos de família".

Defeito de representação, conforme já decidiu o STJ, equipara-se à incapacidade da parte. Nesse sentido, assentou o Min. Luiz Fux, em voto-vista, quando ainda Ministro da Corte, o entendimento que, "na medida em que uma pessoa firma um documento semelhante a uma cláusula compromissória e não tem poderes para tal, isso se equipara à incapacidade do agente"[799]. É, assim, causa de rejeição ao pedido homologatório a celebração de cláusula compromissória por empregado da empresa, sem poderes para tal. De maneira semelhante, há de se recusar a homologação da sentença, se houve a assinatura de compromisso arbitral por advogado, sem poderes específicos para isso. Evidentemente, em tais situações, poderá ser aferido, pelas circunstâncias que circundam o caso concreto, se teria aplicação a teoria da aparência, ou ainda se o empregado (ou o advogado) expressou, na assinatura da convenção de arbitragem, a efetiva vontade da empresa, ainda que sem poderes específicos para tanto. Mais do que isso, se a empresa compareceu regularmente na arbitragem, sem deduzir qualquer objeção a respeito do vício de representação, não poderá alegá-lo, oportunisticamente, quando deflagrado o processo de homologação.

A Lei Modelo da UNCITRAL prevê idêntica hipótese de recusa da sentença arbitral estrangeira em seu art.36 (1) (a) (i).[800]

---

[798] CARMONA, Carlos Alberto. *Arbitragem e processo*: um comentário à Lei 9.307/96. 3. ed. São Paulo: Atlas, 2009. p. 467.

[799] STJ, Corte Especial, SEC 866/GB, Rel. Min. Felix Fischer, *DJ* 16.10.2006.

[800] "Artigo 36º Fundamentos de recusa do reconhecimento ou da execução (1) O reconhecimento ou a execução de uma sentença arbitral, independentemente do país em que tenha sido proferida, só pode ser recusado: (a) A pedido da parte contra a qual foi invocado, se essa parte fornecer ao tribunal estatal competente ao qual foi pedido o reconhecimento ou a execução, prova de que: (i) Uma parte da convenção de arbitragem referida no artigo 7.º era incapaz (...)" (Disponível em: http://cbar.org.br/site/wp-content/uploads/2018/04/model-law-portugues.pdf. Acesso em: 7 mar. 2020).

2.2. A convenção de arbitragem não era válida segundo a lei à qual as partes a submeteram, ou, na falta de indicação, em virtude da lei do país onde a sentença arbitral foi proferida (inciso II do art. 38 da Lei de Arbitragem e alínea *a* do art. V[1] da Convenção de Nova York)[801]

Também deverá ser recusada homologação à sentença arbitral estrangeira se inválida a convenção de arbitragem, à luz da legislação indicada pelas partes, ou, na ausência de acordo a respeito, da lei do país onde a sentença arbitral foi proferida, tudo nos precisos termos do inciso II do art. 38.[802]

A alegação de inexistência de cláusula arbitral, em virtude da ausência de acordo escrito, deverá ser analisada na forma do art. II da Convenção de Nova York.[803] Vale

---

[801] A Lei Modelo da UNCITRAL prevê a mesma hipótese de recusa de reconhecimento da sentença arbitral estrangeira na segunda parte de seu art. 36 (1) (a) (I), ao enunciar que "a convenção de arbitragem não é válida nos termos da lei a que as partes a tenham subordinado ou, na falta de qualquer indicação a este respeito, nos termos da lei do presente Estado".

[802] Vide os comentários aos arts. 4°, 10, 20 e 32 da Lei.

[803] "Artigo II - 1. Cada Estado signatário deverá reconhecer o acordo escrito pelo qual as partes se comprometem a submeter à arbitragem todas as divergências que tenham surgido ou que possam vir a surgir entre si no que diz respeito a um relacionamento jurídico definido, seja ele contratual ou não, com relação a uma matéria passível de solução mediante arbitragem. 2. Entender-se-á por 'acordo escrito' uma cláusula arbitral inserida em contrato ou acordo de arbitragem, firmado pelas partes ou contido em troca de cartas ou telegramas. 3. O tribunal de um Estado signatário, quando de posse de ação sobre matéria com relação à qual as partes tenham estabelecido acordo nos termos do presente artigo, a pedido de uma delas, encaminhará as partes à arbitragem, a menos que constate que tal acordo é nulo e sem efeitos, inoperante ou inexequível". A respeito do tema, veja-se trecho do seguinte precedente do STJ, que considerou válida cláusula compromissória firmada pelas partes: "(...) Some-se a isso o fato de que o STJ entende que, se a convenção de arbitragem foi validamente instituída, se não feriu a lei à qual as partes a submeteram (art. 38, II, da Lei n. 9.307/1996) e se foi aceita pelos contratantes mediante a assinatura do contrato (e-STJ, fls. 865, 867, 869 e 871, item 12), não se pode questionar, em sede de homologação da sentença arbitral resultante desse acordo, aspectos específicos da natureza contratual subjacente à sentença homologanda (AgRg na SEC n. 854/GB, Corte Especial, relatora para o acórdão Ministra Nancy Andrighi, *DJe* de 14.04.2011). Portanto, esse requisito foi atendido, não constituindo motivo impeditivo da homologação" (STJ, SEC 4.213/EX, Corte Especial, Rel. Min. João Otávio Noronha, *DJe* 19.03.2013). Em sentido semelhante, também julgado pelo STJ: "Outrossim, para o eficaz deslinde da questão, é primordial verificar a efetiva celebração de convenção de arbitragem entre as partes, com o fito de aferir a competência do juízo arbitral, requisito indispensável à homologação da sentença estrangeira (art. 5°, inciso I, da Resolução n° 9/2005 do STJ). *In casu*, consoante se depreende da análise do contrato celebrado entre as partes (documentos de fls. 12 e 13), resta induvidosa a pactuação da convenção de arbitragem, mais especificamente da cláusula compromissória. Com efeito, a última cláusula do 'Contrato de Compra e Venda n° CAV - A21' (fls. 13), assim dispõe: 'Arbitragem: de acordo com as regras da LIVERPOOL Cotton Association e de acordo com as leis'. Ora, a simples leitura da cláusula acima denota a intenção dos contratantes de submeter qualquer divergência

mencionar, a esse propósito, que o STJ, no julgamento da SEC 856, em 2005, admitiu como existente, válida e eficácia cláusula compromissória tácita. Ali, no entanto, teve importância decisiva no julgamento o fato de ter a requerida participado regularmente do procedimento arbitral, com a apresentação de defesa, sem suscitar, oportunamente, a ausência de cláusula compromissória.[804]

Muito diferente, todavia, é a situação em que, deflagrado o procedimento arbitral, a parte requerida invoca a preliminar de ausência de jurisdição do Tribunal Arbitral, por não ter havido a pactuação de cláusula arbitral entre os litigantes. É firme o posicionamento do STJ, neste particular, no sentido de que a homologação da sentença arbitral deve ser rejeitada.[805]

2.3. Não foi notificado da designação do árbitro ou do procedimento de arbitragem, ou tenha sido violado o princípio do contraditório, impossibilitando a ampla defesa (inciso III do art. 38 da Lei de Arbitragem e alínea *b* do art. V[1] da Convenção de Nova York)

O art. 38, III, da Lei dispõe sobre a rejeição da homologação da sentença arbitral estrangeira quando ficar evidenciado que o requerido não foi notificado a respeito da nomeação do árbitro (ou do Tribunal Arbitral) ou da existência de procedimento de

---

relativa ao cumprimento do contrato ao Tribunal Arbitral. Na verdade, o requerido, ao longo de sua contestação, discorre sobre a diferenciação entre cláusula compromissória e compromisso arbitral, sustentando que no caso concreto, apesar de firmada uma cláusula compromissória, não teria sido convencionado o compromisso arbitral, motivo pelo qual a controvérsia não poderia ser dirimida por um juízo arbitral" (STJ, Corte Especial, SEC 1.210, Rel. Min. Fernando Gonçalves, *DJ* 06.08.2007).

[804] A propósito: "Se o contrato foi parcialmente cumprido, se dos autos consta a indicação precisa de que a parte requerida efetivamente manifestou defesa sobre o mérito da controvérsia, sem impugnar a instauração do Juízo arbitral, não me parece razoável acatar a impugnação apresentada na contestação. Ademais, se a empresa requerida, tomando conhecimento da instauração do Juízo arbitral, não apresentou impugnação sobre a ausência da convenção arbitral, mas, ao contrário, apresentou sua defesa, não se pode negar que houve o reconhecimento da cláusula arbitral" (STJ, Corte Especial, SEC 856/GB, Rel. Min. Carlos Alberto Menezes Direito, *DJ* 27.06.2005).

[805] Nesse sentido: "Sentença arbitral estrangeira. Controle judicial. Impossibilidade de apreciação do mérito. Inexistência de cláusula compromissória. Incompetência do juízo arbitral. Ofensa à ordem pública nacional. I – O controle judicial da sentença arbitral estrangeira está limitado a aspectos de ordem formal, não podendo ser apreciado o mérito do arbitramento. II – Não há nos autos elementos seguros que comprovem a aceitação de cláusula compromissória por parte da requerida. III – A decisão homologanda ofende a ordem pública nacional, uma vez que o reconhecimento da competência do juízo arbitral depende da existência de convenção de arbitragem (art. 37, II, c/c art. 39, II, da Lei nº 9.307/96). Precedente do c. Supremo Tribunal Federal. IV – *In casu*, a requerida apresentou defesa no juízo arbitral alegando, preliminarmente, a incompetência daquela instituição, de modo que não se pode ter como aceita a convenção de arbitragem, ainda que tacitamente. Homologação indeferida" (STJ, SEC 866/GB, Corte Especial, Rel. Min. Feliz Fischer, *DJ* 16.10.2006).

arbitragem, ou, ainda, caso fique caracterizada ofensa ao princípio do contraditório, impossibilitando o exercício da ampla defesa.[806]

O aludido inciso tem por objetivo assegurar que nenhuma sentença arbitral será válida no Brasil, mesmo as estrangeiras, caso incorra o árbitro em desrespeito ao princípio do contraditório e cerceamento de defesa de qualquer das partes.[807]

O contraditório e a ampla defesa, mais do que princípios cogentes para o procedimento arbitral, são princípios constitucionais consagrados no art. 5º, LV, da Constituição Federal. É garantia mínima conferida às partes de que, se optarem por submeter seus litígios a um juízo arbitral, poderão deduzir extensivamente os seus argumentos e produzir as provas necessárias a demonstrar a verdade de suas alegações. Assumem especial relevância no campo da arbitragem, uma vez que nela não há segundo grau de jurisdição, de modo que a sentença é final e terminativa da disputa, não cabendo recurso à instância superior. A violação ao contraditório, a impossibilitar o exercício da ampla defesa pela parte, importa em ofensa à própria ordem pública, nos termos do art. 39, II, da Lei de Arbitragem e, também, do art. V(2) *b* da Convenção de Nova York. Significa dizer que, a depender da gravidade do vício,[808] o STJ fica autorizado a rejeitar *ex officio* a homologação da sentença arbitral estrangeira. É o que deve fazer a

---

[806] A Lei Modelo da UNCITRAL prevê a mesma hipótese de recusa de reconhecimento da sentença arbitral estrangeira em seu art. 36 (1) (a) (II): "A parte, contra a qual a sentença é invocada, não foi devidamente informada da nomeação de um árbitro ou do procedimento arbitral, ou que lhe foi impossível fazer valer os seus direitos por qualquer outra razão" (Disponível em: http://www.cbar.org.br/leis_intern_arquivos/Lei_Modelo_Uncitral_traduzida_e_revisada_versao_final.pdf. Acesso em: 9 mar. 2020).

[807] Vide, a respeito dos referidos princípios do contraditório e da ampla defesa, os comentários ao art. 21, § 2º, da Lei.

[808] É muito diferente a total e completa ausência de notificação da requerida, para que tenha ciência da instauração do procedimento arbitral, da não produção de uma prova, no curso do procedimento arbitral, em que outras provas foram produzidas e a parte apresentou as suas razões. Exatamente por isso é que o STJ já teve a oportunidade de dizer, em um caso específico, que, não tendo havido, oportunamente, qualquer objeção pela parte quanto ao alegado cerceamento de defesa, não poderá o argumento ser deduzido no processo de homologação da sentença. Nesse sentido: "Sentença arbitral estrangeira. Homologação. Regularidade do procedimento arbitral. Art. 38 da Lei 9.307/96. Convenção de Nova Iorque, art. V. Compromisso arbitral e constituição de advogado: observância das normas de procedimento aplicáveis à espécie. 1. A lei aplicável para disciplinar a representação das partes no procedimento arbitral, bem como a forma como podem manifestar seu ingresso no referido procedimento, é a lei a que as partes se submeteram ou, na falta dela, à do país onde a sentença arbitral foi proferida, cumprindo à parte demandada o ônus de demonstrar a violação a esses preceitos normativos. É o que dispõem a Lei 9.307/96 (art. 38, II) e a Convenção de Nova Iorque (art. V, 1, a). Não demonstrou a requerida, no caso, qualquer violação nesse sentido, não tendo havido, no momento oportuno previsto na lei de regência, qualquer alegação de irregularidade no procedimento arbitral, seja quanto à sua representação, seja quanto à forma de sua intervenção, seja quanto ao exercício do contraditório e da defesa. 2. Pedido de homologação deferido" (STJ, SEC 3.709/EX, Corte Especial, Rel. Min. Teoria Albino Zavascki, *DJe* 29.06.2012).

Corte, por exemplo, se a própria sentença arbitral reconhecer que não houve a notificação da parte requerida a respeito do pedido de instauração do procedimento arbitral.

A notificação válida, para que a parte tenha conhecimento da arbitragem e possa participar da formação do Tribunal Arbitral (ou, ao menos, para que tenha ciência da nomeação do árbitro, se for o caso), é requisito formal essencial para o reconhecimento da sentença estrangeira. O STJ considera lícita a intimação por via postal, em procedimentos arbitrais no estrangeiro.[809] Tem a Corte Especial admitido como eficaz, igualmente, a notificação enviada para o endereço da empresa onde a parte requerida trabalha.[810]

---

[809] Nesse sentido: STJ, Corte Especial, SEC 12.041/EX, Rel. Min. Humberto Martins, DJe 16.12.2016; STJ, Corte Especial, SEC 9.820/EX, Rel. Min. Humberto Martins, DJe 26.10.2016; e STJ, Corte Especial, SEC 11.106, Rel. Min. Herman Benjamin, DJe 21.06.2017.

[810] "Direito internacional. Processual civil. Sentença estrangeira contestada. Pleito de homologação. Inadimplemento de contrato. Sentença arbitral estrangeira. Irregularidades formais. Ausência. Possibilidade. Precedente. Competência do tribunal arbitral. Definido por eleição em contrato pelas partes, com atenção à convenção arbitral. Não verificada violação dos arts. 34, 37, 38 e 39 da Lei n. 9.307/96. Presença dos requisitos de homologação. 1. Cuida-se de pedido de homologação de sentença arbitral, proferida no estrangeiro, que versa sobre inadimplemento de contrato comercial firmado entre associação esportiva estrangeira e jogador de futebol brasileiro. 2. A sentença estrangeira de que se cuida preenche adequadamente os requisitos estabelecidos nos arts. 3º, 4º, 5º e 6º da Resolução n. 9/2005, desta Corte Superior de Justiça, bem como no art. 15 da Lei de Introdução às Normas do Direito Brasileiro (LINDB) e disposições pertinentes da Lei de Arbitragem (arts. 34, 37, 38 e 39). 3. Verifica-se que a sentença arbitral estrangeira, embora se trate de provimento não judicial, apresenta natureza de título executivo judicial, sendo passível de homologação (art. 4º, § 1º, da Resolução n. 9/2005, do STJ). 4. A regularidade formal encontra-se atendida, uma vez que presente nos autos a documentação exigida pelas normas de regência. 5. O requerido, em sua contestação, insurge-se, ainda, contra suposta ausência de citação e falta de "trânsito em julgado" da sentença arbitral que se pretende homologar. Sem razão, no entanto. É fato incontroverso que, em 2011, o requerido atuava no Fluminense e que as notificações se deram no órgão empregador, constando informação comprovada quanto à sua recusa a receber a notificação. As informações dos autos denotam que não houve violação do contraditório ou ampla defesa, pois o requerido tomou conhecimento do procedimento arbitral no Tribunal do CAS. Precedente. 6. O ato que materializa o "trânsito em julgado", no caso do procedimento arbitral estrangeiro sub examinem, consta dos autos. 7. Não houve violação da ordem pública, na medida em que: i) pacificou-se no STJ o entendimento de que são legítimos os contratos celebrados em moeda estrangeira, desde que o pagamento se efetive pela conversão em moeda nacional; e ii) embora a matéria de fundo trate de direito individual trabalhista, foram discutidas, no procedimento de arbitragem, questões meramente patrimoniais que decorreram da rescisão antecipada do contrato de trabalho pelo requerido, o que resultou na aplicação da multa rescisória. Em outras palavras, não houve abdicação a direito laboral (indisponível), mas apenas aplicação de multa rescisória, constante de cláusula prevista no contrato, o que autorizou a utilização da arbitragem. Não houve, também, ofensa à previsão constante da Lei n. 9.605/98, pois não se apreciou matéria referente à disciplina e competição desportiva. 8. Pedido de homologação deferido"

Conforme assentado pela *United States Court of Appeals, Second Circuit*, em *Parsons & Whittemore Overseas Co., Inc. v. Societe Generale De L'Industrie Du Papier (RAKTA)*, julgado em 1974, a notificação válida (*proper notice*) corrobora, em sua essência, a aplicação dos padrões do foro estatal de devido processo legal.[811]

2.4. A sentença arbitral foi proferida fora dos limites da convenção de arbitragem, e não foi possível separar a parte excedente daquela submetida à arbitragem (inciso IV do art. 38 da Lei de Arbitragem e alínea *c* do art. V[1] da Convenção de Nova York)[812]

Reza a lei brasileira, em linha com o disposto na Convenção de Nova York, que a homologação da sentença arbitral estrangeira deverá ser rejeitada, se o *decisum* tiver sido proferido em dissonância com os limites fixados pela convenção de arbitragem e se não for possível separar a parte excedente daquela submetida à arbitragem.

Isso se dá porque, enquanto no âmbito do Poder Judiciário a competência do magistrado é delimitada pelas leis e pela Constituição, a jurisdição arbitral deve respeitar os limites subjetivos e objetivos definidos na convenção de arbitragem. É da cláusula arbitral, e nos limites dela, que os árbitros extraem a sua jurisdição sobre a disputa. Assim é que, ao extrapolar os limites fixados pela cláusula compromissória (ou compromisso arbitral, se for o caso), falece ao árbitro a própria jurisdição. A decisão, em tais circunstâncias, é um nada jurídico. Inexiste juridicamente. Daí a impossibilidade de se obter a sua homologação, reconhecimento e execução no Brasil.

(STJ, SEC 11.529/EX, Corte Especial, Rel. Min. Og Fernandes, *DJe* 02.02.2015). No direito estrangeiro, merece comentário o seguinte precedente, prolatado por Corte Distrital dos EUA: "(...) Companies and individuals interrelated with buyer of pig iron implicitly received proper notice and opportunity to be heard regarding arbitration proceedings against buyer before International Chamber of Commerce, and therefore they could not claim under New York Convention on Recognition and Enforcement of Foreign Arbitral Awards that foreign arbitration award against buyer was not enforceable against them as alter egos on basis that forum's standards of due process had not been met, where those companies and individuals exercised control over buyer sufficient to pierce corporate veil, and buyer received proper notice and opportunity to be heard regarding arbitration. U.S. Const. Amend. 5; 9 U.S.C.A. § 201 et seq.; Convention on the Recognition and Enforcement of Foreign Arbitral Awards, 21 U.S.T. 251 (...)" (United States District Court, S.D. New York., *CBF Indústria de Gusa S/A, Da Terra Siderúrgica Ltda., Fermugar – Ferro Gusa do Maranhão Ltda., Ferguminas Siderúrgica Ltda., Gusa Nordeste S/A, Sidepar – Siderúrgica do Pará S/A, Siderúrgica União S/A, v. AMCI Holdings, Inc. American Metals & Coal International, Inc., K-M Investment Corporation, Prime Carbon GmbH, Primetrade, Inc.,* Hans Mende, Fritz Kundrun, 316 F.Sup.3d 635 (2018)).

[811] "Provision of the United Nations Convention on the Recognition and Enforcement of Foreign Arbitral Awards authorizing denial of enforcement of such an award if the defendant can prove that he was 'not given proper notice or was otherwise unable to present his case' essentially sanctions the application of the forum state's standards of due process" (United States Court of Appeals, Second Circuit. *Parsons & Whittemore Overseas CO., INC., v. Societe Generale de L'industrie du Papier (Rakta), and Bank of America*, 508 F.2d 969 (1974)).

[812] Vide os comentários ao art. 32, IV, da Lei.

Como é intuitivo, se for possível separar os capítulos da sentença, ou ao menos as conclusões constantes da parte dispositiva, para salvar a parte que tenha respeitado o pacto arbitral, caberá ao STJ homologar parcialmente a sentença, de modo a preservar a parcela válida e eliminar o excedente.[813] É o que se extrai da inteligência do art. 38, IV, da Lei de Arbitragem, do art. V(1) *c* da Convenção de Nova York e do art. 216-A, § 2º, do Regimento Interno do STJ.[814]

Cabe observar, nada obstante, que o Colendo STJ já teve a oportunidade de enfatizar que, muito embora seja possível a homologação parcial da sentença arbitral estrangeira, é inviável a homologação de parte de um capítulo da sentença, sob pena de se promover, "por via transversa, a modificação do próprio mérito da sentença estrangeira, conferindo-se ao contrato uma nova exegese, diferente daquela dada pelo Tribunal Arbitral".[815] Na ocasião, entendeu a Corte Especial, por maioria de votos, na forma do voto vencedor da Ministra Nancy Andrighi, que a "condenação, composta de um valor principal, acrescido de correção monetária e variação cambial, compreende

---

[813] Conforme leciona Carlos Alberto Carmona, trata-se de verdadeiro dépeçage da decisão arbitral forasteira. Diz o ilustre arbitralista: "ao examinar o laudo, será destacado o conteúdo da decisão que exorbite da competência do tribunal arbitral, concedendo-se oficialização parcial à decisão (ou seja, dá-se o *exequatur* parcial)" (CARMONA, Carlos Alberto. *Arbitragem e processo*: um comentário à Lei 9.307/96. 3. ed. São Paulo: Atlas, 2009. p. 472).

[814] RISTJ: "Art. 216-A. É atribuição do Presidente do Tribunal homologar decisão estrangeira, ressalvado o disposto no art. 216-K. (Redação dada pela Emenda Regimental n. 24, de 2016). § 1º Serão homologados os provimentos não judiciais que, pela lei brasileira, tiverem natureza de sentença. § 2º As decisões estrangeiras poderão ser homologadas parcialmente".

[815] Colhem-se do voto da Min. Nancy Andrighi as seguintes e expressivas passagens: "(...) A condenação, composta de um valor principal, acrescido de correção monetária e variação cambial, compreende um único capítulo de mérito da sentença, não sendo passível de desmembramento para efeitos de homologação. Como bem anota Cândido Rangel Dinamarco, 'a autonomia absoluta [da sentença] só se dá entre capítulos de mérito' (*Capítulos de sentença*, 2. ed. São Paulo: Malheiros, 2006, p. 34). Dessarte, como cada débito principal e o seu reajuste compõem um capítulo incindível da sentença, eventual irregularidade maculará integralmente a condenação, inviabilizando a sua homologação como um todo. Do contrário, estar-se-ia admitindo, por via transversa, a modificação do próprio mérito da sentença estrangeira, conferindo-se ao contrato uma nova exegese, diferente daquela dada pelo Tribunal Arbitral. Portanto, tomando por verdadeira a premissa de que a cumulação de variação cambial com correção monetária ofende a ordem pública nacional, os capítulos da sentença em que esse procedimento foi adotado não devem ser homologados. Forte nessas razões, peço vênia para divergir do voto do i. Min. Relator, homologando parcialmente a sentença estrangeira arbitral, excluindo as condenações em Dólar norte-americano em que tenha sido determinada, cumulativamente, a sua conversão em Reais na data do efetivo pagamento e a incidência de correção monetária" (STJ, SEC 2.410/EX, Corte Especial, Rel. Min. p/ acórdão Nancy Andrighi, *DJe* 18.12.2013). É relativamente comum a homologação parcial de sentenças arbitrais estrangeiras pelo STJ. Veja-se, entre outros: STJ, Corte Especial, SEC 14.385/EX, Rel. Min. Nancy Andrighi, *DJe* 21.08.2018; STJ, Corte Especial, SEC 12.781/EX, Rel. Min. João Otávio de Noronha, *DJe* 07.06.2017.

um único capítulo de mérito da sentença"[816] não seria "passível de desmembramento para efeitos de homologação",[817] de sorte que, "como cada débito principal e o seu reajuste compõem um capítulo incindível da sentença, eventual irregularidade",[818] isso macularia "integralmente a condenação, inviabilizando a sua homologação como um todo".[819]

A Lei Modelo da UNCITRAL prevê, de forma muito semelhante ao art. 38, IV, da lei brasileira, que o reconhecimento da sentença arbitral estrangeira somente poderá ser indeferido caso fique demonstrado que o julgado "tem por objeto uma disputa não referida ou não abrangida pela convenção de arbitragem ou contém decisões sobre matérias que ultrapassam o âmbito da convenção, a menos que a parte da sentença que contém decisões sobre matérias não submetidas à arbitragem possa ser anulada, caso as decisões sobre matérias submetidas à arbitragem possam ser tratadas de forma separada das que o não foram".[820]

2.5. A instituição da arbitragem não está de acordo com o compromisso arbitral ou cláusula compromissória (inciso V do art. 38 da Lei de Arbitragem e alínea *d* do art. V[1] da Convenção de Nova York)

Em conformidade com o art. 38, V, da Lei de Arbitragem, a sentença arbitral estrangeira não poderá ser homologada quando ficar demonstrado que a instituição da arbitragem desrespeitou o compromisso arbitral ou a cláusula compromissória.[821]

A referida causa impeditiva da homologação da sentença arbitral estrangeira pode revelar-se, no plano dos fatos, de várias formas, tais quais: a) instituição da arbitragem de forma distinta daquela convencionada pelas partes (por exemplo, o não atendimento de exigência, constante da convenção de arbitragem, de que a comunicação da parte contrária, quanto à instituição do juízo arbitral, seja feita pessoalmente); b) número de árbitros diverso daquele que ficou convencionado na cláusula arbitral;[822]

---

[816]   Idem.

[817]   Idem.

[818]   Idem.

[819]   Idem.

[820]   Disponível em: http://www.cbar.org.br/leis_intern_arquivos/Lei_Modelo_Uncitral_traduzida_e_revisada_versao_final.pdf. Acesso em: 9 mar. 2020.

[821]   A Lei Modelo da UNCITRAL segue a mesma linha em seu art. 36 (1)(a)(IV): "A constituição do tribunal arbitral ou o procedimento arbitral não estão conformes ao acordo entre as partes, a menos que referido acordo contrarie uma disposição da presente Lei que as partes não possam derrogar, ou que, na falta de tal acordo, não estão conformes à presente Lei" (Disponível em: http://www.cbar.org.br/leis_intern_arquivos/Lei_Modelo_Uncitral_traduzida_e_revisada_versao_final.pdf. Acesso em: 9 mar. 2020).

[822]   O STJ, em certa oportunidade, indeferiu pedido de homologação de sentença arbitral estrangeira que, nos termos convencionados pelas partes, deveria ter sido prolatada por três árbitro e não somente por um. No acórdão, ficou consignado o seguinte: "Em suma: as regras estabelecidas no Offtake Agreement de 1999 foram suplantadas pelas posteriormente determinadas no Termination of Certain Agreements de 2004. Portanto, com razão a parte requerida, quando pugna pelo reconhecimento da incompetência da autoridade arbitral julgadora, já que, conforme a Cláusula 9.1 do Termination of Certain

e c) qualificação dos árbitros em desacordo com as exigências impostas pela cláusula compromissória (como no caso, a título ilustrativo, de nomeação de árbitro sem a formação/experiência profissional em determinada área).

É essencial, na hipótese deste artigo (art. 38, V), que a questão seja ventilada pela parte prejudicada, no curso do procedimento arbitral, na primeira oportunidade que tiver para se manifestar a respeito do tema, sob pena de preclusão, conforme já decidiu o STJ.[823]

O art. 38, V, da Lei de Arbitragem e o art. V[1], *d.* da Convenção de Nova York devem ser interpretados de forma restritiva. Assim, o eventual desrespeito do procedimento estatuído na cláusula compromissória (ou no compromisso arbitral, se for o caso), sem a efetiva ocorrência de prejuízo às partes, não deve impedir a homologação da sentença arbitral estrangeira.

2.6. A sentença arbitral não se tenha, ainda, tornado obrigatória para as partes, tenha sido anulada, ou, ainda, tenha sido suspensa por órgão judicial do país onde a sentença arbitral for prolatada (inciso VI do art. 38 da Lei de Arbitragem e alínea *e* do art. V[1] da Convenção de Nova York)

A sentença arbitral estrangeira terá a homologação rejeitada pelo STJ, ainda, em três situações (art. 38, VI, da Lei de Arbitragem e art. V[1], *e*, da Convenção de Nova York):[824] a) se ainda não se tornou obrigatória para as partes; b) se foi anulada

---

Agreements 'qualquer controvérsia ou ação legal que surja de ou esteja relacionado a este contrato, ou a violação, término ou validade deste, será finalmente decidido por arbitragem de acordo as Regras de Arbitragem da Câmara de Comércio Internacional por três árbitros nomeados, de acordo com tais Regras'. 5. A jurisprudência desta Corte Superior de Justiça é no sentido de que, para homologação de sentença estrangeira, a autoridade (ainda que arbitral) deve ser a competente para o ato, no caso, definida em contrato pelas partes: SEC 11.529/EX, Rel. Min. Og Fernandes, Corte Especial, julgado em 17.12.2014, *DJe* 02.02.2015; SEC 10.658/EX, Rel. Min. Humberto Martins, Corte Especial, julgado em 01.10.2014, *DJe* 16.10.2014; SEC 854/EX, Rel. Min. Massami Uyeda, Rel. p/ Acórdão Ministro Sidnei Beneti, Corte Especial, julgado em 16.10.2013, *DJe* 07.11.2013. 6. No caso em tela, a autoridade arbitral não era competente, pois, de acordo com o distrato, a sentença arbitral deveria ter sido prolatada por três árbitros. 7. Nos termos dos artigos 216-C, 216-D e 216-F do Regimento Interno do STJ e do art. 15 da Lei de Introdução às Normas do Direito Brasileiro, é requisito indispensável à homologação de sentença estrangeira ter sido proferida por autoridade competente" (STJ, SEC 12.236/EX, Corte Especial, Rel. Min. Mauro Campbell Marques, *DJe* 18.12.2015).

[823] STJ, REsp 1.082.498/MT, Quarta Turma, Rel. Min. Luis Felipe Salomão, *DJe* 04.12.2012.

[824] A lei Modelo da UNCITRAL enuncia a mesma hipótese em seu art. 36 (1)(a)(V): "Artigo 36.º Fundamentos de recusa do reconhecimento ou da execução. (1) O reconhecimento ou a execução de uma sentença arbitral, independentemente do país em que tenha sido proferida, só pode ser recusado: (a) A pedido da parte contra a qual foi invocado, se essa parte fornecer ao tribunal estatal competente ao qual foi pedido o reconhecimento ou a execução, prova de que: (...). (v) A sentença arbitral não tenha ainda tornando-se obrigatória para as partes ou tenha sido anulada ou suspensa por um tribunal do país no qual, ou segundo a lei do qual, a sentença tenha sido proferida" (Disponível em: http://www.cbar.org.br/leis_intern_arquivos/Lei_Modelo_Uncitral_traduzida_e_revisada_versao_final.pdf. Acesso em: 9 mar. 2020).

na origem, por órgão competente; ou c) caso tenha sido suspensa por decisão judicial no país onde a sentença arbitral foi prolatada.

Obrigatória[825] é aquela sentença que tem caráter vinculante[826] para as partes e contra a qual não cabe mais recurso, na esfera arbitral. Não será tida por obrigatória, assim, a sentença arbitral estrangeira, se houver previsão de recurso no regulamento de arbitragem da instituição eleita para administrar o conflito. Pendendo recurso arbitral ou o exame de pedido de esclarecimentos, fica obstacularizado o juízo positivo de delibação pelo STJ. Nada obstante, conforme a atenta percepção de Joaquim de Paiva Muniz, "[n]ão se exige que a sentença obtenha qualquer chancela judicial, nem se impede, a princípio, seu reconhecimento pelo fato de existir meio extraordinário de impugnação".[827]

Da mesma forma, é causa impeditiva da homologação, pelo STJ, a suspensão dos efeitos da sentença arbitral em decorrência de provimento cautelar ou antecipatório, no país de origem. Suspenso o comando arbitral, por decisão judicial, o processo de homologação no Brasil fica prejudicado.

Em hipóteses tais, caberá ao STJ extinguir o processo de homologação, sem julgamento do mérito. Superado o motivo impeditivo da homologação, pode o interessado renovar o pedido no STJ, nos termos do art. 40 da Lei de Arbitragem. Admite-se ainda, por economia processual, a suspensão do processo homologatório pelo Ministro Relator, até que se decida a questão no país de origem.[828]

Impede, ainda, o juízo positivo de delibação pelo STJ a anulação da sentença arbitral por órgão judicial competente, no país em que prolatada. Sentença anulada

---

[825] Vera Barros esclarece que existiriam quatro correntes a respeito do alcance da expressão *obrigatória*, constante do inciso V do art. 38, a saber: a) sentença obrigatória seria aquela não mais sujeita a qualquer recurso quanto ao mérito da controvérsia; b) inviabilidade de recurso da sentença na seara arbitral; c) obrigatoriedade como qualidade da decisão que não teve seus efeitos anulados ou suspensos pelo Judiciário; e d) sentença obrigatória seria, apenas, aquela passível de execução forçada pelo credor. Nesse sentido, afirma a jurista que "a primeira delas imprime eficácia às decisões arbitrais não mais sujeitas a qualquer recurso quanto ao mérito da controvérsia (apenas recursos atinentes ao cerne da questão). A segunda corrente entende que a obrigatoriedade se liga à inviabilidade de recurso em sede de arbitragem e que a inexistência ou a impossibilidade de qualquer recurso arbitral torna a sentença obrigatória. A terceira corrente entende que a obrigatoriedade é qualidade da decisão, cujos efeitos não tenham sido anulados ou suspensos pela justiça estatal. E, por fim, a quarta corrente defende que a sentença arbitral somente se torna obrigatória quando passível de execução forçada pelo credor" (BARROS, Vera Cecília Monteiro de. *Exceção da ordem pública na homologação de sentença arbitral estrangeira no Brasil*. São Paulo: Quartier Latin, 2017. p. 114).

[826] CARMONA, Carlos Alberto. *Arbitragem e processo*: um comentário à Lei 9.307/96. 3. ed. São Paulo: Atlas, 2009. p. 473.

[827] MUNIZ, Joaquim de Paiva. *Curso básico de direito arbitral*: teoria e prática. 4. ed. Curitiba: Juruá, 2017. p. 266.

[828] CARMONA, Carlos Alberto. *Arbitragem e processo*: um comentário à Lei 9.307/96. 3. ed. São Paulo: Atlas, 2009. p. 474.

no exterior não tem como ser homologada aqui no Brasil. Releva notar que a mera existência de ação anulatória, sem que exista concessão de decisão liminar suspensiva, não inviabiliza o reconhecimento do *decisum* arbitral forasteira pela Corte Especial.

O STJ, de fato, considera que a pendência de julgamento de ação anulatória, no estrangeiro, não esvai a obrigatoriedade da sentença arbitral, não havendo óbice à sua homologação no Brasil.[829] Todavia, segundo a jurisprudência do STJ, a sentença anulada, por decisão judicial transitada em julgado no país onde foi prolatada, acarreta o indeferimento do procedimento homologatório.[830]

Existe, entretanto, precedente no direito francês que admitiu a homologação de sentença anulada no país de origem, com fulcro no princípio da máxima eficácia da sentença arbitral estrangeira, previsto no art. VII da Convenção de Nova York. Orientou-se a *Cour de Cassation* francesa, na ocasião, no sentido de que não se pode recusar homologação à sentença forasteira, ainda que invalidada no estrangeiro, se o direito nacional não contemplar a hipótese de anulação, admitindo-a como perfeitamente válida e regular.[831]

---

[829] Veja-se o seguinte trecho do julgado: "(...) Pede-se a homologação de sentença arbitral proferida em maio de 2003 e não sujeita a recursos. Não subsiste a necessidade de trânsito em julgado de ação judicial no Uruguai que questiona a arbitragem, especialmente na espécie, em que a ação judicial foi indeferida" (STJ, SEC 894/UY, Corte Especial, Rel. Min. Nancy Andrighi, *DJe* 09.10.2008).

[830] STJ: "(...) 3. A legislação aplicável à matéria Convenção de Nova Iorque, Artigo V(1)(e) do Decreto n. 4.311/2002; Convenção do Panamá, Artigo 5(1)(e) do Decreto n. 1.902/1996; Lei de Arbitragem Brasileira, Artigo 38, inciso VI, da Lei n. 9.307/1996; e Protocolo de Las Leñas, Artigo 20(e) do Decreto n. 2.067/1996, todos internalizados no ordenamento jurídico brasileiro não deixa dúvidas quanto à imprescindibilidade da sentença estrangeira, arbitral ou não, ter transitado em julgado para ser homologada nesta Corte Superior, comungando a doutrina pátria do mesmo entendimento. 4. O Regimento Interno deste Sodalício prevê o atendimento do mencionado requisito para a homologação de sentença estrangeira, arbitral ou não, conforme se depreende do *caput* do artigo 216-D do RI/STJ. 5. O procedimento homologatório não acrescenta eficácia à sentença estrangeira, mas somente libera a eficácia nela contida, internalizando seus efeitos em nosso País, não servindo, pois, a homologação de sentença para retirar vícios ou dar interpretação diversa à decisão de Estado estrangeiro. Precedentes desta Corte Superior e do Supremo Tribunal Federal. 6. Na hipótese sob exame, sendo nulo na Argentina o presente laudo arbitral por causa de decisão judicial prolatada naquele País, com trânsito em julgado devidamente comprovado nos autos, nula é a sentença arbitral no Brasil que, por isso, não pode ser homologada. 7. Pedido de homologação de sentença arbitral estrangeira indeferido" (STJ, SEC 5.782/EX, Corte Especial, Rel. Min. Jorge Mussi, *DJe* 16.12.2015).

[831] "(...) Attendu que, pour reformer ce jugement et retracter l'ordonnance en ce qu'elle avait accorde l'exequatur des chefs iii et iv du dispositif de la sentence arbitrale, l'arret attaque a fait application de la disposition de l'article 5-1, e, de la Convention de New-York, qui a ete ratifiee par l'autriche et par la france, et aux termes de laquelle la reconnaissance et l'execution de la sentence ne seront refusees que si la sentence a ete annulee par une autorite competente du pays dans lequel, ou d'apres la loi duquel la sentence a ete rendue, et a retenu que ces chefs iii et iv du dispositif avaient ete annules par un arret en date du 29 janvier 1982 de la cour d'appel de vienne au motif que le tribunal arbitral, allant a l'encontre de l'article 13 du reglement de la cour d'arbitrage

Em outro caso similar, a *Cour de Cassation* reafirmou a aplicação do art. VII da Convenção de Nova York (que prevê o princípio da máxima eficácia) e consagrou a teoria francesa da deslocalização,[832] por força da qual a sentença de caráter transnacional, verdadeiramente internacional, não estaria integrada à ordem jurídica do Estado em que foi proferida, de sorte que, mesmo que anulada pelo Poder Judiciário suíço, poderia ser admitida como juridicamente válida na França.

Vera Barros prega cautela àqueles que, sem mais aprofundada reflexão, podem vir a se sensibilizar com a tese da deslocalização, alertando para o fato de que "a teoria francesa da deslocalização pode ter efeitos negativos bastante sérios, por exemplo, permitir decisões contraditórias ou permitir a ida a diversos países para se tentar a execução de uma sentença arbitral anulada. Não se pode, portanto, negar a insegurança e o desconforto causados pela existência de duas decisões arbitrais potencialmente contraditórias".[833]

Gustavo Schiefler e Bernardo Rohden Pires alertam, contudo, que "há registro de entendimentos favoráveis à possibilidade de homologação de laudos arbitrais anulados na origem em outros países – França, Áustria, Alemanha, Holanda e Bélgica"[834] e citam precedente da justiça estadunidense, que seria um divisor de águas sobre o assunto. Mencionam, com efeito, que, "nos Estados Unidos da América, o caso Chromalloy (1996) é o ponto de partida para a análise da questão. Ao analisar pedido de homologação de sentença arbitral estrangeira anulada pelas cortes do país de origem (Egito), a Corte do Distrito de Columbia identificou que as partes haviam renunciado contratualmente ao direito de impugnar na justiça egípcia a sentença arbitral. Por corolário, concluiu que a decretação judicial da nulidade desta operou-se em desrespeito ao acordo entre as partes. Em prestígio ao caráter vinculante do contrato e da arbitragem, a corte norte-americana ignorou a decisão anulatória e reconheceu válida a sentença arbitral anulada na origem".[835] Assim é que, em crítica

---

de la c.c.i., n'avait pas determine le droit etatique applicable et s'etait borne a faire reference a la lex x...internationale, 'droit mondial d'une validite incertaine'. (...)" (Cour de Cassation, Chambre Civile 1, n. de pourvoi: 83-11355, 9.10.1984).

[832] "Attendu, ensuite, que c'est à juste titre que l'arrêt attaqué décide qu'en application de l'article 7 de la convention de New-York du 10 janvier 1958, la société OTV était fondée à se prévaloir des règles françaises relatives à la reconnaissance et à l'exécution des sentences rendues à l'étranger en matière d'arbitrage international et notamment de l'article 1502 du nouveau Code de procédure civile qui ne retient pas, au nombre des cas de refus de reconnaissance et d'exécution, celui prévu par l'article 5 de la Convention de 1958; Attendu, enfin, que la sentence rendue en Suisse était une sentence internationale qui n'était pas intégrée dans l'ordre juridique de cet Etat, de sorte que son existence demeurait établie malgré son annulation et que sa reconnaissance en France n'était pas contraire à l'ordre public international" (Cour de Cassation, Chambre Civile 1, n. de pourvoi: 92-15137, 23.03.1994).

[833] BARROS, Vera Cecília Monteiro de. *Exceção da ordem pública na homologação de sentença arbitral estrangeira no Brasil*. São Paulo: Quartier Latin, 2017. p. 120.

[834] SCHIEFLER, Gustavo Henrique Carvalho; PIRES, Bernardo Rohden. A homologação de sentença arbitral estrangeira anulada na origem, 2 de abril de 2016. Disponível em: https://www.conjur.com.br/2016-abr-02/homologacao-sentenca-arbitral-estrangeira--anulada-origem. Acesso em: 15 jan. 2021.

[835] Idem.

aguda à decisão da lavra do STJ, na SEC 5.782/EX, concluem que "considerando que a Convenção de Nova York faculta aos Estados-partes a homologação de sentenças arbitrais estrangeiras anuladas na origem, não parece haver óbice para que qualquer dos Estados-partes renuncie a essa faculdade".[836]

3. Legislação estrangeira

Na grande maioria dos países, tal e qual se dá no Brasil, o viés pró-executoriedade da sentença arbitral estrangeira estabelecido da Convenção de Nova York tem sido fidedignamente observado.

A Lei de Arbitragem espanhola (Lei 60/2003), em seu art. 46, remete à Convenção de Nova York com relação ao *exequatur*.[837] O art. 56 da Lei de Arbitragem voluntária portuguesa (Lei 63/2011) reproduz o art. V(1)(2) da Convenção de Nova York.[838]

---

[836] Idem. É ver, no entanto, que mesmo nos EUA, conforme esclarece Maria Slobodchikova, "[t]he Second Circuit in its two recent opinions refined its position with respect to the enforcement of awards set aside in the countries of their origin. Although the New York Convention does not require an enforcing court to deny recognition and enforcement of the annulled award, according to the Second Circuit, the enforcing court's discretion is limited by considerations of international comity. Accordingly, courts are expected to give effect to annulment judgments absent extraordinary circumstances, such as showing that the annulment proceedings were unfair and unjust or that the enforcement of the judgement would otherwise offend the United States' public policy" (SLOBODCHIKOVA, Maria. Enforcement of annulled awards in the USA. In: GONZÁLES-BUENO, Carlos. *40 under 40 international arbitration*. Spain: Dykinson S.L., 2018. p. 478.

[837] "Artículo 46. Carácter extranjero del laudo. Normas aplicables. 1. Se entiende por laudo extranjero el pronunciado fuera del territorio español. 2. El exequátur de laudos extranjeros se regirá por el Convenio sobre reconocimiento y ejecución de las sentencias arbitrales extranjeras, hecho en Nueva York, el 10 de junio de 1958, sin perjuicio de lo dispuesto en otros convenios internacionales más favorables a su concesión, y se sustanciará según el procedimiento establecido en el ordenamiento procesal civil para el de sentencias dictadas por tribunales extranjeros" (Disponível em: https://www.boe.es/buscar/act.php?id=BOE-A-2003-23646. Acesso em: 8 mar. 2020).

[838] "Artigo 56º Fundamentos de recusa do reconhecimento e execução - 1 - O reconhecimento e a execução de uma sentença arbitral proferida numa arbitragem localizada no estrangeiro só podem ser recusados: a) A pedido da parte contra a qual a sentença for invocada, se essa parte fornecer ao tribunal competente ao qual é pedido o reconhecimento ou a execução a prova de que: i) Uma das partes da convenção de arbitragem estava afectada por uma incapacidade, ou essa convenção não é válida nos termos da lei a que as partes a sujeitaram ou, na falta de indicação a este respeito, nos termos da lei do país em que a sentença foi proferida; ou ii) A parte contra a qual a sentença é invocada não foi devidamente informada da designação de um árbitro ou do processo arbitral, ou que, por outro motivo, não lhe foi dada oportunidade de fazer valer os seus direitos; ou iii) A sentença se pronuncia sobre um litígio não abrangido pela convenção de arbitragem ou contém decisões que ultrapassam os termos desta; contudo, se as disposições da sentença relativas a questões submetidas à arbitragem puderem ser dissociadas das que não tinham sido submetidas à arbitragem, podem reconhecer-se e executar-se unicamente as primeiras; ou iv) A constituição do tribunal ou o processo arbitral não foram conformes à convenção das partes ou, na falta de tal convenção, à lei do país onde a arbitragem teve lugar; ou

O *International Arbitration Act* (IAA), da Singapura, em sua *Section 31*, também transcreve as regras de recusa de homologação de sentença arbitral estrangeira previstas na Convenção de Nova York.[839] A *Section 48* do *Arbitration and Conciliation Act*

---

v) A sentença ainda não se tornou obrigatória para as partes ou foi anulada ou suspensa por um tribunal do país no qual, ou ao abrigo da lei do qual, a sentença foi proferida; ou b) Se o tribunal verificar que: i) O objecto do litígio não é susceptível de ser decidido mediante arbitragem, de acordo com o direito português; ou ii) O reconhecimento ou a execução da sentença conduz a um resultado manifestamente incompatível com a ordem pública internacional do Estado português" (Disponível em: https://dre.pt/pesquisa/-/search/145578/details/maximized. Acesso em: 8 mar. 2020).

[839] "Refusal of enforcement 31. (1) In any proceedings in which the enforcement of a foreign award is sought by virtue of this Part, the party against whom the enforcement is sought may request that the enforcement be refused, and the enforcement in any of the cases mentioned in subsections (2) and (4) may be refused but not otherwise. (2) A court so requested may refuse enforcement of a foreign award if the person against whom enforcement is sought proves to the satisfaction of the court that - (a) a party to the arbitration agreement in pursuance of which the award was made was, under the law applicable to him, under some incapacity at the time when the agreement was made; (b) the arbitration agreement is not valid under the law to which the parties have subjected it or, in the absence of any indication in that respect, under the law of the country where the award was made; (c) he was not given proper notice of the appointment of the arbitrator or of the arbitration proceedings or was otherwise unable to present his case in the arbitration proceedings; (d) subject to subsection (3), the award deals with a difference not contemplated by, or not falling within the terms of, the submission to arbitration or contains a decision on the matter beyond the scope of the submission to arbitration; (e) the composition of the arbitral authority or the arbitral procedure was not in accordance with the agreement of the parties or, failing such agreement, was not in accordance with the law of the country where the arbitration took place; or (f) the award has not yet become binding on the parties to the arbitral award or has been set aside or suspended by a competent authority of the country in which, or under the law of which, the award was made. (3) When a foreign award referred to in subsection (2)(d) contains decisions on matters not submitted to arbitration but those decisions can be separated from decisions on matters submitted to arbitration, the award may be enforced to the extent that it contains decisions on matters so submitted. (4) In any proceedings in which the enforcement of a foreign award is sought by virtue of this Part, the court may refuse to enforce the award if it finds that - (a) the subject-matter of the difference between the parties to the award is not capable of settlement by arbitration under the law of Singapore; or (b) enforcement of the award would be contrary to the public policy of Singapore. (5) Where, in any proceedings in which the enforcement of a foreign award is sought by virtue of this Part, the court is satisfied that an application for the setting aside or for the suspension of the award has been made to a competent authority of the country in which, or under the law of which, the award was made, the court may - (a) if the court considers it proper to do so, adjourn the proceedings or, as the case may be, so much of the proceedings as relates to the award; and (b) on the application of the party seeking to enforce the award, order the other party to give suitable security" (Disponível em: https://sso.agc.gov.sg/Act/IAA1994?ProvIds=P1III-#pr29-. Acesso em: 8 mar. 2020).

de 1996, da Índia, em nada discrepa a respeito.[840] O *English Arbitration Act*, de 1996, segue a mesma linha, em sua *Section 103*,[841] assim como a *Section 201* do *Federal Arbitration Act* dos EUA, que preconiza pela observância da Convenção de Nova York.[842]

---

[840] "Section 48. Conditions for enforcement of foreign awards. (1) Enforcement of a foreign award may be refused, at the request of the party against whom it is invoked, only if that party furnishes to the court proof that – (a) the parties to the agreement referred to in section 44 were, under the law applicable to them, under some incapacity, or the said agreement is not valid under the law to which the parties have subjected it or, failing any indication thereon, under the law of the country where the award was made; or (b) the party against whom the award is invoked was not given proper notice of the appointment of the arbitrator or of the arbitral proceedings or was otherwise unable to present his case; or (c) the award deals with a difference not contemplated by or not falling within the terms of the submission to arbitration, or it contains decisions on matters beyond the scope of the submission to arbitration: Provided that, if the decisions on matters submitted to arbitration can be separated from those not so submitted, that part of the award which contains decisions on matters submitted to arbitration may be enforced; or (d) the composition of the arbitral authority or the arbitral procedure was not in accordance with the agreement of the parties, or, failing such agreement, was not in accordance with the law of the country where the arbitration took place ; or (e) the award has not yet become binding on the parties, or has been set aside or suspended by a competent authority of the country in which, or under the law of which, that award was made. (2) Enforcement of an arbitral award may also be refused if the Court finds that – (a) the subject-matter of the difference is not capable of settlement by arbitration under the law of India; or (b) the enforcement of the award would be contrary to the public policy of India. 1[Explanation 1. For the avoidance of any doubt, it is clarified that an award is in conflict with the public policy of India, only if, – (i) the making of the award was induced or affected by fraud or corruption or was in violation of section 75 or section 81; or (ii) it is in contravention with the fundamental policy of Indian law; or (iii) it is in conflict with the most basic notions of morality or justice. Explanation 2. For the avoidance of doubt, the test as to whether there is a contravention with the fundamental policy of Indian law shall not entail a review on the merits of the dispute.] (3) If an application for the setting aside or suspension of the award has been made to a competent authority referred to in clause (e) of sub-section (1) the Court may, if it considers it proper, adjourn the decision on the enforcement of the award and may also, on the application of the party claiming enforcement of the award, order the other party to give suitable security" (Disponível em: https://indiacode.nic.in/show--data?actid=AC_CEN_3_46_00004_199626_1517807323919&orderno=54. Acesso em: 8 mar. 2020).

[841] "Section 103 – Refusal of recognition or enforcement. (1) Recognition or enforcement of a New York Convention award shall not be refused except in the following cases. (2) Recognition or enforcement of the award may be refused if the person against whom it is invoked proves– (a) that a party to the arbitration agreement was (under the law applicable to him) under some incapacity; (b) that the arbitration agreement was not valid under the law to which the parties subjected it or, failing any indication thereon, under the law of the country where the award was made; (c) that he was not given proper notice of the appointment of the arbitrator or of the arbitration proceedings or was otherwise unable to present his case; (d) that the award deals with a difference not contemplated by or not falling within the terms of the submission to arbitration or

> **Art. 39.** A homologação para o reconhecimento ou a execução da sentença arbitral estrangeira também será denegada se o Superior Tribunal de Justiça constatar que: (Redação dada pela Lei nº 13.129, de 2015.)
>
> **I -** segundo a lei brasileira, o objeto do litígio não é suscetível de ser resolvido por arbitragem;
>
> **II -** a decisão ofende a ordem pública nacional.
>
> **Parágrafo único.** Não será considerada ofensa à ordem pública nacional a efetivação da citação da parte residente ou domiciliada no Brasil, nos moldes da convenção de arbitragem ou da lei processual do país onde se realizou a arbitragem, admitindo-se, inclusive, a citação postal com prova inequívoca de recebimento, desde que assegure à parte brasileira tempo hábil para o exercício do direito de defesa.

 Comentários

1. Hipóteses de recusa do art. 38 da Lei de Arbitragem pelo prisma do art. V(2) da Convenção de Nova York

O art. 39 da Lei de Arbitragem reproduz, em linhas gerais, o teor do art. V(2) da Convenção de Nova York, conforme se vê da tabela comparativa a seguir:

---

contains decisions on matters beyond the scope of the submission to arbitration (but see subsection (4)); (e) that the composition of the arbitral tribunal or the arbitral procedure was not in accordance with the agreement of the parties or, failing such agreement, with the law of the country in which the arbitration took place; (f) that the award has not yet become binding on the parties, or has been set aside or suspended by a competent authority of the country in which, or under the law of which, it was made. (3) Recognition or enforcement of the award may also be refused if the award is in respect of a matter which is not capable of settlement by arbitration, or if it would be contrary to public policy to recognise or enforce the award. (4) An award which contains decisions on matters not submitted to arbitration may be recognised or enforced to the extent that it contains decisions on matters submitted to arbitration which can be separated from those on matters not so submitted. (5) Where an application for the setting aside or suspension of the award has been made to such a competent authority as is mentioned in subsection (2) (f), the court before which the award is sought to be relied upon may, if it considers it proper, adjourn the decision on the recognition or enforcement of the award. It may also on the application of the party claiming recognition or enforcement of the award order the other party to give suitable security" (Disponível em: http://www.legislation.gov.uk/ukpga/1996/23/section/103. Acesso em: 8 mar. 2020).

842 "Section 201. Enforcement of Convention - The Convention on the Recognition and Enforcement of Foreign Arbitral Awards of June 10, 1958, shall be enforced in United States courts in accordance with this chapter" (Disponível em: https://sccinstitute.com/media/37104/the-federal-arbitration-act-usa.pdf. Acesso em: 8 mar. 2020).

Art. 39 da Lei de Arbitragem	Art. V(2) da CNI
I – segundo a lei brasileira, o objeto do litígio não é suscetível de ser resolvido por arbitragem;	a) segundo a lei daquele país, o objeto da divergência não é passível de solução mediante arbitragem;
II – a decisão ofende a ordem pública nacional.	b) o reconhecimento ou a execução da sentença seria contrário à ordem pública daquele país.

1.1. Inarbitrabilidade objetiva do litígio (inciso I do art. 39 da Lei de Arbitragem e alínea *a* do art. V[2] da Convenção de Nova York)

Conforme preconiza o art. V(2) (a) da Convenção de Nova York, a autoridade competente, em juízo de delibação, poderá recusar o reconhecimento e a execução do comando arbitral estrangeiro, quando o objeto da divergência não for passível de solução pela via da arbitragem, segundo a lei do país em que se pretende a homologação[843]. Nessa linha, dispõe o art. 39, I, da Lei de Arbitragem que será denegada a homologação da sentença arbitral forasteira, pelo STJ, se o objeto do litígio não for suscetível de ser resolvido por arbitragem, segundo a lei brasileira.

É norma que versa sobre arbitrabilidade objetiva (*ratione materiae*). Como é intuitivo, cada país define, no âmbito de seu respetivo ordenamento jurídico, as matérias que são passíveis de solução pela via arbitral, sem prejuízo da generalidade de conflitos que podem ser resolvidos pela justiça estatal. Considerando que, à luz do art. 1º[844] da Lei de Arbitragem somente são arbitráveis no Brasil litígios relativos a direitos patrimoniais disponíveis,[845] cabe ao STJ indeferir o pleito homologatório, sempre que a sentença estrangeira tenha dirimido disputa que envolva direito de natureza indisponível ou de cunho não patrimonial.

Vera Cecília Monteiro de Barros assinala, todavia, que o art. V(2) (a) da Convenção de Nova York deve ser interpretado de forma bastante restritiva, com um olhar

---

[843] Esclarece Joaquim de Paiva Muniz, quanto ao assunto, que a "Convenção de Nova Iorque estabelece que, para fins de reconhecimento e execução de sentença arbitral estrangeira, a arbitrabilidade do litígio deve ser perquirida *vis-à-vis* a lei local em que se pretende executá-la, e não em função da lei escolhida pelas partes para reger o mérito da questão. Assim, de nada adianta conduzir a arbitragem no exterior e escolher a lei estrangeira que autoriza a submissão do litígio à via arbitral, se a sentença tiver de ser executada no Brasil e a matéria não for arbitrável de acordo com o nosso ordenamento jurídico" (MUNIZ, Joaquim de Paiva. *Curso básico de direito arbitral*: teoria e prática. 3. ed. rev. e ampl. Curitiba: Juruá, 2015. p. 268).

[844] Vide os comentários ao art. 1º da Lei.

[845] Conforme jurisprudência iterativa do STJ: "Apenas questões sobre direitos disponíveis são passíveis de submissão à arbitragem. Então, só se submetem à arbitragem as matérias sobre as quais as partes possam livremente transacionar. Se podem transacionar, sempre poderão resolver seus conflitos por mediação ou por arbitragem, métodos de solução compatíveis" (STJ, REsp 1.331.100/BA, Quarta Turma, Rel. Min. Raul Araújo, *DJe* 22.02.2016).

atento para o alcance e conceito de arbitrabilidade objetiva, na seara internacional.[846] Os Tribunais Federais Americanos, perfilhando do referido entendimento, têm reconhecido a validade de sentença arbitrais estrangeiras que versem sobre transações de valores mobiliários e direito antitruste, mesmo sendo vedada, nos EUA, a via arbitral para a solução de litígios de tal natureza, no bojo de arbitragens domésticas. É o que ficou assentado pela Suprema Corte, em 1974, em *Fritz Scherk v. Alberto--Culver Company*,[847] e posteriormente, em 1985, no julgamento do caso *Mitsubishi Motors Corporation, v. Soler Chrysler–Plymouth, Inc. Soler Chrysler–Plymouth, Inc., v. Mitsubishi Motors Corporation.*[848]

---

[846]   BARROS, Vera Cecília Monteiro de. *Exceção da ordem pública na homologação de sentença arbitral estrangeira no Brasil.* São Paulo: Quartier Latin, 2017. p. 122.

[847]   Neste caso especificamente, a Suprema Corte Americana considerou que o *FAA* deveria prevalecer sobre o *Securities Exchange Act de 1934*: "(...) relying on this precedent, contends that the District Court and Court of Appeals were correct in holding that its agreement to arbitrate disputes arising under the contract with Scherk is similarly unenforceable in view of its contentions that Scherk's conduct constituted violations of the Securities Exchange Act of 1934 and rules promulgated thereunder. For the reasons that follow, we reject this contention and hold that the provisions of the Arbitration Act cannot be ignored in this case. (...) Alberto-Culver's contract to purchase the business entities belonging to Scherk was a truly international agreement. Alberto-Culver is an American corporation with its principal place of business and the vast bulk of its activity in this country, while Scherk is a citizen of Germany whose companies were organized under the laws of Germany and Liechtenstein. The negotiations leading to the signing of the contract in Austria and to the closing in Switzerland took place in the United States, England, and Germany, and involved consultations with legal and trademark experts from each of those countries and from Liechtenstein. Finally, and most significantly, the subject matter of the contract concerned the sale of business enterprises organized under the laws of and primarily situated in European countries, whose activities were largely, if not entirely, directed to European markets. Such a contract involves considerations and policies significantly different from those found controlling in Wilko. In Wilko, quite apart from the arbitration provision, there was no question but that the laws of the United States generally, and the federal securities laws in particular, would govern disputes arising out of the stock-purchase agreement. The parties, the negotiations, and the subject matter of the contract were all situated in this country, and no credible claim could have been entertained that any international conflict-of-laws problems would arise. In this case, by contrast, in the absence of the arbitration provision considerable uncertainty existed at the time of the agreement, and still exists, concerning the law applicable to the resolution of disputes arising out of the contract" (Supreme Court of the United States, *Fritz Scherk v. Alberto-Culver Company Alberto-Culver*, 94 S.Ct. 2449 (1974)).

[848]   "(...) In determining arbitrability of an issue, the Court of Appeals correctly conducted two-step inquiry by first determining whether parties' agreement to arbitrate reached statutory issues and then, upon finding it did, considering whether legal constraints external to parties' agreement foreclosed arbitration of claims. (...) Concerns of international comity, respect for capacities of foreign and transnational tribunals and sensitivity to need of international commercial system for predictability in resolution of disputes all required enforcement of arbitration clause in automobile distributorship

Em 2016, o subcomitê para Reconhecimento e Execução de Sentença Arbitrais da *International Bar Association (IBA)* publicou relatório, de caráter comparativo, a respeito do conceito de *arbitrabilidade*, nas mais diversas jurisdições, com o objetivo de auxiliar na compreensão e aplicação da Convenção de Nova York. O relatório conclui pela existência de até vinte e uma categorias que não seriam arbitráveis, em uma ou em várias jurisdições.[849] O estudo também concluiu que as restrições, no campo da arbitrabilidade objetiva, têm reduzido gradualmente, na arbitragem internacional.

No caso *Thales Geosolutions v. FARCO,* conforme dá notícia relatório intitulado "Homologação de Sentença Arbitral Estrangeira",[850] elaborado pelo Comitê Brasileiro de Arbitragem, em parceria com a Escola de Direito de São Paulo da Fundação, a Farco chegou a deduzir que a sentença forasteira teria ingressado na seara ilícita dos direitos indisponíveis da União, a impedir a sua homologação, mas o STJ, em juízo de delibação positivo, homologou o *decisum*, sem apreciar a questão propriamente dita, ao fundamento de que "o laudo arbitral não versou sobre direitos da União, mas sobre direitos disponíveis de duas empresas comerciais, cujo contrato previa a solução mediante arbitragem internacional".[851]

1.2. Ordem pública (inciso II do art. 39 da Lei de Arbitragem e alínea *b* do art. V[2] da Convenção de Nova York)

A última hipótese de recusa de homologação da sentença arbitral estrangeira refere-se à hipótese de ofensa à ordem pública nacional, na forma do art. 39, II, da

---

agreement with respect to antitrust claims even if contrary result would be forthcoming in a domestic context. 9 U.S.C.A. § 1 et seq. (...) Mere appearance of antitrust dispute does not alone warrant invalidation of selected forum on undemonstrated assumption that arbitration clause in agreement is tainted. 9 U.S.C.A. § 1 et seq. (...) Potential complexity of antitrust matters does not suffice to ward off arbitration nor does arbitration panel pose too great a danger of innate hostility to constraints on business conduct that antitrust law imposes. 9 U.S.C.A. § 1 et seq. (...) Importance of private damages remedy in antitrust dispute does not compel conclusion that resolution may not be sought outside an American court by means of arbitration. (...)" (Supreme Court of the United States, *Mitsubishi Motors Corporation, v. Soler Chrysler–Plymouth, Inc. Soler Chrysler–Plymouth, Inc., v. Mitsubishi Motors Corporation*, 105 S.Ct. 3346 (1985)).

[849] "IBA Recognition and Enforcement of Arbitral Awards - study on arbitrability (2016) - Administrative law issues; Antitrust matters; Bankruptcy and insolvency; Carriage of goods by sea/Transportation; Civil status and legal capacity; Commercial agency agreements; Distributorship agreements; Disputes with consumers; Intra-company and shareholders' disputes; Employment/Labour law; Environmental damage disputes; Family law and status of persons; Financial market regulations; Real estate/Property law; - Residential leases; Insurance; Intellectual property rights; Privatization disputes; Public procurement disputes; Standard form contracts; Taxation" (Disponível em: https://www.ibanet.org/LPD/Dispute_Resolution_Section/Arbitration/Recogntn_Enfrcemnt_Arbitl_Awrd/arbitrability16.aspx. Acesso em: 9 mar. 2020).

[850] O sobredito relatório "Homologação de Sentença Arbitral Estrangeira" encontra-se disponível em: http://cbar.org.br/PDF/Homologacao_de_Sentenca_Arbitral_Estrangeira.pdf. Acesso em: 20 jan. 2021.

[851] STJ, SEC 802/US, Corte Especial, Rel. Min. José Delgado, *DJ* 19.09.2005.

Lei de Arbitragem e do art. V(2) (b) da Convenção de Nova York.[852] É talvez um dos temas mais complexos no campo da arbitragem, por envolver conceito jurídico indeterminado, de caráter genérico e altamente abstrato.

Não há uma definição precisa de *ordem pública*. Trata-se – repita-se – de conceito jurídico indeterminado, cuja delimitação tem sido feita por construção pretoriana, especialmente no âmbito do STJ,[853] com o apoio da doutrina.

---

[852] Convenção de Nova York: "Artigo V (...) 2. O reconhecimento e a execução de uma sentença arbitral também poderão ser recusados caso a autoridade competente do país em que se tenciona o reconhecimento e a execução constatar que: (...) b) o reconhecimento ou a execução da sentença seria contrário à ordem pública daquele país". A Lei Modelo da UNCITRAL não discrepa a respeito: "Artigo 36.º. Fundamentos de recusa do reconhecimento ou da execução – (1) O reconhecimento ou a execução de uma sentença arbitral, independentemente do país em que tenha sido proferida, só pode ser recusado: (b) O tribunal estatal constatar: (i) Que o objeto da disputa não é susceptível de ser decidido por arbitragem nos termos da lei do presente Estado; ou (ii) Que o reconhecimento ou a execução da sentença contrariam a ordem pública do presente Estado" (Disponível em: http://www.cbar.org.br/leis_intern_arquivos/Lei_Modelo_Uncitral_traduzida_e_revisada_versao_final.pdf. Acesso em: 9 mar. 2020).

[853] STJ: "O conceito de ordem pública não está na lei. O art. 17 da LICC informa, apenas, que 'as leis, atos e sentenças de outro país, bem como quaisquer declarações de vontade, não terão eficácia no Brasil, quando ofenderem a soberania nacional, a ordem pública e os bons costumes'. A doutrina tem procurado fixar esse conceito. Em síntese, afirmam os autores abaixo identificados que: a) 'a ordem pública, em Direito Internacional Privado, representa o espírito e o pensamento de um povo, a filosofia sociojurídico-moral de uma nação' (Jacob Dolinger, em 'A Evolução da Ordem Pública no Direito Internacional Privado', RJ: Luna, 1997); b) 'a ordem pública é o conjunto de direitos, de caráter privado, cuja obediência o Estado impõe, para que haja harmonia entre o Estado e os indivíduos, em salvaguarda de interesses substanciais da sociedade' (Gama e Silva, citado por Irineu Strenger, em 'Direito Internacional Privado' – parte geral – v. I. SP: RT. 2000, p. 172); c) 'a ordem pública é o conjunto de normas essenciais à convivência nacional; logo não comporta classificação em ordem pública interna e internacional, mas tão somente a de cada Estado. Sem embargo, autores existem, como Despagnet, que vislumbram três categorias de leis de ordem pública, em todas as legislações: a) a compreensiva de institutos e leis que interessam à consciência jurídica e moral de todos os povos civilizados, como as alusivas ao casamento, ao parentesco em linha reta; b) a que engloba leis tidas como aplicação de verdadeiros princípios da moral e da organização social; c) a referente às disposições imperativas em considerações de ordem regional (Maria Helena Diniz, em 'Lei de Introdução ao Código Civil Brasileiro Interpretada'. SP: Saraiva, 1999, 5ª ed., p. 366). Esses conceitos demonstram as dificuldades enfrentadas pela doutrina para esclarecer a compreensão do que seja ordem pública. Assentado está, contudo, que são leis de ordem pública: a) as constitucionais; b) as administrativas; c) as processuais; d) as penais; e) as de organização judiciária; f) as fiscais; g) as de polícia; h) as que protegem os incapazes; i) as que tratam de organização de família; j) as que estabelecem condições e formalidades para certos atos; k) as de organização econômica (atinentes aos salários, à moeda, ao regime de bem). O rol

A compreensão do conceito de ordem pública[854] é de suma relevância na esfera das relações privadas. No Direito Interno, baliza a autonomia da vontade. Já no Direito Internacional Privado, o desrespeito à ordem pública impede a aplicação de leis estrangeiras, o reconhecimento de atos realizados no exterior e a execução de sentenças forasteiras. O seu atendimento, por isso mesmo, é essencial para a internalização, no Brasil, de sentenças arbitrais prolatadas no estrangeiro.

Não obstante a indeterminação do conceito, é possível estabelecer, a partir da jurisprudência do STJ, alguns parâmetros para a melhor compreensão da noção de ordem pública. Nesse sentido, entende a Corte Superior que não esbarram nem afrontam a ordem pública decisões que versem sobre os seguintes temas: a) exceção do contrato não cumprido;[855] b) compensação;[856] c) ausência de responsabilidade

---

acima é da autoria de Maria Helena Diniz, com participação de Serpa Lopes (Maria Helena Diniz, ob. cit. p. 368). É de salientar que a fraude à lei é, também, considerada na noção de ordem pública" (STJ, Corte Especial, SEC 802/US, Rel. Min. José Delgado, *DJe* 19.09.2005).

[854] BARROS, Vera Cecília Monteiro de. *Exceção da ordem pública na homologação de sentença arbitral estrangeira no Brasil*. São Paulo: Quartier Latin, 2017. p. 139. A autora apresenta a seguinte distinção entre ordem pública processual e a material: "A ordem pública processual deve ser distinguida da ordem pública material, uma vez que garante às partes o direito a uma decisão independente sobre as conclusões e fatos submetidos ao tribunal arbitral, em conformidade com a lei processual aplicável. Ela é violada quando princípios fundamentais geralmente reconhecidos forem agredidos, resultando em uma contradição intolerável aos sentimentos de justiça, de tal maneira que a decisão parecerá inconciliável com os valores reconhecidos em um Estado de Direito. Vale notar que não é toda violação à regra processual que constitui uma agressão da ordem pública processual, mas apenas de uma regra essencial. A ordem pública material, por sua vez, é violada quando os princípios fundamentais do Direito material são agredidos, de tal forma que não são mais consistentes com a ordem jurídica e o sistema de valores reconhecidos. É caracterizada uma ofensa à ordem pública material quando o conteúdo da sentença arbitral ofender as normas que regulam precipuamente aspectos econômicos e estatais fundamentais" (BARROS, Vera Cecília Monteiro de. *Exceção da ordem pública na homologação de sentença arbitral estrangeira no Brasil*. São Paulo: Quartier Latin, 2017. p. 167).

[855] "A Eg. Corte Especial deste Tribunal já se manifestou no sentido de que a questão referente à discussão acerca da regra da exceção do contrato não cumprido não tem natureza de ordem pública, não se vinculando ao conceito de soberania nacional. Ademais, o tema refere-se especificamente ao mérito da sentença homologanda, sendo inviável sua análise na presente via" (STJ, SEC 507/EX, Corte Especial, Rel. Min. Gilson Dipp, *DJ* 13.11.2006).

[856] "Se parte do débito já foi pago, a respectiva compensação deve ser oposta em sede de execução da sentença. (...) Em suma, proferida a sentença arbitral por autoridade competente, em processo que observou o contraditório entre as partes legitimadas, nela não se flagrando cláusulas ofensivas à ordem pública brasileira e à soberania nacional, presentes estão os pressupostos indispensáveis ao deferimento do pedido de homologação (Lei de Introdução às Normas do Direito Brasileiro, art. 17; Lei nº 9.307, de 1.996, arts. 38 e 39; Resolução nº 9 de 2005, do STJ, arts. 5º e 6º)" (STJ, SEC 5.692/EX, Corte Especial, Rel. Min. Ari Pargendler, *DJe* 01.09.2014).

solidária;[857] d) vício de motivação da sentença arbitral;[858] e) termo inicial de incidência de juros moratórios contratuais;[859] f) condenação ou indexação de obrigação em moeda estrangeira – cujo pagamento deve ser feito pela conversão em moeda estrangeira;[860] g) questões patrimoniais decorrentes da rescisão de contrato de trabalho;[861] h) nulidade ou inexistência do contrato;[862] i) parcialidade do árbitro por ter prejulgado a

---

[857] "Sentença arbitral estrangeira. Requisitos para homologação. Preenchimento. 1. É devida a homologação da sentença arbitral estrangeira quando forem atendidos os requisitos previstos nos arts. 34 a 40 da Lei 9.307/96, no art. 15 da Lei de Introdução às Normas do Direito Brasileiro e nos arts. 216-A a 216-N do RISTJ, bem como constatada a ausência de ofensa à soberania nacional, à ordem pública e à dignidade da pessoa humana (Lei 9.307/96, art. 39; LINDB, art. 17; RISTJ, art. 216-F). 2. Não caracteriza ofensa à ordem pública o fato de a sentença arbitral alienígena prever condenação em moeda estrangeira, devendo apenas ser observado que, no momento da execução da respectiva sentença homologada no Brasil, o pagamento há de ser efetuado após a devida conversão em moeda nacional. 3. No juízo de delibação próprio do processo de homologação de sentença estrangeira, não é cabível debate acerca de questões de mérito, tampouco averiguação de eventual injustiça do decisum, conforme aqui pretendido pelas requeridas que visam a rediscutir a responsabilidade solidária da cedente e da cessionária pelo contrato cedido e a data inicial de incidência dos juros moratórios contratuais. 4. Sentença estrangeira homologada" (STJ, SEC 11.969/EX, Corte Especial, Rel. Min. Raul Araújo, *DJe* 02.02.2016).

[858] STJ, SEC 5.692/EX, Corte Especial, Rel. Min. Ari Pargendler, *DJe* 01.09.2014.

[859] STJ, SEC 11.969/EX, Corte Especial, Rel. Min. Raul Araújo, *DJe* 02.02.2016.

[860] O STJ, na forma do voto da Ministra Nancy Andrighi, assim afirmou: "Em primeiro lugar, esta Corte Especial possui entendimento assente no sentido de que a condenação imposta em moeda estrangeira por sentença proferida no exterior não constitui óbice à sua homologação, devendo, apenas, haver a conversão em moeda nacional quando de sua execução. Nesse sentido: SEC 11.969/EX, *DJe* 02/02/2016; e SEC 6.069/EX, *DJe* 16/12/2011" (STJ, SEC 16.016/EX, Corte Especial, Rel. Min. Nancy Andrighi, *DJe* 28.11.2017).

[861] "(...) Não houve violação da ordem pública, na medida em que: i) pacificou-se no STJ o entendimento de que são legítimos os contratos celebrados em moeda estrangeira, desde que o pagamento se efetive pela conversão em moeda nacional; e ii) embora a matéria de fundo trate de direito individual trabalhista, foram discutidas, no procedimento de arbitragem, questões meramente patrimoniais que decorreram da rescisão antecipada do contrato de trabalho pelo requerido, o que resultou na aplicação da multa rescisória. Em outras palavras, não houve abdicação a direito laboral (indisponível), mas apenas aplicação de multa rescisória, constante de cláusula prevista no contrato, o que autorizou a utilização da arbitragem. Não houve, também, ofensa à previsão constante da Lei n. 9.605/98, pois não se apreciou matéria referente à disciplina e competição desportiva" (STJ, SEC 11.529/EX, Corte Especial, Rel. Min. Og Fernandes, *DJe* 17.12.2014).

[862] "Sentença estrangeira contestada. Descumprimento de contrato. Condenação pelo juízo arbitral. Nulidade do contrato. Inexistência. Discussão sobre o mérito do decisum. Impossibilidade. Falta de notificação no procedimento arbitral. Não comprovação. Requisitos preenchidos. Pedido deferido. 1. Os vícios no contrato apontados pela parte requerida não foram demonstrados, ao contrário, ficou evidente que ela teve plena ciência da realização do negócio. Ademais, decidir sobre a nulidade do contrato neste

causa ao conceder medida liminar na arbitragem;[863] j) hipossuficiência de uma das partes na arbitragem;[864] k) injustiça da sentença estrangeira;[865] l) litispendência com processo em trâmite em outro país;[866] m) inadimplemento derivado de força maior;[867]

---

juízo de delibação corresponderia a invadir o mérito da decisão homologanda, situação defesa pelo procedimento homologatório. 2. De igual modo, não comprovou a parte requerida a falta da devida notificação do procedimento arbitral, tal como exigido pelo art. 38, inciso III, da Lei nº 9.307/96. 3. Preenchidos os requisitos exigidos pela Resolução nº 9/STJ, assim como os previstos nos arts. 38 e 39 da Lei nº 9.307/96, impõe-se a homologação da sentença estrangeira. 4. Pedido deferido" (STJ, SEC 9.502/EX, Corte Especial, Rel. Min. Maria Thereza Assis Moura, DJe 05.08.2014). Vide também: STJ, SEC 6.753/EX, Corte Especial, Rel. Min. Maria Thereza Assis Moura, DJe 19.08.2013.

[863] Colhe-se do voto condutor da Ministra Maria Thereza de Assis Moura a seguinte e expressiva passagem: "O óbice à homologação apresentado pela parte requerida consubstancia-se no fato de que o árbitro, ao deferir pedido liminar formulado pela parte requerente no curso do procedimento, teria adentrado no mérito da controvérsia, prejulgando a causa e colocando sob suspeita sua imparcialidade e independência, ofendendo, assim, a soberania nacional e a ordem pública. Depreende-se dos autos, todavia, que a insurgência quanto à imparcialidade do árbitro foi levada ao Centro Internacional de Solução de Conflitos - ICDR, que concluiu por reafirmar a nomeação do árbitro, pois em conformidade com as normas de arbitragem internacional" (STJ, SEC 12.493/EX, Corte Especial, Rel. Min. Maria Thereza de Assis Moura, DJe 21.02.2017).

[864] "(...) Por fim, cumpre registrar que não procede o argumento relativo à hipossuficiência da requerida, a impedir que ela discuta o mérito contratual no estrangeiro, caso reconhecida a competência da Corte Arbitral de Hong Kong para apreciar a matéria. A Lei de Arbitragem dispõe, em seu art. 35: 'Para ser reconhecida ou executada no Brasil, a sentença arbitral estrangeira está sujeita, unicamente, à homologação do Supremo Tribunal Federal'. E nos arts. 38 e 39 relaciona os impedimentos à homologação (...). Como se vê, ainda que se considerasse a requerida como parte hipossuficiente em relação à requerente, isso não é óbice à homologação" (STJ, SEC 8.242/EX, Corte Especial, Rel. Min. Maria Thereza de Assis Moura, DJe 15.03.2015).

[865] STJ, SEC 10.643/EX, Corte Especial, Rel. Min. Humberto Martins, DJe 11.12.2014.

[866] STJ, SEC 5.692/EX, Corte Especial, Rel. Min. Ari Pargendler, DJe 01.09.2014.

[867] "Direito internacional. Processual civil. Sentença arbitral. Contrato de compra e venda internacional. Inadimplemento. Objeção por irregularidade na citação não verificada. Precedentes específicos da Corte Especial - SEC 6.753/EX e SEC 4.123/EX. Cerne da controvérsia. Mérito das multas. Incabível o exame em juízo de delibação. Precedentes. 1. Cuida-se de pedido de homologação de sentença arbitral, envolvendo contrato de compra e venda de produtos agrícolas firmado por empresa brasileira e comprador internacional, com cláusula de arbitragem; o fornecimento não ocorreu e o tema foi levado para o litígio, tendo sido proferido o título cuja homologação é buscada. 2. São trazidas duas objeções à homologação: que não teria havido citação válida no caso concreto, porquanto a parte requerida foi considerada revel; e o descumprimento da avença teria derivado de força maior. 3. Em dois casos similares, com sentenças arbitrais semelhantes, a mesma alegação de irregularidade na citação já foi apreciada pela Corte Especial do STJ (SEC 6.753/EX e SEC 4.213/EX), tendo sido superada tal objeção. 3.1. No atual caso, assim, como na SEC 6.753/EX, o Tribunal Arbitral deixa evidente a existência de comunicação entre aquele e a parte requerida, evidenciando ciência sobre

n) juros compostos;[868] o) ofensa ao princípio da vedação ao enriquecimento ilícito;[869] p) não aplicação da lei eleita no contrato;[870] q) teoria da imprevisão;[871]

---

o processo arbitral. Precedente: SEC 6.753/EX, Rel. Min. Maria Thereza de Assis Moura, Corte Especial, *DJe* 19.08.2013. 3.2. No caso dos autos, similar à SEC 4.213/EX, a parte requerida admitiu a existência do contrato e da ciência em relação ao processo arbitral, sendo, portanto, cabível superar a objeção à homologação. Precedente: SEC 4.213/EX, Rel. Min. João Otávio de Noronha, Corte Especial, *DJe* 26.06.2013. 4. É sabido que, em juízo de delibação, não é cabível o debate acerca do mérito. Precedentes: SEC 7.173/EX, Rel. Min. Humberto Martins, Corte Especial, *DJe* 19.8.2013; SEC 7.478/EX, Rel. Min. Arnaldo Esteves Lima, Corte Especial, *DJe* 4.3.2013; SEC 5.121/EX, Rel. Min. Ari Pargendler, Corte Especial, *DJe* 28.2.2013; SEC 7.987/EX, Rel. Min. Castro Meira, Corte Especial, *DJe* 29.10.2012. 5. Estando presentes os requisitos formais, previstos na Resolução STJ n. 09/2005, é de ser homologada a sentença proferida no estrangeiro. Pedido de homologação deferido" (STJ, SEC 3.891/EX, Corte Especial, Rel. Min. Humberto Martins, *DJe* 16.10.2013).

[868] "(...) Afirma ainda a requerida que a sentença arbitral estrangeira a condenou ao reembolso do valor pago pela requerente a título de custas do processo e honorários do árbitro, incidindo sobre tais verbas 'juros compostos trimestralmente (...) à taxa de 8% ao ano' (fl. 95). Sustenta haver ofensa à ordem pública porque '(...) o ordenamento jurídico pátrio (...) repudia a usura em todas as suas modalidades' (fl. 221). Acrescenta que a Súmula 121 do STF e o art. 4º do Dec. nº 22.626/33 vedam taxativamente qualquer forma de capitalização. Ocorre que, não é qualquer contrariedade ao sistema jurídico local que pode implicar ofensa à ordem pública, de tal sorte que descabe ao STJ fazer análise profunda acerca do conteúdo e(ou) da justiça da decisão estrangeira quando não constatada malversação a valores fundamentais da cultura jurídica pátria. (...). Na espécie, convém gizar – apesar de defendida a vedação absoluta da capitalização de juros na ordem jurídica brasileira – que o art. 591 do CC/02, *v.g.*, ao tratar do mútuo com fins econômicos entre particulares, permite expressamente a pactuação de juros compostos, de tal maneira que essa prática, a par das diversas previsões legais que delimitam a sua periodicidade ou não incidência (a depender da modalidade de relação jurídica), não é proibida pelo Direito interno. Por conseguinte, não há qualquer ofensa à ordem pública" (STJ, Corte Especial, SEC 4.024/EX, Rel. Min. Nancy Andrighi, *DJe* 13.03.2013).

[869] "(...) Por fim, infere-se que as alegações da requerida – no sentido de que: (i) a obrigação a que foi condenada importa em enriquecimento ilícito da requerente; (ii) a pretensão submetida ao juízo arbitral viola a boa-fé objetiva; (iii) a interpretação das cláusulas do contrato que deu origem à demanda conduzem à conclusão diversa daquela alcançada pelo Tribunal Arbitral; e que (iv) a sentença violou os princípios da legalidade e da moralidade – versam sobre o mérito da sentença homologanda, de modo que refogem ao âmbito de análise próprio da presente ação. Assim, não há razão apta a justificar o acolhimento da impugnação apresentada pela requerida, devendo ser homologada a sentença arbitral" (STJ, SEC 16.016/EX, Corte Especial, Rel. Min. Nancy Andrighi, *DJe* 28.11.2017).

[870] "No tocante às alegações de que o pedido de homologação ofende a ordem pública brasileira porque não foi aplicada a legislação expressamente determinada no contrato, bem como ofende o princípio da vedação ao enriquecimento ilícito pois não houve prova efetiva do prejuízo, igualmente não merecem acolhida. Com efeito, essas questões se confundem com o próprio mérito da sentença arbitral, que, na esteira da

r) onerosidade excessiva;[872] s) ofensa ao princípio da legalidade;[873] t) prática de atos processuais fora da sede da arbitragem;[874] u) prescrição;[875] v) dano hipotético[876] etc.

jurisprudência do Colendo Supremo Tribunal Federal e deste Superior Tribunal de Justiça, não pode ser apreciado por esta Corte, já que o ato homologatório da sentença estrangeira restringe-se à análise dos seus requisitos formais" (STJ, SEC 3.035/FR, Corte Especial, Rel. Min. Fernando Gonçalves, *DJe* 31.08.2009).

[871] "A requerida, entretanto, contesta a possibilidade de tal reconhecimento, argumentando, consoante bem lançado no r. Parecer do DD. Procurador-Geral da República (541/555): a um, não ter sido citada para responder ao procedimento arbitral; a dois, ofender a ordem pública a ausência de citação por meio de carta rogatória; a três, ausência de tradução do Código de Arbitragem em matéria de Esporte; a quatro; desatender o contrato o art. 51, inc. VII, do Código de Defesa do Consumidor; a cinco, ter sido inobservada, na hipótese, a teoria da imprevisão (...). Os argumentos trazidos pela requerida, atinentes à invalidade do contrato que celebrou, frente à legislação brasileira não merecem amparo. Não viola a ordem pública brasileira a utilização de arbitragem como meio de solução de conflitos, tanto que em plena vigência a Lei n. 9.307/96 (Lei de Arbitragem), não se podendo afirmar, de outro turno, ter a ora requerida eleito esta via alternativa compulsoriamente, como sugere, até mesmo porque sequer levantou indício probatório de tal ocorrência" (STJ, SEC 874/CH, Corte Especial, Rel. Min. Francisco Falcão, *DJ* 15.05.2006).

[872] "(...) Argui a ocorrência de prescrição para a propositura de demanda executiva de sentença arbitral. Salienta, por fim, que a sentença homologanda ofende à ordem pública em razão de sua onerosidade excessiva. Requer o indeferimento do pedido de homologação de sentença estrangeira. (...) A apresentação de questionamentos acerca do mérito da decisão alienígena é de competência do juízo estrangeiro. Eventual deferimento do pedido de homologação, portanto, limita-se a dar eficácia à sentença estrangeira, nos exatos termos em que proferida, não sendo possível aditá-la para inserir provimento que dela não conste. Feito esse esclarecimento, afastam-se as alegações do requerido sobre a natureza do contrato entabulado entre as partes e sua possível nulidade por se tratar de matéria de mérito, devendo ser arguida no juízo alienígena" (STJ, SEC 7.009/EX, Corte Especial, Rel. Min. Francisco Falcão, *DJe* 28.08.2018).

[873] STJ, SEC 16.016/EX, Corte Especial, Rel. Min. Nancy Andrighi, *DJe* 28.11.2017.

[874] STJ, SEC 16.016/EX, Corte Especial, Rel. Min. Nancy Andrighi, *DJe* 28.11.2017.

[875] STJ, SEC 7.009/EX, Corte Especial, Rel. Min. Francisco Falcão, *DJe* 28.08.2018.

[876] "(...) Por fim, infere-se que as alegações do requerido - no sentido de que: i) teria havido violação ao livre convencimento do julgador, ii) os fatos examinados na decisão arbitral não são hábeis à imposição de qualquer condenação, sobretudo porque não houve quebra do acordo operacional ou mesmo recusa de remessa de mercadorias; iii) a condenação imposta na sentença arbitral acarretaria bis in idem, pois os requerentes, além de terem recebido indenização pelo valor investido na sociedade, ainda permaneceriam sócios dela; e iv) a decisão arbitral homologanda os teria condenado a reparar dano hipotético - versam sobre o mérito da sentença homologanda, desbordando, pois, do âmbito de análise próprio da presente ação. De fato, não é dado ao STJ, por meio da presente via procedimental, imiscuir-se nessas questões, na medida em que extrapolam os limites estreitos de cognoscibilidade demarcados pelos artigos 37, 38 e 39 da Lei 9.307/96 e 216-C, 216-D e 216-F do RISTJ. (...)" (STJ, SEC 14.385/EX, Corte Especial, Rel. Min. Nancy Andrighi, *DJe* 21.08.2018). Vide também: ABBUD, André de A. C. et al. *Lei de Arbitragem anotada*: a jurisprudência do STF e STJ. São Paulo: RT, 2019. p. 184-185.

Verifica-se, portanto, que o conceito de ordem pública está em constante construção na jurisprudência nacional e internacional.

Em 2002 a *International Law Association (ILA)* divulgou o *Report on Public Policy as a Bar to Enforcement of International Arbitral Awards (Relatório sobre ordem pública como óbice para execução de sentenças arbitrais internacionais).*[877] O relatório recomenda que as sentenças arbitrais prolatadas no bojo de arbitragens internacionais devem ser preservadas, a não ser em circunstâncias excepcionais.[878] O relatório vai mais além e define ordem pública como "aquela parte da ordem pública do Estado que, se violada, impedirá a parte de invocar direito estrangeiro, julgamento estrangeiro ou sentença estrangeira".[879]

Em 2015, o subcomitê para Reconhecimento e Execução de Sentença Arbitrais da *International Bar Association (IBA)* publicou relatório sobre a exceção da ordem pública em diferentes jurisdições, pelo prisma da Convenção de Nova York. O estudo demonstrou que em nenhuma das jurisdições analisadas a lei oferece uma definição de *ordem pública*, com duas exceções: Austrália e Emirados Árabes Unidos.[880] O

---

[877]   Disponível em: https://www.ila-hq.org/. Acesso em: 9 mar. 2020.

[878]   "The finality of awards rendered in die context of international commercial arbitration should be respected save in exceptional circumstances. Those who drafted the New York Convention intended that enforcement should be refused only in a number of limited circumstances [see Article V). This was also the objective of the UNCITRAL Model Law {see Article 36). An enforcement court must carry out a balancing exercise between finality and justice. The New York Convention and the Model Law permit such an exercise by making the court's power discretionary, i.e. enforcement 'may' be refused. Many courts have expressed a policy favouring enforcement. For example, the European Court of Justice in Eco Swiss China Time Ltd v. Benetton International NV (1999) stated: it is in the interest of efficient arbitration proceedings that review of arbitration awards should be limited in scope and that annulment of or refusal to recognise an award should be possible only in exceptional circumstances. The Committee endorses this policy and recommends that enforcement should be refused only in exceptional circumstances. These Recommendations are intended to apply to awards which are not strictly domestic, i.e. those which include a material foreign element. These are referred to as 'international arbitral awards'. The same test should apply to all international arbitral awards, irrespective of whether the award is made in the same jurisdiction as the enforcement court (and enforceable pursuant to domestic legislation) or made abroad and enforceable pursuant to the New York or other international Conventions" (Disponível em: https://www.ila-hq.org/. Acesso em: 9 mar. 2020).

[879]   "In these Recommendations, the expression 'international public policy' is to be understood in the sense given to it in the field of private international law; namely, that part of the public policy of a State which, if violated, would prevent a party from invoking a foreign law or foreign judgment or foreign award" (Disponível em: https://www.ila-hq. org/. Acesso em: 9 mar. 2020).

[880]   Veja-se o relatório da IBA, em seus termos: "In the UAE, Article 3 of the Civil Transactions Law states in general (thus not limited to the context of arbitration) that public order 'include[s] matters relating to personal status such as marriage, inheritance, and lineage, and matters relating to systems of government, freedom of trade, the circulation of wealth, rules of individual ownership and the other rules and foundations

relatório apresenta, ainda, a definição jurisprudencial de ordem pública de 29 (vinte e nove) diferentes jurisdições.[881]

---

upon which society is based, in such a manner as not to conflict with the definitive provisions and fundamental principles of the Islamic Sharia'. 2. In Australia, Section 8(7A) of the 1974 International Arbitration Act provides that 'To avoid doubt and without limiting paragraph (7)(b)[which makes the violation of public policy a ground for refusing to enforce a foreign award], the enforcement of a foreign award would be contrary to public policy if: (a) the making of the award was induced or affected by fraud or corruption; or (b) a breach of the rules of natural justice occurred in connection with the making of the award'. 3. Sweden should also be mentioned, as Section 55 item 2 of the Swedish Arbitration Act does not refer to violation of public policy as a ground for refusal of enforcement of foreign arbitral awards, but seems to give more precise content to the notion by providing that '[Recognition and enforcement of a foreign arbitral award shall also be refused where the court finds:] (...) that it would be manifestly incompatible with the fundamental principles of Swedish law to recognize and enforce the arbitral award'" (Disponível em: https://www.ibanet. org/LPD/Dispute_Resolution_Section/Arbitration/Recogntn_Enfrcemnt_Arbitl_Awrd/ publicpolicy15.aspx. Acesso em: 9 mar. 2020).

[881] "Argentina: 'Fundamental principles upon which the Argentinian legal system is based.'; Austria: "Fundamental values of the Austrian legal system'; Belgium: '[W]hat touches upon the essential interests of the State or of the community or sets, in private law, the legal basis on which rests the society's economic or moral order'; Brazil: 'The fundamental principles of its jurisdiction. It is worth mentioning that public policy includes the political, legal, moral and economical aspects of the constituted State'. China: 'The principle of the law, fundamental interests of the society, safety of the country, sovereignty and good social customs'; Egypt: 'Rules aiming to achieve a public interest, whether political, social or economic, pertaining to the society's high order and which prevails over the individual interest'; Finland: 'Fundamental principles and value that reflect public interest'; Germany: 'The very fundamentals of public and economic life' or '[t]he fundamental principles of the German legal order'. Greece: 'The fundamental statutory, moral, social, legal or economic perceptions that prevail in the country'; Israel: 'Those central and vital values, interests and principles that a given society at a given time wishes to maintain, protect and foster. These are the foundations of the Israeli nation, spirit, society and market (...)'; Italy: 'Those fundamental norms and values of ethical, social, political and economic nature that lie at the heart of the Italian legal order'; Japan: 'The basic principles or basic ideas of the legal system of our country'; Mexico: 'The legal institutions, principles, norms that conform the State. (...) The essential principles of the State that transcends to the community given the offensiveness of the mistake made in the decision'; Peru: 'A group of principles and institutions that are considered essential in the organization of a State and inspire its legal system'; Poland: 'The fundamental principles of Polish legal order'; Portugal: 'The State's most basic principles of social, ethical, political and economic nature (inclusive of the ones comprised in the Constitution)'; Switzerland: 'Fundamental values of the Swiss legal order'; Turkey: 'The entire set of rules and institutions, which determines the foundation structure and protects the fundamental interests of the society from the political, social, economic, ethical and legal perspectives within a specific period

Frise-se, por fim, que o parágrafo único do art. 39 da Lei de Arbitragem dispõe que "não será considerada ofensa à ordem pública nacional a efetivação da citação da parte residente ou domiciliada no Brasil, nos moldes da convenção de arbitragem ou da lei processual do país onde se realizou a arbitragem, admitindo--se, inclusive, a citação postal com prova inequívoca de recebimento, desde que assegure à parte brasileira tempo hábil para o exercício do direito de defesa".[882] Privilegiou-se a comunicação efetiva (feita por qualquer meio inequívoco), e não a sua forma.

---

of time'; Uruguay: 'The very principles upon which [the] State's legal individuality is founded'; Australia: 'Fundamental norms of justice and fairness.'; Canada (Ontario): 'The most basic and explicit principles of justice and fairness in Ontario' and 'the essential morality of Ontario'; England: Courts are reluctant to precisely define public policy: '[c]onsiderations of public policy can never be exhaustively defined, but they should be approached with extreme caution ... It has to be shown that there is some element of illegality or that the enforcement of the award would be clearly injurious to the public good or, possibly, that enforcement would be wholly offensive to the ordinary reasonable and fully informed member of the public on whose behalf the powers of the state are exercised.'; Singapore: '[T]he most basic notions of morality and justice'; USA: 'Most basic notions of morality and justice' and '[f]undamental notions of what is just in the United States'; Indonesia: Courts tend to classify violations of public policy in three categories: '(i) a violation of prevailing laws and regulations in Indonesia; (ii) a danger to the national interest of Indonesia, including its economy and (iii) a violation of the Indonesian sovereignty'. India: The enforcement of a foreign arbitral award may be refused by an Indian court on the ground of public policy if such enforcement would be contrary to: '(i) fundamental policy of Indian law; or (ii) the interests of India; or (iii) justice or morality'. Kenya: An award is deemed contrary to public policy if it is either '(i) inconsistent with the Constitution or other laws of Kenya, whether written or unwritten; (ii) inimical to the national interests of Kenya, or (iii) contrary to justice or morality'; Nigeria: Courts have defined public policy as '[c]ommunity sense and common conscience extended and applied throughout the State to matters of public morals, health, safety, welfare and the like'. Pakistan: Courts have defined public policy in the context of enforcement of foreign awards as follows: '[o]bjects which on grounds of public policy invalidate contracts may, for convenience, be generally classified into five groups first, objects which are illegal by common law or by legislation; secondly, objects injurious to good Government either in the field of domestic or foreign affairs; thirdly, objects which interfere with the proper working of the machinery of justice; fourthly, objects injurious to family life; and fifthly, objects economically against the public interest'" (IBA Subcommittee on Recognition and Enforcement of Arbitral Awards. Report on the Public Policy Exception in the New York Convention, October 2015). Disponível em: https://www.ibanet.org/LPD/Dispute_Resolution_Section/Arbitration/Recogn-tn_Enfrcemnt_Arbitl_Awrd/publicpolicy15.aspx. Acesso em: 9 mar. 2020.

[882] STJ, SEC 12.041/EX, Corte Especial, Rel. Min. Humberto Martins, *DJe* 16.12.2016; STJ, SEC 9.820/EX, Corte Especial, Rel Min. Humberto Martins, *DJe* 26.10.2016 e STJ, SEC 11.106, Corte Especial, Rel. Min. Herman Benjamin, *DJe* 21.06.2017.

> **Art. 40.** A denegação da homologação para reconhecimento ou execução de sentença arbitral estrangeira por vícios formais, não obsta que a parte interessada renove o pedido, uma vez sanados os vícios apresentados.

 Comentários

1. Renovação do pedido de homologação de sentença estrangeira

É evidente que se a homologação da sentença arbitral estrangeira for indeferida, no mérito, por ofender a ordem pública ou por ter versado sobre direitos de natureza indisponível, o pedido não poderá ser renovado no futuro, não havendo como sanar o vício identificado.

Nada obstante, se o pedido homologatório for recusado, por razões de cunho formal, sanada a irregularidade, o pedido poderá ser renovado. Assim, a título ilustrativo, se o STJ negar a homologação, ao fundamento de que o requerente deixou de juntar algum dos documentos referidos no art. 37, poderá o interessado reapresentar o pedido, desde que faça a juntada do documento faltante.[883]

Recorde-se que, à luz do art. 216-E do RISTJ, se a petição inicial do procedimento de homologação não preencher os requisitos formais ou apresentar defeitos ou irregularidades que dificultem o julgamento do mérito, o Presidente do STJ concederá prazo razoável para que o requerente emende ou complete a exordial. Após a intimação, caso a exigência não seja atendida no prazo, o processo deverá ser extinto, sem julgamento do mérito, por ausência de pressuposto para o válido e regular desenvolvimento do processo, nos termos do art. 485, IV, do CPC/2015. A hipótese aqui é de extinção do processo, sem exame meritório; não de improcedência do pedido. Exatamente porque não há exame do mérito, fica autorizada a renovação do pedido, contanto que regularizado o defeito formal anteriormente existente.[884]

---

[883] É a orientação que predomina no STJ. Nas palavras do Min. Carlos Alberto Menezes Direito: "O que diz o art. 40 da Lei de Arbitragem? Diz ser possível a renovação do pedido, se houver o seu indeferimento por um vício formal. Existe vício formal, e o Supremo Tribunal Federal frequentemente assim decidia, quando ressalvava a possibilidade da renovação do pedido por ausência de documento, como acontecia na homologação das sentenças de divórcio, o que não é, a meu sentir, o caso dos presentes autos" (STJ, SEC 967/GB, Corte Especial, Rel. Min. José Delgado, voto Min. Carlos Alberto Menezes Direito, *DJ* 20.03.2006).

[884] Carmona ressalta impropriedade terminológica no art. 40 da Lei de Arbitragem: "Denegar ou acolher o pedido são respostas de mérito dadas pelo Poder Judiciário ao demandante. Negado o pedido, portanto, tem-se naturalmente a imutabilidade dos efeitos da sentença. No caso da decisão homologatória, o legislador fixou duas situações diferentes: se a homologação é negada apenas por conta de questões formais, nada impedirá a repropositura da demanda; nos demais casos, não há possibilidade de reapresentação do pleito. A impropriedade de linguagem, é preciso notar, leva o intérprete a erro, já que

Igualmente, se o motivo da negativa for a existência de provimento cautelar suspensivo, na forma do art. 38, VI, da Lei de Arbitragem, poderá o pedido ser perfeitamente renovado, se a liminar for cassada posteriormente. Também, se a ação foi proposta por quem não possuía legitimidade, ou mesmo poderes, para tanto, nada impede que a parte legitimada reitere o pedido, oportunamente.[885]

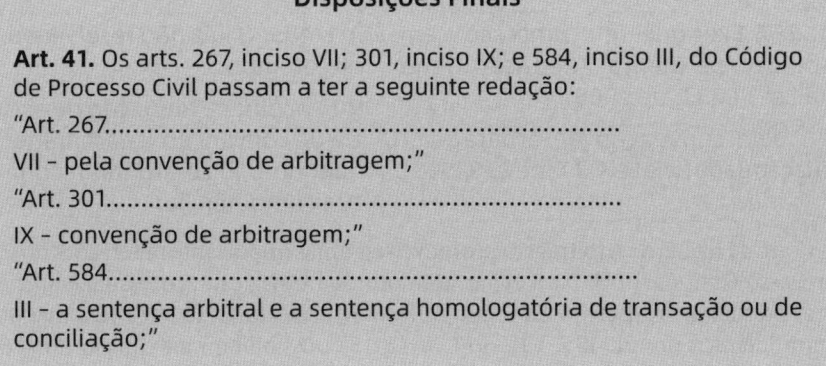

CAPÍTULO VII
Disposições Finais

Art. 41. Os arts. 267, inciso VII; 301, inciso IX; e 584, inciso III, do Código de Processo Civil passam a ter a seguinte redação:

"Art. 267...

VII – pela convenção de arbitragem;"

"Art. 301...

IX – convenção de arbitragem;"

"Art. 584...

III – a sentença arbitral e a sentença homologatória de transação ou de conciliação;"

---

muitas vezes o Supremo Tribunal refere-se – como fez a Lei de Arbitragem – a situações de extinção do processo sem julgamento do mérito como se fossem de denegação (extinção do processo com julgamento de mérito), levando o incauto a acreditar que teriam sido estabelecidas "exceções" à regra da imutabilidade dos efeitos da coisa julgada. Não é assim. As questões formais que levam à denegação da homologação poderiam até (*rectius*, deveriam) ter conduzido ao indeferimento da petição inicial, de sorte que o prosseguimento do feito terá sido teratológico. Rigorosamente, a deficiência formal haveria de produzir uma sentença terminativa, não definitiva, o que significa, em outros termos, que a ausência de documentos ou a falha naqueles apresentados pelo autor conduzem não à improcedência do pedido, mas sim à falta de um dos pressupostos processuais, tudo gerando sentença de extinção do processo sem julgamento de mérito. A sentença denegatória, em tais condições, não é decisão de mérito, daí por que admissível a repropositura da demanda" (CARMONA, Carlos Alberto. *Arbitragem e processo*: um comentário à Lei 9.307/96. 3. ed. São Paulo: Atlas, 2009. p. 482-483).

[885] Nessa linha já se posicionou o STJ, por julgado da relatoria do Min. Fernando Gonçalves: "De início, a preliminar, arguida na contestação, de existência de coisa julgada, não merece acolhida. Consoante informa a própria requerida, o pedido de homologação de sentença arbitral estrangeira – SEC 268/EX-, formulado por Gottwald Port Technology GMBH, foi extinto sem julgamento do mérito por ausência de legitimidade ativa, e portanto, não faz coisa julgada material, mas apenas formal. Deste modo, a denegação da homologação por vício formal não exclui a possibilidade de o autor intentar novamente a ação, desde que sanado o vício (art. 40 da Lei nº 9.307/96)" (STJ, SEC 3.035/FR, Corte Especial, Rel. Min. Fernando Gonçalves, *DJe* 31.08.2009).

Comentários

1. Alteração do CPC/73 e a correspondência com o CPC/2015

1.1. Alteração do art. 267, VII, do CPC/1973 – Correspondência com o art. 485, VII, do CPC/2015

Redação do art. 267, VII, do CPC/1973	Redação do art. 485, VII, do CPC/2015
Art. 267. Extingue-se o processo, sem resolução de mérito: (Redação dada pela Lei 11.232, de 2005). **VII** – pela convenção de arbitragem; (Redação dada pela Lei 9.307, de 23.9.1996).	**Art. 485.** O juiz não resolverá o mérito quando: **VII** – acolher a alegação de existência de convenção de arbitragem ou quando o juízo arbitral reconhecer sua competência;

O art. 41 da Lei de Arbitragem promoveu algumas importantes alterações no Código de Processo Civil de 1973, para evitar antinomias a legislação processual e a legislação arbitral brasileira. A inserção do inciso VII no art. 267 do CPC/1973 (e a manutenção de regra idêntica no art. 485, VII, do CPC/2015) possibilitam a extinção do processo, sem resolução do mérito, quando demonstrada a existência de convenção de arbitragem (cláusula compromissória ou compromisso arbitral).

Isso se dá porque, em existindo o pacto arbitral, fica interditada a solução do litígio pelo Poder Judiciário.

Recorde-se, no entanto, que a exceção de arbitragem deve ser deduzida na primeira oportunidade que a parte dispuser para falar nos autos, nos precisos termos do art. 337, X, do CPC/2015, sob pena de preclusão, com a consequente renúncia tácita à jurisdição arbitral.

Deparando-se o juiz togado com a convenção arbitral, por força do deduzido pelo réu na contestação, deverá proferir sentença terminativa do processo e as partes deverão buscar o deslinde da questão na via arbitral, se houver interesse.

A parte final do art. 485, VII, do CPC/2015, ao estatuir que o juiz deverá extinguir o processo judicial, caso exista juízo arbitral já instituído reconhecendo a própria competência, reafirma o princípio competência-competência (*Kompetenz-Kompetenz*).[886] É o árbitro (e não o juiz estatal) aquele que primeiro deve dizer sobre a sua própria competência.

1.2. Alteração do art. 301, IX, do CPC/1973 – Correspondência com o art. 337, X, do CPC/2015

Redação do art. 301, IX, do CPC/1973	Redação do art. 337, X, do CPC/2015
Art. 301. Compete-lhe, porém, antes de discutir o mérito, alegar: **IX** – convenção de arbitragem;	**Art. 337.** Incumbe ao réu, antes de discutir o mérito, alegar: **X** – convenção de arbitragem;

---

[886] Vide os comentários aos arts. 1º e 8º, parágrafo único, da Lei.

Reza o art. 337, X, do CPC/2015, com redação muito semelhante à do antigo art. 301, IX, do CPC/1973, que incumbe ao réu, na contestação, antes da discussão do mérito, alegar a existência da convenção de arbitragem, a afastar a competência do Poder Judiciário para o julgamento da causa.

O magistrado estatal não pode, em hipótese alguma, conhecer de ofício da convenção de arbitragem, conforme bem preconiza, a contrário senso, o § 5º do art. 337 do CPC/2015.[887] É lembrar que a exceção de existência de juízo arbitral não versa sobre matéria de ordem pública. Ao contrário, é uma opção contratual das partes, restrita aos conflitos que digam respeito a direitos patrimoniais disponíveis. Por isso mesmo que, caso não seja deduzida em contestação, tem-se a alegação por preclusa, prorrogando-se a competência do Poder Judiciário.

1.3. Alteração do art. 584, III, do CPC/1973 – Correspondência com o art. 515, VII, do CPC/2015

Redação do art. 584, III, do CPC/1973 (nos termos da Lei 9.307/1996)	Redação do art. 515, VII, do CPC/2015
Art. 584. São títulos executivos judiciais: **III** – a sentença arbitral e a sentença homologatória de transação ou de conciliação;	**Art. 515.** São títulos executivos judiciais, cujo cumprimento dar-se-á de acordo com os artigos previstos neste Título: **VII** – a sentença arbitral;

O art. 584, III, do CPC/1973, em sua redação anterior (dada pela Lei 8.953/1994), dispunha que "a sentença homologatória de laudo arbitral, de conciliação ou de transação, ainda que esta não verse questão posta em juízo" seria considerada título executivo judicial. Assim é que, na sistemática que precedeu à Lei de Arbitragem (de 1996), a sentença arbitral não ostentava a natureza de título executivo judicial. Para tanto, dependia da homologação em processo judicial. Só então, devidamente homologada, é que passava a constituir título judicial, para todos os efeitos legais.

Resultado disso é que, caso não houvesse o adimplemento voluntário da sentença arbitral, o titular do direito nela encartado, antes de executá-la, tinha que submetê-la a um procedimento judicial anterior, de validação, pelo Judiciário, tornando a solução do conflito excessivamente morosa e custosa para o interessado. Um procedimento trifásico, que se iniciava na arbitragem e que terminava com a execução judicial, passando antes pela via homologatória perante a própria justiça estatal.

A alteração promovida pela Lei 9.307/1996 no art. 584, III, do CPC/1973, teve por objetivo, justamente, equiparar a sentença arbitral à judicial, dispensando o procedimento prévio de homologação até então em vigor. A sentença arbitral passou a figurar, por si só, no rol dos títulos executivos judiciais, sem a necessidade de atendimento de qualquer exigência procedimental adicional.

Posteriormente, com a edição da Lei 10.358/2001, o inciso III do art. 584 passou a tratar, apenas, da sentença homologatória de conciliação ou transação, sendo a referência à sentença arbitral remetida para o inciso VII do mesmo artigo, sem qualquer mudança no

---

[887] "Art. 337, § 5º, do CPC/2015: "Excetuadas a convenção de arbitragem e a incompetência relativa, o juiz conhecerá de ofício das matérias enumeradas neste artigo".

regime jurídico aplicável. Sentença arbitral equivalente a sentença judicial. A reforma promovida no CPC/1973 pela Lei 11.232/2005 apenas reafirmou, no art. 475-N, que a sentença arbitral era título executivo judicial. A sistemática em questão não sofreu qualquer alteração com o CPC/2015, como se vê do comando normativo hoje em vigor em seu art. 515, VII.

> **Art. 42.** O art. 520 do Código de Processo Civil passa a ter mais um inciso, com a seguinte redação:
>
> "Art. 520...
>
> VI – julgar procedente o pedido de instituição de arbitragem."

 Comentários

1. Efeitos do recurso de apelação (alteração do art. 520, VI, do CPC/1973 – Correspondência com o art. 1.012, § 1º, IV, do CPC/2015)

Até o advento da Lei de Arbitragem, de 1996, a regra aplicável, no campo da ação de cumprimento de cláusula compromissória, era a de que, em caso de apelação, ficariam suspensos os efeitos da sentença judicial que tivesse determinado a instituição da arbitragem.

Como é intuitivo, a suspensão dos efeitos da sentença permitia que se postergasse, indefinidamente, o início do procedimento arbitral, em desprestígio ao instituto e em flagrante desestímulo ao uso da arbitragem.

Por força da modificação promovida no art. 520, VI, do CPC/1973 (equivalente ao atual art. 1.012, § 1º, IV, do CPC/2015), a apelação interposta contra a sentença de procedência do pedido de instituição de arbitragem, nos termos do art. 7º da Lei de Arbitragem, deve ser recebida apenas no efeito devolutivo, admitindo-se, excepcionalmente, a concessão de efeito suspensivo, desde que presentes os requisitos ao deferimento da tutela de urgência.

A ausência do efeito suspensivo acarreta a eficácia imediata da sentença, com a possibilidade de instituição da arbitragem, independentemente da interposição de apelação. Contudo, provida a apelação, o Tribunal Arbitral deverá ser desconstituído, com a possibilidade de discussão de perdas e danos em favor do apelante que despendeu recursos com a instauração e prosseguimento do procedimento arbitral.

A aprovação do CPC/2015 em nada alterou a referida sistemática, como se depreende da tabela comparativa a seguir:

Redação do art. 520, VI do CPC/1973	Redação do art. 1.012, § 1º, IV do CPC/2015
Art. 520. A apelação será recebida em seu efeito devolutivo e suspensivo. Será, no entanto, recebida só no efeito devolutivo, quando interposta de sentença que: **VI** – julgar procedente o pedido de instituição de arbitragem. (Incluído pela Lei 9.307, de 23.9.1996).	**Art. 1.012.** A apelação terá efeito suspensivo. § 1º Além de outras hipóteses previstas em lei, começa a produzir efeitos imediatamente após a sua publicação a sentença que: **IV** – julga procedente o pedido de instituição de arbitragem;

A redação do art. 1.012, § 1º, IV, do CPC/2015 é idêntica àquela que vigorava para o art. 520, VI, do CPC/73, desde a aprovação da Lei de Arbitragem.

> **Art. 43.** Esta Lei entrará em vigor sessenta dias após a data de sua publicação.

 Comentários

1. *Vacatio legis* de 60 dias

O art. 43 da Lei de Arbitragem estabeleceu que as normas nela contidas entrariam em vigor sessenta dias após a sua publicação.

O prazo de *vacatio legis*[888], na ausência de estipulação legal, é de 45 dias, nos termos do art. 1º da LINDB (Decreto-lei 4.657/1942). Na Lei de Arbitragem, entretanto, o legislador optou por um prazo ligeiramente mais dilatado, de 60 (sessenta) dias, sem qualquer razão relevante para isso. Mera opção legislativa.

O curto período de *vacatio* não teve qualquer impacto relevante no emprego do instituto, já que, àquela época, era ainda pouco utilizado, por força do regramento menos favorável constante dos arts. 1.072 a 1.102 do CPC/1973.

Cabe mencionar, nesse ponto, a distinção entre a existência e a vigência da lei. A lei passa a existir no ordenamento jurídico no momento em que sancionada. É com a publicação que se dá conhecimento dela ao cidadão. Um ato completa o outro. Durante o período de *vacatio legis*, conquanto a lei já exista, não possui ainda eficácia. Existe, mas não está apta a produzir efeitos jurídicos. É a partir da entrada em vigor da lei (e, portanto, de sua vigência) que se torna apta a produzir efeitos.

A Lei 9.307/1996 foi publicada no *Diário Oficial* em 24.09.1996, passando a vigorar após 60 dias, no dia 23.11.1996.

Questão relevante, no campo do direito intertemporal, diz respeito à aplicabilidade da Lei 9.307/1996 às cláusulas compromissórias firmadas antes de sua vigência. O STJ solucionou a questão em 2012, com a publicação da Súmula 485, que enuncia que "a Lei de Arbitragem aplica-se aos contratos que contenham cláusula arbitral, ainda que celebrados antes da sua edição". Já era entendimento predominante, antes disso, o de que a Lei de Arbitragem, por ter cunho processual, atingiria convenções arbitrais pactuadas em data anterior à sua vigência.[889]

---

[888] A *vacatio legis* é o período entre a publicação da lei e a sua efetiva entrada em vigor. O termo significa vacância da lei.

[889] CARMONA, Carlos Alberto. *Arbitragem e processo*: um comentário à Lei 9.307/96. 3. ed. São Paulo: Atlas, 2009. p. 493.

> **Art. 44.** Ficam revogados os arts. 1.037 a 1.048 da Lei nº 3.071, de 1º de janeiro de 1916, Código Civil Brasileiro; os arts. 101 e 1.072 a 1.102 da Lei nº 5.869, de 11 de janeiro de 1973, Código de Processo Civil; e demais disposições em contrário.
>
> Brasília, 23 de setembro de 1996; 175º da Independência e 108º da República.
>
> FERNANDO HENRIQUE CARDOSO
>
> *Nelson A. Jobim*
>
> (*DOU* 24.09.1996)

 Comentários

1. Revogação dos dispositivos legais que disciplinavam a arbitragem no Código Civil de 1916 e no Código de Processo Civil de 1973

O capítulo X do Código Civil de 1916 (arts. 1.037 a 1.048) regulava a figura do compromisso arbitral. Não havia, todavia, a necessidade de revogação dele pela Lei de Arbitragem, uma vez que já tinha sido revogado, tacitamente, pelo Código de Processo Civil de 1973, que disciplinou integralmente a matéria. Não houve revogação expressa – é verdade – mas o Código Buzaid, por ser posterior e por ter regulado inteiramente o tema, acabou por implicitamente revogar as disposições pertinentes do Código Civil de 1916, em razão da aplicação do critério cronológico (ou temporal) de solução de antinomias, na forma do art. 2º, § 1º, da LINDB.[890]

O CPC/1973, por sua vez, regulava a matéria em seu Capítulo XIV (Do Juízo Arbitral), em suas seções I a IV (I – Do Compromisso; II – Dos Árbitros; III – Do Procedimento; IV – Da Homologação do Laudo), que englobavam os arts. 1.072 a 1.102.

Para que não persistisse qualquer dúvida a respeito, a Lei 9.307/1996 revogou, expressamente, não apenas o CPC/1973, na parte em que dispunha sobre o instituto da arbitragem, como também os dispositivos que tratavam do tema no Código Civil de 1916, uniformizando a disciplina da arbitragem em único diploma legal.

O Código Civil de 2002, talvez porque tenha tramitado por anos no Congresso Nacional, tratou desnecessariamente do compromisso arbitral em seus arts. 851, 852 e 853. Menos mal que o regramento introduzido pelo atual Diploma Civil está em perfeita consonância com as normas da Lei de Arbitragem. O art. 851 do CC/2002 enuncia a possibilidade de compromisso arbitral judicial ou extrajudicial, em sintonia com o disposto no art. 9º da Lei 9.307/1996. O art. 852 veda o emprego da via arbitral para solucionar questões de estado, de direito pessoal de família e de outras que não

---

[890] "Art. 2º Não se destinando à vigência temporária, a lei terá vigor até que outra a modifique ou revogue. § 1º A lei posterior revoga a anterior quando expressamente o declare, quando seja com ela incompatível ou quando regule inteiramente a matéria de que tratava a lei anterior."

tenham caráter estritamente patrimonial, em linha com o estatuído no art. 1º da Lei de Arbitragem. Por fim, o art. 853 do CC/2002 autoriza a inserção de cláusula compromissória nos contratos, o que já estava contemplado no art. 4º da legislação arbitral.

Perceba-se, nada obstante, que a Lei de Arbitragem não revogou o art. 51, VII, do Código de Defesa do Consumidor (Lei 8.078/1990), por força do qual são nulas, de pleno direito, as cláusulas em contratos de consumo que, de antemão, "determinem a utilização compulsória da arbitragem". Interpretando a referida norma, o STJ tem admitido, nas relações consumeristas, o uso do juízo arbitral nos seguintes casos: a) quando o próprio consumidor tem a iniciativa da instauração da arbitragem; b) quando o fornecedor tem a iniciativa e o consumidor concorda com a sua instituição; e c) em situações bastante excepcionais, em que consumidor, por não ser vulnerável, não necessita da proteção legal.[891]

---

[891] "Direito processual civil e consumidor. Contrato de financiamento imobiliário. Contrato de adesão. Convenção de arbitragem. Possibilidade, respeitados determinadas exceções. (...) 5. Não há incompatibilidade entre os arts. 51, VII, do CDC e 4º, § 2º, da Lei n. 9.307/96. Visando conciliar os normativos e garantir a maior proteção ao consumidor é que entende-se que a cláusula compromissória só virá a ter eficácia caso este aderente venha a tomar a iniciativa de instituir a arbitragem, ou concorde, expressamente, com a sua instituição, não havendo, por conseguinte, falar em compulsoriedade. Ademais, há situações em que, apesar de se tratar de consumidor, não há vulnerabilidade da parte a justificar sua proteção. (...) 7. Assim, é possível a cláusula arbitral em contrato de adesão de consumo quando não se verificar presente a sua imposição pelo fornecedor ou a vulnerabilidade do consumidor, bem como quando a iniciativa da instauração ocorrer pelo consumidor ou, no caso de iniciativa do fornecedor, venha a concordar ou ratificar expressamente com a instituição, afastada qualquer possibilidade de abuso. (...) 9. Recurso especial provido" (STJ, Quarta Turma, REsp 1.189.050/SP, Rel. Min. Luis Felipe Salomão, *DJe* 14.03.2016). Posição semelhante encontrava-se prevista no § 3º do art. 4º do Projeto de Reforma da Lei de Arbitragem, vetado pelo Presidente da República, que dispunha: "Na relação de consumo estabelecida por meio de contrato de adesão, a cláusula compromissória só terá eficácia se o aderente tomar a iniciativa de instituir a arbitragem ou concordar expressamente com a sua instituição".

REFERÊNCIAS BIBLIOGRÁFICAS

ABBOUD, Georges. Jurisdição *vs.* arbitragem: os reflexos do efeito vinculante na atividade do árbitro. *Revista de Processo*, São Paulo, v. 214, dez. 2012.

ABBUD, André de A. C. et al. *Lei de Arbitragem anotada*: a jurisprudência do STF e STJ. São Paulo: RT, 2019.

ABREU, Elizabeth de Almeida. *Arbitragem de consumo no direito brasileiro*. Rio de Janeiro: Ed. do Autor, 2015.

AGUIAR, Ruy Rosado de. Arbitragem, os precedentes e a ordem pública. In: BRASIL. SUPERIOR TRIBUNAL DE JUSTIÇA. *Doutrina*: edição comemorativa: 30 anos do STJ. Brasília: Superior Tribunal de Justiça, 2019.

ALVES, Rafael Francisco. *Inadmissibilidade das medidas antiarbitragem no direito brasileiro*. São Paulo: Atlas, 2009.

ALVES, Rute. Fast-track arbitration: back to basics? In: GONZÁLES-BUENO, Carlos. *40 under 40 international arbitration*. Spain: Dykinson S.L., 2018. p. 179-188.

AMARAL, Guilherme Rizzo. Arbitragem e precedentes. In: LEVY, Daniel; PEREIRA, Guilherme Setoguti J. (coord.). *Curso de arbitragem*. São Paulo: Thomson Reuters Brasil, 2018.

AMARAL, Paulo Osternack. *Arbitragem e Administração Pública*: aspectos processuais, medidas de urgência e instrumentos de controle. Belo Horizonte: Fórum, 2012.

ARAUJO, Nádia de. A convenção de Nova Iorque sobre reconhecimento e execução de laudos arbitrais estrangeiros: análise das razões contrárias à sua adoção nos anos 50 do século XX. *Revista de Arbitragem e Mediação*, v. 18, p. 42-49, jul./set. 2008.

ARAUJO, Nádia de. O princípio da autonomia da cláusula arbitral na jurisprudência brasileira. *Revista de Arbitragem e Mediação*, v. 27, p. 265-286, out./dez. 2010.

ASSIS, Carolina Azevedo. A desconsideração da personalidade jurídica e a extensão da cláusula compromissória no processo arbitral. In: CARNEIRO, Paulo Cezar Pinheiro; GRECO, Leonardo; DALLA, Humberto. *Temas controvertidos na arbitragem à luz do Código de Processo Civil de 2015*. Rio de Janeiro: GZ, 2020. v. II, p. 92-106.

AYOUB, Luiz Roberto. *Arbitragem*: o acesso à justiça e a efetividade do processo – uma nova proposta. Rio de Janeiro: Lumen Juris, 2005.

BARBOSA, Flavio. A homologação das sentenças arbitrais estrangeiras desde o advento da Lei nº 9.307/93. In: MELO, Leonardo de Campos; BENEDUZI, Renato Resende (coord.). *A reforma da arbitragem*. Rio de Janeiro: Forense, 2016. p. 141-167.

BARROS, João Pedro Leite. *Arbitragem* on-line *em conflitos de consumo*. São Paulo: Tirant lo Blanch, 2019.

BARROS, Octávio Fragata Martins de. *Como julgam os árbitros*: uma leitura do processo decisório arbitral. São Paulo: Marcial Pons, 2017.

BARROS, Vera Cecília Monteiro de. *Exceção da ordem pública na homologação de sentença arbitral estrangeira no Brasil*. São Paulo: Quartier Latin, 2017.

BLACKABY, Nigel et al. *Redfern and Hunter on International Arbitration*. 6th ed. Oxford: Oxford University Press, 2015.

BOLZAN DE MORAIS, José Luis; SPENGLER, Fabiana Marion. *Mediação e arbitragem*: alternativas a jurisdição. 2. ed. Porto Alegre: Livraria do Advogado, 2008.

BORN, Gary B. *International arbitration*: law and practice. Alphen aan den Rijn: Kluwer Law International, 2012.

CABRAL, Antonio do Passo; CUNHA, Leonardo Carneiro da. Negociação direta ou resolução colaborativa de disputas (*collaborative law*); "Mediação sem mediador". In: ZANETTI JR., Hermes; CABRAL, Trícia Navarro Xavier. *Justiça Multiportas*: mediação, conciliação, arbitragem e outros meios de solução de conflitos. Salvador: JusPodivm, 2006.

CABRAL, Thiago Dias Delfino. *Impecuniosidade e arbitragem*: uma análise da ausência de recursos financeiros para a instauração do procedimento arbitral. São Paulo: Quartier Latin, 2019.

CAHALI, Francisco José. *Curso de arbitragem*. 3. ed. São Paulo: RT, 2013.

CAHALI, Francisco José. *Curso de arbitragem*: mediação: conciliação: resolução CNJ 125/2010. 5. ed. São Paulo: RT, 2015.

CAHALI, Francisco José. *Curso de arbitragem*: mediação, conciliação e tribunal multiportas. 7. ed. São Paulo: Thomson Reuters Brasil, 2018.

CÂMARA, Alexandre de Freitas. *Arbitragem*: Lei nº 9.307/96. 4. ed. Rio de Janeiro: Lumen Juris, 2005.

CÂMARA, Alexandre de Freitas. Cumprimento da sentença arbitral após a reforma do CPC. In: BOMFIM, Ana Paula Rocha do; MENEZES, Hellen Monique Ferreira de (coord.). *Dez anos da Lei de Arbitragem*: aspectos atuais e perspectivas para o instituto. Rio de Janeiro: Lumen Juris, 2007.

CÂMARA, Alexandre de Freitas. *Lições de direito processual civil*. 3. ed. Rio de Janeiro: Lumen Juris, 2000. v. I.

CAMPISTA, Fabio Farias. Precedentes judiciais, arbitragem, princípio da autonomia da vontade das partes e a (não) vinculação dos árbitros. In: CARNEIRO, Paulo Cezar Pinheiro; GRECO, Leonardo; DALLA, Humberto. *Temas controvertidos na arbitragem à luz do Código de Processo Civil de 2015*. Rio de Janeiro: LMJ Mundo Jurídico, 2018. p. 97-119.

CARMONA, Carlos Alberto. *Arbitragem e processo*: um comentário à Lei nº 9.307/96. 2. ed. São Paulo: Atlas, 2004.

CARMONA, Carlos Alberto. *Arbitragem e processo*: um comentário à Lei 9.307/96. 3. ed. São Paulo: Atlas, 2009.

CARMONA, Carlos Alberto. Arbitragem, prescrição e ordem pública. *Revista de Arbitragem e Mediação*, v. 30, p. 245-257, jul./set. 2011.

CARMONA, Carlos Alberto. Ensaio sobre a sentença arbitral parcial. *Revista de Processo*, v. 165, p. 9-28, nov. 2008.

CARMONA, Carlos Alberto. Julgamento por equidade em arbitragem. *Revista de Arbitragem e Mediação*, v. 30, p. 229-244, jul./set. 2011.

CARMONA, Carlos Alberto. Os sete pecados capitais do árbitro. *Revista de Arbitragem e Mediação*, v. 52, p. 391-406, jan./mar. 2017.

CARNEIRO, Paulo Cezar Pinheiro; SCHENK, Leonardo F. O justo processo arbitral e o dever de revelação (*disclosure*) dos peritos. In: CARNEIRO, Paulo Cezar Pinheiro; GRECO, Leonardo; DALLA, Humberto. *Temas controvertidos na arbitragem à luz do Código de Processo Civil de 2015*. Rio de Janeiro: GZ, 2020. v. II.

COSTA, Guilherme Recena Costa; CARDOSO, Marcel Carvalho Engholm. Limites subjetivos da sentença arbitral e a legitimidade do terceiro para ajuizar ação anulatória. In: MELO, Leonardo de Campos; BENEDUZI, Renato Resende (coord.). *A reforma da arbitragem*. Rio de Janeiro: Forense, 2016.

CRAMER, Ronaldo. *Precedentes judiciais*: teoria e dinâmica. Rio de Janeiro: Forense, 2016.

CRUZ, Elisa Schmidlin. A dinâmica de custeio das arbitragens público-privadas institucionais: compartilhamento de despesas e incentivos de cooperação. In: CUÉLLAR, Leila et al. *Direito administrativo e* Alternative Dispute Resolution: arbitragem, mediação, *dispute board*, mediação e negociação. Belo Horizonte: Fórum, 2020. p. 173-191.

CRUZ E TUCCI, José Rogério. O árbitro e a observância do precedente judicial. Disponível em: https://www.conjur.com.br/2016-nov-01/paradoxo-corte-arbitro-observancia-precedente-judicial. Acesso em: 10 fev. 2020.

CRUZ E TUCCI, José Rogério. Igualdade é assegurada às partes na composição do painel arbitral. *Consultor Jurídico*, 5 ago. 2014. Disponível em: http://www.conjur.com.br/2014-ago-05/igualda-de-assegurada-partes-composicao-painel-arbitral. Acesso em: 20 jan. 2016.

CRUZ E TUCCI, José Rogério. Liberdade de decisão do árbitro é limitada pelo princípio da congruência. *Revista Consultor Jurídico*, 2 set. 2014. Disponível em: https://www.conjur.com.br/2014-set-02/paradoxo-corte-liberdade-arbitro-limitada-principio-congruencia. Acesso em: 23 nov. 2020.

DALLA, Humberto; MAZZOLA, Marcelo. *Manual de mediação e arbitragem*. São Paulo: Saraiva Educação, 2019.

DALLA, Humberto; MAZZOLA, Marcelo. A cooperação como elemento estruturante da interface entre o Poder Judiciário e o juízo arbitral. *Revista da EMERJ*, Rio de Janeiro, v. 20, n. 2, p. 181-201, maio/ago. 2018. Disponível em: https://www.emerj.tjrj.jus.br/revistaemerj_online/edicoes/revista_v20_n2/revista_v20_n2_181.pdf. Acesso em: 25 ago. 2020.

DICK JR., Charles H. Understanding the proper role of discovery in arbitration. *Los Angeles & San Francisco Daily Journal*, 6 jul. 2018. Disponível em: https://www.jamsadr.com/files/uploads/documents/articles/dick-dailyjournal-understanding-the-proper-role-of-discovery-in-arbitration-2018-07-06.pdf. Acesso em: 3 fev. 2020.

DINAMARCO, Cândido Rangel. *A arbitragem na teoria geral do processo*. São Paulo: Malheiros, 2013.

DOLINGER, Jacob; TIBURCIO, Carmen. Arbitrabilidade. In: DOLINGER, Jacob; TIBURCIO, Carmen. *Direito internacional privado*: arbitragem comercial internacional. Rio de Janeiro: Renovar, 2003.

DOLINGER, Jacob; TIBURCIO, Carmen. *Direito internacional privado*: arbitragem comercial internacional. Rio de Janeiro: Renovar, 2003.

DRAHOZAL, Christopher R. Is arbitration lawless. *Loyola of Los Angeles Law Review*, v. 40, p. 187-216, 2006.

ESTEFAM, Felipe Faiwichow. *Cláusula arbitral e administração pública*. Rio de Janeiro: Lumen Juris, 2019.

FARIA, Marcela Kohlbach de. *Ação anulatória de sentença arbitral*: aspectos e limites. Brasília: Gazeta Jurídica, 2014.

FARIA, Marcela Kohlbach de. Efeitos da anulação da sentença arbitral. *Jusbrasil: Processualistas*, 26 ago. 2019. Disponível em: https://processualistas.jusbrasil.com.br/artigos/748364996/efeitos- -da-anulacao-da-sentenca-arbitral. Acesso em: 8 jan. 2021.

FERREIRA, Olavo Augusto V. Alves et al. *Lei de Arbitragem comentada artigo por artigo*. Salvador: JusPodivm, 2019.

FERREIRA, Daniel B. et al. Ação anulatória de sentença arbitral: análise doutrinária e empírica da jurisprudência do TJSP e do TJSC entre 2015 e 2019. Disponível em: https://www.jota.info/ paywall?redirect_to=//www.jota.info/opiniao-e-analise/artigos/acao-anulatoria-de-sentenca-ar- bitral-14032020. Acesso em: 16 abr. 2020.

FERREIRA, Daniel B. *Árbitros e as redes sociais*: regulação e jurisprudência nacional e internacional. Disponível em: https://emporiododireito.com.br/leitura/abdpro-125-arbitros-e-as-redes-sociais- -regulacao-e-jurisprudencia-nacional-e-internacional. Acesso em: 23 jun. 2020.

FERREIRA, Daniel B.; OLIVEIRA, Rafael Carvalho Rezende. A arbitragem no direito adminis- trativo: perspectivas atuais e futuras através de um estudo comparativo e temático entre Brasil e Portugal. *Revista de Direito Administrativo*, v. 3, p. 43-51, 2020.

FIGUEIRA JR., Joel Dias. *Arbitragem*. 3. ed. Rio de Janeiro: Forense, 2019.

FINE, Toni Jaeger. Stare Decisis and the binding nature of precedent in the United States of America. In: MOURA, Solange Ferreira de; PINHO, Humberto Dalla Bernardina de. *Coletânea de artigos científicos*: celebração ao XIV Intercâmbio dos cursos de Direito da Estácio. Santa Cruz do Sul: Essere nel Mondo, 2014.

FITCHNER, José Antonio. A confidencialidade no projeto da nova lei de arbitragem – PLS nº 406/2003. In: ROCHA, Caio Cesar Vieira; SALOMÃO, Luis Felipe (coord.). *Arbitragem e mediação*: a reforma da legislação brasileira. São Paulo: Atlas, 2015.

FICHTNER, José Antonio et al. *Teoria geral da arbitragem*. Rio de Janeiro: Forense, 2019.

FITCHNER, José Antonio; MANNHEIMER, Sergio Nelson; MONTEIRO, André Luis. *Teoria geral da arbitragem*. Rio de Janeiro: Forense, 2019.

FONSECA, Rodrigo Garcia da. Contratos conexos. Contrato de arrendamento. Seguro-garantia. Cláusula compromissória inserida apenas no contrato principal. Silêncio da apólice. Convenção de arbitragem restrita à relação jurídica de arrendamento, não se estendendo ao seguro-garantia. *Revista de Arbitragem e Mediação*, v. 10, p. 226-233, jul./set. 2006.

FORBES, Carlos Suplicy de Figueiredo; KOBAYASHI, Patrícia Shiguemi. Carta arbitral: instru- mento de cooperação. In: CARMONA, Carlos Alberto; LEMES, Selma Ferreira; MARTINS, Pedro Batista. *20 anos da lei de arbitragem*. São Paulo: Atlas, 2017. p. 521-536.

GARCEZ, José Maria Rossani. *ADRS: Métodos alternativos de solução de conflitos*: análise es- trutural dos tipos, fundamentos e exemplos na prática nacional/internacional. Rio de Janeiro: Lumen Juris, 2013.

GIUSTI, Gilberto. Os vinte anos da Lei 9.307/96. In: MELO, Leonardo de Campos; BENEDUZI, Renato Resende (coord.). *A reforma da arbitragem*. Rio de Janeiro: Forense, 2016. p. 1-19.

GOMES, Orlando. *Contratos*. 14. ed. Rio de Janeiro: Forense, 1994.

GOODMAN, Monica L. Title VII and the Federal Arbitration Act. *Tulsa Law Review*, v. 33, n. 2, p. 1-18, 1997.

GOUVEIA, Mariana França; ANTUNES, João Gil. The suitability of the emergency arbitrator for investment disputes. *e-Pública*, v. 6, n. 2, p. 9-35, set. 2019. Disponível em: https://www.e-publica. pt/volumes/v6n2a03.html. Acesso em: 21 ago. 2020.

GREBLER, Eduardo. Nomeação de árbitros em arbitragens multiparte: questão resolvida? In: CARMONA, Carlos Alberto; LEMES, Selma Ferreira; MARTINS, Pedro Batista. *20 anos da lei de arbitragem*. São Paulo: Atlas, 2017. p. 211-225.

GREENBERG, Simon et al. Terms of reference and negative jurisdicional decisions: a lesson from Australia. *Arbitration International*, v. 18, n. 2, p. 125-135, 2002.

GRION, Renato Stephan. *Árbitro de emergência – perspectiva brasileira à luz da experiência internacional*. In: CARMONA, Carlos Alberto; LEMES, Selma Ferreira; MARTINS, Pedro Batista. *20 anos da lei de arbitragem*. São Paulo: Atlas, 2017. p. 403-448.

GRION, Renato Stephan. Procedimento II. LEVY, Daniel; PEREIRA, Guilherme Setoguti J. (coord.). *Curso de arbitragem*. São Paulo: Thomson Reuters Brasil, 2018. p. 213-215.

GUERRERO, Luis Fernando. *Convenção de arbitragem e processo arbitral*. São Paulo: Atlas, 2009.

HOELLERING, Michael. F. The Mini-Trial. *The Arbitration Journal*, v. 37, n. 4, p. 48-51, 1982.

HOFFMAN, Paulo. Arbitragem: algumas dúvidas processuais práticas... In: JOBIM, Eduardo; MACHADO, Rafael Bicca (coord.). *Arbitragem no Brasil*: aspectos jurídicos relevantes. São Paulo: Quartier Latin, 2008.

HUCK, Hermes Marcelo. As táticas de guerrilha na arbitragem. In: CARMONA, Carlos Alberto; LEMES, Selma Ferreira; MARTINS, Pedro Batista. *20 anos da lei de arbitragem*. São Paulo: Atlas, 2017.

KAUFMANN-KOHLER, Gabrielle. Arbitral precedent: dream, necessity or excuse?. *Arbitration International*, v. 23, n. 3, p. 357-378, 2007.

KINGSBURY, Benedict; KRISCH, Nico; STEWART, Richard B. The emergence of Global Administrative Law. Law and Contemporany Problems. *Duke University School of Law*, North Carolina, v. 68, n. 3 e 4, 2005.

LAMAS, Natália Mizrahi. Introdução e princípios aplicáveis à arbitragem. In: LEVY, Daniel; PEREIRA, Guilherme Setoguti J. (coord.). *Curso de arbitragem*. São Paulo: Thomson Reuters Brasil, 2018.

LEMES, Selma M. Ferreira. A inteligência do art. 19 da Lei de Arbitragem (Instituição da Arbitragem) e as medidas cautelares preparatórias. *Revista de Direito Bancário e do Mercado de Capitais*, v. 20, p. 411-423, abr./jun. 2003.

LEMES, Selma M. Ferreira. A jurisprudência do STJ referente à homologação de sentença estrangeira na área de arbitragem. O promissor ano de 2013. *Revista de Arbitragem e Mediação*, v. 42, p. 145-151, jul./set. 2014.

LEMES, Selma M. Ferreira. Anotações sobre a nova Lei de Arbitragem. *Revista de Arbitragem e Mediação*, v. 47, n. 15, p. 37-44, out./dez. 2015.

LEMES, Selma M. Ferreira. *Arbitragem na administração pública*: fundamentos jurídicos e eficiência econômica. São Paulo: Quartier Latin, 2007.

LEMES, Selma M. Ferreira. Arbitragem Multiparte. Notas sobre o caso Dutco. Disponível em: http://selmalemes.adv.br/artigos/Arbitragem%20Multiparte-%20Caso%20Dutco.pdf. Acesso em: 30 jul. 2020.

LEMES, Selma M. Ferreira. Ação de anulação de sentença arbitral – termo de arbitragem e estabilização da demandada. comentários à sentença proferida no processo 583.00.2011.200971-0. *Revista de Arbitragem e Mediação*, v. 36, p. 391-400, jan./mar. 2013.

LEMES, Selma M. Ferreira. O dever de revelação do árbitro, o conceito de dúvida justificada. quanto a sua independência e imparcialidade (art. 14, § 1.º, da Lei 9.307/1996) e a ação de anulação de sentença arbitral (art. 32, II, da Lei 9.307/1996). *Revista de Arbitragem e Mediação*, v. 36, p. 231-251, jan./mar. 2013.

LEMES, Selma M. Ferreira. O procedimento de impugnação e recusa de árbitro, como sistema de controle quanto à independência e a imparcialidade do julgador, 25 de dezembro de 2017. Disponível em: http://genjuridico.com.br/2017/12/25/procedimento-de-impugnacao-recusa-arbitro-sistema-de-controle-independencia-imparcialidade-do-julgador/. Acesso em: 31 jan. 2020.

LEVY, Daniel. As interações entre o Poder Judiciário e arbitragem. In: LEVY, Daniel; PEREIRA, Guilherme Setoguti J. (coord.). *Curso de arbitragem*. São Paulo: Thomson Reuters Brasil, 2018.

LEVY, Daniel; PEREIRA, Guilherme Setoguti J. (coord.). *Curso de arbitragem*. São Paulo: Thomson Reuters Brasil, 2018.

MARAGNO, Adrianne Silva. Panorama na arbitragem trabalhista no Brasil. *Revista Brasileira de Alternative Dispute Resolution – RBADR*, ano 2, n. 3, p. 17-39, jan./jun. 2020.

MARINONI, Luiz Guilherme; MITIDIERO, Daniel. Ação rescisória: do juízo rescindente ao juízo rescisório. *Revista dos Tribunais*, 2017.

MARQUES, Paula Menna Barreto. *Árbitro de emergência. In:* CARNEIRO, Paulo Cezar Pinheiro; GRECO, Leonardo; DALLA, Humberto. *Temas controvertidos na arbitragem à luz do Código de Processo Civil de 2015*. Rio de Janeiro: LMJ Mundo Jurídico, 2018. p. 209-223.

MARQUES, Ricardo Dalmaso. *O dever de revelação do árbitro*. São Paulo: Almedina Brasil, 2018.

MARTINS, Pedro A. Batista. *Apontamentos sobre a lei de arbitragem*. Rio de Janeiro: Forense, 2008.

MARTINS, Pedro A. Batista. *Arbitragem no direito societário*. Rio de Janeiro: GZ Editora, 2018.

MARTINS, Pedro A. Batista. As três fases da arbitragem. *Revista do Advogado*, v. 26, n. 87, p. 87-93, 2006.

MARTINS, Pedro A. Batista. Dever de revelar do árbitro. *Revista de Arbitragem e Mediação*, v. 36, p. 915-926, jan./mar. 2013.

MEDRANO, Adolfo Días-Ambrona; NÚÑES, José María Fernándes de la Mela. Arquitectura normativa del arbitraje institucional en España: ley, estatutos y reglamento arbitral. In: RISUEÑO, Francisco Ruiz; ROZAS, José Carlos Fernándes (coord.). *El arbitraje y la buena administración de la justicia*. Valencia: Tirant lo Blanch, 2019. p. 149-160.

MELO, Leonardo de Campos; BENEDUZI, Renato Resende (coord.). *A reforma da arbitragem*. Rio de Janeiro: Forense, 2016.

MENDES, Gilmar Ferreira et al. *Curso de direito constitucional*. 12. ed. São Paulo: Saraiva Jur, 2017.

MONTERO, Félix J. et al. Res Judicata and issue preclusion in international arbitration: an ICC case study. *The Paris Journal of International Arbitration*, n. 1, p. 21, 2016.

MUNIZ, Joaquim de Paiva. *Curso básico de direito arbitral*: teoria e prática. 3. ed. rev. e ampl. Curitiba: Juruá, 2015.

MUNIZ, Joaquim de Paiva. *Curso básico de direito arbitral*: teoria e prática. 4. ed. Curitiba: Juruá, 2017.

MUNIZ, Joaquim de Paiva. *Curso de direito arbitral*: aspectos práticos do procedimento. 2. ed. Curitiba: CRV, 2014.

MUNIZ, Joaquim Tavares de Paiva; SILVA, João Marçal Rodrigues Martins. A carta arbitral. In: MELO, Leonardo de Campos; BENEDUZI, Renato Resende (coord.). *A reforma da arbitragem*. Rio de Janeiro: Forense, 2016.

NEVES, José Roberto Castro. Os honorários de sucumbência na arbitragem. In: CARMONA, Carlos Alberto; LEMES, Selma Ferreira; MARTINS, Pedro Batista. *20 anos da lei de arbitragem*. São Paulo: Atlas, 2017.

NUNES, Thiago Marinho. *Arbitragem e prescrição*. São Paulo: Atlas, 2014.

OBEROI, Preet Singh. Understanding Guerrilla Tactics in International Arbitration. *Christ University Law Journal*, v. 3, n. 2, p. 69-84, 2014.

OLIVEIRA, Ana Perestrelo de. *Arbitragem de litígios com entes públicos*. 2. ed. Coimbra: Almedina, 2015.

OLIVEIRA, Gustavo Henrique Justino de. A arbitragem e as parcerias público-privadas. *Fórum Administrativo – Direito Público – FA*, Belo Horizonte, ano 5, n. 52, jun. 2005.

OLIVEIRA, Gustavo Henrique Justino de; ESTEFAM, Felipe Faiwichow. *Curso prático de arbitragem e Administração Pública*. São Paulo: Thomson Reuters Brasil, 2019.

OLIVEIRA, Rafael Carvalho Rezende. Arbitragem nos contratos da Administração Pública. *Revista Brasileira de Alternative Dispute Resolution – RBADR*, Belo Horizonte, v. 1, n. 1, p. 99-121, jan./jun. 2019.

OLIVEIRA, Rafael Carvalho Rezende. *Licitações e contratos administrativos*. 5. ed. São Paulo: Método, 2015.

OLIVEIRA, Rafael Carvalho Rezende. *Princípios do direito administrativo*. 2. ed. São Paulo: Método, 2013.

OLIVEIRA, Rafael Carvalho Rezende; MAZZOLA, Marcelo. Arbitragem e Poder Público: pagamento voluntário burla o sistema de precatórios? Disponível em: http://genjuridico.com.br/2016/12/19/arbitragem-e-poder-publico-pagamento-voluntario-burla-o-sistema-de-precatorios/. Acesso em: 20 jan. 2021.

PAULSSON, Jan. May or must under the New York Convention: an exercise in syntax and linguistics. *Arbitration International*, v. 14, Issue 2, p. 227-230, 1998.

PEREIRA, Ana Lucia. A função das entidades arbitrais. In: CEMCA/CFOAB. *Manual de arbitragem para advogados*. 2015. p. 88-91.

PEREIRA, Caio Mário da Silva. *Instituições de direito civil*: contratos. 18. ed. Rio de Janeiro: Forense, 2014. v. III.

PEREIRA, Cesar A. Guimarães. Arbitrabilidade. In: CEMCA/CFOAB. *Manual de arbitragem para advogados*. 2015.

PEREIRA, Cesar A. Arbitragem e função administrativa. In: JUSTEN FILHO, Marçal; SILVA, Marco Aurélio de Barcelos. *Direito da infraestrutura*: estudos de temas relevantes. Belo Horizonte: Fórum, 2019.

PEREIRA, Guilherme Setoguti J. Procedimento I. In: LEVY, Daniel; PEREIRA, Guilherme Setoguti J. (coord.). *Curso de arbitragem*. São Paulo: Thomson Reuters Brasil, 2018.

RIBEIRO, Maurício Portugal; PRADO, Lucas Navarro. *Comentários à Lei de PPP – Parceria Público-Privada*: fundamentos econômico-jurídicos. São Paulo: Malheiros, 2007.

ROCHA, Caio Cesar. Regulamento para arbitragem na administração é retrocesso. *Consultor Jurídico*, 29 mar. 2015. Disponível em: http://www.conjur.com.br/2015-mar-29/fora-tribunal-regulamento-arbitragem-administracaoretrocesso#author. Acesso em: 20 jan. 2021.

ROCHA, Caio Cesar; SALOMÃO, Luis Felipe. *Arbitragem e mediação*: a reforma da legislação brasileira. 2. ed. São Paulo: Atlas, 2017.

ROCHA, Caio Cesar; VAUGHN, Gustavo Fávero. Guerrilla tactics: breaking ethical patterns in international arbitration? *Arbitration Newsletter: International Bar Association Legal Practice Division*, p. 42-44, fev. 2018.

ROCHA, Pedro Cavalcanti de Almeida. *Extensão da convenção arbitral aos contratos conexos*. Salvador: JusPodivm, 2020.

RODRIGUES, Flávia Benzatti Tremura Polli. Contumácia e revelia na arbitragem. *Revista Brasileira de Arbitragem*, n. 42, p. 15-34, abr./jun. 2014.

ROQUE, Andre Vasconcelos; GAJARDONI, Fernando Fonseca. A sentença arbitral deve seguir o precedente judicial? Disponível em: https://www.jota.info/opiniao-e-analise/colunas/novo-cpc/sentenca-arbitral-deve-seguir-o-precedente-judicial-novo-cpc-07112016. Acesso em: 10 fev. 2020.

ROZAS, José Carlos Fernández. Jurisprudencia extranjera: alcance del deber de revelácion del árbitro. *Revista de Arbitraje Comercial Y de Inversiones*, 2010.

SALLES, Carlos Alberto de. *Arbitragem em contratos administrativos*. Rio de Janeiro: Forense, 2011.

SALOMÃO, Rodrigo Cunha Mello. Aspectos polêmicos das cláusulas escalonadas. In: CARNEIRO, Paulo Cezar Pinheiro; GRECO, Leonardo; DALLA, Humberto. *Temas controvertidos na arbitragem à luz do Código de Processo Civil de 2015*. Rio de Janeiro: LMJ Mundo Jurídico, 2018. p. 267-282.

SANTOS, Mauricio Gomm F. dos. Táticas de guerrilha na arbitragem internacional. In: CARMONA, Carlos Alberto; LEMES, Selma Ferreira;& MARTINS, Pedro Batista. *20 anos da lei de arbitragem*. São Paulo: Atlas, 2017. p. 331-342.

SCAVONE JR., Luiz Antonio. *Manual de arbitragem*. 4. ed. São Paulo: RT, 2010.

SCAVONE JR., Luiz Antonio. *Manual de arbitragem, mediação e conciliação*. 8. ed. Rio de Janeiro: Forense, 2018.

SCHIEFLER, Gustavo Henrique Carvalho; PIRES, Bernardo Rohden. A homologação de sentença arbitral estrangeira anulada na origem, 2 de abril de 2016. Disponível em: https://www.conjur.com.br/2016-abr-02/homologacao-sentenca-arbitral-estrangeira-anulada-origem. Acesso em: 15 jan. 2021.

SCHMIDT, Gustavo da Rocha. *Arbitragem na Administração Pública*. Curitiba: Juruá, 2018.

SCHMIDT, Gustavo da Rocha. Arbitragem administrativa à brasileira, 30 jul. 2020. Disponível em: https://www.migalhas.com.br/depeso/331362/arbitragem-administrativa-a-brasileira. Acesso em: 1º ago. 2020.

SCHMIDT, Gustavo da Rocha; BALASSIANO, Tamara Grillo. Arbitragem sem precatório, 23 jun. 2020. Disponível em: https://www.jota.info/paywall?redirect_to=//www.jota.info/opiniao-e-analise/artigos/arbitragem-sem-precatorio-23062020. Acesso em: 28 jul. 2020.

SCHMIDT, Gustavo da Rocha; ROSENTHAL, Felipe Deliza. Arbitragem pode ser um valioso laboratório para o Poder Judiciário, 11 jul. 2020. Disponível em: https://www.conjur.com.br/2020-jul-11/schmidt-rosenthal-laboratorio-judiciario. Acesso em: 11 ago. 2020.

SCHREIBER, Anderson. *Manual de direito civil contemporâneo*. São Paulo: Saraiva Jur, 2018.

SILVA, Eduardo Silva da; GUERRERO, Luis Fernando; NUNES, Thiago Marinho. *Regras de arbitragem brasileira*: comentários aos regulamentos das câmaras de arbitragem. São Paulo: Marcial Pons, 2015.

SIQUEIRA, Francisco. Carta arbitral: um mecanismo de cooperação, 23 out. 2017. Disponível em: https://www.migalhas.com.br/depeso/267498/carta-arbitral-um-mecanismo-de-cooperacao#:~:text=A%20carta%20arbitral%20consiste%20num,a%20condu%C3%A7%C3%A3o%20de%20alguma%20testemunha. Acesso em: 25 ago. 2020.

SLOBODCHIKOVA, Maria. Enforcement of annulled awards in the USA. In: GONZÁLES-BUENO, Carlos. *40 under 40 international arbitration*. Spain: Dykinson S.L., 2018.

SOUSA, Antonio Luis Pereira. Dispute boards. *Revista Brasileira de Alternative Dispute Resolution – RBADR*, ano 2, n. 3, p. 71-156, jan./jun. 2020.

SUNDFELD, Carlos Ari; CÂMARA, Jacintho Arruda. O cabimento da arbitragem nos contratos administrativos. *RDA*, n. 248, p. 117-126, maio/ago. 2008.

TÁCITO, Caio. Arbitragem nos litígios administrativos. *Revista de Direito Administrativo*, v. 210, out./dez. 1997.

TALAMINI, Eduardo. Arbitragem e parceria público-privada (PPP). In: TALAMINI, Eduardo; JUSTEN, Monica Spezia (org.). *Parcerias Público-Privadas*: um enfoque multidisciplinar. São Paulo: RT, 2005.

TALAMINI, Eduardo. Competência-competência e as medidas antiarbitrais pretendidas pela Administração Pública. *Revista de Arbitragem e Mediação*, v. 50, set. 2016.

TEMER, Sofia. Precedentes judiciais e arbitragem. In: CARNEIRO, Paulo Cezar Pinheiro; GRECO, Leonardo; DALLA, Humberto. *Temas controvertidos na arbitragem à luz do Código de Processo Civil de 2015*. Rio de Janeiro: LMJ Mundo Jurídico, 2018.

THEODORO JÚNIOR, Humberto. A arbitragem como meio de solução de controvérsias. *Revista Síntese de Direito Civil e Processual Civil*, n. 2, nov./dez. 1999.

THOMAS, Erin. Review of emergency arbitral relief – recente developments in US case law. In: GONZÁLES-BUENO, Carlos. *40 under 40 international arbitration*. Spain: Dykinson S.L., 2018. p. 349-356.

TIBURCIO, Carmen. A arbitragem envolvendo a administração pública. *Âmbito Jurídico*, Rio Grande, ano XI, n. 60, dez 2008. Disponível em: https://ambitojuridico.com.br/cadernos/direito-administrativo/a-arbitragem-envolvendo-a-administracao-publica/. Acesso em: 9 jul. 2020.

TORRE, Riccardo G. Figueira. Aspectos do *third-party funding* e o dever de revelação do árbitro. *Revista de Arbitragem e Mediação*, v. 64, p. 163-200, jan./mar. 2020.

TORRESI, Alessandro. Imparcialidade e independência do árbitro: "parcialidade evidente" *vs.* "dúvida justificada" e o caso Abengoa. *Revista de Arbitragem e Mediação*, v. 59, p. 91-117, out./dez. 2018.

TRAIN, François-Xavier. Reconnaissance et Exécution Des Sentences Arbitrales Étrangères: Le Droit Français Au Prisme de La Convention de New York. *Revue Internationale de Droit Comparé*, v. 66, n. 2, p. 249-282, 2014.

TRULI, Emmanuela. Liability v. quasi-judicial immunity of the arbitrator: the case against absolute arbitral immunity. *The American Review of International Arbitration*, v. 17, p. 1-31, 2006.

TURNER, A. Kelly. The what, why, and how of arbitrator disclosures. Disponível em: https://www.adr.org/blog/the-what-why-and-how-of-arbitrator-disclosures. Acesso em: 10 jan. 2020.

VAZ, Gilberto José; NICOLI, Pedro Augusto Gravatá. Os *dispute boards* e os contratos administrativos: são os DBs uma boa solução para disputas sujeitas a normas de ordem pública? *Revista de Arbitragem e Mediação*, v. 10, n. 38, p. 131-147, jul./set. 2013.

VERÇOSA, Fabiane. Arbitragem e seguros: transmissão da cláusula compromissória à seguradora em caso de sub-rogação. *Revista Brasileira de Arbitragem*, São Paulo, v. 3, n. 11, p. 46-65, jul./set. 2006.

VERÇOSA, Fabiane. Arbitragem para a resolução de conflitos trabalhistas no direito brasileiro. In: MELO, Leonardo de Campos; BENEDUZI, Renato Resende (coord.). *A reforma da arbitragem*. Rio de Janeiro: Forense, 2016. p. 483-502.

VERÇOSA, Fabiane. A produção de provas. In: LEVY, Daniel; PEREIRA, Guilherme Setoguti J. (coord.). *Curso de arbitragem*. São Paulo: Thomson Reuters Brasil, 2018.

VICENTE, Fabrizzio Matteucci. *Arbitragem e nulidades*: uma proposta de sistematização. 2010. Tese (Doutorado) – Universidade de São Paulo, São Paulo, 2010, p. 115. Disponível em: https://www.teses.usp.br/teses/disponiveis/2/2137/tde-30042013-151843/publico/100112_Fabrizzio_Matteuci_Vicente_Integral.pdf. Acesso em: 11 jan. 2021.

VILLA-LOBOS, Nuno; PEREIRA, Tânia Carvalhais. *The Portuguese tax arbitration regime*. Lisboa: Almedina, 2015.

WALD, Arnoldo. A arbitragem contratual e os *dispute boards*. *Revista de Arbitragem e Mediação*, v. 2, n. 6, p. 9-24, jul./set. 2005.

WEIDEMAIER, W. Mark C. Judging-Lite: how arbitrators use and create precedent. *North Carolina Law Review*, p. 1091-1146, 2012.

WILSKE, Stephan. Sanction for unethical and illegal behavior in international arbitration: a double-edged sword? *Contemporary Asia Arbitration Journal*, v. 3, n. 2, p. 211-236, 2010.

WLADECK, Felipe Scripes. *Impugnação da sentença arbitral*. Salvador: JusPodivum, 2014.

YARSHELL, Flávio Luiz. Ação anulatória. In: LEVY, Daniel; PEREIRA, Guilherme Setoguti J. (coord.). *Curso de arbitragem*. São Paulo: Thomson Reuters Brasil, 2018.

YESILIRMAK, Ali. *Provisional Measures in International Commercial Arbitration*. Kluwer Law International, 2005.

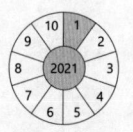